汪維輝○編著

朝鮮時代漢語教科書十種彙輯

一

上海教育出版社

圖書在版編目(CIP)數據

朝鮮時代漢語教科書十種彙輯 / 汪維輝編著. — 上海：
上海教育出版社，2021.7
ISBN 978-7-5720-0833-7

Ⅰ.①朝… Ⅱ.①汪… Ⅲ.①漢字－教材－彙編－朝鮮
Ⅳ.①H195.4

中國版本圖書館CIP數據核字(2022)第143108號

責任編輯　朱宇清
封面設計　陸　弦

朝鮮時代漢語教科書十種彙輯
汪維輝　編著

出版發行　上海教育出版社有限公司
官　　網　www.seph.com.cn
地　　址　上海市閔行區號景路159弄C座
郵　　編　201101
印　　刷　上海盛通時代印刷有限公司
開　　本　889×1194　1/32　印張89.375　插頁16
字　　數　2082千字
版　　次　2022年11月第1版
印　　次　2022年11月第1次印刷
書　　號　ISBN 978-7-5720-0833-7/H·0026
定　　價　3000.00元（全四冊）

如發現質量問題，讀者可向本社調換　電話：021-64373213

總　目

點　校　部　分

第一册

影 印 部 分

第二册

第三册

初 版 序

蔣紹愚

　　汪維輝教授編纂點校的《朝鮮時代漢語教科書叢刊》由中華書局出版，這對漢語史的研究者來説是一個喜訊。這套書共十種：《原本老乞大》《老乞大諺解》《老乞大新釋》《重刊老乞大諺解》《朴通事諺解》《朴通事新釋諺解》《訓世評話》《華音啓蒙諺解》《你呢貴姓》《學清》。其中《老乞大諺解》《朴通事諺解》我國的學術界比較熟悉，早在 20 世紀五六十年代，我國著名的語言學家楊聯陞、朱德熙、胡明揚、丁邦新等先生就作過研究或介紹。《訓世評話》和《原本老乞大》發現之後，我國的學術界也比較快地知道了。其他幾種可能知道的人不多，但對漢語史的研究也是很有價值的。現在這十本書一起收入了叢刊，大家就都能很方便地看到這批寶貴資料。

　　這十本書的内容和價值，汪維輝教授在每一本的"解題"中都有説明，這裏用不著細講。總的來説，這十本書的價值在於：它們十分貼近地反映了當時漢語的口語。這十本書是在 14 世紀到 19 世紀（即我國的元代到清代）的不同時期爲高麗（朝鮮）人學習漢語而編撰的教科書，而且，其編撰者對漢語都是相當熟悉的。這些教科書都力求用地道的漢語口語來寫，而且是用當時通行的而不是已經過時的口語來寫，所以即使是同一種教科書，也要不斷地加以修改。這就給我們留下了一批十分難得的、貼近當時漢語口語的語言資料。這一點在《老乞大》《朴通事》系列的教科書中表現得最爲清楚。《原本老乞大》是今天見到的《老乞大》系列的最早的一個本子,它的語言很鮮明地反映了元代語言的特點。但後來,漢語發生了變化,用它來作會話教科書已經不合適了,於是就要改寫。朝鮮《李朝實錄》成宗十一年(公元 1480 年)十月乙丑條記載:"御書講。侍讀官李昌臣啓曰:'前者承命質正漢語於頭目戴敬,敬見《老乞大》《朴通事》,曰:"此乃元朝時語也,與今華語頓異,多有未解處。"即以時語改數節,皆可解讀。請令能漢語者盡改之。曩者領中樞李邊與高靈府院君申叔舟以華語作爲一書,名曰《訓世評話》,其元本在承文院。'上曰:'其速刊行,且選其能漢語者刪改《老乞大》《朴通事》。'"以後幾種《老乞大》也都是爲同樣目的而改寫成的。所以,拿幾種《老乞大》《朴通事》的版本對比,可以清楚地看到漢語口語在 14 世紀到 18 世紀的發展變化。研究近代漢語的學者常常爲語料問題苦惱:在唐宋時期,反映口語的材料實在太少,那些比較接近口語的材料也往往是文白摻雜。元、明、清時期反映口語的材料逐漸增多,但像元代白話碑、《元典章》這樣的材料內容比較單一,而《紅樓夢》《兒女英雄傳》這樣的作品也並非全是口語。從這方面講,這套朝鮮時代漢語教科書對近代漢語研究有其無可取代的價值。

但是,這套朝鮮時代漢語教科書中的語言現象是否就全都是當時漢語口語的忠實紀錄呢? 這倒不盡然。《訓世評話》的作者李邊在《序》中說:"《老乞大》《朴通事》多帶蒙古之言,非純漢語。"他對此是表示不滿意的。不過,"多帶蒙古之言"也許正是元代漢語的時代特點,這在李泰洙《〈老乞大〉四種版本語言研究》一書,特別是其中《從〈老乞大〉看漢語與蒙古語的接觸》一節中已經提到,在元代的其他資料中也能看到。這些正是研究語言接觸的好材料。除此以外，還有另一種情況：有些作品的作者或編者不是以漢語爲母語的，儘管他們對漢語已經很熟悉，但還是把自己母語的一些詞彙和語法現象寫進了教科書中，這些詞彙和語法現象是當時的漢語中並不存在的，汪維輝教授在《關於〈訓世評話〉文本的若干問題》一文中指出的"非漢語用法"就是屬於這一類。這些教科書中的"非純漢語"成分究竟屬於前一類還是屬於後一類，需要經過比較研究才能確定，但無論是屬於哪一類，都是很有研究價值的；尤其是語言接觸問題，是當今的一個熱門話題，而《老乞大》《朴通事》系列正是研究語言接觸的極好材料。

　　汪維輝教授編纂的這套叢刊不僅把這些很有價值的語言資料彙集在一起，提供給我國的研究者，而且做了認真細緻的點校。點校工作不是一件容易的事，需要熟悉當時的語言，還要有嚴肅認真的態度。汪維輝教授博學多聞，學風嚴謹，他做的點校，無論是對於一般讀者還是對於專業的研究者都是很有用處的。順便說一句，這些點校工作主要是汪維輝教授在韓國講學的一年時間裏做成的，可見他是一個學術研究的有心人。

　　在以往的半個世紀中，韓國、日本、中國的學者已經對《老乞大》《朴通事》系列的漢語教科書做了不少研究，其研究的角度不限於語言學，也涉及文學、歷史等方面。我相信，這套叢刊的出版，將會使有關的研究更加深入。在學術研究中，隨著新材料的發現而把研究推進一步是常有的事。1973 年，日本學者入矢義高在爲陶山信男編纂的《〈朴通事諺解〉〈老乞大諺解〉語彙索引》所作的《序》中說，當他在 1944 年讀到影印出版的奎章閣本《朴通事諺解》時，好像親耳聽到了元代人說的話，感到十分驚喜。他還說，和《孝經直解》以及元代白話碑相比，《老乞大諺解》《朴通事諺解》反映的是元代後期的白話,因爲這兩本書經過了修訂,没有了元代初期"漢兒言語"的那種"泥土味",已經比較接近共同語了。今天看來,入矢義高先生在幾十年前所作的觀察還是很有眼光的;有些話説得不够準確,那是因爲他未能看到更早版本的《老乞大》。現在我們看到了《原本老乞大》,就可以聽到真正是元代後期的白話,聞到那種"泥土味",也能通過《原本老乞大》和《老乞大諺解》的逐字逐句的比較,瞭解到從元代後期到明代初年漢語發生了什麼變化。可以説,這套《叢刊》的出版對學術研究是一個很大的推動。我很感謝汪維輝教授爲我們提供了這批難得的資料,也期待著有關專家利用這批資料爲學術研究作出新的貢獻。

2004 年 4 月於北京大学

前　　言

汪維輝

朝鮮王朝(1392—1910)又稱"李朝",是朝鮮半島/韓半島上的最後一個王朝,大致相當於中國的明清兩代。本書所稱的"朝鮮時代"即指這一時期。

李朝立國以後,奉行"事大"政策,與中國的交往極爲密切,學習漢語因之成爲李朝外交上的大事。在五百餘年間,李朝編纂和使用過的漢語教科書不下十餘種。本書並非朝鮮時代漢語教科書的彙編,只是選取了其中有助於漢語研究的十種予以點校和影印,以應國內學者研究之需。這十種教科書分别是:

1.《原本老乞大》

2.《老乞大諺解》

3.《老乞大新釋》(卷一有諺解)

4.《重刊老乞大諺解》

5.《朴通事諺解》

6.《朴通事新釋諺解》

7.《訓世評話》

8.《華音啓蒙諺解》

9.《你呢貴姓》

10.《學清》

選書大致以能反映實際口語而又非中國本土所固有爲原則，因此像《明心寶鑒》《伍倫全備諺解》這樣的作品雖然在朝鮮時代曾經是非常重要的漢語教科書，但本書都暫不收入。

上述十種書，如果就品種而論，實際上只有五種，這就是《老乞大》《朴通事》《訓世評話》《華音啓蒙》和《你呢貴姓·學清》。《老乞大》和《朴通事》編成於高麗朝末期（約相當於中國的元末），是整個朝鮮時代最重要的兩種漢語口語教科書，隨著時代的推移它們續有修訂，反映了漢語在元明清三代的變化，是研究近代漢語的珍貴資料，所以本書收入了它們的各種異本。兩書的不同版本尚多，但漢語部分有差異的就是上述的六種（《老乞大》四種，《朴通事》兩種），其餘就從略了。朝鮮時代著名漢語學家崔世珍（1473—1542）有《老朴集覽》，包括《單字解》《累字解》《老乞大集覽》《朴通事集覽》，對於研究兩書的語言和内容很有價值，本書也將它們影印、點校，放在《朴通事諺解》的後面。《你呢貴姓》和《學清》是同一種書的兩種不同抄本，會話部分内容大同小異，《學清》可能要早於《你呢貴姓》。

各書有諺解的都用諺解本，因爲諺解的注音是研究近代漢語語音的寶貴資料。《老乞大》系列中，除《原本老乞大》沒有諺解外，例外的是《老乞大新釋》，其諺解本藏於美國哥倫比亞大學東亞語言文化系（卷一）和宋錫夏手中（卷二、卷三），後者不易得到，只好採用純漢語本，前者則用諺解本。

收入本書的各種教科書均由三部分組成：一解題，二點校本，三影印本。解題部分就筆者所知對各書的基本情況及其價值作一介紹，並交代點校體例。點校部分是根據筆者的理解對原書所作的一種初步整理，包括劃分段落、施加標點符號和對文字上的俗訛衍脱進行處理。需要説明的是，各書的標點和分段並不是一件容易的事，特別是對話體教科書，説話人是誰，他的話到哪兒爲止，有些時候不易確定，筆者的處理只能爲讀者提供一種參考。另外，《老乞大》和《朴通事》系列在修訂過程中有時會出現因不明舊本原意而誤改或有意增删改動的現象，點校時只能在不損害文意的前提下力求使各種異本的相應文句保持一致。影印部分儘可能選擇較好的版本加以刊印，並標注頁碼，以便跟點校部分對照。對國内學者來説，這是最有價值又不易得到的原始資料。

　　第一册書後附録《資料與論著目録》，分資料、論著、其他三類，著録我們所收集到的跟這些教科書有關的論著及資料目録（截至2019 年）。這個目録可爲讀者提供一些研究綫索，但我們見聞有限，掛漏難免，希望海内外方家予以補正。

　　希望這批資料的刊布對漢語史、對外漢語教學、中朝交通史以及經濟史、民俗史、文獻學、文學史等學科能發揮它應有的作用。

原本老乞大

《原本老乞大》解題

　　《老乞大》是朝鮮時代最重要的漢語教科書之一。"乞大"據説是蒙古語的譯音，就是"契丹"，指中國，"老乞大"就是"中國通"的意思。《老乞大》的原作者和成書年代均不詳，一般推測大約成書於高麗朝末期，約相當於中國元末的至元、至正年間。有學者研究認爲，它最初的編寫年代不晚於1346年前幾年，成書應略早於《朴通事》(李泰洙2003)。1998年在韓國發現的《原本老乞大》，將本國一律稱"高麗"，將北京稱"大都"，將遼陽稱"東京"，可以印證它編成的時代。

　　《老乞大》是研究近代漢語的重要資料。江藍生先生指出："會話課本《老乞大》《朴通事》的語言跟直講體十分接近，比直講體還要口語化，更能反映當時北方漢語口語的真實面貌。"(李泰洙《〈老乞大〉四種版本語言研究》序)傳世的《老乞大》有多種版本，重要的有《翻譯老乞大》(1507—1517年)、《老乞大諺解》(1670年前後)、《老乞大新釋》(1761年)、《重刊老乞大諺解》(1795年)以及新發現的《原本老乞大》。各種版本的《老乞大》是隨著時代的推移、語言的變化而不斷修訂的，反映了漢語在三四百年間的變遷，所以對近代漢語研究更具有獨特的價值，這樣的資料是不可多得的。

　　除了語言方面的價值外，《老乞大》對研究中朝交通史、經濟史、文化史和風俗史等也是有用的資料。全書採用對話體，記述了幾個高麗人與一位姓王的中國遼陽人結伴去北京做買賣的全過程。文筆樸實流暢,生活氣息濃鬱,讀來饒有興味,就像是在我們面前展開了一幅幅古代的風俗畫。

　　1998年,韓國慶北大學南權熙教授在整理大邱市一位私人藏書者的藏書時,發現了古本《老乞大》。經鄭光、南權熙、梁伍鎮合作研究,初步認爲此本約刊刻於朝鮮世宗朝(1418—1450年),是迄今發現的最早的《老乞大》本子。它的語言與傳世的版本存在明顯的差異,是地道的元代北方口語。由此推斷,其內容應爲元代本。此書不分卷,一冊,共40頁(80面),中間不分段,連書到底。首頁第一行題"老乞大",末頁最後一行題"老乞大終"。書高31 cm,寬18.8 cm,字跡清晰,印刷良好。除21a"休道黃金貴,安樂最直錢"一句右旁加墨點外,其餘頁面沒有留下任何筆跡。此本經整理後,於2000年分別由韓國慶北大學校出版部(書名爲《元代漢語本老乞大》)和北京外語教學與研究出版社(書名爲《原刊老乞大研究》)出版;2002年,外語教學與研究出版社又出版了修訂本,書名改爲《原本老乞大》。

　　《原本老乞大》的發現,意義重大。它不僅是迄今所見的最早的《老乞大》刊本,讓人們一睹元代《老乞大》的真實面貌,對研究元代漢語和社會具有重要價值,而且爲《老乞大》諸版本的比較研究提供了最重要的源頭文本,將比較的起始時間上推至元代,使得通過《老乞大》諸版本觀察和探尋元、明、清三代漢語的演變之跡成爲可能。李泰洙博士的《〈老乞大〉四種版本語言研究》(語文出版社2003)和王霞博士的《〈老乞大〉四版本詞彙研究》(韓國外國語大學博士論文,2002年)已經捷足先登,在這方面取得了重要進展。

　　此次點校,用【1a】【1b】……標明底本頁碼。爲醒眉目,每人的對話均分段排列。原本不分段,我們按《翻譯老乞大》的分段標記,對該分段處以空一行表示。值得注意的是,《翻譯老乞大》以下各本的分段,並非完全根據内容,有不該分而分的地方,大致是兼顧内容和篇幅,也許這樣分段是爲了教學的方便。對話中偶有插入的"旁白",用﹛﹜號括起,以示區別。字體儘量依從原本,有些筆劃微殊、需要造字的異體字則徑改爲通行體,研究近代中朝俗字的學者可直接參閱影印部分。遇有錯字或需要的時候用圓括號注上通行的字體,原缺的字則加方括號補上。

　　《老乞大》原文只有對白,不標說話者。說話的人是誰,他說的話到哪兒爲止,只能由上下文推知,因此有些地方的標點和分段頗費躊躇。這個點校本雖經筆者反復推敲,但難免仍有錯誤和可商之處,深盼博雅君子不吝賜教。

《原本老乞大》正文

【1a】伴當，恁從那裏來？

俺從高麗王京來。

如今那裏去？

俺[往]大都去。

恁幾時離了王京？

俺這月初一日離了王京。

[既]恁這月初一日離了王京，到今半箇月，怎麼才到的這裏？

俺有一箇伴當落後了來。俺沿路上慢慢的行著[等]候來。爲那上，遲了來。

那伴當如今赶上來那不曾？

這[箇]伴當便是，夜來才來到。

恁這月盡頭到的大都那到[不]得？

知他，那話怎敢道？天可憐見，身巳（己）安樂呵，也到[得][有]。

恁是高麗人，却怎麼漢兒言語説的好有？

俺漢兒人[上]學文書來的上頭，些小漢兒言語省的有。

你誰根底[學]【1b】文書來？

我在漢兒學堂裏學文書來。

你學甚麼文書來？

讀《論語》《孟子》《小學》。

恁每日做甚麼工課？

每日清早晨起來，到學裏，師傅行受了生文書。下學到家，喫飯罷，却[到]學裏寫做書。寫做書罷對句，對句罷吟詩，吟詩罷，師[傅]行講書。

講甚麼文書？

講《小學》《論語》《孟子》。

説書罷，更做[甚]麼工課？

到晚，師傅行撤簽背念書。背過的師傅與免[帖]一箇；若背不過時，教當直學生背起，打三下。

怎生是撤簽背念書？怎生是免帖？

每一箇竹簽上寫著一箇學生的姓名，眾學生的姓名都這般寫著，一箇簽筒兒裏盛著。教當直學生將簽筒來搖撼動，內中撤一箇。撤著[誰][的]，【2a】便著那人背書。背念過的，師傅與免帖一箇。那免帖[上]寫著"免決三下"，師傅上頭畫著押字。若再撤簽試不過，將出免帖來毀了，便將功折過免了打。若無免帖，定然喫三下。

你是高麗人，學他漢兒文書怎麼？

你説的也是。各自人都有主見。

你有甚麼主見？你説我試聽咱。

如今朝廷一統天下，世間用著的是漢兒言語。咱這高麗言語，只是高麗田地裏行的。過的義州，漢兒田地裏來，都是漢兒言語。有人問著一句話，也説不得時，教別人將咱每做甚麼人看？

你這般學漢兒文書呵，是你自意裏學來那，你的爺娘教你學來？

是俺爺娘教我學來。

你學【2b】了多少時？

我學半年有餘也。

省的那省不的？

每日和漢兒學生每一處學文書來的上頭，些小理會的有。

你的師傅是甚麼人？

是漢兒人有。

多少年紀？

三十五歲也。

耐繁教那不耐繁教？

俺師傅性兒溫克，好生耐繁教。

恁那衆學生內中，多少漢兒人？多少高麗人？

漢兒、高麗中半。

裏頭也有頑的麼？

可知有頑的。每日學長將那頑學生師傅行呈著，那般打了呵，則是不怕。漢兒小廝每哏頑，高麗小廝每較爭些箇。

伴當，恁如今那裏去？

我也往大都去。

既恁投大都去時，俺是高麗人，漢兒田地裏不慣行。你把似拖帶俺做伴當去，不好那？

那般者，咱每一處【3a】去來。

哥哥你貴姓？

我姓王。

本家在那裏住？

我在遼陽城裏住。

恁大都爲甚麼勾當去？

我將這幾箇馬賣去。

那般呵更好。俺也待賣這幾箇馬去。更這馬上馳著的些小毛
施、帖裏布，一就待賣去。既恁賣馬去呵，咱每恰好做伴當去。

哥哥曾知得大都馬價如何？

近有相識人來說，馬的價錢這其間也好。似這一等的馬賣五
定之上，這一等的馬賣四定之上。

曾知得布價高低？

布價如常往年的價錢一般。

大都喫食貴賤？

俺那相識人曾說，他來時六兩一斗粳米，五兩一斗小米，十兩
十三斤麵，二兩半一斤羊肉。

似那般時，俺年時也在大都來，價錢都一【3b】般。

咱每今夜那裏宿去？

咱每往前行的十里來田地裏有箇店子，名喚瓦店。咱每到時，
或早或晚則那裏宿去。若過去了呵，那壁有二十里地無人家。

既那般呵，前不著村後不著店也。咱每則迭那裏宿去。

到那裏便早時也好，咱每歇息頭口，明日早行。

這裏到大都有幾程地？

這裏到大都，則是有五百里之上。天可憐見，身己安樂呵，更
著五箇日頭到也者。

咱每到時，那裏安下去便當？

咱每則投順承門關(官)店裏下去來。那裏就便投馬市裏去哏近。

你道的是，我也心裏那般想著有。你説的恰和我意同。則除那裏好，但是直東去的客人每，別處不下，【4a】都在那裏安下。俺年時也在那裏下來，哏便當。

你這幾箇頭口，每夜喫的草料通該多少鈔？

這六箇馬每一箇五升料、草一束，通筭過來，盤纏著五兩鈔。這六箇馬每夜喫的草料不等：草料貴處，盤纏六、七兩鈔；草料賤處，盤纏四、五兩鈔。

這箇馬也行的好，可知有幾步慢竄。

除了這箇馬，別箇的都不甚好。

你這馬和布子到大都賣了時，却買些甚麼行貨，迴還高麗田地裏賣去？

俺往直南濟寧府東昌、高唐，收買些絹子、綾子、綿子迴還王京賣去。

到恁那地面裏也有些利錢麼？

那的也中。俺年時根著漢兒伴當，到高唐收買些綿絹，將到王京賣了，也【4b】覓了些利錢。

恁那綾絹綿子，就地頭多少價錢買來？到王京多少價錢賣？

俺買的價錢，薄絹一疋十七兩，打染做小紅裏絹；綾子每疋二十五兩，染做鴉青和小紅。絹子每疋染錢三兩，綾子每疋染錢，鴉青的五兩、小紅的三兩。更綿子每兩價錢一兩二錢半。到王京，絹子一疋賣五綜麻布三疋，折鈔三十兩，綾子一疋，鴉青的賣布六疋，折鈔六十兩，小紅的賣布五疋，折鈔五十兩。綿子每四兩賣布一疋，折鈔十兩。通滾筭著，除了牙稅繳計外，也覓了加五利錢。

你自來到大都賣了行貨，却買綿絹，到王京賣了，前後住了多少時？

俺從年時正月裏將【5a】馬和布子到大都賣了，五月裏到高唐，收起綿絹，到直沽裏上舡過海，十月裏到王京。投到年終，行貨都賣了，又買了這些馬並毛施布來了。

這三箇伴當，是你親眷那，是相合來的？都不曾問姓甚麼。

這箇姓金，是小人姑舅哥哥。這箇姓李，是小人兩姨兄弟。這箇姓趙，是俺街坊。

你是姑舅弟兄，誰是舅舅上孩兒？誰是姑姑上孩兒？

小人是姑姑生的，他是舅舅生的。

怎兩姨弟兄，是親兩姨那，是房親兩姨？

是親兩姨弟兄。俺母親是姐姐，他母親是姊妹。

怎既是姑舅兩姨弟兄，怎麼沿路穢語不廻避？

俺高麗體例，親弟兄也不隔話，姑舅兩姨更那裏問？

【5b】咱每閑話且休説，兀那店子便是瓦店，尋箇好乹（乾）淨店裏下去來，歇住頭口者。街北這箇店子是俺舊主人家，咱每則這裏下去來。

拜揖主人家哥。

噯，却是王大哥！多時不見，好麼？好麼？你這幾箇伴當從那裏廝合將來？

俺沿路相合著，做伴當大都去。你這店裏草料都有那没？

草料都有。料是黑豆，草是稈草。

是稈草好。若是稻穰時，這頭口每多有不喫的。黑豆多少一斗？草多少一束？

黑豆二兩半一斗，草一兩一束。

是真箇麼？你却休瞞俺。

這哥哥甚麼言語？你是熟客人，咱每便是自家裏一般。俺怎麼敢胡說？怕你不信時，別箇店裏試商量去。

儘教，俺【6a】則是這般道。

俺通是十一箇馬，量著六斗料與十一束草者。

這鍘刀鈍，不快，若干草幾時切得了？主人家，別處快鍘刀借一箇去。

那般者，我借去。

這鍘刀是俺親眷家的，不付能哀告借將來，風刃也似快。恁小心些使，休損了他的。

這伴當，你過的草忒麤，頭口每怎生喫的？好生細細的過者。

這伴當，你敢不會煠料的法度？你燒的鍋滾時，下上豆子。但滾的一霎兒，將這切了的草，豆子上蓋覆了，休燒火，氣休教走了，自然熟也。

客人每，恁打火那不打火？

俺不打火喝風那甚麼？你疾快做著五箇人的飯者。

恁喫甚麼飯？

俺五箇人，打著三斤麵的餅者，俺【6b】自買下飯去。

那般者，你買下飯去時，這間壁肉案上買豬肉去，是今日殺來的好豬肉。

多少一斤？

一兩半一斤。

恁主人家一就與俺買去，買著一斤肉者。休要底似肥的，帶脇條肉買者。大片兒切著將來爨者。

主人家迭不得時，咱每伴當裏頭教一箇自爨肉。

俺是高麗人，都不會爨肉。

有甚麼難處？刷了鍋者，燒的鍋熱時，著上半盞清油，將油熟過，下上肉，著些塩，著筯子攪動。炒的半熟時，調上些醬水、生葱、料物打拌了，鍋子上蓋覆了，休著出氣。燒動火，暫霎兒熟也。

這肉熟也。恁試嘗，鹹淡如何？

我試嘗，微微的有些淡，著上些塩者。

主人家，餅了也那【7a】不曾？

待了也。恁放卓兒先喫，比及喫了時，俺也了也。

主人家，俺明日五更頭早行也。咱每筭了房火錢者。俺這一宿人馬，盤纏通該多少？

恁稱了三斤麵，每斤七錢半，計二兩二錢半；切了一斤猪肉，該一兩半；四箇人每人打火、房錢一兩，計四兩；黑豆六斗，每斗二兩半，計一十五兩；草十一束，每束一兩，計十一兩：通該三十三兩七錢半。

俺草、料、麵都是你家裏買來的，你減了些箇如何？

儘教，去了那三兩七錢半零的者，只將三十兩來。

既這般的呵，伴當恁三箇一就都出過者。記著數目，到大都時，一發打筭。

那般者，俺都與他。

伴當，你將料撈出來，冷【7b】水裏拔著，等馬大控一會，慢慢的喂者。初喂時，則將料水拌與他，到五更一發都與料喫。那般時，

馬每分外喫得飽。若是先與料呵,那馬則揀了料喫,将草都抛撒
了。更困裏休飲,等喫一和草時飲。咱每各自睡些箇,厮輪著起
來,勤喂馬。今日是二十二,五更頭正有月明也。雞兒叫,起來
便行。

　　主人家,點箇燈來,俺拂綽睡處。

　　兀的燈來也,壁子上掛者。

　　這般精土炕上怎生睡? 有甚麼蒿薦,将幾箇來。

　　大嫂,将蒿薦席子來,與客人每鋪。

　　席子無,兀的三箇蒿薦,與恁鋪。

　　主人家,恁種著火者,俺明日五更頭早行也。

　　那般者,客人每歇息。俺照覷了門户睡也。

　　來,【8a】來! 且休去。我問你些話。我先番大都來時,你這店
西約二十里來地,有一坐橋塌了來,如今修起來那不曾?

　　早修起了也。更比在前高二尺、闊三尺,如法好有。

　　那般呵,俺明日早則放心的去也。

　　你底似的休早行,俺聽得前頭路澀有。

　　爲甚麼這般的歹人有?

　　恁偏不理會的。從年時天旱,田禾不收,飢荒的上頭,生出歹
人來。

　　碍甚事! 俺則是赶著這幾箇馬,又無甚麼錢本,那厮每待要俺
甚麼?

　　休那般説。賊每怎知你有錢没錢? 小心必勝。

　　俺這裏前年六月裏,有一箇客人,纏帶裏裝著一卷紙,腰裏繫
著,在路傍樹底下歇涼睡。被一箇賊到那裏見了,則道【8b】是腰裏

纏帶裏是錢物，生起歹心來，就那裏拿起一塊大石頭，投那人頭上
打了一下，打出腦漿來死了。那賊將那人的纏帶解下來看呵，却是
紙，就那裏撇下走了。官司檢了屍，正賊捉不住，乾把地主并側近
平人涉疑打侉（拷）。後頭別處官司却捉住那賊，發將來，今年就牢
裏死了。

　　年時又有一箇客人，赶著一頭驢，著兩箇荆籠子裏盛著棗兒，
馳著行。後頭有一箇騎馬的賊，帶著弓箭根著。行到箇酸棗林無
人處，那賊將那客人脊背上射了一箭，那人倒了。那賊則道是死
了，便赶著那驢往前行。那客人射的昏了，蘇醒廻來，恰好有捕盜
官來那裏【9a】巡警，那客人就告了。捕盜官將著弓兵往前赶到約二
十里地，赶上那賊。捉拿其間，那賊便將一箇弓手放箭射下馬來，
那賊往西走馬去了。

　　捕盜官襲將去，到箇村裏，差了一百箇壯後生，將著弓箭器械，
把那賊圍在一箇山峪裏，纔拿著廻來。覰那射著的弓手，那人左肐
膊上射傷，不曾傷了性命。如今那賊現在官司牢裏禁著有。
　　既這般路澁呵，咱每又無甚忙勾當，索甚麼早行？等到天明
時，慢慢的去，怕甚麼？
　　道的是。依著恁，天明時行。

　　安置，安置！客人每好睡者。
　　主人家且休去，俺又忘了一件勾當。俺這馬每不曾飲水裏。
等一會控到時飲去，井【9b】在那裏有？
　　兀那家後便是井。
　　有轆轤那無？

淺淺的井兒,則著繩子拔水。井邊頭更有飲馬的石槽兒。

既這般呵,你收拾帖落、井繩出來。

井邊頭帖落、井繩都有。我更囑咐恁些話:那帖落不喫水,恁不會擺時,帖落上絟著一塊塼頭者。

那的俺自會的,索甚麼你教?

咱每廝輪著起來,勤喂馬。常言道:"馬不得夜草不肥,人不得橫財不富。"却休槽兒平直到明。

咱每拌上,馬喫一和草時,飲水去。

盛草的筐兒也没,著甚麼將的草去?

既没時,且著布衫襟兒抱些草去。

我將料水去。

這主人家好不整齊,攪料棒也没一箇!疾快取將咱每柱(拄)棒來攪料。

且房子裏坐【10a】的去來。一霎兒馬喫了這和草,飲水去。

馬敢喫了草也,飲去來。

咱每都去了時,這房子裏没人,敢不中?

留一箇看房子,別箇的牽馬去來。

碍甚事?這店裏都閉了門子也,待有甚麼人入來?

休那般説,小心必勝。常言道:"常做賊心,莫偷他物。"你自依著我,留一箇看房子。

那般者,咱每留誰看房子?

恁三箇裏頭,著這老的看者。"三人同行小的苦"。咱每三箇去來。

這胡洞窄，牽著馬多時，過不去。咱每做兩遭兒牽。

那般者，你敢慣打水？

俺不慣打水，你先打水去，俺兩箇牽馬去。

那般者，我打水去，恁將馬來。

我恰纔這槽兒裏頭拔上兩帖落水也，著馬喫。

這箇馬【10b】好喫水，這箇馬喫水細。

這水小，再打上一帖落者。

將帖落來，我試學打。

這帖落是不喫水，怎生得倒？

我教與你：將帖落提起來，離水面擺動倒，撞入水去，便喫水也。

這般時，真箇在前曾見人打水，終不曾學，從今日理會得也。

你高麗田地裏無井那怎麼？

俺那裏井不似這般井。這井是磚甃的井，至小有二丈深。俺那裏井都是石頭壘的，最深殺的没一丈，都是七八尺來深有。俺那裏男子漢不打水，則是婦人打水。著箇銅盆，頭上頂水，各自將著箇打水的瓢兒，瓢兒上絟著一條細繩子，却和這裏井繩、貼落一般取水有。

却怎麼那般打水？我不理會【11a】得。我則道是和俺這裏一般打水有。

恁牽廻這馬去，再牽將別箇的來飲。

這馬都飲了也。

這般黑地裏，厠屋裏難去。咱每則這後園裏大淨手不好那？

我拿著馬，怎淨手去，我不索淨手。恁離道兒者，休在路邊淨手下。明日著人罵去裏。

咱每一箇人牽著兩箇去，絟的牢者。

這槽道好生寬有，厮離的較遠些兒絟，又恐怕繩子厮扭著。

疾快將草料來拌上者。

儘教。則教喫者，咱睡去來。

伴當每起來，雞兒叫第三遍也，待明去也。咱急急的收拾了行李，鞴了馬時，大明也。辭了主人家去來。

主人家哥休恠(怪)，俺去也。

恁休恠，好去者。廻來時，却來俺店裏下來。

這【11b】橋便是我夜來説的橋，比在前哏好有。在先則是土搭的橋來，如今都是板幔了。這橋梁、橋柱比在前哏牢壯。阿的涯(捱)十年也壞不得。

日頭這般高也。前頭又無甚店子，咱每則投兀那人家，糴些米自做飯喫去來。

那般者，肚裏好生飢也，咱每去來。

這馬都卸下行李，鬆動肚帶，取了嚼子，這路傍邊撒了，著喫草者。教一箇看者，別的都投這人家問去來。

主人家哥，俺幾箇行路的人，這早晚不曾喫早飯，前頭又無甚店子，俺特的來，怎生糴與些米做飯喫。

索甚麼糴米？俺的飯熟也，客人每喫了過去。

這般時，敢少了恁飯？

不碍事。便小(少)時，俺再做些箇便【12a】是。將卓兒來，教客人每則這棚底下坐的喫飯。淡飯胡喫些箇。有甚麼熟菜蔬，將些來與客人喫。怕無時，有蘿蔔、生葱、茄子將來。就將些醬來。

別箇菜都無，兀的有塩瓜兒，與客人喫。

也好，將來。客人每休恠，胡喫。

小人每驟面間厮見，哥哥便這般重意，與茶飯喫，怎麼敢恠！

量這些淡飯係甚利害？偏俺不出外？出外時也和恁一般。

哥哥道的是。「慣曾出外偏憐客，自己貪盃惜醉人。」

恁外頭更有伴當麼？

有一箇看行李，就放馬裏。

他喫的飯却怎生？

儘教。俺喫了時，與他將些去。有椀與一箇，這般（飯？）裏盛出一椀飯，與那箇伴當。

由他，恁都喫了者。家裏更有飯【12b】裏。喫了時將去。恁休做客，慢慢喫的飽者。

俺是行路的客人，更待做甚客！

喫得飽那不飽？

俺好生飽了，收拾椀楪者。

客人每有一箇看著馬，不曾來喫飯。興兒，你另盛一椀飯，礶兒裏將些湯，根著客人去，與那箇伴當喫了時，却收拾家事來。

主人家哥休恠，小人每這裏定害。

有甚麼定害處？喫了些淡飯，又没甚好茶飯。

休那般説，不當有。「飢時得一口，強如飽時得一斗。」俺正飢渴時，主人家這般與茶飯喫，怎生忘的恁？

休那般説。偏俺出外呵，頂著房子行那？也索投人家尋飯喫裏！却不説：「好看千里客，萬里要傳名。」

主人家哥，小人這裏溷踐了，姓也不【13a】曾問。哥哥貴姓？

俺姓張，是張社長家。伴當，你却姓甚麼？

小人姓王，在東京城裏閣北街東住。哥哥因事到東京，不弃嫌小人呵，是必家裏來。

那般者，去時節便尋恁家裏去。俺偏背你那。

兀那人家，俺恰纔糴米去來，不肯糶與，他每做下的見飯與俺喫了，更與你將來。你喫了時，與這小的椀楪將去。伴當，你赶將馬來，咱每打馳馱。比及馳了時，他也喫了飯也，咱每便行。

這箇馬怎麼這般難拿？元來這般的！

既這般歹時，再來著絆者。

俺在前絆著來，今日忘了不曾絆。

咱每衆人邀當著拿住者。

馳馱都打了也，咱每行者。小的，你將椀楪、礶兒去。生受你，休【13b】恠者。

日頭却早這早晚也，這裏到夏店，演裏有十里來地，到不得也。則投這路北兀那人家，尋箇宿處去來。

那般者，咱每去來。

都去時，那人家見人多時，不肯教宿。著兩箇看行李，俺兩箇問去。

拜揖主人家哥，俺是客人，今日晚也，恁房子裏覓箇宿處。

俺房子窄，無處安下，恁別處尋宿處去。

你這般大人家，量俺兩三箇客人，恰便下不得那？恁好房子裏不教俺宿時，則這門前車房裏教俺宿一夜如何？

俺不是不教恁宿。官司排門粉壁，不得安下面生歹人。恁知他是那裏來的客人？自來又不曾相識，怎知是好人歹人？便怎麼敢容留安下恁？

主人家【14a】哥，俺不是歹人。小人在東京城裏住，現將印信文引。

恁在東京城裏那些箇住？

小人在東京城裏閣北街東住。

離閣有多少近遠？

離閣有一百步地。向街那北巷裏，向街開雜貨鋪兒便是。

那雜貨鋪兒是恁的那？近南隔著兩家兒人家，有箇酒館，是我相識的，你認的麼？

那箇是劉清甫酒館，是俺街坊，怎麼不認的？

雖然這般呵，房子委實窄，宿不得。

恁可憐見。恁識者，這早晚日頭落也，教俺那裏尋宿處去？不揀怎生，俺宿一宿。

這客人怎麼這般硬廝戰！如今官司好生嚴，省會人家，不得安下面生歹人。恁雖說是東京人家，我猶自不敢保裏！更恁這幾【14b】箇伴當，樣範又不是漢兒，又不是達達，知他是甚麼人！我怎麼敢留恁宿？恁不理會的，新近這裏有一箇人家，則爲教幾箇客人宿來，那客人去了的後頭，事發。那人每却是達達人家走出來的駆（軀）口。因此將那人家連累，官司見著落根尋逃駆有。似這般帶累人家，怎麼敢留恁宿？

主人家恁說那裏話？好人歹人更不認的那？這幾箇伴當，他是高麗人，從高麗田地裏來。他每高麗田地把口子、渡江處，官司比咱每這裏更嚴，驗了文引，仔細的盤問了，纔放過來。他每若是歹人、來歷不明呵，怎生能勾到這裏來？他見將文引，赶著高麗馬，投大都做買【15a】賣去。底似的漢兒言語説不得的上頭，不敢言語。他每委實不是歹人。

既這般的呵，休則管的戰張。後頭房子窄，老小更多，又有箇老娘娘不快。你不嫌冷時，則這車房裏宿如何？

那般者，俺則車房裏宿。

主人家哥，小人更有一句話，敢道麼？

有甚麼事？你説。

這早晚黑夜，俺其實飢也，又有幾箇馬。"一客不犯二主"，怎生可憐見，糴與俺一頓飯的米和馬草料如何？

俺這裏今年夏裏天旱了，秋裏水澇了，田禾不收的上頭，俺也旋糴旋喫裏。那裏將糴的米來？

俺從早起喫了些飯，到這早晚不曾喫飯裏，好生的飢也。你糴來的米裏頭，那(挪)與些箇，俺則熬些【15b】粥喫。兀的二兩半鈔，從恁意與些箇。

二兩半鈔，與恁多少呵是？

由你，但與的是數。

今年為旱澇不收，十兩鈔糴的一斗米。俺夲(本)無糴的米，既恁客人則管的廝央，俺糴來的米裏頭，那(挪)與恁三升，煮粥胡充飢。

客人每休恠，其實來今年生受。若是似往年好收時，休道恁兩三箇人，便是十數箇客人，也都與茶飯喫。

主人家哥説的哏是。俺也打聽得今年這裏田禾不收。既這般呵，主人家哥，小人每待後頭熬粥去，這早晚黑地裏出入不便當，更恁這狗每乖，不揀怎生，恁與俺做些箇粥如何？

儘教，恁客人則這車房裏安排宿處，我著孩兒每做將粥來與【16a】恁喫。

好，好，多謝多謝！

主人家哥，更有一句話：人喫的且有些箇，這馬每却怎生？一就那（挪）與些草料如何？

客人每説甚麼話？人喫的也没，更那裏將馬的草料來？俺這家前院後有的是草場。恁喫了飯時，著兩箇赶著馬那裏放去，頭明不喫的飽了那？索甚麼糴草料？

那般者，哥哥道的是。俺車房裏去，無甚明火，教小孩兒將些箇燈來。

那般者，如今教將來。

咱每喫了飯時，這裏留兩箇看行李，先著兩箇放馬去。到半夜前後，却著這裏的兩箇替廻來。大家得些睡呵，明日不渴睡。

兀的燈來，更有粥將來也。匙椀都有，你則喫者。

咱每飯也喫了。恁兩箇先放【16b】馬去，到半夜裏，俺兩箇却替恁去。

我恰纔睡覺了，起去來。參兒高也，敢到半夜也。我先去，替那兩箇來睡。你却來那裏，咱每兩箇看著馬。

那般者，恁去。

恁兩箇去睡些箇。到那裏時，教那箇伴當來者。

你來也？你邀過馬來在一處者，容易照覷。月黑也，恐怕迷失走了,惧了路子。

　　明星高也,天道待明去也。咱每赶将馬去來,到下處收拾了行李時,恰明也。

　　這馬每都絟住者。教那兩箇起來。

　　恁兩箇疾快起來,收拾行李,打馳馱。但是咱每行李收拾到者,主人家的東西休錯將去。

　　馳馱都打了也。叫唤主人家辭了去來。

　　主人家哥休恠,俺去也,這裏定害了。

　　恁【17a】有甚麼定害處? 恁休恠,好去者。

　　咱每前頭到夏店時,買飯喫了,儘晚到大都去也。

　　這裏到夏店有多少近遠?

　　敢有三十里多地。

　　你夜來怎麼説十里來近遠? 今日却怎麼説三十里地?

　　我夜來錯記了來。今日再想起來,有三十里多地。咱每休磨拖,趁清涼,就馬每喫的飽時,赶動者。

　　日頭却早這早晚也。兀那望著的黑林子便是夏店。這裏到那裏,演裏有七八里路。你在先也曾大都去來,怎麼不理會的?

　　這夏店俺是曾走了一兩遭,都忘了,那裏記得來?

　　店子待到也,咱每喫些甚麼茶飯好?

　　俺高麗人不慣喫濕麵,咱每則喫乾物事如何?

　　那般者,咱每買【17b】些燒餅,攙些肉,喫了過去。

　　咱每這裏當住馬絟者,卸下行李,這飯店裏去來。

　　問客,先將一椀温水來,俺洗面皮。

客人每洗了面也。

賣物，抹卓兒。

客人喫些甚麼茶飯？

俺四箇人，爨著一兩半羊肉，將二兩燒餅來。

這湯淡，有塩醬將些來，俺自調和喫。這燒餅一半兒冷，一半兒熱。熱的留了者，俺喫。這冷的你將去，爐裏熱著將來。

咱每飯也喫了也，與了飯錢去來。

賣物，來廻鈔。通該多少？

二兩燒餅，一兩半羊肉，通是三兩半。

兀的五兩鈔，貼一兩半來。

這一兩半没些眉眼，使的麼？

好鈔有，你將去。這鈔大都做料鈔使。

咱每打馳馱行。

日頭正晌（晌）午也，有些熱。早【18a】來喫了乹（乾）物事，有些乹（乾）渴。前頭不遠有箇草店兒，到那裏咱每喫幾盞酒解渴。

歇住頭口者，暫時間卸下行李來，喫幾盞酒便過去。

量酒，打將二兩鈔的酒來。

客人每，兀的有二兩鈔的酒。

好酒麼？

好酒，你試嘗。酒不好，不廻鈔。

胡喫的過去。有甚麼好菜蔬，將些箇來。

那般者，有塩瓜兒，如今便將來。客人每熱喫那涼喫？

儘教，休旋去，俺則涼喫。

哥哥先喫一盞，哥哥受禮。

你敢年紀大,怎麼受禮?

哥哥你貴壽?

小人年紀三十五歲。

小人纔三十二也。哥哥,你年紀大,受禮。

小人雖年紀大,怎麼便受禮? 咱每都起來,大家容易。

那般者,教你受禮,堅執不肯。滿飲一【18b】盞,休留底酒。

咱每都休講禮,喫一盞酒。

喫了酒也,廻了酒錢去來。

量酒,來廻鈔。兀的二兩半鈔,貼五錢來。

哥哥與一張兒好的,這鈔無了字兒,怎麼使的?

這鈔嫌甚麼? 字兒、伯兒分明都有,怎麼使不得? 你不識鈔時,教別人看去。

我怎麼不識鈔? 索甚麼教別人看去? 換鈔不折本(本)。你自別換與一張兒便是也。索甚麼合口?

這量酒也纏的壞了。阿的般鈔使不得? 兀的一箇一兩半、一箇五錢將去。

這一兩半也昏。

你却休謊。恰早來喫飯處貼將來的鈔。

儘教,胡留下者,便使不得也罷。

你要那話怎麼? 使不得呵,你肯要那?

打了馱駄著行,日頭後晌(晑)也。這裏離【19a】城有的五里路。著兩箇後頭赶將頭口來。我和一箇伴當先去尋箇好店安下處,却來迎悶。

咱每先說擬定的,則投順承門關(官)店裏下去。

那般者，你兩箇先去。俺兩箇後頭慢慢的赶將頭口去。

咱每疾快行動者。比及到那裏尋了店時，那兩箇到來了也。

店主人家哥，後頭更有幾箇伴當赶著幾箇馬來也。你這店裏下的俺麼？

你通幾箇人？幾箇馬？

俺通四箇人，十箇馬。

車子有麼？

車子没。

這般的時，下的恁。兀的東壁上有箇稍房子空者裏，你看去。

你引俺看去來。

俺忙，没功夫去，你則看去者。

悮了你多少功夫？到那裏看了房子中不中，俺説一句話。

那【19b】般者，去來。

這房兒也下的俺。茶飯如何？

茶飯呵，俺店裏小主人家新近出去了，委實無人打火。你客人每自做飯喫。

那般者，俺自做喫。鍋竈椀楪都有麼？

那的恁放心，都有。

那般呵，俺迎伴當每去。

你去者。

恁兩箇到這裏多少時也？

俺纔到這裏，恰待尋恁去來，你却來了。店在那裏？

兀那西頭有。

行李都搬入來者。把馬每鬆動者，且休摘了鞍子。你去問主人家索幾箇席子蒿薦來，就待（帶）箇苫幕來拂綽。行李且休搬入去。等鋪了席薦時，一就搬入去。

　　客人每，你這馬待要賣那？

　　可知俺賣。

　　你既賣時，也不索你將投市上去，則這店裏有者。俺與恁尋主兒都【20a】賣了。

　　儘教。到明日再說話。咱這馬每路上來，每日供路子生受，喂不到，都沒甚腠息。便將到市上，市上人也出不上價錢。咱每捨著草料，好生喂幾日，發落也不遲裏。

　　你道的是，我也心裏那般想著有。俺更有人蔘、毛施、帖裏布，明日打聽價錢去來。有價錢時，賣了者；怕底似的賤時，且停些時。

　　你那裏打聽去？

　　師傅店裏有俺相識，那裏問去。

　　那般者，到明日咱每一處去。

　　你兩箇看著頭口，俺兩箇到城裏去便來。

　　拜揖哥哥，這店裏賣毛施布的高麗客人李舍有麼？

　　你尋他怎麼？

　　俺是他親眷，纔從高麗田地來。

　　恰纔出去了，投羊市角頭去了。他說便來，你【20b】且出去，等一會再來。

　　既他羊市角頭去呵，又不遠，俺則這裏等。

　　由你等者。

　　他在那箇房子裏下？

　　兀那西南角上，芭子門南壁小板門兒便是。

他出去了，看家的有那没？

有箇後生來。這裏不見也，敢出去了。

恁高麗田地裏將甚麼行貨來？

俺将的幾箇馬來。

更有甚麼行貨？

別没甚麼，有些人蔘、毛施、帖裏布。如今價錢如何？

價錢如常。人蔘正闕著，哏好價錢。

如今賣的多少？

往年時則是一斤十五兩。如今爲没賣的，半定也没處尋裏。
你那蔘那裏蔘？

俺的是新羅蔘。

新羅蔘呵更好，愁甚賣！

阿的不李舍來也？

好麼，好麼？ 幾時來？ 家裏都好麼？

都安樂好有。

投俺【21a】下的房子裏去來。請，請，裏頭坐的。你從幾時離了
王京？

俺七月初頭離了。

却怎麼這時間纔來到？

俺沿路慢慢的來。

俺家裏書信有那没？

書信有。

這書上寫著無甚備細。你來時，俺父親、母親、伯父、叔父、伯
娘、嬸子、姐姐、姐夫、二哥、三哥、阿嫂、姊妹、兄弟每都安樂好麼？

都安樂。

那般好呵。"休道黃金貴,安樂最直錢。"怪殺今日早起喜鵲兒噪,更有噴嘖來,果然有親眷來,更有書信。却道"家書直萬金"！小人拙婦和小孩兒每都安樂那？

都安樂。你那小女兒出班子來,俺來時都完痊疴了。

你將甚麼行貨來？

俺將著幾箇馬來。更有些人蔘、毛施、帖裏布。如今價錢【21b】如何？

馬的價錢和布價則依往常,人蔘價錢哏好有。

道的是,恰纔這店裏那客人也這般説。

你有幾箇伴當？

更有兩箇伴當,都是親眷,一箇是姑舅哥哥,一箇是兩姨兄弟。

在那裏下？

在順承門關(官)店街北一箇車房裏下著有。

從幾時來到？

俺則夜來到。

這伴當是誰？

到東京這壁廂廝合著。他也有幾箇馬,一處赶將來。他是漢兒人,在東京城裏住。俺沿路來時,好生多得他濟。俺漢兒言語不甚理會的,路上喫的馬匹草料,以至安下處,全是這哥哥生受。

道的是。

俺且到下處去,再廝見。

且停些時,咱每聊且喫一盞酒,不當洗塵。

不索,今日忙,明日再廝見【22a】喫酒,也不遲裏。

那般呵，明日就店裏尋你去，一就和那親眷每，一處喫一兩盞。我送到你外頭去。

索甚麼你送？你這房裏無人，不索去。

那般者，你却且休恠，小人没一禮館待。

恠甚麼？咱每一家裏，又不是別人。

〔不多時却到店裏，見店主人和三箇客人立地看馬。〕

〔店主人道："這三箇伴當，兩箇是買馬的客人，一箇是管牙人。你這馬，他每都一發買將直南賣去。便將到市上也則兀的是。'千零不如一頓'，則不如都賣與他每，倒快也。"〕

既你待賣時，咱每商量。這箇青馬後生那老？

你則拿著覷牙根底。

我覷了也，下頭没，上頭邊兒有，哏老有。

你敢不理會的馬【22b】齒歲？這箇馬如何？今春新騸了的，哏壯馬。

這好的歹的都一發商量。

這曳刺馬、騸馬、赤馬、黃馬、鴛色馬、栗色馬、黑綜馬、白馬、黑馬、灰馬、土黃馬、繡膊馬、白臉馬、五明馬、桃花馬、青驄馬、豁鼻馬、騍馬、懷駒馬、環眼馬、乖驕馬、煙薰馬——這馬牛行花塔步——竄行馬、鈍馬、眼生馬、撒蹶的馬、前失的馬、口硬馬、口軟馬，這些馬裏頭，歹的十箇，一箇瞎、一箇跛、一箇蹄歪、一箇磨硯、一箇打破脊梁、一箇熟蹶、一箇疥、三箇瘦，則有五箇好馬。

你這馬，好的、歹的、大的、小的，相滾著要多少價錢？一箇家評了價錢。

通要一百二十定鈔。

你説這般價錢怎麼厮合的？你則説賣的【23a】價錢，無來由這般高索甚麼？俺不是矯商量的。你道的是呵，兩三句話便成了交易。不爭你這般胡索價錢，怎生的還呵是？

｛牙人道："伴當每，恁底似的休多索。恁兩箇枉了，成合不得。我是箇牙人，也不向買主，也不向賣主，我則依夲（本）分的中間説。你索一百二十定鈔呵，這五箇好馬十箇歹馬，恁評多少？"｝

這五箇好馬，俺評五十定。這十箇歹馬，俺評七十定。

似這般價錢，其實著落不得。我依著如今實直的價錢説與恁。兩家依著我説，倒的去如何？

我試聽你定的價錢。

這五箇好馬，每一箇評七定，計三十五定。這十箇歹馬，每一箇評五定，計五十定。通【23b】做八十五定，成了去。

似你這般定價錢，就高麗田地裏也買不得，那裏是實買馬的？則是胡商量的。

這箇伴當，你説甚麼話？不買時害風那？做甚麼來這裏商量？

這馬恰纔牙人定來的價錢，猶自虧著俺有。

這般價錢不賣，你更待想甚麼？

你兩家休自管叫喚。買的更添些箇，賣的減了些箇。更添五定，做九十定成交呵，天平地平。買主恁不著價錢也買不得，賣主多指望價錢也賣不得。

邊頭立地閑看的人道："這牙家説的價錢，哏是夲（本）分的言語。"

罷，罷。咱則依牙人的言語，成了者。

既這般時，價錢哏虧著俺。

只是一件，爛鈔不要，與俺好鈔。

那般者，爛鈔【24a】也没，俺的都是好鈔。

既是好呵，咱先撿了鈔，寫契。

那般者，布帒裏鈔將來，都撿了。

著牙人先撿了。

你賣主自撿，裏頭無一張兒歹的。

這鈔雖是撿了，假僞俺不識。恁使了記印者。已後使不得時，俺則問牙人換。

那般者，使著印兒也。不揀幾時管換。

文契著誰寫？

牙家就寫。

這契寫時，一總寫那，一箇家分開著寫？

休總寫。總寫時，怎麼發落？你各自寫者。

恁這馬是一主兒那，是各自的？

一主兒的不是。這四箇伴當是四箇主兒，這馬裏頭各自有數目。你從頭寫我的馬契。

你的馬是家生的那，元買的？

我的是元買的。

你在那裏住，姓甚麼？

我在遼陽城裏住，姓【24b】王，寫著王客者。

我寫了這一箇契也。我讀，你試聽："遼陽城裏住人王客，今爲要錢使用，別無得處，遂將自己元買到赤色騸馬一疋——年五歲，左腿上有印記——憑大都管牙人羊市角頭街北住坐馬二作牙人，賣與直南府客人張五，永遠爲主。兩言議定，價錢中統鈔七定，其錢立契日一併交足，外無懸欠。如馬好歹，買主自見；如馬來處不明，賣主一面承當。成交已後，各不許番悔。如先悔的，罰中統鈔一十兩與不悔之人使用無詞。恐後無憑，故立此契爲用者。某年月日。立契人王客押，管牙人馬二押。"其餘的馬契都寫了也。

　　咱每筭了牙稅錢者。體例【25a】裏，買主管稅，賣主管牙。你各自筭將牙稅錢來。

　　俺這八十五定價錢裏，該多少牙稅錢？

　　你自筭：一兩三分，十兩三錢，一百兩該三兩。八十五定鈔計四千二百五十兩，牙稅錢各該著一百二十六兩五錢。

　　牙稅錢都筭了也。俺這馬契，幾時稅得了？

　　那的不容易那？你著一箇伴當根我去來，到那裏便了。更不時，恁都則這裏有者，我去稅了，送將來與恁。

　　俺不曾好生覰，這箇馬元來有病。

　　有甚麼病？

　　兀的鼻子裏擺鬊有，是瘶馬。俺怎麼敢買將去？不爭將去時，連其餘的馬都染的壞了。

　　這般的，你更待悔交那？

　　我是索不要。

　　你既不要時，契上明白寫著"如馬【25b】好歹，買主自見。先悔的罰鈔十兩"，官憑印信，私憑要約。你罰下他十兩鈔與他賣主，悔交去便是，索甚麼煩惱？

　　那般者，你攛出這箇馬契來，問他每元定價錢內中，除了十兩鈔做罰鈔，毀了文契者。

這箇馬悔交了也，該著五定價錢。

你要過的牙稅錢各該著七兩五錢，你却廻將來。

那般者，廻與你。

你都這裏有者，我稅契去。

索甚麼等你？俺趕著馬下處兌付草料去。你稅了契時，到明日，俺下處送來。

〔相別散了。〕

你這人蔘布疋不曾發落，敢有些時住裏。我別無甚買賣，比及恁賣布的其間，我買些羊，到涿州地面賣去。走一遭廻來，咱每商量別買行貨【26a】如何？

那般者，也好。你買羊時，咱每一處去來，我也閑看價錢去。

〔到街上立地的其間，一箇客人趕著一羣羊過來。〕

伴當，你這羊賣麼？

可知賣裏。你要買時，咱每商量。

這箇羝羊、臊胡羊、羯羊、羖𤞏羔兒、母羖𤞏，都通要多少價錢？

我通要六定鈔。

量這些羊，索這般高價錢！好綿羊却賣多少？

索的是虛，還的是實。你與多少？

你這般胡索價錢，我那些箇還呵是？

你道的是者。那般者，減了半定者。

你來。你休減了半定。我老實價錢，則一句兒還你：我與你四定鈔。肯時賣，你不肯時趕將去。

休四定，你更添半定，賣與你。

添不得。肯時肯，不肯時罷。

我是快性。撿好鈔【26b】來，臨晚也，賤合殺賣與你。

恁好坐的者。我赶著羊到涿州賣了，便廻來。

我恰尋思來，這幾箇羊也當走一遭。既待去也，餘剩有些鈔裏，閑放怎麼？一就買段子將去。

咱每鋪裏商量去來。

這茶褐暗花、鴉青智背、象牙底兒智背、六花暗花遍金苔子、雲肩暗花、和織、和素、紅綾生絹、紅裏絹、綿紬、絲紬、銷金段子、披氈、氈衫、油單、罟罟、裁帛腰線、鴉青、鴨綠、柳青、大紅、小紅、肉紅、桃紅、茜紅、銀褐、鵝黃、金色、茶褐、麝香茶褐、酒浸茶褐、紫紵絲、紅腰線襖子——這段定你都看了也，你端的待買甚麼段子？

別箇不要。鴉青金智背段子和這和織、和素。俺老實對你説，俺自【27a】穿的不是，要將投鄉外轉賣，覓些利錢去。你老實索價錢。

這金智背三定，和織九十兩，和素五十兩。

你休這般胡索，倒隔了你買賣。俺不是利家，這段子價錢俺都知道。這金智背是草金，江南來的，你索三定呵，這服地真金的却賣多少也？

不索多説。你既知道價錢，你與多少價錢？

這金智背兩定，和織七十兩，和素四十兩，是實實的價錢。你肯時我買，不肯時俺別處商量去。

既你知道價錢，索甚麼多説？撿好鈔來，賣與你。

這段子買了也。

咱每更商量，這箇紫紵絲段子，到多少尺頭？句（够）做一箇襖子麼？

你説甚麼話？滿七托有。官尺裏二丈八，裁衣尺裏【27b】二丈五。你一般身材做襖子呵，細褶兒儘句（够）也。若做直身襖子有剩。

你打開，我試托。那裏滿七托？

剛剛的七托有。你身材大的人，一托比別人爭多。

這段子地頭是那裏的？

你道是“我識行貨”，却又不識。這段子外路的不是，服地段子有。你仔細看，没些箇粉飾，好清水段子。

索多少價錢？

這段子價錢誰不識？索甚麼索價錢？若索呵索六定，老實價錢五定，撿鈔來便是。

這段子也買了也。

你這鞍子、彎頭、大鞦、小鞦、攀胷、靵、鞍橋子、鴈翅板、鐙徹皮、肚帶、籠頭、牽控、編繮、繮繩、兆頦、閘口、汗替、皮替、替子，全買了也。

更買一張弓去。

到賣弓的房子裏問道：“賣的好【28a】弓有麼？”

可知有。無呵，做甚麼買賣裏？

你將這一張黄樺弓上絃者，我試拽，氣力有呵我買。

新上了的弓，慢慢的拽。

是好弓呵，怕甚麼拽？這弓把裏軟，難拽，没廻性有。

這弓你却是強褒彈。兀的弓，你更嫌甚麼？

由他説，“褒彈的是買的”。

這一張弓爲甚麼不樺了？

你不理會的。這弓最好，上等弓，若樺了時，買的人不委信。教人看了面子上角，背子上鋪的肋，商量了價錢，然後樺了，也不遲裏。

這弓卸下，叩子小些箇，梢兒短。

弓也買了也。

有賣的弓絃時將來，俺一就買一條，就這裏上了這弓者。

絃有，你自揀著買。

這的忒細，這的却又麤俉(笨)。似這一等兒著中，恰【28b】好。

這弓和絃都買了也。

更買幾隻箭。這鈚子、虎爪、鹿角樸頭、響樸頭、艾葉、柳葉、迷針箭，這箭竿是竹子的，這的是木頭的。更買這箭胡蘆、弓袋。

這雜帶都買了也。

更買些椀子什物：鍋兒、鑼鍋、荷葉鍋、六耳鍋、磁楪子、木楪子、漆楪子，這紅漆匙、黑漆匙、銅匙、紅漆筯、銅筯、三脚鐺兒，這盤子是大盤子、小盤子、漆椀，這漆器家具，一半兒是通布裒(裏)的，一半兒是膠漆托的。更有些豹子生活。其餘的通布裒(裏)的，是主顧生活。其餘的都是市賣的。

今日備辦了些箇茶飯，請咱每衆親眷閑坐的。翁翁、婆婆、父親、母親、伯伯、叔叔、哥哥、兄弟、姐姐、姊妹、外甥、姪兒、姪女、舅【29a】舅、女婿、妗子，又嬭母、姨姨、姑姑、姑夫、姨夫、姐夫、妹夫、外甥女婿、叔伯哥哥兄弟、姑舅哥哥兄弟、房親哥哥兄弟、兩姨哥哥兄弟、親家翁、親家母、親家伯伯、親家舅舅、親家姨姨,使唤的奴婢,都請將來也。

欄(攔)門盞兒都把了也,請屋裏坐的。

今日些小淡薄禮,虛請親眷。酒也醉不得,茶飯也飽不得,休恠。

休這般説,不當。教恁盡一日生受。酒也醉了,茶飯也飽了也。恁休恠。

如今正是臘月,天氣寒冷。拾來的糞將來,熰著些火者,熱手脚。糞拾在籠子裏頭,收將來,休教别人將去了。

這車子折了車綱(輞)子,輻條將來,可惜了。

咱每後頭不備牢那? 車軸、車釧、車諫、車【29b】頭、車梯、車厢、車轅、繩索都好有。

樓子車、庫車、驢騾大車、驢駕轅車、馬㛂子車、坐車兒,都好生房子裏放者,休教雨雪濕了。

似這般冷呵,咱每遠垜子放者射,賭一箇羊。

咱每六箇人,三棚兒箭句(够)射也。

〔那壁厢先射過來。〕

人叫唤有:“大了也,恰好者!”“射歪了也!”“高些箇射,休小了! 低射呵,赢到也!”

誰赢誰輸?

由他,你覷,未裏,暫霎兒更添一箇箭呵,咱每滿也。

已赢了也。輸了的做宴席者。

咱每做漢兒茶飯者。頭一道細粉,第二道魚湯,第三道雞兒

湯,第四道三下鍋,第五道乾按酒,第六道灌肺、蒸餅,第七道粉羹、
饅頭,臨了割肉水飯打散。

　　咱每點視這果子菜蔬,【30a】看整齊那不整齊？這藕菜：黃瓜、
茄子、生葱、薤、蒜、蘿蔔、冬瓜、葫蘆、芥子、蔓菁、赤根、海帶;這按
酒：煎魚兒、肝雙腸、頭蹄、肚兒、腦子、眼睛、脆骨、耳朵;這果子：
棗兒、乾柿、核桃、乾葡萄、龍眼、荔枝乾、杏、西瓜、甜瓜、柑子、石
榴、梨兒、李子、松子、炒糖蜜栗子。

　　這肉都煮熟也。頷(脖)項骨、背臂、脇扇、前膊、後腿、臂子,却
怎麼不見一箇後腿？

　　饅頭餡兒裏使了也。

　　湯水茶飯都了也。日頭落也,疾忙撞肉呵散者。

　　咱每今日宴席喫了多少酒？

　　喫了三十兩的酒。

　　咱每通是十數箇人,怎麼喫三十兩的酒？

　　且不則十數箇人喫,下頭伴當每徧(偏)不喫那？

　　〔宴席散了也。〕

　　我有些腦痛頭眩,請大醫【30b】來胗候脉息,看甚麼病。

　　大醫説："你脉息浮沉,你敢傷著冷物來?"

　　我昨日冷酒多喫來。

　　那般呵,消化不得上頭,腦痛頭眩,不思飲食。我這藥裏頭,與
你箇剋化的藥餌,喫了便教無事。消痞丸、木香分氣丸、神弓丸、檳
榔丸,這幾等藥裏頭堪中服,可治飲食停滯。則喫一服檳榔丸,食
後每服三十丸,生薑湯送下。喫了時,便動臟腑。動一兩行時,便
思量飯喫。先喫些薄粥補一補,然後喫茶飯。

　　明日大醫來問："你較些箇麼?"

今日早晨纔喫了些粥，較爭些箇也。明日病疴了時，大醫根底重重的酬謝也。

咱每每年每月每日快活，春夏秋冬一日也休撤了。咱人今【31a】日死的，明日死的，不理會得。安樂時不快活呵，真箇呆人也。死的後頭，不揀甚麼都做不得主張有。好行的馬別人騎也，好襖子別人穿也，好媳婦別人根底去也。活時節著甚麼來由不受用？

大槩人的孩兒，從小來好教道的成人呵，官人前面行也者。他有福分呵，官人也做也者。若教道他，不立身，成不得人，也是他的命也者。咱每爲父母心盡了，不曾落後。你這小孩兒若成人呵，三條道兒中間裏行者：別人東西休愛者，別人折針也休拿者，別人是非休説者。若依著這般在意行呵，不揀幾時，成得人也者。常言道："老實常在，脱空常敗。"休做賊説【31b】謊，休奸猾懶惰。官人每前面出不得氣力行呵，一日也做不得人有。

伴當其間，自家能處休説，休自誇。別人落處休笑。達達家比喻説你了不得，"我儍儸有"，那言語休説者。舡投水裏出來，旱地裏行不得，車子載著有。車子水裏去呵，水裏行不得，舡裏載著有。一箇手打呵響不得有，一箇脚行呵去不得有。咱每人廝將就廝附帶行呵好有。更伴當每好的歹的都廝負荷著行。人有好處揚説者，人有歹處掩藏者。常言道："掩惡揚善。"若是掩人德，揚人非，最是歹句（勾）當有。

咱每做奴婢的人，根著官人每行呵，這裏那裏下馬處，將官人的馬牽控拿者，好生【32a】絟著。肥馬涼者，瘦馬鞍子摘了，絆了脚，

草地裏撒了，教咽草。布帳子疾忙打起者。鋪陳整頓者，房子裏搬
入去者。鞍子、轡頭自己睡臥房子裏放者，上頭著披氈蓋者。那的
之後，鑼鍋安了者。疾忙茶飯做者。肉熟也，撈出來。茶飯喫了
呵，椀子家具收拾者。官人每睡了時，教一箇伴當伺候者。若這般
謹慎行呵，便是在下人扶侍官長的道理。

　　咱每結相識行呵，休說那你歹我好，朋友的面皮休教羞了。親
熱和順行呵，便是一箇父母生來的弟兄一般，廝相待廝顧盼著行。
朋友每若困中無盤纏呵，自己錢物休愛惜，接濟朋友教使者。朋友
若不幸遭著【32b】官司口舌呵，衆朋友每向前救濟者。若不救呵，傍
人不唾罵那甚麼？有些病疾呵，休廻避，與請大醫下藥看治者，早
起晚夕休離了，煎湯熬水問候者。若這般廝覷當呵，便有十分病也
減了五分。朋友有些病疾，廻避著不照覷，那病人想著沒朋友情
分，悽惶呵，縱有五分病，添做十分也者。

　　咱每世上人，做男兒行呵，自己祖上名聽休壞了。凡事要謹慎
行呵，卓立男兒人。父母名聽辱磨了呵，別人唾罵也。父母在生
時，家法名聽好來，田產物業有來，孳畜頭匹有來，人口奴婢有來。
爺娘亡沒之後，落後下的孩兒每不務營生，教些幫閑的潑男女，狐
朋【33a】狗黨，每日穿茶房入酒肆，妓女人家胡使錢。衆親眷、街坊
老的每、莊院老的每勸道："你爲甚麼省不得，執迷著心？"廻言道：
"使呵使了我的錢，壞呵壞了我的家私，干恁甚麼事？"因那上頭，衆
人再不曾勸，信著他胡使錢。每日十數箇幫閑的，家裏媳婦孩兒喫
的、穿的都是這呆廝的錢。騎馬呵，五十錠的好贏行馬。鞍子是時
行的鏨木轎子，上頭打角，通使五十錠鈔。

穿衣服呵,按四時穿衣服,每日出套換套有。春間好紫羅繡搭胡,白羅紅腰線襖子,梅花羅搭搭五兒,白羅衫兒。到夏間,好極細毛施布布衫、上頭繡荊褐紗搭胡、白紗搭搭五兒。到秋間是【33b】羅衣裳。到冬間,斜紋紵絲襖子、斜紋絲紬襖子、纏身金龍襖子、茶褐水波紋地兒四花襖子、象眼地兒鴉青六花襖子、雲肩搭胡、茜紅毛衫、藍紵絲袴兒、棗褐紵絲三襜、白絹汗衫、銀褐紵絲板褶兒短襖子、黑褐紵絲開襟襖子、渾金搭子搭搭五兒。這般按四時穿衣裳。

繫腰呵,也按四季。春裏繫金繫腰。夏裏繫玉繫腰——最低的是菜玉,最高的是羊脂玉。秋裏繫鍼鐵——尋常的不是,有玲瓏花樣的。冬裏繫犀繫腰——有綜眼的,更毛犀不要。

頭上戴的帽子,好水獺毛氈兒、貂鼠皮簷兒、琥珀珠兒西番蓮金頂子——這般一箇帽子結裹二十錠鈔。又有單桃牛尾【34a】笠子、玉珠兒羊脂玉頂子——這般笠子通結裹三十錠鈔有。又有裁帛暗花紵絲帽兒、雲南氈海青帽兒、青氈鉢笠兒,又有貂鼠簷兒皮帽,上頭都有金頂子,又有紅瑪瑙珠兒。

穿靴呵,春間穿雲南狨皮靴,上頭更縫上花樣。夏間穿紫斜皮四垂頭刻子靴,夾金線黑斜皮靴。到冬間穿白斜皮靴,真皮靴。氈襪呵,穿好絨毛襪子,都教冰藍紵絲緣口子。一對靴上都有紅絨鴈爪,那靴底都是兩層淨底,上的線蠟打了,錐兒細、線麄,上的分外的牢壯好看。

喫飯呵,揀口兒喫。清早晨起來,梳頭洗面了,先喫些箇醒酒湯,或是些點心,然後打餅熬羊肉,或白煮【34b】著羊腰節膂子,喫了時，喫些酪解粥。騎著鞍馬，引著僕奴，著幾箇幫閑的般弄著，先投大酒館裏坐下，二三十兩酒肉喫了時，酒帶半酣，引動斜心，座子人家裏去。到那裏，教那彈絃子的謊廝每捉弄著，假意兒叫幾箇“舍人郎中”，早開手使錢也。那錢物則由那幫閑的人支使，他則糈孤，正面兒坐著做好漢。那廝每將著鈔破使了，中間尅落了一半兒，養活媳婦、孩兒。一箇日頭比及到晚出來呵，至少使五六定鈔。後頭使的家私漸漸的消乏了，人口、頭疋、家財、金銀器皿都盡賣了，田產、房舍也典當了，身上穿的也没，口裏喫的也没。那幫閑的男女，【35a】更没一箇肯俅保的。如今根著官人把馬，且得衣飯行有。

　　我買這行貨，待涿州賣去。這幾日爲請親眷筵會，又爲病疾耽閣，不曾去的。我如今去也。伴當，恁落後好坐的者。我到那裏，賣了行貨便來。

　　你好去者。俺賣了這人蔘、毛施、帖裏布時，不揀幾日，好歹等你來，咱商量買廻去的行貨。你是必早來。

　　{店主人家引著幾箇鋪家來，商量人蔘價錢。}
　　這蔘是好那歹？將些樣蔘來我看。這蔘是新羅蔘有，也著中。
　　你説甚麽話？這蔘絶高有，怎麽做的著中？
　　牙家道：“索甚恁兩家折辨高低？如今時價二十五兩一斤，有甚商量？”
　　你這蔘多少斤重？
　　俺這蔘一百一十【35b】斤。
　　恁枰如何？
　　俺枰放著印子裏，誰敢使私枰？這價錢一定也，俺則要上等擇鈔，見鈔不賒也。

怎那般説？鈔呵與你好鈔，買行貨的那裏將便與鈔裏？湏索限幾日。

你兩家休爭。限十箇日頭還足價錢。

那般者，依著牙家話。

這蔘稱了，勾得一百斤。恁説一百一十斤，那一十斤却在那裏？

俺家裏稱了一百一十斤。恁這秤大的上頭，折了十斤也。

那裏秤大？這蔘恁稱時節有些濕來，如今乾了，爲那上頭，折了這十斤。

這蔘做了五分兒分了，一箇人二十斤家，每一斤二十五兩，二十斤該五百兩，是十定，通計五十定。

〔更店主人家引將幾箇買毛施、帖裏布的【36a】客人來。〕

恁這毛施布十一綜的價錢、九綜的價錢索多少？

十一綜的是上等好布，三定半，没商量；九綜的是中等的，兩定半。

這帖裏布好的多少價錢？低的多少價錢？

帖裏布這一等好的兩錠，這一等較低的六十兩。

恁休胡索價錢。這布如今見有行市，俺買呵買一兩箇，自穿的不是，一發買將去要覓些利錢。俺依著如今價錢，一句兒還恁：這毛施布高的三錠，低的兩錠；這帖裏布高的七十兩，低的一錠。俺不賒恁的，一揝兒與好鈔。

牙家道：“他每還的價錢是著實的價錢。恁客人每直東新來，不理會得直實價錢。恁休疑惑，成交了者。”

那般者，價錢【36b】呵依著恁。依的俺時成交，依不得時，俺不賣。鈔呵擇鈔，爛鈔都不要。

你則要一等料鈔時，每兩官除工墨三分，私下五分家出工墨也,倒不出料鈔來。似恁這般都要料鈔時,虧著俺。

待虧恁多少？肯時成交,不肯時恁別處買去。

那般者,與恁料鈔買。

　

恁這布裏頭長短不等,有勾(够)五十尺的,有麼則到四十尺的,更有四十八尺,長短不等呵。

是地頭織來的,俺又不曾打了稍子,兩頭放者印記裏。

似這一箇布,經緯都一般,便是魚子兒也似勻淨好有。似這一等,經緯不等,織的又鬆,哏不好有。買的人多少褒彈,急切難著主兒。似這等布寬呵好,這幾箇布【37a】哏窄有。

窄呵偏爭甚麼？也一般賣了。

恁怎說那等言語？寬呵做出衣裳餘剩,又容易賣。窄呵做衣裳不勾,不爭少些箇,又索這一等的布零截,又使五兩鈔。為這上,買的人少,怎做？

爭甚麼有？買也買了也,索甚麼閑廝誕？筭了價錢,撿與他鈔。

　

你是牙家,你筭了者,該多少？

上等毛施布一百疋,每疋兩定半,該二百五十定。低的三十匹,每疋兩定,計六十定。

都與料鈔是。

委實沒若干料鈔。敢則到的三百定料鈔,那零一十定與恁上等擇鈔如何？

客人覷,偌多交易,索甚麼爭這些箇料鈔？好擇鈔也與料鈔一般使有。

那般者,依著恁。將好擇鈔來。

這鈔都撿【37b】了也,俺數將布去。

　　你且住者。這鈔裏頭真假俺高麗人不識有，恁都使了記號印兒者，牙家眼同看了者。後頭使不得時，俺則問牙家換。

　　却不"當面撿點見數，出門不管退換"也。

　　怎道？恁這等慣做買賣的人，俺一等不慣的人根底多有過瞞有。恁使著記號者，大家把穩。

　　這五十錠做一束，兀的是九束。

　　那幾箇客人將布子去了。咱每人蓼價錢也都收拾了，行貨都發落了也。

　　咱每買些甚麽行貨廻去呵好？

　　〔商量其間，涿州買賣去來的伴當到來相見。〕

　　好麽？好麽？買賣稱意麽？

　　托著哥哥每福陰裏，也有些利錢。你的行貨都賣了那不曾？

　　俺行貨都賣了也。【38a】正待買廻去的行貨，尋思不定，恰好你來到。

　　你待買甚麽行貨？

　　俺知他甚麽中將去？哥哥你與俺排布者。

　　我曾打聽得，高麗田地裏賣的行貨，底似十分好的倒賣不得，則宜豹子行貨，倒賣主兒快。

　　可知！哥哥你説的哏是有。俺那裏好的歹的不識，則揀賤的買。正是宜假不宜真。

　　我引著恁買些零碎行貨：紅纓一百顆、燒珠兒五百串、瑪瑙珠兒一百串、琥珀珠兒一百串、玉珠兒一百串、香串珠兒一百串、水精珠兒一百串、珊瑚珠兒一百串、大針一百裹、小針一百裹、青頂牌兒一百副、鑷兒一百箇、蘇木一百斤、氈帽兒一百箇、桃尖棱帽兒一百箇、琥【38b】珀頂子一百副、壓縫兒一百副、圓梭帽兒一百箇、織結梭帽兒一百箇、香搽粉一百貼、綿臙脂一百斤、臘臙脂一百斤、粉一百斤、牛角盒兒一百箇、鹿頂盒兒一百箇、繡針一百裹、棗木梳子一百箇、黃楊木梳子一百箇、大笓子一百箇、蟣笓子一百箇、斜皮針筒兒一百箇、大小刀子一百副、雙鞘刀子一十把、雜使刀子一十把、割紙細刀子一十把、裙刀子一十把、五事兒十副、象棊十副、大碁十副、雙六十副、茶褐象眼地兒樂帶一百條、紫條兒一百條、壓口合鉢一百箇、剃頭刀子一百箇、剪子一百把、錐兒一百箇、枰三十連、等子十連——那枰、等子都是【39a】官做的，枰竿、枰錘、毫星、枰鉤子都有。

更買些麤木綿一百匹、渾金和素段子一百匹、草金段子一百匹。更有小孩兒每小鈴兒一百箇、馬纓頦一百顆、鍼鐵條環一百箇。更買些文書：一部《四書》，都是晦庵集註；又買一部《毛詩》、《尚書》、《周易》、《禮記》、五子書、韓文、柳文、東坡詩、《淵源詩學》、《押韻君臣故事》、《資治通鑑》、《翰院新書》、《標題小學》、《貞觀政要》、《三國志評話》。這些行貨都買了也。

俺揀箇好日頭迴去。我一就待筭一卦去。
這裏有五虎先生，最筭的好有。咱每那裏筭去來。
｛到那卦鋪裏坐定，問先生道：“與俺看命。”｝
你道將年月日生時來。
我是屬牛兒的，今年四十也，【39b】七月十七日寅時生。
你這八字哏好。一世不小(少)衣禄，不受貧。官分呵没，宜做買賣，出入通達。今年交大運丙戌，已後財帛大聚，強如已前數倍。
這般呵，我待近日廻程，幾日好？

且住，我與你選箇好日頭。甲乙丙丁戊己庚辛壬癸是天干，子
丑寅卯辰巳午未申酉戌亥是地支。建除滿平、定執破危、成收開
閉。你則這二十五日起去，寅時往東迎喜神去，大吉利。二兩半卦
錢留下者。

〔各自散了。〕

〔至二十五日起程，辭別那漢兒伴當。已前盤纏了的火帳都筭
計明白。〕

哥哥，俺每迴去也，你好坐的者。俺多多的定害恁，恁休恠。

咱每爲人，四海皆兄弟，咱每這般【40a】做了數月伴當呵，不曾
面赤。如今辭別了，休道後頭再不廝見。山也有相逢的日頭！今
後再廝見呵，不是好兄弟那甚麼？

老乞大終

老乞大諺解

《老乞大諺解》解題

　　《老乞大》最初編成於高麗朝末期，即中國的元末。隨着時代的推移和政權的更迭，漢語也在發生變化。朝鮮《李朝實録》成宗十一年（公元 1480 年）十月乙丑條記載："御晝講。侍讀官李昌臣啓曰：'前者承命質正漢語於頭目戴敬，敬見《老乞大》《朴通事》，曰："此乃元朝時語也，與今華語頓異，多有未解處。"即以時語改數節，皆可解讀。請令能漢語者盡改之。曩者領中樞李邊與高靈府院君申叔舟以華語作爲一書，名曰《訓世評話》，其元本在承文院。'上曰：'其速刊行，且選其能漢語者删改《老乞大》《朴通事》。'"這是官方擬選人對《老乞大》《朴通事》進行首次修改的記録。此時上距元朝滅亡已有一百餘年。

　　爲便於學習，16 世紀前半葉，朝鮮著名語言學家崔世珍爲兩書作了諺解，世稱《翻譯老乞大》和《翻譯朴通事》，其中《翻譯老乞大》（上、下）約刊行於 1507—1517 年間。崔世珍用世宗大王御製之《訓民正音》的諺文給每個漢字注音，並用諺文將每句話翻譯成朝鮮語，這就是所謂的"諺解"。崔世珍是爲《老》《朴》作"諺解"的第一人。據研究，他所依據的《老》《朴》漢文本應是 1483 年經過中國使臣葛貴等人修改過的本子，《李朝實録》成宗十四年（公元 1483 年）九月庚戌條記載："先是命迎接都監郎廳房貴和從頭目葛貴校正《老乞大》《朴通事》。至是又欲質《直解小學》，貴曰：'頭目金廣妒我,疑副使聽讒,故我欲先還,恐難讎校。若使人謝改正《朴通事》《老乞大》之意,以回副使之心,則我亦保全矣。'"這個修改本的語言跟所謂的"古本""舊本"已有很大的不同,大體上反映了明初的北方話口語;其中也許還雜有南方方言的成分,因爲上引《李朝實錄》同條下文有云:"上語副使(金興)曰:'我國至誠事大,但語音不同,必學得字音正,然後語音亦正。今幸頭目官真是好秀才,予欲令質問字韻,請大人使秀才教訓。'副使曰:'我雖不言,彼必盡心矣。'命召葛貴賜酒,謂曰:'汝盡心教誨,予深嘉悦。'貴啓曰:'俺南方人,字韻不正,恐有差誤。'"葛貴自稱"南方人",這話值得注意。崔世珍在給《老》《朴》作諺解的同時,還對兩書中的難解詞語作了解釋,這就是《老朴集覽》(包括《單字解》《累字解》《老乞大集覽》《朴通事集覽》),其中提到"古本""舊本"和"今本""新本",如:"時:猶則也。古本用'呵'字,今本皆易用'時'字,或用'便'字。"(《單字解》5-1)"者:蒙古語謂諾辭曰者。兩書舊本皆述元時之語,故多有'者'字。今俗不用,故新本易以'着'字。"(《單字解》6-2)這些記載與1998年發現的《原本老乞大》相吻(李泰洙2003)。

　　崔世珍所作的《老乞大》諺解後來又有兩種修改本,這就是顯宗時期邊暹、朴世華等的《老乞大諺解》(1670年刊行)和英祖時期申聖淵、卞熠等的《老乞大諺解》(1745年刊行)。這兩種《諺解》本的漢語部分跟《翻譯老乞大》基本一樣,只有少量用字上的差異,如(前爲《翻譯》,後爲《諺解》):包彈—駁彈,取(婦)—娶,爺孃—爺娘,縣—綿等。總體而言,《翻譯》比《諺解》從古,錯字較少。因爲《老乞大諺解》(上、下卷)是現今有關研究者們利用的主要版本,所以本書將其收入加以點校,而不再收《翻譯老乞大》。

　　在中國,除《原本老乞大》有外語教學與研究出版社2002年出版的本子外,其餘各種版本均未曾正式刊布過,因此學者們利用這些資料十分不便，即使在韓國很容易見到的《老乞大諺解》也是如此。1995年，由商務印書館出版的《近代漢語語法資料彙編·元代明代卷》全文收錄了經過點校的《老乞大》和《朴通事》，遂成爲中國學者們用以研究的主要依據。其中的《老乞大》係以京城帝國大學法文學部影印奎章閣叢書第九《老乞大諺解》所附《老乞大》漢文本爲底本，以《諺解》作校本，按《諺解》之分段標記分段，不同人物的對話用空格隔開，加上新式標點。這是一個很好的點校本，學者稱便；但是也存在一些問題。一是由於體例所限，未附影印本，遇有疑難，無從核對，也無法研究其中的俗字。二是有個別錯字，如"咱們這裏當往馬棧着"，"往"當作"住"；"好酒，你嘗着"，"着"當作"看"。三是有些地方的標點不盡妥當，如"讀《論語》《孟子》、小學""講小學、《論語》《孟子》"，兩處的"小學"都應加書名號，在這裏專指宋代朱熹、劉子澄編的兒童教育課本；"你不理會的，新近這裏有一個人家，只爲教幾個客人宿來，那客人去了的。後頭事發，……""後頭"當屬上句，加逗號；"你説的是。這們便，我減了五錢着。""便"後的逗號應去；等等。

此次點校所據的底本是奎章閣叢書第九《老乞大諺解》，點校體例同《原本老乞大》，這裏不再重複。這個本子書法頗佳，但是有少量錯字，錄文時用括號注出正確的字。

崔世珍曾作有《老乞大集覽》（上、下）和《單字解》《累字解》，是對《老乞大》書中部分詞語的注解，很有參考價值，我們把它們統一置於《朴通事諺解》後，讀者可以參看。

《老乞大諺解》正文

老乞大諺解上

【1a】大哥你從那裏来？

我從高麗王京来。

如今那裏去？

我徃北京去。

你幾時離了王京？

我這月初一日離了王京。

既是這月初一日離了王京，到今半箇月，怎【1b】麼纔到的這裏？

我有一箇火伴落後了来，我沿路上慢慢的行着等候来，因此上来的遲了。

那火伴如今赶上来了不曾？

這箇火伴便是，夜来纔到。

你這月盡頭到的北京麼到不得？

【2a】知他！那話怎敢説？天可憐見，身已(己)安樂時，也到。

你是高麗人，却怎麼漢兒言語説的好？

我漢兒人上學文書，因此上些少漢兒言語省的。

你誰根底學文書来？

我在漢【2b】兒學堂裏學文書来。

你學甚麼文書来？

讀《論語》《孟子》《小學》。

你每日做甚麼工課？

每日清早晨起来，到學裏，師傅上受了文書。放學，到家裏喫飯罷，却到學裏寫做書。寫做書罷對句，【3a】對句罷吟詩，吟詩罷師傅前講書。

講甚麼文書？

講《小學》《論語》《孟子》。

説書罷又做甚麼工課？

到晚，師傅前撤簽背念書。背過的，師傅與免帖一箇；若背不過時，【3b】教當直的學生背起，打三下。

怎的是撤簽背念書？怎的是免帖？

每一箇竹簽上寫着一箇學生的姓名，衆學生的姓名都這般寫着，一箇簽筒兒裏盛着。教當直的學生將簽筒来搖動，【4a】内中撤一箇，撤着誰的，便着那人背書。背念過的，師傅與免帖一箇。那免帖上寫着"免打三下"，師傅上頭畫着花押。若再撤簽試不過，將出免帖来毀了，便將功折【4b】過免了打。若無免帖，定然喫打三下。

你是高麗人，學他漢兒文書怎麼？

你説的也是。各自人都有主見。

你有甚麼主見？你説我聽着。

如今朝廷一統天下，世間用【5a】着的是漢兒言語。我這高麗言語，只是高麗地面裏行的；過的義州，漢兒地面来，都是漢兒言語。有人問着一句話也説不得時，別人將咱們做甚麼人看？

你這般學漢兒文書時，【5b】是你自心裏學來，你的爺娘教你學來？

是我爺娘教我學來。

你學了多少時節？

我學了半年有餘。

省的那省不的？

每日和漢兒學生們一處學文書來，因此上些少理【6a】會的。

你的師傅是甚麼人？

是漢兒人有。

多少年紀？

三十五歲了。

耐繁教那不耐繁教？

我師傅性兒温克，好生耐繁教。

你那夥學生内中，多少漢兒人？多少高麗人？

漢兒、【6b】高麗中半。

裏頭也有頑的麼？

可知有頑的！每日學長將那頑學生師傅上稟了，那般打了時，只是不怕。漢兒小厮們十分頑，高麗小厮們較好些。

大哥，你如今那裏去？

【7a】我也徃北京去。

你既徃北京去時，我是高麗人，漢兒地面裏不慣行，你好歹拖帶我，做火伴去。

這們時，咱們一同去來。

哥哥你貴姓？

我姓王。

你家在那裏住？

我在遼陽城【7b】裏住。

你京裏有甚麼勾當去？

我將這幾箇馬賣去。

那般時最好，我也待賣這幾箇馬去。這馬上馳着的些少毛施布，一就待賣去。你既賣馬去時，咱們恰好做火伴去。

哥哥【8a】曾知得京裏馬價如何？

近有相識人来説，馬的價錢這幾日好。似這一等的馬，賣十五兩以上；這一等的馬，賣十兩以上。

曾知得布價高低麼？

布價如徃年的價錢一般。

【8b】京裏喫食貴賤？

我那相識人曾説，他来時，八分銀子一斗粳米，五分一斗小米，一錢銀子十斤麵，二分銀子一斤羊肉。

似這般時，我年時在京裏来，價錢都一般。

咱們今夜【9a】那裏宿去？

咱們徃前行的十里来田地裏有箇店子，名喚瓦店。咱們到時，或早或晚，只那裏宿去。若過去了時，那邊有二十里地没人家。

既那般時，前不着村，後不【9b】着店，咱們只投那裏宿去。

到那裏便早時也好，咱們歇息頭口，明日早行。

這裏到京裏有幾程地？

這裏到京裏還有五百里之上。天可憐見，身子安樂時，再着五箇日頭到了。

【10a】咱們到時,那裏安下好?

咱們往順城門官店裏下去来。那裏就便投馬市裏去却近些。

你説的是。我也心裏這般想着,你説的恰和我意同。只除那裏好。但是遼東去的客人【10b】們,別處不下,都在那裏安下。我年時也在那裏下来,十分便當。

你這幾箇頭口,每夜喫的草料,通該多少錢?

這六箇馬,每一箇五升料一束草,通箅過来,盤纏着二【11a】錢銀子。這六箇馬,每夜喫的草料不等。草料貴處,盤纏三四錢銀子;草料賤處,盤纏二錢銀子。

這箇馬也行的好,可知有幾步慢竄。

除了這箇馬,別箇的都不好。

你這馬【11b】和布子到北京賣了時,却買些甚麼貨物,迴還高麗地面裏賣去?

我往山東濟寧府東昌、高唐,收買些絹子、綾子、綿子,迴還王京賣去。

到你那地面裏,也有些利錢麼?

那的也中。我【12a】年時跟着漢兒火伴到高唐,收買些綿絹,将到王京賣了,也尋了些利錢。

你那綾絹綿子,就地頭多少價錢買来? 到王京多少價錢賣?

我買的價錢,小絹一匹三錢,染做小紅裏【12b】絹;綾子每匹二兩家,染做鴉青和小紅。絹子每匹染錢二錢;綾子每匹染錢,鴉青的三錢,小紅的二錢。又綿子每一斤價錢六錢銀子。到王京,絹子一匹賣細麻布兩匹,【13a】折銀一兩二錢;綾子一匹,鴉青的賣布六匹,折銀子三兩六錢;小紅的賣布五匹,折銀子三兩;綿子每四兩賣布一匹,折銀子六錢。通滾箅着,除了牙税繳計外,也尋了加五利【13b】錢。

你自来到京裏,賣了貨物,却買綿絹,到王京賣了,前後住了多少時?

我從年時正月裏,将馬和布子到京都賣了,五月裏到高唐,收起綿絹,到直沽裏上船過海,十【14a】月裏到王京。投到年終,貨物都賣了,又買了這些馬并毛施布来了。

這三箇火伴,是你親眷那? 是相合来的? 都不曾問姓甚麼。

這箇姓金,是小人姑舅哥哥;這箇姓李,【14b】是小人兩姨兄弟;這箇姓趙,是我街坊。

你是姑舅弟兄,誰是舅舅上孩兒? 誰是姑姑上孩兒?

小人是姑姑生的,他是舅舅生的。

你兩姨弟兄,是親兩姨那? 是房親兩【15a】姨?

是親兩姨弟兄。我母親是姐姐,他母親是妹子。

你既是姑舅、兩姨弟兄,怎麼沿路穢語不迴避?

我一們不會體例的人,親弟兄也不隔話,姑舅、兩姨更那裏問!

【15b】咱們閑話且休説。那店子便是瓦店,尋箇好乾淨店裏下去来,歇頭口着。街北這箇店子,是我舊主人家,咱們只這裏下去来。

拜揖主人家哥。

噯,却是王大哥! 多時不見,好麼?【16a】好麼? 你這幾箇火伴,從那裏合将来?

我沿路相合着,做火伴北京去。你這店裏草料都有阿没?

　　草料都有。料是黑豆,草是稈草。

　　是稈草好。若是稻草時,這頭口們多有不喫的。【16b】黑豆多少一斗?草多少一束?

　　黑豆五十箇錢一斗,草一十箇錢一束。

　　是真箇麼?你却休瞞我。

　　這大哥甚麼言語!你是熟客人,咱們便是自家裏一般,我怎麼敢胡説?【17a】怕你不信時,別箇店裏試商量去。我只是這般説。

　　我共通十一箇馬,量着六斗料與十一束草着。

　　這鍘(鍘)刀不快,許多草幾時切得了!主人家,別處快鍘(鍘)刀借一箇来。

　　這們【17b】時,我借去。

　　這鍘(鍘)刀是我親眷家的,他不肯,我哀告借將来,風刃也似快。你小心些使,休壞了他的。

　　這火伴,你切的草忒麤,頭口們怎生喫的?好生細細的切着。

　　這火伴,你敢【18a】不會爨了(料)?你燒的鍋滾時,下上豆子,但滾的一霎兒,將這切了的草,豆子上盖覆了,休燒火,休教走了氣,自然熟了。

　　客人們,你打火那不打火?

　　我不打火喝風那?【18b】你疾快做着五箇人的飯着。

　　你喫甚麼飯?

　　我五箇人,打着三斤麵的餅着。我自買下飯去。

　　你買下飯去時,這間壁肉案上買猪肉去,是今日殺的好猪肉。

　　多少一斤?

　　二十箇錢一斤。

【19a】你主人家就與我買去，買一斤肉着。休要十分肥的，帶肋條的肉買着，大片兒切着，炒將来着。

主人家迭不得時，咱們火伴裏頭，教一箇自炒肉。

我是高麗人，都不【19b】會炒肉。

有甚麼難處！刷了鍋着；燒的鍋熱時，着上半盞香油；將油熟了時，下上肉，着些塩，着筋（筯）子攪動；炒的半熟時，調上些醬水、生葱、料物拌了，鍋子上盖覆了，休着出【20a】氣；燒動火，一霎兒熟了。

這肉熟了，你嘗看，鹹淡如何？

我嘗得，微微的有些淡，再着上些塩着。

主人家，餅有了不曾？

將次有了。你放卓兒先喫。比及喫了時，我也了了。

【20b】主人家，我明日五更頭早行，咱們筹了房錢、火錢着。我這一宿人馬，盤纏通該多少？

你稱了三斤麵，每斤十箇錢，該三十箇錢；切了一斤猪肉，該二十箇錢；四箇人，每人【21a】打火、房錢十箇錢，該四十箇錢；黑豆六斗，每斗五十箇錢，該三百箇錢；草十一束，每束十箇錢，該一百一十錢。通該五百箇錢。

我草、料、麵都是你家裏買来的，你減了些【21b】箇如何？

罷，罷，只將四百五十箇錢来。

既這般時，火伴，你三箇一發都出了着，記着數目，到北京時一發筭除。

那般時，我都與他。

火伴,你将料撈出来,冷水裏拔着,等馬大控一【22a】會,慢慢的喂着。初喂時,只将料水拌與他;到五更一發都與料喫。這般時,馬們分外喫得飽。若是先與料時,那馬只揀了料喫,将草都抛撒了。勞困裏休飲水,【22b】等喫一和草時飲。咱們各自睡些箇,輪着起来勤喂馬。今日是二十二,五更頭正有月明。雞兒叫,起来便行。

主人家,點箇燈来,我整理睡處。

這的燈来了,壁子上掛着。

這般【23a】精土坑上怎的睡?有甚麼藁薦,将幾領来。

大嫂,将藁薦席子来,與客人們鋪。

席子没,這的三箇藁薦與你鋪。

主人家,你種着火,我明日五更頭早行。

那般着,客人們歇息,【23b】我照覷了門户睡也。

来,来,且休去,我問你些話。我先番北京来時,你這店西約二十里来地有一坐橋塌了来,如今修起了不曾?

早修起了,比在前高二尺、闊三尺,如【24a】法做的好。

這們時,我明日早只放心的去也。

你十分休要早行。我聽得前頭路澀。

爲甚麼有這般的歹人?

你偏不理會的。從年時天旱,田禾不收,飢荒的上頭,生出歹【24b】人来。

碍甚麼事!我只是赶着這幾箇馬,又没甚麼錢本,那廝們待要我甚麼?

休這般説。賊們怎知你有錢没錢?小心些還好。

我這裏前年六月裏,有一箇客人,纏帶【25a】裏装着一卷紙,腰裹絟着,在路傍樹底下歇涼睡。被一箇賊到那裏見了,只道是腰裏纏帶裹是錢物,生起歹心来,就那裏拿起一塊大石頭,把那人頭上打了一下,打出腦【25b】浆来死了。那賊將那人的纏帶解下来看時,却是紙,就那裏撇下走了。官司檢了屍,正賊捉不住,乾把地主并左近平人涉疑打拷。後頭別處官司,却捉住那賊,發將来,【26a】今年就牢裏死了。

年時又有一箇客人,赶着一頭驢,着兩箇荆籠子裹盛着棗兒馳着行。後頭有一箇騎馬的賊,帶着弓箭跟着行。到箇酸棗林兒無人處,那賊將那客人脊背上射【26b】了一箭,那人倒了。那賊只道是死了,便赶着那驢徃前行。那客人射的昏了,蘇醒迴来,恰好有捕盗的官来那裏巡警,那客人就告了。捕盗官將着弓兵,徃前赶到約二【27a】十里地,赶上那賊,捉拿其間,那賊便將一箇弓手放箭射下馬来,那賊徃西走馬去了。

捕盗官襲將去,到箇村裏,差了一百箇壯漢,將着弓箭器械,把那賊圍在一箇山峪裏,【27b】纔拿着迴来。看那射着的弓手,那人左肐膊上射傷,不曾傷了性命。如今那賊現在官司牢裏禁着。

既這般路澁時,咱們又没甚麽忙勾當,要甚麽早行!等到天明【28a】時慢慢的去,怕甚麽。

説的是。依着你,天明時行。

安置,安置,客人們好睡着。

主人家且休去,我又忘了一件勾當。我這馬們不曾飲水裹,等一會控到時飲去。那裏有【28b】井?

那房後便是井。

有轆轤那没？

淺淺的井兒，只着繩子拔水。井邊頭有飲馬的石槽兒。

既這般時，你收拾洒子、井繩出来。

井邊頭洒子、井繩都有。我又囑咐你些話：【29a】那洒子不沉水，你不會擺時，洒子上絟着一塊塼頭着。

這的我自會的，不要你教。

咱們輪着起来，勤喂馬。常言道："馬不得夜草不肥，人不得横財不富。"却休槽【29b】兒平直到明。

咱們拌上，馬喫一和草時飲水去。

盛草的筐兒也没，着甚麼將的草去？

既没時，且着布衫襟兒抱些草去。

我將料水去。

這主人家好不整齊，攪料棒也没一箇！【30a】疾快取將咱們的拄杖来攪料。

且房子裏坐的去来，一霎兒馬喫了這和草飲水去。

馬敢喫了草也，飲去来。

咱們都去了時，這房子裏没人，敢不中？

留一箇看房子，別箇【30b】的牽馬去来。

碍甚麼事？這店裏都閉了門子了，怕有甚麼人入来？

休那般説，小心的還好。常言道："常防賊心，莫偷他物。"你自依着我，留一箇看房子。

那般着，咱們留【31a】誰看房子？

你三箇裏頭，着這老的看着。"三人同行小的苦"，咱們三箇去来。

這衚衕窄，牽着馬多時過不去，咱們做兩遭兒牽。

那般着，你敢慣打水？

我不慣打水。你【31b】先打水去，我兩箇牽馬去。

那般着，我打水去。你將馬来。

我恰纔這槽兒裏頭拔上兩洒子水也，着馬喫。

這箇馬快喫水，這箇馬喫水少。

這水少，再打上一洒子着。

將洒子来，【32a】我試學打。

這洒子是不沉水，怎生得倒？

我教與你：將洒子提起来，離水面擺動倒，撞入水去，便喫水也。

這般時，真箇在前曾見人打水，不曾學。從今日理會得了。

【32b】你高麗地面裏没井阿怎麽？

我那裏井不似這般井。這井是塼砌的井，至小有二丈深；我那裏井都是石頭壘的，最深殺的没一丈，都是七八尺来深。我那裏男子漢【33a】不打水，只是婦人打水，着箇銅盔，頭上頂水。各自將着箇打水的瓢兒，瓢兒上絟着一條細繩子，却和這裏井繩、洒子一般取水。

却怎麽那般打水？我不理會得。我只道是【33b】和我這裏一般打水。

你牽迴這馬去，再牽將別箇的来飲。

這馬都飲了。

這般黑地裏，東廁裏難去，咱們只這後園裏去淨手不好那？

我拿着馬，你淨手去，我不要淨手。【34a】你離路兒着，休在路邊淨手,明日着人罵。

咱們一箇人牽着兩箇去,絟的牢着。

這槽道好生寬,離的遠些兒絟,又怕繩子紐着。

疾快將草料来,拌上着,儘着他喫着,【34b】咱睡去来。

火伴們起来! 雞兒叫第三遍了,待天明了也。咱急急的收拾了行李,鞁了馬時,天亮了,辭了主人家去来。

主人家哥休恠,我去也。

你休恠,好去着。迴来時却【35a】来我店裏下来。

這橋便是我夜来説的橋,比在前十分好。在先只是土搭的橋来,如今都是板鞔了。這橋梁、橋柱,比在前忒牢壯。這的捱十年也壞不得。

日頭這般高了,前【35b】頭又没甚麼店子,咱們只投那人家糴些米,自做飯喫去来。

那般着,肚裏好生飢了,咱們去来。

這馬都卸下行李,鬆了肚帶,取了嚼子,這路傍邊放了,着喫草着。教一箇看着,【36a】别的都投這人家問去来。

主人家哥,我幾箇行路的人,這早晚不曾喫早飯,前頭又没甚麼店子,我特的来,怎生糴與些米做飯喫。

要甚麼糴米! 我的飯熟了,客人們【36b】喫了過去。

這般時,敢少了你飯?

不妨事,便少時,我再做些箇便是。將卓兒来,教客人們只這棚底下坐的喫飯。淡飯胡亂喫些箇。有甚麼熟菜蔬,將些来與客人喫。【37a】怕没時,有蘿蔔、生葱、茄子將来,就將些醬来。

別箇菜都没，只有塩瓜兒與客人喫。

也好，將来。客人們休恠，胡亂喫些。

小人們驟面間厮見，大哥便這般重意，與茶飯喫，【37b】怎麽敢恠！

量這些淡飯，打甚麽緊！偏我不出外？出外時，也和你一般。

大哥説的是。"慣曾出外偏憐客，自己貪盃惜醉人。"

你外頭還有火伴麽？

有一箇看【38a】行李，就放馬裏。

他喫的飯却怎生？

我們喫了時，與他將些去。有椀與一箇，這飯裏盛出一椀飯，與那箇火伴。

由他，你都喫了着。家裏還有飯裏，喫了時將去。你休做【38b】客，慢慢喫的飽着。

我是行路的客人，又肯做甚麽客！

喫得飽那不飽？

我好生飽了。收拾椀楪着。

客人們有一箇看着馬的，不曾来喫飯。興兒，你另盛一椀飯，罐兒【39a】裏將些湯，跟着客人去，與那箇火伴。喫了時，却收拾家事来。

主人家哥休恠，小人們這裏定害。

有甚麽定害處！喫了些淡飯，又没甚麽好茶飯。

休那般説，不當。"飢時得一【39b】口，強如飽時得一斗。"我正飢渴時，主人家這般與茶飯喫，怎生忘的你！

休那般説。偏我出外時頂着房子走？也要投人家尋飯喫裏！

却不說："好看千里客,【40a】萬里要傳名。"

　　主人家哥,小人這裏攪擾了,姓也不曾問。大哥貴姓?

　　我姓張。是張社長家。客人你却姓甚麼?

　　小人姓王,在遼東城裏住。大哥因事到我那裏,不棄嫌【40b】小人時,是必家裏來。

　　若能勾去時節,便尋你家裏去,我偏背你。

　　那箇人家,我恰纔糴米去來,不肯糶與我。他們做下見成的飯,與我喫了,又與你將來。你喫了時,【41a】與這小的椀楪將去。火伴,你赶將馬來,咱打馱馱。比及馱了時,他也喫了飯也,咱們便行。

　　這箇馬,怎麼這般難拿? 元來這般的!

　　既這般歹時,再來着絆着。

　　我在前絆着來,【41b】今日忘了不曾絆。

　　咱們衆人攔當着,拿住。

　　馱馱都打了也,咱們行着。小的,你將椀楪罐兒家去。生受你,休恠着。

　　日頭却又這早晚也! 這裏到夏店,還有十里來地,【42a】到不得也。只投這路北那人家,尋箇宿處去來。

　　那般着,咱們去來。

　　都去時,那人家見人多時不肯教宿。着兩箇看行李,我兩箇問去。

　　拜揖主人家哥。我是客人,今日【42b】晚了,你房子裏尋箇宿處。

我房子窄，沒處安下。你別處尋宿處去。

你這般大人家，量我兩三箇客人，却怎麼説下不得？你好房子裏不教我宿時，只這門前車房裏教【43a】我宿一夜如何？

我不是不教你宿。官司排門粉壁：不得安下面生歹人。知他你是那裏來的客人！自來又不曾相識，怎知是好人歹人？便怎麼敢容留安下？

【43b】主人家哥，我不是歹人。小人在遼東城裏住，現將印信文引。

你在遼東城裏那些箇住？

小人在遼東城裏閣北街東住。

離閣有多少近遠？

離閣有一百步地，北巷裏向街開【44a】雜貨鋪兒便是。

那雜貨鋪兒是你的那？近南隔着兩家兒人家，有箇酒店，是我相識的，你認的麼？

那箇是劉清甫酒館，是我街坊，怎麼不認的！

雖然這般時，房子委實窄，宿不【44b】得。

你可憐見。你是有見識的，這早晚日頭落也，教我那裏尋宿處去？不揀怎生，着我宿一夜。

這客人，怎麼這般歪厮纏！如今官司好生嚴謹，省會人家：不得安下面【45a】生歹人。你雖説是遼東人家，我不敢保裏！你這幾箇火伴的模樣，又不是漢兒，又不是達達，知他是甚麼人，我怎麼敢留你宿！你不理會的，新近這裏有一箇人家，只爲【45b】教幾箇客人宿來，那客人去了的後頭，事發。那人們却是達達人家走出來的，因此將那人家連累，官司見着落跟尋逃走的。似這般帶累人家。

怎麼敢留你宿！

　　主【46a】人家，你說那裏話！好人歹人，怎麼不認的？這幾箇火伴，他是高麗人，從高麗地面裏来。他們高麗地面守口子渡江處的官司，比咱們這裏一般嚴，驗了文引，仔細的盤問了，【46b】纔放過来。他們若是歹人、来歷不明時，怎生能勾到這裏来？他見將文引，赶着高麗馬，徃北京做買賣去。他漢兒言語說不得的，因此上不敢説語。他們委實不是歹【47a】人。

　　既這般的時，休只管的纏張。後頭房子窄，老少又多，又有箇老娘娘不快。你不嫌冷時，只這車房裏宿如何？

　　這般時，我只在車房裏宿。

　　主人家哥，小人又有一句話，敢説【47b】麼？

　　有甚麼事？你説。

　　這早晚黑夜，我其實肚裏飢了；又有幾箇馬。“一客不犯二主”，怎麼可憐見，糶與我一頓飯的米和馬草料如何？

　　我這裏今年夏裏天旱了，秋裏水潦【48a】了，田禾不收的，因此上我也旋糴旋喫裏，那裏有糶的米！

　　我從早起喫了些飯，到這早晚不曾喫飯裏，好生的飢了。你糴来的米裏頭那（挪）與我些箇，我只熬些粥喫。【48b】這的一百箇錢，隨你意與些箇。

　　一百箇錢，與你多少的是？

　　隨你與的是。

　　今年爲旱潦不收，一百箇錢，糴的一斗米。我本没糴的米，既是客人只管的央及，我糴来的米裏【49a】頭，那（挪）與你三升，煑粥胡亂充飢。

客人們休怪，其實今年艱難。若是似徃年好收時，休说你兩三箇人，便是十數箇客人，也都與茶飯喫。

主人家哥說的正是。我也【49b】打聽得，今年這裏田禾不收。既這般時，主人家哥，小人們待要後頭熬粥去，這早晚黑地裏出入不便當，又你這狗子利害，不揀怎麼，你與我做些箇粥如何？

罷，罷。你【50a】客人只這車房裏安排宿處，我着孩兒們做將粥来與你喫。

好，好。多謝，多謝！

主人家哥，又有一句話：人喫的且有些箇，這馬們却怎生一發那(挪)與些草料如何？

客人【50b】們說甚麼話！人喫的也没，又那裏將馬的草料来？我這院子後頭，有的是草場。你喫了飯時，着兩箇赶着馬那裏放去。頭(投)到明，不喫的飽了？不須糶草料。

這們時，【51a】哥哥說的是。我車房裏去没甚麼火，教小孩兒拿箇燈来。

這們時，如今教將来。

咱們喫了飯時，這裏留兩箇看行李，先着兩箇放馬去。到半夜前後，却着這裏的兩箇【51b】替迴来。大家得些睡時，明日不渴睡。

這的燈来了。

若有粥將来。

匙椀都有，你喫着。

咱們飯也喫了，你兩箇先放馬去。到半夜裏，我兩箇却替你去。

我恰纔睡覺了起去【52a】来，參兒高也，敢是半夜了。我先去，替那兩箇来睡。你却来那裏，咱們兩箇看着馬。

這們時,你去。

你兩箇去睡些箇。到那裏時,教那箇火伴来着。

你来了? 你赶過馬来在一【52b】處着,容易照管。月黑了,恐怕迷失走了,惧了走路。

明星高了,天道待明也。咱們赶将馬去来。到下處收拾了行李時,恰明也。

這馬們都絟住着。教那兩箇起来。

你【53a】兩箇疾快起来,收拾行李打馳駄。但是咱們的行李收拾到着,主人家的東西休錯拿了去。

馳駄都打了。叫主人家辭了去来。

主人家哥休恠,我去也。這裏定害了。

你有甚麼定害【53b】處! 你休恠,好去着。

咱們前頭到夏店時,買飯喫了,儘晚到了京城。

這裏到夏店有多少路?

敢有三十里多地。

你夜来怎麼説十里来路? 今日却怎麼説三十里地?

我【54a】夜来錯記了。今日再想起来,有三十里多地。咱們休磨拖,趂凉快,馬又喫的飽時,赶動着。

日頭又這早晚了。那望着的黑林子便是夏店。這裏到那裏,還有七八里路。你在【54b】先也曾北京去来,怎麼不理會的?

這夏店我曾走了一兩遭,都忘了,那裏記得!

店子待到也,咱們喫些甚麼茶飯好?

我高麗人,不慣喫濕麵,咱們只喫乾的如何?

這們【55a】時，咱們買些燒餅，炒些肉喫了過去。

咱們這裏當住馬羓着，卸下行李着。飯店裏去来。

過賣，先將一椀温水来，我洗面。

客人們洗面了。

過賣，抹卓兒。

客人喫些甚麽茶飯？

【55b】我四箇人，炒着三十箇錢的羊肉，將二十箇錢的燒餅来。

這湯淡，有塩醬拿些来，我自調和喫。這燒餅，一半兒冷，一半兒熱。熱的留下着，我喫；這冷的你拿去，爐裏熱【56a】着来。

咱們飯也喫了，與了飯錢去。

過賣，来會錢，通該多少？

二十箇錢燒餅，三十箇錢羊肉，通是五十箇錢。

咱們打馳駄行。

日頭正晌（晌）午也，有些熱。早来喫了乾物事，有【56b】些渴。前頭不遠有箇草店兒，到那裏咱們喫幾盞酒觧渴。

歇住頭口着，蹔時間卸下行李来，喫幾盞酒便過去。

賣酒的，拿二十箇錢的酒来。

客人們，這二十箇錢的酒。

【57a】酒好麽？

好酒，你嘗看。酒不好時不要還錢。

將就喫的過。有甚麽好菜蔬，拿些箇来。

這們時，有塩瓜兒，如今便將来。客人們，熱喫那凉喫？

罷，罷。休旋去，我只凉喫。

【57b】大哥先喫一盞。大哥受禮！

你敢年紀大？怎麼受禮？

大哥你貴壽？

小人年紀三十五歲。

小人纔三十二歲。大哥，你年紀大，受禮。

小人雖年紀大，怎麼便受禮？咱們都【58a】起来，大家自在。

那般時，教你受禮，堅執不肯。滿飲一盞，休留底酒。

咱們都休講禮，喫一盞酒。

喫了酒也，會了酒錢去来。

賣酒的，来會錢。這的五分銀子，貼六箇錢饋我。

【58b】大哥與些好的銀子。這銀只有八成銀，怎麼使的！

這銀子嫌甚麼！細絲兒分明都有，怎麼使不得？你不識銀子時，教別人看。

我怎麼不識銀子？要甚麼教別人看去？換【59a】錢不折本，你自別換與五分好的銀子便是，要甚麼合口？

這賣酒的，也快纏，這們的好銀子，怎麼使不得？今早起喫飯處貼將来的銀子。

罷，罷，將就留下着，便使不得【59b】也罷。

你説甚麼話！使不得時，你肯要麼？

打了馱駄着行，日頭後晌(晑)也。這裏離城有的五里路，着兩箇後頭趕將頭口来，我和一箇火伴先去，尋箇好店安下着，却来迎你。

【60a】咱們先説定着，只投順城門官店裏下去。

那們時，你兩箇先去，我兩箇後頭慢慢的趕將頭口去。

咱們疾快行動着，比及到那裏尋了店時，那兩箇到来了也。

店主人家哥,後頭還有【60b】幾箇火伴,赶着幾匹馬来也。你這店裏下的我麽?

你通幾箇人、幾箇馬?

我共通四箇人、十箇馬。

車子有麽?

車子没。

這們的時,下的你。那東邊有一間空房子,你看去。

你引【61a】我看去来。

我忙,没功夫去,你自看去着。

悮了你多少功夫! 到那裏看了房子中不中,我説一句話。

這們時去来。

你這房兒也下的我。茶飯如何?

茶飯時,我店裏家小新【61b】近出去了,委實没人整治。你客人們自做飯喫。

我們自做飯喫時,鍋竈椀楪都有麽?

那的你放心,都有。

這們便我迎火伴去。

你去着。

你兩箇到這裏多少時?

我纔到這【62a】裏。待要尋你去来,你却来了。店在那裏?

那西頭有。

行李都搬入来着。把馬們都鬆了,且休摘了鞍子。你去問主人家要幾箇席子藁薦来,就拿苕箒来掃地。行李【62b】且休搬八(入)去,等鋪了席薦時,一發搬入去。

客人們，你這馬要賣麼？

可知我要賣裏。

你既要賣時，也不須你將徃市上去，只這店裏放着，我與你尋主兒都賣了。

罷，罷，【63a】到明日再説話。咱這馬們路上来，每日走路子辛苦，喂不到，都没甚麼膘，便將到市上，市上人也出不上價錢。咱們捨着草料，好生喂幾日發落，也不遲裏。

你説的是，【63b】我也心裏這們想着。我又有人蔘、毛施布，明日打聽價錢去来。有價錢時賣了着，怕十分的賤時，且停些時。

你那裏打聽去？

吉慶店裏有我相識，那裏問去。

這們時，到明日【64a】咱們同去。

你兩箇看着頭口，我兩箇到城裏去便来。

【64b】老乞大諺解上

老乞大諺解下

【1a】拜揖大哥，這店裏賣毛施布的高麗客人李舍有麼？

你尋他怎麼？

我是他親眷，纔從高麗地面来。

恰纔出去了，徃羊市角頭去了。他説便来。你且出去，【1b】等一會再来。

既他羊市角頭去時，又不遠，我只這裏等。

隨你等着。

他在那箇房子裏下？

那西南角上，芭籬門南邊，小板門兒便是。

他出去了，看家的有麼？

有箇後生来，【2a】這裏不見，敢出去了。

你高麗地面裏将甚麼貨物来？

我将的幾疋馬来。

再有甚麼貨物？

別没甚麼，有些人蔘、毛施布。如今價錢如何？

價錢如常。人蔘正缺着裏，最好價錢。

如今【2b】賣的多少？

往年便只是三錢一斤，如今爲没有賣的，五錢一斤家也没處尋裏！你那蔘那裏蔘？

我的是新羅蔘。

新羅蔘時又好，愁甚麼賣！

那箇不是李舍来了！

好麼，好麼？幾時来？【3a】家裏都好麼？

都安樂来。

我下處去。請，請，裏頭坐的。你從幾時離了王京？

我七月初頭雛（離）了。

却怎麼這時間纔来到？

我沿路慢慢的来。

我家裏有書信麼？

有書信。

這書上寫着，【3b】没甚麼備細。你来時，我父親、母親、伯父、叔父、伯娘、嬸子、姐姐、姐夫、二哥、三哥、嫂子、妹子、兄弟們，都安樂好麼?

都安樂。

那般好時,“休道黄金貴,安樂直錢【4a】多”! 恠道今日早起喜鵲兒噪,又有嚏噴来,果然有親眷来,又有書信。却不道“家書直萬金”。小人拙婦和小孩兒們都安樂麼?

都安樂。你那小女兒出疹子来,我来時【4b】都完痊疴了。

你將甚麼貨物来?

我將着幾匹馬来,又有些人蔘、毛施布。如今價錢如何?

馬的價錢和布價只依往常,人蔘價錢十分好。

説的是。恰纔這店裏那客人也這般説。

【5a】你有幾箇火伴?

又有兩箇火伴,都是親眷:一箇是姑舅哥哥,一箇是兩姨兄弟。

在那裏下?

在順城門官店街北一箇車房裏下着。

從幾時来到?

我只夜来到。

這火伴是誰?

到遼【5b】東這邊,合將他来。他也有幾匹馬,一處赶將来。他是漢兒人,在遼東城裏住。我沿路来時,好生多得他濟。我漢兒言語不理會的,路上契(喫)的、馬匹草料并下處,全是這大哥辛【6a】苦。

説的是。

我且到下處去,再厮見。

且停些時,咱們聊且喫一盃酒,不當接風。

不要。今日忙,明日再厮見,喫酒也不遲裏。

這們時，明日就店裏尋你去，一發和那親眷【6b】們一處喫一兩
盃。我送你到外頭去。

不要你送。你這房裏没人，不要去。

這們時，你却休恠，小人没甚麼館待。

恠甚麼！咱們一家人，又不是別人。

〔不多時，却到店裏。見【7a】店主人和三箇客人立地看馬。〕

店主人説："這三箇火伴，兩箇是買馬的客人，一箇是牙子。你
這馬，他們都一發買将山東賣去。便到市上，也只一般。千零不如
一頓，倒不如【7b】都賣與他。"

你既要賣時，咱們商量。這箇青馬多少歲數？

你只拿着牙齒看。

我看了也，上下衝都没有，十分老了。

你敢不理會的馬歲？這箇馬如何？今春新騸了的十分壯
的馬。

【8a】這好的歹的，都一發商量。

這兒馬、騸馬、赤馬、黃馬、驏色馬、栗色馬、黑鬃馬、白馬、黑
馬、鎖羅青馬、土黃馬、繡膊馬、破臉馬、五明馬、桃花馬、青白馬、豁
鼻馬、騍馬、【8b】懷駒馬、環眼馬、劣馬——這馬牛行花塔步——又
竄行的馬、鈍馬、眼生馬、撒蹶的馬、前失的馬、口硬馬、口軟馬，這
些馬裏頭，歹的十箇：一箇瞎，一箇跛，一箇蹄歪，一箇磨硯，【9a】一
箇打破脊梁，一箇熱瘸，一箇疥，三箇瘦。只有五箇好馬。

你這馬，好的歹的、大的小的，相滾着要多少價錢？一箇家説
了價錢。

通要一百四十兩銀子。

你説這般價錢怎【9b】麼？你只説賣的價錢，没来由這般胡討價錢。我不是矯商量的。你説的是時，兩三句話，交易便成了。不要你這般胡討價錢，怎麼還你的是？

牙子説：“客人們，你不要【10a】十分多討，你兩箇枉自成不得。我是箇牙家，也不向買主，也不向賣主，我只依直説：你要一百四十兩銀子時，這五箇好馬、十箇歹馬，你箅多少？”

這五箇好馬，我【10b】箅的該六十兩；這十箇歹馬，我箅的該八十兩。

似這般價錢，其實賣不得。如今老實的價錢説與你。兩家依着我説，交易了如何？

我且聽你定的價錢。

這五匹好馬，每一【11a】匹八兩銀子，通該四十兩；這十箇歹馬，每一箇六兩銀子，通該六十兩。共通一百兩，成了罷。

似你這般定價錢，就是高麗地面裏也買不得！那裏是實要買馬的！只是【11b】胡商量的。

這箇客人，你説甚麼話！不買時害風那？做甚麼来這裏商量？

這馬恰纔牙家定来的價錢，還虧着我了。

你這般的價錢不賣，你還要想甚麼？

你兩家休只管叫唤，【12a】買的添些箇，賣的減了些箇。再添五兩，共一百零五兩，成交了罷！天平地平。買主你不添價錢也買不得，賣主多指望價錢也賣不得。

邊頭立地閑看的人説：【12b】“這牙家説的價錢，正是夲（本）分的言語。”

罷,罷,咱們只依牙家的言語成了罷。

既這般時,價錢還虧着我。

只是一件:低好(銀)子不要與我,好銀子與我些。

咳,低銀我也没。我的都是細絲官【13a】銀。

既是好銀時,咱先看了銀子,寫契。

這們便布帒裏取銀子來,着牙人先看。

你賣主自家看,裏頭没有一錠兒低的。

這銀子雖是看了,真假我不識。你記認着,久後使不【13b】得時,我只問牙家換。

我有認色了,不揀幾時要換。

文契着誰寫?

牙家就寫。

這契寫時,一總寫麼? 分開着寫?

休總寫。總寫時怎麼轉賣與人? 你各自寫着。

你這馬是一箇【14a】主兒的那? 是各自的?

這馬是四箇主兒的,各自有數目,你從頭寫我的馬契。

你的馬是家生的那? 元買的?

我的是元買的。

你在那裏住? 姓甚麼?

我在遼東城裏住,姓王,寫【14b】着王某着。

我寫了這一箇契了,我讀你聽:"遼東城裏住人王某,今爲要錢使用,遂將自己元買到赤色騸馬一匹——年五歲,左腿上有印記——憑京城牙家羊市角頭街北住坐張三【15a】作中人,賣與山東

濟南府客人李五,永遠爲主。兩言議定,時直價錢白銀十二兩,其
銀立契之日一并交足,外没欠少。如馬好歹,買主自見。如馬来歷
不明,【15b】賣主一面承當。成交已後,各不許番悔。如先悔的,罰
官銀五兩,與不悔之人使用無詞。恐後無憑,故立此文契爲用者。
某年月日,立契人王某押,牙人【16a】張某押。"其餘的馬契都寫
了也。

　　咱們筭了牙税錢着。舊例買主管税,賣主管牙錢。你各自筭
將牙税錢来。

　　我這一百零五兩,該多少牙税錢?

　　你自筭:一兩該三分,【16b】十兩該三錢,一百零五兩,牙税錢
該三兩一錢五分。

　　牙税錢都筭了。我這馬契幾時税了?

　　這的有甚麼難?你着一箇火伴跟我去来,到那裏便了。更不
時,你都只這【17a】裏等候着,我去税了,送將来與你。

　　我不曾好生看,這箇馬元来有病!

　　有甚麼病?

　　那鼻子裏流鱧,是癩馬,我怎麼敢買將去?不争將去時,連其
餘的馬都染的壞了。

　　【17b】這們的你要番悔?

　　我委實不要。

　　你既不要時,契上明白寫着:"如馬好歹,買主自見。先悔的罰
銀五兩。"官憑印信,私憑要約。你罰下銀五兩與他賣主,悔將去
便【18a】是,不須惱懆。

　　這們時,你拿出這箇馬契来,問他們元定價錢内中除了五兩銀

子,做番悔錢,扯了文契着。

這箇馬悔了,該着八兩銀價錢。

你要過的牙錢,通該着一錢二分,【18b】你却迴将来。

那們時迴與你。

你都這裏等候着,我税契去。

要甚麼等你,我赶着馬,下處兊(兌)付草料去。你税了契時,到明日,我下處送来。

〔相別散了。〕

你這人蔘、布匹【19a】不曾發落,還有些時住裏。我別没甚買賣,比及你賣布的其間,我買些羊,到涿州地面賣去。走一遭迴来,咱們商量別買貨物如何?

這們時也好。你買羊時,咱們一處去来,【19b】我也閑看價錢去。

〔到街上立地的其間,一箇客人赶着一羣羊過来。〕

大哥,你這羊賣麼?

可知賣裏。你要買時,咱們商量。

這箇羝羊、騷胡羊、羯羊、羖㿺羔兒、母羖㿺,共通要【20a】多少價錢?

我通要三兩銀子。

量這些羊,討這般大價錢! 好綿羊却賣多少?

討的是虛,還的是實。你與多少?

你這們胡討價錢,我還你多少的是?

你説的是。這們便【20b】我减了五錢着。

你来,你休减了五錢。你説老實價錢,只一句兒話還你:我與你二兩銀。肯時便賣,你不肯時赶将去罷。

休要只説二兩。你再添五錢,賣與你。

添不得。【21a】肯時肯,不肯時罷。

我是快性的。撿好銀子来,臨晚也,我濫賤賣與你。

火伴,你再下處好去坐的着,我赶着羊到涿州賣了便迴来。

我恰尋思来:這幾箇羊,也當走一遭。【21b】既要去時,我有些餘剩的銀子,閑放着怎麼? 一發買段子將去。

咱們鋪裏商量去来。

賣段子的大哥,你那天青胃背、柳青滕欄、鴨綠界地雲、鸚哥綠寶相花、黑【22a】綠天花嵌八寶、草綠蜂赶梅、栢枝綠四季花、苢白骨朵雲、桃紅雲肩、大紅織金、銀紅西蕃蓮、肉紅纏枝牡丹、閃黃筆管花、鵝黃四雲、柳黃穿花鳳、【22b】麝香褐滕欄、艾褐玉塼堦、蜜褐光素、鷹背褐海馬、茶褐暗花,這們的紵絲和紗羅都有麼?

客人你要南京的那? 杭州的那? 蘇州的那?

大哥,南京的顏色好又光細,【23a】只是不耐穿;杭州的經緯相等;蘇州的十分澆薄,又有粉飾,不牢壯。

你有好綾子麼?

你要甚麼綾子?

我要官綾子。那嘉興綾子不好。

客官,你要絹子麼? 我有好山東大官【23b】絹、謙凉絹、易州絹、倭絹、蘇州絹、水光絹、白絲絹。

我只要大官絹、白絲絹、蘇州絹、水光絹,其餘的都不要。你有好絲麼? 我多要些。

要甚麼絲?

我要白湖州絲、花拘【24a】絲。那定州絲不要。

這段匹、綾、絹、紗、羅等項，你都看了。你端的要買甚麼段子？

別箇不要，只要深青織金胷背段子。我老實對你説，不是我自穿的，要拿去別處轉賣，【24b】尋些利錢的。你老實討價錢。

這織金胷背要七兩。

你休這般胡討，倒悮了你買賣。我不是利家，這段子價錢，我都知道。這織金胷背是蘇州來的草段子，你討七兩時，【25a】這南京來的清水織金絨段子却賣多少？

不須多説。你既知道價錢，你與多少？

這織金胷背，與你五兩是實實的價錢。你肯時我買，不肯時我別處商量去。

你既知【25b】道價錢，要甚麼多説！揀好銀子來，賣與你。

這段子買了也。

咱們再商量：這箇柳青紵絲，有多少尺頭？勾（够）做一箇襖子麼？

你説甚麼話？滿七托有餘，官尺裏二丈八，裁衣【26a】尺裏二丈五。你一般身材做襖子時，細褶兒也儘勾（够）了。若做直身襖子，也有剩的。

你打開，我托看。那裏滿七托！剛剛的七托少些。

你身材大的人，一托比別人争多。

這【26b】段子地頭是那裏的？

你説是"我織（識）貨物"，却又不識。這段子是南京的，不是外路的。你仔細看，没些箇粉飾，好清水段子。

要多少價錢？

這段子價錢，誰不知道？要甚麼討價錢？【27a】若討時討五兩，老實價錢四兩，拿銀子來便是。

這段子也買了。

你這鞍子、彎頭、鞦、攀胷、秥、鞍橋子、鴈翅板、鐙靸皮、肚帶、接絡、籠頭、包糞、編緹、緹繩、靯靾、閑口、汗（汗）替、【27b】皮替、替子,都買了。

再買一張弓去。

到賣弓的房子裏問道:"有賣的好弓麼?"

可知有,沒時做甚麼買賣裏!

你將這一張黃樺弓上弦着,我試扯,氣力有時我買。

新上了的弓,【28a】慢慢的扯。

是好弓時,怕甚麼扯! 這弓弝裏軟,難扯,沒迴性。

這弓你却是胡駁彈。這的弓你還嫌甚麼?

由他説。"駁彈的是買主"。

這一張弓爲甚麼不樺了?

你不理會【28b】的。這弓最好,上等弓,若樺了時,買的人不信。教人看了面子上的角、背子上鋪的筋,商量了價錢,然後樺了,也不遲裏。

這弓卸下,彄子小些箇,弰兒短。

弓也買了也。

有賣【29a】的弓弦時將来,我一發買一條,就這裏上了這弓着。

弦有,你自揀着買。

這的忒細,這的却又麤偌（笨）,似這一等兒着中,恰好。

這弓和弦都買了也。

再買幾隻箭。這鈚子、虎爪、【29b】鹿角樸頭、響樸頭、艾葉、柳葉、迷針箭，這箭簳是竹子的，這的是木頭的。再買這弓箭撒袋。

諸般的都買了也。

再買些椀子什物：鍋兒、鑼鍋、荷葉鍋、兩耳鍋、瓷楪子、木楪子、【30a】漆楪子，這紅漆匙、黑漆匙、銅匙、紅漆筯、銅筯、三脚、甌兒，這盤子是大盤子、小盤子、漆椀。這漆器家火，一半兒是通布裹的，一半兒是膠漆的。再有些薄薄的生活，其餘的【30b】都是布裹的，是主顧生活。其餘的都是市賣的。

今日備辦了些箇茶飯，請咱們衆親眷閑坐的：公公、婆婆、父親、母親、伯伯、叔叔、哥哥、兄弟、姐姐、妹子、外甥、姪兒、【31a】姪女、舅舅、女壻、妗子，又嬭母、姨姨、姑姑、姑夫、姨夫、姐夫、妹夫、外甥女壻、叔伯哥哥兄弟、姑舅哥哥兄弟、房親哥哥兄弟、兩姨哥哥兄弟、親家公、親家【31b】母、親家伯伯、親家舅舅、親家姨姨、使喚的奴婢，都請將来。

欄（攔）門盞兒都把了，請家裏坐的。

今日些小淡薄禮，虛請親眷，酒也醉不得，茶飯也飽不得，休恠。

休這般說。【32a】不當，教你一日辛苦。我們酒也醉了，茶飯也飽了。你休恠。

如今正是臘月，天氣寒冷，拾来的糞將来，熰着些火，熱手脚。糞拾在筐子裏頭，收進来，休教別人將去了。

【32b】這車子，折了車輞子，輻條將来，可惜了。

咱們後頭不修理那？車軸、車釧、車鐧、車頭、車梯、車厢、車轅、繩索都好。

樓子車、庫車、驢騾大車、坐【33a】車兒，都好生房子裏放着，休教雨雪濕了。

似這般冷時，咱們遠垜子放着射，賭一箇羊。

咱們六箇人，三挪兒箭，勾（够）射了。

｛那邊先射過来。｝

｛人叫喚：“大了！纔射的歪了。”“高些箇【33b】射，休小了！低射時，贏到了！”｝

誰贏誰輸？

由他。你看，早裏。一會兒再添一枝箭時，咱們滿了。

我贏了。輸了的，做筵席着！

咱們做漢兒茶飯着。頭一道團攎湯，第二道【34a】鮮魚湯，第三道雞湯，第四道五軟三下鍋，第五道乾按酒，第六道灌肺、蒸餅、脫脫麻食，第七道粉湯、饅頭、打散。

咱們點看這果子菜蔬，整齊麼不整齊？這藕菜：黃瓜、茄子、【34b】生葱、薤、蒜、蘿蔔、冬瓜、葫蘆、芥子、蔓菁、赤根、海帶；這按酒：煎魚、羊雙腸、頭、蹄、肚兒、睛、脆骨、耳朵；這果子：棗兒、乾柿、核桃、乾葡萄、龍眼、荔支、杏子、西瓜、甜瓜、柑【35a】子、石榴、梨兒、李子、松子、砂糖蜜栗子。

這肉都煮熟了：頷（脖）項骨、背皮、肋扇、前膊、後腿、臀子，却怎麼不見一箇後腿？

饅頭餡兒裏使了。

湯水茶飯都完備了。日頭落了，疾忙擡【35b】肉時散着。

咱們今日筵席，喫了多少酒？

喫了二兩銀的酒。

咱們通是十數箇人，怎麼喫二兩銀的酒？

也不只十數箇人喫，下頭伴當們偏不喫？

〔這筵席散了。〕

我有些腦痛頭眩，【36a】請太醫来診候脉息，看甚麼病。

太醫説："你脉息浮沉，你敢傷着冷物来？"

我昨日冷酒多喫了。

那般時，消化不得，因此上腦痛頭眩，不思飲食。我這藥裏頭，【36b】與你些剋化的藥餌，喫了便教無事。消痞丸、木香分氣丸、神芎丸、檳榔丸，這幾等藥裏頭，堪服治飲食停滯。只喫一服檳榔丸，食後喫，每服三十丸，生薑湯送下。喫了時，【37a】便動臟腑，動一兩次時，便思量飯喫。先喫些薄粥補一補，然後喫茶飯。

明日太醫来問："你好些箇麼？"

今日早晨纔喫了些粥，較好些了。明日病痊疴了時，太醫上重重的酬謝。

【37b】咱們每年每月每日快活，春夏秋冬一日也不要撇了。咱人今日死的、明日死的，不理會得；安樂時不快活時，真箇呆人。死的後頭，不揀甚麼，都做不得主張。好行的【38a】馬別人騎了，好襖子別人穿了，好媳婦別人娶了。活時節，着甚麼来由不受用！

大榘人的孩兒，從小来好教道的成人時，官人前面行着。他有福分時，官人也做了。【38b】若教道他，不立身成不得人，也是他的命也。咱們盡了爲父母的心，不曾落後。你這小孩兒若成人時，三條路兒中間裏行着：別人東西休愛，別人折針也休拿，別【39a】人是非休説。若依着這般用心行時，不揀幾時，成得人了。常言道："老實常在，脱空常敗。"休做賊説謊，休姦猾懶惰。官人們前面出不得氣力行時，一日也做不得人。

【39b】火伴中間，自家能處休説，休自誇；別人落處休笑。船是從水裏出，旱地裏行不得，須要車子載着；車子水裏去時，水裏行不得，須用船裏載着。一箇手打時響不得，【40a】一箇脚行時去不得。咱們人廝將就廝附帶行時好。又這火伴們，好的歹的，都廝扶助着行。人有好處揚説着，人有歹處掩蔵着。常言道："隱惡揚善。"若是【40b】隱人的德，揚人的非，最是歹勾當。

咱們做奴婢的人，跟着官人們行時，這裏那裏下馬處，將官人的馬牽着，好生絟着。肥馬凉着，瘦馬鞍子摘了，絆了脚，草地裏撒了，【41a】教喫草。布帳子疾忙打起着，鋪陳整頓着，房子裏搬入去着。鞍子轡頭，自己睡卧房子裏放着，上頭着披氊蓋着。那的之後，鑼鍋安了着，疾忙茶飯做着。肉熟了，撈出來。茶【41b】飯喫了時，椀子家具收拾了。官人們睡了時，教一箇火伴伺候着。若這般謹慎行時，便是在下人扶侍官長的道理。

咱們結相識行時，休説你歹我好。明(朋)友的面皮，休教【42a】羞了。親熟和順行時，便是一箇父母生的弟兄一般，相待相顧盼着行。朋友們若困中没盤纏時，自己錢物休愛惜，接濟朋友們使着。朋友若不幸遭着官司口舌時，衆【42b】朋友們向前救濟着。若不救時，傍人要唾罵。有些病疾時，休迴避，請太醫下藥看治着，早起晚夕休離了，煎湯煮水問候着。若這般相看時，便有十分病也減了五分。【43a】朋友有些病疾，你不照覷他，那病人想着没朋友的情分，懷

(悽)惶時，縱有五分病，添做十分了。

　　咱們世上人，做男兒行時，自己祖上的名聲休環（壞）了。凡事要謹慎行時，【43b】卓立的男子；父母的名聲辱麼了時，別人唾罵也。父母在生時，家法名聲好来，田産家計有来，孳畜頭口有来，人口奴婢有来。爺娘亡没之後，落後下的孩兒們，不【44a】務營生，教些帮閑的潑男女、狐朋狗黨，每日穿茶房、入酒肆，妓女人家胡使錢。衆親眷街坊老的們勸説：“你爲甚麼省不得，執迷着心？”迴言道：“使時使了【44b】我的錢，壞時壞了我的家私，干你甚麼事？”因此上衆人再不曾勸他，隨着他胡使錢。每日十數箇帮閑的家裏，媳婦孩兒喫的穿的，都是這呆廝的錢。騎的馬三十兩一匹【45a】好竄行馬，鞍子是時樣減銀事件的好鞍轡，通是四十兩銀。

　　穿衣服時，按四時穿衣服，每日脱套換套。春間好青羅衣撒、白羅大搭胡、柳禄（綠）羅細褶兒。到夏間，【45b】好極細皆（的）毛施布布衫，上頭繡銀條紗搭胡，鴨綠紗直身。到秋間是羅衣裳。到冬間，界地絟絲襖子、綠紬襖子、織金膝欄襖子、茶褐水波浪地兒四花襖子、青六雲襖子，【46a】茜紅氊段藍綾子袴兒，白絹汗衫，銀褐絟絲板摺兒，短襖子，黑綠絟絲比甲。這般按四時穿衣裳。

　　繫腰時，也按四季：春裏繫金條環；夏裏繫玉鈎子——最低的【46b】是菜玉，最高的是羊脂玉；秋裏繫減金鈎子，尋常的不用，都是玲瓏花樣的；冬裏繫金厢寶石鬧（鬪）裝，又繫有綜眼的烏犀繫腰。

　　頭上戴的好貂鼠皮披肩，好纏椶【47a】金頂大帽子。這一箇帽子,結裹四兩銀子。又有紵絲剛乂(叉)帽兒,羊脂玉頂子。這一箇帽子,結裹三兩銀子。又有天青紵絲帽兒,雲南氈帽兒。又有貂鼠皮狐帽。上頭都【47b】有金頂子。

穿靴時,春間穿皂麂皮靴,上頭縫着倒提雲。夏間穿獭皮靴。到冬間穿嵌金線藍條子白麂皮靴,氈襪穿好絨毛襪子,都使大紅紵絲綠(緣)口子。一對靴上【48a】都有紅絨鴈爪;那靴底,都是兩層淨底;上的線,蠟打了,錐兒細線矗,上的分外的牢壯好看。

喫飯時,揀口兒喫。清早晨起來,梳頭洗面了,先喫些箇醒酒湯,【48b】或是些點心。然後打餅熬羊肉,或白煑着羊腰節胷子,喫了時,騎着鞍馬,引着伴當,着幾箇幫閑的盤弄着,先投大酒肆裏坐下。一二兩酒肉喫了時,酒帶半酣,引動淫心,唱【49a】的人家裏去。到那裏,教那彈絃子的謊厮們捉弄着,假意兒叫幾聲"舍人公子",早開手使錢也。那錢物只由那幫閑的人支使,他只粧孤,正面兒坐着,做好漢。那厮們,【49b】將着銀子花使了,中間剋落了一半兒,養活他媳婦孩兒。一箇日頭,比及到晚出來時,至少使三四兩銀子。後來使的家私漸漸的消之(乏)了,人口頭匹家財金銀器皿都盡賣了,【50a】田産房舍也典儅了,身上穿的也没,口裏喫的也没。幫閑的那厮們,更没一箇肯偢保的。如今跟着官人拿馬,且得暖衣飽飯。

我買這貨物,要涿州賣去。這幾日爲請親【50b】眷筵席,又爲病疾耽閣,不曾去的。我如今去也。火伴,你落後好坐的着。我到那裏,賣了貨物便來。

你好去着。我賣了這人蔘、毛施布時,不揀幾日,好歹等你來,咱商量買迴去【51a】的貨物。你是必早來。

〔店主人家引着幾箇鋪家来商量人蔘價錢。〕

這蔘是好麼？将些樣蔘来我看。這蔘是新羅蔘也，着中。

你説甚麼話！這蔘絶高，怎麼做着中的看？

【51b】牙家説："你兩家不須折辨高低。如今時價五錢一斤，有甚麼商量！"

你這蔘多少斤重？

我這蔘一百一十斤。

你稱如何？

我的是官稱，放着印子裏，誰敢使私稱！這價錢一定也，【52a】我只要上等官銀，見要銀子，不賒。

怎那般説！銀子與你好的。買貨物的，那裏便與見銀！須要限幾日。

你兩家休争。限十箇日頭，還足價錢。

這般時，依着牙家【52b】話。

這蔘稱了，只有一百斤。你説一百一十斤，那一十斤却在那裏？

我家裏稱了一百一十斤。你這稱大，因此上折了十斤。

那裏稱大！這蔘你来時節有些濕，如今乾了，【53a】因此上折了這十斤。

這蔘做了五分兒分了，一箇人二十斤家。每一斤五錢，二十斤該十兩。通計五十兩。

〔又店主人家引将幾箇買毛施布的客人来。〕

你這毛施布，細的價錢、【53b】麤的價錢要多少？

細的上等好布，要一兩二錢；麤的要八錢。

這黃布，好的多少價錢？低的多少價錢賣？

這一等好的一兩，這一等較低些的七錢家。

你休胡討價錢,【54a】這布如今見有時價。我買時,不是買自穿的,一發買將去,要覓些利錢。我依着如今的價錢還你:這毛施布,高的一兩,低的六錢;這黃布,高的九錢,低的五錢。我不【54b】賒你的,一頓兒還你好銀子。

牙家説:"他們還的價錢是着實的。你客人們遼東新来,不理會得這着實的價錢。你休疑惑,成交了罷。"

這們時,價錢依着你,銀子依的我時,【55a】成交;依不得我時,我不賣。我這低銀子都不要,你只饋我一樣的好銀子。

似你這般都要官銀時,虧着我。

待虧你多少? 肯時成交,不肯時你別處買去。

這們時,與【55b】你這好銀子買。

你這布裏頭長短不等:有勾(够)五十尺的,也有四十尺的,也有四十八尺的,長短不等。

這布都是地頭織来的,我又不曾剪了稍子,兩頭放着印記裏。

似【56a】這一箇布,經緯都一般,便是魚子兒也似勻淨的;似這一等經緯不等,織的又鬆,却不好。買的人多少駁彈,急且難着主兒。似這等布寬時好,這幾箇布忒窄。

窄【56b】時偏争甚麽? 也一般賣了。

你怎麼説那等的話! 寬時做衣裳有餘剩,又容易賣;窄時做衣裳不勾(够),若少些時,又要這一等的布零截,又使一錢銀。爲這上,買的人少。

要【57a】甚麼閑講! 筭了價錢,看了銀子。

你是牙家,你筭了着,該多少?

上等毛施布一百匹,每匹一兩,共該一百兩;低的三十匹,每匹六錢,共通一十八兩。

都與好銀子是。

委【57b】實没許多好銀子。敢只到的九十兩,那零的二十八兩,與你青絲如何?

客人看,這偌多交易,要甚麼爭競! 這些箇銀子是好青絲,比官銀一般使。

這們時依着你,將好【58a】青絲来。

這銀子都看了,我數將布去。

你且住着。這銀子裏頭,真的假的,我高麗人不識。你都使了記號着,牙家眼同看了着。後頭使不得時,我只問牙家换。

却不"當面看【58b】了見數,出門不管退换"!

怎麼説! 你這們慣做買賣的人,我一等不慣的人根前多有欺瞞。你使着記號着,大家把穩。

這一百兩做一包。這的是一百一十八兩。

那【59a】幾箇客人將布子去了。咱們人蔘價錢也都收拾了,貨物都發落了。

咱們買些甚麼迴貨去時好?

〔商量其間,涿州買賣去来的火伴到来相見。〕

好麼? 好麼? 買賣稱意麼?

托着哥哥【59b】們福陰裏,也有些利錢。你的貨要(物)都賣了不曾?

我貨物都賣了,正要買迴去的貨物,尋思不定,恰好你来到。

你要買甚麼貨物?

我知他甚麼好拿去! 大哥你與我擺布着。

【60a】我曾打聽得，高麗地面裏賣的貨物，十分好的倒賣不得，只宜將就的貨物，倒着主兒快。

可知！大哥你説的正是。我那裏好的歹的不識，只揀賤的買，正是宜假不宜真。

【60b】我引着你買些零碎的貨物：紅纓一百斤，燒珠兒五百串，瑪瑙珠兒一百串，琥珀珠兒一百串，玉珠兒一百串，香串珠兒一百串，水精珠兒一百串，珊瑚珠兒一百串，大針【61a】一百帖，小針一百帖，鑷兒一百把，蘇木一百斤，氈帽兒一百箇，桃尖棱帽兒一百箇，琥珀頂子一百副，結棱帽兒一百箇，面粉一百匣，綿臙脂一百箇，臘臙脂一百斤，牛角盒兒一百箇，【61b】鹿角盒兒一百箇，繡針一百帖，棗木梳子一百箇，黃楊木梳子一百箇，大笓子一百箇，密笓子一百箇，斜皮針筒兒一百箇，大小刀子共一百副，雙鞘刀子一十把，雜使刀子一【62a】十把，割紙細刀子一十把，裙刀子一十把，五事兒十副，象碁十副，大碁十副，雙六十副，茶褐樂帶一百條，紫絛兒一百條，壓口荷包一百箇，剃頭刀子一百把，剪子一百把，【62b】錐兒一百箇，秤三十連，等子十連，那秤、等子都是官做的，秤竿、秤錘、毫星、秤鉤子都有。

再買些氇木綿一百匹、織金和素段子一百匹、花樣段子一百匹。更有小孩兒們小【63a】鈴兒一百箇、馬纓一百顆、減鐵條環一百箇。更買些文書：一部《四書》，都是晦庵集註；又買一部《毛詩》、《尚書》、《周易》、《禮記》、五子書，韓文、柳文、東坡詩、《詩學大成》、《押韻君臣故事》、《資治通鑑》、《翰院新【63b】書》、《標題小學》、《貞觀政要》、《三國誌評話》。這些貨物都買了也。

我揀箇好日頭迴去。我一發待筭一卦去。

這裏有五虎先生，最筭的好，咱們那裏筭去来。

〔到那卦鋪裏坐定，問先【64a】生：“你與我看命。”〕

你説將年月日生時来。

我是屬牛兒的，今年四十也，七月十七日寅時生。

你這八字十分好，一生不少衣禄，不受貧。官星没有，只宜做買賣，出入通達。【64b】今年交大運丙戌(戌)，已後財帛大聚，強如已前數倍。

這們時，我待近日迴程，幾日好？

且住。我與你選箇好日頭。甲乙丙丁戊己庚辛壬癸是天干，子丑寅卯辰巳午未未(申)酉戌(戌)【65a】亥是地支，建除滿平，定執破危，成收開閉。你只這二十五日起去，寅時徃東迎喜神去，大吉利。五分卦錢留下着。

〔各自散了。〕

〔到二十五日起程，辭別那漢兒火伴，已前盤纏了【65b】的火帳，都筭計明白。〕

大哥，我們迴去也，你好坐的着。我多多的定害你，你休恠。

咱們爲人，四海皆兄弟。咱們這般做了數月火伴，不曾面赤。如今辭別了，休説後頭再【66a】不厮見。山也有相逢(逢)的日頭！今後再厮見時，不是好弟兄那甚麽！

老乞大諺解下終

老乞大新釋

《老乞大新釋》解題

　　從 1483 年葛貴等人對《老乞大》作了較大的修改，崔世珍據以作諺解以後，一直到 1761 年《老乞大新釋》問世，中間將近三百年，沒有發現修改《老乞大》原文的跡象。三百年間，語言的變化是很大的，所以《新釋》的出現事屬必然。

　　《老乞大新釋》不分卷，邊憲編，刊行於 1761 年（朝鮮英祖三十七年，清乾隆二十六年）。書前有崇禄大夫行議政府左參贊兼弘文館提學洪啟禧序，對此書的修訂原委有所交代："《老乞大》不知何時所創，而原其所録，亦甚草草，且久而變焉，則其不中用無怪矣。……余嘗言不可不大家（加?）釐正，上可之。及庚辰，衡命赴燕，遂以命賤臣焉。時譯士邊憲在行，以善華語名，賤臣請專屬於憲。及至燕館，逐條改證，別其同異，務令適乎時、便於俗，……今此新釋，以便於通話爲主，故往往有舊用正音而今反從俗者，亦不得已也。"可見此書的修訂是由"以善華語名"的譯士邊憲利用出使中國的機會在北京（"燕館"）完成的，很可能請中國人審定過；編寫的宗旨是"務令適乎時、便於俗"，"以便於通話爲主"，也就是說，它所用的漢語是當時的地道口語，因此跟《老乞大諺解》相比，改動的幅度非常大。確實，在現存的《老乞大》各版本中，除《原本老乞大》外，《新釋》的語言最貼近實際口語，這從開頭的四句對話即可見一斑：在四種版本中，稱呼詞用"阿哥"、介詞用"打"、時間詞用"這回兒"的只有《新釋》。《新釋》用了很多句尾語氣詞"呢",這在《老乞大》諸版本中也是一個突出的特點。因此《新釋》具有極高的語料價值,它應該是清代前期北京口語的實録①。

《新釋》刊行後兩年,即 1763 年,又有"諺解"本問世。《老乞大新釋諺解》三卷,現在分别藏於美國哥倫比亞大學東亞語言文化系(卷一)和宋錫夏手中(卷二、卷三),其中卷二、卷三筆者未能寓目,所以這次收入本書的只是純漢文本。《老乞大新釋諺解》的體例與一般的諺解有所不同,在一段對話結束之後,用小字低一格另起一段,把整段文字重新逐字注音,左邊是漢字,右邊是諺文。每句話結束處都用"乚"符號標志。

此次點校所據的底本,卷一使用哥倫比亞大學所藏諺解本,卷二、卷三則是奎章閣圖書 4871 號《老乞大新釋》,點校體例同《原本老乞大》。

---

①   這是筆者的看法。太田辰夫先生(1969)認爲:"但《老乞大新釋》(乾隆二十六年)並没有達到全然靠近北京話的程度。"

老乞大新釋序

【1a】五方之民，言語不通，先王設四官以通其不通：東曰寄，西曰鞮，南曰象，北曰譯。類皆察其風氣之高下，齒舌之緩急，適乎時而便於俗而已。天下之生久矣，言語之隨方變易、與時異同，【1b】固如水之益下，況中州之與外國，其齟齬不合，差毫釐而謬千里者，尤不勝其月異而歲不同矣。然我國之於中州，地之相去不過二千餘里，視閩、浙、雲、貴殆十之三四，而閩、浙、雲、貴之人能喋喋通話於幽燕，大同而小異，【2a】我國則雖老譯，舉皆舌本閒強，話頭拙澀，鄒孟氏莊嶽衆楚之訓，真善諭也。我國古置質正官，每歲以辨質華語爲任，故東人之於華語，較之他外國最稱嫻習。百年之閒，茲事廢而譯學遂壞焉。

《老乞大》不知何時所創，而【2b】原其所録，亦甚草草，且久而變焉，則其不中用無怪矣。譯於燕者，不過依俙倣想而行之，誠不可以膠柱而鼓瑟。舊時多名譯，周通爽利，聞一知二，不至迃庭。挽（晚）近以来，習俗解弛，濫竽者亦多，殆無以應對於兩國之閒，識【3a】者憂之。余嘗言不可不大家（加？）釐正，上可之。及庚辰，銜命赴燕，遂以命賤臣焉。時譯士邊憲在行，以善華語名，賤臣請專屬於憲。及至燕館，逐條改證，別其同異，務令適乎時、便於俗，而古本亦不可刪没，故併録之，蓋【3b】存羊之意也。書成，名之曰《老乞大新釋》，承上命也。既又以《朴通事新釋》分屬金昌祚之意筵稟,蒙允。自此諸書并有新釋,可以無礙於通話也。今此新釋,以便於通話爲主,故往往有舊用正音而今反從俗者,亦不【4a】得已也。欲辨正音,則有《洪武正韻》《四聲通解》諸書在,可以考据,此亦不可不知也。在館見南掌國人(即古越裳氏)因雲南人通其語,蓋重譯也,雖侏儺吞吐,有不可了,而然能畢通其情物。信乎,象譯之有關於王制也!仍記【4b】余丁卯赴日本,南譯之鹵莽,殆有甚於北,故遂改編《捷解新語》,以辨其古今之判殊,諸譯便之。日本有雨森東者,能通三國語,其弟子亦多能之者。夫以我國文辨聰俐之俗,苟有志於音訓之學,亦何難於曲暢而傍通哉!【5a】引而伸之,觸類而長之,天下言語之能事畢矣。諸譯豈有意哉?勉之哉!

　　上之三十七年辛巳八月下澣崇禄大夫行議政府左參贊兼弘文館提學洪啓禧謹書。

《老乞大新釋》正文

老乞大新釋諺解卷一

【1b】阿哥你打那裏来？

我從朝鮮王京来。

這回兒那裏去？

我往北京去。

你多站在王京起身来着？

我在這箇月初一日間離了王京。

既然這箇月初一日間從王京起身的，到得【2a】半箇月怎麽纔到這裏来呢？

我因有箇朋友落後了，所以在路上慢慢的走着，等候他来，故此来的遲了。

那朋友如今赶的上啊赶不上啊？

這箇朋友就是那箇，昨兒箇纔到来了。

你這箇月底能【2b】到北京麽到不得呢？

這話我不能料。萬一天可憐見，身體平安，想来也可到了。

【3a】你却是朝鮮人，怎麽能説我們的官話呢？

我在中國人根前學書来着，所以些湏知道官話。

你跟着誰學書来着？

我在中國人學堂裏【3b】學書来着。

你學的是甚麼書？

我曾念的是《論語》《孟子》《小學》。

你每日所做甚麼工課呢？

每日清早晨起来，師傅根前受了書。放學，家裏吃完了飯，再到學裏寫做。寫做後頭對句，對【4a】句後頭念詩，念詩後頭師傅根前講書。

講甚麼書呢？

講的是《小學》《論語》《孟子》。

【4b】講書後頭又做甚麼工課呢？

到晚晌(晌)，師傅前面撤簽背書。背的熟的，師傅給免帖一張；若背不過来的，教當直的學生背起来，【5a】打三下了。

怎麼樣是撤簽背書？怎麼樣是免帖呢？

每一箇竹簽上寫着一箇學生的名字，衆學生的名字都一樣寫着，放在一箇簽筒裏盛着。教當直的學生，拿簽筒来搖一搖，内中撤着誰的，【5b】便着那人来背書。背得過的，師傅給他免帖一箇。那免帖上寫的是"免打三下"，免帖上師傅畫着花押。若後来再撤簽背不過書的，拿出免帖来撕開，便將功折過免打了。【6a】若沒有免帖，一定吃打三下。

【6b】你是朝鮮人，學他官話做甚麼？

你説的話也是。但各自人都有箇主見。

你有甚麼主見？你説與我聽。

如今朝廷一統天下，到處用的都是官話。【7a】我這朝鮮話，只可在朝鮮地方行得去,過了義州,到了中國地方,都是官話。儻有人問一句話,也説不出來,別人將我們看作何如人也?

你這樣學中國人的書,是你自巳(己)要去學來啊,【7b】還是你的父母教你去學的麼?

是我父母教我去學的。

你學的多少時莭了?

我學了半年有餘了。

你都能懂(懂)得了懂(懂)不得呢?

每日同漢學生們一處學習来,所以略略的會得。【8a】

【8b】你的師傅是甚麼人?

是漢人啊。

有多大年紀了?

三十五歲了。

用心教你們啊還是不用心教你們呢?

我師傅性格溫厚,狠用心教我們。

你那衆學生内中,有多少中國人? 多少朝鮮人?

【9a】大槩一半是中國人,一半是朝鮮人。

這裏頭也有皮頑的麼?

是,内中也有皮頑的。每日學長將那皮頑的學生向師傅稟了,就打了他,他也是終久不怕。這是漢小厮們十分皮頑的,【9b】若朝鮮小厮們却比他們略好些。

【10a】大哥,你如今往那裏去?

我也往北京去。

你既往北京去,我是朝鮮人,中國地面素来行不慣,你好歹帶我，作箇同伴去。

這麼着，咱們一同去罷。

大哥你貴姓？

賤姓王。

你家在那【10b】裏住？

我在遼陽城裏住。

你徃京裏去，有甚麼勾當去？

我要將這幾箇馬賣去。

這麼的呢狠好，我也要去賣這幾箇馬。這馬上馱着的些微幾疋毛藍布，一併都是要賣的。你既也去賣【11a】馬，咱們正好一同去。

【11b】大哥可知道京裏馬價如何？

近有相識的人来説，馬的價錢這幾日好。就這頭莇的馬，賣得十五兩以上。似這一莇的馬，可賣十兩以上。

却知道布價的高低麼？

布價比往年的價錢差不多。

【12a】京裏吃食貴賤如何？

我那相識人曾説，他来時，一斗粳米賣八分銀子，一斗小米賣五分銀子，乾麵十斤賣一錢銀子，羊肉一斤賣二分銀子。

似這莇看起来，與我當年在京裏時，【12b】價錢都是一樣。

咱們今夜那裏去住呢？

【13a】咱們徃前走十多里路，有一箇店，名叫做瓦店。咱們到那裏，或早或晚，可同宿了罷。若再過去，徃前二十多里地没有人家了。

既是那麼着，前不着村，後不着店，咱【13b】們又投那裏去宿呢。

到那裏時候雖早也好，歇息牲口，明日早行的便宜。

但這裏到京裏,尚有多少路呢?

這裏到京裏,還有五百多里。若天可憐見,咱們身子平安,再有五六日可以到了。

【14a】咱們到京時,那裏住下好?

咱們徃順城門官店裏住下,那裏向馬市裏去却近些。

你説的是。我也心裏這麼想着,你説的恰合我意,就是那裏好。但是遼東去的客人們,別處不【14b】下,大槩都在那裏住。我當年也在那裏住,十分便宜。

【15a】你這幾箇牲口,每夜吃多少草料? 共用多少錢?

這六箇馬,每一箇五升料一【15b】綑草,共筭來,大槩兒用盤纏二錢銀子。這六箇馬,每夜吃的草料也不一樣。草料貴處,用銀三四錢;草料賤處,用銀二錢。

這箇馬也走的好。也有幾步走。

除了這箇馬,別箇的都【16a】不好。

你這馬與布,到北京賣了,却買些甚麼貨物,回到朝鮮去賣呢?

我要徃山東濟寧府東昌縣、高唐縣,收買些絹疋、綾子、涼花紬子,回到王京賣去。

若到你那地方,也有些利錢麼?

【16b】那箇也好。我當年跟着中國人,到高唐,收買些綾絹,回到王京賣了,也得些利錢。

【17a】你那綾絹涼花,在本地多少價錢買来的? 到王京多少價錢賣出去的?

我買【17b】的價錢:小絹一疋三錢,染做小紅顏色做裏絹;綾子每疋二兩,染做鴉青、小紅顏色;絹子每疋,染錢二錢;綾子每疋,染鴉青的三錢，小紅的二錢；涼花每一斤，價銀二錢。到王京去，絹【18a】一疋，換細麻布兩疋，折銀一兩二錢；綾子一疋，鴉青的換布六疋，折銀子三兩六錢；小紅的換布五疋，折銀子三兩；涼花每一斤，換布一疋，折銀子六錢。通共筭來，除了牙稅脚價之外，【18b】也可得加五的利錢。

【19a】你從来，到京裏，賣了貨物，就買綾絹，到王京去賣，前後住了多少日子？

我從年時正月裏，將馬匹與布到京都賣了，五月裏到高唐去，收買些綾絹，到直沽裏上船過海，【19b】十月裏到王京，到年終，這些貨物都賣了，就買了這幾匹馬併毛藍布来了。

【20a】這三箇火伴，是你親眷麼？與你同来的啊？却不曾問他的姓名。姓甚麼？名字甚麼？

這箇姓金，是我姑舅哥哥。這箇姓李，是我兩姨兄弟。這箇姓趙的，是我街坊。

你既是他姑舅弟兄，【20b】誰是舅舅的兒子？誰是姑姑上兒子呢？

我是姑娘生的，他是我舅舅養的。

你這兩姨弟兄，是親兩姨？却是房分兩姨呢？

是親兩姨弟兄。我母親是姐姐，他母親是妹子。

你們既是姑【21a】舅兩姨弟兄，怎麼沿路上多有戲言，全不避諱呢？

這是我們不忌的人家，親弟兄説話，尚不計較，况是姑舅兩姨的弟兄，又何必理論啊。

【21b】咱們閑話別講罷。那前頭的便是瓦店了，尋箇好乾淨店

房住【22a】下，且歇息牲口。那街北這一箇店，是我舊主人家，咱們就到那裏下。

主人家拜揖了。

嗳呀，王大哥來了麼？久違了！好啊？你這幾箇火伴，從那裏同來的？

這是我沿路上，做火伴一【22b】同往北京去的。你這店裏草料都有沒有？

草料都有。料是黑豆，草是秆草。

這秆草好。若是稻草，牲口多有不吃的。黑豆多少一斗？草多少一綑？

黑豆五十箇錢一斗，草十箇錢【23a】一綑。

是實價麼？不要說謊瞞我。

大哥說甚麼話！你是熟主顧，咱們與你便是自家人一般。我怎麼敢說謊！你若不信我的話麼，到別箇店裏問問去，看是說謊不說謊。我只這麼【23b】說。

【24a】我通共十一箇馬，要量六斗料，十一綑草。

這鍘（剉）刀不快，許多草幾時纔鍘（剉）得完呢！主人家，你可徃別處借一把快鍘（剉）刀來。

這麼着，【24b】我借去。

這鍘（剉）刀是我親眷家的，他不肯借，是我懇求他借來，風霜一樣狠快的，你小心些，不要弄壞了他的。

這火伴，你鍘（剉）的草忒纜了，牲口怎麼吃呢？好生細細的鍘（剉）罷。

這火【25a】伴，你敢是不會煮料麼？你把鍋燒滾了，下上豆子，但看水開了一會兒，把那鍘（剉）的草放在豆子上，盖好了鍋，也不用燒火，只教不要走了氣，自然熟了。

【25b】客人們，你打中火啊？不打中火啊？

我【26a】不打中火喝風麼？這麼你快作起五箇人的飯来。

你吃甚麼飯？

我五箇人，打三斤麵的餑餑。我自去買下飯菜。

你自己買下飯菜去，這間壁肉案上買猪肉去，是今日殺的新鮮的好猪肉。

【26b】多少錢一斤？

二十錢一斤。

你主人家就與我買去。買一斤肉，不要十分肥的，帶肋條的就好。大片切着，炒来吃罷。

【27a】主人家，你們若不會炒肉，咱們火伴裏頭，教一箇人自己去炒肉。

我是朝鮮人，都不會炒肉。

【27b】有甚麼難處！刷了鍋，燒熱了，放上半盞香油。待油大熟了後頭，下上肉，着些塩，把快子攪動。炒的半熟了，調上些醬水，把生葱作料着上，蓋好了鍋，不要出氣，燒動火，【28a】一會兒熟了。

你再嘗看，鹹淡如何？

我嘗得，略略有些淡。再着上些塩。

主人家，餑餑有了麼不曾？

立刻就有了。你放上卓子先吃。你吃時，我這裏也就好完了。

【28b】主人家，我明日五更天就要早行，咱們【29a】筭了房錢火錢。這一夜住的人馬使喚的盤纏，共該多少？

你稱了来的三斤麵，每斤十箇錢，該三十錢。切了来的一斤猪肉，該二十錢。四箇人，每人房錢十箇錢，共該四十錢。黑豆【29b】六斗，每斗五十錢，該三百錢。草十一綑，每綑十箇錢，該一百一十錢。通共該錢五百錢。

這草、料、麵，都是你家裏賣出来的，減少些錢如何？

罷，罷。你只給四百五十錢罷。

既這般【30a】説，火伴，你三箇人一齊都拿出来給他，記着數目，到北京，打總再筭罷。

這般我就都給他。

【30b】火伴，你把料撈出来，冷水裏拔着，等遲一會，好慢慢的喂馬。初喂他的時候【31a】麼，就把料水拌草與他吃。到五更，再把料都添與他吃。似這般喂法，這馬是分外吃得飽。若是先饋他料，那馬只管揀料吃，草都抛撒了。那馬勞苦了的時候，不要就飲水，【31b】等他吃一會草再去飲。咱們各自睡罷，輪着班起来勤些喂馬。今日是二十二日，五更時正有月，雞叫起来走罷。

主人家，點燈来，我好收拾睡覺。

點燈来了，牆上好掛。

這純士炕上怎【32a】麼睡！有甚麼草薦，拿幾領来鋪上。

大嫂，拿草薦席子来，與客人們鋪。

席子没有，這三領草薦與你們鋪罷。

【32b】主人家，你種些火，我明日五更天起来，就要早走的。

那麼【33a】的，客人們請歇息罷。我查看了門户也就去睡了。

来，来，且不要去，我還問你些話。我前番從北京来時，離你這店裏約走二十里来地，有一坐橋塌了，如今可曾修起了不曾？

　　早修起了了。【33b】比在先的高二尺濶三尺，越發做的甚好。

　　這麽我們明日一早好放心的去了。

　　你們不要十分早行。我聽得，前頭路上甚惹有歹人。

　　爲甚麽有歹人呢？

　　你不知道，因去年年成荒【34a】旱，田禾沒有收成的上頭，就生出這些歹人來了。

　　怕甚麽事！我們只赶着這幾箇馬，又没甚麽銀錢帶來的，就逢見了他不相干。那賊們想要我們甚麽？

　　別要這般説。那賊們怎【34b】知你有錢没錢？寧可小心些纔是。

　　【35a】我這裏前年六月裏，有一箇客人，搭包裹蔵着一打子紙，腰裏絟着，在路傍樹底下歇凉睡，被一箇賊到那裏看見了，【35b】只説是腰裏帶的是錢物，生起歹心來，就那裏拿起一塊大石頭，把那人頭上打了一下，打出腦浆來死了。那賊把那人的搭包解來看，却是紙，就在那裏甩了走了。官府去撿了屍【36a】埋了。正賊捉不住，單把地主併左近人拷打。後頭別地方的官府，却捉住那賊，發到這裏官府處來。今年就在牢裏死了。

　　【36b】舊年又有一箇客人，赶着一頭驢子，兩箇荆籠子裏盛着棗兒馳着走。後頭有一箇騎馬的賊，帶着【37a】弓箭跟着走，到箇酸棗林地方無人處，那賊把客人脊背上射了一箭，那客人就倒了。那賊只説是死了，就赶着客人的驢子，徃前行走。這客人被賊一箭射的昏了，蘓醒回來，【37b】恰好有捕盜的官到那裏巡哨。那客人就把這緣故告了。捕盜官就叫公兵徃前赶，約到二十里地方，赶上了那賊，要捉拿他，誰知那賊就放一箭，把一箇弓手射下馬來。那賊

跑【38a】去了。

【38b】那捕盜官赶到村裏，差了一百箇壯漢，帶着弓箭器械，把那賊圍在一箇山峪裏，纔能拿着迴來。看那被射的弓手，肐膊上射上，却不曾傷性命。如今那賊現在牢裏監禁着。

既這般路上【39a】有歹人，咱們又没甚麼忙勾當，何必要早行！等到天明，慢慢的去怕甚麼？

說的是。依着你，天明了再走罷。

【39b】請安置，客人好睡罷。

主人家且不要去，我又忘了一件勾當。我這馬還不曾喝水，等一會要拉他喝去，那裏有井？

那房後【40a】便是井。

有轆轤没有？

那井甚淺，只用繩桶打水。井邊上有飲馬的石槽。

既這般，你收拾柳罐井繩出來。

那井邊頭，柳罐井繩都現成的有那裏呢。我又要囑咐你話：那柳罐不沉水，【40b】你不會擺，要把柳罐上絟着一塊磚頭纔好呢。

這麼的，我自會的，不要你教。

【41a】咱們輪着起來，好勤喂馬。常言道："馬不得夜草不肥，人不得横財不富。"再别槽兒裏多饋他到天明。

咱們先拌些草，馬【41b】吃一會再去飲水。

盛草的筐也没有，拿甚麼盛草去？

既没有筐，且把衣襟抱些草去。

我取料水去。

這主人家好不整齊，連攪料棒也没有一箇！快拿咱們的拄杖来攪料。

且到房【42a】裏去。一會莘着馬吃了這草，好拉他飲水去。

我這馬吃了草也，要飲去。

【42b】咱們都去了麼，這房子教誰看守着呢？

且留一箇看房子，着兩箇拉馬去罷。

怕甚麼事！這店門都關上了，還怕有誰進来？

你【43a】不要那般説，小心些好。常言道："常防賊心，莫偷他物。"依我的話，必要留一箇人看房子纔是。

既是這麽，咱們留誰看房子？

你三箇裏頭，着這箇老年的看着罷。自古道："三人【43b】同行，少的吃苦。"我們三箇人去罷。

這衚衕窄，牽了多馬，【44a】過不去，咱們做兩回牽罷。

那麼着，你慣會打水？

我不會打水，你打水去，我兩箇牽馬去。

那麼着，我打水去，你拉馬来。

這槽裏我纔剛打兩洒子水，可勾馬吃麼？

這水小，再【44b】打一洒子。

拿洒子来，我也學打打看。

這洒子是不沉水的，怎麼得滿盛了水了呢？

我教你：把柳罐提起来，在水面上擺倒，撞下水去，就能盛滿了水了。

果真的麼？ 向来常見人打水，【45a】從不曾試，今日却會了。

【45b】你們那裏朝鮮地方，有井没有？怎麼不會打水呢？

我那裏井，不似這般。這井是磚砌的，狠小有二丈深。我那裏井，都是石頭壘的，狠深的没有一丈，不過七【46a】八尺深。我那裏男人不打水，都是女人們打水。那箇打水的女人們，放箇銅盔，在頭上頂水，各自帶箇打水的瓢，瓢上絟着一條細繩子，却與這裏的井繩洒子一般取水。原来没有男人拿【46b】匾担挑水的規矩。

爲甚麼那般打水呢？我却不理會。我們心裏只説是與我這裏一般打水。

【47a】你把這馬牽廻去，再牽别箇来飲水。

這馬都喝水了。

這樣黑地裏，茅房裏難去，咱們就到後園裏去出恭不好【47b】麼？

我拉着馬，你自出恭去，我不要出恭去。你萬一要出恭去，離大路遠些，别在路邊上出恭，明日惹人罵了。

咱們一箇人拉着兩箇馬去，絟的牢着。

這馬槽寬大，離遠些絟，不要【48a】把繩子紐着。

快些拿草料来，拌上餵他，且儘他吃，咱們好去睡。

【48b】火伴們快起来，雞叫第三遍了，不久東開了。快快的起来洗臉，穿上衣裳，喝幾鍾酒，收拾行李鞴馬。天亮了，告辭主人家去罷。

主人家别恠，我們去了。

你們别恠，好去【49a】罷。廻来却仍到我店裏来住。

這坐橋，就是我夜来説的橋，比從前十分脩好了。在先都是土搭的，如今都用板幔了。就是這橋梁橋柱，也比在前收拾的牢壯，再過十幾年，【49b】也不能壞的。

日頭這般高了，徃前又没有甚麽店，咱【50a】們且投箇人家糴些米，自做飯吃。卸下行李，歇息牲口，歇歇去罷。

那麽狠好，肚裏也餓了，咱們去。

把這馬上行李卸下，鬆了肚帶，去了嚼子，就在這路傍，放他吃些草。只用一箇看，【50b】别的都到那邊人家問去。

主人家，我們是行路的人，這時候不曾吃早飯，前面又【51a】没店，故此来借問你。你們若有米，糴些與我們做飯吃。主人家心裏怎麽説？要糴就説糴，要不糴就説不糴。

你們不用糴米，我這裏飯一定煮熟了，客人們要吃，就吃些【51b】去罷。

這般説，但恐怕少了你們吃的飯。

不妨事。便少些飯，我再做些使得。拿卓子来，教客人們就在這棚子底下坐着吃飯。只是淡飯，胡亂吃些罷。幇子們在那裏呢？有甚麽熟【52a】菜蔬，取些来與客人們吃。

客人們，你愛吃甚麽飯菜？

不用問他，家裏有的拿来糴他吃，没甚麽該吃東西。有蘿葍、生蕊(葱)、茄子拿来，取醬来蘸着吃。

這菜都没有，只有些塩瓜，與客【52b】人吃。

客人們别恠，將就吃些罷。

我們與你驟然相會，大哥就這般見愛，給茶飯吃，怎麽敢恠呢？

客人們説甚麽話！量這般淡飯，打甚麽緊。偏我不出外？若出外時候，也【53a】與你們一般的。

大哥説的是。俗話説："慣曾出外偏憐客，自己貪杯惜醉人。"果然不錯。

【53b】你們外頭還有火伴麼？

還有一箇在那裏，【54a】看行李放馬呢。

他不能來吃飯，怎麼好？

我們吃完了，給他帶些去。有椀給一箇，就盛出一椀飯來，帶與那箇火伴吃。

且隨他（你）們吃着。家裏還有飯，吃完了再給他帶去。【54b】你們休做客，慢慢的徃飽裏吃罷。

我們都是行路的客人，肯做甚麼客呢？

吃得飽不飽？

我們吃得大飽了，收拾了椀楪罷。

【55a】客人們還有一箇看馬的，沒有來吃飯。興兒，你可另盛一椀飯，拿罐取些湯，跟客人去，給那火伴吃。吃完了，再收拾回來。

【55b】主人家別恠，我們在這裏打攪了。

有甚麼打攪處的。是淡飯，又沒甚麼好菜。

不要那般説，當不得。"饑時一口，強如飽時得一斗。"我們正在饑渴時候，主人家就這般給茶飯吃，怎麼能【56a】忘你的情呢！

也別那般説。誰人出外帶着房子走？也辭不得要投人家尋飯吃。俗語説："好看千里客，萬里要傳名。"這話却也不錯的。

【56b】主人家，我們攪擾這半日，連尊姓也不曾問得。大哥貴姓？

我姓張，是張【57a】社長一家。客人你姓甚麼？

我姓王，在遼東城裏住。大哥若有事，到我那裏不棄嫌，可到我家下來。

若能去的時節，一定要尋到你家去的。我肯忘了你麼！

【57b】那人家，我纔剛去要糶米，他不肯糶與我，他們做下現成的飯，教我們吃了，又教吃給你帶来。你吃完了，【58a】可就與這小厮椀楪帶回去罷。火伴，你赶馬来，咱好打朵子。等到打完了朵子，他飯也好吃完了，咱們就好行路。

這箇馬怎麼這般難拿？原来是這般！

既這般利害麼，後頭呢用絆罷。

【58b】從前却絆着，今日偏忘了不曾絆。

咱們都攔着拿住。

朵子都打完了駄上，咱們好走。小厮，你可拿了椀楪與瓦罐回家去。生受你了，你別恠。

【59a】你看這箇時候，却又将晚了。這裏到夏店，還有十里来地，若到不去，就往路【59b】北那人家尋箇睡覺處罷。

既是這般，咱們不可都去，那人家見人多了，恐怕不肯教宿。着两箇看行李，我两箇先問去。

【60a】老乞大新釋諺解一終

老乞大新釋

【15b】主人家拜了。我們是行路的客人，今日天晚了，要借你房子，做箇宿處。

我房子窄，没處下。你別處尋宿去罷。

你這般大人家，量我两三箇人，却怎麼説房窄下不得呢？你那好炕，不教我宿也罷，就這大門傍邊車房裏，教我宿一夜如何？

我不是不要教你宿。近来官司排門稽查，都不敢留面生人住宿。我知他你是那来的客人，向来又不曾相識，那裏知道你們是好人歹人？怎敢就容留你們住呢？

主人家，我不是歹人。我【16a】們在遼東城裏住，現帶得有印信路引在此。

你們在遼東城裏那裏住？

我在遼東城裏閣北街東住。

離閣有多少近遠？

離閣有一百多步，北巷大街開的雜貨舖便是。

那雜貨舖是你的麼？近南隔着兩家人家，有箇酒店，是我舊相識，你認得他麼？

那箇是劉清甫酒舘，是我街坊，怎麼不認的？

雖然這般說，房子實在窄小，住不下。

你見愛我罷。你是有見識人，這時候，天已晚了，日也落了，教我那裏尋宿處去？不要推托，容我宿一夜罷。

這客人怎麼這般歪纏？如今官府稽查好生嚴謹，省事人家，不敢住下面生歹人。你雖說是【16b】遼東人，我却不敢保你的來歷呢。況你這幾箇火伴的摸樣，又不是漢人，又不像獛子，不知是甚麼人，我怎麼就敢留你宿？你不知道，新近這裏有一箇人家，只爲教幾箇客人住下，等那客人去了的後頭，事發了。誰知道那人是獛子人家逃走出來的！因此就連累他犯官司。現今着落他要那逃走的人。你看似這般帶累人家！我怎麼還敢留你們宿麼？

主人家，你說那裏話！好人歹人怎麼不認的？這幾箇火伴，他是朝鮮人，從朝鮮地方來，他那裏有口子渡江處，有官把守着，比咱們這裏一般嚴緊，先驗了文引，又仔細【17a】的盤問明白後頭，纔放過來。他們若是歹人，來歷不明，怎麼能勾到這裏來？他現有帶的文引,赶着朝鮮馬,徃北京做買賣去。他不懂漢人説的官話,故此不敢説話。他們真箇不是歹人。

既是這般,別只管纏張。後頭房子窄,家裏孩子們多有,又有箇老娘,身子不快。你若不嫌冷,就在這車房裏住一宿如何?

這般我們將就在這車房裏睡覺罷。

主人家,我又有一句話要説,心裏躊躇,不敢開口。

有甚麼話你説。

如今已是黑夜了,我們實在肚裏餓了;又有幾箇馬要喂。"一客不勞二主",望你可憐見我們,糶些米給我,煮一頓【17b】飯吃,併賣些草料給我喂馬如何?

我這裏今年夏天大旱,到秋來又水澇了,莊家田禾沒有收成,故此我們都是現糴現吃,那裏還有糶的來?

我們從早起吃了些飯,到這時候不曾吃些甚麼,肚裏好飢餓。你就把那糴來的米裏頭小分些饋我,熬些粥吃也好。這一百錢,隨你的意思,給些米罷。

這一百錢,與你多少米呢?

隨你饋我多少就是了。

今年因旱澇不收,一百錢糶的一斗米。我本來沒有糶的米,既是客人只管央及,我就把糴來的米,給你三升,煮些粥胡亂充飢罷。

客人們不要見恠,實在今年艱難。若是似徃年【18a】好收麼,別説你兩三箇人,就是十數箇客人,我也能都給茶飯吃。

主人家説的狠是。我也曾打聽,今年這裏實在田禾不收。既這般,主人家,我們要到後頭熬粥去,這黑地裏,出入不便當,你家這狗又利害,不嫌煩勞麼,你就給我做些粥來吃如何?

也罷。客人們且在車房裏收拾，我教孩子們做些粥來與你們吃罷。

費心。多謝，多謝！

主人家，還有一句話說：人吃的雖是有了，這馬也當要喂，一發賣些草料與我喂他如何？

客人們說甚麼話！人吃的尚且短少，那裏還有賣與馬的草料！我這院子後頭，一遍都是青草地。你吃【18b】了飯，着兩箇人，赶馬放去，到天亮了，這馬都可吃飽了。何必又要草料呢！

主人哥說的是。我們車房裏去，沒有火怎麼好？教小孩子拿箇燈來罷。

這麼我就教小斯們送燈去。再饋你兩三根糠燈。

咱們吃了飯，留兩箇在這裏看行李，着兩箇放馬去。到半夜後，却換這兩箇起去替他，大家安息安息，明日好不渴睡。

這的燈來了，粥也拿來了，匙椀都有，你們吃罷。

咱們飯也吃了，你兩箇先放馬去。到半夜裏，我兩箇却替你去。

我睡醒了起來。噯呀，參星高了，敢是半夜了。我先去，替那兩箇來睡。你就到那裏來，咱們兩箇看馬。

【19a】這麼你先去。

換你兩箇去睡一睡。到那時候，教那箇火伴來。

你來了？你赶過馬來在一處，容易照管。月黑了，恐怕有迷失，悮了明日走路。

明星高了，天待要明了。咱們赶馬到下處去，收拾了行李，只怕天就明了。

　這馬且絟着,教那兩箇起來。

　你兩箇快起來！收拾行李好馱朵子。須把咱們的行李查明白着,主人家的東西不要錯拿了去。

　朵子都打完了,辭了主人家去罷。

　主人哥,我們去了,在這裏破費你了。

　咳,有甚麽破費處！慢待了,別怪,好去罷。

　咱們前頭到夏店,買飯吃了,赶晚可到京城了。

　這裏到夏店有多少路？

　還【19b】有三十多地。

　你昨日怎麽説只有十里多路？今日却又怎麽説三十里地？

　我昨日錯記了。今日想起來,有三十多地。咱們不要遲延,趂凉快,馬又吃的飽,赶早快走。

　日頭又大高的了。望那黑林子,便是夏店。這裏到那裏,還有七八里路。你在先也曾到北京去,怎麽不理會的呢？

　這夏店我在先曾走了一兩遭,如今都忘了,那裏記得！

　夏店待到了,咱們吃些甚麽茶飯好？

　我朝鮮人,不慣吃濕麪。咱們只吃乾的如何？

　這麽,咱們買些燒餅,炒些肉吃罷。

　咱們這裏好絟馬,卸下行李,到飯店裏去。

　掌櫃的,先拿一盆温水來,我要洗【20a】臉。再拿漱口水來。

　客人們洗臉了。

　店家,抹卓子。

　客人吃些甚麽茶飯？

我四箇人，炒三十錢的羊肉，取二十錢的燒餅來。

這湯淡，有塩醬拿些來，我自家調和吃。這燒餅，一半冷的，一半熱的。熱的留下我吃，這冷的你拿去，火盆上烤熱了來。

咱們飯也吃了，給他飯錢罷。

店家，來會錢。共該多少？

二十錢燒餅，三十錢羊肉，共該五十錢。

咱們快上朵子走罷。

日頭又晌（晌）午了，有些熱，吃了些乾東西，又有些渴。前頭不遠，有箇草房店，到那裏，咱們且吃幾盞酒解渴。

歇息牲口，暫卸下行李，吃幾盞酒再去。

賣酒的，打二十錢的酒來，我【20b】要喝。

客人們，這是二十錢的酒。

酒好麼？

不是黃酒，是乾乾的燒酒，雖是海量，喝一鍾就醉了。你嘗嘗看，若不好，你別還錢。

將就吃的過。有甚麼好下酒菜，拿些來。

我這裏只有的是塩瓜。

且取些來。

那酒要熱吃麼，還是凉吃呢？

阿哥，先吃一杯，阿哥受禮！

你敢年紀大？怎麼受禮？

阿哥你多大年紀？

我今年三十五歲。

我纔三十二歲。阿哥你年紀大，大我三歲，應該受禮。

　　我雖年紀大,怎麼便受禮呢!咱們都起來,大家同吃罷。

　　那麼教你受禮,堅執不肯,如今要你滿飲一杯,不可留一點酒底。

　　咱們且不要講禮,吃一杯罷。

　　吃完了酒,【21a】會了酒錢去罷。

　　賣酒的,来會錢。這的五分銀子,貼六箇錢給我。

　　大哥,給些好銀子。這銀只有八成銀,怎麼使的!

　　似這樣銀子還嫌甚麼?細絲都有在内,怎麼使不得?你不識銀子,再教別人看去。

　　我怎麼不識銀子?爲甚麼教別人去看?拿去換錢,不折本就罷。你自另換五分銀子與我便是了,不用多説。

　　這賣酒的也歪纏!這樣好銀子,還説使不得!今早我們在吃飯處找来的銀子!

　　罷,罷。將就留下罷,就使不得也罷了。

　　你説甚麼話!若果然使不得,你肯要麼?

　　打了朵子走罷,日頭已到午後了,這裏離城還有五里路。着兩箇【21b】在後趕牲口来,我同一箇火伴先去,尋箇好店占住下處,再来迎接你們如何?

　　咱們先説定着,只投順城門官店裏下去。

　　那麼着,你兩箇先去,我兩箇後頭慢慢的赶牲口去。先去躧店的,出来接着我們罷。

　　咱們快快走罷,比及到那裏尋了店,後頭的那兩箇也好到来了。

　　店主人家,我們後頭還有幾箇火伴,赶着幾匹馬来。你這店裏,可下我們麼?

你通共幾箇人、幾匹馬呢？

我們四箇人，十匹馬。

有車子沒有？

車子沒有。

這們的好下的。那東邊有一間空房子，你看去。

你帶着我看看去。

我忙，沒工夫去，你自己看去罷。

能悮了【22a】你多少工夫！到那裏看了房子，中意不中意，不過
說一句話就完了。

這麽同你去看一看。

你這房子，也可以勾住了。你這裏茶飯如何？

我這裏茶飯麽，因我家店小兒新近出去了，委實沒人料理，你
客人們各自做飯吃罷。

我們若自己做飯吃，鍋竈椀楪都有麽？

那箇你放心，都有。

既這荸便當，我們就定在這房裏住。且迎接火伴去。

你兩箇到這裏多少時候了？

我們纔到這裏，剛要尋你去，你却来了。店在那裏？

在那西頭有。

行李都搬進来，把馬絟了，且不要摘鞍子。你去問主人家要幾
領席子草薦来，就拿笤帚来掃地。行【22b】李且不要搬進去，荸鋪了
席子草薦，再搬進去。

客人們，你這馬要賣麽？

是，我要賣的。

你既要賣,也不必你徃市上去,就這店裏放着,我與你尋箇主兒来,就都賣了。

罷,罷。到明日再説話。咱這馬一路来,每日行走狠辛苦了,又喂不到,故此都没甚麼膘,就到市上去,市上人也出不上價錢。咱們多給他草料,好生喂他幾日,再出脫他也不遲了。

你説的是,我心裏也這們想着。我又有人蔘毛藍布,明日且去打聽價錢如何。若價錢好,就賣了;若價錢十分的賤,且停些日子再賣。

你那裏打聽去?

那吉慶店裏有我的相識,我到【23a】他那裏去問一問看。

這麼的,到明日咱們同去。

你兩箇看着牲口,我兩箇到城裏去就来。

大哥作揖了。這店裏却有賣毛藍布的朝鮮客人李舍麼?

你尋他怎麼?

我是他的親戚,我纔從朝鮮地方来。

纔剛出門,徃羊市角頭去了。他説就廻來,你且在外頭等一會再来。

他既徃羊市角頭去,路又不遠,我就在這裏等他罷。

憑你等着罷。

他在那箇房子裏住?

那西南角上,芭籬門南邉,小板門便是。

他出去了,看家的有誰呢?

常有箇後生在這裏,如今不見,想是出去了。

你從朝鮮地方来,帶些甚麼物貨来賣呢?

我帶幾匹馬来。

【23b】再有甚麼物貨呢？

没有甚麼別的，還有些人蔘毛藍布，如今價錢如何？

價錢也只照舊。人蔘正缺少呢，所以價錢狠好。

如今賣多少？

徃年也只是三錢一斤，如今因没有賣的，就五錢一斤家，也没處尋。你那根子是那裏的？

我的是新羅蔘。

新羅蔘狠好，怕有甚麼賣不出去呢！

你不知道，這幾年我們那裏挖梛槌的少，所以價錢狠貴了。萬一在先一樣的價錢麼，一定虧本，誰肯帶来呢！

那箇不是李爺来了！

李大哥好麼？

你幾時来的？　家裏都好麼？

我家裏好。

我到下處去，請裏頭坐。你多站從王京来的？

我從七月初頭起身離【24a】家的。

却怎麼這時候纔到来？

我在路上走得慢。

我家裏有書信来麼？

有書信帶来了。

這書上寫的，不大詳細。你来時，我父親、母親、伯父、叔父、大娘、嬸子、姐姐、姐夫、二哥、三哥、嫂子、妹子、兄弟們，都好麼？

都好，甚是平安。

這樣甚好。"別説黃金貴，平安直錢多。"怳道今日早起喜鵲亂

噪，又打噴嚏！果然有親戚来，又有帶来的書信！却不説：“家書直
萬金。”我的賤内與小兒們，都平安麽？

都好。你那小女兒出疹子，我来時都痊疴了。

你帶甚麽貨物来？

我帶幾匹馬来，又有些人蔘毛藍布，如今價錢如何？

馬的價錢與布的價錢，同徃常一【24b】樣；人蔘價錢近来十
分好。

你説的是，纔剛這店裏客人也是這般説。

你同幾箇火伴来？

有兩箇火伴，都是親戚：一箇是姑舅哥哥，一箇是兩姨兄弟。

都在那裏下着呢？

都在順城門外街北一箇店裏下着。

從幾時到来？

我們昨兒箇来的。

你這幾箇火伴来，做甚麽買賣的？又那一箇火伴是誰？

他在遼東這邊，我同他作伴来。他也有幾匹馬，一同赶来要
賣。他是漢人，在遼東城裏住。我一路上，多虧得他幫助。我中國
的話我不能會，路上馬的草料併下處，全仗這大哥替我辛苦料理。

説的是。

我們且到下處去。再相見罷。

且停【25a】些時，咱們聊吃一杯酒接風不好麽？

不敢當。今日忙，明日再奉擾，吃酒也不遲哩。

既這麽，明日就徃店裏尋你去，一發和你親眷們，一同吃一兩
杯。我送你到外頭去。

不須你送了。你這炕裏没人，不要出去罷。

這麼你不要見恠啊！

我爲甚麼恠你呢？咱們都是一家人，又比不得別人。

〔小時再到店裏看，店主人與三箇客人站着看馬。〕

店主人説："這三箇火伴，兩箇是買馬的客人，一箇是牙子。你這馬，他們都要一齊買到山東賣去。就到市上賣去，也是一樣。千零不如一頓，倒不如都賣與他好。"

你捻要賣的，咱們好商量。這箇【25b】青馬多少歲數？

你只看牙，便知歲數。

我看見了，這馬上下齗都没有，是十分老了。

你敢是不理會看馬的歲數呢？這箇馬如何？今春新騸了的十分脿壯的馬。

這馬好的歹的，都一樣商量要買的。

這兒馬、騸馬、赤馬、黃馬、鶿色馬、栗色馬、黑鬃馬、白馬、黑馬、青馬、灰馬、花馬、跑馬、土黃馬、繡膊馬、破臉馬、四明馬、五明馬、桃花馬、青白馬、豁鼻馬、孤蹄馬、騍馬、懷駒馬、環眼馬、馬駒子、劣馬——這馬牛行一樣慢慢的走——又慢行的馬、急性馬、點的馬、細點的馬、鈍馬、眼生馬、撒蹄的馬、前失的馬、單蹄撋的、摺人的、咬人的、口硬馬、口軟馬、念【26a】群馬、快走馬，這些馬裏頭，有歹的十六箇：一箇瞎的，兩箇蹶的，一箇蹄歪的，一箇磨硯的，三箇打破迎鞍頭的，一箇熟瘸的，一箇癩的，一箇骨眼的，四箇瘦的，一箇光當的。内中也有十箇好馬。

你這馬，好的、不好的，大的、小的，打配着，一共要多少銀子？

一捻説了價錢罷。

共要二百四十八兩銀子。

你説這些價錢怎麽？你只説實在賣的價錢，不要這樣胡討虛價。我不是沒有商量的。你説的是，兩三句話交易就成了。不要這樣混胡討謊價，教我怎麽還你是？牙子，你説罷。

客人們，你別狠多要罷——也是枉然。我是箇牙家，也不【26b】肯單向着買主，也不肯偏向着賣主，我只憑公道直説。據你要二百四十八兩銀子，這十箇好馬，十六箇歹馬，你筭多少？

這十箇好馬，我筭該一百二十兩；這十六箇歹馬，我筭該一百二十八兩。

似這價錢，實在賣不得。于今老實價錢説與你，兩家依着我，就交易了如何？

我且聽你定的價錢。

這十匹好馬，每一匹八兩銀子，共八十兩。這十六箇歹馬，每一箇六兩銀子，共九十六兩。通共一百七十六兩。成就了這交易罷。

似你這定的價錢，就是朝鮮本地方也買不來！那裏是實在要買馬的！不必再胡商量了。

你這箇客人，【27a】説甚麽話！不是實在要買麽，做甚麽在這裏與你商量呢！

這馬纔剛牙家定的價錢，實在虧着我的本錢哩！

給你這般價錢不賣，你還要想甚麽？

你兩家不要只管爭多爭少了。要買的添些，要賣的減些，據我説，合再添五兩，共一百八十一兩，成交罷！天平地平！買主若不添些,也買不了去;賣主多要爭價錢,也不能賣去。

傍邊站着閑看的人説:"這牙子説的價錢,甚是公道。罷,罷,你們就依了牙子的話,成就了罷。"

既這般説,就賣了罷。但這箇價錢實在虧本了。

但是一件:潮銀子是不要的,給我些好銀子纔要呢。

咳,潮銀【27b】子我也没有,我的都是細絲紋銀。

既是好銀子,我先要看了銀子,寫契罷。

既這麽着,銀子在布袋裏。取銀子来,教牙子先看了,你賣主自家再看。裏頭没有一塊不好的。

這銀子雖是看了,真假我不認得。你記認着,久後若使不得,我只問牙家換。

銀子上我有畫押了,不論甚麽時候换給你。

文契教誰寫?

牙子就寫。

寫這契,大家一揔寫麽? 分開寫?

不要揔寫。揔寫了,怎麽分賣與人呢? 你們各自寫着罷。

你這馬是一箇主兒的那? 是各人的?

這馬是四箇主兒的,各自有數目。你先寫我的馬契。

你的馬是家中養的麽? 還是買来【28a】的啊?

我的原是買来的。

你在那裏住? 姓甚麽?

我在遼東城裏住,姓王,寫王某罷。

我寫完這契了,我念給你聽:"遼東城内人王某,今爲少錢使用,願將自己原買赤色騸馬一匹——口五歲,左腿有印記——憑京城牙行、羊市角頭街北住的張三作中人,賣與山東濟南府客人李五,永遠騎坐。議定時值價錢十二兩,那箇銀子立契之日一併交足,外無欠少。如馬好歹,買主自認。如馬有来歷不明,賣主一面承管。成交之後,各無反悔。如有先悔者,議定罰銀五兩,與不悔之人使用。恐後無憑,立此文契爲照。某年月日。立契人王某押。【28b】牙行人張某押。"其餘的馬契都寫了了。

咱們筭了牙税錢着。舊例買主管税,賣主管牙錢。你各自筭牙税錢,共該出多少呢?

我這一百八十零一兩,該多少牙税錢?

你自筭:一兩該三分,十兩該三錢,一百八十零一兩,牙税錢該五兩四錢三分。

牙税錢都筭了,我這馬契多站要税了来?

這箇有甚麼難!你着一箇火伴跟了我去,到那裏納税了。不要那麼的呢,你們都在這裏等候着,我去上税送来與你。

我没有好生細看,這馬原来有病!

有甚麼病?

那鼻子裏流艫,是癩馬,我怎麼肯買了去!若拉馬去,連其餘的馬都帶累【29a】壞了。

這麼説,你是要反悔了麼?

我真箇不要。

你既不要麼,這文券上明白寫着:"如馬好歹,買主自家看。先悔的罰銀五兩。"古人説:"官憑印信,私憑畫押。"你罰下五兩銀子給賣主,毀了文券,便好了,不須争論。

這麼說，原定價錢內中，除了五兩銀子，做反悔錢。撕開文劵去了罷。

這箇馬悔了，該除八兩銀。

你要過的牙錢該一錢五分，你却退出來罷。

既那麼，退給你。

你們在這裏等候着，我稅了契就來的。

又何必等你呢！我赶着馬，徃下處兑付草料去。你稅了契，明日送到我下處來罷。

各散了罷。

你這人蔘布匹，不曾發賣，還有【29b】些時住哩。我没有别的買賣，等你在這裏賣布的時節，我買些羊，到涿州地方去賣。走一遭廻來，咱們再商量另買貨物如何？

這麼也好。你去買羊，咱們一同去，我也好知道些價錢。

〔到街上立地的其間，一箇客人赶著一羣羊來了。〕

大哥，你這羊賣麼？

是賣的。你若要買，咱們好商量。

這箇羝羊、䳺胡羊、羯羊、羖䍽羔兒、母羖䍽，一共要多少價錢？

我共要三兩銀子。

你幾箇羊，就要這些大價錢！若是好綿羊却賣多少呢？你要的是虚價，還的是實價。

啊，據你給多少？

你胡討價錢，我還你多少是呢？

你說的是。我就減去五錢如何？

【30a】你來，不要只說減去五錢的話。你說老實價錢，只一句話

就是了。我饋你二兩銀,若肯便賣,若不肯你就赶了去罷。

你不要只説二兩銀子,你若再添五錢,我就賣與你了。

添不得。肯賣不肯賣憑你罷。

我是爽快的人。你揀好銀子給我罷。臨晚,我濫賤的賣與你了。

火伴,你往下處坐着,我赶這羊,往涿州去賣了就廻來。

我却想來∶這幾箇羊也不值得走一遭;既要去,我有些下剩的銀子,閑放着做甚麽? 一發買些緞子拿去賣罷。

咱們且到鋪裏商量去。

賣緞子的相公,你鋪子裏,那魚白、月白、天青、石青、柳青、草綠、鸚哥綠、黑【30b】綠、南松、北松、官綠、鴨綠、鴨青、油綠、粉紅、銀紅、桃紅、大紅、真紅、鷹背、蒼白、灰色、醬色、真紫、沉香、閃黃、鵝黃、朱黃、柳黃、艾褐、蜜褐各樣顔色——顔色深的、顔色淺的——又那胥背、膝欄、界地雲、寶相花、八寶、蜂赶梅、四季花、骨朵雲、西番蓮、牧丹、六雲、八雲、海馬、暗花——這各樣的緞子,與些紵絲紗羅,都有麽? 我要瞧瞧揀揀買。

客官,你要南京的,還是那杭州的、蘓州的呢?

大哥,南京的顔色好,又光潤,只是不着實,不耐穿;杭州的經緯相等;蘓州的十分澆薄,又有些粉飾,不牢壯。

你有好綾子麽?

你要甚麽綾子?

我要官綾子,那嘉興綾子不好。

【31a】客官,你却要絹麽? 我有山東好大官絹、謙凉絹、易州絹、倭絹、蘓州絹、水光絹、白絲絹。

我只要大官絹、白絲絹、蘸州絹、水光絹，其餘的都不要。你有好絲麼？我多要些。

要甚麼絲？

我要湖州白絲、花拘絲。那定州絲不要。

這緞疋綾絹紗羅等項，你都看了，你真箇要買甚麼緞子呢？

別箇不要，只要深青織金胷背緞子。我老實對你説，不是我自己穿的，要拿去別處轉賣，尋些利錢的。你老實討價錢。

這織金胷背，要七兩。

離胡啊！你不要這般胡討價錢，我不是外行，這緞子價錢我都知道！這織金胷背，是蘸州來的假估緞子，你還【31b】要討七兩銀子，若是南京來的清水織金緞子，却賣多少呢？

不須多説。你既知道價錢，你就給多少罷。

這織金胷背，與你五兩。這是實在價錢，你肯我就買，若不肯我別處去。

你既知道價錢，我也不多説了。只揀好銀子與我，就賣與你了。

這等子拉，你添上。

天平地平的等子，你要補定麼？

罷呀！包起來，我拿去。

這緞子買了。

咱們再商量：這箇柳青顏色紬子，有多少尺頭？勾（够）做一箇襖子麼？

你説甚麼話！滿七托有餘，官尺足有二丈八，裁衣尺足有二丈五。似你這般身材，若細摺做摺做襖子也儘勾（够）了；若做直身襖子,還有餘【32a】剩的。

你打開,我托一托看。那裏滿七托! 若説七托却少些。

你的身子大,手臂長,一托比別人長得多呢。

這紬子地頭是那裏的?

你説是識貨,怎麼却又不識呢? 這紬子是南京的,不是別處來的。你仔細看,没一點粉餙,實在好清水紬子。

要多少價錢?

這紬子價錢誰不知道,要討甚麼價錢! 若討價,要五兩銀子;老實價錢只要四兩。拿銀子來就賣給你。

這紬子也買了。

這鞍子、彎頭、鞦皮、攀胷、馬點、馬鐙、鞍橋子、鴈翅板、鐙折皮、肚帶、折舌、緹腦、籠頭、扯手、包糞、編繮、繮繩、扤頰、閘口、汗替、馬鞭子、稍繩,都買了。

再買一張弓去。

且【32b】到那賣弓的店裏去問。

有賣的好弓麼?

客人,我店内若没有好弓,做甚麼買賣呢?

你把這一張黄樺皮弓上了弦,我拉拉試試看,有幾箇氣力。若好,我就買了去。

新上了的弓,慢慢的拉。

既是好弓,怎麼怕拉呢? 這弓弓把軟,不好拉,不隨手;又一半欺,再没有廻性。

客人,不要認錯了! 似這般的弓,你還嫌甚麼?

由他説。自古道:"褒貶的是買主。"

這一張弓爲甚麼不樺了？

你不知道，這弓最好，是上等的，若樺了呢，買的人就不信了。教人看了面上的角，背上鋪的筋，還定了價錢，然後樺也不遲。

這弓卸下，彄子小些，弰兒短些，弓弝（墊）子【33a】也薄些兒。將就也買了去罷。

再有賣的弓弦取來，我也買一條，就這裏上了這弓去。

有，你只揀着買。

這條忒細，這條又太麤，似這一等着中的纔好。

這弓與那弦，筭都買了。

還要買幾枝箭。這鈚子、虎爪、鹿角樸頭、響樸頭、艾葉箭、柳葉箭、迷針箭、挑遠箭、骨鈚箭。這箭簳（桿）是竹的，這是木頭的。再要買一副弓箭撒帒、弓拿子、箭梯、扮指子。

這幾樣的又都買了。

還要買些椀盞什物、傢伙鑼鍋：荷葉鍋、兩耳鍋、茶罐、大椀、小椀、銅椀、磁楪子、木楪子、漆楪子、紅漆匙子、黑漆匙子、銅匙子、湯匙、紅漆快子、銅快子、盒子、瓶子、背壺、執壺、【33b】長頸瓶、小口瓶、三脚、甌兒。這盤子是，要大盤子、小盤子、蠟臺、夜壺。這漆器傢伙，一半是要布裹的，一半是要膠漆的，再有些工夫不到的不要。餘外的都是這布裹的，是主顧生活。餘外的都是尋常賣貨，是平常的。

今日要備辦些茶飯，請咱們衆親眷來閑坐。家中呢，請大公、大婆、祖父、阿婆、父親、母親、伯伯、伯母、叔叔、嬸娘、哥哥、嫂子、兄弟、小嬸、姐姐、妹子、大媳婦、小媳婦、姪兒、姪女。嗳,苦了! 大大公、大大婆在世麼? 請的好! 九原不可作,如今没奈何。外頭呢,請公公、婆婆、外公、外婆、舅舅、姑娘、姑夫、姨娘、姨夫、姐夫、妹夫、外甥、女壻、【34a】叔伯哥哥兄弟、姑舅哥哥兄弟、房分哥哥兄弟、兩姨哥哥兄弟、連娝、妯娌、奶娘、小娘子、大舅子、小舅子、大姨、小姨、親家公、親家母、親家伯、親家舅舅、親家姨。他們帶來使喚的丫頭小廝,都要給他幾卓子飯菜吃纔好。酒席須預備停妥着。

客人們都到門了,先要吃箇到門盞纔是。

各位請家裏坐。

今日略備些淡薄筵席,屈尊親眷,酒也没有醉,飯也没有飽,不要見恠。

你别這麼説。我們狠不當,遭擾府上,一日辛苦。我們酒也醉了,飯也飽了,多謝! 你别要見過。

如今正是臘月,天氣冷啊! 拾來的馬糞好拿來,熰些火,烤烤手【34b】脚。馬糞拾在筐子裏頭,收進來,不要教别人拿了去。

這車子,折了車輞輻條,可惜了。

那不相干,咱們後頭不修理麼? 車軸、車釧、車鐗、車頭、車梯、車廂、車轅、繩索都好。

樓子車、庫車、驢騾大車,與那尋常坐的車子,都應該在房子裏放着,不要教雨雪淋濕了。

似這般冷,咱們放箇遠垛子,射幾箭,賭一箇羊吃如何?

咱們六箇人,分做三回射罷。

〔看那邊射箭。〕

衆人叫喚的時候：“射的歪了！又失手放！”“須要高些射，低了
就竄過把子去了！”

誰贏誰輸？

由他們射罷。早了，一會兒，再添幾枝箭勾（够）了。

咱們也同射，賭箇輸贏。

我贏了，你輸了，就【35a】罰一遭筵席，請我們。

咱們若做漢人筵席呢，頭一椀燕窩，第二椀魚翅，第三椀匾食，
第四椀鰒魚，第五椀海蔘頓肉，第六椀雞，第七椀鮮魚。粉湯、饅
頭、打糕、雞蛋糕、獐子餑餑，都吃完了，先吃空湯，後吃茶，就散罷。

咱們用這菜蔬齊整麼？

不齊整。還要備些果子好下酒的。這藕菜：黃瓜、茄子、生
菜、薤、蒜、蘿蔔、冬瓜、葫蘆、芥子、小蒜、蔓菁、赤根菜、海帶菜、馬
蹄菜。這菜裏頭，有煠不熟的，也有柴的。

這按酒：煎魚、羊雙腸、頭、蹄、肚兒。這果子是：棗兒、柿餅、
核桃、紅姑娘、山裏紅、甜梨、酸梨、葡萄、龍眼、荔芰、杏子、西瓜、香
瓜、柑子、橘子、石榴、李【35b】子、松子、栗子。

些（？）椀菜果子都用的好。

這肉都煮熟了，頸（脖）子、頭、肋條、前膊、後腿、脊肋都有，怎
麼不見一箇後腿？

做饅頭餡裏使了。

酒席湯飯都完備了。日頭落了，快些擡過來吃了好。

咱們今日筵席，吃了多少酒？

吃了二兩銀子的酒。

咱們只有十數箇人，怎麼就吃二兩銀子的酒？

不但上頭客人只十數箇人吃，那下頭還有十多箇伴當們，怎麼不教他吃麼？

〔這筵席散了。〕

我有些腦痛頭眩，快請太醫来，診一診脉息看，看是甚麼病。

太醫説："你脉息浮沉，你敢是吃了冷物傷着了？"

我昨日冷酒多吃了。

那般不錯。不能尅化，所以【36a】致腦痛頭眩，不思飲食。我這藥是替你治尅化的，你吃了就可以立時見效的。木香散氣丸、檳榔丸，這藥裏頭，該吃專治飲食停滯的。吃檳榔丸，必要在食後吃，每服三十丸，生薑湯送下。吃了麼，就要跑肚走動。先吃稀粥補一補，然後再吃飯。

第二日，大醫再来，説："你好些了麼？"

今日早晨，纔吃了些粥，較好些了。若病大好了，必要重重的酬謝。

咱們一生，應該每日尋快活纔是。春夏秋冬，一日也不該尋煩惱。你看咱們人在世上，有今日活着明日死了的。有那不省悟的，能句（勾）安樂，偏不會尋快活，真箇是癡人！到了那臨死，【36b】誰還能勾自做主張？好坐箇馬，別人騎着；好襖子，別人穿着；好媳婦，別人娶去了。這麼看起来，活時節，爲甚麼不尋些快活受用呢？

大槩人家的兒孫，從小必要教導他成人，作官兒，在人前面行走。他若有福分，長大了官兒要做的。若教的不好，不能成人，雖是他的命該如此，咱們爲父母的心，怎麼能不懊悔呢！這小孩子，若要他成人，有三條路在當中走：別人東西不要愛，別人折針也不要拿，別人是非不要説。若依着這般用心行去習慣了，就能成人。常言道："老實常在，脱空常敗。"不要説謊，不要姦猾懶惰。若在人前【37a】面捻不肯出力，便到處不得人意，還想誰喜歡他呢？

火伴們，你們自家有能處，不要自己誇張；別人有壞處，不要笑話他。自古説："船從水出，旱地上是行不得的；車從地行，水裏是行不去的。""一箇把掌是打不響的，一箇脚是不能走的。"咱們的人，都要將就些彼此挈帶着些好。況這火伴中，也有好的，也有歹的，大家都幫扶。人有好處贊揚他，人有歹處替他掩藏着。常言道："隱惡揚善。"若是隱人的德，揚人的惡，最是不好的事情。

咱們做奴才的人，跟着官府，這裏去那裏去。官府若下了馬，就把馬拉去，好生絟着。把馬鞍【37b】子摘了，用絆，赶到草裏放去吃草。把帳房忙打起來，鋪陳整頓了，搬到帳房。鞍子轡頭，搬到自己睡處放下，上頭把氊子蓋了，然後埋好了鑼鍋，急忙做茶飯。肉煮熟了，就撈出來。到吃完了飯，椀盞傢伙收拾了。等官府睡了，還教一箇火伴伺候着。似這般小心謹慎做去，纔是在下的人服侍官府的道理呢。

咱們會相與人，不要説你歹我好，不要羞了朋友的面皮。親近得好了，就同是一箇父母生的弟兄一般，相幫着看顧着。遇着朋友在困苦患亂中，沒有盤纏，自己的錢財不要愛惜，就接濟他些。朋友若不幸遭了官【38a】司口舌，衆朋友都向前救他。若不肯救，就是傍人也要唾駡。若有些病痛，不要看冷淡，就替他請太醫調治，早晚不要離開，替他料理，煎些藥送些湯水。若這般看待，便有十分病也減了五分；你若不看顧他，那病人想着："沒有朋友的情分。"自己心裏悽惶麼,纔得五分病也就添做十分了。

　　咱們世上人,做男子行事,須要想自己祖上的聲名,不可壞了。凡事要小心謹慎行去。若把父母的聲名玷辱了,就要被別人唾罵,説:他父母在生時,家法名聲好来,田地房産都有,又有騎坐的牲口、使喚的奴婢;到他爺娘死後,竟落【38b】薄下来! 真是孩子們,不務營生! 教些幫閑的潑男女,狐朋狗黨,每日穿茶房,入酒肆,又常到俵子家裏去,胡使錢。衆親戚街坊有老成的,勸他説:“你爲甚麼不知世務,執迷了心,竟不思改過?”他反倒囘説:“使是使了我的錢,壞是壞了我的名。干你甚麼事?”所以衆人再不肯勸他了,隨他胡使錢。每日同着十數箇幫閑的遊蕩的,到那些小人家去。那俵子人家,吃的穿的,都是這獸子的錢。騎的馬是三十兩一匹好馬,鞍子是時樣減銀事件的好鞍轡,共該用四十兩銀子。

　　身上穿的衣服,也要按四季穿,每日脱套換套:春間【39a】要穿好青羅、白羅、綠羅細褶單袍子;到夏天,好極細的毛藍布衫,上頭穿銀條紗袍子,鴨綠紗直身;到秋間,是羅衣裳;到冬間,是紵絲襖子、絲紬襖子、織金襖子、茶褐水波浪四花襖子、青六雲襖子,茜紅綾子袴子,白絹汗衫,銀色紵絲板褶兒短襖子,黑綠紵絲比甲——這般按四季穿衣裳。

　　就是繫腰的,要按四季:春裏繫金條環;夏裏繫玉鉤子——最平常的是菜玉,最貴重的是羊脂玉;秋裏繫減金鉤子——平常的不用,都要是玲瓏花樣;冬裏要繫金廂寶石的,或是有綜眼的烏犀帶纔繫。

　　頭上戴的,好貂鼠暖帽,或是掃雪染【39b】做的帽子、好纏綜金厢大帽子。這一箇帽子，須得四兩銀子。又有紵絲剛义（叉）帽，羊脂玉頂子。這一箇帽子，須得三兩銀子。又有天青紵絲帽、雲南氊帽。又有貂鼠皮帽子，上頭都有金頂子。

若穿的靴，春間穿皂麂皮靴，上頭縫着倒提雲；夏間穿狒皮靴；到冬裏，穿嵌金線藍條子白麂皮靴。氊襪要穿好絨毛的，都使大紅紵絲緣口。一對靴上都有紅絨鴈爪。那靴底，都是兩層淨底，上的蠟打了，錐子細，線齜，上的分外牢壯好看。

吃飯麼，要揀可口的吃。清早起來，梳了頭洗了臉，先吃些醒酒湯，或是點心。然後打餑餑炒肉，【40a】或白煮着羊腰節智子。吃完了，騎着馬，引着伴當，着幾箇幫閑的陪着，徃大酒肆裏坐下，不愛銀子多少，把酒肉吃飽了。酒帶半酣，引動淫心，就到唱的人家去。到那裏，教那彈弦子的謊精們捉弄着，假意叫幾聲“舍人公子”，便開手賞賜罷。他拿錢，又只隨幫閑的人使，他只粧腔，正面坐做好漢。那些幫閑的，把銀子分散使了些，中間剋落了一半，拿去養活他媳婦孩兒。一箇日子到晚出來，狠小也要使去三四兩銀子。後來使的家私漸漸的消磨了，人口馬匹、家財金銀器皿都盡賣了，田産房子也都佃儅了，身上穿的也【40b】没有，口裏吃的也没有，幫閑的那厮們也没一箇肯僦保他了。如今跟着別人拿馬，但求得暖衣飽飯便勾（够）了。

我買這貨物，要到涿州賣去。這幾日爲請親戚，備辦筵席，又爲有些病耽閣了不曾去。我如今要去了。火伴，你在這裏且莠着，我到那裏賣了貨物就廻來的。

你好去。我賣這人蓡毛藍布，也還有幾日，好歹等你来，咱們再商量買廻去的貨物。你必要早些来。

　　店主人家,你可引幾箇鋪家来,好商量人蔘價錢。

　　這蔘是好的麼? 拿些様蔘来我看。這蔘是新羅蔘,也不過是中等的。

　　你説甚麼話! 這蔘狠高,怎麼照中【41a】等的看!

　　牙子説:"你兩家且不須爭辯高低。如今時價五錢一斤,有甚麼商量!"

　　你這蔘共多少斤重?

　　我這蔘共一百一十斤。

　　你的等子如何?

　　我的是官等子,放着印子哩,誰敢用私稱! 這價錢既是一定的,我只要十足紋銀,現要銀子,不賒的。

　　怎那般説! 銀子與你好的;從来買貨物的,那裏便有現銀子呢! 也須遲幾日,湊足了纏好兌給呢。

　　你兩家不用爭。限十日内,就照價錢數目兌銀,斷不短少的。

　　既這般,就依着牙子的話。

　　這蔘稱了,只有一百斤。你説一百一十斤,却短了十斤了。

　　我家裏稱来的,一百一十斤。必是你這稱大,【41b】故此短了十斤了。

　　我這稱那裏大! 你這蔘想帶来時有些濕,如今乾了,故此折去些了。

　　這蔘做了五分分了罷,一人二十斤。每一斤五錢,二十斤該銀十兩。通計共該銀五十兩。

又店主人家，你還引幾箇買毛藍布的客人來。

你這毛藍布，細的價錢要多少？麤的價錢要多少？

細的上等好布，要一兩二錢；麤的要八錢。

這黃布上好的要多少價？次的要多少價錢纔賣呢？

這上好的是一兩，這次些的是七錢。

你別胡討價錢，這布如今現有時價。我買去不是自家穿的，要拿去發賣的，還要覓些利錢哩。我依着如今現有的時【42a】價還你：這毛藍布，高的給你一兩，次的六錢；這黃布好的給你九錢，次的五錢。我不賒你的，一頓兒給你好銀子。

牙行說："他們還的價錢，是按時價，不敢錯的。你客人們，自從遼東新來，不曉得這實在價錢。你不要疑惑，就成了交易罷。"

這們的呢，價錢依着你，銀子依着我，就成交。若不依我，我是不賣。這低銀子我也不要，你只給我一色好銀子罷。

似你這般都要好銀子，却教我吃虧了。

怎麼你吃多少虧？你若肯就成交，不肯你別處去買罷。

這麼的，就給你這好銀子買罷。

你這布裏頭，長短不等：有五十棍子的，也有四【42b】十棍子的，也有四十八棍子的——大槩長短不等。

這布都是本地方織來的，我又不曾剪了去，兩頭放着印記哩！

似這一箇布，經緯都一般，就是魚子兒也似勻凈的。似這一等經緯不一樣，織的又鬆，却不好，買主是看不上眼，一時且難找主兒。似這等布，却寬還好；這幾箇布却忒（忒）窄了。

就窄些怕甚麼！小不得他一般都賣了。

你怎麼說那等的話！寬的做衣裳，是有材料，有餘剩的，可以又容易賣。窄的做衣裳是没材料，不勾，若短少了，又必要添些零布，又得多使一錢銀子，故此買的人就少了。

説甚麼閑話！就筭了價錢，看了【43a】銀子交易了罷。

你是牙行，你就筭一筭，該多少銀子。

上等毛藍布一百匹，每匹一兩，共該一百兩；次一等的三十匹，每匹六錢，共該一十八兩。

都給好銀子罷。

委實没有這許多的好銀子，好的只有九十兩，那零的二十八兩，給你玄絲如何？

客人們，就交易了罷，不要争競了。就這銀子也是好細絲，與紋銀一般的使用。

這麼就依你，拿好細絲来。

這銀子都兊了，好照數點了布去。

你且住着。這銀子裏頭，真的假的，我朝鮮人不大認識，你都做了記號，牙子一同看了，若再来使不得，我只問牙子換。

你不當面看了好歹件【43b】數，出門却不管退換的。

怎麼説！你們是慣做買賣的人，我們却不慣欺騙人。你用了記號，却大家把穩些。

這一百兩做一包，這一十八兩做一包。交易完了，客人們，拿了布去罷。

咱們人蔘也都出脱了，貨物也都發落了。

咱們買些甚麼廻貨去好？

你看這涿州去做買賣的火伴已到来了。

火伴好麼？買賣稱意麼？

托賴大哥們的洪福，也有些利錢。你們的貨物都賣了不曾？

我們貨物都賣了。正要買些貨物廻去，商量未定，恰好你到来了。

你們要買些甚麼貨物，好拿廻去？

大哥你且與我籌計着看。

我曾打聽得，朝鮮地方所【44a】賣的貨物，十分好的倒賣不去，只宜將就些的貨物，倒有主兒賣得快。

大哥你説的正是。我那裏人好歹都不能大識，只是揀賤的買，正是宜假不宜真。

我帶着你，買些零碎貨物去罷。

紅纓一百斤，燒玻璃珠子五百串，瑪瑙珠兒一百串，琥珀珠兒一百串，水晶珠兒一百串，珊瑚珠兒一百串，犀角一十斤，象牙三十斤，吸鐵石二十斤，倭鈆一百斤，大針一百帖，小針一百帖，鑷子一百把，蘇木一百斤，氊帽一百箇，桃尖樓（棕）帽一百箇，琥珀頂子一百副，結樓（棕）帽子一百箇，面粉一百匣，紅臙脂一百箇，鑱臙脂一百箇，牛角盒兒【44b】一百箇，鹿角盒兒一百箇，繡針一百帖，棗木梳子一百箇，黃楊木梳子一百箇，大笓子一百箇，密笓子一百箇，斜皮針筒兒一百箇，羅鏡二十箇，大小刀子共一百副，雙鞘刀子一十把，雜使刀子一十把，裁紙小刀子一百把，裙上帶的小刀子一百把，五件全的十副，象棊十副，大棊十副，雙陸十副，茶褐欒帶一百條，紫絛兒一百條，小瓶口一百箇，剃頭刀子一百把，剪子一百把，錐子一百箇，稱三十，等子十把——那稱與等子都要官做的，稱桿稱錘，都要好的。

　　再買綿布一百匹,素緞子一百匹,花樣緞子一百匹;還有那小孩【45a】兒們的,小鈴鐺一百箇,馬纓一百顆,減鐵條環一百箇。還要買書集幾部,《四書》却要是晦菴集註,再要買《毛詩》《尚書》《周易》《禮記》、韓文柳文、東坡詩、《詩學大成韻部》《資治通鑑》《翰苑新書》《標題小學》《貞觀政要》《三國誌》。這些貨物,都是要買了去的。

　　我們要揀箇好日子廻去,就去筭一卦如何?

　　這裏有箇五虎先生,最是筭的好,咱們就到那裏筭卦。

　　先生你與我看箇命。

　　你說年月日生時來。

　　我是屬牛的,今年四十歲,是七月十七日寅時生的。

　　你這八字十分好,一生不少衣禄,不曾受貧。官星却没有,只宜做買賣,出外通達。今年交【45b】大運丙戌(戌),已後財帛可聚,強如已前數倍。

　　這麽你替我看,幾時好起身廻去?

　　且住,我與你選箇好日子。甲乙丙丁戊巳(己)庚辛壬癸是天干,子丑寅卯辰巳午未申酉戌(戌)亥是地支,建除滿平,定執破危,成收開閉。你只這二十五日起程廻去,寅時徃東迎喜神去,大吉利。五十卦錢你留下。

　　各自散了罷。

　　〔到二十五日起程,再來辭別你那箇漢人火伴。從前盤纏過了的火帳,都筭明白了。〕

　　大哥我們廻去了。

　　你們好廻去罷。這裏多多的待慢你了,你別見恠。

　　咱們爲人，四海之内皆兄弟。在這裏做了數箇月火伴，不曾有閑話面紅【46a】面赤。如今要辭別了，別説後來就不看見了。儻若再相逢的日子，豈不都是好弟兄麼？

【46b】老乞大新釋終

【47a】檢察官：

　　資憲大夫、前知中樞府事金昌祚

　　嘉義大夫、前同知中樞府事邊　憲

校正官：

　　通訓大夫、前行監牧官李天埴

　　通訓大夫、前司譯院正李命説

　　通訓大夫、行司譯院訓導（導）李寅昇

　　通訓大夫、行司譯院訓導（導）李性恭

　　通訓大夫、行司譯院訓導（導）金鼎德

　　通訓大夫、前司譯院正李泰昌

　　【47b】通訓大夫、前行司譯院僉正丁好信

書寫官：

　　通訓大夫、前行司譯院僉正趙東洙　　諺解正書入梓

　　通訓大夫、前行司譯院主簿李彦瑱

　　朝散大夫、前行司譯院直長鄭德純　　諺解正書入梓

　　朝散大夫、行司譯院參奉李　煐

重刊老乞大諺解

《重刊老乞大諺解》解題

　　《重刊老乞大》上、下卷,李洙等奉正祖命編纂,刊行於 1795 年
(正祖十九年)。這是現存《老乞大》諸版本中的最後一種。它與
《新釋》只相隔了三十四年,語言相差不大,但比《新釋》要保守些,
有些地方又回改成《老乞大諺解》的舊貌,這只要看一下開頭幾句
對話即可瞭然。又比如《新釋》用了七十七個句尾語氣詞"呢",《重
刊》只保留了十六個,另外新增一個。因此它的語料價值要低於
《新釋》。也許是正祖覺得前代英祖時改編的《新釋》太過口語化,
有失雅正,所以才有必要重修,因爲在短短的三十幾年間,語言的
變化不至於大到要把全書再重改一遍。①

　　此書的"諺解"本於同年刊行。此次點校所據的底本是奎章閣
圖書 2049 號《重刊老乞大諺解》,點校體例同《原本老乞大》。

---

① 關於這個問題,可參看汪維輝《〈重刊老乞大〉對〈老乞大新釋〉的修改及其
　　原因》,《語文研究》2015 年第 2 期,中國人民大學書報資料中心《語言文
　　字學》2015 年第 8 期全文複印。

《重刊老乞大諺解》正文

重刊老乞大諺解上

【1a】大哥你從那裏來？

我從朝鮮王京來。

如今那裏去？

我徃北京去。

你幾時在王京起身來着？

我在這箇月初一日離了王京。

既是這箇月初一日離了王京，到得半箇月怎麼【1b】纔到這裏？

我有一箇朋友落後了，所以在路上慢慢的走着，等候他來，故此來的遲了。

那朋友如今赶上赶不上啊？

這箇朋友就是他，昨兒箇纔到來了。

你這箇月底能到北京麼，到不得？

【2a】這話我不能料。萬一天可憐見，身子平安，想來也可到了。

你却是朝鮮人，怎麼能說我們的官話？

我在中國人根前學書來，所以些須知道官話。

你跟着誰學書來？

我在【2b】中國人學堂裏學書來。

你學的是甚麼書?

我曾念的是《論語》、《孟子》、《小學》。

你每日做甚麼工課?

每日清早晨起來,師傅根前受了書。放學,到家裏喫飯,再到學裏寫做。寫做後頭對句,對【3a】句後頭念詩,念詩後頭師傅根前講書。

講甚麼書?

講的是《小學》、《論語》、《孟子》。

講書後頭又做甚麼工課?

到晚晌(晌),師傅面前抽簽背書。背得熟的,師傅給免帖一張;若背【3b】不過的,教當直的學生背起來,打三下了。

怎麼樣是抽簽背書? 怎麼樣是免帖?

每一箇竹簽上寫着一箇學生的姓名,衆學生的姓名,都一樣寫着,一箇簽筒裏盛着。教當直的學生拿【4a】簽筒來搖一搖,内中抽着一箇,便教那人來背書。背得過的,師傅給他免帖一箇,那免帖上寫的是"免打三下",免帖上師傅畫着花押。若後來再抽簽背不過的,拿出免帖來撕開,便【4b】將功折過免打了。若沒有免帖,一定喫打三下。

你是朝鮮人,學他官話做甚麼?

你説的話也是。但各自人都有箇主見。

你有甚麼主見? 你説與我聽。

如今朝廷一統天下,到【5a】處用的都是官話。我這朝鮮話,只可在朝鮮地方行得去,過了義州,到了中國地方,都是官話。儻有人問一句話也説不出來，別人將我們看作何如人？

你這樣學中國人的書，【5b】是你自心裏要學來啊？還是你的父母教你去學的麼？

是我父母教我去學的。

你學的多少時節了？

我學了半年有餘了。

你都能懂（懂）得懂不得？

每日同漢學生們一處學習來，所以略略【6a】的會得。

你的師傅是甚麼人？

是漢人。

有多大年紀？

三十五歲了。

用心教你們還是不用心教你們啊？

我師傅性格溫厚，狠用心教我們。

你那夥學生內中，有多少中國人？【6b】多少朝鮮人？

大槩一半是中國人，一半是朝鮮人。

這裏頭也有皮頑的麼？

是，內中也有皮頑的。每日學長將那皮頑的學生稟了師傅，就打他，他只是不怕。這是漢小廝們十分皮頑【7a】的，朝鮮小廝們比他們略好些。

大哥，你如今那裏去？

我也徃北京去。

你既徃北京去，我是朝鮮人，中國地面素來行不慣，你好歹帶我，作箇同伴去。

這【7b】麼着，咱們一同去罷。

大哥你貴姓？

賤姓王。

你家在那裏住？

我在遼陽城裏住。

你往京裏去，有甚麼勾當？

我將這幾箇馬賣去。

這麼的呢狠好，我也要去賣這幾箇馬。這馬上馱着的些【8a】少毛藍布，一併都是要賣的。你既要去賣馬，咱們正好一同去。

大哥可知道京裏馬價如何？

近有相識人來説，馬的價錢這幾日好。就這頭等的馬，賣十五兩以上。似這一等的馬，【8b】可賣十兩以上。

却知道布價的高低麼？

布價比徃年差不多。

京裏喫食貴賤如何？

我那相識人曾説，他來時，八分銀子一斗粳米，五分銀子一斗小米，乾麵十斤一錢銀子，羊肉【9a】一斤二分銀子。

似這等看起來，與我當年在京裏時價錢都是一樣。

咱們今夜那裏去住？

咱們徃前走十多里路，有箇店，名叫瓦店。咱們到那裏，或早或晚，只在那裏睡覺罷。【9b】若再過去，徃前二十里地没有人家了。

既是那麼着，前不着村，後不着店，咱們又投那裏去宿？

到那裏雖是早些兒也好，歇息牲口，明日早行。

這裏到京裏有多少路？

咳（還）有五【10a】百多里。再有五六日可以到了。

咱們到京時，那裏住下好？

咱們往順城門官店裏住下，那裏徃馬市裏去却近些。

你説的是，我也心裏這麽想着，你説的恰合我意，就是那裏好。大【10b】㮚遼東來的客人們，別處不下，都在那裏住。我當年也在那裏住，十分便當。

你這幾箇牲口，每夜喫多少草料？共用多少錢？

這六箇馬，每一箇五升料一綑草，共計來，【11a】大㮚用盤纏二錢銀子。這六箇馬，每夜喫的草料也不一樣：草料貴處，用銀三四錢；草料賤處，用銀二錢。

這箇馬走的好，也有幾步走。

除了這箇馬，別的都不好。

你這馬與布【11b】到北京賣了，却買些甚麽貨物回到朝鮮去賣？

我要往山東濟寧府東昌縣、高唐縣，收買些絹子、綾子、凉花紬子，回到王京賣去。

若到你那地方，也有些利錢麽？

那箇也好。我當年跟着中【12a】國人到高唐收買些綾絹，回到王京賣了，也得些利錢。

你那綾絹凉花，在本地多少價錢買來？到王京多少價錢賣？

我買的價錢：小絹一疋三錢，染做小紅顏色做裏絹；【12b】綾子每疋二兩，染做鴉青、小紅；絹子每疋染錢二錢，綾子每疋，染鴉青的三錢，小紅的二錢；凉花每一斤價銀二錢。到王京，絹子一疋，換細麻布兩疋，折銀一兩二錢；綾子一疋，【13a】鴉青的換布六疋，折銀三兩六錢；小紅的換布五疋，折銀三兩；凉花每一斤換布一疋，折銀六錢。通共計來,除了牙稅脚價之外,也可得加五的利錢。

你從來到京裏,賣【13b】了貨物,就買綾絹,到王京去賣,前後住了多少日子?

我從年時正月裏,將馬匹與布到京都賣了,五月裏到高唐,收買些綾絹,到直沽裏上船過海,十月裏到王京。到年終,這些貨物都【14a】賣了,又買了這幾匹馬併毛藍布來了。

這三箇火伴,是你親眷麽? 與你同來的啊? 都不曾問姓甚麽。

這箇姓金,是我姑舅哥哥。這箇姓李,是我兩姨兄弟。這箇姓趙,【14b】是我街坊。

你既是他姑舅弟兄,誰是舅舅的兒子? 誰是姑姑上兒子?

我是姑娘生的,他是我舅舅養的。

你這兩姨弟兄,是親兩姨? 却是房分兩姨?

是親兩姨弟兄。我母親是姐姐,【15a】他母親是妹子。

你們既是姑舅兩姨弟兄,怎麽沿路上多有戲言?

我們不會體例的人,又是路上閑話,自然不能廻避了。

咱們閑話且休説,那前頭的便是瓦店,尋箇好乾净店房住【15b】下,歇息牲口。街北這箇店子,是我舊主人家,咱們就到那裏下。

主人家拜揖了。

噯,王大哥來了麽? 久違了! 好啊? 你這幾箇火伴,從那裏同來的?

這是我沿路上做火伴一同徃北京【16a】去的。你這店裏草料都有没有?

草料都有。料是黑豆,草是秆草。

這秆草好。若是稻草,牲口多有不喫的。黑豆多少一斗? 草多少一綑?

黑豆五十箇錢一斗,草十箇錢一綑。

【16b】是實價麼? 不要説謊。

大哥説甚麼話! 你是熟主顧,咱們與你便是自家人一般,我怎敢説謊? 你若不信我的話麼,到別箇店裏問問去,看是説謊不説謊? 我只這麼説。

【17a】我通共十一箇馬,量着六斗料、十一綑草。

這鐁(鍘)刀不快,許多草幾時鐁(鍘)得完了! 主人家,你可徃別處借一把快鐁(鍘)刀來。

這麼着,我借去。

這鐁(鍘)刀是我親眷家的,他不肯借,是我懇【17b】求他借來,風霜一樣狠快的,你小心些,休壞了他的。

這火伴,你鐁(鍘)的草忒麤,牲口怎麼喫? 好生細細的鐁(鍘)罷。

這火伴,你敢是不會煮料? 你把鍋燒滾了,下上豆子,但看水開了一【18a】會兒,把那鐁(鍘)的草放在豆子上,盖了鍋子,不用再燒火,別教走了氣,自然熟了。

客人們,你打中火啊不打中火啊?

我不打中火喝風麼? 這麼你快作五箇人的飯來。

你喫其【18b】麼飯?

我五箇人,打三斤麵的餺飥,我自買下飯菜。

你自己買去,這間壁肉案上買豬肉去,是今日殺的新鮮的好豬肉。

多少錢一斤？

二十錢一斤。

主人家，你替我買去。買一斤肉，【19a】不要十分肥的，帶肋條的就好。大片切着炒來罷。

主人家，你們若不會炒肉，咱們火伴裏頭教一箇人去炒肉。

我是朝鮮人，都不會炒肉。

有甚麼難處！【19b】刷了鍋，燒熱了，放上半盞香油。待油大熟了，下上肉，着些塩，把快子攪動。炒的半熟了，調上些醬水，把生蒽作料着上，盖好了鍋，不教出氣，燒動火，一會兒熟了。

你再嘗看，【20a】鹹淡如何？

我嘗得，略略有些淡，再着上些塩。

主人家，餑餑有了不曾？

立刻有了。你放卓子先喫，你喫了時，我也就完了。

主人家，我明日五更天就要早行，咱們計了房錢火錢。這【20b】一夜住的人馬，盤纏共該多少？

你稱了來的三斤麵，每斤十箇錢，該三十錢；切了來的一斤猪肉，該二十錢；四箇人，每人房錢十箇錢，共該四十錢；黑豆六斗，每斗五十箇錢，該【21a】三百錢；草十一綑，每綑十箇錢；該一百一十錢：通共五百箇錢。

這草、料、麵都是你家裏賣出來的，減少些錢如何？

罷，罷，你只給四百五十錢罷。

既這般説，火伴，你三箇人一齊都【21b】拿出來給他，記着數目，到北京打總再計罷。

這般我都給他。

　　火伴，你把料撈出來，冷水裏拔着，等一會慢慢的喂馬。初喂的時候，就把料水拌草與他喫。到五更，再把料都添【22a】與他喫。似這般喂，那馬分外喫得飽。若是先饋他料，那馬只管揀料喫，把草都拋撒了。那馬勞苦的時候，不要就飲水，等他喫一會草再去飲。咱們各自睡覺，輪着起來【22b】勤喂馬。今日是二十二日，五更時正有月亮，雞叫起來走罷。

　　主人家點燈來，我好收拾睡覺。

　　點燈來了，壁子上好掛。

　　這純土炕上怎麼睡？有甚麼草薦，拿幾領來鋪上。

　　大嫂，拿草薦【23a】席子來，與客人們鋪。

　　席子沒有，這三領草薦與你們鋪罷。

　　主人家，你種些火，我明日五更天起來，就要早走。

　　那麼的，客人們請歇息罷。我查看了門户也就去睡了。

　　來，來，【23b】且休去，我還問你些話。我前番從北京來時，離你這店裏約走二十里來地，有一坐橋塌了，如今修起了不曾？

　　早修起了，比在先的高二尺濶三尺，越發做的好。

　　這麼我們明日一早好【24a】放心去了。

　　你們不要十分早行。我聽得，前頭路澀，有歹人。

　　爲甚麼有歹人？

　　你不知道。因去年年成荒旱，田禾沒有收成，就生出歹人來了。

　　怕甚麼事！我們只趕這幾簡馬，【24b】又沒甚麼銀錢帶來的，就逢見了他也不相干。那賊們要我們做甚麼？

　　別要這般説。那賊們怎知你有錢沒錢？只管小心些纔是。

　　我這裏前年六月裏，有一簡客人，搭包【25a】裏藏着一打子紙，

腰裏絟着，在路傍樹底下歇凉睡。被一箇賊到那裏看見了，只道是
腰裏帶的是錢物，生起歹心來，就那裏拿起一塊大石頭，把那人頭
上打了一下，打出腦漿來死了。【25b】那賊把那人的搭包解下來看，
却是紙，就在那裏甩了走了。官司撿了屍埋了。正賊捉不住，單把
地主併左近人拷打。後頭別處官府却捉住那賊，發到這裏官府來。
今季（年）就在牢裏【26a】死了。

　　舊年又有一箇客人，赶着一頭驢子，兩箇荆籠子裏盛着棗兒馱
着走。後頭有一箇騎馬的賊，帶着弓箭跟着走。到箇酸棗林兒無
人處，那賊把客人脊背上射了一箭，那客【26b】人就倒了。那賊只道
是死了，就赶着那驢子徃前走。那客人被賊射的昏了，蘇醒回來，
恰好有捕盜的官到那裏巡哨，那客人把這緣故告了。捕盜官就叫
官兵徃前赶，【27a】約到二十里地，赶上了那賊，要捉拿他，那賊就放
一箭，把一箇弓手射下馬來。那賊跑去了。

　　那捕盜官赶到村裏，差了一百箇壯漢，帶着弓箭器械，把那賊
圍在一箇山峪裏，【27b】纔拿着廻來。看那被射的弓手，肐膊上射
上，却不曾傷了性命。如今那賊現在牢裏監禁着。
　　既這般路上有歹人，咱們又沒甚麼忙勾當，何必要早行？等到
天明，慢慢的去【28a】怕甚麼！
　　說的是。依着你，天明了走罷。

　　請安息，客人好睡罷。
　　主人家且休去，我又忘了一件勾當。我這馬不曾喝水，等一會
要拉他喝去。那裏有井？
　　那房後便是【28b】井。

有轆轤没有？

那井不大深，只用繩桶打水。井邊上有飲馬的石槽。

既這般，你收拾柳罐井繩出來。

那井邊頭柳罐井繩都有。我又囑咐你些話：那柳罐不沉水，你不會擺，【29a】柳罐上絟着一塊磚頭纔好。

這麼的，我自會的，不要你教。

咱們輪着起來，好勤喂馬。常言道："人不得橫財不富，馬不得夜草不肥。"你別槽兒裏多饋他到天明。

咱【29b】們先拌些草，馬喫一會再去飲水。

盛草的筐也没有，拿甚麼盛草去？

既没有筐，且把衣襟抱些草去。

我取料水去。這主人家好不整齊，連攪料棒也没有一箇！快拿咱們的拄杖來【30a】攪料。

且到房裏去，一會等着馬喫了這草，好拉他飲水去。

這馬喫了草也，飲水去罷。

咱們都去了麼？這房子教誰看守着？留一箇看房子，着兩箇拉馬去罷。

怕【30b】甚麼事？這店門都關上了，還怕有誰進來？

你別那般説，小心的好。常言道："常防賊心，莫偷他物。"依我的話，必要留一箇看房子纔是。

既是這麼，咱們留誰看房子？

你三箇裏【31a】頭，着這箇老季(年)的看着罷。自古道："三人同行少的苦。"我們三箇人去罷。

這衚衕窄，牽了多馬過不去，咱們做兩回牽罷。

那麼着，你慣會打水？

我不會打水。你打【31b】水去，我兩箇牽馬去。

那麼着，我打水去，你拉馬來。

這槽裏我纔剛打兩洒子水，可勾馬喫麼？

這水小，再打一洒子。

拿洒子來，我也學打打看。

這洒子是不沉水，怎麼得滿盛了水？

【32a】我教與你：把柳罐提起來，離水面擺倒，撞下水去，就能滿盛了水了。

果真的麼？向來常見人打水，從不曾試，今日却會了。

你們朝鮮地方有井沒有？怎不會打水？

【32b】我那裏井不似這般。這井是磚砌的，狠小有二丈深。我那裏井都是石頭壘的，狠深的沒有一丈，不過七八尺深。我那裏男人不打水，都是女人們打水：把箇銅盆放【33a】在頭上頂水，各自帶箇打水的瓢，瓢上綹着一條細繩子，却與這裏的井繩洒子一般取水。原來沒有男人拿匾担挑水的規（規）矩。

爲甚麼那般打水？我却不理會。我們只道與我這裏一般打【33b】水。

你牽廻這馬去，再牽別的來飲水。

這馬都喝水了。

這樣黑地裏，茅房裏難去，咱們就到後園裏去出恭不好麼？

我拉着馬，你自出恭去，我不要出恭。你要出恭去，【34a】離大路遠些，別在路邊上出恭，明日惹人罵了。

咱們一箇人拉着兩箇馬去，絟的牢着。

這馬槽寬大，離的遠些兒絟，怕繩子紐着。

快拿草料來，拌上饋他，且儘他喫着，咱們好【34b】去睡。

火伴們起來！雞叫第三遍了，不久東開了。快快的起來洗臉，穿上衣裳，喝幾鍾酒，收拾行李鞴馬。天亮了，告辭主人家去罷。

主人家別恠，我們去了。

你們別恠，好去罷。【35a】廻來時也到我店裏來住。

這坐橋，就是我夜來説的橋，比從前十分收拾的好了。在先是土搭的，如今都用板幔了，這橋梁橋柱，也比在前更牢壯，再過十幾年也不壞了。

【35b】日頭這般高了，往前又没有甚麼店，咱們且投那人家，糴些米自做飯喫。卸下行李，歇息牲口，歇歇去罷。

那麼狠好，肚裏也餓了，咱們去。

把這馬上行李卸下，鬆【36a】了肚帶，去了嚼子，就在這路傍放他喫些草，只教一箇看，別的都到那邊人家問去。

主人家，我們是行路的人，這時候不曾喫早飯。前面又没店，故此來借問你，你們若有米，【36b】糴些與我們做飯喫。主人家，你怎麼説？要饋就説饋，要不饋就説不饋。

你們不用糴米。我這裏飯熟了，客人們喫些去罷。

這般説，只怕少了你們喫的。

不妨事。便少些，【37a】我再做也使得。拿卓子來，教客人們就在這棚子底下坐着喫飯。只是淡飯，胡亂喫些罷。幫子們在那裏？有甚麼熟菜蔬，取些來與客人們喫。

客人們,你愛喫甚麼飯菜?

不用問他,【37b】家裏有的拿來饋他喫,没甚麼該喫的菜,有蘿蔔、生葱、茄子拿來,取醬來蘸着喫。

這菜都没有,只有些塩瓜,與客人喫。

客人們别惟,將就喫些罷。

我們與你驟然相會,大哥就這般【38a】見愛,給茶飯喫,怎麼敢惟呢?

客人們説甚麼話! 量這般淡飯,打甚麼緊! 偏我不出外? 若出外時候,也與你們一般。

大哥説的是。俗話説:"慣曾出外偏憐客,自己貪杯惜【38b】醉人。"

你們外頭還有火伴麼?

有一箇在那裏看行李放馬了。

他不能來喫飯,怎麼好?

我們喫完了,帶些去給他。有椀給一箇,就盛出一椀飯來,帶與那箇火伴喫。

【39a】且隨你們喫着。家裏還有飯,喫完了再給他帶去。你們休做客,慢慢的飽喫罷。

我們都是行路的客人,肯做甚麼客!

喫得飽不飽?

我們喫得大飽了,收拾了椀楪罷。

【39b】客人們有一箇看馬的,不曾來喫飯。興兒,你另盛一椀飯,罐兒裏取些湯,跟客人去,給那火伴喫。喫完了收拾回來。

主人家別惟,我們在這裏打攪了。

有甚麼打攪處！是淡飯，又【40a】没甚麼好菜。

別那般説，當不得！"饑時得一口，強如飽時得一斗。"我們正在饑渴時候，主人家就這般給茶飯喫，怎能忘你的情！

你休那般説。誰人出外頂着房子走？也辭不得投【40b】人家尋飯喫。却不説："好看千里客，萬里要傳名。"

主人家，我們攪擾這半日，姓也不曾問，大哥貴姓？

我姓張，是張社長家。客人你姓甚麼？

我姓王，在遼東【41a】城裏住。大哥若有事到我那裏，不棄嫌，可到我家裏來。

若能去的時節，一定尋到你家去。我肯忘了你麼？

那人家，我纔剛去要糴米，他不肯糴與我。他們做下現【41b】成的飯，教我們喫了，又教給你喫帶來。你喫完了，與這小厮椀楪帶回去罷。火伴，你赶馬來，咱好打朵子。等到打完了朵子，他飯也喫完了，咱們就好行路。

這箇馬怎麼這般難拿？【42a】原來是這般！

既這般利害麼，後頭呢用絆罷。

從前却絆着，今日偏忘了，不曾絆。

咱們都攔着，拿住！

朵子都打完了駄上，咱們好走。小厮，你可拿了椀楪與瓦罐回家去，生受你了，【42b】你別恠。

你看這箇時候却又將晚了。這裏到夏店，還有十里來地，到不得了。就徃路北那人家尋箇睡覺處罷。

那般着，咱們去罷。

若都去，那人家見了人多，恐怕不肯教宿。【43a】着兩箇看行李，我兩箇先問去。

主人家拜了。我們是行路的客人，今日天晚了，要借你房子做箇宿處。

我房子窄，没處下。你別處尋宿去罷。

你這般大人家，量我兩三箇人，却【43b】怎麽説房窄下不得？你那好炕不教我宿也罷，就這大門傍邊車房裏，教我宿一夜如何？

我不是不要教你宿。近來官司排門稽查，都不敢留面生人住宿。我知他你是那裏來【44a】的客人！向來又不曾相識，怎知道你們是好人歹人，敢容留你們住呢？

主人家，我不是歹人，我們在遼東城裏住，現帶得印信路引在此。

你們在遼東城裏那裏住？

【44b】我在遼東城裏閣北街東住。

離閣有多少近遠？

離閣有一百多步，北巷大街開的雜貨舖便是。

那雜貨舖是你的麽？近南隔着兩家人家，有箇酒店，是我舊相識，你認得他麽？

【45a】那箇是劉清甫酒舘，是我街坊，怎麽不認的？

雖然這般説，房子實在窄小，住不得。

你見愛我罷。你是有見識人，這時候，天已晚了，教我那裏尋宿處去？你別推託，容我宿【45b】一夜罷。

這客人怎麽這般歪纏！如今官府稽查好生嚴謹，省會人家，不教住下面生歹人。你雖説是遼東人，我不敢保你的來歷。況你這幾箇火伴的模樣，又不是漢人，又不像【46a】獯子，不知是甚麼人。我怎敢留你宿！你不知道，新近這裏有一箇人家，只爲教幾箇客人住下，那客人去了後頭，事發了。誰知道那人是獯子人家逃走出來的！因此就連累他【46b】犯官司，現今教他跟尋那逃走的人。你看，似這般帶累人家！我怎敢留你宿？

　　主人家，你説那裏話！好人歹人怎麼不認的？這幾箇火伴，他是朝鮮人，從朝鮮地方來。【47a】他那裏口子渡江處，有官把守着，比咱們這裏一般嚴緊，先驗了文引，又仔細的盤問，纔放過來。他們若是歹人、來歷不明，怎麼能勾到這裏來？他現有文引，赶着朝鮮馬，【47b】往北京做買賣去。他不懂（懂）中國的話，故此不能説語。他們真箇不是歹人。

　　既是這般，別只管纏張。後頭房子窄，家裏孩子們也多，又有箇老娘，身子不快。你若不嫌冷，就在這車【48a】房裏住一宿如何？

　　這般我們將就在這車房裏睡罷。

　　主人家，我又有一句話要説，心裏躊躇，不敢開口。

　　有甚麼話你説。

　　如今已是黑夜，我們實在肚裏餓了；又【48b】有幾箇馬要喂。"一客不煩二主"，你可憐見，糴些米給我，煮一頓飯喫；併賣些草料給我喂馬。

　　我這裏今季（年）夏天大旱，到秋來又水澇了，田禾不收。故此我們都是旋糴旋喫，【49a】那裏有糴的來？

　　我們早喫些飯，到這時候不曾喫些甚麼，肚裏好飢餓。你那糴來的米裏頭，小分些給我，熬些粥喫也好。這一百錢，隨你的意思給些米罷。

這一百錢，與【49b】你多少的是？

隨你多少就是了。

今季(年)因旱澇不收，一百錢糴一斗米。我本來没有糴的米，既是客人只管央及，我就把糴來的米裏頭，給你三升，煮些粥胡亂充飢罷。

【50a】客人們休恠，實在今年艱難。若是似徃年好收麼，別説你兩三箇人，就是十數箇客人，我也能都給茶飯喫。

主人家説的是。我也曾打聽，今年這裏年成不好。既這般，主人家，我們【50b】要到後頭熬粥去，這黑地裏，出入不便當，你家這狗又利害。不嫌煩勞麼，你就做些粥來與我喫如何？

也罷。客人們且在車房裏收拾，我教孩子們做些粥來與你們喫罷。

費心。【51a】多謝，多謝！

主人家，還有一句話：人喫的雖是有了，這馬却怎麼的？一發賣些草料喂他如何？

客人們説甚麼話！人喫的尚且短少，那裏有喂馬的草料？我這院子後頭，一【51b】遍都是青草地。你喫了飯，着兩箇人赶馬放去，到天亮了，這馬都可喫飽了，何必又要草料！

主人哥説的是。我們車房裏去，没有火怎麼好？教小孩子拿箇燈來罷。

這麼我【52a】就教小厮們送燈去，再給你兩三根糠燈。

咱們喫了飯，留兩箇在這裏看行李，着兩箇放馬去。到半夜後，却教這兩箇起去替他。大家安息安息，明日好不渴睡。

【52b】這的燈來了，粥也拿來了，匙椀都有，你們喫罷。

咱們飯也喫了，你兩箇先放馬去。到半夜裏，我兩箇却替你去。

我睡醒了起來。噯，叁星高了，敢是半夜了。我先去，替那兩箇來睡。【53a】你就到那裏來，咱們兩箇看馬。

這麼你先去罷。

你兩箇去睡一睡。到那裏，就教那箇火伴來。

你來了？你赶過馬來在一處，容易照管，月黑了，恐怕有迷失，悮了明日走路。

【53b】明星高了，天待要明了。咱們赶馬到下處去，收拾行李，只怕天就明了。

這馬且絟着。教那兩箇起來。

你兩箇快起來，收拾行李好馱朵子。須把咱們的行李明白查看，主人家的【54a】東西休錯拿了去。

朵子都打完了，辭了主人家去罷。

主人哥，我們去了，在這裏破費你了。

咳，有甚麼破費處！慢待了，別恠，好去罷。

咱們前頭到夏店，買飯喫，赶晚可到京城【54b】了。

這裏到夏店有多少路？

還有三十多里。

你昨日怎麼説只有十里多路？今日却又怎麼説三十里地？

我昨日錯記了。今日想起來，有三十多地。咱們不要遲延，趂涼快，馬【55a】又喫的飽，赶早快走。

日頭又晌(晌)午了。那望着的黑林子，便是夏店。這裏到那裏,還有七八里路。你在先也曾到北京去,怎麽不理會?

這夏店我在先走過一兩遭,如今都忘了,那裏記【55b】得。

夏店待到了,咱們喫些甚麽茶飯好?

我朝鮮人,不慣喫濕麪,咱們只喫乾的如何?

這麽,咱們買些燒餅,炒些肉喫罷。

咱們這裏絟馬,卸下行李,到飯店裏去。

掌【56a】橫的,先拿一盆溫水來,我要洗臉。再拿漱口水來。

客人們洗臉了。

店家,抹桌子。

客人要喫甚麽茶飯?

我四箇人,炒三十錢的羊肉,取二十錢的燒餅來。

這湯淡,有塩醬拿些來,我【56b】自調和喫。這燒餅,一半冷一半熱。熱的留下,我喫,這冷的你拿去,火盆上烤熱了來。

咱們飯也喫了,給他飯錢罷。

店家,來會錢。共該多少?

二十錢燒餅,三十錢羊肉,共該五十錢。

【57a】咱們快上朵子走罷。

日頭晌(晌)午牷了,有些熱,喫了些乾東西,有些渴。前頭不遠有箇草房店。到那裏,咱們喝幾盞酒解渴。

歇息牲口,暫卸下行李,喝幾盞酒再去。

【57b】賣酒的,打二十錢的酒來。

客人們,這是二十錢的酒。

酒好麽?

不是黃酒,是乾乾的燒酒,雖是海量,喝一鍾就醉了。你先嘗看，若不好，你別還錢。

　　將就喫的過。有甚麼好下酒菜，【58a】拿些來。

　　我這裏有的只是塩瓜。

　　且取些來。

　　那酒要熱喫麼？

　　罷，罷，我只涼喫。

　　大哥先喫一盞，大哥受禮。

　　你敢年紀大？怎麼受禮？

　　大哥你貴壽？

　　我今年三十五歲。

　　我纔三【58b】十二歲。大哥你年紀大，大我三歲，應該受禮。

　　我雖是年紀大，怎麼便受禮？咱們都起來，大家同喫罷。

　　那麼教你受禮，堅執不肯，如今要你滿飲一盞，不可留一點底酒。

　　咱【59a】們且不要講禮，喫一盞罷。

　　喫完了酒，會了酒錢去罷。

　　賣酒的，來會錢。這的五分銀子，貼六箇錢給我。

　　大哥，給些好銀子。這銀只是八成，怎麼使的？

　　似這樣銀子還嫌甚麼？細絲分明【59b】都有，怎麼使不得？你不識銀子，教別人看。

　　我怎麼不識銀子？爲甚麼教別人看？換錢不折本就罷。你自另換五分銀子與我便是，不用多説。

　　這賣酒的也歪纏！這樣好銀子，【60a】還説使不得！今早喫飯處找來的銀子。

罷,罷,將就留下罷,便使不得也罷了。

你説甚麼話！若是使不得,你肯要麼？

　　打了朵子走罷,日頭已到午後了,這裏離城有五里路。【60b】着兩箇在後趕牲口來,我同一箇火伴先去,尋箇好店占住下處,再來迎接你們如何？

　　咱們先説定着,只投順城門官店裏下去。

　　那麼着,你兩箇先去,我兩箇後頭慢慢的趕牲口去。【61a】先去躧店的,出來接着我們罷。

　　咱們快快走罷,比及到那裏尋了店,後頭的那兩箇也好到來了。

　　店主人家,我們後頭還有幾箇火伴,趕着幾匹馬來。你這店裏可下我們麼？

　　【61b】你通共幾箇人幾匹馬？

　　我們四箇人十匹馬。

　　車子有没有？

　　車子没有。

　　這們的好下的。那東邊有一間空房子,你看去。

　　你帶我看看去。

　　我忙,没工夫去,你自看去罷。

　　惧了你多少工夫！【62a】到那裏看了房子,中意不中意,不過一句話就完了。

　　這麼同你去看一看。

　　你這房子,可以勾住了。你這裏茶飯如何？

　　茶飯麼,因我店小兒新近出去了,委實没人料理。你客人們自做【62b】飯喫罷。

　　我們若自做飯喫,鍋竈椀楪都有麼?

　　那箇你放心,都有。

　　既這等便當,我迎接火伴去。

　　你兩箇到這裏多少時候?

　　我們纔到這裏,待要尋你去,你却來了。店在那【63a】裏?

　　在那西頭。

　　行李都搬進來,把馬絟了,且不要摘鞍子。你去問主人家要幾領席子草薦來,就拿笤箒來掃地。行李且不要搬進去,等鋪了席子草薦再搬進去。

　　【63b】客人們,你這馬要賣麼?

　　是,我要賣的。

　　你既要賣,也不必你徃市上去,只在這店裏放着,我與你尋箇主兒來,就都賣了。

　　罷,罷,到明日再説話。咱這馬一路來,每日走路狠辛苦,又【64a】喂不到,故此都沒甚麼膘,就到市上去,市上人也出不上價錢。咱們多給草料,好生喂幾日,再出脫他也不遲了。

　　你説的是,我心裏也這們想着。我又有人蔘毛藍布,明日打【64b】聽價錢。若價錢好,就賣了;若價錢十分的賤,且停些日子再賣。

　　你那裏打聽去?

　　那吉慶店裏有我的相識,我到那裏問去。

　　這麼的,到明日咱們同去。

　　你兩箇看着牲口,我兩箇到城裏【65a】去就來。

重刊老乞大諺解下

【1a】大哥作揖了。這店裏賣毛藍布的朝鮮客人李舍有麼？

你尋他怎麼？

我是他的親戚，纔從朝鮮地方來。

纔剛出門，往羊市角頭去了。他說就廻來，你且在外頭等【1b】一會再來。

他既往羊市角頭去，路又不遠，我只在這裏等他罷。

憑你等着罷。

他在那箇房子裏住？

那西南角上，芭籬門南邊，小板門便是。

他出去了，看家的有麼？

有箇後生在這裏。【2a】如今不見，敢是出去了。

你從朝鮮地方來，有甚麼帶來的貨物？

我帶幾匹馬來。

再有甚麼？

沒有別的，還有些人蔘毛藍布。如今價錢如何？

布價是往年一樣；人蔘正缺少，【2b】所以價錢狠好。

如今賣多少？

往年只是三錢一斤，如今因沒有賣的，五錢一斤家也沒處尋。你那根子是那裏的？

我的是新羅蔘。

新羅蔘狠好，怕有甚麼賣不出去！

你不知道，【3a】這幾年我們那裏挖梆槌的少，所以價錢狠貴了。

萬一在先一樣的價錢麼,一定虧本,誰肯帶來呢?

那箇不是李舍來了!

好麼,好麼? 你幾時來的? 家裏都好麼?

我家裏好。

我到【3b】下處去。請裏頭坐。你多站從王京來的?

我七月初頭起身的。

却怎麼這時候纔到來?

我在路上走得慢。

我家裏有書信來麼?

有書信帶來了。

這書上寫的,不大詳細。你來時,我父親、【4a】母親、伯父、叔父、大娘、嬸子、姐姐、姐夫、二哥、三哥、嫂子、妹子、兄弟們,都好麼?

都好。

這樣都好。"休道黃金貴,安樂直錢多。"恠道今日早起喜鵲亂噪,又打噴嚏,【4b】果然有親戚來,又有書信! 却不説:"家書直萬金。"我的賤內與小兒們都平安麼?

都平安。你那小女兒出疹子,我來時都痊瘳了。

你帶甚麼貨物來?

我帶幾匹馬來,又【5a】有些人蔘毛藍布。如今價錢如何?

馬的價錢和布的價錢往常一樣,人蔘價錢近來十分好。

你説的是,纔剛這店裏客人也是這般説。

你同幾箇火伴來?

有兩箇火伴,都是親戚:一箇是姑【5b】舅哥哥,一箇是兩姨兄弟。

　　都在那裏下？

　　在順城門外街北一箇店裏下着。

　　幾時到這裏？

　　我們昨兒箇來的。

　　你這幾箇火伴來做甚麼買賣？又那一箇火伴是誰？

　　他在遼東這邊，我同他作【6a】伴來。他也有幾匹馬，一同赶來要賣。他是漢人，在遼東城裏住。我一路上多虧得他幫助。我們不會中國的話，路上馬的草料併下處，全仗這大哥替我料理。

　　説的是。

　　【6b】我且到下處去，再相見罷。

　　且停些時，咱們聊喝一杯酒接風不好麼？

　　不敢當。今日忙，明日再奉擾，喝酒也不遲哩。

　　既這麼，明日就往店裏尋你去，一發和你親眷們一同喝一兩杯。【7a】我送你到外頭去。

　　不須你送了。你這炕裏没人，不用出去罷。

　　這麼你不見恠啊？

　　我爲什麼恠你？咱們都是一家人，比不得別人。

　　｛不多時再到店裏看，店主人與三箇客人【7b】站着看馬。｝

　　店主人説：“這三箇火伴，兩箇是買馬的客人，一箇是牙子。你這馬，他們都要一齊買了到山東賣去。就到市上賣去，也是一樣。千零不如一頓，倒不如都賣與他好。”

　　你【8a】摠要賣呢，咱們好商量。這箇青馬多少歲數？

　　你只看牙，便知歲數。

我看見了，上下衢都沒有，是十分老了。

你敢是不理會看馬的歲數？這箇馬如何？今春新騸了的十分脹壯的馬。

這馬【8b】好的歹的，都一發商量。

這兒馬、騸馬、赤馬、黃馬、鴛色馬、栗色馬、黑鬃馬、白馬、黑馬、青馬、灰馬、花馬、跑馬、土黃馬、繡膊馬、破臉馬、四明馬、五明馬、桃花馬、青【9a】白馬、豁鼻馬、孤蹄馬、騍馬、懷駒馬、環眼馬、馬駒子、劣馬──這馬牛行一樣慢慢的走──又慢行的馬、急性馬、點的馬、細點的馬、鈍馬、眼生馬、撒蹄的馬、前失的馬、單蹄撣的、撧人的、【9b】咬人的、口硬馬、口軟馬、戀羣馬、快走馬，這些馬裏頭，有歹的十六箇：一箇瞎的，兩箇蹶的，一箇蹄歪的，一箇磨硯的，三箇打破迎鞍頭的，一箇熟瘸的，一箇癩的，一箇骨眼的，【10a】四箇瘦的，一箇光當的。內中也有十箇好馬。

你這馬，好的歹的，大的小的，一共要多少銀子？

共要二百四十八兩銀子。

你說這些價錢怎麼？你只說老實價錢罷。我不是沒有【10b】商量的。你說的是麼，兩三句話交易就成了。不要這樣胡討虛價，教我怎麼還你是？牙子你說罷。

客人們，你多要也是枉然。我是箇牙家，也不肯單向着買主，也不肯偏向着賣【11a】主，我只憑公道說。攄（據）你要二百四十八兩銀子，這十箇好馬，十六箇歹馬，你計量多少？

這十箇好馬，我計的該一百二十兩。這十六箇歹馬，我計的該一百二十八兩。

似【11b】這般價錢，實在賣不得。于今老實價錢說與你。兩家依着我，就交易了如何？

　　我且聽你定的價錢。

　　這十匹好馬，每一匹八兩銀子，共八十兩。這十六箇歹馬，每一箇六兩銀【12a】子，共九十六兩。通共一百七十六兩。成就了這交易罷。

　　似你這定的價錢，就是本地方也買不來，那裏是實在要買的，只是胡商量的！

　　你這箇客人，說甚麼話！不是實在要買麼，做【12b】甚麼在這裏與你商量？

　　這馬纔剛牙家定的價錢，實在虧我的本錢。

　　給你這般價錢不賣，還要想甚麼？

　　你兩家不要只管爭多爭少，要買的添些，要賣的減些。據（據）我說，【13a】合再添五兩，共一百八十一兩，成交罷！天平地平。買主若不添些，也買不了去；賣主多指望價錢，也不能賣去。

　　傍邊站着閑看的人說："這牙子說的價錢，甚是公道。罷，罷，你們依【13b】着牙子的話，成就了罷。"

　　既這般說，賣是賣了，但這箇價錢實在虧本了。

　　但是一件：潮銀子是不要，給我些好銀子纔要呢。

　　咳，潮銀子我也沒有，我的都是細絲紋銀。

　　【14a】既是好銀子，我先看了銀子寫契罷。

　　既這麼着，銀子在布帒裏，教牙子先看了，你賣主自家再看，裏頭沒有一塊不好的。

　　這銀子雖是看了，真假我不認得。你記認着，久後若使不得,【14b】我只問牙家換。

銀子上我有畫押了,不論甚麼時候換給你。

文契教誰寫?

牙子就寫。

寫這契,大家一捻寫麼? 分開寫?

不要捻寫,捻寫了,怎麼分賣與人呢? 你們各自寫着。

【15a】你這馬是一箇主兒的那? 是各人的?

這馬是四箇主兒的,各自有數目。你先寫我的馬契。

你的馬是家養的麼? 還是買來的啊?

我的原是買來的。

你在那裏住? 姓甚麼?

我在遼東城裏住,【15b】姓王,寫王某罷。

我寫完這契了,我念給你聽:"遼東城內人王某,今爲少錢使用,願將自己原買赤色騸馬一匹——口五歲,左腿有印記——憑京城牙行、羊市角頭街北【16a】住的張三作中人,賣與山東濟南府客人李五,永遠騎坐。議定時值價錢十二兩,那箇銀子立契之日一併交足,外無欠少。如馬好歹,買主自認。如馬有來歷不明,賣主【16b】一面承管。成交之後,不許反悔。如有先悔者,議定罰銀五兩,與不悔之人。恐後無憑,立此文契爲照。某年月日。立契人王某押。牙行人張某押。"其餘的馬契都寫了了。

【17a】咱們計了牙税錢。舊例買主管税,賣主管牙錢,你各自數牙税錢,共該出多少呢。

我這一百八十零一兩,該多少牙税錢?

你自數：一兩該三分，十兩該三【17b】錢，一百八十零一兩，牙税錢該五兩四錢三分。

牙税錢都數了，我這馬契多站税了來？

這箇有甚麼難！你着一箇火伴跟我去，到那裏納税了。不要那麼的呢，你們都在這裏等候，【18a】我去上税，送來與你。

我不曾好生細看，這馬原來有病！

有甚麼病？

那鼻子裏流曦，是癩馬，我怎麼肯買了去？若拉馬去，連其餘的馬都染的壞了。

這麼説，你是【18b】要反悔了麼？

我委實不要。

你既不要，這文券上明白寫着："如馬好歹，買主自家看。先悔的罰銀五兩。"官憑印信，私憑畫押，你罰下五兩銀子給賣主，毀了文券便好了，不須爭【19a】論。

這麼説，原定價錢内中，除了五兩銀子做反悔錢，撕開文券去了罷。

這箇馬悔了，該除八兩銀。

你要過的牙錢，該二錢四分，你却退出來罷。

既那麼，退給你。

你們在這裏等候着，【19b】我税了契就來。

又何必等你。我赶着馬，往下處兑付草料去。你税了契，明日送到我下處來。

各散了罷。

你這人蓁布疋，不曾發賣，還有些時住哩。我没有别的【20a】買賣,比及你在這裏賣布的時候,我買些羊,到涿州地方去賣。走一遭廻來,咱們再商量另買貨物如何?

　　這麼也好。你去買羊,咱們一同去,我也要知道些價錢。

　　〔到街上立地的其間,【20b】一箇客人赶着一羣羊過來。〕

　　大哥,你這羊賣麼?

　　是賣的。你若要買,咱們好商量。

　　這箇羖羊、騲胡羊、羯羊、殺瓹羔兒、毋(母)殺瓹,一共要多少價錢?

　　我共要三兩銀子。

　　量這些羊,【21a】討這般大價錢!若是好綿羊却賣多少?

　　討的是虛,還的是實。據你給多少?

　　你胡討價錢,我還你多少是呢?

　　你説的是。我就減去五錢如何?

　　你來,不要只説減去五錢的話。你【21b】説老實價錢,只一句話就成了。我給你二兩銀,若肯便賣,若不肯你就赶了去罷。

　　你不要只説二兩,若再添五錢,我就賣與你了。

　　添不得,肯賣不肯賣憑你罷。

　　我是爽快的人,【22a】你揀好銀子給我罷,臨晚,我濫賤的賣與你了。

　　火伴,你往下處坐着。我赶這羊徍涿州去賣了就廻來。

　　我却想來,這幾箇羊也巴不得走一遭;既要去,我有些下剩的銀子,閑【22b】放着做甚麼?一發買些緞子拿去賣罷。

　　咱們且到舖裏商量去。

　　賣緞子的相公,你舖子裏,那魚白、葱白、月白、天青、石青、柳青、草綠、鸚哥綠、黑綠、南松、北松、官綠、鴨綠、鴉青、油綠、【23a】粉紅、銀紅、桃紅、大紅、真紅、鷹背、灰色、醬色、真紫、沉香、閃黃、鵝黃、朱黃、柳黃、艾褐、蜜褐——各樣顏色、深的淺的——又那智背、膝欄、界地雲、寶相花、八寶、蜂赶梅、四季花、骨朵雲、【23b】西番蓮、牧丹、六雲、八雲、海馬、暗花，這各樣的緞子，與些紵絲紗羅都有麼？我要瞧瞧揀揀買。

客官，你要南京的，還要那杭州的、蘇州的呢？

大哥，南京的顏色好，又光潤，只是【24a】不着實，不耐穿；杭州的經緯相等；蘇州的十分澆薄，又有些粉餙，不牢壯。

你有好綾子麼？

你要甚麼綾子？

我要官綾子。那嘉興綾子不好。

客官你却要絹麼？我有【24b】山東好大官絹、謙涼絹、易州絹、倭絹、蘇州絹、水光絹、白絲絹。

我只要大官絹、白絲絹、蘇州絹、水光絹，其餘的都不要。你有好絲麼？我却要些。

要甚麼絲？

我要湖州白絲、花拘絲。【25a】那定州絲不要。

這緞疋綾絹紗羅等項，你都看了，你真箇要買甚麼緞子？

別的不要，只要深青織金智背緞子。我老實對你說，不是我自己穿的，要拿去別處轉賣，【25b】尋些利錢的。你老實討價錢。

這織金智背要七兩。

離胡啊！這樣的價錢倒悞了你的買賣！我不是外行，這緞子價錢我都知道。這織金智背，是蘇州來的假估緞子，你還要七兩銀【26a】子,若是南京來的清水織金緞子,却賣多少?

不須多説。你既知道價錢,隨你給多少。

這織金智背,與你五兩,這是實在價錢。你肯我就買,若不肯我別處去。

你既知道價錢,【26b】我也不多説了,只揀好銀子來,就賣與你了。

這等子拉,你添上。

天平地平的等子,你要補定麼?

罷呀。包起來,我拿去。

這緞子買了。

咱們再商量:這箇柳青顏色紬子,有多【27a】少尺頭? 勾(够)做一箇襖子麼?

你説甚麼話! 滿七托有餘,官尺足有二丈八,裁衣尺足有二丈五。似你這般身材,若做細摺兒襖子也儘勾(够)了;若做直身襖子,還有餘剩的。

你打【27b】開,我托看。那裏滿七托! 若説七托却少些。

你的身子大手臂長,一托比別人長得多。

這紬子地頭是那裏的?

你説是識貨,怎麼却又不識呢? 這紬子是南京的,不是別處來的。【28a】你仔細看,没一點粉餙,實在好清水紬子。

要多少價錢?

這紬子價錢誰不知道,作甚麼討價錢! 若討價要五兩銀子,老實價錢只要四兩,拿銀子來就賣給你。

這紬子也買了。

【28b】這鞍子、彎頭、鞦皮、攀胷、馬黏、馬鐙、鞍橋子、鴈翅板、鐙折皮、肚帶、折舌、緹胷、籠頭、扯手、包糞、編繮、繮繩、牕頬、閘口、汗替、馬鞭子、稍繩，都買了。

再買一張弓去。

且到【29a】那賣弓的店裏去問。

有賣的好弓麼？

客人，我店内若没有好弓，做甚麼買賣？

你把這一張黄樺皮弓上了弦，我拉拉看，有幾箇氣力。若好我就買了。

新上了的弓，慢慢的拉。

既是好弓，【29b】怎麼怕拉呢？這弓弓把軟，不好拉，不隨手，又一半欺，再没有廻性。

你錯認了。似這般的弓，你還嫌甚麼？

由他説。自古道："褒貶的是買主。"

這一張弓爲甚麼不樺了？

【30a】你不知道，這弓最好，是上等的。若樺了呢，買的人就不信了。教人看了面上的角，背上鋪的筋，商量了價錢，然後樺也不遲。

這弓卸下，彄子小些，弰兒短些，弓墊（墊）子也薄些兒。將就【30b】也買了。

有賣的弓弦取來，我也買一條，就這裏上了這弓去。

有，你只揀着買。

這條忒細，這條又太麤，似這一等着中的纔好。

這弓與那弦都買了。

還要買幾枝箭。這【31a】鈚子、虎爪、鹿角樸頭、響樸頭、艾葉箭、柳葉箭、迷針箭、挑遠箭、骨鈚箭,這箭簳是竹的,這是木頭的。再要買一副弓箭撒帒、弓拿子、箭梯、扮指子。

這幾樣的又都買了。

【31b】再要買些椀楪什物:鑼鍋、荷葉鍋、兩耳鍋、茶罐、大椀、小椀、銅椀、磁楪子、木楪子、漆楪子、紅漆匙子、黑漆匙子、銅匙子、湯匙、紅漆快子、銅快子、盒子、瓶子、背壺、執壺、膽瓶、小口瓶、【32a】三脚、甌兒、大盤子、小盤子、蠟臺、夜壺。這漆器傢伙,一半是要布裹的,一半是要膠漆的。工夫不到的不要。這布裹的是主顧生活,餘外的都是尋常賣貨,是平常的。

【32b】今日備辦了些茶飯,請咱們衆親眷來閑坐:祖父、阿婆、父親、母親、伯伯、伯母、叔叔、嬸娘、哥哥、嫂子、兄弟、小嬸、姐姐、妹子、大媳婦、小媳婦、姪兒、姪女,又請外公、外婆、【33a】舅舅、姑娘、姑夫、姨娘、姨夫、姐夫、妹夫、外甥、女婿、叔伯哥哥兄弟、姑舅哥哥兄弟、房分哥哥兄弟、兩姨哥哥兄弟、連妗、妯娌、奶娘、小娘子、大舅子、小舅子、大姨、小姨、【33b】親家公、親家母、親家伯、親家舅舅、親家姨,他們帶來使喚的丫頭小厮們,也給他幾卓子飯菜喫纔好。這酒席須預備停妥着。

客人們都到門了,先喫箇到門盞纔是。
【34a】各位請家裏坐。
今日略備些淡薄筵席,虛請親眷,酒也没有醉,飯也没有飽,不要見恠。
你別這麽説,我們當不過!攪擾府上,一日辛苦。我們酒也醉了,飯也飽了。多謝!

【34b】如今正是臘月,天氣冷啊! 拾來的馬糞好拿來,熰些火,烤烤手脚。馬糞拾在筐子裏頭,收進來,不要教别人拿了去。

這車子,折了車輞輻條,可惜了。

那不相干,後頭不修理麽?【35a】車軸、車釧、車鐧、車頭、車梯、車厢、車轅、繩索都好。

樓子車、庫車、驢騾大車,與那尋常坐的車子,都在房子裏放着,别教雨雪淋濕了。

似這般冷,咱們放箇【35b】遠垜子,射幾箭賭箇輸贏。

咱們六箇人,分做三回射罷。

看那邊射箭,衆人叫喚的時候:"射的歪了! 又失手放!""須要高些射! 低射時竄到了!"

誰贏誰輸?

由他們射罷,早了。一會兒,【36a】再添幾枝箭也勾(够)了。

我贏了,你輸了,就罰一遭筵席,請我們。

咱們做漢人筵席:頭一椀燕窩,第二椀魚翅,第三椀匾食,第四椀鰒魚,第五椀海蔘頓肉,第六椀雞,第【36b】七椀鮮魚。粉湯、饅頭、打糕、雞蛋糕、撻子餑餑,都喫完了。先喫空湯,後喫茶,就散罷。

咱們用的菜蔬整齊不整齊? 又備些果子好下酒的。這藕菜:黄瓜、茄子、生葱、生薑、蘿蔔、【37a】冬瓜、葫蘆、芥子、蔓菁、赤根菜、海帶菜、馬蹄菜——這菜裏頭,有煠不熟的,也有柴的。

這按酒：煎魚、羊雙腸、頭、蹄、肚兒；這果子是：棗兒、柿餅、核桃、紅姑娘、山裏紅、甜梨、【37b】酸梨、葡萄、龍眼、荔芰、杏子、西瓜、香瓜、柑子、橘子、石榴、李子、松子、栗子，都用的好。

這肉都煑熟了：顉（脖）子、頭、肋條、前膊、後腿、胥肋都有，怎麼不見一箇後腿？

饅頭餡裏使了。

【38a】酒席湯飯都完備了。日頭落了，快些擡過來喫了好。

咱們今日筵席，喫多少酒？

喫二兩銀子的酒。

咱們只是十數箇人，怎麼喫二兩銀子的酒？

不但上頭十數箇客人喫，那下頭還有十多【38b】箇伴當們，怎麼不教他喫麼？

﹛這筵席散了。﹜

我有些腦痛頭眩，請太醫來診候脉息，看是甚麼病。

太醫説："你脉息浮沈，敢是喫了冷物傷着了？"

我昨日冷酒多喫了。

那般【39a】不錯，不能尅化，所以致腦痛頭眩，不思飲食。我這藥是專治飲食停滯的，你喫了可以立時見效。木香散氣丸、檳榔丸，這藥裏頭，該喫檳榔丸。必要在食後喫，每服三十丸，【39b】生薑湯送下。喫了麼，就要跑肚走動。先喫稀粥補一補，然後再喫飯。

第二日太醫來問："你好些了麼？"

今日早晨纔喫了些粥，較好些了。若病大好了，重重的酬謝。

【40a】咱們一生，常願快活，春夏秋冬一日也不該煩惱。你看咱們人在世上，有今日活着明日死了的。能勾安樂，偏不會快活，真

箇是癡人！死了後頭，不論甚麼，都做不得主張：好【40b】走的馬，別人騎着；好襖子，別人穿着；好媳婦，別人娶去了。這麼看起來，活時節，爲甚麼不尋些快活受用呢！

大槩人家的兒孫，從小來教導他成人，若有福分，官【41a】兒也做得了。若教的不好，不能成人，雖是他的命該如此，父母的心，能不懊悔？這小孩子若要他成人，有三條路在當中走：別人是非不要説，別人東西不要愛，不要撒謊，【41b】不要懶惰。這般用心行去習慣了，就能成人。常言道："老實常在，脱空常敗。"若在人面前捻不肯出力，便到處不得人意，還想誰喜歡他呢？

火伴們，自家有能處，【42a】不要誇張；別人有壞處，不要笑話他。自古説："船從水出，旱地上是行不得的；車從地行，水裏是行不去的。""一箇把掌是打不響的，一箇脚是不能走的。"咱們的人，都要將就些彼此【42b】挈帶着好。況這火伴中，也有好的，也有歹的，大家都要幫扶。人有好處贊揚他，人有歹處替他掩藏着。常言道："隱惡揚善。"若是隱人的德，揚人的惡，最是不好的事情。

【43a】你們做奴才的人，跟着官人，這裏去那裏去，官人下了馬，就把馬拉去，好絟着，把鞍子摘了，用絆，趕到草地放去喫草。把帳房忙打起來，鋪陳整頓了。鞍子轡頭，【43b】搬到自己睡處放下，上頭把氈子蓋了。然後安了鑼鍋，急忙做茶飯。肉煮熟了就撈出來。吃完了飯，椀盞傢伙收拾了。等官人睡了，教一箇火伴伺候着。似這般小心謹慎行去，纔【44a】是在下的人服侍官長的道理。

咱們相好的人，不要説你歹我好，休羞了朋友的面皮。親近得好，便是親弟兄一般，相幫着看顧着。朋友若在困苦患亂中，没有盤纏，自己的錢【44b】財不要愛惜，就接濟他。朋友若不幸遭了官司口舌，衆朋友都向前救他。若不肯救，就是傍人也要唾罵。若有些病，不要看冷淡，就替他請太醫調治，早晚不要離開，【45a】煎些藥送些湯水。若這般看待，便有十分病，也減了五分。若不看顧他，那病人想着，"没有朋友的情分。"心裏悽惶麼，纔得五分病，也添做十分了。

咱們世上人，做男子【45b】行事，須要想自己祖上的聲名，不可壞了。凡事要小心謹慎行去。若把父母的聲名玷辱了，別人也要唾罵。他父母在世時，家法名聲好來，田地房産都有，又有騎坐的牲口、使【46a】喚的奴婢。到他爺娘死後，孩子們不務營生，教些幫閑的潑男女，狐朋狗黨，每日穿茶房入酒肆，又常到婊子家裏去，胡使錢。衆親戚街坊老成的都勸他説："你爲甚麼不知【46b】世務，執迷了心，竟不思改過？"他倒廻説："使是使了我的錢，壞是壞了我的名，干你甚麼事？"因此衆人再不肯勸他，隨他胡使錢。每日幾箇幫閑的，和那婊子人家，【47a】喫的穿的，都是這獣子的錢。騎的馬是三十兩一匹好馬，鞍子是時樣減銀事件的好鞍轡，共該用四十兩銀子。

身上穿的衣服，也按四季穿，每日脱套換套。春間穿的，【47b】好青羅、白羅、綠羅細褶單袍子。到夏天，好極細的毛藍布衫，上頭穿銀條紗袍子、鴨綠紗直身。到秋間，是羅衣裳。到冬間，是紵絲襖子、絲紬襖子、織金襖子、茶褐水波浪四花襖【48a】子、青六雲襖子、茜紅綾子袴子、白絹汗衫、銀色紵絲板褶兒短襖子、黑綠紵絲比甲。這般按四季穿衣裳。

繫腰的，也按四季。春裏繫金條環，夏裏繫玉鉤子——【48b】最低的是菜玉，最高的是羊脂玉。秋裏繫减金鉤子——平常的不用，都是玲瓏花樣的。冬裏繫金廂寶石的，或是有綜眼的烏犀帶纔繫了。

頭上戴的，好貂鼠皮帽子，或是掃雪染【49a】做的帽子，好纏綜金廂大帽子——這一箇帽子使用四兩銀子。又有紵絲剛义（义）帽，羊脂玉頂子——這一箇帽子使用三兩銀子。又有天青紵絲帽，雲南氈帽，上頭都有金頂子。

【49b】穿的靴，春間穿皂麂皮靴，上頭縫着倒提雲。夏間穿獉皮靴。到冬裏，穿嵌金線藍條子白麂皮靴，氊襪穿好絨毛的，都使大紅紵絲緣口，一對靴上都有紅絨鴈爪，那靴底，都【50a】是兩層净底，上的線蠟打了，錐子細、線麤，上的分外牢壯好看。

喫飯麼，揀箇可口的喫。清早起來，梳了頭洗了臉，先喫些醒酒湯，或是點心。然後打餶餷炒肉，或白煮着羊腰節【50b】膂子。喫完了，騎着馬，引着伴當，着幾箇幫閑的陪着，徃大酒肆裏坐下。不愛銀子多少，把酒肉喫飽了。酒帶半酣，引動淫心，就到唱的人家去。到那裏，教那彈絃子的謊精們【51a】捉弄着，假意叫幾聲"舍人公子"，便開手賞賜罷。他拿錢，只由那幫閑的人使，他只粧腔，正面坐，做好漢。那些幫閑的，把銀子花使了，中間剋落了一半，拿去養活他媳婦孩兒。【51b】一箇日子到晚出來，狠少也使三四兩銀子。後來使的家私漸漸的消磨了，人口馬匹家財金銀器皿都盡賣了，田産房子也都典儅了，身上穿的也没有，口裏吃的也没有，幫閑的那厮們也没一【52a】箇僽保他了。如今跟着別人拿馬，且求得暖衣飽飯。

我買這貨物,要到涿州賣去。這幾日爲請親戚筵席,又爲有些病耽閣了不曾去,我如今要去了。火伴,你在這【52b】裏且等着,我到那裏賣了貨物就回來。

你好去。我賣這人蔘毛藍布,也還有幾日,好歹等你來,咱們再商量買回去的貨物。你必定早些來。

店主人家,你却引幾【53a】箇舖家來,好商量人蔘價錢。

這蔘是好的麼?拿些樣子來我看。這蔘是新羅蔘,也不過是中等的。

你説甚麼話!這蔘狠高,怎麼照中等的看?

牙子説:"你兩家且不須爭辯高低。【53b】如今時價五錢一斤,有甚麼商量!"

你這蔘共多少斤重?

我這蔘共一百一十斤。

你的等子如何?

我的是官等子,烙了印子。誰敢用私稱!這價錢既是一定的,我只要十足紋銀,【54a】現要銀子不賒的。

怎那般説?銀子與你好的;從來買貨物,那裏便有現銀子!也須遲幾日,湊了來兑給纔好。

你兩家不用爭論。限十日内,就照價錢數目兑銀,斷不短少的。

【54b】既這般,就依着牙子的話。

這蔘稱了,只有一百斤。你説一百一十斤,那十斤却在那裏?

我家裏稱來的,一百一十斤。你這稱大,故此短了十斤。

我這稱那裏大!你這蔘想帶【55a】來時有些濕,如今乾了,因此折去些了。

這蔘做了五分兒分了，一箇人二十斤，每一斤五錢，二十斤該十兩，共該五十兩銀子。

又店主人家，你還引幾箇買毛藍布的客人來。

【55b】你這毛藍布，細的價錢要多少？麤的要多少？

細的上等好布，要一兩二錢；麤的要八錢。

這黃布好的要多少價？ 低的要多少價？

這上好的是一兩，這次些的是七錢。

【56a】你別胡討價錢，這布如今現有時價。我買去不是自家穿的，要拿去發賣，覓些利錢的。我依着時價還你：這毛藍布，高的給你一兩，低的六錢；這黃布，好的給你九錢，【56b】次的五錢。我不賒你的，一頓兒給你好銀子。

牙子説："他們還的價錢，是按時價，不敢錯的。你客人們從遼東新來，不曉得這實在價錢。你不要疑惑，就成了交易罷。"

這麼的，【57a】價錢依着你，銀子依着我，就成交。若不依我，我是不賣。這低銀子我也不要，你只給我一樣好銀子罷。

似你這般都要好銀子，却教我喫虧了。

怎麼説喫虧？你若肯就成交，【57b】不肯你別處買去。

這麼的，就給你這好銀子買罷。

你這布裏頭，長短不等：有五十棍子的，也有四十棍子的，也有四十八棍子的——大槩長短不等。

這布都是本地方織來的，我又不曾【58a】剪去了稍子，兩頭放着印記哩。

似這一箇布，經緯都一般，就是魚子兒也似勻净的；似這一等經緯不一樣，織的又鬆，却不好，買主是看不上眼，急切難找主兒；似這等布，【58b】却寬還好；這幾箇布忒窄了。

就窄些怕甚麼？少不得他一般都賣了。

你怎麼說那等的話！寬的做衣裳有餘剩，又容易賣；窄的做衣裳不勾，若短少了，必要添些零布，又【59a】費一錢銀子，故此買的人少。

說甚麼閑話！就數了價錢，看了銀子，交易了罷！

你是牙子，你數一數，該多少銀子？

上等毛藍布一百疋，每疋一兩，共該一百兩；次的三十疋，【59b】每疋六錢，共該一十八兩。

都給好銀子罷。

委實沒有許多好銀子，好的只有九十兩，那零的二十八兩，給你元絲如何？

客人們，就交易了罷，不要爭競。就這銀子也是好細絲，與【60a】紋銀一般使用。

這麼依你，拿好細絲來。

這銀子都兌了，點數了布去。

你且住着。這銀子裏頭，真的假的，我朝鮮人不大認識，你都留着記號，牙子一同看了。若【60b】後來使不得，我只問牙子換。

你不當面看了好歹，出門却不管退換。

怎麼說！你們是慣做買賣的人，似我們不慣的根前，多有欺瞞。你用了記號，大家把穩。

這一百兩做一包，【61a】這一十八兩做一包。

交易完了。客人們，拿了布去罷。

咱們人蔘都出脫了，貨物也都發落了。

咱們買些甚麼回貨去好？

你看這涿州去做買賣的火伴已到來了。

火伴好【61b】麼？買賣稱意麼？

托賴大哥們的洪福，也有些利錢。你們的貨物都賣了不曾？

我們貨物都賣了。正要買些貨物回去，商量未定，恰好你到來了。

你們要買些甚麼貨物，好拿回去？

【62a】大哥你與我擺佈着。

我曾打聽得，朝鮮地方所賣的貨物，十分好的倒賣不去，只宜將就些的貨物，倒有主兒賣得快。

大哥你説的正是。我那裏人好歹都不能大識，只是揀賤的買，【62b】正是宜假不宜真。

我帶着你，買些零碎貨物去罷：紅纓一百斤、燒玻璃珠子五百串、瑪瑙珠兒一百串、琥珀珠兒一百串、水晶珠兒一百串、珊瑚珠兒一百串、犀角一十斤、象【63a】牙三十斤、吸鐵石二十斤、倭鉛一百斤、大針一百包、小針一百包、鑷子一百箇、蕪木一百斤、氊帽一百箇、桃尖椶（棕）帽一百箇、琥珀頂子一百副、結椶（棕）帽子一百箇、面粉一百匣、綿臙脂一百片、【63b】鑽臙脂一百箇、牛角盒兒一百箇、鹿角盒兒一百箇、繡針一百包、棗木梳子一百箇、黃楊木梳子一百箇、大篦子一百箇、密篦子一百箇、斜皮針筒兒一百箇、羅鏡二十箇、大小刀子共一百副、【64a】雙鞘刀子一十把、雜使刀子一十把、裁紙小刀子一百把、五件全的十副、象棋十副、大棋十副、雙陸十副、茶褐樂帶一百條、紫條兒一百條、小瓶口一百箇、剪子一百把、錐子

一百箇、稱三十【64b】把、等子十把——那稱與等子都要官做的，稱
桿、稱錘都要好的。

　　再買綿布一百疋、素緞子一百疋、花樣緞子一百疋，更有小孩
兒們的小鈴鐺一百箇、馬纓一百顆、【65a】減鐵條環一百箇。還要買
幾部書：《四書》都是晦庵集註、《毛詩》、《尚書》、《周易》、《禮記》、
韓文柳文、東坡詩、《詩學全書》、《韻書》、《資治通鑑》、《翰苑新書》、
《標題小學》、《貞觀政要》、《三國誌》。這些貨物書籍也都
買【65b】了。

　　我們要揀箇好日子廻去。就去問一卦如何？
　　這裏有箇五虎先生，看命最好，咱們到那裏問問。
　　先生你與我看箇命。
　　你說生年月日時來。
　　我是屬牛的，今年四十歲，【66a】是七月十七日寅時生的。
　　你這八字十分好，一生不少衣禄，不曾受貧，出入通達。今年
交大運，丙戌已後財禄長旺，比已前越好了。
　　這麼我替我看，幾時好起身廻去？
　　且住，我【66b】與你選箇好日子。甲乙丙丁戊巳(己)庚辛壬癸
是天干，子丑寅卯辰巳午未申酉戌亥是地支。建除滿平，定執破
危，成收開閉。你只這二十五日起程廻去，寅時徃東迎喜神去，大
吉利。【67a】五十卦錢你留下。
　　各自散了罷。

　　〔到二十五日起程，再來辭別你那箇漢人火伴。從前用過盤纏
的火帳，都明白數了。〕

　　大哥,我們廻去了。

　　你們好廻去罷。我們多多的慢待你了,你別見【67b】恠。

　　咱們爲人,四海之内皆兄弟。在這裏做了數箇月火伴,不曾有面紅的話。如今辭別了,別説後來不看見。儻有再相逢的日子,豈不都是好弟兄麽?

重刊老乞大諺解下終

朴通事諺解

《朴通事諺解》解題

　　《朴通事》與《老乞大》同爲朝鮮時代最重要的漢語教科書，並稱"老朴"。"朴"爲東國大姓，"通事"即翻譯、譯者。

　　《朴通事》和《老乞大》是姊妹篇，兩書有許多共同點，如成書時代相近（高麗末）①，編者不詳，體例相同（都採用對話體），學習的都是當代的實用口語，生活氣息濃鬱，對研究當時的語言、文化、經濟、風俗等都很有價值。但也有不同處。一是《朴通事》的內容比《老乞大》範圍廣，日常生活的方方面面幾乎都涉及了，甚至還有吵架罵人和求愛調情的段落，可見編者考慮之周到。正如朱德熙先生（1958）所指出的："《朴通事》取材極廣泛。"書中講述《西遊記》中孫行者到車遲國與伯眼大仙鬥法的一段故事，對研究《西遊記》的成書過程具有獨特價值，早已爲學者們所津津樂道。二是《朴通事》的難度也比《老乞大》大。比如描寫南海普陀落伽山觀音菩薩真像的一段，採用駢體文，詞藻富麗。有些寫景的文字相當典雅，富有詩意，詞彙量頗大。一段結束時常常自然而然地歸結到一句"常言"或古語，甚至可以説，就是爲了讓學生學習這些常言和古訓

---

　　① 朱德熙先生（1958）據書中所記步虛和尚説法事考定，《朴通事》當作於至正六年（公元 1346 年）以後，元亡（公元 1368 年）以前的二十餘年之間。朱説可信。

而編出一段對話來，水到渠成，天衣無縫，很值得今天從事對外漢
語教學時借鑒。因此研究者們普遍認爲《老乞大》屬於初級會話課
本，而《朴通事》則是高級課本。三是結構不同。《老乞大》以時間
爲主綫，記述了幾個高麗人與一位姓王的中國遼陽人結伴去北京
做買賣的全過程；《朴通事》則採用散文筆法，没有主綫，以春天三
十位朋友在一個名園裏舉行賞花筵席開頭，以兩位中國文人拜會
高麗秀才，秀才講述高麗開國過程並贈送土宜結束，書中各段内容
的安排有一定的隨意性。兩書的篇幅也不一樣，《老乞大》近二萬
字，《朴通事》近三萬字，後者要多出約三分之一。

　　傳世的《朴通事》也有多種版本，但比《老乞大》少，主要的有三
種：《翻譯朴通事》（上，1517 年）、《朴通事諺解》（上、中、下，1677
年）和《朴通事新釋》（1765 年）。其中《翻譯朴通事》爲崔世珍對
《朴通事》所作的諺解，這是今天所見最早的《朴通事》版本（像《原
本老乞大》那樣的古本《朴通事》迄今尚未發現），可惜已經不全（只
存上卷，缺中、下卷）。《朴通事諺解》則是顯宗時期邊暹、朴世華等
人對《翻譯朴通事》所作的修訂。《翻譯朴通事》和《朴通事諺解》的
漢文部分除少數文字有差異外，内容基本一致，由於《翻譯朴通事》
已經不全，所以本叢刊採用《諺解》本。《諺解》本（《翻譯》本同）的
漢語部分是 1483 年經過中國使臣葛貴等人修改過的本子，已不同
於元時的初版本，大體上反映了明初的北方話口語，其中也許還雜
有南方方言的成分。詳情可參看本書的《〈老乞大諺解〉解題》，這
裏不重複。

　　在中國，《朴通事》未曾正式刊印過，一般研究者不大容易看到
影印本，大家利用的主要是《近代漢語語法資料彙編・元代明代
卷》中的點校本。這個點校本以京城帝國大學法文學部影印奎章
閣叢書第八《朴通事諺解》爲底本，按原本分段，不同人物的對話用

空格隔開，加上新式標點，讀者稱便。但是有些對話起訖的處理不無可商之處。

　　此次點校以漢城亞細亞文化社1973年印行的影印《朴通事諺解》本爲底本，基本體例同本書的《原本老乞大》，此不贅。《朴通事諺解》有許多雙行小注，實際上就是把崔世珍所作《朴通事集覽》的內容打散後附注於各詞句之下①，這是一份珍貴的資料，誠如楊聯陞（1957）所言，"解釋詳明，徵引繁富，足見作者的博雅"，對研究語言、文化和讀懂原文都頗有價值。我們把這些小注移作脚注，也加了標點，與《朴通事集覽》有異處則加括注。注釋中所引書籍甚多，尤多字書韻書，其存佚情況有待考證。

　　跟《老乞大》一樣，《朴通事》的標點和分段也有頗費躊躇處，比如"下棋"一段中就有好幾句對話不知是誰說的（卷上21b—23a）。這些地方還有待學者們共同來探討。

---

①　文字與今天所見的《朴通事集覽》偶有不同。朱德熙先生（1958）說："《老乞大集覽》上'牙稅錢'條下注云'牙，見《朴通事集覽》'，可見《老朴集覽》包括《老乞大集覽》及《朴通事集覽》兩部分。末松保和《朴通事諺解解題》認爲《朴通事諺解》中的漢文注釋就是《朴通事集覽》。從《朴通事諺解》僅附《老乞大集覽》，而無《朴通事集覽》一點看來，此說大致可信。但《老乞大集覽》所收注僅百餘條，《朴通事諺解》的漢文注釋則極爲頻繁。兩種《集覽》體例不應如此懸殊。我疑心《朴通事諺解》的漢文注釋除採用崔氏《朴通事集覽》外，邊暹、朴世華等恐怕也有所增益。"按：朱先生未見《朴通事集覽》原本（《朴通事諺解》後面所附的只有《老乞大集覽》和《單字解》，而沒有《朴通事集覽》和《累字解》），故有此說，實際上我們現在看到的《朴通事集覽》就是這麼詳細，請參看本書新收入的《老朴集覽》。

《朴通事諺解》正文

朴通事諺解上

【1a】當今聖主，洪福齊天，風調雨順，國泰民安。又逢着這春二三月好時莭，休蹉過了好時光。人生一世，草生一秋，咱們幾箇好弟兄，去那有名的花園裏，做一箇賞花筵席①，咱們消愁解【1b】悶如何？

衆弟兄們商量了，咱們三十箇人，各人出一百箇銅錢，共通三千箇銅錢，勾（够）使用了。

着張三②買羊去。買二十箇好肥羊，休買母的，都要羯的。又買一隻好肥牛，買五十斤猪肉。

着李四買果【2a】子③、拖爐④、隨食⑤去。

---

① 凡宴會，常話曰筵席，文話曰筵會，吏語曰筵宴，盖取肆筵設席之意。

② 三，或族次，或朋友行輩之次，或有官者以職次相呼，或稱爲定名者有之，李四、王五亦同。

③ 果子，果實也，又呼油蜜果，亦曰果子，曰蜜果子，制形如棗。

④ 拖爐，《音義》云：麵作小餅（《朴通事集覽》“餅”下有“者”字）。《質問》云：以麥麵和油蜜印成花餅，烙熟食之。

⑤ 隨食，《音義》云：與拖爐相似。《質問》云：以麥麵和油作小餅，喫茶時食之，取其香酥也。原本用隨字，故反譯亦用隨字，俗音“：쉬”，今更質之，字作“饟”，宜從“：쉬”音讀，今俗亦曰“饟餅”。

酒京城槽房①雖然多，街市酒打将来怎麼喫？咱們問那光禄寺②裏，討南方来的蜜林檎燒酒③一桶、【2b】長春酒④一桶、苦酒⑤一桶、豆酒⑥一桶⑦，又内府⑧管酒的官人們造的好酒討十来瓶如何？

可知道好！着誰去討？

光禄寺裏着姓李【3a】的館夫⑨討去，内府裏着姓崔的外郎⑩討去。

討酒的都迴来了。勘合⑪有了不曽？

討将来了。我到那衙門裏，堂上官説了，便叫将當該的外郎来寫【3b】勘合，就使印信與我来。

---

① 槽房，釀酒出賣之家，官收其税。
② 光禄寺在東長安門内，其屬有大官、珍羞、良醖、掌醢四署，掌供辦内府諸品膳羞酒醴及管待使客之事。
③ 蜜林檎燒酒，《質問》云：初蒸熱燒酒，用蜜葡萄相参浸，久而食之，方言謂之蜜林檎燒酒。又云：以麵爲麴，還用藥料，以燒酒爲浆，下入熟糜内，待熟榨之，其味甚甜。又云：如蒸的熱燒酒，将蜜與林檎果参和盛入瓶内，封裹，久而食之最妙。
④ 長春酒，《質問》云：春分日所造之酒，永久不變其味，方言謂之長春酒。又云：以春分日蒸糜下酒，三日後封閉了瓮，待夏後方榨。
⑤. 苦酒，《質問》云：酒有苦味，少甜味。又云：麴多米少之酒，其味最苦。
⑥ 豆酒，《音義》云：菉豆做的。《質問》云：菉豆造爲細麴作酒，取其有味。又云：以菉豆作麴，用粘米作酒，其味殊長。
⑦ 桶，《質問》云：大者容三十瓶，小者容十五瓶。
⑧ 内府，猶言闕内也。
⑨ 館夫，應當館驛接待使客之役。《質問》云：府州縣百姓差（《集覽》作"擇"）撥無身役者，做館夫苔應使客，待三年更替。
⑩ 外郎，泛稱各衙門吏典之號。俗嫌其犯於員外郎之號，呼外字爲上聲。大小衙門吏典名稱各異。
⑪ 勘合，《吏學指南》云：勘合，即古之符契也。《質問》云：官府設簿册二扇，凡事用印鈐記，上寫外字幾號——發行去者曰外號；上寫内字幾號——留在官府者曰内號。

在那裏？拿来我看。"官人們文書分付管酒的署官①根底：支
與竹葉清酒②十五瓶、腦兒酒③五桶。"照依前例該與多少？如今怎
麼少了？

都是官人們剋減了。

【4a】罷，罷，減不多。

一邊擺卓兒。

怎麼擺？

外手一遭兒十六楪，菜蔬；第二遭十六楪，榛子、松子、乾葡萄、
栗子、龍眼④、核桃⑤、荔子⑥；第三【4b】遭十六楪，柑子、石榴、香水梨、
櫻桃、杏子、蘋婆果⑦、玉黄子、虎剌賓⑧；當中間裏，放象生纏糖⑨，

---

① 署官，良醞署，即光禄寺屬官也。有署正、署丞、監事等官。
② 竹葉清酒，《質問》云：其酒甚清，色如竹葉。
③ 腦兒酒，《質問》云：做酒用糯麴藥料爲蘖，久封不動，其色紅而味最純厚。
　又云：以糯米爲之，酒之帶糟者。又云：好麴好米作酒，成熟粘稠有味，
　不用参和。
④ 一名圓眼。樹如荔支，但枝葉稍小，其子形如彈丸，核如木樬，肉白，浆甘
　如蜜，五六十顆作穗。荔支熟後龍眼熟，號荔奴。木樬即本國모관쥬。
　樬，音患。
⑤ 張騫使西域，得胡桃回，種于中國。後五胡時，避胡字，改名核桃。
⑥ 子，作"支"。‖荔支，生巴峽間，形狀團如帷盖，葉如冬青，花如橘，春榮；實
　如丹夏，朵如葡萄，核如枇杷，殼如紅繒，膜如紫綃，瓠肉潔白而冰霜，浆液甘
　如醴酪，如離本枝，一日色變，二日香變，三日味變，四五日外色香味盡變。
⑦ 似林檎而大者。《反(《集覽》作"飜")譯名義》云：梵言頻波(《集覽》作
　"婆")果，此云相思果，色丹且潤。《質問》云：形如沙果，其大如梨。
⑧ 《質問》云：如李長大，半青半紅色，食之可口。又云：如赤李長而大者。
⑨ 《音義》纏字註云：用白糖白芝麻相和，以火煎熬，傾入木印内，湏臾凉後，
　與果實相似也(《集覽》無"也"字)。糖字註云：白糖化後用木印澆成，亦
　與果實相似。今按，纏糖即一物之名。諸司職掌婚禮定親及納徵，皆用芝
　麻纏糖二合茶，纏糖二合則纏與糖非二物矣。况《音義》内鮮義相同，則是
　亦明爲一物矣。象生者，像生物之形而爲之也；象，作"像"。木印，以木刻
　成物形爲模範者也。糖，即沙糖也，煎甘蔗莖爲之。

或是獅仙糖①；【5a】前面一遭，燒鵝、白煠②鷄、川炒猪肉③、火燬鴿子彈④、燒爛蹄蹄、蒸鮮魚、煠⑤牛肉、炮炒⑥猪肚。席面⑦上，實粧高頂揷花。

　　着張【5b】三去，叫教坊司⑧十數箇樂工和做院本⑨諸般雜技⑩的来。

　　【6a】那冰盤上放一塊冰。杏兒、櫻桃諸般鮮果，浸在冰盤裏好生好看。

---

①　獅仙糖，以糖印做騎獅仙人之形也，亦有爲樓觀僧佛之形者也。

②　煠，《音義》音·짤，誤。以油煎也。

③　《音義》云：믠·므·레炒흔猪肉。今按，川炒，塩水炒也。

④　《質問》云：鴿子彈糝於滾肉湯食之。又云：用肉湯在鍋，再加椒料、菜、葱花，燒火至滾沸，方下鴿子卵，盛之於碗，以獻實客。

⑤　《音義》：煠，音븡，平聲。《質問》云：牛肉細切，用椒塩煠食。又云：以水和醬成湯，放入鍋内，燒至滾沸，方下細切的牛肉，再加椒、醋、葱花盛供，故曰煠。

⑥　炮炒，用醬和水炒之。《質問》云：如猪肚生切，置於鍋中，用緊火炒熟，方言謂之炮炒。

⑦　《音義》云：·믯·첫줄。

⑧　教坊司，掌雅俗樂之司，隷禮部，有奉鑾、韶舞、司樂等官；一名麗春院，即元俗所呼拘欄司。

⑨　院本，《南村輟耕録》云：唐有傳奇，宋有戯曲、唱諢、詞説，金有雜劇、諸宮調。院本、雜劇，其實一也。國朝，院本、雜劇，始釐而二之。院本則五人，一曰副净，古謂之粂軍；一曰副末，古謂之蒼鶻，鶻能擊禽鳥，末可打副净，古(故)云；一曰引戯，一曰末泥，一曰孤裝，又謂之五花爨弄。或曰：宋徽宗見爨國人来朝，衣裝鞵履巾裹，傅粉墨，舉動如此，使優人効之以爲戯。其間副净有散説，有道念，有筋斗，有科範。盖古教坊色長有魏、武、劉三人，而魏長於念誦，武長於筋斗，劉長於科範，至今樂人皆宗之。《質問》云：院本有日外，或粧先生、採訪使、考試官、老人達達之類，皆是外扮；曰净，有男净、女净，亦做醜態，專一弄言取人歡笑；曰末，粧扮不一，初則開塲白説，或粧家人、祗候，或扮使臣之類；曰丑，狂言戯弄，或粧醉漢、大(《集覽》作"太")醫、吏員、媒婆之類。今按，諢音混，優人戯弄之言也。

⑩　技，《飜譯朴通事》作"劇"。‖雜劇，劇，戯也。《南村輟耕録》曰：稗官廢而傳奇作，傳奇作而戯曲繼。金季國初，樂府猶宋詞之流，傳奇猶宋戯曲之変，世傳謂雜劇。

如今却早有賣的拳杏麽?

黄杏未有裏,大水杏半黄半生的有。

官人們都来了。将些乾按酒来。就将那燒肉来,我們先喫两巡酒,後頭【6b】擡卓兒①。

彈的們動樂器,叫将唱的根前来,着他唱。

如今擡卓兒上湯着。捧湯的都来。第一道燻羊蒸捲②,第二道金銀豆腐湯③,第三道鮮笋燈籠湯④,【7a】第四道三鮮湯⑤,第五道五軟三下鍋⑥,第六道鷄脆芙蓉湯⑦,都着些細料物⑧,第七道粉湯饅頭。

【7b】官人們待散也,疾快旋将酒来,把上馬盃兒。

如今唱達達曲兒,吹笛兒着。

今日箇日頭,咱弟兄們和順的上頭,皇帝的大福陰裏,酒也醉了,茶飯也飽了。古人道:"有酒有花,以爲眼前之樂;無子無孫,盡是他人之物。"【8a】咱如今不快活時,做甚麽?

---

① 擡,舉也。進案撤案皆曰擡,謂人所舉也。卓,即本國所謂高足床也。

② 蒸捲,《質問》云:麥麵作成五寸長糕,蒸熟食之。又云:以麵爲之,長疊四折,用籠蒸熟。

③ 《質問》云:豆腐用油煎熟,其色黄如金,白如銀,細切作湯食之。又云:用鷄鳴清同鳴黄相制爲之。今按:鷄(《集覽》無"鷄"字)鳴,即鷄子也。

④ 《質問》云:鮮笋,以笋雕爲玲瓏花樣,空其内,糁肉作羹食之。又云:以竹芽切成寸段,鷄子煮熟,去黄,粧肉做湯。

⑤ 《質問》云:魚、蛤、蟹三味合爲一羹,或鷄、鴨、鵞三味合爲羹,方言俱謂之三鮮湯。又言以羊腸豆粉做假蓮蓬、假茨菰、假合吞魚,謂之三鮮。今按,合吞魚,恐是河豚魚之誤,然亦未詳。

⑥ 《質問》云:五般精肉,碎切爲片,先用塩煎,次用醋煮,交葱花以食。

⑦ 《質問》云:将鷄腰子作芙蓉花,做湯食之。又云:以鷄子清做成芙蓉花,每碗三朵。今按,上文五樣湯名之釋,恐或失真。

⑧ 《事林廣記·食饌類》:細料物,官桂、良薑、蓽撥草、荳蔲、陳皮、砂仁、八角、茴香各一兩,川椒二兩,杏仁五兩,甘草一兩半,白檀末半兩。右共爲細末用之。如欲出路停久用之者,以水浸,蒸餅爲丸,如彈子大,臨時湯泡用之。今按,漢俗謂탕슛고믈曰"細料物"。

好院判①哥，到那裏？

小人到禮部裏。

有甚麼勾當？

我有箇差使，堂上禀去裏。

甚麼差使？

開詔去。

甚麼詔？

都堂②撚兵官③的詔書。

【8b】往那箇地面裏去？

徃永平④、大寧⑤、遼陽⑥、開元⑦、瀋陽⑧苐虜開去。

---

① 太醫院有院使一員，院判一員。

② 都堂，唐制，尚書省曰都堂。元時亦有尚書省。今按，華制，都察院有左右都御史、副都御史、僉都御史，在外十三布政司及都司，皆有御史一員，都御史所在謂之都堂，監察御史所在謂之察院。

③ 撚，《飜譯朴通事》作“總”。‖撚兵官，各都司各有鎮守，撚兵官一員以管兵政。

④ 永平，《一統誌》云：《禹貢》冀州之域。虞分冀北爲營州，此即其地。商爲孤竹國，元爲永平路。洪武二年，改永平府屬北平布政司，北平即燕都，永樂都燕京，以此直隸京師。

⑤ 大寧，《遼誌》云：在遼東城北潢水之南，漢爲新安縣，唐置營州，遼號大定府，金改北京，元改大寧路。今廢。

⑥ 遼陽，《遼志》云：舜分冀東北爲幽州，即今廣寧以西之地。青東北爲營州，即今廣寧以東之地，周武王封箕子於朝鮮，是其地也，即古肅慎氏地。遼置遼陽路，元改爲東京路，尋復遼陽路，今置遼東都指揮使司。

⑦ 開元，《遼誌》云：本肅慎氏地，虞舜時高麗有其地，周時爲荒服，元設開元路，元末屬納哈出，今設三萬衛，又設遼海衛。永樂年間設安樂、自在二州，俱隸遼東都司。城東陸路，舊有設站，至三散口子，通朝鮮後門，管屬外夷往來朝貢之路，四面皆古設站之地。

⑧ 瀋陽，《遼誌》云：舊名瀋州。《禹貢》營州之域，遼爲節鎮，屬遼東道。遼亾，𭣣（《集覽》作“歸”）金。元爲瀋陽路，去遼東城數舍。今設瀋陽中衛，地方廣衍，東逼高麗，北抵建州，去衛治東北八十里，有州曰貴德，或謂玄菟郡。

【9a】開詔後頭，高麗地面裏去麼？

我也徃金剛山①禪院②、松廣等處降香去。

哥哥，你幾時起身？

這月二十頭起身。

小人也得了劄付③関字④，便上馬。

聖旨領了麼？

領了。

【9b】我是愚魯之人，不理會那裏的法度，你到本國，好生照覰我。咱會同着一時行。

今年雨水十分大，水漲過蘆溝橋獅子頭⑤，把水門都衝【10a】壞了，澇了田禾沒一根兒。看那人家墻壁都倒了。你家墻如何？

我家墻也倒了幾堵⑥。

如今待秋後，整治怕甚麼？

---

① 金剛山，一名皆骨山，即白頭山南條也。南至淮陽縣之東、高城郡之西爲金剛山，凡一萬二千峯。

② 禪院、松廣，佛（《集覽》作"兩"）刹名，皆在金剛山。

③ 劄付，《音義》云：禮部知會都堂總兵官文書，内有事件，体式詳見《求政録》。

④ 関字，《音義》云：支應馬疋并廩給者，体式詳見《求政録》。

⑤ 蘆溝本桑乾河，俗曰渾河，亦曰小黃河。上自保安州界，歴山南流入宛平縣境，至都城四十里，分爲二派。其一東流，經金口河，引注都城之壕；其一東南流，入于蘆溝，又東，入于東安縣界，去都城三十里，有石橋跨于河，廣二百餘步，其上兩旁皆石欄，雕刻石獅，形狀奇巧，成於金明昌三年。橋之路西通関陝，南達江淮，兩旁多旅舍，以其密邇京都，行人使客絡繹不絕。

⑥ 《集覽》：五板爲堵。

後日是天赦日①,去角頭②叫幾箇打墙的和坌工③来築墙。

【10b】你来,我教與你。多少一板④?

二錢半一板家。

喫我的飯時,錢半一板。

你来,休愛惜那飯,一日三頓家饋他飽飯喫。着墙板當着墙頭絟的牢着,着石杵慢慢兒打,不要忙,着他下工夫【11a】打。你再和他商量,假如明年倒了時,管的三年不要功錢打。這般要他文書打了時,五十年也倒不得。

那挑脚的⑤,今日開倉麽?

今日開。

関米麽?我有两箇月俸⑥来関。

【11b】関幾擔⑦?

_____

① 春戊寅、夏甲午、秋戊申、冬甲子,謂天道生育萬物而宥其罪也。甲戊爲陽干之德,子午爲陰陽之成,寅申爲陰陽之立,以干德配之爲天赦也,可修造起土。

② 角頭,《音義》云:東南西北徃來人烟湊集之處。今按,角頭即通達道要會之衝,傭力求直之人坌集之所。然漢俗呼市廛亦曰角頭,謂皈(《集覽》作"歸")市者必指角頭而去,故云尒。

③ 坌工,分工用力之人。

④ 六尺爲板,五板爲堵。(《集覽》"堵""板"二條置於"天赦日"前。)

⑤ 舊本作"赶脚的"。謂赶脚者,賃驢取直之人;謂挑脚者,負擔重物求直之人也。

⑥ 月俸,元制(《集覽》作"中朝"),官禄每月支給。今此一月四石之俸,以元制考之,乃從九品也。米豆曰禄,鈔錢絹曰俸。

⑦ 所負曰"擔",俗作"担"。今按,関八擔則是八石也。《前漢·蒯通傳》:守甔石之禄。應劭註:擔,受二斛。《楊雄傳》:家無甔石之儲。註:一石爲石,再石爲擔。以此觀之,則擔爲二石也。然今俗皆称一石爲擔,謂任力所勝而負擔之也。字俗作"石",音닫。

關八擔。

郎中①，馬只寄在這人家裏，關出米来，絟馬錢與他一捧兒米便是。

咱們且商量脚錢着。

郎中你在那裏住？

我在平則門②【12a】邊住。

你與多少脚錢？

五十箇銅錢一擔家去来？

平則門離這廣豊③倉④二十里地，五十箇銅錢一擔時，却不虧着我？

【12b】那裏有二十里地来？不去時，呌別箇。

罷，罷，去来。郎中，你如今到裏頭，與他一百箇斗子⑤錢。監納⑥官人們處説，着斛起，斗量時不勾。將米貼⑦兒来對官號。西

---

① 元制(《集覽》作“六部”)，郎中正五品，月支米十六石，歲該一百九十石。今此月支四石，則非實郎中，乃斯湏假號推敬之稱。

② 燕都，《禹貢》冀州之域。唐曰幽州，虞爲幽州，武王封召公奭於燕，即此。元初爲燕京路，後稱大都路，洪武初改爲北平布政司。太宗皇帝龍潛於此，及承大統，遂爲北京，遷都焉。永樂十九年，營建宮室，立門九：南曰正陽，又曰午門，元則曰麗正；南之右曰宣武，元則曰順承；南之左曰文明，元則曰崇文，又曰哈噠；北之東曰安定；北之西曰德勝，元則曰健德；東之北曰崇仁，一名東直，元名同；東之南曰朝陽，元則曰齊華；西之北曰西直；西之南曰阜城，元則曰平則。元設十一門，而今减其二。

③ 維輝按：《飜譯朴通事》及《朴通事集覽》作“豊”，是。

④ 廣豊倉，《質問》云：在京師，收天下米粮處也。

⑤ 斗子，執斗槩量穀之人。槩即平斗斛木。

⑥ 監納，《質問》云：收米粮官名。

⑦ 貼，《飜譯朴通事》作“帖”。∥米貼，月俸之貼。《質問》云：收米、放米計數之標(《集覽》作“票”)也。又云：是文武官員關支月米時各該衙門出給印信貼兒。

邊對籌①去。【13a】與他小脚兒錢，三十箇錢一擔家。

　　將碎貼②兒来過籌。布佋不漏麼？

　　新布佋那裏怕漏？

　　將車子来載。

　　那的有四箇小車兒③，一車兩擔家推將去。

　　不要小車，只着大車上裝去，“千零不如一頓”。

　　【13b】你那腮頰上甚麽瘡？

　　不知甚麽瘡。

　　從幾時出来？

　　從前日箇出来。痒的當不得。

　　這們時不碍事，容易醫他。不湏貼膏藥，有箇法度便好了。

　　太醫哥，你教與我這好法兒。

　　將指頭那瘡口上，着唾沫白日黑夜不住的搭，【14a】那們時便消了。

　　真箇好法兒！太醫哥不説時，却怎麽知道？常言道：“話不説不知，木不鑽不透。”

　　拜揖哥哥，那裏去来？

　　角頭買段子去来。

　　你將来我看。這的幾托？

　　滿七托。你猜的麼？

---

①　籌，《音義》云：出倉之計筭。《質問》云：以木爲之。此收放米計數之籌，
　　每米一石，對籌一根。

②　碎貼，《音義》云：出門驗放之貼。

③　小車，一輪車也，即輜軺。

我猜。這的【14b】大紅繡五爪蟒龍①，經緯合線結織，上用段子，不是諸王段子，也不是常行的，不着十二兩銀子，買不得他的。

咳，真箇好標致，便猜着了！

你說甚麽話！"好物不賤，賤物不好。"

【15a】快打刀子的匠人那裏有？我打一副刀子。

有名的張黑子②，打的好刀子，着他打不得？你打時怎麽打？

起線花梨木鞘兒，鹿角口子，駝骨底子，梁兒、束兒打的輕妙着。紫檀把兒，象牙頂兒，也是走線。

【15b】着甚麽鐵頭打？

不要別樣鐵，着鑌鐵③打。刃兒不要忒厚了，脊兒平正着。

你打幾件兒？

大刀子一把，小刀子一把，叉兒一箇，錐兒一箇，鋸兒刀子一箇，鋸兒上鈒一箇，好花樣兒，買將條兒來帶他。

【16a】你這五件兒刀子，這般打的可喜乾净時，三錢銀子打的。如今張黑子家裏去来。

張舍④你来。咱這官人要打一副刀子，好生細詳，這五件兒刀子，你用心下功夫打。

────────────────

① 蟒，大蛇也。蟒龍，謂無角龍也。元制，五爪二角龍爲文（《集覽》作"紋"）者，止供御用，不許下人穿用。

② 張，姓。黑子，痣也。張之面有痣，因以爲號，人號爲"張黑子"。

③ 鑌鐵，《捃甌》云：出西番，面上自有旋螺花者，有芝麻花者，凡刀劍器打磨光净，價（《集覽》作"價直"）過於銀，鋏中最利者也。

④ 王公大人之家必有舍人，即家臣也。如本國伴儅（《集覽》作"倘"）之類，爲權勢倚任之人，貧賤之所羨慕者（《集覽》作"者也"），故街巷呼親識爲張舍、李舍，乃一時推敬之稱。又《質問》云：武職官下開人謂之舍人（《集覽》無"人"字）。

這的你不湏説，【16b】越細詳越好，我也用心做生活。

街上放空中①的小厮們好生廣。如今這七月立了秋，祭了社神②，正是放空中的時莭。【17a】八月裏却放鶴兒③。有幾莘鶴兒：鵶老翅鶴兒、鮎魚鶴兒、八角鶴兒、月樣鶴兒、人樣鶴兒、四方鶴兒——有六、七莘鶴兒。八月秋風急，五六十托麄麻線也放不勾。九月裏打擡④，耍【17b】鶴鶉，鬪促織兒。十月裏騎竹馬，一冬裏踢建子⑤。開春時，打毬兒⑥，或是博錢⑦拿錢⑧。一夏裏葳葳昧昧。咳，小厮們倒聒噪，按【18a】四時耍子。

---

① 空中，《音義》云：用檀木旋圓，内用刀剜空，以繩曳之，在地轉動有聲。《質問》云：頑童將胡蘆用木釘串之，傍作一眼，以繩繋扯，旋轉有聲，亦謂之空中。

② 立春後第五戊爲春社，立秋後第五戊爲秋社。《孝經緯》曰："社，土地之主也。土地濶，不可盡祭，故封土爲社，以報功也。春祭社，祈穀之生；秋祭社，報穀之成。"《左傳》："共工氏有子，曰勾龍氏，平水土，故立以爲社。"元制，五十户爲一社。今制，每一鄉村之間，或十五户或二十户，随其所便，合爲一社。擇其鄉里之民有義行者一人爲社長，擇其股實者一人爲副。立社倉，收掌錢穀，借貸應急。

③ 鶴兒，即"紙鳶"。今漢俗呼爲"風罾"，亦曰"風禽"，又號"紙鶴兒"。《質問》云：風旗也，乃小兒三月放爲風罾（《集覽》作"箏"），八月放爲紙鶴也。

④ 打擡，《音義》云：杭州小兒之戲也。用小圓木長三四寸，各持一塊，彼此相擊，出限者爲輸。

⑤ 建，《免疑雜韻》内字作"毽"，音健，俗自撰也。

⑥ 毬兒，《質問》云：作成木圓毬二介，用木杓一上一下連接不絶，方言謂之打毬兒。《質問》所釋，疑即本國優人所弄杓鈴之戲，與此莭小兒之戲恐或不同。詳見下卷《集覽》。

⑦ 博錢，《質問》云：兩人賭錢，將八文錢揑在手指，擲之於地，有八背，謂之八八，有七字，謂之七七，此是爲勝；無八八、七七，此是爲輸。

⑧ 拿錢，即猜拳也。솽불：쥐·기。《質問》云：此二人以錢相賭之戲，跌過兩背，相同爲嬴［贏］。《質問》之釋，若本國：돈쌔·기。

你那金帶是誰廂的？

是拘欄①衚衕裏帶匠夏五廂的。靴帶忒長了，你饋我趄短些。

多少分兩？

五兩金子廂的。

那三台②板兒做得好，【18b】南斗六星③板兒做得忒圓了些，左輔右弼板兒和兩箇束兒欠端正些。後面北斗七星板兒④做的好，【19a】那雀舌兒牢壯便好。他要多少工錢？

要一兩銀子。

若廂的好時，也不打緊。你明日領我去，做一條銀廂花帶。

我知道領你去。

你今日那裏去？

---

① 《書言故事》云：鈎欄，俳優棚也。《風俗通》云：漢文帝廟設抱老鈎欄。注云：其鈎屈曲如鈎，以防人墮。《質問》云：麗春院樂人搬演戲文雜劇之處也。又云：麗春院，即教坊司也。教坊司見上。今按，北京有東拘欄、西拘欄。俗謂宿娼者曰院裏走。《質問》云：是京師樂工住廠。

② 三台，星名。在天爲六座，名天階，亦曰泰階，太上升降之道也。《事文類聚》云：上階爲天子，中階爲諸侯、公卿、大夫，下階爲士、庶人。三階平則陰陽和，風雨時，天下大安。《周禮》疏：上台司命爲太尉，中台司中爲司徒，下臺司禄爲司空，三公之象。

③ 南斗，南極老人星名，曰天府，曰天相，曰天梁，曰天童，曰天樞，曰天機。六星秉爵秩禄俸之籍，能解本命之厄。《晋書·天文志》：六星天廟，丞相太宰之位，主褒賢進士，稟授爵禄。

④ 北斗凡九星，曰樞宮貪狼，曰璇宮巨門，曰幾（《集覽》作"璣"）宮禄存，曰權宮文曲，曰衡宮廉貞，曰闓陽宮武曲，曰瑤光宮破軍，曰洞明宮左輔，曰隱元宮右弼。左輔連附北斗第六星，在外；右弼連附北斗第二星，在内。俱在紫微垣。七現二隱，世人惟見七星，不見輔、弼二星。蓋九星宰生死是非之簿，能解一切厄。《晋書·天文志》云：七星在太微北，七政之樞機，陰陽之本元。七星明，其國昌，輔星明，則臣强。

我今日印子鋪①裏儅錢去。

【19b】把甚麽去儅？

把一對八珠環兒②、一對釧兒③。

那珠兒多大小？

圓眼④来大的，好明净。

儅的多少錢？

儅的二十兩銀子。

儅那偌多做甚麽？多儅時多贖，少儅時【20a】少贖。

二十兩也不勾，我典一箇房子裏。我再把一副頭面、一箇七寶金簪兒、一對耳墜兒⑤、一對窟嵌的金戒指兒⑥——這六件兒儅的五十兩銀子，【20b】共有二百兩銀⑦子，典一箇大宅子⑧。

---

① 印子鋪，《音義》云：是典儅錢物濟急之所。《質問》云：有錢之人開鋪，那無錢之人拿衣服或器皿，儅借銅錢或銀子使用，每十分加利一分，亦與有印號帖兒，以爲執照。

② 八珠環兒，귀·옛골·희。以珍珠大者四顆連綴爲一隻，一雙共八珠。

③ 釧，《事物紀原》云：黄帝時，西王母献白環，舜時亦献。《通俗文》云：環臂謂之釧。漢順帝時有功者賜金釧。亦曰環釧。

④ 圓眼，《音義》云：龍眼的外名。釋見上

⑤ 《事文類聚》云：《莊子》曰："天子之侍御，不叉(爪)楄(蓖)，不穿耳。"則穿耳自古有之，今俗亦曰耳環，即八珠環也。

⑥ 窟嵌戒指，《事物紀原》云：古者后妃羣妾御于君，所當御者，以銀環進之，娠則以金環退之，進者着右手，退者着左手。今有指環，即遺制也。今按：窟嵌者，指環之背剜空爲穴，用珠填穴爲餙。《總龜》云：亦名手記，所餙玉石乎（《集覽》作"呼"）爲戒指面。舊本作指纏兒。《音義》：窟音·왕，窟是乞字之誤。窟音·쿵，乞音·ᅙ왕。

⑦ 共有二百兩銀：今觀所典之物，只得七十兩，而云"二百兩銀"者，盖舊本云"有二百錠鈔"，今本改"鈔"爲"銀"，仍存鈔之舊數而不改也。

⑧ 俗總称家舍曰房子，自称曰寒家，文士呼曰寒居，自指室內曰屋裏，人称王公大人之家則曰宅子。（按：《集覽》"宅子"條下有"傾銀""白臉""頭口"三條，係後文誤置於此。）

　　背後河裏洗馬去来。絟在陰凉處,着鉋子刮的乾净着。一日三遍家,每日洗刷,鉋的乾乾净净地,荨一會兒餵些草喫。【21a】黑夜好生用心喂他。懶小廝們一發滿槽子餵草,睡到明。可憐見,那不會説話的頭口們喂不到。好生説與小廝們:十箇人一宿家輪着喂,那們時不渴睡。切的草細着,爲頭兒只半筐兒草,着攪【21b】草棍拌餵他些料水喫。半夜裏却拌餵他料喫。一夜裏喂到七八遍家,每日這般勤勤的喂時,甚麼牒添不上?

　　説的是。"人不得横財不富,馬不得夜草不肥。"

　　今日下雨,正好下碁。【22a】咱們下一局賭輸嬴(贏)如何?

　　你那裏嬴(贏)的我?

　　要甚麼合口! 眼下交手便見輸嬴(贏)。

　　你一般淺見薄識的人,那裏抵當的我!

　　咱賭甚麼?

　　咱賭一箇羊着。

　　這們時,有一箇輸了的便賽殺。

　　可知便賽。你饒四着時纔好。

　　【22b】硬道是着麼? 我饒四着。

　　咱停下。

　　罷,罷,来拈子爲定。

　　這一着好利害。

　　殺一殺,八一八,赶一赶,扭将去打刼。

　　我輸了這刼時遅了。

　　這箇馬下了時好。

　　咳,這官人好尋思,計量大。

你的殺子多没①眼碁。

咱擺着看。

我不説停【23a】下来？你説饒我四着，我却怎麼贏了這三十路碁？

来麼兄弟，常言道："高碁輸頭盤。"

咱幾箇好朋友們，這八月十五日仲秋節，歛些錢做翫月會②，咱就那一日各自説箇重誓，【23b】結做好弟兄時如何？

好意思！將一張紙来，衆朋友們的名字都寫着請去。

那箇劉三舍如何？

那廝不成，面前背後，到處裏破別人誇自己，説口謟佞，不得仁義的人，結做弟兄時不中。將筆（筆）来抹了着。

【24a】咱衆弟兄們裏頭，那一箇有喜事便去慶賀，有官司灾難③，便儘氣力去救一救。這般照覻，却有弟兄之意。

咱休別了兄長之言，定體已後，不得改別。

這的時，有甚麼話説！"君子一言，快馬一鞭。"

【24b】午門④外前看操⑤馬去来。

夜来兩箇舍人⑥操馬，一箇舍人打扮的：脚穿着皂麂⑦皮嵌金

_____

① 維輝按：《飜譯朴通事》作"無"。

② 《東京録》云：中秋夜，貴家結餙臺榭，民間争占酒樓玩月，絲簧鼎沸，近内庭居民，夜深遥聞笙竿之聲，宛若雲外天樂，閭里兒童連宵嬉戲，夜市駢闐，至於通曉。

③ 凡干詞訟累禍之事，皆謂之官司，如郷語구의종。"司"字恐是"事"字之誤。

④ 午門，見上"平則門"下。

⑤ 操，練習也。謂軍士上番，亦曰上操。

⑥ 舍人，見上"張舍"下。

⑦ 麂，大麕也，麋鹿之大者。《譯語指南》謂牝鹿曰麋鹿。《質問》云：大曰麕，小曰麂。其皮可作靴。

線藍條子、捲尖粉底、五綵綉麒麟柳綠紵絲抹口的靴子；白絨氊襪上，綯【25a】着一副鴉青段子滿剌(刺)嬌①護膝；衫兒、袴兒、裹肚荸裏衣且休說，剌(刺)通袖膝襴羅帖裏②上，珊瑚鈎子③繫腰，【25b】五六件兒刀子，象牙頂兒，玲瓏龍頭鮮錐兒，象牙細花兒挑牙，鞘兒都全；明綠抹絨胷背的比甲④，鴉青繡四花織金羅搭護⑤，江西⑥十分上荸真結綜(椶)⑦帽兒上，【26a】綴着上荸玲瓏羊脂玉頂兒，又是箇鷗鶒翎兒；騎着一箇墨丁也似黑五明馬；鞍子是一箇烏犀(犀)角邊兒幔⑧玳瑁，油心紅⑨畫水波面兒的鞍橋子；【26b】鴈翅板上釘着金

---

①　《質問》云：以蓮花、荷葉、耦(《集覽》作“藕”)、鴛鴦、蜂蝶之形(《集覽》作“屬”)，或用五色絨綉，或用彩色畫於段帛上，謂之滿剌(刺)嬌。今按：剌，新舊原本皆作池，今詳文義，作“剌”是。池与剌音相近而訛。

②　元時好着此衣，前後具胷背，又連肩而通袖之脊，至袖口爲紋，當膝周圍亦爲紋如欄干然，織成段匹爲衣者有之，或皮或帛，用綵線周遭回曲爲緣，如花樣，剌爲草樹、禽獸、山川、宮殿之紋於其內，備極奇巧，皆用團領着之，其直甚高。達達之俗，今亦猶然。뷔·윤·실·로·치·질ᄒ·니를呼爲剌，亦曰袑，音扣。

③　鈎子，用金銀銅鋄玉角荸物，刻成龜龍獅虎之頭，繫之(《集覽》無“之”字)於條之一端，人若帶之，則又(《集覽》無“又”字)以條之一端屈曲爲環，納於鈎獸頭之空，以爲固，使不鮮落，如條環之制然。

④　胷背，凡於紗羅段帛之上，以綵絨織成胷背之紋，裁成衣服者也。凡絲之練熟未合者曰絨，已合爲綞者曰線；衣之無背，對襟爲襞積者曰“比甲”，即本國돕지털릭。婦女亦依此制爲短襖着之，亦曰“比甲”，通稱搭護。

⑤　《事物紀原》云：隋内官多服半臂，餘皆長袖。唐高祖減其袖，謂之半臂，即今背子也。江淮間或曰綽子，庶人競服之。今俗呼爲搭護，드그래。

⑥　江西，古楊州地，今置承宣布政使司。

⑦　椶，木名，高一二丈，葉如車輪，旁無枝，皆萃於木杪。其下有皮，重疊裹之，每皮一匝爲一莭，花黃白色，結實作房，如魚子狀，其皮皆是絲而經緯如織，傍有細縷，交相連綴不散。取其絲理之，以結成大帽。又剝其皮一匝，編爲簑衣，亦可避雨。

⑧　崔輝按：《飜譯朴通事》作“鞔”。

⑨　油心紅，《質問》云：朱紅，一云如心之紅也。油，加油於紅漆之上也。又云：油乃牛字，非油也，其色紅如牛心。

絲減鐵事件，紅斜皮心兒，藍斜皮細邊兒金絲夾縫的鞍座兒；黃獟皮軟座兒。藍斜皮細邊兒剌（刺）靈芝草，羊肝漆䩞，銀絲兒獅子頭的花鐙，獟皮心兒藍斜皮邊兒的皮汗替，大紅斜皮雙條轡頭，【27a】帶纓筒，鞦皮穗兒鞦根都是斜皮的；攀胸下滴溜着一箇珠兒網盖兒罕苔哈。又一箇舍人打扮的：白鹿皮靴子；鴨綠羅納綉①獅子的抹口青絨氊襪上，絟着一對明綠綉四季花護膝；柳綠蟒龍織金羅帖裏，【27b】嵌八寶骨朶②雲織金羅比甲，柳黃䭉金綉四花羅搭護；八瓣兒鋪翠真言字粧金大帽上，指頭來大紫鴉忽③頂兒，【28a】傍邊揷孔雀翎兒；騎着一箇十分腖鐵青玉面馬；鞍子是雪白鹿角邊兒，時樣的黑斜皮鞍橋子，銀絲事件；紅斜皮心兒，藍斜皮邊兒的座兒；天青描金獅子韂；底下垂下着兩頭青珠兒結串的駞毛肚帶；【28b】白斜皮鞦皮轡頭，攀胸下滴溜着珠結子的盖兒，野狗尾子罕苔哈。兩箇舍人打扮的風風流流，驏的那馬一似那箭，真箇是好男兒！這的都是前世裏修善積福來，曰此上，今世裏那般得自在。《易經》云："積善之【29a】家，必有餘慶。"

---

①　納綉，以未合（《集覽》"合"下有"之"字）絲滿綉紗面，不令紗之本質外見者（《集覽》"者"下有"呼爲納綉"四字）。綉，亦作繡。

②　骨朶，《南村輟耕錄》云："國朝有四怯薛，……中有云都赤，……三日一次，輪流入直，負骨朶於背（肩），……余究骨朶字義，嘗記《宋景文筆記》云：關中人以腹大爲胍肛，音孤都，俗謂杖頭大者亦曰胍肛，後訛爲骨朶。朶，平聲。"《事文類聚》云："《宋景文筆録》謂俗以檛爲骨朶，古無稽。據《國朝統（《集覽》作"既"）名》，衛士執檛扈從者爲骨朶子班。予按字書，簻、檛皆音竹瓜切，通作'簻'，又音徒果切，簻字（《集覽》無"字"）之變爲骨朶，雖不雅馴，其来久矣。"今俗音孑ㄛ，皆上聲。

③　紫鴉忽，瓃也。出南番、西番。性堅滑，有紅瓃、紫瓃，亦有淡者，色明瑩。有大如指面者，儘大儘貴。古語云：瓃重一錢，十萬可相。蠟，音날，舊本作"剌"，元語作"剌兒"。

店裏①買獺皮②去来。

那箇店裏去?

山西店裏去。

買獺皮做甚麼?

做坐褥、皮搭連。

這两件東西做時,使的六箇獺皮。

賣獺皮的,好獺皮有麼?

那裏將不好的来? 都是好的。【29b】你要幾箇?

要六箇。

這六箇,商量價錢着。

你説都是好的,怎麼没一箇中使的?

十箇指頭也有長的短的。有的是獺皮裏,你自揀着要。

這一等花兒匀大的,怎麼賣?

這六箇大的,每一箇討五錢銀子;老實價錢【30a】四錢一箇家將去麼。

你来,我説與你,没③来由胡討價錢怎麼? 三錢一箇家買你的。

罷,罷,將銀子来看。六箇獺皮每一箇三錢家筭時,通該一两八錢。

我的都是細絲④官銀,每一两傾⑤白臉⑥銀【30b】子出一錢裏。

---

①　店,停物貨賣之舍,客商徃來者多寓之,官所營建收税者曰官店。

②　獺皮,《質問》云:羊皮去毛,熟軟,有鬃眼。作靴好看。今按,"獺"字韻書不收,字義未詳。

③　維輝按:没,《飜譯朴通事》作"無"。

④　銀十品曰十成,曰足色,曰成色,曰細絲,曰手絲兒,曰吹螺,曰白銀;九品曰九成,曰青絲;八品曰八成。総称元宝。元宝釋見下。

⑤　傾,《質問》云:將碎銀子與銀匠,化了傾成整錠。

⑥　白臉,《質問》云:將好銀子與銀匠,化了傾成細絲雪白錠兒,又有光色好看,即十成銀也。

罷，罷，我知道。

出饋你一錢八分銀子。

咳，你忒細詳。"覔得高麗錢，大快三十年！"

李小兒那廝，這兩日不見他，你見来麼？你饋我尋見了拿將来。

你不理會的，【31a】那廝高麗地面来的宰相們上做牙子，那狗骨頭知他那裏去誆惑人東西，不在家。你尋他怎麼？

他少我五兩銀子裏。別人便一兩要一兩利錢借饋，他京裏臨起身時莭，那般磕頭拜禮央及我，限至周年，【31b】本利八兩銀子，寫定文書借與他来，到今一年半了，只還我本錢，一分利錢也不肯還。因此上，半夜三更裏起来，上他家門前叫喚着討時，他保也不保。那驢養下来的，只趂着我走，討了半年不肯還我，【32a】把我的兩對新靴子都走破了！他那養漢的老婆，甜言美語的，只説明日後日還我，知他是幾箇明日？只是快説謊，真箇氣殺我！

可知快説謊！債不殺人。常言道："人貧只爲慳，少債快説謊。"

【32b】一箇和尚①偷弄別人的媳婦，偷將去的時莭，正撞見他的漢子②，却拿着那和尚，打的半死剌活的。傍邊看的閑人們説：

---

① 和尚，萬里相和曰和，外道相尚曰尚。又，和者太和也，尚者高尚也。又，和尚，外国語，此云近誦。以弟子年少，不離於師，常逐常（《集覽》作"相"）近，受經而誦者。

② 泛称男兒曰漢，又指婦女之夫曰漢子。《事物紀原》云：三代以降，有国號者至多，獨以漢爲名者，取兩漢之盛。漢武帝征討四夷，專事匈奴，由此有漢胡之斥。至晋末，五胡乱華，胡人罵華人曰漢兒，華人罵胡人曰胡虜，此称漢之始也。今按，元時胡漢相雜，故兩書称漢者居多。

"【33a】你是佛家①弟子，穿着衲襖②，将着鉢盂③，披着袈裟④，揀那清净山庵裏，安禪⑤悟法却不好?【33b】更不時，歸⑥佛敬法看經念佛也好。而今没来由偷人的媳婦怎麼？却喫這一頓打也是。你布施⑦人家齋飯錢⑧，無處發落，【34a】到處裏養老婆，這一等和尚不打他要做甚麼！"眾人再問和尚："你再敢偷別人媳婦麼?"那和尚説："再也不敢。小僧從今日准備箬笠⑨、瓦鉢，徃深山裏懺悔⑩去。"常

---

① 梵云（此下《集覽》缺兩頁）婆加婆，唐言佛。佛者，覺也，自覺、覺他。一切有情咸具此道，悟者即名佛，迷者曰眾生。

② 衲襖，《反譯名義》云：好衣是未得道者生貪着處，招致賊難，或致奪命，有如是等患，故受獘衲衣。《大智論》云：行者少欲知足，衣趣盖形；又国土多寒，畜百衲具。

③ 鉢盂，《総龜》云：天竺國器也，釋迦有女青石鉢，宋廬陵王以銅鉢餉于五祖，是宋晋間中國始用也。

④ 《反譯名義》云：袈裟是外國三衣之名。或名離塵服，由断六塵故；或名消瘦服，由断煩惱故；或名無垢衣。一曰金縷僧伽黎，即大衣也，入王宮聚落時衣，乞食時着；二曰鬱（爵）多羅僧，即七條也，此云上着衣也，入眾時衣，禮誦齋講時着；三曰安陁會，即五條也，院内行道雜作衣。《華嚴》云：着袈裟者捨離三毒。《戒壇》云：五條下衣，断貪身也，七條中衣，断嗔口也，大衣上衣，断痴心也。

⑤ 禪，静也。《傳燈録》有五等禪：有外道禪、凡夫禪、小乘禪、大乘禪、最上乘禪——又名如来清净禪，又名無上菩提。又云：被於身爲法，説於口爲律，行於心爲禪。

⑥ 歸，歸依也。《般若經序》云：經者，徑也。是成佛之徑路。

⑦ 布施，捨施也，財施爲凡，法施爲聖。凡布施，必以滿三千世界七宝爲求福之具，財施也。此住相布施也。菩薩布施，但一心清净，利益一切，爲大施主，法施也。此不住相布施也。

⑧ 《請觀音經疏》云：齋者，齊也，齊身口業也。佛氏日中而食，瓶沙王問佛："何故日中食?"苔云："早起諸天食，日中三世佛食，日西畜生食，日暮鬼神食。"

⑨ 箬，《音義》云：日灼切，亦作篛。竹皮笠。

⑩ 懺，自陳悔也。六祖惠能大師曰："懺者，懺其前愆；悔者，悔其後過。"《反譯名義》云：懺者，首也；悔者，伏也。不逆爲伏，順從爲首，正順道理，不敢作非，故名懺悔。又修来爲懺，改徃爲悔。

言【34b】道："一年經蛇咬,三年怕井繩。"

咳,貴人難見,你那裏有来? 這两日不見,你来怎麼這般黃瘦?

我這幾日害痢疾,不曾上馬。

咳,我不曾知道来,早知道時,探望去好来。你休恠。

不敢,相公。

如今都好了不曾?

【35a】一箇太醫看我,小肚皮上使一針,脚内踝上灸了三壮艾来。如今飯也喫得些箇,却無事了。

虛灸那實灸?

怎麼虛灸? 將一根兒草来,比着只一把長短鉸了,將那草稍兒放在脚内踝尖骨頭上,那稍兒到廬,【35b】把那艾来揉的細着,一箇脚上三壮家灸的,直到做灰。這般時,艾氣肚裏入去,氣脈通行,便好了。只是腿上十分無氣力。

你且休上馬,忙怎麼? 且着乾飯、肉湯,慢慢的將息①却不好?

【36a】我說幾箇謎②你猜。

你說我猜。

大哥山上搖皷,二哥来来去去,三哥待要分開,四哥待要一廬。

我猜,大哥是棒鎚,二哥是運(熨)斗,三哥是剪子,四哥是針線。你再說我猜着。

---

① 將,養也;息,生也。謂調養其氣,使生息之也。亦曰"將理",又曰"將攝",今俗只說"將息"。

② 謎,隱語也。正音미,俗或呼믜。

當路一科麻,下雨開花,刮【36b】風結子。

這的是傘。

一箇長大漢撒大鞋,白日去,黑夜来。

這箇是燈臺。

㱟①皺氊㱟皺被,㱟皺娘娘裏頭睡。

這箇是核桃。

金甕兒銀甕兒,表裏無縫兒。

這箇是鷄鳴(蛋)。

鐵人鐵馬,不着鐵鞭不下馬。

這【37a】箇是鎖子。

墙上一塊土,吊下来禮拜。

這箇是雀兒。

一箇老子當路睡,過去的過来的弄我的,不知道我的麁和細。

這箇是碾子②。

墙上一箇琵琶,任誰不敢拿他。

這箇是蝎子。

家後一群羊,箇箇尾子長。

【37b】這箇是櫻桃。

一間房子裏五箇人剛坐的。

這箇是靴子。

金罐兒鐵攜兒,裏頭盛着白沙蜜。

這箇是梨兒。

---

① 《音義》云：㱟,音疙。今按,疙音ユ,疙疸,믹돔。

② 碾,磨也。磨上轉石曰“碾”,磨下定石曰“磑”,総稱曰“碾”。

一箇長甕兒窄窄口，裏頭盛着糯米酒。

這箇是妳子。

滿天星宿一箇月，三條繩子由你曳。

這箇是秤。

【38a】两箇先生合賣藥，一箇坐一箇跳。

這箇是藥①刀。

弟兄三四箇，守着停柱坐。

這箇是蒜。

鑽天錐下大水。

這箇是塔兒。

咳，都猜着了也，真箇是精細人！

這裏有獸醫家②麼？

【38b】那紅橋邊有一箇張獸醫，他快醫頭口。

我的赤馬害骨眼③，不住的卧倒打滾，一宿不喫草，將那裏治去來。就蹄子放血，他要多少功錢？

不問多少與他些箇便是。

治得馬好時，多少不打緊。

【39a】張五，你饋我醫馬骨眼，一發就蹄子放血着。

醫了，慢慢的牽將去，乾凈田地上樹底下絵着。喂的好着。

咱男子漢，没馬時怎麼過？半步也行不得。馬是第一寶貝。

---

① 　維輝按：藥，《飜譯朴通事》作“斫”。

② 　《南村輟耕錄》云：世以療馬者曰獸醫，療牛者曰牛醫。《周禮・獸醫》註：獸，牛馬之屬。按此則療牛者亦當曰獸醫，今俗呼療馬者曰馬獸醫。

③ 　骨眼，《質問》云：馬害肚疼打滾，割眼内肉，方言謂之摯眼，音姑。

常言道：“狗有濺草之恩①，【39b】馬有垂繮之報②。”

　　叫将那剃頭③的来。

　　你的刀子快也鈍？

　　我剃頭的，管甚麽来刀子鈍？

　　你剃的乾净着，不要只管的刮。刮【40a】的多頭疼。剃了，撒開頭髮梳。先將那稀笓子搃了，將那挑針④挑起来，用那密的笓子好生搃着。將風屑去的爽利着。梳了，綰起頭髮来，將那鑷兒来，摘了那鼻孔的毫毛。將那鉸刀幹⑤耳，【40b】捎篦⑥来掏一掏耳朵⑦。與你五箇銅錢。

　　別處一箇官人娶娘子⑧，今日做筵席⑨。

————————

①　晋太和中，楊生養狗，甚愛之。後生飲酒醉，行至大澤，草中眠。時值冬月，野火起，風又猛，狗呼喚，生不覺。前有一坑水，狗便走往水中，還以身洒生，左右草沾水得着地，火尋過去，生醒而去。

②　漢高祖與項王會鴻門，舞劍事急，謀脱。疋馬南行，道傍有一瞽井，馬到井遷不肯行。漢王恐追者至，下馬入井。項王追至井傍，見馬迹至井而止，謂漢王在井，令人下井搜求。見井口有蜘蛛罩網，鷂鴿一雙出井飛去，謂無人在中，項王還壁。翌日，其馬到井垂繮，漢王執之而出。

③　漢俗，凡梳頭者必剃去腦後、頂上、髮際細毛，故曰剃頭。

④　挑針，用牛角作廣箆，箆一端作刷子者。多髮者髮厚難梳，故先梳之髮，以此箆插置上頭，更梳下髮。今俗猶然。

⑤　幹，運也。俗音呼：와，字作“乞”是。

⑥　（維輝按：捎，《飜譯朴通事》作“消”。）以禽鳥毳翎安於竹針頭，用以取耳垢者，俗呼爲消息。舊本作“蒲樓翎兒”。

⑦　“朶”作“垛”是，俗去聲讀。

⑧　子謂母曰“娘”，字作“孃”。又少女之稱，字作“娘”。“孃”、“娘”亦通用。《南村輟耕錄（《集覽》無“錄”字）》：世謂穩婆曰“老娘”，女巫曰“師娘”，娼婦曰“花娘”，達人又曰“草娘”，苗人謂妻曰“夫娘”，南方謂婦人無行者曰“夫娘”，謂婦人之卑賤者曰“某娘”，曰“幾娘”，鄙之曰“婆娘”。今俗稱公主、宮女，下至庶人妻，皆曰“娘子”。

⑨　舊本作“開口筵席”，古所謂言定，今俗云求親。

女孩兒那後婚？

今年纔十六歲的女孩兒。

【41a】下多少財錢①？

下一百兩銀子，十表十裏，八珠環兒②，滿頭珠翠，金廂寶石頭面③，珠鳳冠④，十羊十酒⑤裏。【41b】那女孩兒生的⑥十分可喜，俊如觀音菩薩⑦。好剌（刺）綉生活，百能百巧的。

幾時下紅定⑧？

這月初十日立了婚書，下了定禮。半頭娶將来做筵席，第三日做圓飯⑨筵席了時，【42a】便着拜門⑩。對月又做箇大筵席，女孩兒

---

① 下財錢，亦云下財。《家禮會通》云：婚有六禮：納采、問名、納吉、納徵、請期、親迎。今制：納采、問名、納吉捻一次行禮，以從簡便，謂之定禮，亦謂之定親，亦曰下紅定，亦送幣物。又涓吉送婚書，行納徵禮，亦曰納幣，俗云下財，亦曰送禮。俗捻稱曰羊酒花紅。又一次有禮曰請期，謂之催裝，亦具禮物。五品以下無請期之禮。

② 八珠環，見上。

③ 寶石，即上薊紫鴉忽之類，以金爲斗拱而納石於其中，綴着於女冠之上，以爲餙也。《音義》云：寶石·에금：전메·위·ᅀᅮ·민頭面。

④ 《音義》云：珠子結成鳳的冠。今按，用珍珠串結，作成鳳形，而至於翎毛，則皆用綵線及翠羽爲餙。

⑤ 羊十牽，酒十瓶也。制禮亦隨貴賤異帙，即送禮也。詳見諸司職掌。

⑥ 生的，天生容範。

⑦ 以耳根圓通，以聞聲作觀，故謂之觀世音。菩者，普也，薩者，濟也，謂普濟衆生也。

⑧ 晋武帝多簡良家女以充内職，而自擇美者，入選則以絳紗繫臂。鎮軍將軍胡奮女入選，亦以絳紗繫臂，故俗謂定婚曰紅定。

⑨ "圓"作"完"是，謂齊足之意。今按，漢人娶妻親迎，而女至男家以宿，則女家送女食于男家，三日而止。止食之日，女家必具酒饌，送男家設宴，謂之完飯筵席。《質問》同。舊本曰"鮮幔筵席"。《邵氏聞見録》：宋景文公納子婦，其婦家餽食。書云："以食物煖女。"公曰："錯用字。從食、從而、從大。"其子退檢《博雅》，"餪"字注云："女家三日餉食爲餪女也。"圓飯即遺制也。

⑩ 《質問》云：女嫁九日，公婆使兒子、女兒徃丈人家拜丈人、丈母或兄嫂們，方言謂之拜門。

家親戚們都去會親。

可知都去裏。

那官人是今年十九歲,好文章,諸般才藝,無計筭的錢粮。媒人也有福①,【42b】正着了,也多尋鈔。

可知有福裏! 依體例②十兩裏一兩家除時,得十兩銀。

這兩口兒夫妻好爽利。常言道:"一夜夫妻百夜恩。"

我這幾日差使出去,好姐姐③,你做饋我一副護【43a】膝。

我沒裁帛。

這的你休愁,我有明綠紵絲。護膝上但使的都説與我着,如今鋪裏買去。

諸般絨線,砌山子④、吊珠兒的麄白線,不要紙金,要五錢皮金⑤,紫官素段子一尺。【43b】三尺半白清水絹⑥,做帶子和裏兒。氊子、駞毛我都有,其餘的你如今買去。做一對護膝,不筭功錢時,沒有五六錢銀子結褁不出来。

姐姐不要説,我也知道。你用心做與我,慢慢的把盞。【44a】我再央及你做饋我荷包如何?

那的最容易,打甚麼不緊! 你放心,我做饋你送路。

---

① 兩次送禮之日,媒人各有表裏之賞。

② 謂官私通行格例曰體禮(例)。

③ 漢俗呼姊曰姐姐。雖非弟妹,如遇婦女,可展斯湏之敬者,亦曰姐姐,是尊之之謂。

④ 砌山子,《音義》云:귀·여ᅀ類·옛것。今按,山子,即귀·여ᅀ;砌,即結成之意。俗呼築城曰"砌城",謂疊石而築成之也。

⑤ 皮金,未詳。《質問》云:以厚紙上貼金,女人綉(《集覽》作"桩")細之用。又云:将金搥打如紙張之薄,方言謂之皮金。

⑥ 白清水絹,무·리·픗:긔·업·시다·두·마:돌호로미·론:깁·이·니,光滑緻硬,如本國擣砧者也。即不用糊粉而練生絹,以石碾也。

多謝姐姐。我囬来時，多多的與你人事①。

你今日怎麼學裏不曾去？

我今日告假来。

你幾箇學生？

咱【44b】學長爲頭兒四十五箇學生。

多少學課錢？

一箇月五錢家。

你師傅是甚麼人？

是秀才。

你如今學甚麼文書？

讀《毛詩》《尚書》。

讀到那裏也？

待一兩日了也。

你每日做甚麼功課？

每日打罷明鍾起来，洗臉，到學裏，師【45a】傅上唱喏②，試文書的之後，迴家喫飯，却到學裏上書念一會，做七言四句詩。到晌（晌）午，寫做書。寫差字的，手心上打三戒方③。

————————————

① 人事，土産，俗·도·산。舊本作"撒花"。

② 唱喏，揖也。詞曲曰：一箇唱，百箇喏。謂一人呼唱於上，衆人應諾於下。如將帥在營幕下，軍卒投謁於前者列（《集覽》作"列立"）於庭，將帥發一令語，則衆下齊聲以應。凡里巷子弟拜謁父兄亦然。曰謂揖曰唱喏。未詳是否。但《家禮集註》説云：揖者拱手着胷也。恐非所謂唱喏也。今中朝俗以鞠躬拱手爲唱喏。

③ 《音義》云：學罰·에·티논것。《質問》云：讀書小兒送入學堂，師傅教寫字，不用心寫好字，師傅拿二尺長、寸半寬、半寸厚的木板條打手掌，使後日寫好字，免打手掌，謂之戒方。

好！好！【45b】你休撒懶，街上休遊蕩，越在意勤勤的學着。如今國家行仁義，重詩書，你學的成人長大，應科舉得做官，輔國忠君，孝順父母，光顯門閭時如何？這的便是："立身行道，揚名於後世，以顯父母，孝之終也。"

【46a】你幾時来？

大前日来了。

我家裏書信有麼？

稍將来了。

我父母都身巳(己)安樂麼？

老①官人爲頭兒，大小家眷、小娃娃②們，以至下人們，都身巳(己)安樂。貴眷稍的十箇白毛施布③、【46b】五箇黃毛施布、五箇黑帖裏布，小人將来這裏。

謝你將偌多布匹来。

今年馬價如何？

今年較賤些箇。且喂幾日賣時好，如今賣時，出不上價錢。

孫舍，混堂④裏洗澡去来。

___

① 漢人呼尊長必加"老"字於姓字之上，尊之之辞。

② 娃娃，指孩兒之稱，字作"嗏"，音·와，是小兒啼聲。

③ 毛施布，(《集覽》"即"上有"此"字)即本國人呼苧麻布之稱，漢人皆呼曰苧麻布，亦曰麻布，曰木絲布，或書作沒絲布，又曰漂白布，又曰白布。今言毛施布，即沒絲布之訛也，而漢人曰麗人之稱，見麗布則直稱此名而呼之。記書者因其相稱而遂以爲名也。

④ 人家設溫湯浴室處，燕都多有之，乃爇水爲湯，非溫泉也。或稱"堂子"，舊本作"湯子"。

【47a】我是新来的莊家①，不理會的多少湯錢。

我説與你，湯錢五箇錢，撓背兩箇錢，梳頭五箇錢，剃頭兩箇錢，修脚五箇錢，全做時只使的十九箇錢。我管着湯錢去来。

衣裳、帽子、靴子【47b】都放在這櫃裏頭，分付這管混堂的看着。到裏間湯池裏洗了一會兒，第二間裏睡一覺，又入去洗一洗，却出客位裏歇一會兒，梳刮頭，修了脚，涼定了身巳(己)時，却穿衣服，喫幾盞閉風酒，精神便別有。

你休怪，【48a】到家慢慢的與你洗塵。

哥，你聽的麼？京都駕幾時起？

未裏，且早裏。把田禾都收割了時，八月初頭起。

今年錢鈔②艱難，京都也没甚麼買賣。遭是我不去，徃【48b】迴二千里田地，到那裏住三箇月，納房錢空費了。

説的是。不去的倒快活，省多少盤纏③！出外時端的是愁殺④人。"家貧不是貧，路貧愁殺人。"

咱們教場裏射箭去来。

【49a】這般時，咱們幾箇去？

咱十數箇弟兄們去時勾了。一邊五箇家分着射。

咱賭甚麼？

---

① 村莊治農之人曰莊家，謂不達時務之人。

② 錢者，金帛之名。古曰泉，後鑄而曰錢。古者天降災戾，於是乎量資幣，權輕重，以救民困。代各鑄錢，輕重不一。鈔，楮幣也，始於蜀之交子，唐之飛錢，至元朝有中統元寶。交鈔，通行寶鈔之名。

③ 盤纏，길헤여·러가지로·쓰·논것；《質問》云：盤費纏繳供給之物，如供給服食應用金銀財帛之類。今按，盤纏二字，取義源流未詳。

④ 愁殺，謂人有愁之甚而可至於死，甚言其愁之極也。

咱賭一箇筵席着。

那般着，你借饋我包指①麼。

饋你濟機②。咱各自用心儘氣力射。

哥，你放心，我獨自箇射【49b】時也贏的。

難道，難道。

你説甚麼話？"張弓有別力，飲酒有別腸。"

你姐姐曾幾時喫粥来？

恰三日也。

小廝兒那女孩兒？

一箇俊小廝。

好，好！只怕産後風，感冒。説與你姐姐，好生小心着，休喫酸甜腥葷等【50a】物，只着些好醬瓜兒就飯喫。滿月過了時，喫的不妨事③。滿月日老娘④来，着孩兒盆子水裏放着，親戚們那水裏金銀珠子之類，各自丟入去。纔只洗了孩兒，剃了頭，【50b】把孩兒上搖車。買將車子来，底下鋪蒲席，又鋪氊子，上頭鋪兩三箇褯子⑤，着

---

① 《音義》云：혈거·피。

② 《音義》云：·로밍가·론혈거·피ㄱ·툰것。今按，漢人或牛角或鹿角爲之，形如環，着於拇指，所以鉤(《集覽》作"亦所以鉤")弦開弓。

③ 《産書》云：分娩未滿月，恣食生冷粘硬果菜肥膩魚肉之物，當時雖未覺有(《集覽》作"大")損，滿月之後，即成蓐勞。《質問》云：産婦一箇月不出門，不生理，只補養本身；一月之後出門，又喫喜酒。今按，喜酒者，賀生兒之宴。

④ 老娘，《音義》云：伏侍生産的婦人。今按，俗呼"穩婆"。

⑤ 褯子，《音義》云：襁褓，接替污穢之物。今按，襁即繃子，褓即褯子。《音義》混而一之，誤矣。但《譯語指南》亦呼繃子，混稱爲襁褓。未詳是否褯子㐫。

孩兒臥着，上頭盖着他衣裳，着繃子①絟了，把溺胡蘆正着那竊籠裏放了，把尿盆放在底下，見孩【51a】兒啼哭時，把搖車搖一搖便住了。做滿月，老娘上賞銀子、段匹。百歲日②又做筵席，親戚們都来慶。把孩兒又剃了頭，頂上灸。那一日，老娘上又賞。如今自妳那尋妳子？

尋一箇好婦人妳。【51b】一箇月二兩妳子錢，按四時與他衣服。養孩兒好難！

可知難裏！懷躭十月，乳哺三年，推乾就濕，千辛萬苦，養大成人。曰此上，古人道：“養子方知父母恩。”

好大舍，那裏下着裏？

小人在那東角頭堂【52a】子③間壁下着裏。

板閘門那甚麼門？

朝南開着一箇小墙門便是。

不知道下處，不曾得望去，大舍休恠。

不敢，哥。小人昨日貴宅裏留下一箇拜貼来，見来麽？

是，小人見来。小人每日不在家，大舍夜来乾走了【52b】一遭。改日迴望大舍去，慢慢的說話。

醜廝你来，叫將那斜眼的弓匠王五来。

王舍来了。

---

① 繃子，보로기，即褓也。《廣韻》：束兒衣也，濶八寸，長一尺，用約小兒而負之行者。

② 子生一七日，謂之一臘；一歲，謂之百晬。《質問》云：初生孩兒以百日爲百歲日，六親皆以禮賀之，主人設席館待。

③ 堂子，即混堂，釋見上。

相公。

王五来,我有些央及的勾當,叫的你来。

相公有甚麼話説與小人麼?

你打饋我两張弓如何?

你要【53a】打幾箇氣力①的弓?京都綜②殿③西教塲裡、官裏④前面控⑤柳⑥射弓的多有。

你打十箇氣力的一張,七、八箇氣力的一張。你来這弓面上【53b】鋪筋将来,着我看了之後,樺一樺。你用心做的好時,我多與你賞錢。

不敢,相公,豈可望賞?小人奉承的便是。只願的爲頭兒射着。

秀才哥,你與我寫一紙借錢文書。

拿紙墨筆硯来,我寫與你。【54a】這文契寫了,我讀你聽:“京都在城積慶坊住人趙寶兒,今爲缺錢使用,情愿立約,於某財主處借到細絲官銀五十两整⑦,每两月利幾分,按月送納,不致拖欠。其

---

① 氣力,《音義》云:弓強弱之力,重十二斤曰一箇氣力。今按,舊本以斗石爲重,《續綱目》“兩石弓”註:三十斤爲鈞,四鈞爲石,重百二十斤也。

② 維輝按:綜,《飜譯朴通事》作“椶”。

③ 作殿閣,用椶木皮苫盖,以爲遊御之所。舊本作“棕毛殿”。椶,通作“棕”。

④ 呼皇帝爲官家,亦曰“官裏”。五帝官天下、三王家天下故耳(《集覽》作“故云耳”)。

⑤ 維輝按:《飜譯朴通事》作“刬”。

⑥ 控柳,《質問》云:端午節日,赴教塲内,将三枝柳植之三處,走馬射之。《歲時樂事記》云:武士軍校褙柳于擊塲。今按,“褙”字,即刬音,而“刬”字韻書不著,唯《免疑雜韵》内音“乍”,即與“揷”字音意同。《総龜》云:端午日,武士射柳爲鬪力之戲,各料強弱相敵。此作“控”,恐誤(《集覽》無此句)。

⑦ 整,無零數之謂。

銀限至下年幾月内歸還數足。如【54b】至日無錢歸還，将借錢人在家應有直錢物件，照依時價准折無詞。如借錢人無物准與，代保人一面①替還。恐後無憑，故立此文契爲用。某年月日，借錢人某，同借錢人某，代保人某，同保人某荨【55a】押。"

空虗寫"大吉利"，或寫"餘白"兩字着。

将錢来贖将契去。

那裏有賣的好馬？

東角頭牙家②去虗廣，敢知道。

你打聽一打聽。

你待買甚麼本事的馬？

我要打圍虗騎的快走的馬。

【55b】你拿着多少銀子買？

我有三十兩銀子。

那裏有一箇土黃馬，好本事，只腿跨不開③。一箇黑鬃青馬快走，只是前失④。一箇赤馬生的十分可喜，没本事。你自馬市裏揀着買去。

市裏尋不着好馬，一箇【56a】栗色白臉馬，有九分膘，好轡頭⑤，

---

① 一面，호은·자，詳見《字解》。

② 《事文類聚》云：今人云駔驗爲牙，本謂之互郎，主互市事也。唐人書互作牙，似牙字，因轉爲牙。今漢俗亦曰牙子，即古之牙儈。

③ 《音義》지·페딘물。

④ 《音義》云：거·티·눈물，《譯語指南》云：앏거·티·눈물。

⑤ 《音義》云：잘돈눈무·룰닐온 轡頭。今按，轡頭，即馬勒也，今俗謂·셕·대：됴·흔두·룰呼"好轡頭"，則《音義》亦當并"好"字爲釋可也。且漢俗，以革爲之、有銜者曰"轡頭"，以索爲之、無銜者曰"籠頭"。今呼"鞍轡"之轡音·ㅂ，"好轡頭"之轡音·피。此"轡"字別有其字，而今未得也。恐當作"披"字爲是，謂以勒披馬頭引之也。

點的細,只是小①行上遲,有些槽疥,也有些撒蹄②。

討多少銀子?

有人出十五兩銀子。

你爲甚麽不買来?

真箇是【56b】好馬麽? 只有那些證候,銀子也不勾,不曾買来。

槽疥有甚難處? 醫他時便是。料着你那細詳時,是買不得馬。将就着買將来,且胡亂騎時怕甚麽?"萬事不由人計較。"

你怎麽纔来?

早起家裏【57a】有客人来,打發他去了纔来。咱官人在那裏?

官人在文淵閣③,官裏前面看書畫裏。一會兒喫罷湯時便上馬。

上馬徃那裏去?

今日上墳去。

上了墳迴来怎的?

今日到黃村宿,明日就那裏上了墳,喫筵【57b】席,儘晚入城来。各衙門官人們今日都請下了。

八舍④,你却那裏去?

我家裏取氊衫和油帽去。我不理會的,不曾將得来。

你将两箇油紙帽兒来,借與我一箇。

我只有一箇油絹帽兒裏。

---

①　維輝按：小,《飜譯朴通事》作"少"。

②　《音義》云：뒷·굽므리 리예·ㄱ·리·ᄂ · 물。《譯語指南》云：·굽·ㄱ·리·ᄂ몰。

③　文淵閣,一名玉堂,有大學士,正五品官。

④　八舍,《音義》云：行次第八之人。

孟舍有两箇油紙帽兒,【58a】你問他借時便饋你。

那廝那裏肯饋! 不通人情不得仁義的小廝!

怎麼不與你? 又不喫了他的! 你自儘一儘。

咱們的馬怎的喂?

官人的伴當①處,散饋喂馬的草料錢。那般時省氣力。

【58b】你昨日張千户②的生日裏,何故不来?

小人其實不曾知道。那裏做生日来?

八里庄③梁家花園裏做来。我也那一日遞了手帕④之後,喫幾盞酒,過两道湯,便上馬出来了。

咳,我【59a】真箇不曾知道来。我也明日到羊市裏,五錢銀子買一箇羊腔子⑤,做人情去,饋他補生日,有甚麼遲處? 常言道:“有心拜節⑥,寒食⑦不遲。”

---

① 《質問》云:軍職官跟隨儀從人謂之伴當,三日一換。當,去聲。

② 軍士五千六百名爲一衛,二千二百名爲一千户所,一百一十名爲一百户所,每百户内設捻旗二名,小旗二名。

③ 八里庄,地名。凡鄉井之制,在内曰街、坊、関、廂,在外曰店、鎮、鄉、庄、畾、保、屯、務、寨、峪、湾、窩,盖曰俗呼得名,皆指人所聚居之處也。

④ 手帕,即“手巾”也。

⑤ 《韻會》云:骨体曰腔。《音義》云:羊無首之名。羊有首,則人厭看。今按,漢俗屠羊出賣者,皆去其首。

⑥ 拜節,《歳時樂事記》云:元日,士庶自早互相慶賀,車馬交馳,衣服華煥,雜還街市,三四日而《集覽》無“而”字乃止。

⑦ 《荆楚記》云:去冬節一百五日,有疾風甚雨,謂之寒食,又謂之百五節。秦人呼爲熟食日,言其不動烟火,預辦熟食過節也。晉文公焚山求子推,因燒死,遂禁火以報之。《東京録》云:唐明皇詔寒食上墓,近代相承,皆用此日拜掃丘墓,都人傾城出郊,四野如市,芳樹之下,園囿之間,羅列盃盤,抵暮而歸。

【59b】揮使①，你曾到西湖②景来麼？

我不曾到来。你說與我那裏的景致麼。

說時濟甚麼事！咱一箇日頭随喜去来。

然雖那們時，且説一説着。

我説與你。西湖【60a】是從玉泉③裏流下来，深淺長短不可量。湖心中，有聖旨裏盖来的两座瑠璃閣，遠望高接青霄，近看時遠侵碧漢④。四面盖的如鋪【60b】翠，白日黑夜瑞雲生，果是奇哉！那殿一劃是纏金龍木香停柱，泥椒紅墻壁，盖的都是龍鳳凹面花頭筒瓦和仰瓦。两角獸頭都是青瑠璃，地基地餙都是花班石，瑪瑙幔⑤地。两閣中間有三叉石橋，欄干【61a】都是白玉石，橋上丁字街中間正面上，有官裏坐的地白玉石玲瓏龍床，西壁廂有太子坐的地石床，東壁也有石床，前面放一箇玉石玲瓏酒卓兒。北岸上有一座大寺，内外大小佛殿、影堂、串廊、两壁鐘樓、金【61b】堂、禪堂、齋堂、碑殿，諸般殿舍且不索説，筆舌難窮。殿前閣後，擎天耐寒傲雪蒼松，也有帶霧披烟翠竹，諸雜名花奇樹，不知其數。閣前水面上，自在

---

① 《音義》云：揮使，指揮之美称。今按，指揮使，官名。都督府都指揮使正二品，各衛指揮使正三品。

② 西湖，在玉泉山下，泉水潴而爲湖，流入宮中西苑爲太液池，出都城爲玉河，東南流注于大通河，環湖十餘里，荷蒲菱茭與夫沙禽水鳥出没隱映於天光雲影中，實佳境也。

③ 玉泉，在宛平縣西北三十里，玉泉山下。山有石洞三。一在山之西南，其下有泉，深淺莫測。一在山之陽，泉出石罅間，鑿石爲螭頭，泉從螭口噴出，鳴若雜佩，色如素練，泓澄百頃。一在山之根，有泉湧出，洞門刻“玉泉”二字，有觀音閣。又南有石岩，號呂公洞，其上有金時芙蓉殿廢址，相傳以爲章宗避暑廎。宣德年間，建玉泉亭于其上，以備臨幸。

④ 碧漢，即（《集覽》無“即”字）天河也。河精上爲天漢。《爾雅》：“析木謂之津。”津在箕斗間，自坤抵艮爲地紀，亦名“雲漢”，曰“天潢”，曰“銀河”，曰“銀漢”，曰“河漢”。

⑤ 維輝按：幔，《飜譯朴通事》作“鞔”。

快活的是對對兒鴛鴦,湖心中浮上浮下的是雙雙兒鴨子,【62a】河邊兒窺魚的是無數目的水老鴉,撒網垂鈎的是大小漁艇,弄水穿波的是覓死的魚蝦,無邊無涯的是浮萍蒲棒,噴鼻眼花的是紅白荷花。官裏上龍舡,官人們也上幾隻舡,做箇筵席,動細樂大樂,沿【62b】河快活。到寺裏燒香随喜之後,却到湖心橋上玉石龍床上,坐的歇一會兒。又上琉璃閣,遠望滿眼景致,真箇是畫也畫不成,描也描不出。休誇天上瑶池①,只此人間兜率②。

【63a】咱們結相識、知心腹多年了,好哥哥弟兄們裏頭,一遍也不曾説知心腹的話。咱有一件東西,對换如何?

咱對换甚麽東西?

我的串香褐③通袖膝襴五彩綉帖裏,【63b】你的大紅織金胷背帖裏對换着。

我的帖裏怎麽赶上你的綉帖裏?

打甚麽緊那?咱男兒漢做弟兄,那裏計較?咱從今已後,争甚麽一母所生親弟兄?“有苦時同受,有樂時同樂”,爲之妙也。

【64a】那賣織金胷背段子的,將来我看。這的是真陝西④地面

① 瑶池,《列仙傳》:崑崙閬苑,白(《集覽》作“有”)玉樓十二,玄室九層,左瑶池,右翠水,環以弱水九重,非飆車羽輪,不可到也。註:瑶池,王毋(母)所居。
② 梵語兜率,此云妙足,又云知足,於五欲知止足,故《佛地論》云:名意足。謂後身菩薩於中教化,多修意足故。即欲界六天之一也。兜率天,人間四百世爲一日。
③ 串香者,合和諸香以爲佩者也。凡稱染色之少文彩(《集覽》作“采”)者曰褐。串香褐、麝香褐、鷹背褐、蜜褐、茶褐,即黃黑雜色也;玉褐、艾褐、水褐、銀褐,即白黑雜色也;藕褐,即紫黑雜色也。深淺異色,各取其像。
④ 陝西,古雍州地,漢所都長安之地。唐置京畿(《集覽》作“圻”)道,宋置陝西路,元置陝西行中書省,今置陝西布政司使(《集覽》作“使司”)。

裏来的？

舍人敢不識好物麼？道地的好智背。

你謾不的我，我又不是生達達、囬囬！生達達、囬囬如今也都會了，你怎麼謾的我高麗人？

不敢，【64b】舍人。怕你不信時，着別人看，便見真假。

罷，罷，説賣的價錢。

要七兩銀，老實價錢六兩銀子。

你来，你這暗花段子，一打裏饋你十兩銀子，肯時要你的，不肯時罷。

要甚麼多話！舍人甚麼銀子？

有細絲官銀。

【65a】罷，罷，將銀子来，濫賤的賣與你，你的手裏難尋錢。

南城①永寧寺裏聽説佛法去来。一箇見性得道的高麗和尚，法名②喚步虛③，【65b】到江南地面石屋④法名的和尚根底，作與頌

---

①　南城，大元以燕京爲大都，俗呼南城；以開平府爲上都，俗呼北城。開平府在陰山之南。自燕京至上都，地勢一步高一步，四時多雨雪。

②　法名，削髮披緇，皈依佛法，別立外號，是謂法名。

③　步虛，俗姓洪氏，高麗洪州人，法名普愚，初名普虛，號太古和尚，有求法於天下之志。至正丙戌春，入燕都，聞南朝有臨済正脉不斷，可徃印可。盖指臨済直下雪崈嫡孫石屋和尚清珙也。遂徃湖州霞霧山天湖庵謁和尚，嗣法傳衣。還大都，時適丁太子令辰十二月二十四日，奉傳聖旨，住持永寧禪寺，開堂演法。戊子東還，掛錫于三角山重興寺；尋徃龍門山，結小庵，額曰"小雪"。戊午冬示寂，放舍利，玄陵賜諡圓證國師，樹塔于重興寺之東，以藏舍利。玄陵即恭愍王陵也。

④　石屋，法名清珙，號石屋和尚，臨済十八世之嫡孫也。普虛謁石屋，石屋見之云："老僧今日既已放下三百斤擔子遞你擔了，且展脚睡矣。"乃微笑云："佛法東矣。"遂以袈裟表信曰："衣雖今日，法自灵山。流傳至今，今附於汝。汝善護持，毋令斷絶。"《事文類聚》云："釋氏五宗之教，傳至法眼，爲雪峯真覺禪師之道。至永明，其道傳于高麗國。"此即普虛之傳也。

字,迴光反照,大發明得悟①,拜他爲師傅,得傳衣鉢②。【66a】迴来到這永寧寺裏,皇帝聖旨裏開塲説法裏。

說幾箇日頭?

說三日三宿,從今日起,後日罷散。諸國人民,一切善男善女③,不知其數,發大慈心,都徃那裏聽佛法去。【66b】這的真善智④識⑤那裏尋去? 咱也随喜去来。

你且停一停,我到衙門押了公座便来。咱兩箇将些布施和香去,禮拜供養,做些因緣時好。說道“人生七十古来稀”,不到三歲下世去的也有的。

【67a】是裏! 常言道:“今日脱靴上炕,明日難保得穿。”

朴通事諺解上

朴通事諺解中

【1a】拘欄⑥裏看雜技去来。

---

① 《音義》云:石屋和尚作佛頌与步虚,其佛光迴還返照於步虚之身,其於生死輪迴之説,靡不通曉。

② 《書言故事》云:傳授佛法,謂之傳衣鉢。衣,即袈裟三事衣也;鉢,供應器也。詳見上。釋迦佛生年十九出家,住世四十九年,傳衣鉢于迦葉初祖達摩,達摩傳衣鉢于二祖,二祖傳于三祖,至於六祖,至三十二祖弘忍。盖以此爲傳道之器也。

③ 《金剛經》疏曰:向善之男女也。又見下。

④ 維輝按:智,《飜譯朴通事》作“知”。

⑤ 善智(《集覽》作“知”,下同)識者,指高僧之稱。(《集覽》此處有“‘知’亦作‘智’”一句)《反譯名義》云:佛菩薩羅漢是善智識,六波羅密三十七品是善智識,法性家(《集覽》作“實”)際是善智識。

⑥ 拘欄,見上篇(《集覽》無“篇”字)。

去時怎麼得入去的?

一箇人與他五箇錢時放入去。有諸般唱詞的,也有弄棒的。一箇高卓兒上脱下衣裳,赤條條的仰白着臥,一托来長短、停柱来麤細的油紅畫金棒子,【1b】放在他脚心上轉,脚背上轉,指頭上轉,吊下来踢上去,弄的只是眼花了。弄寶盖的①,又是一箇銅觜、鑞觜造化,帶着鬼臉兒,趫(翅)兒舞。他的主兒拿着諸般顔色的小旗兒,那主【2a】兒着那銅觜的"唧将那一箇顔色的旗来"説時,便觜裏唧将来,與他那主兒。

有呈諸般把戲的那好看的甚麼没? 我没零錢,怎麼好?

不妨事,我有零錢,我管着饋你。

這般時倒好。古人道:"因風吹火,用力【2b】不多。"

夜来着李三木匠家裏旋做一箇櫃子,説定與他二兩銀,把来做的不成,油的也不好,板子又薄,都是接頭補定麼,多有菡子,事件也不壯,兩箇鋸鈛兒、一箇了吊兒都不壯,一箇薄薄的生活,【3a】要做甚麼? 那廝不是人,誆猾賊! 好生捏拐東西! 這櫃子多直的一兩銀儘勾也。這廝落了我一兩銀,我臨了喫了他一道兒! 我拿着這廝時,驢一般打!

罷麼,相公,饒他麼。"大人不見小人過。"

【3b】染房裏染東西去来。

染家,你来看生活。這楊州綾子滿七托長,兩頭有記事,染柳黄,碾的光着。這被面大紅身兒,明緑當頭,都是擡色的,裏兒都

---

① 凡優人以造化鳥爲戲時,一人擎一彩帛葆盖,先入優塲,告戲雀之由,次有一人捧一雀以入作戲,如本莭所云。造化鳥즁다·리,雄曰銅觜,雌曰鑞觜。

全,要染的好着。這十箇絹裏,五箇大紅碾①着,【4a】五箇染小紅乾色罷。十箇絹練的熟到着。這細綿紬染鴉青,擺一擺。這肉紅婦人搭忽表兒,改染做桃紅,碾到着。商量染錢着。

這柳黄綾,染錢五錢半銀子。五箇大紅絹,每一疋染錢四錢家,通是二兩。五箇小紅【4b】絹,一兩五錢。這鴉青綿紬六錢,被表帶裏兒八錢,都通染錢是五兩四錢半銀子。

你将樣子②來我看。你來,假如明日這樣兒上的顔色,但有些兒不像時,你便替我再染。我説與你。

那的有甚【5a】麼話説? 幾時来取?

外後日来取,准的麼?

你放心,不悮了你的。

站家擂皷③,使臣来也。怎麼没一箇聽事的? 百户都那裏死去了?

我們都在這裏。

拜揖舍人,與我関字麼。正官幾員? 随從幾【5b】箇? 将関字来。

正官三員,六箇伴當,分例④支應。

---

① 碾,砑石也,形如磨磴一隻之半,轉其外圓以碾絹,則即同砧擣者。
② 樣子,染家有簿冊一本,有人求染絹帛者,必於簿上記其物數及染色,并其染直,以當契約者,謂之樣兒。
③ 館驛門上皆設更皷之樓,凡使客入門必擊其皷,招集人衆,應辦事務。
④ 正官曰廩給,從人曰口粮,通謂之分例。元制,正官一員,一日宿頓,該支米一升,糆一斤,羊肉一斤,酒一升,柴一束,經過減半;從人一名,止支米一升,經過減半。今制,正官一員,一日經過,米三升,宿頓五升;從人一名,經過二升,宿頓三升。漢俗今云"行三坐五"。

大使①你来，三箇正的，三升米，三斤麵，三斤羊肉，兩瓶酒。從的六箇，三升米，三斤麵，三斤猪肉，【6a】一瓶米酒②和駱。醋、醬、塩、芥末、葱、蒜、薤菜、油、生蘿蔔、瓜、茄荅諸般菜蔬、鷄鳴（蛋）和升、斗、荅子，疾忙如今都將来。

如今支一支，休多要你的，休少了我的便是。

厨子③你来，【6b】疾忙做飯。

舍人道做甚麼飯？做乾飯那水飯？

熬些稀粥，你將那白麵来，捏些匾食，撒些秃秃麼思④。一壁廂熬些細茶。這米䴢（麁），將去再師一師。

【7a】管事的来，馬們怎麼来的遲？

這的不来了也？舍人你自看。

這馬都不中。三箇官人騎的，將三箇十分緊驢的頭馬来。伴當騎的，五箇細點的馬来。我騎的十分快走的馬將来，我又先報馬去。背包馬們都將好【7b】壯馬来。使臣這站裏不宿，疾快將好馬来。

拿將管馬的来吊着！將棍来打！這賊弟子孩兒！你聽我說與

---

① 館驛有大使一員，正九品，或從九品，有副使一員，從九品，亦有未入流大使、副使。詳見諸司職掌。

② 米酒，舊本作“一瓶半酒”，新本作“米酒”。今造酒用粳米、糯米、黃米。凡支待使客，皆用此荅酒也。不必舉米酒爲說，恐是新本仍存“半”字而誤印爲“米”字也。今從半字讀，恐或爲是。

③ 光禄寺有厨子，即供應大小筵宴及館待使客執爨之役者也。

④ 秃秃麼思，一名手撇麵，即本國믜역져비。“秃”字音투上聲讀。“麼思”二合爲音哛，急呼則用“思”字，曰투투哛，慢言之則用“食”字，曰투투·마·시。元時語如此。劑法如水滑麵，和圓小（《集覽》作“少”）彈劑，冷水浸手掌，按作小薄餅兒，下鍋煮熟，以盤盛，用酥油炒片羊肉，加塩炒至焦，以酸甜湯拌和，滋味得所，別研蒜泥調酪，任便加減，使竹簽簽食之。

你：這使臣是使長耳目一般的使臣，你不見這金字圓牌①？【8a】一日九站十站家行，你怎麼不肯將頭馬来？這廝們打的輕，他不保，好生打！

〔爲頭兒老漢們告道："相公可憐見，我的不是了。這的恰將来的馬，飛也似緊驢，快走的、點的都有了。"〕

揀定了馬也，轡頭都散與②【8b】他。明日鶏兒叫一聲便上馬，茶飯都准俻下着。當直的點將燈来，我也鋪鋪盖睡些箇。

相公，鶏兒叫起来。

馬都將来，疾忙着背鞍子。將飯来我喫。牌子③令史④們来，【9a】你與我甘結⑤應付⑥。

相公們別没擎賞錢粮，更没多騎鋪馬，又不曾冒支分例，没一點非理害民，何故不與甘結？

---

① 金字圓牌，《至正條格》云：元時，中書省奏，諸王駙馬各投下有軍情緊急重事，許令懸帶原降銀字圓牌應付鋪馬騎坐，其餘差使人員有緊急軍情重事，許令懸帶金字圓牌，方付鋪馬。其他泛常勾當，只許臨時領受，給降聖旨，方許給馬。

② 轡頭散與，女直達子朝貢時，到驛應付馬匹騎坐者各出轡頭，散與馬夫，馬夫受轡套馬，令各轡主認轡占馬，使無争占之擾。

③ 牌子，凡馬驛設置，馬驢不等，其中管馬荅應者，謂之馬牌，管驢者，謂之驢牌，總稱牌子。

④ 令史，在京六部及三品衙門、在外各衛及都、布、按三司俱有令史，驛吏則無令史之稱。元制未詳。

⑤ 甘結，《吏學指南》云：所願曰甘，合從曰結。今按，如保舉人材者，必寫稱"所舉之人並無喪過，及干娼優子嗣，委的賢能，如虛甘伏重罪"云云。舉此爲辝，以成文狀，與彼收執，或呈報上司，以憑後考，謂之不致扶同，重甘結狀。

⑥ 應付，《質問》云：應者，荅應也；付者，與也。如遇使客到驛，將口粮馬驢荅應與他，方言謂之應付。

　　我本待要請你去来，【9b】遭是你来也。我今日買一箇小厮兒，他的爺娘立與文書来，你與我看一看，中也不中？

　　將来我念：“大都某村住人錢小馬，今将親生孩兒小名喚神奴，年五歳，無病，少人錢債，闕少口粮，不能養活，深爲未便，【10a】随問到本都在城某坊住某官人處賣與，兩言議定，恩養財禮銀五兩，永遠爲主，養成驅使。如賣已後，神奴来歷不明，遠近親戚閑雜人等徃来爭競，賣主①一面承當不詞，並不干買主之事。【10b】恐後無憑，故立此文字爲用。某年月日，賣兒人錢小馬，同賣人妻何氏，見人某，引進人某。”買人的文契只這的是，更待怎的？

　　没保人中麽？

　　怕甚麽？買人的契，保人只管一百日，要做甚麽？五歳的小厮，【11a】急且那裏走？

　　一兩日上位郊天②去，怎麽還不曾修理車輛？叫将那木匠来，買餽他木料③、席子整理。

　　車輛都有麽？

　　都有了。

　　那們時，如今少甚麽？

　　【11b】少梯子④、撑頭⑤、套繩、撒繩、拘索、籠頭、脚索、鞍子、肚帶。

---

①　賣主一面，《音義》云：猶言賣主自身。又，“一面”詳見《字解》。

②　郊天，天子設圜丘於南郊，以祭天神、地祇、日月星辰、山川嶽瀆，以太祖配享。古制，冬至祭天。今制，正月十五日以裏祭天，謂之拜郊。

③　木料，凡造一件物而該用之物皆曰料。木料，나모ㅂ·틧ㄱ·삼，詳見《字解》“料”字下。

④　梯子，《音義》云：車前괴·오·논나모。

⑤　撑頭，《音義》云：車後괴·오·논나모。

我饋你銀子，如今都買去。鑼鍋、柳箱、灑子、三脚、梡楪、匙筯、樀杓、箅籬、炊箒、檫床兒①、簸箕、篩子、馬尾羅兒、【12a】卓兒、盤子、茶盤、擡盞、壺瓶、酒鼈、銅杓都收拾下着。各樣帳房、室車②、蓆筐、馬槽都壮麽？

都壮。

你這車子先將到門外，買些柴、拳頭菜、茶葉拿去。我囑付你，【12b】到那裏各自省睡些箇，黑夜用心好生看着。我慢慢的跟駕去。

拜揖趙舍，幾時來了？

昨日恰來到。

你船路裏來那，旱路裏來？

我只船上來了。

你說我地面裏的田禾如何？

今年那裏慶尚、全羅、黄海、忠清、江原各道【13a】裏，十分好田禾。

謝天地，只願的好收着。聽的今年水賊廣，是那不是？

我來時莭，五六箇賊船，圍着一箇西京來的載黄豆的船，又高

---

① 檫（《集覽》作"擦"）床，《音義》云：用木小板長尺餘，橫穿爲空二三十穴，各用薄鐵爲刃廂其中，以蘿蔔等物按磨於鉄刃之上，其絲從穴下隊（《集覽》作"墜"），勝於刃（《集覽》作"刀"）切。今按，即本國혈·갈。

② 室車，鄉習以細字作室字讀，謂車上設屋可卧者也。然漢人凡稱物之善者皆曰細，如云茶之好者曰細茶。今此細車亦謂設帳房於車上爲屋，乃車之善者也，故謂之細車。連呼"帳房細車"讀亦通。《質問》云：如婦人所乘車，周圍雕刻花樀，油飾花湏，方言謂之細車。又云：女人所乘有樀長盖之車。

麗地面裏来載千餘筒①布子的大船，衝將去了。後頭聽的，那賊們把【13b】那船上的物件都奪了，把那船上的人来打殺了。

那丁舍，你幾時来？

我赶着一百疋馬，大前日来了。

馬們都好將来也麼？

来時節，到遷民鎮②口子裏，抽分③了幾箇馬；到【14a】三河縣④，抽分了幾箇馬；瘦倒的倒了，又不見了三箇，只將的八九十箇馬来了。到通州⑤賣了多一半兒，到城裏都賣了。

草料貴賤？

我来時節，黑豆一錢銀子二斗，草一錢銀子十一箇【14b】家大束兒。

今年好生賤了。

我不會漢兒言語，又不會做飯，我這吳舍生受服事我来。這的是："遠行知馬力，日久見人心。"

我今日腦疼頭旋，身顫的當不的。請將范太醫来看。

太醫来這裏。

---

① 《音義》云：十疋爲同。

② 鎮，安也，凡民聚爲市者曰"鎮"。遷民鎮在遼西瑞州之境，金所置，属大寧路。

③ 抽分，《音義》云：十分而取一分，以利官用。今按，中朝設抽分竹木局，如遇客商興販竹木柴炭荨項，照例抽分。粗貨十五分中抽二分，細貨十分中抽二分。竹木柴炭，或三十分取二，或十分取二，或三分取一。

④ 三河縣，在順天府東七十里，以地近七渡、鮑丘、臨沟三水，故名。直隸通州。

⑤ 通州，在順天府東四十五里，即古潞州，金陞爲通州，取漕運通濟之義。今仍之。直隸順天府。

請的屋裏来。

【15a】好相公，坐的。小人虛汗只是流水一般，奪腦①疼的，一宿不得半點睡。與我把脉息看一看。

咳，相公脉息，尺脉②較沉，傷着冷物的樣子，感冒風寒。

是，小人昨日張少卿③的慶賀筵席【15b】裏到来，好哥哥弟兄們央及我，燒酒和黃酒多喫了，生果子也多喫了，来到家裏害熱時，把一身衣服都脱了，着這小丫頭們打扇子。

那般不小心收拾身已（己），可知得這證候！我如今先與你香蘇飲子，【16a】熬兩服喫，熱炕上熰着出些汗。我旋合與你藿香正氣散，喫了時便無事了。貼兒上寫與你引子，每服三錢，水一盞半、生薑三片、棗一枚，煎至七分，去滓溫服。然後喫進食丸，每服三十丸，溫酒送下。【16b】我去也。

生受相公，不違寒生薄面，勞易前来，幾時忘這恩念！

不敢，哥。小人豈敢有違！

"故人誠信病中知。"

我妳妳④使的我説將来，大娘⑤身子好麼？這幾日高麗地面【17a】裏来的這海菜、乾魚、脯肉，餽婆婆⑥口到些箇。

好意思，好意思！女兒，説與你妳妳，這般稀罕的好物，重意的

---

① 奪腦，"奪"字未詳。鄉習傳解曰디고·리·쏜앏프·다。奪，音ㄷ，去聲讀。

② 人手有寸、関、尺三部脉。尺脉主腎命門，屬水而沉；脾屬土。凡人飲食傷脾土，則土不克水而見沉，脉較差也。脉沉，又見《老乞大集覽》。

③ 少卿，太常寺、大理寺、光禄寺、太僕寺有卿、少卿，俱三品。

④ 汎稱尊長妻室曰妳妳。

⑤ 大娘，《音義》云：안해：님이·라ᄒᆞ·ᄃᆞᆺ·ᄒᆞᆫ·말。今按，汎稱尊長妻室曰"大娘"，又稱人之正妻曰"大娘"，妾曰"小娘"。

⑥ 婆婆，汎稱老媼之謂，或呼尊屬老婦之稱。又，祖母曰婆婆。

多與將來，我這裏好生多喫了。再有一件，醬麴今年没廳尋，一發稍將些醬麴來最好。

【17b】這般的有甚麽稀罕，又没多。

咳，這孩兒也好不識！却不説："人離鄉賤，物離鄉貴。"

姐姐，我看上①你，飯也好生喫不得。常言道："男兒無婦財無主，婦人無夫身無主。"怎刮劃②我這一塲愁？

【18a】咳，你説甚麽話！我夫主知道時了不得！再來休説這般不曉事的話。

咳，姐姐，我不想你這般煩惱。不妨事。古人道："隔簾聽笑語，燈下看佳人。"

氣殺我也！

姐姐，你再尋思我這秋月紗窓一片【18b】心。只滅了我這心頭火，强如良藥治病。

怕没治病的心那？只怕同房人攪撒③了，又怕窓孔裏偷眼兒看。

那的有法度。推出後④去的一般出來時，【19a】怕甚麽？

你且休忙休心焦。"有緣千里能相會，無緣對面不相逢。"兩心

---

①　看上，猶言見取之意。

②　刮劃，排擠開割之意。刮，韻書不收，《免疑韻略》作"百"。凡陌韻陌字類諸字，皆呼如泰韻之音，故百字呼如"擺"字，而鄉習傳呼刮字音배，亦從上聲讀，則字作"擺"亦通。

③　攪撒，攪，作覺是。覺字雖入聲，而凡入聲清声，則呼如上聲者多矣。如角字，亦或呼如上聲。記書者以覺撒之覺呼爲上聲，而謂覺字爲入聲，不可呼如上聲，故書用攪字耳。撒，猶知也。俗語亦曰決撒了。今以撒放之撒用爲知覺之義者，亦未詳。

④　推出後，漢人指厠爲後路，詳見《老乞大集覽》上篇(《集覽》無"上篇"二字)"東厠"下。又大便、小便，亦曰大後、小後。

相照亦不難。

這幾箇賊漢們，一日喫三頓家飯，每日家閑浪蕩做甚麼？一箇賊那靴鋪裏學生活去，一箇狐帽匠①【19b】家學生活去。兩箇漢子把那驢騾們喂的好着，將十兩銀子東安州②去放黑豆，收拾車輛，先載將一車來。又兩箇人，將五兩銀子下馬莊③裏去，放稈草④，五錢一束家放，【20a】把搜草⑤二錢半一束家商量着放餧。再那一箇小廝，將二兩銀到西山⑥裏，錢半一束家，五百来束稻草裏放。這們時，一冬裏這頭口⑦們【20b】勾喫了。

咱允（兌）付些盤纏，南海普陀落伽山⑧裏糸⑨見觀音菩薩真像

---

① 狐帽匠，《音義》云：터럭쟝。今按，以有毛皮作大（《集覽》作"大帽"）小帽者，謂之（《集覽》作"皆謂之"）胡帽匠，狐字作"胡"。猶本國毛衣匠之類。

② 東安州，在東安縣西北。金以前皆爲縣，元陞爲州，今避水患移今治，在順天府南一百里，故城遂癈，洪武初改爲縣。

③ 下馬莊，地名。

④ 稈，禾莖也，即稭之有皮者也。中國北方土地高燥，宜粟不宜稻，故治田好種粟。收粟者截穗取實，留其稭以飼馬，曰名其稭曰稈草，亦曰穀草。稭音戞，稻稭曰稻草。

⑤ 搜，探聚也。收禾登塲，截穗取實，亂撒禾稭在塲，仍而搜聚者曰搜草。

⑥ 西山，在順天府西三十里太行山首，始于河内，北至幽州，強形鉅勢，爭奇擁翠，雲聳星拱于皇都之右。每大雪初霽，千峯萬壑（壑），積素凝華，若圖畫然，爲京師八景之一，曰"西山霽雪"。今見北京西城外有山一座，即是。

⑦ 頭口，汎指馬牛猪羊之稱。數猪以頭，數牛亦曰頭，數羊以口，數獐亦曰口，故泛稱畜口曰頭口，牛馬亦曰頭疋。

⑧ 山在寧波府定海縣，古昌國縣海中。佛書所謂海岸高絶處，普陀落伽山，世傳觀音現像于此，上有普陀寺。普陀落伽，唐言小白花，即山礬花也，山多小白花，故仍名。徃時高麗、新羅、日本諸國，皆由此取道以候風汛。《飜譯名義》云：補陁落迦，此云海島，又云小白花。

⑨ 糸，禮覲也。

去来。這菩薩真乃奇哉！理圓四德①,【21a】智滿十身②。灑悲雨於遐方,扇慈風③於刹土④。座飾芙蓉⑤,湛⑥南海澄清之水,【21b】身嚴瓔珞⑦,居普陁空翠之山。或作童男,或作童女⑧,或現質梵王帝釋⑨,

---

① 理者,固常道之至也。圓,全備也。四德,曰常,曰樂,曰我,曰淨無二。生死爲常,不受二邊爲樂,具入(《集覽》作"八")自在爲我,三業清淨爲淨。又我者即是佛義,常者即是法身義,淨者即是法義,樂者即是涅槃義。大抵梵語,經文釋義不一,今不煩解。

② 本覺爲知,始覺爲智。滿,備也。十身有調御。十身,曰無着,曰弘願,曰業報,曰住持,曰涅槃,曰淨法,曰真心,曰三昧,曰道性,曰如意。有内十身,曰菩提,曰願,曰化,曰力持,曰莊嚴,曰威勢,曰意生,曰福德,曰法,曰智。有外十身,曰自,曰衆生,曰國土,曰業報,曰聲聞,曰圓覺,曰菩薩,曰智,曰法,曰虛空。

③ 悲雨慈風,佛發大慈悲,廣濟衆生,猶洒雨發風然,無遠不被,故曰風雨。佛有四無量心,慈悲喜捨。

④ 刹土,梵語。刹,此云竿,即幡柱也。沙門於此法中勤苦得一法者,便當竪幡,以告四遠曰"今有少欲人也"云。《法苑》云:阿育王取金華金幡懸諸刹上。《瓔珞經》云:刹土,乃聖賢所居之處。又,刹土猶言法界也。又號伽藍曰梵刹者,以柱爲表也。

⑤ 座飾芙蓉,《飜譯名義》云:大論問:諸床可坐,何必蓮華？荅曰:牀爲世間白衣坐法,又以蓮華軟淨,欲現神力,能坐其上,令不壞故,又以莊嚴妙法故,又以此華華臺嚴淨香妙可坐故。

⑥ 湛,没也,澹也。

⑦ 瓔珞,頸飾也。《普門品經》云:無盡意菩薩解頸下衆寶瓔珞而以與之。一說,珠在頸曰瓔,在身曰珞。

⑧ 童男童女,觀音現三十二應,曰佛身,曰辟支,曰圓覺,曰聲聞,曰梵王,曰帝釋,曰自在天,曰大自在天,曰天大將軍,曰四天王,曰四天太子,曰人王,曰長者,曰居士,曰宰官,曰婆羅門,曰比丘,曰比丘尼,曰優婆塞,曰優婆夷,曰女主,曰童男,曰童女,曰天身,曰龍身,曰藥叉,曰乾達婆,曰阿脩羅,曰緊那羅,曰摩睺羅,曰樂人,曰非人,應作種種身,或在天上,在人間,隨其所樂,皆令見衆生形相各不同,行業音聲亦無量。

⑨ 梵王帝釋,有欲界、色界、無色界,爲三界。欲界有四洲、四惡趣、六欲,天帝釋爲欲界主。色界有四禪、十八梵天,梵王爲色界主。無色界有四空天。

或分身居士【22a】宰官①。以聲察聲②，拯悲酸於六道③；随相現相④，救苦惱於三塗⑤。起浮屠⑥於泗水之間，【22b】結草廬於香山⑦之上，執楊柳於掌内，拂病體於輕安⑧，傾甘露於瓶中，濟險途於飢渴⑨。【23a】面圓璧月⑩，身瑩瓊瓌⑪，齒排柯雪⑫，眉秀垂

---

① 居士宰官，隱居之士，宰輔之官。佛書云：應以居士得道者必在居士，應以宰官得道者必現宰官。《禮記·玉藻》曰：居士錦帶。注：道藝處士也。《翻譯名義》云：愛談名言，清净自居，又多積財貨，居業豐（《集覽》作"豐"）盈，皆謂之居士。

② 以聲察聲，聞其聲而察其苦樂之狀。

③ 六道，人道、天道、阿脩羅道、餓鬼道、畜生道、地獄道，亦名六趣，加仙道，名曰七趣。阿脩羅有大力神人，嘗共天鬪，立大海中，其高半天。

④ 随相現相，随其衆生之相，自爲其相而徃救焉。《翻譯名義》云：佛昔爲帝釋時，遭飢歳，疾疫流行，醫療無功，道殣相屬。帝釋悲愍，思所救濟，乃變其形爲大蟒身，殭屍出于（《集覽》"出于"作"川"）谷，空中遍告，聞者感慶，相率奔赴，随割随生，療飢療疾。

⑤ 三塗，餓鬼塗、畜生塗、地獄塗。

⑥ 浮屠，即塔也。唐言高顯也。《神僧傳》云：僧伽大士，西域人，姓何氏。唐龍朔初，於泗州臨淮縣信義坊，將建伽藍，掘得古香積寺銘記并金像一軀，上有普照王佛字，遂建寺焉。中宗聞名，遣使迎師，居薦福寺，頂上有一穴，以絮窒之，夜則去絮，香從穴中出，非常芬馥。及曉，香還頂中，又以絮窒之。景龍四年，端立而終。中宗令於寺起塔，俄而大風歘起，臭氣滿長安。中宗問諸近臣，近臣奏：僧伽大師化緣在臨淮，恐欲歸。中宗心許，其臭頓息，奇香馥烈。五月，送至臨淮，起塔供養，即今泗上僧伽塔是也。中宗問萬迴和尚曰："僧伽是何人？"迴曰："觀音化身。"

⑦ 《翻譯名義》云：《西域記》云：阿耨達，水名，在香山之南。觀此則香山亦西域山也，而未詳所在。結廬事亦未詳。

⑧ 佛圖澄，天竺人也。妙通玄術，善誦呪，能役使鬼神。石勒聞其名，召試其術，澄取鉢盛水，燒香呪之，須臾，鉢中生青蓮花。勒愛子暴病死，澄又取楊枝沾水，洒而呪之，遂蘇。自後凡謝僧醫病曰"辱沾楊枝之水"。

⑨ 《翻譯名義》云：梵言軍持，此云瓶。軍持有二，若瓷瓦者是净用，若銅鐵者是觸用。《西域記》云：軍持，澡瓶也。尼畜軍持，僧畜澡罐。佛經云：佛洒甘露水。又云：開甘露門。又云：手執青楊枝，徧洒甘露之水。然甘露源流未詳。

⑩ 璧，天生瑞玉，盈尺餘，形圓者也。佛八十種好，云面圓净如滿月。

⑪ 瑩，玉色潔也。瓊瓌，石次玉者也。瓌，音刊，平聲。佛八十種好，云身有光明，又云身清净。又云色潤澤如瑠璃。

⑫ 齒排柯雪，謂齒如雪堆枝柯之上，净白頓整之形，似人所編排然。佛三十二相，有四十齒相，有齒白净相，有齒齊密相。

楊①。由是威神莫測,聖德難思,故得人天之喜躍,鬼神之歡
欣。【23b】萬民無搔擾之憂,百姓有安祥之慶。若人有難,念菩薩名,
速詣其廬,救衆生難,尋聲救苦,應念除災②。如是菩薩,不可不
糸。咱這衆生③知不知?作一切④罪障⑤,【24a】有千有萬,咱也到
佛所,誠心懺悔,後不復作。咱如今身巳(己)安樂時莭,不修善時,
如同禽獸之類。"一針投海底,尚有可得日;一失人身後,萬刼⑥再
逢難。"

　　【24b】今日上直去,你将鋪盖送去。那廝,你也将那箭俗裏挿三
十根箭,弓俗裏挿一張弓,盔甲一副,環刀一口,都一打裏将到直房
裏等我着。其餘的伴當們家裏有着,街上休撒潑皮,【25a】好生用心
看家着。如今賊廣,我若出直房来,看家裏没你時,却要打。家中
没甚的事時賞你,有些事時喫打。我説與你衆伴當們,常言道:"常
防賊心,莫偷他物。"

　　你的帽兒那裏做来?

---

①　佛十相,有眉細垂楊相。
②　史記:昔廬景裕繫晉陽獄,志心念觀世音菩薩,枷鎖自脱。又有人當死,
　　志心誦《觀世音菩薩普門品經》千百遍,臨刑刀折,囙以赦之。
③　一切衆染合集而生,故曰"衆生"。又,衆緣和合名曰"衆生"。衆,平聲。
④　一以普及爲言,切以盡除爲語。
⑤　罪障,猶言業障、罪業。
⑥　萬刼,儒曰世,釋曰刼,道曰塵。一説儒家曰數,道家曰刼,佛家曰世。道
　　經云:天地一成一敗謂之刼。上天開化,建五刼紹運,曰龍漢,曰赤明,曰
　　上皇,曰延康,曰開皇。五刼既周,復從其始。又六十年一甲子,一百年爲
　　一小刼,一千年爲一中刼,三中刼爲一大刼。佛家初刼爲釋迦牟尼佛,二
　　刼爲寶髻佛,三刼爲燃燈佛。漢武帝鑿昆明池,其底有灰,帝問東方朔,對
　　曰:"此刼灰也。"

【25b】徐五家的。

將來我看。這帽兒也做得中中的,頭盔大,簷兒小,毡粗,做的鬆了,着了幾遍雨時,都走了樣子。徐五的徒弟李大,如今搬在法蔵寺西邊混堂間壁住裏,那厮十分做的好。

可知。那厮使長①的大帽②也【26a】做裏,休道是街上百姓的。

我如今與你一兩銀,將去饋李大做定錢,做雲南③氊大帽兒一箇,陝西赶来的白駝氊大帽兒一箇。説與【26b】他,套上氊兒,着我看了的之後,着刺邊兒,刺的細勻着。

李大的帽兒樣兒可喜,不走作,又不怕雨雪。

爲甚麼?

那頭盔好暸到了時,纔套上氊兒,這一箇高手的人做的生活,高如師傅。

【27a】一箇放債財主,小名喚李大舍,開着一座解儅庫④,但是直錢物件来儅時,便奪了那物,却打死那人,正房背後掘開一箇老大深淺地坑,颩(丟)在那裏頭。有一日賣布絹的過【27b】去,那大舍

---

① 使長者,猶言君長也。元語“那衍”,音ㄥ·연。
② 大帽,如本國笠子之制。《南村輟耕録》云:胡石塘先生嘗應聘入京,世皇召見於便殿,趨進,不覺笠子欹側。上問曰:“秀才何學?”對曰:“修身齊家治國平天下之學。”上笑曰:“自家笠子尚不端正,又能平天下耶?”此元時戴笠也。今俗唯出外行者及新婚壻郎無職者,親迎之夕必戴大帽。
③ 雲南,古梁州,南境爲徼外夷也。漢置益州郡,元置路,今改爲布政司。州縣俱出氊,細密爲天下最。
④ 解儅庫,王莽令市官收賤賣貴,謂如貸錢與民一百箇,每月收利錢三箇,銀一兩,則每月取利三分之類。後主量其貨物而抽分,遺下亦收息百三。後人所以効之,今之解庫,是其遺意。元時或稱印子鋪,或稱把解,人以重物来儅,取錢而去,在後償還本利,還取其物而去,此即解儅庫也。

叫将屋裏去,把那布絹来都奪了,也打殺撇在坑裏。又一日,一箇婦人将豆子来大的明真珠一百顆来儅,又奪了,也打殺撇在那坑裏,用板盖在上頭。頻頻的這般做歹勾當。他有兩箇渾家,小媳婦【28a】與大妻商量説:"我男兒做這般迷天大罪的事,假如明日事發起来時,帶累一家人都死也,怎的好?"大妻見那般説,對他男兒説勸:"常言道:'若作非理,必受其殃。'你做這般不合理的勾當,若官司知道時,【28b】把咱們不償命那甚麼? 你再来休做。"説罷,老李聽了惱懆起来,便要打殺那媳婦,那婦人便走了,走到官司告了,官人們引着幾箇皂隸,将棍繩到那家裏,把老李拿着背綁了,家後坑裏都搜出三、四十箇血【29a】瀝瀝的尸首和那珠子、布絹。将老李打了一百七①,木椿上剮了②。一箇官人就便娶了那媳婦,那媳婦道:"妻賢夫省事,官清民自安。"

　　【29b】咳,今日天氣冷殺人,腮頰凍的刺刺(剌剌)的疼,街上泥凍的只是一剗狼牙也似,馬們怎麼當的? 鐵匠家裏去,打一對馬脚匙来釘上着,我明日通州接尚書去。将交床来,我且外前坐的。

　　請官人屋裏喫【30a】飯。

　　做甚麼飯?

----

① 一百七,《南村輟耕録》云:凡七下至五十七下用笞,六十七下至一百七下用杖。而數用七者,建元以前,皆用成數。大德中,刑部尚書王約上言,國朝用刑寬恕,笞杖十減其三,故笞一十減爲七。今之杖一百者,宜止九十七,而不當反加十也。議者憚於變更,其事遂寢。

② 木椿,其制:於刑人法場,植一大柱,縛着罪人於其(《集覽》無"其"字)上,剮子用法刀剔其肉以喂狗,而只留其骨,極其惨酷,方施大辟,即古之凸刑也。剮子,獄史刑罪人者也。

乾飯也做着裏，稀粥①也熬着裏。

再有甚麼就飯的？

乾羊脚子煮着裏。

好，好。飯湯休着冷了，莩一會兒喫。如今便入裏頭去時，凍面皮都打破了，不中。你把那鑞壺瓶汕的【30b】乾淨着，控一控，且旋將酒来，喫一盞。這酒忤秃怎麼喫？將去再吊一吊。

孫舍那醜厮，那裏將那般好衣服、好鞍馬来撇樣子？

那謊鬆，一箇財主人家裏招做女婿来。他如今喫的、穿的無處發落裏！

【31a】哥，你説甚麼話！他如今氣象大起来時，粧腰大模樣②，只把我這舊弟兄伴當們根底，半點也不保。

他要變時誰保他？他敬我五分刺，我也敬他十分；他敬我一分時，我敬他【31b】五分。這般時，是人倫弟兄之意。他不敬我時，我敬他甚麼屁！

那厮如今倒可喜，可知貌随福轉。

咱悶當不的，一箇日頭咱商量着，遊山翫景去来。

好，好！我也那般想着。如今更秋凉，丹楓八月好時莭，【32a】正好山中之味。

咱那箇山裏去好？

---

① 稀粥，北人好獵，不力於農。獵者行者多齎秒米，且其食性好粥，尤好生肉渾酪，故兩書皆元時所記，多言稀粥及酪。秒，音抄，即本國米實。

② 腰大模樣，《質問》云：如人大氣像起来時，又粧妖氣，又作大模大樣，不禮待人，方言謂氣像大起来時粧妖大模樣。一説，粧腰猶脩餙也；一説，腰大猶言大氣像也。

這離城三十里来地,有箇名山,喚禪頂山,真箇奇妙！那山景致,尖尖險險的山,灣灣曲曲的路,松、栢、檜、栗諸雜樹木上,纏着乞留曲葎①藤。有累累垂垂石,有【32b】高高下下坡,有重重疊疊奇峯,有深深淺淺澗,有一簇兩簇人家,有凹坡凸嶺庵堂,有睍睍睆睆的山禽聲,有崔崔巍巍棧道。崖高道窄,只是這箇愁人腸。栗子、葡萄滿山峪,遠望一似黑水精。五色彩雲籠罩,【33a】山頂上有一小池,滿池荷花香噴噴。僧尼道俗都随喜去,咱也柱着柱杖,沿山沿峪随喜那景致去来。

只是平平斜斜石徑難行。

碍甚麼事！常言道："逢山開路,遇水迭橋。"

聽的賣菜子的過去麼?【33b】買些菜子兒,後園裏種時好。夜来箇都收割了麻,種菜来。麻骨一邊收拾下着用着。

種甚麼菜来?

蘿蔔、蔓菁、萵苣、葵菜、白菜、赤根菜、園荽、蓼子、葱、蒜、薤、荆芥、薄荷、茼蒿、水蘿蔔、胡蘿蔔、芋頭、紫蘇都種【34a】来。

紫蘇這厮好喫,把那葉兒摘了,着針線串上,吊在一壁廂,一冬裏熬喫好。

水芹田也修理的好着。叫将翠兒、春喜来,拔野菜去。拔将小蒜、田菁、薺菜、芒荇,都拔将来,把芒荇来煮喫。那廝,你西園裏【34b】種些冬瓜、西瓜、甜瓜、挿葫②、稍瓜、黃瓜、茄子。着那丫頭菜市裏買将些山菜来。買些拳頭菜、貫衆菜、搖頭菜、蒼术菜来,我們大家嘗新。那厮,把菜園修理的好着,休嫌生受。古人道："無功

---

① 乞留曲葎,謂屈曲擁癰之意。漢人凡稱草木行蔓必曰藤,非別有一物也。
② 《質問》云：如葫蘆、長一二尺者方言謂之挿葫。

食禄,寢食不安。"

【35a】如今怎麼那般賊廣?

今年天旱,田禾不收,曰此上賊廣。

使鈎子的賊們更是廣。拿着取燈兒①,到那一箇人家裏,舌尖兒潤開了窓孔,吹起火来,【35b】鑽入裏面,看東西在那裏時,知道了的之後,却吹殺那燈,不論竿子上的、樻子上的物件,便着鈎子鈎出来將去。

那廝們只是夜狐(貓),不是強盜。有法度,容易隄防。那廝們怕簾子,亮窓裏面把簾子幔上,着釘【36a】子釘在三四處,着鋸鉞兒釘在兩三處,把了吊子叩上了,將指頭来大小的長鐵條兒挿在鋸鉞裏,門子閂了,腰絟挿的牢,這般隄防時,怎麼得入去? 常言道:"小心必勝。"

你那裏去?

角頭店裏買段子去裏。咱兩箇【36b】去来。買了段子,貼些銅錢,茶房裏喫茶去来。

這們時,我也與你做伴兒閑看去。

這鋪裏有四季花段子麼?

你要甚麼顏色的?

南京鴉青段子、葱白素通袖膝欄段子有麼?

---

① 取燈,《南村輟耕録》云:杭人削松木爲小片,其薄如紙,鎔硫黄塗木片頂分許,名曰發燭,又曰焠兒。宋陶學士《清異録》云:夜有急,苦於作燈之緩,批杉木條染硫黄,一與火遇,得焰必速,呼爲引光奴。今之取燈兒,其遺制也。今按,舊本作"吹燈兒"。焠,音䘁,則舊本"吹燈"之名,恐或爲是。

{牙子道:"都有。"}

干你甚麽事？没你時怕買不【37a】成？

{賣段子的道:"你官人們,和那弟子孩兒説甚麽閑話！要時請下馬來看。"}

我説與你,休哄弄我。

你放心,小人不敢。小厮,將那厨裏夾板來,鮮與官人高的。

這段子多小(少)賣？

鴉青四季花六兩銀子一匹,【37b】葱白膝欄四兩銀子一匹。

你休胡討價錢。

討的是虚,還的是實。官人你與多少便了。

這箇段子中中的,你再饋我絶高的。

我再没高的了,官人十分休駁彈①。

怕甚麽？"駁彈【38a】的是買主。"我老實價錢,這鴉青的五兩銀子,葱白的三兩銀子如何？

那般時,争着遠裏。

咱這裏没牙子,省些牙錢不好？

罷,罷,將銀子来,小(少)賣了五錢銀。

明日来管迴換？

不妨事,管着来迴。

【38b】哥,你寫與我房契。

你搬那裏去？

---

① 　駁(《集覽》作"襃"),作"包"是。《事文類聚》云:包彈者,以包孝肅公多所抨彈,故云耳。今按,包孝肅公名拯,性剛直不撓,其所彈劾,不避權勢,故時人呼爲包閻羅,曰:"關節不到,有閻羅包老。"

我羊市裏前頭，磚塔衚衕裏，賃一所房子来，嫌窄，今日早起表
褙衚衕裏賃一所房子。

這房契寫了，你聽我念："京都在城黃華坊住人朱玉，隨問到本
坊住人沈元虜，賃到房子一所，【39a】正房幾間，西房幾間，東房幾
間，暖閣幾間，花房幾間，捲蓬①幾間，佛堂②一間，庫房幾間，馬房
幾間，厨房幾間，中門一間，客位幾間，鋪面③周圍幾十間，門、窓、
炕、壁俱全，井一眼，【39b】空地幾畝。兩言議定，賃房錢每月銀二
兩，按月送納。如至日無錢送納，將賃房人家内應有直錢物件，准
折無詞。恐後無憑，故立此賃房文字爲用。某年月日，賃房人某，
代保人④某，引進人某。"

【40a】每日下雨，房子都漏。

這的有些法度，房上生出那草，養住那水，好生流不下来，只越
漏了。你兩箇小厮，慢慢的上去，把那房上草来一根一根家拔的乾
浄着。你看那瓦有破的時，換箇新的。你慢慢【40b】兒走，那瓦水潤
了，無些氣力，只怕躧⑤破了。那瓦有破的麼？

多有破的。

我不説来，都是你兩箇小畜生的勾當！每日家尋空便拿雀兒，

---

① 《音義》云：·비우·횟지·비·니ᄆᆞ르：업·슨지블닐·오ᄃᆡ捲篷。

② 漢人酷好釋教，家設一堂，或安金像，或掛畫佛，焚香頂禮，朝夕不懈。

③ 漢人造屋於大街之間者，向街周遭必設空屋，聽令坐賈賃居爲市，按月
受直。

④ 代保，《音義》云：爲人保扥受債之人。

⑤ 《音義》云：跐，音재，"躧"通用，後同。今按，舊本作"躧"。韻書跐音재，
又ᄌᆞ；躧音새，又시。两字爲재音者，韻書不收，而俗讀則俱從재音，並上
聲。今亦從之。《字學啓蒙》字作"蹀"。

把瓦来都躪破了。把這生分①忤②逆呆種③【41a】殺了有甚麼多廐！
你来，聽我説，十歲年紀了，學裏也不肯去，不學些禮體，無些兒尊
貴廐！

可知道裏，古人道："家富小兒嬌。"

我問你些字樣。縫衣裳的"縫"字怎麼寫？

那的不容易？紐【41b】絲傍做"逢"字。

那箇"逢"字？

"久"字底下"手"字，着走之的便是。

替代的"代"字怎麼寫？

"代"字，立人傍做"弋"字便是。

"拖"字怎的寫？

才手傍做"人"字下"也"字便是。

"床"字怎的寫？

冰角裏"木"字。

"却"字怎麼寫？

"去"字傍着反耳的便是。

【42a】"劉"字怎的寫？

"文"字傍着"刀"字的便是。

"錯"字怎麼寫？

"金"傍做"昔"字便是。

"宋"字怎麼寫？

---

① 生分，謂賦受性分也。
② 忤，亦逆也。
③ 呆種，《事林廣記》呆音爺，《易見雜字》呆音崖。今俗之呼，皆從去聲·여。

家頭下"木"字便是。

"笠"字怎麼寫？

竹頭下"立"字。

"滿"字怎麼寫？

點水傍做草頭底下"雨"字。

"麼"字怎麼寫？

那的不容易？"二"字下一箇【42b】"丿"，裏頭一箇"林"字，做
"么"字便是。

"待"字怎的寫？

雙人傍做"寺"字便是。

"思"字怎麼寫？

那"思"字，"田"字下"心"字便是。

"東"字怎的寫？

一畫下"日"字，一箇直老條，一"丿"一"乀"便是。

我要你莊頭裏去。

不【43a】得工夫，去不得。

你每日做甚麼？

我每日才聽明鍾一聲響，便上馬跟官人，直到點燈時分恰下
馬，幾時得些閑？

說的是。你一般爭名奪利的官人，每日馬肚皮塵埋三尺，睜
着驢眼，跟着假使長，鑽在爭前立【43b】的，夾着那屁眼，東走西
走，不得撚指歇息。一望成名，那裏肯来我一般村莊人家！我在
村裏，稻熟蠏肥魚正美，滿山果子以爲食，堂上掛佛端然坐，亦看
樓外滿池荷花。你自説村莊無人来訪，【44a】我每日臨池樓上，開
呈村味，對客飲酒吟詩句，着碁論談能消日，月明紗窓秋夜半，撫

琴一操①解千愁。若你也到我樓上，一發忘棄名與利。

這客位收拾的好不整齊！【44b】洒些水，将苕箒②来掃的乾净着。将花氊来底下鋪一條，炕上鋪着青錦褥子。一周遭放幾張交椅，将幾箇磨果③釘子来，釘在這壁子上，掛幾軸畫兒。那中柱上釘一箇釘子，掛十八學士大【45a】畫④。将鍍金香爐来，燒些餅子香。那書案上的各樣書册，堆的乾净着。這般收拾的整齊時不好那？来的客人們也道我精細。古人道："家齊而後國治。"

【45b】同知⑤哥，你的月日滿了不曾？

這五月裏滿了。却早滿三十箇月。

替的官人有麽？

有了，守我半年来，五月初頭禮上了也。

解由⑥得了不曾？

別没不了的事件，又没過犯，爲甚麽不【46a】得？

---

① 操，去聲。曲名。劉向《別録》曰：其道閉塞，悲愁而作者，其曲曰操，言遇災害不失其操也。仍名曲爲操。

② 苕箒，《周禮》"桃茢"鄭云：茢，苕箒也；苕，葦華也。今按，苕乃凌霄花也，苕帚之苕，作芀是。

③ 磨果，即香蕈也。亚고，釘形似之，故曰名焉。

④ 唐太宗秦王時，開館延文學之士。杜如晦、房玄岭((《集覽》作"齡")、虞世南、褚遂良、姚思廉、李玄道、蔡允恭、薛元敬、顏相時、蘇勗、于志寧、蘇世長、薛攸、李守素、陸德明、孔穎達、蓋文達、許敬宗爲文學館學士，分爲三番，更日直宿。秦王暇日，至館中討論文籍，使閻立本圖像，褚亮爲贊。得與其選者，世謂之登瀛洲。

⑤ 都督同知從一品，指揮同知從二品，留守司同知、各衛同知俱從三品。

⑥ 《吏學指南》云：考滿職除曰解，歷其殿最曰由。《質問》云：是儅差的官人三年一替換，滿日討了文書回家，其文書，方言謂之解由。

便是這般。那幾日你却不道："首領官①署了卷，廳上不曾押裏。"

是大前日箇，衙門令史們送的来了，得也得了。

你常選官，只是一步高如一步除將去，我一般雜職人家，滿了一任【46b】時，急且幾時又得除？

休那般道，你高官裏轉除的有，愁甚麼？ 常言道："命来鐵也争光，運去黄金失色。"

那一日李指揮家裏打雙陸時節，王千户打背後来，扯了我一把刀兒，他輸了的【47a】猪頭也不肯買，恨的他當不得！ 昨日那厮我家裏来了，我特故裏把酒灌的他爛醉了，眼花的不辨東西，不省人事，倒在床上打鼾睡，把他的小刀子拔了，又將筆来面皮上畫了。他酒醒了起来不覺，只【47b】那般去了，路上必定喫別人笑話。爲頭兒他瞞別人来，臨了他也着我道兒！ 這的便是：老實常在，脫空常敗。

這孩兒幾箇月也？

九箇月了，不到一生日裏。

揬(擩)了他齈帶，揩的乾净着。 會爬【48a】麼？

爬得。

這妳子也好不精細！ 眼脂兒眼角裏流下来，不曾揩来。我饋你揩的乾净着。孩兒，腕搭兒，腕搭兒！ 把那手来提的高着，打光光，打凹凹。這孩兒亭亭的麼？

恰學立的，腰兒軟，休弄他。

---

① 　今宗人府經歷爲首領官、六部主事爲首領官之類。然未詳取義。但各衙門有首領官，如有司之任，主出納一司公事。

不妨事，【48b】我試一試。

休跌了孩兒！那一日喫了一跌，額頭上跌破了，娘子見了時，聒譟難聽。

你説的是。你好生用心看守着。不用心收拾時怪你。過了一生日時，便那（挪）的步兒，我也做饋他一對學行的繡鞋。

【49a】姐姐来，咱們下蟞碁①。

我生活忙，不閑耍。

你做甚麼生活？

我做袈裟裏。咱們人今日死的明日死的不理會的，做些好因緣②時不好？

怪哉！恰十五歲的女孩兒，説這般作怪的言語！

怎麼【49b】這們説！死不在老少。

雖然這般，你且来麼，咱們下一盤。

罷，罷，我忒強時也不是，你敢怪我的模樣。將過碁盤来，擺的滿着。

咱休揀着擺，只好生和匀着，老實擺着下。

是我先擲。

你怎麼先擲？咱比賽③。

【50a】咱賭甚麼？

不要賭甚麼，我輸了時，不敢違了姐姐的言語；姐姐你輸了時，也不要違了我的言語。這般時如何？

不要聒譟，連忙擲。

---

① 《質問》云：碁子圓如蟞身上盖，謂之蟞碁。

② 《反譯名義》云：因謂先無其事而從彼生也，緣謂素有其分而從彼起也。又云：前緣相生，因也；現相助成，緣也。

③ 比賽，兩人下碁擲色兒，有點多者先下碁，小（少）者後下碁。

怎那般道？實説定了時不要改，先小人後君子。

【50b】鄭舍你来，咱這草地裏學捽挍。

咳，那矬漢，你那裏抵當的我？

休問他，咱兩箇交手時便見。

誰喫蘿葡打噎咈？氣息臭的當不的！

敢是這矬漢喫来？

攔忙裏説甚麽閑話来？咱兩箇捽，大家休打臉，好好的捽。

｛傍【51a】邊看捽挍的人們道：“咳，那矬金舍倒了也！”｝

我不説来，你那裏迭的我！常言道：“矬子呵欠，氣兒不長。”

你到那裏？

我只到這裏来。

雨住了麽？

雨晴了也。

街上有路麽？

那裏見路！一劃浠泥曲膝盖深。

【51b】那般時，你的靴子怎麽乾？

我慢慢兒沿着人家房簷底下揀路兒行来。騎馬的官人們，一套兒衣裳都污了泥。官人那裏去？

我別處有些緊勾當去。將我木綿衣撒来穿，馬套上轡頭，這裏將来鞴鞍子，把那尾子挽的牢【52a】着。

你今年怎麽京城不曾去？

路上盤纏艱難怎麽去？你却爲甚麽不上去？

我也没甚麽幹的勾當，又少些盤纏，不曾去的。

年時牢子①們走的,你見来麼?

【52b】我不曾看来,在那裏走来?

六十里店裏走。上位在西湖景凉殿裏坐的看。

年時誰先走来?

一箇細長身子兒、小團欒面皮兒的漢兒人,小名喚許瘦兒,他先走来。

是誰家的牢子?

跟張總兵使的牢子。【53a】上位賞了一百錠鈔②,兩表裏段子。

不同小可! 萬千人裏頭,第一箇走,得偌多賞賜! 休道是偌多鈔錠、段子,皇帝人家的一條線,也怎能勾得?

可知道裡! "福不至,萬事難。"

【53b】今日幾?

今日臘月③二十五日。

咳,却早年莭下也。却没一件兒新衣裳,怎麼好? 將曆頭来我看,這月是大盡那小盡?

這的大盡。也有五箇日頭裡。五六箇婦人們坐的縫時,怎麼做不出一套衣【54a】裳来? 赶也赶上做裡。

---

① 　牢,獄名,繫重囚之所。牢子,守獄之卒也。《南村輟耕録》云:牢子走者,元時,每歲一試之,名曰放走,亦名貴由赤,俗謂快行是也。以脚力便捷者膺上賞,故監役之官,齊其名數而約之以繩,使無後先參差之爭,然後去繩放行。在大都則自河西務起程,若上都則自泥河兒起程,越三時,走一百八十里,直抵御前,俯伏呼萬歲。先至者賜銀一餅,餘者賜段疋有差。

② 　《質問》云:每一張鈔謂之一錠。又云:五貫寶鈔爲一錠,元謂銀一餅亦謂之一錠,元寶則五十兩爲一錠。

③ 　臘,無定日,冬至後第二戊日是也。夏曰嘉平,殷曰清祀,周曰大蜡,秦曰臘,漢仍之。臘者,獵也,曰獵取獸,以祭先祖。又臘者,接也,新故交接,大祭以報功也。

今日是乙丑日斗星日。且慢着,我看,角安,亢食,氐房益,斗美,牛休,虛得粮,壁翼獲財,奎得寶,婁增,軫久,鬼迎祥。今日好日頭,斗星日得飲食的日頭,好裁衣。将出那【54b】段子来裁。這明綠通袖膝襴綉的做帖裏,這深肉紅界地穿花鳳紵絲做比甲,這鷄冠紅綉四花做搭護,這鴉青織金大蟒龍的做上盖。

都裁了也。如今便下手縫。

一箇不會針線的女兒,着他搓各色線。且【55a】将那水線来都引了着。你来将那腰線包兒来,揀着十分細的大紅腰線上。紐子不要底似①大,恰好着,大時看的蠢坌了。又一箇女兒繳手帕着,繳的細勻着,三四十箇手帕也遞不勾。

咳,今日熱氣蒸人裏,【55b】把這簾子都捲起,把這窻兒都支起着。怎麼這般蠅子廣?將蠅拂子来,都赶了。將一把扇兒来與我,熱當不的。這房子水芹田近,水蛙叫的聒譟。這孩兒們怎麼這般定害我?一壁廂去浪蕩不的?好歹喫打去!

老【56a】子伯伯阿,你敢那?

我兒你来,好孩兒,好孩兒,你弟兄兩箇引的那小厮們,背後河裏洗澡去。

定僧你来,咱河裏浪蕩去来。

咱只這裏跳入去,我先跳你看。

跳冬瓜跳西瓜,跳的河裏仰不搽。

【56b】我家裏老鼠好生廣,怎的好?

你家裏没猫兒那?

我家裏没,庫房樻子裏放的米都喫了,我的衣裳、被兒、包袱也

---

① 　底似,ㄱ·쟝,又너므,今不用。

都皺了,恨的我没是處。

那的不賣猫兒的? 籃子裏盛将去。

是賣猫的。将猫兒来,我買一箇。我要這女花猫兒。

【57a】女的價錢大。

要多少賣?

兒的五十箇錢,女的一百箇錢賣與你。

賣的價錢老實説。

又不是大買賣,有甚麼討價錢處? 一百箇錢短一箇錢也不賣。

硬道是這們一箇猫兒,怎麼直的一百箇錢? 這潑禽獸,殺娘賊!【57b】賣便賣,不賣便将的去!

你也不買便罷,錢是你上有,物在我根底,你爲甚麼罵人?

你爲甚麼胡討價錢? 我先惹你来?

愛錢買東西,夾着屁眼家裡坐的去!

這弟子孩兒! 你敢罵我?

怎麼不敢罵你?

【58a】這的便是仰面唾天。常言道:"風不来,樹不摇;雨不来,河不漲。"

蚊子咬的當不的! 孩兒,你饋我買将草布蚊帳来,打着睡。裏頭床兒不穩,将碎塼塊来,趂(墊)的穩着。把這窗孔的紙都扯了,一發着草布糊【58b】了,那般却蚊子怎麼得入来?

你家裏不有菖蒲来?

有的是裏。

你摘饋我些葉兒。

要做甚麼?

把那菖蒲葉兒来做席子,鋪着睡時,跳蚤那廝近不的。

　　最好！最好！我只會根兒觧酒和做醋，不知道葉兒用處，【59a】因你要蒲葉，我也學了。

　　你那告狀的勾當，發落了不曾？

　　憑着理時，合斷與小人，堂上官人們都商量了。待到根前来，那冤家們打關莭①時，内中一兩箇官人受他錢財，當住，【59b】還不肯發落。該管的外郎也受了些錢財，把我的文卷来颩（丢）在欛子閣落②裡，不肯家啓稟，知他是幾時的勾當？

　　可知道不肯用心！没油水的勾當，那裏【60a】肯用心發落？

　　我放着合理的事，與他甚麼東西？

　　怎麼這般説？如今是財帛世界，你不與他一文錢，你道是合理的事，幾時倒的了？你多與他些物，好好的説，這般時，口也順，終久是有理的勾當。街上人道的【60b】是，如今是墙板世界，反上反下。只怕反過来也不見的。我料你那事色，這般兊（兑）當着幹時，好的一般。這官司人們，緊不的，慢不的，不使錢幹勾當，不濟事。常言道："衙門處處向南開③，【61a】有理無錢休入来。"

朴通事諺解中

---

　①　《吏學指南》云：下之所以通款曲於上者曰関莭，又造請權要謂之関莭。漢曰関説。宋包拯剛直好駁，時人語曰："関莭不到，有閻羅包老。"如本國俗語：쇼청ᄒᆞ다。

　②　閣落，音ㄱ·ㄹ，指一隅深奥之處。舊本未得本字，而借用"栲栳"二字。按韵書，栲栳，木名；筹筶，柳器。並音ㄱㄹ，皆上聲，與本語字音大不相同，但《觅疑韵畧》及《字學啓蒙》字作"旭旮"，音ㄱㄹ。此二字乃俗之自撰，諸韵書所不收，今不採用。唯於《直觧小學》内，字作"閣落"，兩字之音，稍爲彷彿，今亦用之。然"閣"字音亦小（《集覽》作"少"）不合，讀者詳之。

　③　《南村輟耕録》云：凡衙門皆坐北南向者，南方屬雜（離）卦，雜（離）虛中則聰，又南方火位，火明則能破暗，故表南面聰明、爲民治愚暗之事。臺門必北開者，取肅殺就陰之象。

朴通事諺解下

【1a】我差使出去了，一夏裡不曾好生收拾，把我的銀鼠①皮背子、貂鼠皮丟袖②虫蛀的無一根兒風毛，怎的好？

咳，可惜了！這的是誰的不是？你臨去時莭，家裡好生囑付，着菖蒲末【1b】兒撒的勻了着，每日箇日頭裡晒，比及晌（晌）午剗正熱時分收拾。每日這般用心弄他時，虫子怎麼蛀的？這的是恠不的人，也恠不的虫子，你的不是。

罷，罷，休煩惱，身巳（己）安樂時有也。古人道："休道黃金貴，安【2a】樂直錢多。"

不知道那裏躧死了一箇蜻蜓，我聞了臊氣，惡心上来，冷疾發的當不的。拿些水来我漱口，疾忙將苕菷来，綽的乾净着，將兩根香来燒。我如今不喫飯，莩一會兒喫。且休燒簽子，熬些茶【2b】芽来我喫。

長老③的佛像鑄了麼？

鑄了三尊佛④，我待要上金来。前日三更前後⑤，賊入来，把我二三年布施来的金銀鈔錠，都偷將去了！没計奈何，我如今又徃江南地面裡布施去，【3a】一来是十分命不快，告諸佛菩薩，願滿之日死

① 銀鼠，形如青鼠而差小，色純雪白，出達子地，價直甚高。
② 丟袖，《音義》云：ㅅ·ᄆᆡ조쳐：내ᄇᆞ·틴잣·옷。
③ 僧有智德可尊者曰長老，又道高臘長呼爲湏菩提，亦曰長老。
④ 過去佛、現在佛、未来佛爲三尊佛也，亦曰三世如来。
⑤ 言"前後"者，未能定稱的時而云然也。

時也不愁。

罷，罷，師傅善日不滅。你休生怠慢心，沿路上用心好去着。徃常唐三蔵①師傅西天取【3b】經②去時莭，十萬八千里途程，正是瘦禽也飛不到，壯馬也實勞蹄。這般遠田地裏，經多少風寒暑濕，受多少日【4a】炙風吹，過多少惡山險水難路，見多少怪物妖精侵他，撞多少猛虎毒虫定害，逢多少惡物刁蹶③，正是好人魔障④多。行六年，受多少【4b】千辛萬苦，到西天取將經来，度脱衆生，各得成佛。師傅你也休忙，慢慢的到江南沿門布施，願滿成就着。久後你

---

① 三蔵，俗姓陳，名偉，洛州緱氏縣人也，號玄奘法師。貞觀三年，奉勅徃西域，取經六百卷而来，仍呼爲三蔵法師。三蔵：經一蔵，律一蔵，論一蔵。曰脩多羅，即阿難聖衆結集爲經；曰毗奈耶，一曰毗尼，即優波者結集爲律；曰阿毗曇，即諸大菩薩衍而爲論。蔵即包含攝持之義。非蔵無以積錢財，非蔵無以蘊文義，謂攝一切所應知義，無令分散，故名爲蔵也。

② 《西遊記》云：昔釋迦牟尼佛在西天靈山雷音寺撰成經、律、論三蔵金經，須送東土，鮮度羣迷，問諸菩薩：徃東土尋取經人来。乃以西天去東土十萬八千里之程，妖怪又多，諸衆不敢輕諾，唯南海落迦（《集覽》作“伽”）山觀世音菩薩騰雲駕霧徃東土去，遥見長安京兆府一道瑞氣衝天，觀音化作老僧入城。此時唐太宗聚天下僧尼設無遮大會，曰衆僧舉一高僧爲壇主説法，即玄奘（《集覽》作“装”）法師也。老僧見法師曰：“西天釋伽造經三蔵，以待取經之人。”法師曰：“既有程途，須有到時。西天雖遠，我發大願，當徃取来。”老僧言訖，騰空而去。帝知觀音化身，即勅法師徃西天取經，法師奉勅行言，六年東還。

③ 《音義》云：刁，難也；蹶，顛仆而不能行也。今按，法師徃西天時，初到師陀國界，遇猛虎毒蛇之害，次遇黑熊精、黃風怪、地湧夫人、蜘蛛精、獅子怪、多目怪、紅孩兒怪，幾死僅免。又過棘釣洞、火炎山、薄屎洞、女人國及諸惡山險水，怪害患苦，不知其幾，此所謂刁蹶也。詳見《西遊記》。

④ 《飜譯名義》云：梵語“魔”，此云“障”也，能爲修道作障碍。昔釋迦出世時，魔王名波旬。若如来供養恭敬，魔王依於佛法，得善利，不念報恩，而反欲加毀，故名波旬，此言惡中惡。

也得證果金身①。

　　叫一箇泥水匠和兩箇坌工【5a】来，整治這炕壁。

　　你有泥鏝、泥托麼？

　　没家事時筭甚麼泥水匠？都有裏。做炕時，死火炕？燒火炕？

　　都不要，你只做饋我煤火炕着，前面做一箇煤爐。

　　培塼都有麼？

　　都有。

　　如今疾忙買石灰、麻刀去，将鐵【5b】枚和鑊来掘土，這裏和泥。且打将兩擔水来，把那麻刀一打裏和的匀着。你把那繩子在墙上驗的正着。

　　這一脱兒無虧絟。

　　這高虧鑽些土，打一箇橜子絟不的？

　　你只朝南做門兒，那西邊做一箇窨洞②。

　　【6a】你爲甚麼這炕面上灰泥的不平正？将泥鏝来再抹的光着。枉可惜了飯，一般動脚動手做生活，這般做的不成時，不可惜了工錢？

　　咳，我到虧裏做生活時，從来不曾見這般細詳的官人。

　　你説甚麼話？"拙匠人，巧【6b】主人。"

　　我害疥痒當不的，你的長指甲饋我掐(掐)一掐(掐)。

———————————

①　今按，證，應也，得也；果，果報也。金身者，佛三十二相，云身真金色。言果報者，《觀經疏》云：行真實法感得勝報也。又修善得善果，作惡得惡報，謂之果報。又生時所作善惡謂之曰，他日報應謂之果。謂證果者，如三藏法師取經東還，化爲栴檀佛如来。詳見下。

②　窨洞，《音義》云：取灰之虧。今按：：窟。

我不掐（掐）他，滿指甲疙瘮和膿水，怎麽當？

我説與你，撓時廝刺疼，掐（掐）時甜殺人。你饋我掐（掐）一遍兒。我那幾日着那小廝掐（掐）来，一會兒打頓①着撓破了，【7a】我罵他，那廝惶了，又蟒抓了一遍，越疼的當不的！

你去更皷樓北邊王舍家裏，買将一兩疥藥来搽一遍，便成疙滓都吊了。

我不知道那家有甚麼慌字②？

那家門前兀子上，【7b】放着一箇三隻脚鐵蝦蟆兒③便是。買将些箇来，火盆里弄些火，撓破了疥瘡搽那藥，火裏炙，這般時便好了。「休尋海上方④，自有神仙藥。」

這七月十五日⑤是諸佛解夏⑥【8a】之日，慶壽寺⑦裏爲諸亡靈

---

① 頓，《集韻》作“盹”，朦朧欲睡之皃。打盹，今俗語조으다。（《集覽》無此條。）

② 今按：漢俗，凡出賣諸物之家，俱設標幟之物，置於門口，或於門前起立牌榜，如曰“張家出賣高麗布扇”，一如賣酒家標植青帘之類，俗呼青帘曰“酒家望子”。

③ 今按：漢俗，優人作戲時，手執三脚蝦蟆入優塲作戲，問之，則曰：唯仙家蓄養三脚蝦蟆，俗人聞氣者必死。然未詳源流。《書言故事》云：月宮蟾蜍三足，是爲羿妻所化。

④ 唐崔元亮著《海上方》，即醫方也。

⑤ 《道藏經》云：七月十五日，謂之中元，地官下降人間，檢校世人，甄別善惡，上告天曹。

⑥ 解夏，《荊楚歲時記》云：天下僧尼，於四月十五日，就禪刹掛搭不出門，謂之結夏，亦曰結制。盖夏乃長養之莭，在外行則恐傷草木虫類，故九十日安居不出，至七月十五日，應禪寺掛搭僧尼，盡皆散去，謂之解夏，又謂解制。掛搭詳見《事林廣記》。

⑦ 慶壽寺，《一統志》云：在順天府西南，内有飛虹、飛渡二橋，石刻六大字，極遒勁。相傳金章宗所書。又有金學士李晏碑文，正統間重建，賜額“大興隆寺”，僧録司在焉。

做盂蘭盆齋①，我也随喜去来。那壇主②是高麗師傅，【8b】青旋旋
圓頂，白净净顔面，聰明智慧過人，唱念聲音壓衆，經律論③皆通，
真是一箇有德行的和尚。説目連④尊者救母經，僧尼道俗善男信
女⑤【9a】不知其數，人人盡盤雙足，箇箇擎拳合掌⑥，側耳聽聲。内
中一箇達達只管呵欠，衆人看他的中間，一會兒倚着欄干頓睡，不
知怎生滾在底下，喫了一跌，把鼻子跌破了。那講主【9b】見那達達
跌破鼻子，叫将根前来説道："你聽我説與你，這佛法最尊最貴，不
可不信。因你貪嗔癡⑦三毒不離於身，心只在酒肉氣色，不信佛
法，不聽經論，因此上見世報。入【10a】寺敬三寶⑧，到家裏敬重父
母。你如今誠心懺悔，改徃修来着。"道罷，那達達聽師傅説，便喝

---

① 盂蘭盆齋，《大藏經》云：大目犍連尊者，以母生餓鬼中不得食，佛令作盂
蘭盆，至七月十五日，具百味五果，置盆中，供養十方大德，而後母乃得食。
《翻譯名義》云：梵言盂蘭，唐言救倒懸也。

② 《翻譯名義》云：梵言漫茶羅，此云壇。謂主場説法者曰壇主。

③ 觧見"三藏法師"下。

④ 《反譯名義》云：目連，婆羅門姓也，名拘（《集覽》作"拘"）律陀。又大經
云：目犍連，即姓也，曰姓立名目連。《事林廣記》云：佛書所謂王舍衛
城，即賓童龍國也，國在西南海中，隸占城。占城選人作地主。目連，即此
國人也。人云：目連舍基，至今猶存。

⑤ 《了義經》云：善者，順理也；信者，言是事如是也。佛法大海，信爲能入，
智爲能度人，若無信，不入佛法。又善男善女釋見上。

⑥ 擎拳合掌，《翻譯名義》云：此方以拱手爲恭，外國以合掌爲敬。手本二
邊，今合爲一，表不散誕，專主一心。《西域記》云：致敬之式，其儀九等，
四曰合掌平拱。

⑦ 貪嗔癡，即三毒也。又曰三業。《大智論》云：有利益我者生貪欲，有違逆
我者生嗔恚。不從智生，從狂惑生，是名爲癡，爲一切煩惱之根本。

⑧ 三寶，佛、法、僧也。功成妙智，道登圓覺，佛也；玄理幽微，正教精誠，法
也；禁戒守真，威儀出俗，僧也。皆是四生導首，六趣舟航，故曰寶。又《法
數》云：十號圓明，萬行具足，天龍戴仰，稱無上尊，即佛寶也；一音演説，
普應羣機，究竟清净，名離欲尊，即法寶也；脱塵異俗，圓頂方袍，入聖超
凡，爲衆中尊，即僧寶也。

跳起来道:"怎的是佛法?"罵了走出去了。師傅道:"一年一日觧說【10b】戒法時,他也不肯信向,這的無緣衆生難化。"

這幾日我家裏有人去,先生你寫與我書稍(捎)的去。

我寫了也。你聽我念:"愚男山童,頓首拜上父親母親尊侍前,玉體安樂好麼? 孩兒在都,托着爺娘福蔭【11a】裏,身巳(已)安樂,不湏憂念。孩兒自拜別之後,想念之心無日有忘。前者姐夫去時,稍(捎)一箇水褐段匹與父親用来之後,未見囬書,不知得否? 有人来時,望稍(捎)書来着。孩兒今将金色茶褐段子一箇,藍長綾【11b】一箇,各俱壹裏,與兄弟佛童将去,父親母親穿用。孩兒這裏所幹已成完備,得了照會①,待兩箇月,衣錦還鄉②,喜面相条,孝順父母,光顯門閭,只此已外,別無所【12a】懷。如書到日,勝如見面。比及孩兒相會,善保尊顏。不宣。某年秋季月十有五日,愚男山童頓首百拜。"浼饋你筆,畫箇字。

我要盖一座書房,木匠你来,咱商量。

相公支分怎的盖?

【12b】捲篷樣做。

木植③都有麼?

檁、樑、椽、柱、短柱、叉豎、門框、門扇、吊窓、天窓、雙扇、單扇、窓櫺,以至升斗、石、塼、培瓦都有,你只取将墨斗、墨饒和鎊、錛子、

---

① 照會,五軍都督府照會六部,六部照會承宣布政使司,使司照會提刑、按察司。體式詳見《求政錄》。

② 項羽屠咸陽,與沛公分王,又懷東歸,曰:"富貴不歸故鄉,如衣繡夜行。"遂東歸,都彭城。故後人仕宦(《集覽》作"官")榮貴歸還鄉里者曰"衣錦還鄉"。

③ 木植,亦曰"木料"。남·고·로 :셩·녕·홀ㄱ·수·미니,詳見《字解》"料"字下。

退鉋、鑿(鑿)子、斧子、銼子来做生活。我【13a】慢慢的旋指分，盖了
這房子。那西壁廂打一流兒短墙，上面畫六鶴舞琴①。前面壘一
箇花臺兒，栽些好名花，臨窻看書亦看花。

相公道的正好！正好！【13b】别要盖甚麽房子？

不要盖，儘勾也。常言道："能盖萬間房，夜眠一廈間。"

你官人除做那裏？

除做光禄寺卿。

咳，這一除甚麽好？

除好清高。

做了第幾位？

第二少卿。

這衙門更是好湯食。

可【14a】知！每日两箇羊爲頭兒，軟肉薄餅②喫了，又喫幾盞酒
之後，喫稍麥粉湯③，却喫棋子或是淡粥後頭，擺茶飯，又喫一會
酒，擡了卓子，纔只撡史④們將文卷来，紫【14b】羅書案上展開，啓禀
公事，頭到發落公事，直到日平西纔上馬。

---

① 六鶴舞琴，《史記》：師曠援琴而鼓，一奏之，有玄鶴二八集于廊門，再奏
之，延頸而鳴，舒翼而舞。《善惡報應録》云：江夏郡辛氏沽酒爲業，有一
先生入坐曰："有好酒飲吾否？"辛飲以巨杯。明日復来。如此半載。謂辛
曰："多負酒債，無錢酬汝。"遂取藍橘皮，於壁上畫鶴，曰："客来飲酒，但令
拍手歌之，其鶴必舞，将此酬汝。"後客至，如其言，鶴果舞，觀者沓至，酬之
以錢，遂致巨富。

② 軟肉薄餅，《質問》云：以麥麵作成薄餅片，而用爁軟肉捲而食之。

③ 《質問》云：以麥糆作成薄片，包肉蒸熟，與湯食之，方言謂之"稍麥"。麥，
亦作"賣"。又云：皮薄内實，切碎肉，當頂撮細，似線稍緊，故曰"稍麥"。
又云：以糆作皮，以肉爲餡，當頂作爲花蕊，方言謂之稍麥。

④ 今按，五軍都督府有撡史而光禄寺吏無此名。元制未詳。

那般散了時，便到家裏那怎的？時常這般早聚晚散麼？

但早散時實不見早囬家，繞地裏望官人，直是人定時分纔下馬。

那般時，你伴當【15a】們其實受苦。

罷，罷，跟官人時休撒懶，一發用心上緊着。

我也跟官人時莭，那裏問雨雪陰晴，忍多少飢，受多少渴，這般受苦来！今日箇日頭，官人們的要路裏到了也。古人道："苦盡甘来。"

【15b】我家裏一箇漢子，城外種稻子来，和一箇漢兒人廝打来，那廝先告官，把我家小廝拿將去監了貳日。又一箇小廝，半夜裏起来，煤塲裏推煤①去時莭，被巡夜的拿着，冷鋪裏監禁着。咳，"事不過三日"，却又招災！【16a】"禍不單行"真箇是！

種稻子那廝因何監着？

他一家住的漢兒人，不見了幾件衣裳，却説我家漢子偷了，那廝急性，便合口廝打，那廝告官，把我小的監了。

由他，無贓時有甚麼事？律條裏明白有："妄告官【16b】司，抵罪反坐。"這的便是："閉門屋裏坐，禍從天上来。"

我兩箇部前買文書去来。

買甚麼文書去？

買《趙太祖飛龍記》②、《唐三藏西遊記》③去。

---

① 推，用軸(?)軸載煤炭，一人推運而来。
② 宋太祖姓趙名匡胤。母昭獻皇后夢日入懷而孕。誕生之夕，赤光滿室，異香馥郁。及長，性沉厚，有大度，調遷爲殿前都點檢。陳橋之變，黃袍已加于身，受周恭帝之禪，即皇帝位。《易》曰："飛龍在天。"龍爲人君之象，故稱即位曰"飛龍"。
③ 《西遊記》，三藏法師往西域取經六百卷而来，記其往来始末爲書，名曰"西遊記"，詳見上。

買【17a】時買四書六經也好，既讀孔聖之書，必達周公之理，要怎麼那一等平話？

《西遊記》熱鬧，悶時莭好看有。唐三藏引孫行者①【17b】到車遲國②，和伯眼大仙鬪聖的你知道麼？

你説我聽。

唐僧徃西天取經去時莭，到一箇城子，喚做車遲國。【18a】那國王好善，恭敬佛法。國中有一箇先生，喚伯眼③，外名喚"燒金子道人"。見國王敬佛法，便使黑心，要滅佛教，但見和尚，便拿着曳車觧鋸，起盖三清④大殿，【18b】如此定害三寶。一日，先生們

---

① 孫行者，行者，僧未經關給度牒者，謂之僧行，亦曰行者。《西遊記》云：西域有花菓山，山下有水簾洞，洞前有鐵板橋，橋下有萬丈澗，澗邊有萬箇小洞，洞裏多猴，有老猴精，號齊天大聖，神通廣大，入天宫仙桃園偷蟠桃，又偷老君靈丹藥，又去王母宫偷王母綉仙衣一套，来設慶仙衣會。老君、王母具(《集覽》作"俱")奏于玉帝，傳宣李天王，引領天兵十萬及諸神将至花菓山，與大聖相戰失利，巡山大力鬼上告天王，舉灌州灌江口神曰小聖二郎，可使拿獲，天王遣太子木叉，與大力鬼徃請二郎神，領神兵圍花菓山，衆猴出戰皆敗，大聖被執皆死，觀音上請于玉帝，免死，令巨靈神押大聖前徃下方去，乃於花菓山石縫内納身，下截畫如来押字封着，使山神土地神鎮守，飢食鐵丸，渴飲銅汁，"待我徃東土尋取經之人，經過此山，觀大聖，肯随徃西天，則此時可放。"其後唐太宗勅玄奘法師徃西天取經，路經此山，見此猴精壓在石縫，去其佛押出之，以爲徒弟，賜法名吾空，改號爲孫行者，與沙和尚及黑豬精朱八戒偕徃，在路降妖去恠，救師脱難，皆是孫行者神通之力也。法師到西天，受經三藏，東還，法師證果栴檀佛如来，孫行者證果大力王菩薩，朱八戒證果香華會上淨壇使者。

② 在西域，未詳所在。

③ 《西遊記》云：有一先生到車遲國，吹口氣以磚瓦皆化爲金，驚動國王，拜爲國師，號伯眼大仙。

④ 三清，《道經》云：無上大羅。玉清，十二天聖境也，九聖所居，元始天尊所治。上清，十二天真境也，九真所居，玉晨道君所治。太清，十二天仙境也，九仙所居，太上老君所治。謂之三清。

做羅天①大醮②,唐僧師徒二人,正到城裏智海禪寺投宿,聽的道人們祭星,孫【19a】行者師傅上説知,到羅天大醮壇塲上蔵身,奪喫了祭星茶果,却把伯眼打了一鐵棒。小先生到前面教點燈,又打了一鐵棒。伯眼道:"這禿廝好沒道理!"便焦懆起来。到國王前面告未畢,唐僧也引徒弟去到王所。【19b】王請唐僧上殿,見大仙,打罷問訊,先生也稽首廻禮。先生對唐僧道:"咱兩箇冤讎不小可裏!"三蔵道:"貧僧是東土人,不曾認的,你有何冤讎?"大仙睁開雙眼道:"你教徒弟壞了我羅天大醮,【20a】更打了我兩鐵棒,這的不是大讎?咱兩箇對君王面前鬪聖,那一箇輸了時,強的上拜爲師傅。"唐僧道:"那般着。"伯眼道:"起頭坐静,第二樻中猜物,第三滾油洗澡,第四割頭再接。"説罷,打一聲鍾響,【20b】各上禪床坐定,分毫不動,但動的便筭輸。大仙徒弟名鹿皮,拔下一根頭髮,變做狗蚤,唐僧耳門後咬,要動禪。孫行者是箇胡孫,見那狗蚤,便拿下来磕死了。他却拔下一根毛衣,變做假行者,靠師傅立【21a】的。他走到金水河裏,和將一塊青泥来,大仙鼻凹裏放了,變做青母蝎,脊背上咬一口,大仙叫一聲,跳下床来了。王道:"唐僧得勝了!"又叫兩箇宮娥,擡過一箇紅漆樻子来,前面放下,着兩箇猜裏面有甚麽。【21b】皇后暗使一箇宮娥説與先生:"樻中有一顆桃。"孫行者變做箇焦苗虫

①　羅天,《道經》云:七寶之樹各生一方,弥覆一天,八樹弥覆八天,包羅衆天,故云大羅,此聖境也。謂覆盖萬天,羅絡三界,極高無上,故稱大羅。三清五境三十六天,謂之大羅;四方四梵三十二天,謂之中羅;其欲色三界三十八天,謂之小羅:総謂之羅天三界。

②　大醮,《道經》云:醮,祭名。夜中於星辰之下,陳設餅餌、酒果、幣物,禋祀天皇、太乙、地祇、列宿。又有消災度厄之法,依陰陽五行之數,推人年命,書爲章疏青詞,奏達天神,謂之醮。上元金籙齋,帝王修奉,設普天大醮。中元玉籙齋,保佑六宮,輔寧妃后,設周天大醮。下元黃籙齋,臣民通修,普資家國,設羅天大醮。

兒，飛入櫃中，把桃肉都喫了，只留下桃核出来，説與師傅。王説：
"今番着唐僧先猜。"三藏説："是一箇桃核。"皇后大笑："猜不着
了！"【22a】大仙説："是一顆桃。"着將軍開櫃看，却是桃核，先生又輸
了。鹿皮對大仙説："咱如今燒起油鍋，入去洗澡。"鹿皮先脱下衣
服，入鍋裏。王喝保的其間，孫行者念一聲"唵"字，山神、土地、神
鬼都来了。行者教千里眼、順【22b】風耳①等兩箇鬼，油鍋兩邊看
着，先生待要出来，拿着肩膀颩（丟）在裏面。鹿皮熱當不的，脚踏
鍋邊待要出来，被鬼們當住出不来，就油裏死了。王見多時不出
時，"莫不死了麼？"教將軍看。將軍使金【23a】鈎子搭出箇爛骨頭的
先生。孫行者説："我如今入去洗澡。"脱了衣裳，打一箇跟斗，跳入
油中，纔待洗澡，却早不見了。王説："將軍你搭去，行者敢死了
也？"將軍用鈎子搭去，行者變做五寸来大的胡孫，【23b】左邊搭右邊
趞，右邊搭左邊去，百般搭不着。將軍奏道："行者油煎的肉都没
了！"唐僧見了啼哭，行者聽了跳出来，叫："大王，有肥棗麼？與我
洗頭！"衆人喝保："佛家贏了也！"孫行者把他的頭先割下来，【24a】
血瀝瀝的腔子立地，頭落在地上，行者用手把頭提起，接在頜（脖）
項上依舊了。伯眼大仙也割下頭来，待要接，行者念"金頭揭地，銀
頭揭地，波羅僧揭地"②之後，變做大黑狗，把先生的【24b】頭拖將
去。先生變做老虎赶，行者直拖的王前面颩（丟）了，不見了狗，也
不見了虎，只落下一箇虎頭。國王道："元来是一箇虎精！不是師
傅，怎生拿出他本像！"説罷，越敬佛門，賜唐僧金錢三百貫、金鉢盂
一箇，【25a】賜行者金錢三百貫，打發了。

---

① 　千里眼、順風耳，兩鬼名。
② 　《西遊記》云：釋迦牟尼佛在靈山雷音寺演説三乘教法，傍有侍奉阿難、伽
　　舍諸菩薩，聖僧、羅漢、八金剛、四揭地、十代明王、天仙、地仙。觀此則揭
　　地神名，然未詳何神。

這孫行者正是了的！那伯眼大仙那裏想胡孫手裏死了！古人道："殺人一萬，自損三千。"

那賣珠兒的，你来。燒子珠兒好的有麼？

沒有，青白間串的上等玉珠兒有幾串。

你【25b】將来，我看便知道。這不是燒子的甚麼？你敢要玉價錢？你待謾過我？

爲我命不好，撞着你。除了你，別人不理會的。

你多少賣？

這珠兒討時討三兩價錢，實要二兩銀子賣兩你。

這賊養漢生的小驢精，一發【26a】做賊時不好？燒子二兩家賣了幾串？

村言村語的休罵人。相公知道時，但與的便是價錢，我不敢言語。

與你一兩銀子賣麼？

罷，罷，將来。你説都是白銀，這的八成銀，只與我二兩沒利錢，虧死我也！

你有【26b】好珊瑚麼？

有時有，不賣。

你不賣，將家去就飯喫？

黄豆来大的、血點也似好顔色圓净的，價錢大，你要那？

這沒觜臉小胡孫，好小看人！我偏帶不的好珊瑚？

不是這般説，官人捨不的錢，那裏買的？

呆鬆，你【27a】將来我看。

｛心裏想道："這珊瑚帶的過。"｝

這二十顆珊瑚怎的賣？

老實價錢,一兩一顆家。

你看那廝唧唧的喝保! 你休自誇,我知道這的甚麼東西。

咳,一件好物!

我還與你價錢,八錢一顆家買你的。

買不的。

【27b】罷,罷,九錢一顆家。看銀子買了儘勾了。我買的不應心。

怕你錯買時,着別人看去。寸心不昧,萬法皆明。

請哥這茶房裏喫些茶去来。

坐的,哥。

{茶博士①們問:"客官人們喫甚麼茶?"}

【28a】先喫甜的金橘蜜煎②、銀杏煎,再將涼酪来。

賣榛子的,你来,我和你拿榛子。

一霎兒贏了二升多榛子,乾得那些榛子喫,倒省錢。

賣刷子的,將来。這帽刷、靴刷各一箇,【28b】刷牙兩箇,掠頭兩箇,怎麼賣?

這的有甚麼商量處,將二百箇銅錢来。

哥,我與你這一箇刷牙、一箇掠頭,將去使,休吊(掉)了。

不妨事,我靴勒裏揣將去。李舍哥,好生定害你。

有甚麼定害處! 心裏好着。明日再廝見。

---

① 《音義》云:進茶人之假稱。

② 蜜煎,《事林廣記》云:凡煎生果,最要遂其本性,酸苦辛硬随性製之,以半蜜半水煮十數沸,乘熟控乾,別換新蜜,入銀石器内,用文武火煮,取其色明透爲度,入新缶盛貯,緊密封窨,勿令生虫。須時復看視,纔覺蜜酸,急以新蜜煉熟易之。

【29a】張大，你打饋我一箇立鼇兒、一箇蝦蟆鼇兒和蝎虎①盞兒。

如今銀子如何？

只是如常，元寶②我有半錠了，【29b】再添上三、五兩銀子時勾也。鼇兒打的匾着些箇，觜兒、把兒且打下，我看着鍒。你自這裏打爐子，鐵鎚、鉗子、鐵枕、鍋兒、碎家事，和將瀝青③來，這裏做生活。你看我這帽頂子，帳房門上磕着，塌【30a】了半邊，顏色也都消了，你就饋我掠飭，我不筭工錢，多多的賞你。

你那裏有来？

今日是聖莭日，我在官裏前面，百官禮畢後，看挎挍来。穿着花袴④皂靴的勇士⑤，四、五對家簇簇【30b】趂趂的，挎倒拿法⑥。

看挎挍的官人們有甚麼數目？

官裏前面，丞相爲頭兒，各衙門官人們，一品至九品，大小衆官，知他是多多少少！便是箇人城，只是垓垓滾滾的。大明殿前月

---

① 蝎虎，蠑蚖、蜥蜴、蝘蜓、守宮，一物而四名，在壁曰"守宮"，在草曰"蜥蜴"。守宮即蝎虎也。褐色，四足，偃伏壁間，名蝘蜓，亦曰"守宮"。五月五日捕其生者，飼以朱砂，明年端午擣之，點宮人臂上，經事則消，否則雖死不改，故名曰"守宮"。漢武帝嘗試之，果驗。常捕全蝎食之，故名蝎虎。

② 《南村輟耕錄》云：至元十三年，元兵平宋，囬至楊州，丞相伯顏號令搜檢將士行李，所得撒花銀子，銷鑄作錠，每五十兩爲一錠，歸朝献納。世祖大會王子王孫、駙馬國戚，從而頒賜，或用貨賣，所以民間有此錠也。錠上有字，曰"楊州元寶"。後朝廷亦鑄。又有遼陽元寶，至元二十三年，征遼所得銀子而鑄者也。撒花，元語，猶本國語曰土産也。

③ 瀝青，《家禮儀制》云：生蛤粉、桐油合熬爲之。

④ 花袴，以裩連上衣爲之者，如倭奴上着纈文之衣。

⑤ 勇士，華制，以紅氈裁成"勇"字，附於方帛之上，施長帶於四角，橫負於背，侍衛則用之，故曰勇士，即本國甲士也。

⑥ 拿法，《音義》云：用手拿緊要之處。

臺上,四角頭立地的四箇将軍①,【31a】咳！那身材！身長六尺,腰濶三圍抱不匝,頭戴四縫盔,身披黃金鏁子甲,曜日連環,脚穿着朝雲靴,各自腰帶七寶環刀,手持畫干方天戟的,將鉞斧的,拿劒的,手柱【31b】槍的,三尺寬肩膀,燈盞也似兩隻眼,直挺挺的立地,山也似不動憚。咳！正是一條好漢！這的擎天白玉柱,駕海紫金梁,天子百靈咸助,將軍八面威風。

　　咱們食店裏喫些飯②去来。

　　午門外前【32a】好飯店,那裏喫去来。

　　咱各自愛喫甚麽飯各自説。

　　過賣③你来,有甚麽飯？

　　官人們各自説喫甚麽飯。羊肉餡(餡)饅頭④、素酸餡(餡)稍麥、匾食、水精角兒⑤、【32b】麻尼汁經卷兒⑥、軟肉薄餅、餅

---

① 四箇将軍,募選身軀長大壯偉、異於人者,紅盔銀甲,立於殿前月臺上四隅,名鎮殿將軍,亦曰紅盔將軍,亦曰大漢將軍,其請給衣粮曰大漢衣粮。年過五十,方許出官。

② 飯,漢人凡稱餅、麪、酒食之類皆曰飯。

③ 過賣,食店内執役供具之人,如雇工者也。

④ 餡(餡),或肉或菜及諸料物拌匀爲胎,納於餅中者曰餡(餡)。酸餡(餡)、素餡(餡)、葷餡(餡)、生餡(餡)、熟餡(餡),供用合宜。詳見《事林廣記》、《事文類聚》、《居家必用》等書,劑法不一。今不煩註。

⑤ 《飲饌正要》云：羊肉、羊脂、羊尾子、生葱、陳皮、生薑,各細切,入細料物,塩醬拌匀爲餡(餡),用豆粉作皮包之,水煮供食。又《居家必用》云：皮用白麪於滚湯攪作稠糊,於冷水浸,以豆粉和搜作劑,打作皮,包餡(餡)上籠,緊火蒸熟,洒兩次水,方可下竈,臨供時再洒些水便供。

⑥ 《飲饌(《集覽》作“膳”)正要》云：白麪一斤,小油一斤,小椒一兩炒去汗,茴香一兩炒。右件,隔宿用酵子、塩、減(碱)、温水一同和麪；次日入麪,接肥,再和成麪,每斤作二箇入籠蒸。麻,即脂麻也。擣脂麻爲汁,如稀泥然,故曰麻尼汁。尼,作泥是。

餶①、煎餅、水滑經帶麵②、【33a】掛麵③、象眼粸子④、柳葉粸子⑤、芝
麻燒餅、黄燒餅⑥、酥燒餅⑦、【33b】硬麵燒餅⑧都有。

　　燒餅粸子你店裏有麼？

　　官人們要時，這間壁磨房裏取將来。

　　你来，歘汁⑨熱着，零碎和生薑、料物、葱、蒜、醋、塩都將来。

　　咱各自儘飽喫。

─────────

① 《質問》云：將菉豆粉摻和粘穀米，着水浸濕，用石磨磨細，杓兒盛在鍋内，
一撮一撮煎熟而食。

② 《質問》云：以麥麵扯成長條，似包經帶子樣，煮熟，椒肉湯食之，方言謂之
水滑經帶麵。《事林廣記》及《居家必用》以水滑、經帶爲二物。水滑麵用
頭麵，春夏秋用新汲水，入油塩，先攪作拌麵羹樣，漸漸入水和搜成劑，用
水拆開，作小塊子，再用油水洒和，以拳擂一二百拳。如此三四次，微軟，
和餅劑，就案上用拗棒拗百餘棒，多揉數百拳，至麵性行，方可搓如指頭
大，新涼水内浸兩時許，伺麵性行，方下鍋，濶細任意做。冬月温水浸經帶
麵，用頭白麵二斤，減（鹼）二兩，塩二兩，研細，新汲水破開和搜，比趕麵劑
微軟，漸以拗棒拗百餘下，停一時許，再拗百餘下，趕至極薄，切如經帶樣，
滾湯下，候熟，入涼水，投汁任意。

③ 詳見《老乞大集覽》"濕麵"下。

④ 《質問》云：以麥麵作成象眼樣大粸（《集覽》作"粸"）子，行路便於食之，方
言謂之象眼粸子。然粸子形劑未詳。但《居家必用》著米心粸子劑法，云：
頭麵以凉水入塩和成劑，拗棒拗過，趕至薄，切作細基子，洒（《集覽》作
"晒"）乾，以筵子隔過，再用刀切千百次，再隔過。龜者再切，細者有糜末，
却簁去，皆要一樣極細如米粒。下鍋煮熟，連湯起在盆内，用凉水寬投之，
三五次方得精細。攪轉，撈起控乾，麻汁加碎肉、糟姜米、醬瓜米、黄瓜米、
香菜荸粧點用供。

⑤ 《質問》云：以麥麵作成柳葉樣粸子，亦便於行路之食，方言謂之柳葉粸子。

⑥ 《總龜》云：燒餅，即古之胡餅也。石勒諱胡，改爲麻餅。《質問》云：以麥
麵作成餅子，用芝麻粘洒，烙熟食之。《事林廣記》云：每麵一斤，入油
一兩半，炒塩一錢，冷水和搜得所，骨魯搥研開，鏊上熿熟。得硬爐火燒熟，
甚酥美。酥，긔걱ᄒ다。

⑦ 《質問》云：以麥麵用酥油調和作餅子，烙熟，最酥，方言謂之酥燒餅。

⑧ 《質問》云：此不用油，徒以冷水和麵烙熟。

⑨ 喝汁，詳見《老乞大集覽》"這湯"下。

過賣,你這飯只要乾净,休着冷了。

【34a】官人們,這的不消説。我管甚麼? 請也請不来。我用心伏侍官人們。常言道:"一箇去,百箇来。"

咱們今日打毬兒①如何?

咱賭甚麼?

咱賭錢兒。

那箇新来的崔舍,你也打的麼?

我怎麼打【34b】不的?

你是新来的莊家,那裏會打? 不濟事。

你休問他,我學打這一會。

將我那提攬②和皮俗来。拿出毬棒③来,借與崔舍打。飛棒杓兒④、【35a】滚子、鷹觜⑤、擊起毬兒⑥都借與你。

咱打那一箇窩兒⑦?

————————————

① 今按,《質問》畫成毬兒,即如本國댱방올。注云:以木刷圓。

② 提攬,《質問》云:如筐子,上有圓圈,用手提攜,方言謂之提攬。又云:或竹、或荆爲之,有本荨長圓提緊。今以《質問》之釋考之,則"攬"字作"籃"爲是。然此兩釋似皆不合本意,未詳是否。

③ 毬棒,《質問》云:如人耍木毬,耍木棒一上一下,用有柄木杓接毬,相連不絶,方言謂之毬棒。又云:此戲之一端也,有毬門,有窩兒,中者爲勝。以下四者俱打毬之用。

④ 《質問》畫成毬棒,即本國武試毬杖之形,而下云煖木廂柄,其杓用水牛皮爲之,以木爲胎。今按,煖木,黃蘗木也。廂柄者,以黃蘗皮裹其柄也。胎者,以木爲骨,而以皮爲外裹也。

⑤ 鷹觜,《質問》云:毬棒上所用之物。

⑥ 擊起毬兒,《質問》云:如人將木圓毬兒打起老高,便落於窩内,方言謂之擊起毬兒。

⑦ 窩兒,《質問》云:如人打毬兒,先掘一窩兒,後將毬兒打入窩内,方言謂之窩兒。又一本《質問》畫毬門架子,如本國抛毬樂架子,而云:木架子其高一丈,用五色絹結成彩門,中有圓眼,擊起毬兒入眼過落窩者勝。

咱且打毬門窩兒①了，打花臺窩兒②，却打花房窩兒③。

【36a】咱打不上的，看那一箇毬兒老時，着先打。

{一霎兒，人鬧起来。新来的崔舍三廻連打上了。別人道："夢着了也！"}

{又打一會，崔舍又打上。眾人喝保道："我不想這新来的莊家快打！這的喚做'人不可貌相，【36b】海不可斗量'，怎麼小看人？"}

崔舍道："哥，你們再也敢和我打毬麼？你十分休小看人。"

常言道："寸鐵入木，九牛之力。"

老安因甚麼事監在牢裏？

---

① 毬門窩兒，《質問》云：如打毬兒，先竪一毬門，上繫毬窩，然後將毬打上，方言謂之毬門窩兒。又云：平地窟成圓窩，擊起毬兒，落入窩者勝。

② 《質問》云：以磚砌臺，其上栽花藏窩，將毬打入窩內為勝。

③ 《質問》云：如打毬，先立毬窩於花房之上，然後用棒打入，方言謂之花房窩兒。凡數樣毬名，用各不同如此。又云：在馬上舞毬棒，一木有一尺五寸長，上下俱窩。今按，上文自"打毬兒"以下，《質問》各説似不穩合，先説尤不合於本節所云事意，而又無義理；後説似有可取，而又有一疑。毬棒杓兒之制，一如本國武試毬杖之設，即元時擊丸之事。毬門及三窩兒之設，一如本國抛毬樂之制。《質問》所畫，亦同此制，詳見《事林廣記》。但今漢俗未見兩毬，而惟見踢氣毬者，即古之蹴踘也。此節打毬兒又如（《集覽》作"與"）上卷打毬兒名同事異。但本國《龍飛御天歌》云：擊毬之法，或数人，或十餘人，分左右以較勝負。棒形如匙，大如掌，用水牛皮爲之，以厚竹合以爲柄，棒皮薄則毬高起，厚則毬不高起。又有滾棒，所擊之毬輪而不起。随其厚薄大小，厥名各異。毬用木爲之，或用瑪瑙，大如鷄卵。掘地如椀，名窩兒。或隔殿閣而作窩，或於階上作窩，或於平地作窩。毬行或騰起，或斜起，或輪轉，各随所在之宜。一擊入窩則得筭二，一擊不入，随毬所止，再三擊之而入，則得筭一。一擊而入，則他毬不得再擊而死；再擊而入，則他毬不得三擊而死。此後同。一擊之毬，雖與他毬相觸而不死，再擊之毬，與他毬相觸則死。此後亦同。或立而擊，或跪而擊，莭目甚多。又云擊鞠，騎而以杖擊也，黃帝習兵之勢。或曰起於戰國，所以鍊（《集覽》作"練"）武士，因嬉戲而講習之，猶打毬，非蹋鞠之戲也。

　　你不知道,城外那劉村裏,管着他官人家莊土種田来,【37a】到
秋,他種来的稻子、蜀秫、黍子、大麥、小麥、蕎麥、黃豆、小豆、菉豆、
莞豆、黑豆、芝麻、蘇子諸般的都納與了租税,另除了種子後頭,三
停裡,官人上納與二停外,除了一停兒,賣的賣了,落下些箇,養活
他媳婦、孩兒。【37b】這般過當的其間裡,一箇挾讎的人,却點饋那官
人。這兩日官司裡告了,監下老安要追裡。

　　孩兒使爺娘的,奴婢使使長的。管着那莊土,便不使些箇做甚
麼? 常言道:"管山喫山,管水喫水。"

【38a】你哥除在那裏?

除在南京應天府丞①。

幾時行?

昨日去了。

鋪馬②裏去也,長行馬去?

甚麼長行馬,五箇鋪馬去了。

也不小可。去時【38b】節有甚麼氣像? 比丞相③争甚麼?

車馬、茶褐羅傘④、銀栲栳交椅、銀盆、水罐、金瓜、古朵、金鐙、鉞
斧,對對皂隷,擺着四、五里喝道,大小官員,一行部從,那氣像是氣像。

---

①　南京,古金陵之地,吳、晉、宋、齊、梁、陳、南唐建都,大明太祖定鼎於此,爲京
　　師,設應天府,以燕京爲北平布政司。永樂中,於北平肇建北京,爲行在所。
　　正統中,以北京爲京師,設順天府,以應天府爲南京。府丞二員,正四品。

②　鋪馬,站馬也。元制,遠方之任官員,一品五匹,二品四匹,三、四品三匹,
　　五品以下二匹。古者常稱太守曰五馬。按《禮》:天子六馬,左右驂,三公
　　九卿駟馬,左驂。則漢制太守駟馬,其加秩中二千石乃右驂,故以五馬爲
　　貴。《邇齋閑覽》云:漢朝臣出使爲太守,增一馬,故爲五馬。

③　丞相,元中書省有左右丞相,任宰相之戕,左右天子,平章萬機。

④　羅傘,即(《集覽》無"即"字)丞用傘,紅浮屠頂,黑色茶褐羅表,紅綃裏,三簷。

你却爲甚麼不跟去?

【39a】我這上直着誰當着?

你的伴當着一箇替當。更不時,上直官人前告暇,送到那裡時也有些情分。你送那裡廻来?

送到四十里地,宿了一宿,辭了廻来。

接客不如送客,送到三、四日辭廻来怕甚麼?

【39b】不能勾跟將去,只管的遠去怎麼? 古人道:"送君千里,終有一別。"

好畫匠那裏有,你知道麼?

我知道一箇有名的畫匠,天下没雙。

在那裏住?

他在樞密院①角頭住裏。

他是那裏人氏?

是真定②【40a】人。你要畫甚麼?

要畫我的喜身裏。

他別處畫了一箇官人的影来,一似那活的,只少一口氣。他標致,是我好相識。

你請他這裡来麼来不的?

和我兩箇至好麼,他家裏事多,怎麼来的?

【40b】那般時,咱兩箇去来。咱商量了放下定錢。

他不曾開鋪的。

---

① 元制,有使、副使、知院、同知、院簽,書院与中書號爲二府,主兵政。

② 《禹貢》冀州之域,周爲并州地,秦爲鉅鹿郡,漢置恒山郡,元爲真定路,今爲真定府,直隸京師。

似不肯家畫麼?

也不要工錢,相識們十分央及時,没奈何畫。

難道不要工錢? 你知道他就裡麼? 常言道:"畫虎畫皮難畫骨,知人知面不知心。"

【41a】曹大家裡人情来麼?

甚麼人情?

却不没了老曹来!

我不曾知道来,出殯也麼?

今早起出殯来。

幾歲了?

今年纔三十七歲。

咳,年紀也小裡。留幾日来?

三来。

陰陽人是誰?

朱先生来。殃榜横【41b】貼在門上①,你過来時莭不曾見?

我不曾見。寫着甚麼裡?

寫着"壬辰年二月朔丙午十二日丁卯,丙辰年生人,三十七歲,艮時身故,二十四日丁時殯出順城門。巳、午、【42a】亥、卯生人忌犯"裡。

黑夜道場②裡你有来麼?

---

① 漢俗,凡遇人死,則其家必斜貼殃榜於門外壁上,榜文如本莭所云,使生人臨喪知所避忌也。《臞仙肘後經》云:生人所生之年,與亡者所死月莭相犯,則忌避。如四孟莭内死者,忌寅、申、巳、亥生人,四仲月莭内死者,忌子、午、卯、酉生人,四季月莭内死者,忌辰、戌、丑、未生人是也。

② 道塲,《反譯名義》云:修道之塲。僧寺或名道塲。隋煬帝勅天下寺院皆名道塲。

我有来。爲頭兒門外前放一箇卓兒，上頭放坐一尊佛①像。明點燈燭，擺諸般茶果荖味。請佛入到殯前，吹螺打鈸，擂皷撞磬，念經念佛，直念到明。【42b】供養的是豆子粥、餲子燒餅、麵茶荖飯。臨明喫和和飯。

多早晚入斂来？

丑時入斂。仵作②家賃魂車③、紙車④、影亭子⑤、香亭子、諸般彩亭子⑥、【43a】花果、酒器、家事，都裝在卓兒上擡着。又是魂馬⑦、衣帽、靴帶之類，十餘對幢旛、寶盖、螺鈸、皷磬。咳，那小孩兒可憐見，穿着斬衰。

誰碎盆⑧来？

曹大就門前碎盆。【43b】送殯的官人們有甚麽數目！都繫着孝帶。

尸首實葬了那怎的？

燒人場裡燒着，寺裏寄着裡。

咳！苦哉！苦哉！"置下千百口，臨死獨自當。""三寸氣在千般有，一日無常萬事休。"

─────────────────

① 一尊佛，觧見"三尊佛"下。

② 仵作，《吏學指南》云：中人也。作者，偶也，作者，任事也。《爾雅》曰：偶者，合也。陰陽相合則成偶，謂得中也。仵字從人從午，萬物至午則中正；又午位屬火，破諸幽暗，所以仵作名中人也。

③ 魂車，作小腰輿，以黃絹結爲流蘇垂餙，如夲國結彩之施，以貯靈帛，爲前導。

④ 以金銀錢紙結造小空車，爲前導。

⑤ 影亭子，畫死者之真容，掛於小腰輿，以爲前導。

⑥ 彩亭子，亦以彩絹結作小輿，爲前導。漢俗皆於白日送殯，凡結飾車輿、幢幡、傘盖及紙造人馬爲前導者，連亘四五十步。僧尼、道士及皷樂鐘鈸填咽大路，遠近大小覼隣男女，前後導從者不知幾人，後施夾障從之。

⑦ 魂馬，以紙捏塑爲馬者也。

⑧ 碎盆，未詳源流。但夲國送殯之晨，在家者見靈輀登道，即随以瓦器擲碎於門外，大聲作語曰"持汝家具而去"云爾者，盖使亡人無留念家緣之術也。

　　咳,春奴,你看那飯,【44a】有些胡撥氣。這婆娘①好不用意! 做的生時也難喫,忒軟了也不好,硬了也不中喫。淘的米乾净着! 早起飯裏咬了一塊沙子,牙疼的當不的! 着水停當着,不要多,也不要少了,恰好着。把那煤爐来掠【44b】飭的好着。乾的煤簡兒②有麽?

　　没了,只有些和的濕煤③。

　　黄土少些箇,揀着那乏煤,一打裡和着乾不的。着上些煤塊子,弄的火快時,眴眼熟了。煮一脚羊肉【45a】着。

　　這飯熟了了,點將燈来喫飯。盛湯着。

　　伯伯喫些飯。

　　好生不喫飯。做的早時,喫些箇好来,黑夜不敢喫多。

　　爲甚麽?

　　古人道:"夜飯少一口,活到九十九。"

　　宋舍,看打春④去来。

　　【45b】我不去,其實怕看去。

---

①　婆娘,怒訴之辞,詳見上卷"娘子"下。

②　煤簡兒,《質問》云: 如碎煤,用黄泥水和成塊子,方言謂之煤簡兒。

③　濕煤,《質問》云: 如和煤未乾,濕燒取其燄火,方言謂之濕煤。今按,石炭槌碎,并黄土以水和作塊,晒乾,臨用龜碎,納於炉中,總謂之水和炭,未乾者謂之濕煤,已乾者謂之煤簡兒,亦曰煤塊子。其燒過土塊曰乏煤,揀其土塊,更和石炭用之。

④　打春,《音義》云: 如今北京迎春時,唯牛、芒而已。在前只有府縣官員并師生耆老引赴順天府,候春至之時。此節皆杭州所行,非京都之事。今按,《月令》曰: 季冬出土牛,以示農之早晚。《東京夢華録》云: 立春前五日,造土牛耕夫犂具,前一日順天府進農牛入禁中鞭春,府縣官吏士庶耆社,具鼓樂出東郊迎春牛、芒神至府前,各安方位。至日黎明,官吏具香花、燈燭爲壇,以祭先農,至立春時,官吏行禮畢,各執綵杖,環擊土牛者三,以示勸農之意。爲牛者,謂十二月建丑屬牛,寒將極,故爲其像以送之,且以升陽也。

我從來不曾看。

你休強,不要去。你自聽我說,強如親自看。那牛廠①裡,塑一箇象一般大的春牛,粧點顏色②。【46a】一托来長的兩箇機角③,當間裏按一箇木頭做的明珠,簸箕来大一對耳朵,十尺来長尾子,椽子菴的四條繩絟在牛車上,衆人拖拳。前面彩亭裡頭,一箇塑的小童子,叫做芒兒,【46b】牌上寫着"勾芒神"④,手拿結線鞭⑤,頭戴耳掩⑥,或提在手裡,立地赶牛⑦。順天府官、司天臺官⑧、衆官人們,【47a】街上兩行擺着行,前面動細樂、大樂、吹角。第二一箇十分可喜的術術,粧二郎爺爺⑨。身穿黄袍,腰緊白玉帶,頭戴幞頭,脚

---

① 屋無壁爲廠,即塑牛處。
② 牛色以立春日爲法,日干爲頭角耳色,日支爲身色,納音爲蹄尾肚色。日干,甲、乙,木,青色,丙、丁,火,紅色之類;日支,亥、子,水,黑色,寅、卯,木,青色之類;納音,如甲子日立春,納屬金,用白色之類。餘倣此。
③ 華人鄉語呼角曰機角。
④ 春神之號。太皥伏羲氏有子曰重,主木,爲勾芒神。
⑤ 鞭子用柳枝,長二尺四寸,按二十四氣,上用結子。立春在孟日用麻,仲日用苧,季日用絲,用五彩色蘸染。
⑥ 芒神耳掩以立春時爲法,從卯至戌(戍)八時,掩耳用手提,陽時左手提,陰時右手提,以八時見日温和也。寅時揭左邊,亥時揭右邊而戴,以寅亥時爲通氣,故揭一邊也,子丑時全戴,爲嚴凝也。
⑦ 芒神閑忙:立春在正旦前後各五日内者是忙,芒神與牛齊立;在正旦前五辰外者是農早忙,芒神在牛前立;正旦後五辰外者是農晚閑,芒神在牛後立;子、寅、辰、午、申、戌(戍)陽年,在左邊立;丑、卯、巳、未、酉、亥陰年,在右邊立。
⑧ 元置,以司曆占,今改爲欽天監。又設司天監於朝陽門城上。
⑨ 二郎,神名;爺爺,尊敬之稱。今遼東城内有二郎神廟。按《西遊記》,西域花菓山洞有老猴精,號齊天大聖,神變無測,鬧亂天宫,玉帝命李天王領神兵徃捕,相戰失利。灌州灌江口立廟,有神曰小聖二郎,又號二郎賢聖天王,請二郎捕獲大聖,即此。廟額曰"昭惠靈顯真君之廟",然未知何神。打春之日,取此塑像,盖亦未詳。又見"孫行者"註下。《宣和遺事》云:宣和七年十二月,有神降坤寧殿傍神保觀。神保觀者,乃二郎神也,都人素畏之。

穿朝雲靴,【47b】手拿結線鞭,騎坐白馬珠鞍。一箇小鬼拿着大紅羅
傘,馬前馬後跟着的大小鬼卒不知其數。前面一箇鬼,拿着三丈來
高的大旗號,上寫着"明現真君"。後頭又是箇茶博士們,提湯灌
的、拿茶椀、把盞的跟着。這般擺隊行。【48a】到皷樓前面,朝東放着
土牛,芒兒立在牛背後。"甚時幾刻立春!"司天臺家這般揀定時
辰。相着地脉,放一堆灰①。具服的官人們燒香等候的其間,地氣
正旺上的時節,那灰忽然飛將起來後頭,纔只【48b】那箇太師家的、
太保②家的、丞相家的、公侯家的,各自一火家,睜着眼,捨着性命,
各拿棍棒,又是擔扙,廝打着,爭那明珠。其中那一夥兒強的,把別
的打的四分五落裡東走西散。這般赶退【49a】了,忽跳上牛去,撮
下那明珠,各飯店酒肆裡繞着走。這般鬧起來,打的打,躧的躧,
這般戰場裡,乾無來由做甚麼去? 常言道:"好兒不看春,好女不
看燈。"③

【49b】北京外羅城,有九座門。南有正陽門、宣武門、崇文門,東
有朝陽門、東直門,北有安定門、德勝門,西有阜城門、西直門。這

---

① 立春之日,以葭莩灰案律之端,氣至則灰飛。

② 太師、太保,元以太師、太傅、太保爲三師,以太尉、司徒、司空爲三公。漢
　唐舊制也。三師,師範一人,儀刑四海;三公,論道經邦,變理陰陽。

③ 《容齋隨筆》云:漢家祠太乙,以昏時祠到明。今人正月望夜,夜遊觀月,
　是其遺事。唐韋述《兩京記》曰:正月十五日夜,勅金吾弛禁,前後各一
　日,以觀燈。其寺觀街巷,燈明若晝,士女夜遊,車馬塞路,有足不躡地、浮
　行數十步者。阡陌縱橫,城闉不禁,五陵年少,滿路行歌,萬戶千門,笙簧
　未撤。《涅槃經》云:上元,如來闍維訖,收舍利,置金床上,天人散花,奏
　樂繞城,步步燃燈十二里。《宣和遺事》云:天官好樂,地官好人,水官好
　燈。《道經》云:正月十五日謂之上元,天官下降人間,考定罪福。是夜張
　燈,士女皷樂遊街。今漢俗,上元夜行過三橋,則一年度厄,謂之"過橋"。
　傾城士女,夜遊徹明,頗有穢聲。

門裡頭,舊名正陽是午門,宣武是順【50a】城門,崇文是合噠門,朝陽是齊華門,阜城是平則門。

秀才哥,咱們打魚兒去来。

我不去。

如何不去?你這般金榜掛名①的書生,那裏想我這漁翁之味!我棄了這名利家筵,【50b】将一葉小漁艇,裝載這酒、琴、漁網,彈一曲流水高山②,挽我這錦心繡腹,潛入這水國魚邦,披着這箬笠蓑衣,一任交斜風細雨,我援琴一張、酒一壺,自飲自歌。對着這水聲【51a】山色,淡烟閑居,兩岸青蒲,紅蓼灘邊,纜船下網;或撐開入這荷國花城,忽生得清歌細舞之心。尋着這蘆葦密處,巖頭石崖,慢慢的将鈎兒垂下水裡去時,銀絲鈎破波紋,睜眼釣出箇老大的金色鯉魚③。漁翁之味萬【51b】無迭,也不想李白摸月④,也不學屈原投江⑤,便是小太公⑥,也不願遇文王,我待學范蠡歸湖⑦。

---

① 唐崔昭暴卒復甦,云:見冥間列榜,書人姓名,将相金榜,次銀榜,州縣小官鉄榜。故今之科苐綴名之榜,謂之金榜。

② 《列子》:伯牙善皷琴,鍾子期善聽。伯牙皷琴,志在高山。子期曰:"善哉,巍巍乎,志在高山。"俄而志在流水。子期曰:"善哉,洋洋乎,志在流水。"子期死,伯牙以爲世無知音,終身不復皷琴。孔子曰:仁者樂山,智者樂水。子期嘆伯牙仁智兼俻。

③ 按,原誤作"漁"。今改。

④ 李白,唐玄宗朝詩人,泛采石江,見月影滿水,以手弄月,身翻而死。

⑤ 屈原,楚之大夫也,諫懷王不聽,投汨羅水而死。

⑥ 太公,姓呂,名尚,釣於渭水。周文王出獵,遇於渭水之陽,與語,大悦,曰:"自吾先君太公曰:'當有聖人適周,周以興。'子豈是耶? 吾太公望子久矣。"故號之曰"太公望"。載與俱歸,立爲師。

⑦ 范蠡,越之大夫也,相越王勾踐敗吳,曰:"越王爲人長頸鳥喙,可與圖患難,不可與共安逸。"遂泛扁舟,載西施,遊五湖不返。

　　申①竊盜狀:【52a】某村住某人,年幾,無病。右某伏爲於今月某日某時已来,本家人口睡卧,不覺有賊人入来本家東屋内,偷盗去布一百匹。即時某聲言,叫到隣人并巡宿總甲②人荖,【52b】追赶賊人,約至某處,偷盗前項物色,不知去向。某與隣人荖辨驗得賊人蹤跡,約賊幾人,於本家那邊跳墻入来家内,於東屋那邊刳窗,一箇入来屋内,偷盗前項布匹,却跳墙出去。【53a】今具狀申告某官,伏乞詳狀,撿驗是實,着當該地分弓手③人荖,收捉上件賊人,赴官施行。執結④是實,伏取處分。某年月日,告狀人某。

　　【53b】陸書吏,你饋我寫一箇狀子⑤。

　　甚麼狀子?

　　有一箇没理的村牛打我来。

　　這般着。那厮多少年紀?

　　那厮不到六十的摸撲。

　　那般時,正是喫打的裁兒⑥。官法内,七十已上,十五已下,不

---

　　① 申,《音義》云:下司達於上司之謂,猶言所志。今按,直隸府申六府,在外府州申都司,應天府申五軍都督,皆名曰申狀。"某府爲某事云云,合行申覆,伏乞照驗施行,須至申者,右申某處承宣布政使司。年月。府官姓名。"以此觀之,則非所志也,乃官府文移也。詳見《求政録》。

　　② 總甲,軍制,編成排甲,每一小甲管軍人一十名,總甲管軍五十名,每百户該管一百一十二名。又里制,每里一百户,五家爲一火,十家爲一甲,每十户,甲首一名。

　　③ 弓手,《文獻通考》曰:弓手,兵号,如弩手、槍手之類。今按,軍制編成排甲,每一百户銃手十名,刀牌手二十名,弓箭手三十名,槍手四十名。

　　④ 執結,《音義》云:亦猶云所志。今按,凡供狀内皆云"執結是實",謂今所供報之詞皆實非虛,如虛甘罪云云之意,非徒謂所志詞語也。

　　⑤ 狀子,猶本國所志。《吏學指南》云:狀,貌也,以貌寫情於紙墨也。亦曰告狀,謂述其情告訴於上也。

　　⑥ 裁兒,裁,作"材"是,謂軀幹也。

合加刑。你【54a】聽我念："告狀人李萬見，年幾歲，無病，係本府本縣附籍①人戶。狀告：伏爲於今月某日某時已来，前去街上勾當，到某處，逢着本府張千帶酒，即時趂避，張千前来赶上，將某衣領扯住，言道：'你那裡去？'【54b】是某回言道：'你醉，家去。'張千言説：'你買與我喫来。'便行作惡，於某面上，用拳打破。某並不曾抵敵，當有②某縣某村住人王大戶爲證。有此情理難甘，今不免具狀，上告某官，伏乞詳狀施行。【55a】某年月日，告狀人李萬見。"狀不過三日便告時好，你更有傷，有何愁？ 常言道："捉賊見贓，廝打驗傷。"

今日早起，我別處望相識去来，門前絟着帶鞍的白馬来，不知怎生走了，不【55b】知去向。你寫與我告子，各處橋上角頭們貼去。又雇一箇小廝，與他二兩告子錢③，着他沿街叫。

這告子寫了也："幾年月日，走失了甚色馬，牙幾歲，有甚暗記，没印。報信的三兩，收討的六兩。"

着他將【56a】的去，得了馬時，與他一半兒錢贖將来。尋將馬来時，請的哥来把一盞。

不敢。我且問你，怎的是一半兒錢贖？

你看這告子，半張紙上寫着裏。一張裏寫時全饋他，半張裏寫時與一半錢贖。

【56b】如何先生數日不見？

---

① 附籍，非土著户而以他鄉之人来寓居者也。
② 當有，猶言即有也。一曰，猶言上項之辭。
③ 二兩告子錢，鈔之兩數也。

聽我説,小子近日聽得,有高麗来的秀才,尋他講論些文書来,曰此不得工夫,闕拜望。得罪！得罪！

先生有何新聞？

没甚新聞,只聽的高麗新事来。

先生你説一説。

要説甚麼？如今和【57a】小人望他去便了。

咳,没頭口却怎的好？

且住,你来街坊有賃的驢麼？

有錢時那裡没賃的驢？

將一百箇錢去,疾快賃的来。

牽將来鞴了也。先生恰説的秀才在那裡下着裡？

崇文門裡頭,大街街東,張編修家裡下着。

【57b】那般時更好,張編修是小人的同年,就望他去時也不多。

｛二人到那門首敲門道:"編修相公有麼？"｝

｛小廝道:"我相公不在家。"｝

高麗来的秀才有麼？

書房裡坐的看文書裡。

你入去説一説,每常来的沈進中和葛敬【58a】之教授兩箇,探先生来裡。

相公,沈先生在門前裡。

請麼,沈先生。

小人門前有客,是誰？

葛教授探先生来裡。

咳,惶恐,惶恐！請麼,先生！

不敢！

何必如此？

主人先行客從之。

請坐。

先生貴姓？

在下姓韓。

【58b】表德何似？

在下年幼，無德可表。在下名是彬，字文中。

春秋何似？

三旬有二。

賢尊令堂有麼？

在下具慶。

你這東國歷代幾年？當初怎生建國来？

咱本國是太祖①姓王諱建，表德若天。【59a】年二十歲時分，唐昭宗②乾寧三年，上泰封王弓裔③手下做了鐵原京太守。每番有大功勞，陞做水軍將軍、波珍餐侍中。

【59b】恰説的是甚麼官職？

侍中是這裡丞相一般。那時節，弓裔無道，靡所不爲。梁貞

---

① 太祖，松岳郡人，幼而聰明，龍顔日角。年二十，始仕弓裔，拜波珍餐。其時，洪儒等四人詣建苐，請舉義兵，公固拒不從。夫人柳氏曰："妾聞諸公之言，尚有感奮，况大丈夫乎？"提甲領以披之，諸将扶擁而出，令人呼曰："王公已舉義旗！"國人来赴者不可勝計。先至宫門，皷噪以待者亦萬餘人。弓裔微服逃至斧壤，爲民所害。太祖即位，國號高麗。

② 唐昭宗，姓李，名曄，僖宗第七子。爲逆臣朱全忠所弑。

③ 弓裔，新羅憲安王之庶子，以五月五日生，屋上有素光屬天如虹。日宫（官）奏曰："此兒以重午日生，生而有齒，且光焰異常，恐将不利于國家，宜勿舉。"王勑中使殺之，乳婢窃奉而逃，祝髪爲僧。一日，持鉢赴齋，有烏啣牙籤落鉢中，視之，有"王"字，遂叛，據鉄圓郡爲都，即今鉄原府也。國號摩震，改元武泰，後改國号泰封。

明①四年三月裡，将軍裴玄慶、洪儒、卜智謙、申崇謙莘四箇人，到太祖宅裡商量道："弓【60a】王如此無道，怎受他苦？咱衆人們特来告報，願主公用心救百姓受苦。"太祖不准的其間，娘子柳氏②出来説道："憑着大體例，征伐無道，自古有之。【60b】咱婦人家也聽的這衆人之言，心裡疼殺，更是男子漢家怕甚麼？"道罷，擡出金甲来，穿與太祖身上。衆將軍們扶侍上馬，着一箇人前行，曉諭衆百姓們道："王公已舉義兵了也！"百姓們聽的，歡喜無盡，擂【61a】皷打鑼，先到宮門前等的萬千人。弓王攪撒了，穿着下次人的衣服，逃走在山裏，後頭打圍的人們撞着射殺，便那一日即位布政殿，國號"高麗"。第二年移都松岳郡③，【61b】便是如今王京城子。

咳，美哉！張編修有此好文官。古人道："君子不出户而知天下。"信然！

安置，韓先生。咱去也。

何須謙讓。不當家，喫些淡茶去不妨。先生且坐一坐。保童，疾快將茶来。小子没甚麼鄉產【62a】與先生，這的高麗筆墨和二十

---

① 梁貞明，梁，國號，即五代朱梁也；貞明，均王年號。均王名瑱，太祖朱温之第四子也。朱温事唐僖宗，賜名全忠，拜宣武軍莭度使，封梁王。尋受唐禪，即位六年，爲第二子郢王友珪所弒。均王誅友珪而立。十一年，唐人取曹州，帝爲其臣皇甫瓌所弒，是爲末帝。

② 柳氏，貞州柳天弓女也。高麗太祖初爲弓裔將軍，領兵過貞州，憩古柳下，見川上有一女子甚美，問："誰女?"對曰："天弓之女。"太祖到其家，天弓饗之甚歆，以女薦枕。既去，絶不徃来，女守莭爲尼。太祖聞之，迎以爲妃。後裴玄慶、申崇謙莘推戴太祖，后贊成之。既即位，策后爲元妃。薨，謚神惠。貞州，今豊（豐）德昇天浦古城北二里是也。

③ 松岳郡，今開城府。高麗太祖之先有康忠者，居五冠山摩訶岬。時新羅監干八元善風水，到扶蘇郡，見扶蘇山形勝而童，告康忠曰："若移郡山南，植松使不露岩石，則統合三韓者出矣。"於是康忠与郡人徙居山南，栽松遍嶽，改名松岳。

張大紙将去，人事與相識弟兄。

多謝！正是難得之物。咱秀才家，正是所用之物。這的便是，古人有言："賣劍賣與烈士，臙粉贈與佳人。"

老 朴 集 覽①

凡例

【1-1】一、諺音及字旁之點皆從鄉語鄉音，詳見《反譯》凡例。

一、單字、累字之解，只取《老乞大》《朴通事》中所載者爲解。

一、凡俗用言語諸字，有於本義之外別借爲義者，今除本義，只舉俗用之義爲解。

一、凡常用言語之義，難以文字形容者，直用諺文説解，使人易曉，庶不失真。

【1-2】一、《音義》者，即原本所著音義也。所釋或與《譯語指南》不同，今從《音義》之釋；《音義》有誤者，今亦正之。

---

① 《老朴集覽》朱德熙先生未曾見到，本書初版亦未收錄，此次據《老朴集覽考》補收。其中的《單字解》與《朴通事諺解》後面所附文字略有出入，如"料"條，前者作"漢俗飼馬"，後者作"凡人飼馬"。而且從"夕"到"儻"八條以及最後部分自"偢"以下十九字，《朴通事諺解》所附《單字解》均無。此次點校，以《老朴集覽考》爲底本，並參校了《朴通事諺解》所附《單字解》，有異處均出校語。《朴通事集覽》同。《朴通事集覽》"月俸""郎中"兩條，改"元制"爲"中朝"和"六部"，應是後來所改，非崔世珍作《集覽》時之原貌。詳情待考。又，《朴通事集覽》在詞條的排列上順序常有錯亂。可以推測，崔世珍最初大概就是在《老》《朴》的相關文句之下注釋一些詞語，後來有人把它們集中起來編成一書，叫做《老朴集覽》。

一、《質問》者，入中朝質問而來者也。兩書皆元朝言語，其沿舊未改者，今難曉解，前後《質問》，亦有抵捂，姑并收以袪初學之碍。間有未及質問，大有疑碍者，不敢強解，其竢更質。

一、凡漢人用字，或取音同，或取省文以書。兩本多有誤字，今皆去僞從眞，以便初學之【2-1】習。

一、兩書諺解，簡帙重大，故《朴通事》分爲上中下，《老乞大》分爲上下，以便繙閱。

單字解①

【1-1】喫：正音키，俗音치，啖也——喫飯、喫酒；又被也——喫打，맛다。字雖入聲，而俗讀去聲，或呼如上聲。俗省文作吃。

休：禁止之辭——休去，가디 말라。

等：候待也——等他、等着，기들우다；又等子，지울；又吏語用此爲等輩之意；又等閑，釋見下。

每：本音上聲，頻也——每年、每一箇；又平聲，等輩也——我每、咱每、俺每，우리，恁每、你每，너희。今俗喜用“們”字。

待：擬要也，ᄒ마그리호려ᄒ다라；又欲也——待賣幾箇馬去，여러ᄆ롤ᄭ글오져ᄒ야가노라。

恰：適當之辭——恰便似，마치；又方纔之辭——恰纔，ᄀ又。

只：止此之辭，다믄；又오직。韻書皆上聲，俗讀去聲，唯《韻會》註云：“今俗讀若質。”

這：此也——這箇、這裏。俗呼二音：之夜切，져，之石切，지。俗從지音者多。

還：猶尚也，再也——還有多少，당시론언메나잇ᄂ뇨；又다하——還要多少，다하언메나받고져ᄒᄂ뇨。還有、還要之還，或呼如孩字之【1-2】音，此或還音之訛，或別有其字，未可知也。又償也——還錢，갑주다。

和：平聲，調和也；又去聲，與也，及也——我和你，너와나와，銅匙和快子，술와밋져와。

但：凡也——但凡、但是，믈읫。

安：安鍋兒，가마거다；又安下，사ᄅ미자리믇다；又吏語，安插，사ᄅ물안졉ᄒ게ᄒ다。

料：凡人①飼馬，或用小黑豆，或用蜀黍雜飼之，故凡稱飼馬穀豆曰料；又該用物色雜稱曰物料，造屋材木曰木料，入畫彩色曰顏料；又量也；又理也。

彈：平聲，鼓爪曰彈；又糾也，劾也；去聲，丸也，俗呼雞子曰雞彈，通作鳴。

剛：僅也——剛坐，계우앗다；纔也——剛纔，ᄀ。

沒：無也——没有，업다。

歾：卒也，通作没。

撒：散之也——撒了，헤티다；又覺也——覺撒了，아다；又放也——撒放罪人，죄신을앗아라노타。

慢：緩也——慢慢的，날회여，慢著，날회라。

稍：寄也——稍將來，브텨가져오라。

底：下也——底下，아래；又本也——底薄，믿글웤；又語助——根底，앏픠；又손듸；又與“的”字通用。

借：假也；貸也。

———————

① 《朴通事諺解》所附《單字解》作“漢俗”。

扯：裂也，【2-1】正作撦；又扶執也；又挽弓曰扯。

消：一（消）化，一（消）息；又須也。

裏：内也——裏頭、内裏；又闕（？）内亦曰裏頭，又曰内裏；又處也——這裏、那裏；又語助——去裏、有裏，通作里、俚、哩。

里：居也，五家爲鄰，五鄰爲里；又路程以三百六十步爲一里；又語助。

俚：助語辭，亦作哩，凡言①語有用리音爲語助者，皆用裏、里、俚、哩等字。

滾：煮水使沸曰滾——滾花水，글른믈；又輪轉曰滾——滾了，구으다，字作輥；又通共和雜曰累滾，흔믈와비라；又滾子，방올。

且：姑也，안직——急且，과글이，亦曰且節，俗罕用。

噯：《五音集韻》烏盖切，氣也。今呼驚訝之聲曰噯，借用爲字也，考韻書作欸是。

咍：《五音集韻》何來切，小兒笑也；口溉切，咳嗽逆氣也。今呼驚嘆之聲曰咍，音해，借用爲字也，考韻書作唉是。

阿：俗音하，阿的猶言此也；又語助辭——有阿没，잇ᄂ녀업스녀，皆元朝之語。

胡：亂也——胡亂，간대로。

迭：企及之辭，밋다。

乾：音干，徒然之辭，궁히，又쇽졀업시。

直：用强務致之辭，굿；又直錢，【2-2】빋ᄉ다，通作值。

捱：正作涯，倚限有恃之意，그슴ᄒ다——捱到十年，열히다둗도록。

挨：音애平聲，俗語“挨次”，謂循次歷審無攙越之意，츤차니ᄒ다；又吏語，挨究，挨捕。

---

① 《朴通事諺解》所附《單字解》無“言”字，當是偶脱。

教：平聲，使之爲也，通作交。

交：同上。又吏語，交割即交付也。

怕：疑懼之意——怕人知道；又設若之辭——怕你不信，ᄒ다가너웃밋디못거든；又恐也——害怕，두리여ᄒ다。

與：給也——與你多少；又及也；又爲也(爲去聲)。

也：在詞之上者，又也——也好，ᄯᅩ됴타，也是，ᄯᅩ올타；在詞之中者，承上起下之辭——我也去，나도가마；在詞之終者，語助。

廝：卑賤之稱——這廝，이놈；又相也——廝見，서르보다；又汎指人亦曰廝——小廝，아히，瞎廝，쇼경。

另：音零去聲，別也，零也——另的，ᄯᅥᆫ것，吏語，另行，각벼리ᄒ다。

纔：方得僅始之辭，곳——纔自；又剛纔；又方纔；又恰纔。

赶：音干上聲，亦作趕，趂也，及也——赶上，밋다；又逐也——赶出去，내티다；又驅也——赶牛，쇼모다。

保：恃也——保你，너믿노라，難保，믿디어렵다；《吏學指南》：“相【3-1】託信任曰保。”又保擧也。

嫌：惡之也，疾之也，忌之也。

倒：上聲，仆也——倒了，구으러디다；又換也——倒馬，ᄆᆯ구다；又謄也——倒關字，글월번뎝ᄒ다；又去聲，反辭，도로혀，通作到。

偏：독벼리；又독혀；又츼여。

遍：次也——一遍，ᄒ번。

着：使之爲也——着落，히여곰，着他，뎌ᄒ야；又置也——着塩，소곰두다；又中也——着了，맛다；又見人所行之事正合人所指望之方則亦曰着了，마초ᄒ야다；又實也——着實，실히；又語助；又穿衣服也。

了：語助——去了；又決絶之意——了不得；又了當。

要：欲也，須也，去聲。

咱：《五音集韻》子葛切，俗謂自己爲咱。《免疑雜字》音匝。兩書皆有"咱們"之文，"們"字初聲爲合口聲，鄉習以"們"字初聲連"咱"字之終讀之，故"咱"字亦似合口聲之字，遂以咱字爲合口聲，習以爲常，誤矣。又着於詞終，則爲語助，今罕用也。

箇：一枚也，俗呼一枚爲一箇，亦曰箇把；又箇箇，난나치，單言箇字亦爲一枚之意——有箇人，ᄒᆞᆫ사ᄅᆞ미；又語助——這箇，些箇；又音이，舌頭兩【3-2】箇，혓그토로，今不用。

那：平聲，音노，推移也——那一那，논힐후다；上聲，나，何也——那裏，어듸，那箇，어늬；又誰也——那一箇，누고；去聲，나，那裏，彼處也，那箇，머것；又語助——有那没，잇ᄂᆞ녀업스녀。

的：指物之辭——你的，네것，好的，됴ᄒᆞᆫ것；又語助——坐的，안싸，通作地；又明也，實也，端也，吏語，的確、的當、虛的、委的①。

地：土也——田地、土地、地方、地面；又指當處土地之神亦曰土地；又語助——坐地，又恁地，猶言如此。

們：諸韻書皆云："們渾，肥滿皃。"今俗借用爲等輩之字，而曰我們、咱們，우리，你們，너희；又猶言如此也——這們，이리，那們，뎌리。

做：《韻會·遇韻》"作"字註云："造也。俗作做，非。"《篇韻》"作"字註云："爲也，造也，起也。俗作做，非。做音直信切。"今按，俗語做甚麼，므슴ᄒᆞ료、作衣裳，옷짓다，作音조去聲，不走作，듧ᄠᅳ디아니다，作音조入聲，以此觀之，則做從去聲，作互呼去聲、入聲，通做字，俗不用直信切之音。

---

① 《朴通事諺解》所附《單字解》作"的實"。"委的"與"虛的"相對，是。

勾：平聲，曲也——勾龍，社神；勾芒，春神；勾吴，地名。今按，俗語勾了유여ᄒ다，【4-1】又에우다，又能勾，어루，又유여히，又吏語，勾取，자피다，又勾攝公事，공ᄉ로블리다，又勾唤，블리다，又去聲，勾當，幹管也，又事也，當亦去聲。①

打：擊也——着實打，又打三下；又爲也——打酒來，술사오라，又曰打將來，ᄒ야오라，打聽，들보라，打水，믈긷다，不打緊；又打那裏去，打東邊去，有投向從往之意。俗用打字，似不合本意者多，而實有取意不苟，其用甚廣，此不盡録。

將：持也——將來，가져오라，將着，가지라，將咱們，우리를다가；又將次，쟝ᄎ。

把：持也，握也——一把，ᄒ줌；又ᄒᄌᆞᄅᆞ——把②我們，우리를다가，把來，그를다가，與將字大同小異。又元時語有“把解”之語，猶言典儅也，今不用。

來：來往；又語助——你來，이바，夜來，어제，有來，잇더라，去來，가다；又數物而有餘數未的知之辭——十來箇，여라믄，十里來地，십리만ᄒ듸，十來日，여라믄날。

怎：何也——怎麼，엇디。字音本合口聲，或有不從合口聲而讀之者，則曰즌麼，呼如“指”字俗音，故或書作“只”字，又書作“則”字【4-2】者有之。又有呼“怎的”兩字，則怎字音즌，秀才文③士、老成之人，凡呼合口韻諸字，或從本音讀之。

麼：本音모，俗用爲語助辭，音마，古人皆呼爲모，故或通作莫——怎麼，엇디，來麼，오나라；又用如“乎”字之意者，則曰去麼，

---

① “又去聲”以下，《朴通事諺解》所附《單字解》作“又勾當，幹管也，俗語謂事也，勾當並去聲”。
② 原書誤作“抱”。
③ 《朴通事諺解》所附《單字解》作“之”，誤。

갈다, 有麼, 잇ᄂ녀。元語"麼道", 니르ᄂ다, 麼音모, 今不用。

甚：슴, 俗語"甚麼", 므슴, 猶何也；又有呼爲신音者, 故古文、語録有"什麼"之語, 音시모。以甚爲什, 殊無意義, "甚"字用終聲, 連呼"麼"字, 則難於作音, 語不圓熟, 故"甚"字不用終聲之音。今俗亦呼爲ᄉ마。

討：求也, 探也――討去, 어드러가다, 討債去, 빗주니바ᄃ라가다, 討價錢, 빋받다。又本國傳習之解曰받긔오다, 亦通。

索：求也――索價錢, 갑받다；又鄕習傳解曰빋긔오다, 亦通；又須也――不索。今皆罕用。

都：國都；又摠也。

便：去聲, 即也――便行, 즉재가니라, 便去, 즉재가니라；又즉재가다；又則也――便有, 곧잇다, 便是, 곳을ᄒ니라；又順也――順便；又安也――便當；又宜也――行方便, 됴홀양오로ᄒ다, 不 **【5-1】** 方便, 다히마지쉽사디아니타；又猶則也――你去便就有了, 너옷가면이시리라；又平聲, 穩便, 온당ᄒ다, 吏語, 便益。

隨：從也――隨你, 네ᄆᆞᇫ모로, 隨喜, 구경ᄒ다, 隨從, 조ᄎ니, 吏語, 根隨, 좃다。

該：備也, 載也, 當也, 屬也, 合也, 管也, 攝也――有此數意, 而俗用兼備於一處者有之。

兒：嬰孩也――孩兒；又呼物名必用"兒"字爲助語之辭――杏兒, 李兒。凡呼物名則呼"兒"字, 只宜微用其音, 而不至太白可也。

却：쏘；又却來、却有來, 뉘아니라키니, 却有, 쏘ㄱ。

早：早裏, 일엇다, 却早, 볼셔。

些：少也――些兒, 些箇, 些少, 져기；又語助。

時：猶則也。古本用"呵"字, 今本皆易用"時"字, 或用

“便”字。

　往，向也——往那裏去，어드러향ᄒ야가ᄂ가；又昔也——往常，아ᄅᆡ。

　你：汝也；又語助。

　恁：汝也，亦作您；又恁地，猶言如此也。

　快：急也——走的快，疾快；又樂也——快活，大快；又快手，잘ᄃᆞᆫ놈；又呼筯曰快子。

　剌：音라，語助；又痛也——廝剌疼，《集韻》作㾖；又音치，剌繡。

　儘：讓也，【5-2】任也——儘他，제게다와ᄃᆞ라，儘讓，뎌긔미다；又縱令也——儘教，므던타；又儘一儘，지긔우다；又儘船，빗ᄀᆞ장。

　朝：音潮，向也——朝南，朝東。

　家：止指一數之稱——一箇家，ᄒᆞᆫ낫식，幾箇家，몃낫식；又현낫식——幾年家，현ᄒᆡ식；又槩也——大家，대개；又舉姓呼人之稱——李家，張家；又呼皇帝曰官家；又語助——沒有家，업다。

　忒：太過也——忒大，너므크다。

　越：尤甚也——越好，ᄀᆞ장됴타，越細詳，더욱ᄎᆞᆫᄎᆞᆫᄒᆞ다。

　敢：忍爲也——你敢那，네구틔여그리ᄒᆞᆯ다；又疑似也——敢知道，아ᄂᆞᆫ ᄃᆞᆺᄒᆞ다。

　就：即也——就將來，즉재가져오라，就有了，就去了；又遂也——就那裏睡了，게셔자다，就便，곧；又就行，드듸여셔ᄒᆞ다。

　虧：損也，少也——虧你多少，네게언메나낟브뇨，虧着我，내게낟배라；又欠也，吏語，虧兌，원수에서ᄭᅵ다。

　哏：極也——哏好，ᄀᆞ장됴타，今不用。音흔，匣母。

　丟：抛也，亦作颩，音듀，平聲。

　頓：一次也——一頓飯；又踬也——頓坐，주잔ᄯᅡ；又拜頭叩地

也——頓首百拜。

使：上聲，差也，役也——使的【6-1】我，날브려；又用也——使用了①，吏語，行使，쓰다；又使船，빅달호다；又去聲，使臣，差使②；又官名。

好：됴타；又好生，ᄀ장；又去聲，喜—（好），情—（好）。

歹③：惡也，雜也；又好歹，모로매。《集韻》作“夥”。

殺：氣殺我，애돌와셜웨라，猶言以此而可至於死也；又愁殺人，사ᄅᆞ믈ᄀ장근심ᄒᆞ야셟계ᄒᆞ다，又廝殺，싸호다，又助語辭——最深殺，ᄀ장깁다。

儧：積也——儧積下。通作趲。

多：多少，언메나；又許多，하나한；又餘也——三十里多地，삼십리나믄짜，吏語，多餘；又過也——有甚麼多處，므스기너믄고디이시리오；又重也，므스기앗가온고디이시리오。

少：多少；又欠也——少甚麼，므스거시업스뇨，少債，ᄂᆞ미비들떠디워잇다；又缺也——缺少口粮，양시기그처디다。

賃：僦屋以語④曰賃。지블둘마다銀，현량곱삭믈오드려이서살시라；又雇用驢馬舟車之類曰賃，라괴와물둘훌삭주고브릴시라。

典：凡人或缺少口粮，或遇事用錢者，以物折直、立限賣與人爲質，而求錢取用，至【6-2】限償還其直、取物而還也。《律條疏議》云：“以價易去而原價取贖曰典。”

儅：人有遇急用錢，則必以重物納質于富家賒錢取用，至限則并其本利償還錢主，方得退回己之重物而來也。典字人、物通用，

---

① 《朴通事諺解》所附《單字解》作“也”，當誤。

② “使臣，差使”，《朴通事諺解》所附《單字解》作“將命曰使”。

③ 從“歹”到“儅”八條，《朴通事諺解》所附《單字解》無。

④ 原本漫漶，排印本錄作“語”，不可通，疑當是“居”字。

儅字人①用於物。

雇：與賃字意同，而賃字只用於物，雇字人、物通用。《律條疏議》云：“驗日還價而不必取償也。”

哄：音烘上聲，瞒也。亦作嗊。

認：識也——辨認，추려내다；又認得，사피다；又아다；又認記，보람。

弔：以繩懸物曰弔着；又自縊而死曰弔死；又物自彫落曰弔了；又行文州縣取其問囚卷宗曰弔取，曰弔卷。

短：不長也；又欠也，缺也。

趲：잔上聲，逼使走也；又促之也，通作儹；又縮之也——趲短些，조려댜ᄅ게하다。

會：識也。

者：蒙古語謂諾辭曰者。兩書舊本皆述元時之語，故多有者字；今俗不用，故新本易以着字。

幾：數問多少之辭——幾箇，멋고，幾時，언제，幾曾，어늬제。

攏：開也，撥也；又排而振之也；又撓也，動也。

曾：층，乃也，則【7-1】也；又經也，嘗也；又증，曾孫；又姓。

遭：一次謂之一遭；又周遭，猶言周圍也；又遭是，마초와。

般：名數也——諸般，여러가짓；又等也——一般；又多也。

頭：首也——東頭，西頭，동녁근녓녁근，頭到，나죵내，到頭，나죵애，通作投；又上頭，젼ᄎ로；又頭盤，첫판，頭館，첫관，頭雞，첫둙。

旋：平聲，回也，斡也；又疾也；又셩녕마초다———(旋)做。

---

①　原本漫漶，排印本録作“人”，疑誤，當是“只”字，下文“而賃字只用於物，雇字人、物通用”可證。

到：至也；又極也；又反辭，도로혀，通作倒。

饋：遺也，字本在群母，而俗讀皆從見母上聲，間有從本母讀者，而什有一二。

絟：纏縛也。音솬，或音쉰，字亦作拴。

他：指人之辭；又語助。

猜：測疑也。

廣：多也，흔ᄒ다。

耍：戲弄之事曰耍子，戲笑之事曰耍笑，又行房亦曰耍子。

連：及也，并也，조쳐；又秤一把曰一連；又鷹一箇亦曰一連，字又作聯。

偌：太甚①也——偌大，너므크다，偌多，너므하다；又하나한，通作熱。

扮：修飾也——裝扮，ᄭ미다，扮做，ᄭ며밍그다，音班去聲。

偢②：音秋。

倸：音采。——（倸倸），聽理採用之謂；倸一倸，채ᄒ다；【7-2】不倸，듣디아니ᄒ다；又作揪採。

養：養成，기르다；又生產曰養——養孩兒，ᄌ식나타；又呼淫婦宣淫者曰養漢的。

趓：逃也——趓着走，에도라ᄃ닌다；又避也——趓一趓，길츼라。亦作躲，通作軃。

軃：垂下也——軃下，드리위잇다；又借用爲趓避之趓。

走：行也，ᄃ니다；又逃回曰走回；又跑也——能走，快走，잘ᄃᄂ다；又透漏也——走話；又洩也——走了氣，김나다。

---

① 《朴通事諺解》所附《單字解》似作"息"，誤。

② 自"偢"以下十九字，《朴通事諺解》所附《單字解》無。

閑：雜也――閑雜人；又替也，과직ᄒᆞ다――罷閑了，替閑了；又遊息曰閑，흥뚱여든닐시니――遊閑了；又練熟也――弓馬熟閑；又空也――空閑田地，뷔엿논싸；又等閑，부질업시；又힘히미；又간대롭다。

害：患也，苦也――害病，병ᄒᆞ다，害怕，두리다。

忙：疾也――疾忙，連忙，擺忙，ᄲᆞᄅᆞ다，走的忙，去的忙。

緄：正作稛，束也，縛也。亦作捆。

莫：勿也；又語助。

委：信也；差也；實也。

生：生的，양ᄌᆞ；生活，셩성；又甚也；又語助――怎生。

發：酒發，술괴다；發將來，자바보내다；一發，見下。又吏語，告發，고ᄒᆞ야나다。

落：落了，디다；又院落，ᄠᅳᆯ；又落【1-1】下，·ᄲᅥ디·우·다；又數落了罪過，·죄·목：혜·다，又吏語，下落，：간곧；又發落，공·ᄉ·긆：내다。

管：攝也；又只管，照管，見下。

假：上聲，大也，借也；去聲，休告也。

爭：鬪爭也；又ᄉ·의·ᄲ·다；又不爭，므던·하너：기·다。

媳：音息，子之婦曰媳婦；又古語泛稱婦人曰媳婦，次妻亦曰媳婦。

累字解①

【1-1】着落：使之爲也。吏語亦曰着令，詳見上。

委的：委，保也，信也；的，語助辭。

---

① 　以《老朴集覽考》所收爲底本。

委實：委亦實也。

一剗：ᄆᆡ오로시，亦曰剗地。

剗新：·새로·이。

斬新：上同。

生受：艱苦也；又貧乏也。

茶飯：摠稱食品之謂。

下飯：以酒食爲主而以物爲酒食之助者，則曰下飯。

按酒：飲酒時其所助酒按下之物曰按酒，猶(?)①言餚饌。

收拾：간슈ᄒᆞ·다，又설엇·다，又거·두·다。

大哥：哥，兄也，人有數兄，則呼長曰大哥，次曰二哥，三曰三哥；雖非同胞，而見儕【1-2】輩可推敬者則亦呼爲哥，或加大字，或加老字，推敬之重也。只呼弟曰兄弟，並舉兄及弟曰弟兄。

一面：호은·자，又ᄒᆞ녀·고·로，又ᄒᆞᆫ·번。

央及：請乞也。字之取義未詳。吏語亦只稱央字。

可知：그·러아·니·려，又그·러커·니ᄯᆞ·나。本國傳習之釋曰·새로일·셔。

罷罷：·두·워·두·워。亦曰也罷。

一就：이·믜·셔，又ᄒᆞᆷ·ᄭᅴ。

一發：ᄒᆞᆷ·ᄭᅴ，又이·믜·셔，又·츼어。

一宿：ᄒᆞᆫ：숨，又ᄒᆞᄅᆞᆺ·밤。

早晚：這早晚，·이늣·도·록；又問何時曰多早晚，어·느·ᄣᅢ。

由他：더·뎌두라，又제ᄆᆞᄉᆞᆷ·대·로ᄒᆞ·게ᄒᆞ·라。

定害：너리과·라，又：해·자：ᄒᆞ·아·과·라。

由你：네ᄆᆞᄉᆞ·모로ᄒᆞ·라。

---

① 此字漫漶，無法辨識。

強如：더으·다。

不揀：아무라나 : 마·나，俗語：不揀甚麼。

相識：俗稱“相識滿天下，知心能幾人”，謂朋友也。

則管：則音ㅈ去聲，或作只，술·이·어，亦曰演成，演亦作偃。

利害：무·싀엽·다。

東西：指物之辭，未定其稱，而曰東西，猶曰或東或西，未定方向之意。

將就：【2-1】猶容忍扶護之意。

空便：空隙順便之時，조각，皆去聲。

標致：聰俊敏慧之稱，俱美其人心貌之辭。標字本在並母，則宜從俗呼爲去聲，而今俗呼標致之標爲上聲，則字宜作表字讀是。

打發：禮待應荅之稱，·보숣·퍼·듸·답ᄒᆞ·다。

照管：·보·숣피·다。

照覷：同上。

怎生：怎，何也，生，語辭。詳見上。

倘或：힝·혀。

如是：·ᄒᆞ·다·가。

假如：猶言假使之意。

根前：앏·피。

根底：앏피，比“根前”稍卑之稱。

底似：ᄀᆞ·장，又너ᄆᆞ，今不用。

哏似：上同。今不用。

上頭：젼·ᄎᆞ·로，今不用。

理會：아·다，又·ᄎᆞ리·다。

省會：알·위·다。

知會：上同。吏語。

知道：아다。

知得：上同。

説知：닐·어알외다。

知他：모·르·리로·다。

照依：마·초·와그·대·로ᄒᆞ·다。

自在：ᄆᆞᆷ편안·히잇다。

自由：저ᄆᆞᆺ·모·로ᄒᆞ·다。

幾曾：어·느제。

不曾：·몯ᄒᆞ다。

分付：맛디·다，又당·부ᄒᆞ·다。

丁囑：당·부ᄒᆞ·다。

【2-2】囑咐：上同。

剋減：剋亦減也。

剋落：上同。

疾快：ᄲᆞ리。

疾忙：上同。

連忙：上同。

生活： :셩녕。

活計：ᄉᆡᆼ계。

火計：둥·모。

快活： ·즐기다。

這般：猶言如此。

這們：上同。

那們：猶言如彼。

那般：上同。

分外：十者數之終，十分爲數之極，而甚言其太過則曰分外。

無賴：힘히미，又두질업시。

特地：부·러，又·특·벼·리，又ㄱ·장。

幾會：여·러즈슴。

一回：ᄒᆞᆫ슌。

幾回：·몃슌。

看成：보숣피·다，又기르·다，又：삼·다。

番悔：자·븐：이·를므르·다。字意未詳，疑作返、飜爲是。

悔交：흥졍므르·다。亦曰倒裝。

悔親：혼인므르·다。亦曰退親。

並不會：젼·혀아니타。

一霎兒：ᄒᆞᆫ주슴ᄉᆞ시。

一會兒：上同。

看一看：보·다。難於單字之□[1]，故重言爲句也。一，語助辭。

因此上：猶言上頭。

特故裏：부·러。

不妨事：므던ᄒᆞ·다，猶言不妨碍於事。

不**【3-1】**碍事：上同。

碍甚事：므·슴：이·리방·애ᄒᆞ·료，猶言므던ᄒᆞ·다。

碍甚麼事：上同。

濟甚事：므·슴：이·리：일·료，猶言쇽절：겁·다。

濟甚麼事：上同。

乾乾淨淨：·조·타，又·조·히ᄒᆞ·다。重言之者，甚言其乾淨也。凡疊字爲説者倣此。

---

① 此字漫漶，無法辨識。

打聽―打聽：듣보·다。唯舉打聽二字可說，而疊言之者，此漢人好事者之說也。今亦罕用。

字解終

老 乞 大 集 覽①

老乞大集覽上

【1-1】火伴：古者從軍，十人爲一火，調度器具共之，火長一人，主炊爨，故曰火伴。

花押：《事物紀原》云：“古者書名，改真從草，取其便於書記，難於模倣也。復有不取其名，多出於機巧者。”此“押”字之始也。“花”者，巧其体也。

漢兒人有：元時語必於言終用“有”字，如語助而實非語助。今俗不用。

溫克：《詩》傳云：“克，勝也。”猶溫恭自持以勝也。

年時：俗呼過去前年曰年時，曰上年，曰年裏；通稱已去之年曰往年，曰舊年。

山東：古青、兖二州地，今置布政使司。

濟寧：在兖州城西六十里，古徐州之域，元陞爲濟寧路，今爲州。

東昌：《禹貢》兖州之域，元爲東昌路，今爲府。

高唐：在東昌府城東北一百二十里，本春秋時齊之高唐邑，元改爲州，今仍之。

---

①　以《老朴集覽考》所收爲底本，校以《朴通事諺解》所附本。

　　牙稅錢：牙見《朴通事集覽》；稅錢，《事物紀原》云：“晉宋齊梁時，凡貨牛馬田宅有文券者，率輸四百入官，賣主三百，買主一百。後世因之。蓋漢武帝筭商緡遺制。”

　　繳：凡事之歸結者【1-2】曰繳。上司移下司之文必立限曰“某日迴繳”，下司迴報曰“繳報”。

　　加五：十分爲本，取息五分，則十分之外加得五分也。又有“加一”“加二”之語。

　　直沽：在武昌縣東南，衛河、白河、丁字沽合流于此，入于海。《質問》云：“海口也，離京南去四五日程，天津衛地方，南來河水、北去河水俱東入海。”

　　姑舅哥哥：俗呼父之姊妹曰姑，母之兄弟曰舅，姑舅之出相謂曰“姑舅哥哥”。

　　房親：《音義》云：“吾母與若母同宗伯叔所生。”今按，吾母之父與若母之父爲同生，吾母與若母爲四寸，吾與若也爲六寸兄弟。漢人無稱“寸”之呼。又《質問》云：“同姓伯叔兄弟之子女。”

　　左近平人：左近，《音義》云：“鄰近的。”今按，左近蓋謂左右鄰近之人，省文爲左近也。平人，謂無過責之人。一説謂證左在近平人也。《漢書》“左驗”註，顔師古曰：“左，證左也。言當時在其左右見其事也。”

　　弓兵：《諸事職掌》云：“凡天下衝要去處，設巡檢司，專一盤詰往來奸細及販賣私塩、犯人、逃軍、逃囚、無引面生可疑之人，於丁粮相應人户内僉點弓兵應役。”

　　襲：凡師，有鍾鼓曰伐，無鍾鼓曰襲，謂潛蹤掩襲也。

　　轆轤：亦作“橀櫨”，井上機轉汲水器。其制，於井上植兩長柱，並穿其頭爲孔，用短木橫納於兩長柱之孔，以長繩懸一䉪桶於橫木腹上之釘，施㯭三四枝於橫木兩頭，如船上矴貓之車，汲水則下其桶於井中，汲畢，轉其橫木，則繩自纏繞於橫木之腹，桶亦隨之而上，人取其桶，傾水於石槽及大桶之中，以飲驢馬，以受其直。箍音孤，以篾束物皆曰箍，如本國以竹爲帶而束桶也。

洒子：汲水之器。以柳枝編成者呼曰柳罐，元語謂帖落。洒音사上声。

東厠：厠本音츠，俗音츠。凡尊者必居東屋，其居之北必有厠，尊者在厠稱爲上東，因呼爲東厠，總稱曰厠屋，曰茅厠，卑少於尊前呼厠曰後路，凡人自稱詣厠曰出後，於尊處稱曰出恭。

行李：《事文類聚》云："行李之李字，人姓之外更無別義。《左傳》云'行李之徃來'，杜氏不究意理，註云：'行李，使人也。今遠行結束次苐謂之行李。'而不悟是行使耳。"按，舊文使字作苿，傳寫誤作李，通作理。

張社長：社長見《朴通事》"社神"下。張即社長之姓也。

夏店：【2-1】驛名，隸三河縣。

車房：藏車輛以避雨雪處也。

排門粉壁：有所拘刷人犯，令城内編户於外門壁上塗粉寫云"本户元無隱藏人犯"。

閣北：遼東泮宮有尊經閣，泮宮在城内東南隅。

酒館：酒店也。

街坊：謂同街同坊，猶言同里閈也。

文引：如本國行狀，《漢志》云"引信"也。盖取信之文也。今俗亦曰路引。

走出來：走，逃也。

盤問：《吏學指南》云："再三窮詰也。"

纏張：《音義》云："纏去聲，纏張猶言雜談。"舊本書作"戰張"。

老娘娘：卑少呼尊敬老婦之稱。

院子：庭院也。有垣墻，内庭謂之院，亦曰院落。

參兒高：參，星名。冬至十一月莭三更參中，立冬十月莭四更參中，寒露九月莭五更參中。今指參高而半夜，則此必九、十月也。

明星：啓明星，以其先日而出，故謂之啓明。人言一星而夕爲長庚，誤也。俗亦曰曉星。

馳馱：馳，以馬負荷也；馱指負荷之物。

卸：《說文》：“舍車解馬也。”《增韻》：“脱衣解甲曰卸，舟人出載亦曰卸。”

濕麪：以麪條晒乾、臨用於熱湯泡食者謂之掛麪，未乾者【3-1】謂之濕麪。

這湯：湯即粉羹也。凡人買燒餅饅頭而食者必有湯并欲之，用以解渴，亦曰欲汁，如本國所云床花羹。

爐裏：即鏊也，烙熟燒餅之器，以黑鉄爲之，有蓋有底，而蓋亦如底，置燒餅於内，加火於蓋上，使之自熟，俗呼爲爐。鏊音傲。

細絲兒：見《朴通事集覽》。

鍋竈：所以安鍋之具，或以鉄爲之。又，湯酒處呼爲酒竈。

老乞大集覽上

【1-1】老乞大集覽下

喜鵲兒：語云：“乾鵲噪而行人至。”漢陸賈曰：“喜鵲噪，行人至；蜘蛛集，百事喜。”

疹子：《直指方》云：“小兒在胎，食母五臟血穢，生則其毒當出，名曰瘡疹。隨五臟有異名：肝臟水疱，淚出如水，小而色青；肺臟膿疱，其涕稠濁，色白而大；心臟發斑血疱，色赤而小；脾臟發疹，色黃微赤,又小於斑瘡;腎臟則變而黑焉,青紫乾陷。斑亦作瘢,一名痘瘡。”

劣馬:劣作趵,是蹶趵跳踉貌。漢人謂不馴難御之馬曰劣馬。舊本作“乖驕馬”,亦謂不循軌度也。

濟南府:《禹貢》青州之域,春秋時齊國。宋陞爲濟南府,元改爲濟南路,今改爲濟南府。

瘵馬:《南村輟耕録》云:“凡六畜勞傷則鼻中常流膿水,馬之有是病者謂之瘵馬。”

要約:《周禮・司約》註云:“約,言語之約束。”

涿州:直隷順天府。秦爲上谷郡,魏晉爲范陽郡,元陞爲涿州路,今仍之。

羝羊:《音義》云:“好鬪的。”《質問》云:“公羊見人抵觸,方言謂之羝羊。又云:乃有角之騸羊也。”

臊胡羊:【1-2】《質問》云:“有角公羊,未割腎子,方言謂之臊胡羊。”《譯語指南》云:“臊羊,·슈양。”《質問》又云:“臊羊,未割腎羊也。胡羊,山羊也。”又云:“乃有角大山羊,有髯子。”又云:“山羊,毛與聲不同胡羊,其毛作不得毡,另一種也。”

羖𤚌:《譯語指南》云:“양·염흘·워나흔것。”《質問》於“羖𤚌羔兒”註云:“初生公羊,方言謂之羖𤚌羔兒。”

母羖𤚌:《質問》云:“初生牝羊,方言謂之母羖𤚌。”又“羖𤚌羔兒”“母羖𤚌”二名下云:“此二者俱美嫩小羊也。”

綿羊:《音義》云:“터·리:긴양。一説蓑衣羊。”今按,綿羊即蓑衣羊,今婚禮多用之。且漢人呼羊與本國不同:本國所呼羊,即漢呼胡羊也①;本國所呼·염·쇼,即漢呼山羊也。《諸司職掌》“婚禮,北

---

① 此句《朴通事諺解》所附本《老乞大集覽》作“本國呼羊,漢呼大羊、胡羊也”。

羊二牽,山羊二牽"云,則此二羊之分也。《飲膳正要》著"羊",又著"羘羺",別爲一種,則是殺羘爲本國所呼·염·쇼也,亦呼爲殺子,亦呼大羘羜。韻書亦有胡羊、夏羊之分。以此觀之,則胡羊、北羊或單稱羊者,即本國所呼양也,羘羺、山羊即·염·쇼也。總稱牡曰公羊,牝曰母羊,未割腎者曰公臊,曰臊羊,去腎者曰羯羊。然未詳是否。

蘇州:《禹貢》揚州之域,周泰【2-1】伯、仲雍始居,爲吳國,隋改爲蘇州,元爲平江路,今爲蘇州府,直隸應天府。

杭州:《禹貢》揚州之域,戰國時屬楚,秦爲會稽郡,東漢屬吳,晉爲吳興,陳置錢塘郡,隋爲杭州,五代時爲吳越國,宋高宗南渡,都杭,元爲杭州路,至本朝爲府。

嘉興:《禹貢》揚州之域,春秋時檇李地,本吳越境界,越敗吳之地,三國吳爲嘉興,元爲嘉興路,今爲嘉興府。《質問》云:"嘉興綾闊長。"

易州:在保定府西北一百二十里,秦爲上谷郡,漢爲涿郡,隋置易州,金屬中都路,元屬大都路,後改屬保定府,今仍之。

湖州:《禹貢》揚州之域,春秋時屬吳,後屬越,漢初屬荆國,三國吳爲吳興郡,隋置湖州,元爲路,今爲府。

花拘絲:《質問》云:"花拘,地名。"

利家:《音義》云:"不會買賣的。會買賣的便叫杭家。"今按,利家亦是市行之人,"杭"作"行"是。漢俗呼市廛曰鋪行,曰行市。行音杭。

細褶:《譯語指南》云:"細褶,ᄀᆞᄂᆞᆫ겹주름。"今按,褶作摺是。細摺,細襞積也。

閘口:《音義》云:"馬銜,一說水嚼環。"今按,水嚼環即閘口,俗呼爲馬嚼子,或云嚼子,亦曰水環。

外路:《吏學【2-2】指南》云:"宋分各道爲十八路,元以大郡爲之，今分爲十三布政使司。”

替子：《音義》云：“汗替、皮替之總名。”今按，本文既歷舉汗替、皮替言之，則不必更舉總名之替也。盖汗替即如本國別造單替、加於馬背以防汗者也，皮替即如本國以皮爲之、加著厚替之上爲飾者也。替子即著毡絮爲裏而作厚替者也。又有指甲替者，即鞍兩翅板下襯著爲飾，此元制也。今俗只用厚替、汗替而不用皮替、指甲替之類，故今罕稱之。汗作軒、替作屈是。

鈚子：《質問》云：“箭鏃極寬大且長。”

虎爪：《質問》云：“箭鏃上有鉤如虎爪。”

艾葉：《質問》云：“箭鏃寬長有鋸齒如艾葉樣。”

柳葉：《質問》云：“箭名，細尖而長，如柳葉樣。”

迷針：《質問》云：“箭名，細尖而長，如針馬迷針樣。”

什物：師行二五爲什，食器之數必共之，故謂之什物、什具，今人通謂生生之具爲什物。

紅漆匙：達子女直用匙，而用鉄用角爲之，或黑或紅爲漆，行路亦帶之。漢俗不用匙。

外甥：《音義》云：“女生的。又姊妹生的。”

妗子：母之兄弟之妻。亦曰妗母，又曰舅母。

【3-1】嬸母：父之弟妻。亦曰嬸娘，又曰嬸子，又曰嬸嬸。按，宋張文潛《明道雜志》云：“經傳中無嬸、妗二字。嬸乃世母二字合呼，妗乃舅母二字合呼也。二合如真言中合兩字爲一之類。”

外甥女壻：女壻之女壻。

車釧：用鐵爲環以冒轂空外端者，슬·윗갈·모。

車鐧：車轂空內用鐵條縱貼之，以防軸之磨損。

庫車：達子無定居，車上施氈帳爲室，逐水草以居。今此庫車，盖收藏物料之車，如庫藏者也。元俗猶然。《質問》云：“其形似箱樻。”

驢騾大車：一車駕驢騾五六頭者，平地任載大車也。

遠垛子：射垛也。或壘磚爲之，或束藳黍秸爲標以射之。

三挪：《詩》"抑釋挪忌"註："矢箭盖也。用矢則舉挪以開箭，既用則納矢箭中，釋下挪以覆箭，因此凡言矢箭曰挪。"《質問》云："三根箭，方言謂之一挪；九根箭謂之三挪兒。"

團攛湯：《質問》云："細切肉，爲丸，又切薄肉片著於湯内食之，方言謂之團攛湯。"又云："以乾粉乾成粉皮兒，用雞肉絲兒，猪肺、猪肚俱切成絲兒，合成包兒做湯。"

脉息浮沉：人禀天地【3-2】五行之氣以生，手三陽三陰，足三陽三陰，合爲十二經，以環絡一身，徃來流通，其脉應於兩手三部焉。夫脉者，血也；息者，氣也。脉不自動，氣實使之，故有九候之法。氣血盛則脉盛，氣血衰則脉衰；血熱則脉數，血寒則脉遲；血微則脉弱，氣血平則脉緩。《難經》云："浮者爲表、爲陽，外得之病也，有力主風，無力主氣；沉者爲裏、爲陰，内受之病也，有力主積，無力主氣。"詳見《脉訣》。

剋化的：剋，勝也；化，消也。

幇閑的：人有依附於人而無正身差役之苦者也。一説，裝扮雜劇之人。

脱套換套：套，物項之稱。《事物紀原》云："凡首飾曰頂，衣服曰套。"言逐日脱已著之服而換著別件衣也。

繡銀條紗：紗之白而無紋者，只以白絨線織成胷背而已。

闒裝：用金石雜寶裝成爲帶者。

剛叉帽：《質問》云："將軍勇士侍衛所冠。"今按，其制如本國驖小帽子。此釋與《反譯》之釋不同者，以本文類舉大帽而次舉頂子，則剛叉爲大帽明矣，故《反譯》釋爲大帽也。盖以元制、今制沿革不同，未可詳也。

倒提雲：盖謂作雲形，以頭向下，以【4-1】尾向上，綴著靴頭爲飾者也。

鴈爪：《音義》云：“靴ᅄ고。一說，靴纓。”今按，靴纓即鴈爪，《音義》稱“一說”，誤矣。

醒酒湯：《質問》云：“人傷酒困倦不醒，作酸湯食之，方言謂之醒酒湯。”又云：“用肉汁作湯，細切精肉，下切麵，加椒、醋、葱、菜，酸而且美，足以醒酒。”

點心：《南村輟耕録》云：“今以早飯前及飯後、午後晡前小食爲點心。今俗謂小饅頭曰點心包兒。”

白煮：凡水煮而不雜他味者。

絃子：樂器名，亦曰三絃子。項細而長，腹圓且短，施三絃彈之，如月琴形。

粧孤：《質問》云：“假粧官人也。”又云：“假粧作富貴模樣。”又云：“如人好做大模樣。”

花使：《音義》云：“與‘胡使’同。”今按，胡，亂也；花，巧也。

俅保：《音義》云：“理也。如國俗所云聽理之謂。”

耽閣：《音義》云：“遲滯之意。”謂耽悮廢閣之意。

青絲：見《朴通事集覽》。

帖：《音義》云：“十箇爲一帖。”

鸞帶：以黑段爲大帶，儒家好帶。亦有織成者。

大運：《五行精紀》云：“運行則一辰十歲，折除乃三日爲年。”註云：“夫運者，人生之傳舍，考覈運氣，以定平生之吉凶。陽男陰女，以生日後未來節氣【4-2】日時爲數，順而行之；陰男陽女，以生日前過去節氣日時爲數，逆而行之。”詳見《五行精紀》。

喜神：《便民啚（圖）纂》云：“甲己寅卯喜，乙庚辰戌強，丙辛申酉上，戊癸巳亥良，丁壬午未好。此是喜神方。”

火帳：火伴中用度計數文籍。

燒珠：《音義》云："구·은구·슬。一説消子珠兒。"今按，燒字審母，消字心母，其音稍似而深淺不同，消作燒爲是。

老乞大集覽下

【1-1】《音義》云：舊本内説的 阿 字不是常談，如今秀才和朝官是有説的。那箇 俺 字，是山西人説的，恁 字也是官話，不是常談，都塗弔了改寫的。這們助語的 那、也、了、阿 等字，都輕輕兒、微微的説，順帶過去了罷，若緊説了時不好聽。南方人是蠻子，山西人是豹子，北京人是태子，入聲的字音是都説的不同。

朴 通 事 集 覽①

朴通事集覽上

【1-1】筵席：凡宴會，常話曰筵席，文話曰筵會，吏語曰筵宴，盖取肆筵設席之意。

張三：三，或族次，或朋友行輩之次，或有官者以職次相呼，或稱爲定名者有之，李四、王五亦同。

果子：果實也，又呼油蜜果，亦曰果子，曰蜜果子，制形如棗。

拖爐：《音義》云：麵作小餅者②。《質問》云：以麥麵和油蜜印成花餅，烙熟食之。

---

① 以《老朴集覽考》所收爲底本，校以《朴通事諺解》所附本。
② 《朴通事諺解》所附《朴通事集覽》本無"者"字。

隨食：《音義》云：與拖爐相似。《質問》云：以麥麵和油作小餅，喫茶時食之，取其香酥也。原本用隨字，故《反譯》亦用隨字，俗音：刹，今更質之，字作“饊”，宜從：쉬音讀，今俗亦曰“饊餅”。

槽房：釀酒出賣之家，官收其稅。

光禄寺：在東長安門内，其屬有大官、珍羞、良醖、掌醢四署，掌供辦内府諸品膳羞酒醴及管待使客之事。

蜜林檎燒酒：《質問》云：初蒸熱燒酒，用蜜葡萄相參浸，久而食之，方言謂之蜜林檎燒酒。又云：以麵爲麯，還用藥料，以燒酒爲漿，下入熟糜内，待熟榨之，其味甚甜。又云：如蒸的熱燒酒，將蜜與林【1-2】檎果參和盛入瓶内，封裹，久而食之最妙。

長春酒：《質問》云：春分日所造之酒，永久不變其味，方言謂之長春酒。又云：以春分日蒸糜下酒，三日後封閉了瓮，待夏後方榨。

苦酒：《質問》云：酒有苦味，少甜味。又云：麯多米少之酒，其味最苦。

豆酒：《音義》云：菉豆做的。《質問》云：菉豆造爲細麵作酒，取其有味。又云：以菉豆作麯，用粘米作酒，其味殊長。

桶：《質問》云：大者容三十瓶，小者容十五瓶。

内府：猶言闕内也。

館夫：應當館驛接待使客之役。《質問》云：府州縣百姓擇①撥無差②役者做館夫，苔應使客，待三年更替。

外郎：泛稱各衙門吏典之號。俗嫌其犯於員外郎之號，呼外

---

① 《朴通事諺解》所附《朴通事集覽》本作“差”。
② 《朴通事諺解》所附《朴通事集覽》本作“身”。

字爲上聲。大小衙門吏典名稱各異。

勘合:《吏學指南》云:勘合,即古之符契也。《質問》云:官府設簿册二扇,凡事用印鈐記,上寫外字幾號——發行去者曰外號;上寫内字幾號——留在官府者曰内號。

署官:良醖署,即光禄寺屬官也。有署正、署丞、監事等官。

竹葉清酒:《質問》云:其酒甚清,色如竹葉。

腦兒酒:《質問》云:做酒用【2-1】稬麴藥料爲蘖,久封不動,其色紅而味最純厚。又云:以糯米爲之,酒之帶糟者。又云:好麴好米作酒,成熟粘稠有味,不用参和。

龍眼:一名圓眼。樹如荔支,但枝葉稍小,其子形如彈丸,核如木樨,肉白,漿甘如蜜,五六十顆作穗。荔支熟後龍眼熟,號荔奴。木樨即本國모관쥬。樨,音患。

核桃:張騫使西域,得胡桃回,種于中國。後五胡時,避胡字,改名核桃。

荔子:子,作"支"。荔支生巴峽間,形狀團如帷盖,葉如冬青,花如橘,春榮;實如丹夏,朶如葡萄,核如枇杷,殼如紅繒,膜如紫綃,瓠肉潔白如冰霜,漿液甘如醴酪,如離本枝,一日色變,二日香變,三日味變,四五日外色香味盡變。

蘋婆果:似林檎而大者。《飜①譯名義》云:梵言頻婆②果,此云相思果,色丹且潤。《質問》云:形如沙果,其大如梨。

虎剌賓:《質問》云:如李長大,半青半紅色,食之可口。又云:如赤李長而大者。

象生纏糖:《音義》纏字註云:用白糖白芝麻相和,以火煎熬,

---

①　《朴通事諺解》所附《朴通事集覽》本作"反"。
②　《朴通事諺解》所附《朴通事集覽》本作"波"。

傾入木印内，須臾凉後，與果實相似①。糖字註云：白糖化後用木印澆成，亦與果實相似。今按，纏糖即【2-2】一物之名。《諸司職掌》：婚禮定親及納徵，皆用芝麻纏糖二合茶，纏糖二合則纏與糖非二物矣。況《音義》内解義相同，則是亦明爲一物矣。象生者，像生物之形而爲之也；象，作“像”。木印，以木刻成物形爲模範者也。糖，即沙糖也，煎甘蔗莖爲之。

獅仙糖：以糖印做騎獅仙人之形也，亦有爲樓觀僧佛之形者也。

煠：《音義》音·짱，誤。以油煎也。

川炒：《音義》云：민·므·레炒ㅎ猪肉。今按，川炒，塩水炒也。

爛鴿子彈：《質問》云：鴿子彈糝於滾肉湯食之。又云：用肉湯在鍋，再加椒料、菜、葱花，燒火至滾沸，方下鴿子卵，盛之於碗，以獻賔客。

煼牛肉：《音義》：煼，音붕平聲。《質問》云：牛肉細切，用椒塩煼食。又云：以水和醬成湯，放入鍋内，燒至滾沸，方下細切的牛肉，再加椒、醋、葱花盛供，故曰煼。

炮炒：用醬和水炒之。《質問》云：如猪肚生切，置於鍋中，用緊火炒熟，方言謂②炮炒。

席面：《音義》云：·믓·첫줄。

教坊司：掌雅俗樂之司，隸禮部，有奉鑾、韶舞、司樂等官；一名麗春院，即元俗所呼拘欄司。

院本：《南村輟耕録》云：唐有【3-1】傳奇，宋有戲曲、唱譚、詞説，金有雜劇、諸宮調。院本、雜劇，其實一也。國朝，院本、雜劇，

① 《朴通事諺解》所附《朴通事集覽》本“似”下有“也”字。

② 《朴通事諺解》所附《朴通事集覽》本“謂”下有“之”字，是。

始釐而二之。院本則五人，一曰副淨，古謂之糸軍；一曰副末，古謂之蒼鶻，鶻能擊禽鳥，末可打副淨，古(故)云；一曰引戲，一曰末泥，一曰孤裝，又謂之五花爨弄。或曰：宋徽宗見爨國人来朝，衣裝鞵履巾裹，傅粉墨，舉動如此，使優人効之以爲戲。其間副淨有散説，有道念，有筋斗，有科範。盖古教坊色長有魏、武、劉三人，而魏長於念誦，武長於筋斗，劉長於科範，至今樂人皆宗之。《質問》云：院本有曰外，或粧先生、採訪使、考試官、老人達達之類，皆是外扮；曰淨，有男淨，有①女淨，亦做醜態，專一弄言，取人歡笑；曰末，粧扮不一，初則開塲白説，或粧家人、祗候，或扮使臣之類；曰丑，狂言戲弄，或粧醉漢、太醫、吏員、媒婆之類。今按，諢音混，優人戲弄之言也。

雜劇：劇，戲也。《南村輟耕録》曰：稗官廢而傳奇作，傳奇作而戲曲繼。金季國初，樂府猶宋詞之流，傳奇猶宋戲曲之變，世傳謂之②雜劇。

擡卓兒：擡，舉也。進案撤案皆曰擡，謂人所舉也。卓，即本國所謂高足床也。

【3-2】蒸捲，《質問》云：麥麵作成五寸長糕，蒸熟食之。又云：以麵爲之，長疊四折，用籠蒸熟。

金銀豆腐湯：《質問》云：豆腐用油煎熟，其色黃如金，白如銀，細切作湯食之。又云：用鷄鳾清同鳾黃相制爲之。今按：鳾③，即鷄子也。

鮮笋燈龍湯：《質問》云：鮮笋，以笋雕爲玲瓏花樣，空其内，糝

---

① 《朴通事諺解》所附《朴通事集覽》本無"有"字。

② 《朴通事諺解》所附《朴通事集覽》本無"之"字，非。

③ 《朴通事諺解》所附《朴通事集覽》本作"鷄鳾"。

肉,作羹食之。又云：以竹芽切成寸段,鷄子煮熟,去黃,粧肉做湯。

三鮮湯：《質問》云：魚、蛤、蠏三味合爲一羹,或鷄、鴨、鵝三味合爲羹,方言俱謂之三鮮湯。又云[1]：以羊腸豆粉做假蓮蓬、假茨菰、假合吞魚,謂之三鮮。今按,合吞魚,恐是河豚魚之誤,然亦未詳。

五軟三下鍋：《質問》云：五般無骨[2]精肉,碎切爲片,先用塩煎,次用醋煮,交葱花以食。

鷄脆芙蓉湯：《質問》云：將鷄腰子作芙蓉花,做湯食之。又云：以鷄子清做成芙蓉花,每碗三朶。今按,上文五樣湯名之釋,恐或失眞。

細料物：《事林廣記・食饌類》：細料物,官桂、良薑、蓽撥草、荳蔲、陳皮、縮[3]砂仁、八角、茴香各一兩,川椒二兩,杏仁五兩,甘草一兩半,白檀末半兩。右【4-1】共爲細末用之。如欲出路停久用之者,以水浸,蒸餠爲丸,如彈子大,臨時湯泡用之。今按,漢俗謂탕슛고·믈曰"細料物"。

院判：太醫院有院使一員,院判一員。

都堂：唐制,尚書省曰都堂。元時亦有尚書省。今按,華制,都察院有左右都御史、副都御史、僉都御史,在外十三布政司及都司,皆有御史一員,都御史所在謂之都堂,監察御史所在謂之察院。

總兵官：各都司各有鎭守,總兵官一員,以管兵政。

---

① 《朴通事諺解》所附《朴通事集覽》本作"言"。

② 《朴通事諺解》所附《朴通事集覽》本無"無骨"二字。

③ 《朴通事諺解》所附《朴通事集覽》本無"縮"字。

永平：《一統誌》云：《禹貢》冀州之域。虞分冀北爲營州,此即其地。商爲孤竹國,元爲永平路。洪武二年,改永平府屬北平布政司,北平即燕都,永樂都燕京,以此直隸京師。

大寧：《遼誌》云：在遼東城北潢水之南,漢爲新安縣,唐置營州,遼號大定府,金改北京,元改大寧路。今廢。

遼陽：《遼志》云：舜分冀東北爲幽州,即今廣寧以西之地。青東北爲營州,即今廣寧以東之地,周武王封箕子於朝鮮,是其地也,即古肅慎氏地。遼置遼陽路,元改爲東京路,尋復遼陽路,今置遼東都指揮使司。

開元：《遼誌》云：本肅慎【4-2】氏地,虞舜時高麗有其地,周時爲荒服,元設開元路,元末屬納哈出,今設三萬衛,又設遼海衛。永樂年間設安樂、自在二州,俱隸遼東都司。城東陸路,舊有設站,至三散口子,通朝鮮後門,管屬外夷徃来朝貢之路,四面皆古設站之地。

瀋陽：《遼誌》云：舊名瀋州。《禹貢》營州之域,遼爲節鎮,屬遼東道。遼亡,歸①金。元爲瀋陽路,去遼東城數舍。今設瀋陽中衛,地方廣衍,東逼高麗,北抵建州,去衛治東北八十里,有州曰貴德,或謂玄菟郡。

金剛山：一名皆骨山,即白頭山南條也。南至淮陽縣之東、高城郡之西爲金剛山,凡一萬二千峯。

禪院松廣：兩②刹名,俱③在金剛山。

箚付：《音義》云：禮部知會都堂總兵官文書,內有事件,体式詳見《求政錄》。

---

① 《朴通事諺解》所附《朴通事集覽》本作"皈"。
② 《朴通事諺解》所附《朴通事集覽》本作"佛"。
③ 《朴通事諺解》所附《朴通事集覽》本作"皆"。

關字：《音義》云：支應馬匹并廩給者，体式詳見《求政録》。

盧溝橋：蘆溝本桑乾河，俗曰渾河，亦曰小黄河。上自保安州界，歷山南流入宛平縣境，至都城四十里，分爲二派。其一東流，經金口河，引注都城之壕；其一東南流，入于蘆溝，又東，入于東安縣界，去都城三十里，有石橋【5-1】跨于河，廣二百餘步，其上兩旁皆石欄，雕刻石獅，形狀奇巧，成於金明昌三年。橋之路西通關陝，南達江淮，兩旁多旅舍，以其密邇京都，行人使客絡繹不絶。

堵：五板爲堵。

板：六尺爲板。①

天赦日：春戊寅、夏甲午、秋戊申、冬甲子，謂天道生育萬物而宥其罪也。甲戊爲陽干之德，子午爲陰陽之成，寅申爲陰陽之立，以干德配之爲赦也，可修造起土。

角頭：《音義》云：東南西北徃來人煙湊集之處。今按，角頭即通逵達道要會之衝，傭力求直之人坌集之所。然漢俗呼市廛亦曰角頭，謂歸市者必指角頭而去，故云尒。

坌工：分工用力之人。

挑脚：舊本作"赶脚的"。謂赶脚者，賃驢取直之人；謂挑脚者，負擔重物求直之人也。

月俸：中朝②官禄每月支給。今此一月四石之俸，以元制考之，乃從九品也。米豆曰禄，鈔錢絹曰俸。

擔：所負曰"擔"，俗作"担"。今按：關八擔則是八石也。《前漢·蒯通傳》：守甔石之禄。應劭注：擔，受二斛。《楊雄傳》：家無甔石之儲。注：一石爲石，再石爲擔。以此觀之，則擔爲二石

---

① 《朴通事諺解》所附《朴通事集覽》本"堵""板"二條在"坌工"條後。

② 《朴通事諺解》所附《朴通事集覽》本作"元制"。

也。然今俗皆稱一石爲擔,謂【5-2】任力所勝而負擔之也。字俗作“石”,音단。

郎中:六部[①]郎中正五品,月支米十六石,歲該一百九十石。今此月支四石,則非實郎中,乃斯須假號推敬之稱。

平則門:燕都,《禹貢》冀州之域。唐曰幽都,虞爲幽州,武王封召公奭於燕,即此。元初爲燕京路,後稱大都路,洪武初改爲北平布政司。太宗皇帝龍潛於此,及承大統,遂爲北京,遷都焉。永樂十九年,營建宮室,立門九:南曰正陽,又曰午門,元則曰麗正;南之右曰宣武,元則曰順承;南之左曰文明,元則曰崇文,又曰哈噠;北之東曰安定;北之西曰德勝,元則曰健德;東之北曰崇仁,一名東直,元名同;東之南曰朝陽,元則曰齊華;西之北曰西直;西之南曰阜城,元則曰平則。元設十一門,而今減其二。

廣豐倉:《質問》云:在京師,收天下米粮處也。

斗子:執斗槩量穀之人。[②]

監納:《質問》云:收米粮官名。

米貼:月俸之貼。《質問》云:收米、放米計數之票[③]也。又云:是文武官員關支月米時各該衙門出給印信貼兒。

籌:《音義》云:出倉之計筭。《質問》云:以木爲之。此收放米計【6-1】數之籌,每米一石,對籌一根。

碎貼兒:《音義》云:出門驗放之貼。

小車:一輪車也,即轠轉。

五爪莽龍:蟒,大蛇也。蟒龍,謂無角龍也。元制,五爪二角

---

① 《朴通事諺解》所附《朴通事集覽》本作“元制”。
② 《朴通事諺解》所附《朴通事集覽》本此下有“槩即平斗斛木”一句。
③ 《朴通事諺解》所附《朴通事集覽》本作“標”。

龍爲紋①者，止供御用，不許下人穿用。

張黑子：張，姓。黑子，痣也。張之面有痣，因以爲號，人號爲"張黑子"。

鑌鐵：《緫龜》云：出西番，面上自有旋螺花者，有芝麻花者，凡刀劍器打磨光淨，價直②過於銀，鐵中最利者也。

張舍：王公大人之家必有舍人，即家臣也。如本國伴倘③之類，爲權勢倚任之人，貧賤之所羡慕者也④，故街巷呼親識爲張舍、李舍，乃一時推敬之稱。又《質問》云：武職官下閑人謂之舍⑤。

空中：《音義》云：用檀木旋圓，内用刀剜空，以繩曳之，在地轉動有聲。《質問》云：頑童將胡蘆用木釘串之，傍作一眼，以繩繫扯，旋轉有聲，亦謂之空中。

社神：立春後第五戊爲春社，立秋後第五戊爲秋社。《孝經緯》曰："社，土地之主也。土地闊，不可盡祭，故封土爲社，以報功也。春祭社，祈穀之生；秋祭社，報穀之成。"《左傳》："共工氏有子，曰勾龍氏，平水土，故立以爲【6-2】社。"元制，五十户爲一社。今制，每一鄉村之間，或十五户或二十户，随其所便，合爲一社。擇其鄉里之民有義行者一人爲社長，擇其殷實者一人爲副。立社倉，收掌錢穀，借貸應急。

鶴兒：即"紙鳶"。今漢俗呼爲"風罾"，亦曰"風禽"，又號爲⑥"紙鶴兒"。《質問》云：風旗也，乃小兒三月放爲風筝⑦，八月

---

① 《朴通事諺解》所附《朴通事集覽》本作"文"。
② 《朴通事諺解》所附《朴通事集覽》本無"直"字。
③ 《朴通事諺解》所附《朴通事集覽》本作"儅"。
④ 《朴通事諺解》所附《朴通事集覽》本無"也"字。
⑤ 《朴通事諺解》所附《朴通事集覽》本作"舍人"。
⑥ 《朴通事諺解》所附《朴通事集覽》本無"爲"字。
⑦ 《朴通事諺解》所附《朴通事集覽》本作"罾"。

放爲紙鶴也。

打擡:《音義》云:杭州小兒之戲也。用小圓木長三四寸,各持一塊,彼此相擊,出限者爲輸。

建子:아·흥·츠·ᄂ더기。建,《免疑雜韻》内字作"氊",音健,俗自撰也。

打毬兒:《質問》云:作成木圓毬二介,用木杓一上一下連接不絶,方言謂之打毬兒。《質問》所釋,疑即本國優人所弄杓鈴之戲,與此節小兒之戲恐或不同。詳見下卷《集覽》。

博錢:《質問》云:兩人賭錢,將八文錢捏在手指,擲之於地,有八背,謂之八八,有七字,謂之七七,此是爲勝;無八八、七七,此是爲輸。

拿錢:即猜拳也。솽불:쥐·기。《質問》云:此二人以錢相賭之戲,跌過兩背,相同爲嬴[贏]。《質問》之釋,若本國:돈·썁·기。

拘欄:《書言故事》云:鉤欄,俳優棚也。《風俗通》云:漢文帝廟設【7-1】抱老鉤欄。注云:其鉤屈曲如鉤,以防人墮。《質問》云:麗春院樂人搬演戲文雜劇之處也。又云:麗春院,即教坊司也。教坊司見上。今按,北京有東拘欄、西拘欄。俗謂宿娼者曰院裏走。《質問》云:是京師樂工住處。

三台:三台,星名。在天爲六座,名天階,亦曰泰階,太上升降之道也。《事文類聚》云:上階爲天子,中階爲諸侯、公卿、大夫,下階爲士、庶人。三階平則陰陽和,風雨時,天下大安。《周禮》疏:上台司命爲太尉,中台司中爲司徒,下台司禄爲司空,三公之象。

南斗:南極老人星名,曰天府,曰天相,曰天梁,曰天童,曰天樞,曰天機。六星秉爵秩禄俸之籍,能解本命之厄。《晉書・天文志》:六星天廟,丞相太宰之位,主褒賢進士,禀授爵禄。

北斗左輔右弼：①凡九星，曰樞宮貪狼，曰璇宮巨門，曰璣②宮
祿存，曰權宮文曲，曰衡宮廉貞，曰闓陽宮武曲，曰瑤光宮破軍，曰
洞明宮左輔，曰隱元宮右弼。左輔連附北斗第六星，在外；右弼連
附北斗第二星，在內。俱在紫微垣。七現二隱，世人惟見七星，不
見輔、弼二星。蓋九星宰生死是非之簿，能解一【7-2】切厄。《晉
書・天文志》云：七星在太微北，七政之樞機，陰陽之元本。七星
明，其國昌，輔星明，則臣強。

印子鋪：《音義》云：是典儅錢物濟急之所。《質問》云：有錢
之人開鋪，那無錢之人拿衣服或器皿，儅借銅錢或銀子使用，每十
分加利一分，亦與有印號帖兒，以爲執照。

八珠環：귀·엿골·희。以珍珠大者四顆連綴爲一隻，一雙共八珠。

釧：《事物紀原》云：黃帝時，西王母獻白環，舜時亦獻。《通俗
文》云：環臂謂之釧。漢順帝時有功者賜金釧。亦曰環釧。

圓眼：《音義》云：龍眼的外名。釋見上。

耳墜兒：《事文類聚》云：《莊子》曰："天子之侍御，不叉（爪）楲
（蕰），不穿耳。"則穿耳自古有之，今俗亦曰耳環，即八珠環也。

窟嵌戒指：《事物紀原》云：古者后妃羣妾御于君，所當御者，
以銀環進之，娠則以金環退之，進者著右手，退者著左手。今有指
環，即遺制也。今按：窟嵌者，指環之背剜空爲穴，用珠填穴爲飾。
《總龜》云：亦名手記，所飾玉石呼③爲戒指面。舊本作指纏兒。
《音義》：窟音·왕，窟是乞字之誤。窟音·쿵，乞音·황。

共有二百【8-1】兩銀：今觀所典之物，只得七十兩，而云"二百

---

①　《朴通事諺解》所附《朴通事集覽》本"凡"上有"北斗"二字。

②　《朴通事諺解》所附《朴通事集覽》本作"幾"。

③　《朴通事諺解》所附《朴通事集覽》本作"乎"，誤。

兩銀”者,蓋舊本云“有二百錠鈔”,今本改“鈔”爲“銀”,仍存鈔之舊數而不改也。

宅子:俗總稱家舍曰房子,自稱曰寒家,文士呼曰寒居,自指室內曰屋裏,人稱王公大人之家則曰宅子。

傾銀:《質問》云:將碎銀子與銀匠,化了傾成整錠。

白臉:《質問》云:將好銀子與銀匠,化了傾成細絲雪白錠兒,又有光色好看,即十成銀也。

頭口①:汎指馬牛猪羊之稱。數猪以頭,數牛亦曰頭,數羊以口,數獐亦曰口,故泛稱畜口曰頭口。牛馬亦曰頭疋。

翫月會:《東京録》云:中秋夜,貴家結飾臺榭,民間爭占酒樓翫月,絲簧鼎沸,近內庭居民,夜深遥聞笙竽之聲,宛若雲外天樂,閭里兒童連宵嬉戲,夜市駢闐,至於通曉。

官司:凡干詞訟累禍之事,皆謂之官司,如鄉語구의종。“司”字恐是“事”字之誤。

午門:見上“平則門”下。

操:練習也。謂軍士上番,亦曰上操。

舍人:見上“張舍”下。

麈:大麋也,麋鹿之大者。《譯語指南》謂牝鹿曰麋鹿。《質問》云:大曰麕,小曰麈。其皮可作靴。

滿刺【8-2】嬌:《質問》云:以蓮花、荷葉、藕②、鴛鴦、蜂蝶之屬③,或用五色絨綉,或用彩色畫於段帛上,謂之滿池④嬌。今按:

---

① 按:“傾銀”“白臉”“頭口”三條,當移至下文“細絲官銀”條下,《朴通事諺解》所附《朴通事集覽》本不誤。

② 《朴通事諺解》所附《朴通事集覽》本作“耦”。

③ 《朴通事諺解》所附《朴通事集覽》本作“形”。

④ 《朴通事諺解》所附《朴通事集覽》本作“刺(剌)”。

刺，新舊原本皆作池，今詳文義，作"刺"是。池與刺音相近而訛。

刺通袖膝欄：元時好著此衣，前後具胷背，又連肩而通袖之脊，至袖口爲紋，當膝周圍亦爲紋如欄干然，織成段匹爲衣者有之，或皮或帛，用綵線周遭回曲爲緣，如花樣，刺爲草樹、禽獸、山川、宮殿之文於其內，備極奇巧，皆用團領著之，其直甚高。達達之俗，今亦猶然。뷔·윤：실·로·치·질ᄒᆞ니를。呼爲刺，亦曰組，音扣。

鉤子：用金銀銅鉄玉角等物，刻成龜龍獅虎之頭，繫①於絛之一端，人若帶之，則②以絛之一端屈曲爲環，納於鈎獸頭之空，以爲固，使不解落，如絛環之制然。

抹絨胷背：凡於紗羅段帛之上，以綵絨織成胷背之紋，裁成衣服者也。凡絲之練熟未合者曰絨，已合爲縷者曰線。

比甲：衣之無袖，對襟爲襞積者曰"比甲"，即本國돕지털릭。婦女亦依此制爲短襖著之，亦曰"比甲"，通稱搭護。

搭護：《事物紀原》云：隋內官多服半臂，餘皆長袖。【9-1】唐高祖减其袖，謂之半臂，即今背子也。江淮間或曰綽子，庶人競服之。今俗呼爲搭護，ᄃ그래。

江西：古楊州地，今置承宣布政使司。

結椶帽：椶，木名，高一二丈，葉如車輪，旁無枝，皆萃於木杪。其下有皮，重疊裹之，每皮一匝爲一節，花黃白色，結實作房，如魚子狀，其皮皆是絲而經緯如織，傍有細縷，交相連綴不散。取其絲理之，以結成大帽。又剝其皮一匝，編爲蓑衣，亦可避雨。

油心紅：《質問》云：朱紅，一云如心之紅也。油，加油於紅漆之上也。又云：油乃牛字，非油也，其色紅如牛心。

---

① 《朴通事諺解》所附《朴通事集覽》本"繫"下有"之"字。
② 《朴通事諺解》所附《朴通事集覽》本"則"下有"又"字。

納綉：以未合之①絲滿綉紗面，不令紗之本質外見者，呼爲納綉②。綉，亦作繡。

骨朵：《南村輟耕録》云：“國朝有四怯薜，……中有云都赤，……三日一次，輪流入直，負骨朵於背(肩)，……余究骨朵字義，嘗記《宋景文筆記》云：關中人以腹大爲胍肛，音孤都，俗謂杖頭大者亦曰胍肛，後訛爲骨朵。朵，平聲。”《事文類聚》云：“《宋景文筆録》謂俗以樖爲骨朵，古無稽。據《國朝既③名》，衛士執樖扈從者爲骨朵子班。予按字書，薖④、樖皆音竹瓜切，通作‘薖’，又音徒果切，薖⑤之變爲骨朵，【9-2】雖不雅馴，其來久矣。”今俗音고，皆上聲。

紫鴉忽：瓓也。出南番、西番。性堅滑，有紅瓓、紫瓓，亦有淡者，色明瑩。有大如指面者，儘大儘貴。古語云，瓓重一錢，十萬可相。瓓，音낱，舊本作“剌”，元語作“剌兒”。

狖皮：《質問》云：羊皮去毛，熟軟，有鬆眼，作靴好看。今按，“狖”字韻書不收，字義未詳。

店：停物貨賣之舍，客商往來者多寓之，官所營建收税者曰官店。

細絲官銀：銀十品曰十成，曰足色，曰成色，曰細絲，曰手絲兒，曰吹螺，曰白銀；九品曰九成，曰青絲；八品曰八成。總稱元寶。元寶釋見下。

和尚：萬里相和曰和，外道相尚曰尚。又，和者太和也，尚者

---

① 《朴通事諺解》所附《朴通事集覽》本無“之”字。

② 《朴通事諺解》所附《朴通事集覽》本無“呼爲納綉”四字。

③ 《朴通事諺解》所附《朴通事集覽》本作“統”。

④ 《朴通事諺解》所附《朴通事集覽》本作“薖”，是。

⑤ 《朴通事諺解》所附《朴通事集覽》此處有“字”字。

高尚也。又，和尚，外國語，此云近誦。以弟子年少，不離於師，常逐相①近，受經而誦者。

漢子：泛稱男兒曰漢，又指婦女之夫曰漢子。《事物紀原》云：三代以降，有國號者至多，獨以漢爲名者，取兩漢之盛。漢武帝征討四夷，專事匈奴，由此有漢、胡之斥。至晉末，五胡亂華，胡人罵華人曰漢兒，華人罵胡人曰胡虜，此稱“漢”之始也。今按，元時胡漢相雜，故兩書稱漢者居多。

佛：梵云②

【11-1】俗呼療馬者曰馬獸醫。

骨眼：《質問》云：馬害肚疼打滾，割眼內肉，方言謂之鎣眼，音姑。

狗有濺草之恩：晉太和中，楊生養狗，甚愛之。後生飲酒醉，行至大澤，草中眠。時值冬月，野火起，風又猛，狗呼喚，生不覺。前有一坑水，狗便走往水中，還以身洒生，左右草沾水得著地，火尋過去，生醒而去。

馬有垂韁之報：漢高祖與項王會鴻門，舞劍事急，謀脫。匹馬南行，道傍有一眢井，馬到井邊不肯行。漢王恐追者至，下馬入井。項王追至井傍，見馬跡至井而止，謂漢王在井，令人下井搜求。見井口有蜘蛛罩網，鵓鴿一雙出井飛去，謂無人在中，項王還壁。翌日，其馬到井垂韁，漢王執之而出。

剃頭：漢俗，凡梳頭者必剃去腦後、頂上髮際細毛，故曰剃頭。

挑針：用牛角作廣篦，篦一端作刷子者。多髮者髮厚難梳，故先梳之髮以此篦插置上頭，更梳下髮。今俗猶然。

---

① 《朴通事諺解》所附《朴通事集覽》本作“常”。
② 此下原書缺兩頁。

幹：運也。俗音呼：와，字作"乞"是。

消息：以禽鳥毳翎安於竹針頭，用以取耳垢者，俗呼爲消息。舊本作"蒲樓翎兒"。

耳朵："朵"作"垛"是，【11-2】俗去聲讀。

今日做筵席：舊本作"開口筵席"。古所謂言定，今俗云求親。

娘子：子謂母曰"娘"，字作"孃"。又少女之稱，字作"娘"。"孃""娘"亦通用。《南村輟耕①》云：世謂穩婆曰"老娘"，女巫曰"師娘"，娼婦曰"花娘"，達人又曰"草娘"，苗人謂妻曰"夫娘"，南方謂婦人無行者曰"夫娘"，謂婦人之卑賤者曰"某娘"，曰"幾娘"，鄙之曰"婆娘"。今俗稱公主、宮女，下至庶人妻，皆曰"娘子"。

下多少財錢：亦云下財。《家禮會通》云：婚有六禮：納采、問名、納吉、納徵、請期、親迎。今制：納采、問名、納吉揔一次行禮，以從簡便，謂之定禮，亦謂之定親，亦曰下紅定，亦送幣物。又涓吉送婚書，行納徵禮，亦曰納幣，俗云下財，亦曰送禮。俗總稱曰羊酒花紅。又一次有禮曰請期，謂之催裝，亦具禮物。五品以下無請期之禮。

八珠環兒：見上。

金廂寶石：寶石，即上節紫鴉忽之類，以金爲斗拱而納石於其中，綴著於女冠之上，以爲飾也。《音義》云：寶石 ·에금：젼메·위·수·민頭面。

珠鳳冠：《音義》云：珠子結成鳳的冠。今按，用珍珠串結，作成鳳形，而至於翎毛，【12-1】則皆用綵線及翠羽爲飾。

十羊十酒：羊十牽、酒十瓶也。制禮亦隨貴賤異秩②，即送禮

---

① 此處脫"錄"字，《朴通事諺解》所附《朴通事集覽》本有。

② 《朴通事諺解》所附《朴通事集覽》本作"帙"。

也。詳見《諸司職掌》。

生的：天生容範。

觀音菩薩：以耳根圓通，以聞聲作觀，故謂之觀世音。菩者，普也，薩者，濟也，謂普濟衆生也。

紅定：晉武帝多簡良家女以充内職，而自擇美者，入選則以絳紗繫臂。鎭軍將軍胡奮女入選，亦以絳紗繫臂，故俗謂定婚曰紅定。

圓飯筵席："圓"作"完"是，謂齊足之意。今按，漢人娶妻親迎，而女至男家以宿，則女家送女食于男家，三日而止。止食之日，女家必具酒饌，送男家設宴，謂之完飯筵席。《質問》同。舊本曰"解幔筵席"。《邵氏聞見録》：宋景文公納子婦，其婦家餽食，書云："以食物煖女。"公曰："錯用字。從食、從而、從大。"其子退檢《博雅》，"餪"字注云："女家三日餉食爲餪女也。"圓飯即遺制也。

拜門：《質問》云：女嫁九日，公婆使兒子、女兒徃丈人家拜丈人、丈母或兄嫂們，方言謂之拜門。

媒人也有福：兩次送禮之日，媒人各有表裏之賞。

體例：謂官私通行格例曰体禮（例）。

姐姐：【12-2】漢俗呼姊曰姐姐。雖非弟妹，如遇婦女，可展斯須之敬者，亦曰姐姐，是尊之之謂。

砌山子：《音義》云：귀·여ㅿ，類·엣것。今按，山子，即귀·여ㅿ；砌，即結成之意。俗呼築城曰"砌城"，謂疊石而築成之也。

皮金：未詳。《質問》云：以厚紙上貼金，女人粧①䌷之用。又云：將金搥打如紙張之薄，方言謂之皮金。

白清水絹：무·리·픗·긔·업·시다·ㄷ·마·돌호로미·론·깁·이·니，光滑緻

---

① 《朴通事諺解》所附《朴通事集覽》本作"綉"。

硬,如本國擣砧者也。即不用糨粉而鍊生絹,以石碾者①。

人事:土産,俗·도·산。舊本作“撒花”。

唱喏:揖也。詞曲曰:一箇唱,百箇喏。謂一人呼唱於上,眾人應諾於下。如將帥在營幕下,軍卒投謁於前者列立②於庭,將帥發一令語,則眾下齊聲以應。凡里巷子弟拜謁父兄亦然。因謂揖曰唱喏。未詳是否。但《家禮集註》説云:揖者拱手著胷也。恐非所謂唱喏也。今中朝俗以鞠躬拱手爲唱喏。

戒方:《音義》云:學罰·에·티는것。《質問》云:讀書小兒送入學堂,師傅教寫字,不用心寫好字,師傅拿二尺長、寸半寬、半寸厚的木板條打手掌,使後日寫好字免打手掌,謂之戒方。

【13-1】老官人:漢人呼尊長必加“老”字於姓字之上,尊之之辭。

娃娃:娃娃指孩兒之稱,字作“嗏”,音·와,是小兒啼聲。

毛施布:此③即本國人呼苧麻布之稱,漢人皆呼曰苧麻布,亦曰麻布,曰木絲布,或書作没絲布,又曰漂白布,又曰白布。今言毛施布,即没絲布之訛也,而漢人因麗人之稱,見麗布則直稱此名而呼之。記書者因其相稱而遂以爲名也。

混堂:人家設温湯浴室處,燕都多有之,乃爇水爲湯,非温泉也。或稱“堂子”,舊本作“湯子”。

莊家:村莊治農之人曰莊家,謂不達時務之人。

錢鈔:錢者,金帛之名。古曰泉,後鑄而曰錢。古者天降災戾,於是乎量資幣,權輕重,以救民困。代各鑄錢,輕重不一。鈔,

---

① 《朴通事諺解》所附《朴通事集覽》本作“也”。
② 《朴通事諺解》所附《朴通事集覽》本無“立”字。
③ 《朴通事諺解》所附《朴通事集覽》本無“此”字。

楮幣也,始於蜀之交子,唐之飛錢,至元朝有中統元寶。交鈔,通行寶鈔之名。

盤纏:길혜여·러가지로·쁘·눈것。《質問》云:盤費纏繳供給之物,如供給服食應用金銀財帛之類。今按,盤纏二字,取義源流未詳。

愁殺人:謂人有愁之甚而可至於死,甚言其愁之極也。

包指:《音義》云:혈거·피。

濟機:《音義》【13-2】云:·쁠·로밍가·론혈거·피긋·토것。今按,漢人或牛角或鹿角爲之,形如環,著於拇指,亦[1]所以鈎弦開弓。

滿月:《産書》云:分娩未滿月,恣食生冷粘硬果菜肥膩魚肉之物,當時雖未覺大[2]損,滿月之後,即成蓐勞。《質問》云:産婦一箇月不出門,不生理,只補養本身;一月之後出門,又吃喜酒。今按,喜酒者,賀生兒之宴。

老娘:《音義》云:伏侍生産的婦人。今按,俗呼"穩婆"。

褯子:《音義》云:襁褯,接替污穢之物。今按,襁即繃子,褯即褯子。《音義》混而一之,誤矣。但《譯語指南》亦呼繃子,混稱爲襁褯。未詳是否褯子깃。

繃子:보로기,即襁也。《廣韻》"束兒衣"也,闊八寸,長一尺,用約小兒而負之行者。

百歲日:子生一七日,謂之一臘;一歲,謂之百晬。《質問》云:初生孩兒以百日爲百歲日,六親皆以禮賀之,主人設席館待。

堂子:即混堂,釋見上。

氣力:《音義》云:弓強弱之力,重十二斤曰一箇氣力。今按,舊本以斗石爲重,《續綱目》"兩石弓"註:三十斤爲鈞,四鈞爲石,

---

① 《朴通事諺解》所附《朴通事集覽》本無"亦"字。
② 《朴通事諺解》所附《朴通事集覽》本作"有"。

重百二十斤也。

　　㯂殿：作殿閣，用㯂木皮苫盖，以爲遊御之所。舊本作"棕毛殿"。㯂，【14-1】通作"棕"。

　　官裏：呼皇帝爲官家，亦曰"官裏"。五帝官天下、三王家天下故云①耳。

　　刜柳：《質問》云：端午節日，赴教塲内，將三枝柳植之三處，走馬射之。《歲時樂事記》云：武士軍校褙柳于擊塲。今按，"褙"字，即刜音，而"刜"字韻書不著，唯《免疑雜韻》内音"乍"，即與"揷"字音意同。《總龜》云：端午日，武士射柳爲鬪力之戲，各料強弱相敵。②

　　整：無零數之謂。

　　一面，호은·자。詳見《字觧》。

　　牙家：《事文類聚》云：今人云駔驔爲牙，本謂之互郎，主互市事也。唐人書互作㸦，似牙字，因轉爲牙。今漢俗亦曰牙子，即古之牙儈。

　　腿跨不開：《音義》：지·페딘물。

　　前失：《音義》云：거·티·는물。《譯語指南》云：앒거·티·는물。

　　轡頭：《音義》云：잘돈논무·룰닐온轡頭。今按，轡頭，即馬勒也，今俗謂·셕·대·됴·흔두·룰呼爲"好轡頭"，則《音義》亦當幷"好"字爲釋可也。且漢俗，以革爲之、有銜者曰"轡頭"，以索爲之、無銜者曰"籠頭"。今呼"鞍轡"之轡音·ㅂ，"好轡頭"之轡音·ㅣ。此"轡"字別有其字，而今未得也。恐當作"披"字爲是，謂以勒披馬頭引之也。

　　撒蹄：《音義》云：뒷·굽므리【14-2】리예·ㄱ·리·는·믈。《譯語指南》

---

①　《朴通事諺解》所附《朴通事集覽》本無"云"字。

②　《朴通事諺解》所附《朴通事集覽》本此下還有"此作'挳'，恐誤"一句。

云：·굽ᄀ·리ᄂ믈。

　　文淵閣：一名玉堂，有大學士，正五品官。

　　八舍：《音義》云：行次第八之人。

　　伴當：《質問》云：軍職官跟隨儀從人謂之伴當，三日一換。當，去聲。

　　千戶：軍士五千六百名爲一衛，二千二百名爲一千戶所，一百一十名爲一百戶所，每百戶内設總旗二名，小旗二名。

　　八里庄：地名。凡鄉井之制，在内曰街、坊、關、廂，在外曰店、鎮、鄉、莊、啚、保、屯、務、寨、峪、灣、窩，蓋因俗呼得名，皆指人所聚居之處也。

　　手帕：即“手巾”也。

　　羊腔子：《韻會》云：骨体曰腔。《音義》云：羊無首之名。羊有首，則人猷看。今按，漢俗屠羊出賣者，皆去其首。

　　拜節：《歲時樂事記》云：元日，士庶自早互相慶賀，車馬交馳，衣服華煥，雜遝街市，三四日①乃止。

　　寒食：《荆楚記》云：去冬節一百五日，有疾風甚雨，謂之寒食，又謂之百五節。秦人呼爲熟食日，言其不動煙火，預辦熟食過節也。晉文公焚山求子推，因燒死，遂禁火以報之。《東京録》云：唐明皇詔寒食上墓，近代相承，皆用此日拜掃丘墓，都人傾城出郊，四野如【15-1】市，芳②樹之下，園囿之間，羅列杯盤，抵暮而歸。

　　揮使：《音義》云：指揮之美稱。今按，指揮使，官名。都督府都指揮使正二品，各衛指揮使正三品。

　　西湖：在玉泉山下，泉水瀦而爲湖，流入宮中西苑爲太液池，

---

①　《朴通事諺解》所附《朴通事集覽》本此處有“而”字。
②　原書作“芳市”，據《朴通事諺解》所附《朴通事集覽》本乙正。

出都城爲玉河,東南流注于大通河,環湖十餘里,荷蒲菱茨與夫沙
禽水鳥出没隱暎於天光雲影中,實佳境也。

　　玉泉:在宛平縣西北三十里,玉泉山下。山有石洞三。一在
山之西南,其下有泉,深淺莫測。一在山之陽,泉出石罅間,鑿石爲
螭頭,泉從螭口噴出,鳴若雜佩,色如素鍊①,泓澄百頃。一在山之
根,有泉湧出,洞門刻"玉泉"二字,有觀音閣。又南有石巖,號呂公
洞,其上有金時芙蓉殿廢址,相傳以爲章宗避暑處。宣德年間,建
玉泉亭于其上,以備臨幸。

　　碧漢:②天河也。河精上爲天漢。《爾雅》:"析木謂之津。"津
在箕斗間,自坤抵艮爲地紀,亦名"雲漢",曰"天潢",曰"銀河",曰
"銀漢",曰"河漢"。

　　瑤池:《列仙傳》:崑崙閬苑,有③玉樓十二,玄室九層,左瑤
池,右翠水,環以弱水九重,非飆車羽輪,不可到也。註:瑤池,王
母所居。

　　兜率:梵語兜率,【15-2】此云妙足,又云知足,於五欲知止足,
故《佛地論》云:名意足。謂後身菩薩於中教化,多修意足故。即
欲界六天之一也。兠率天,人間四百世爲一日。

　　串香褐:串香者,合和諸香以爲佩者也。凡稱染色之少文
采④者曰褐。串香褐、麝香褐、鷹背褐、蜜褐、茶褐,即黃黑雜色也;
玉褐、艾褐、水褐、銀褐,即白黑雜色也;藕褐,即紫黑雜色也。深淺
異色,各取其像。

---

① 《朴通事諺解》所附《朴通事集覽》本作"練"。
② 《朴通事諺解》所附《朴通事集覽》本"天"上有"即"字。
③ 《朴通事諺解》所附《朴通事集覽》本作"白"。
④ 《朴通事諺解》所附《朴通事集覽》本作"彩"。

陝西：古雍州地，漢所都長安之地。唐置京圻[1]道，宋置陝西路，元置陝西行中書省，今置陝西布政使司[2]。

南城：大元以燕京爲大都，俗號[3]南城；以開平府爲上都，俗號北城。開平府在陰山之南。自燕京至上都，地勢一步高一步，四時多雨雪。

法名：削髮披緇，歸依佛法，別立外號，是謂法名。

步虛：俗姓洪氏，高麗洪州人，法名普愚，初名普虛，號太古和尚，有求法於天下之志。至正丙戌春，入燕都，聞南朝有臨濟正脉不斷，可徃印可。蓋指臨濟直下雪嵓嫡孫石屋和尚清珙也。遂徃湖州霞霧山天湖庵謁和尚，嗣法傳衣。還大都，時適丁太子令辰十二月二十四日，奉傳聖【16-1】旨，住持永寧禪寺，開堂演法。戊子東還，掛錫于三角山重興寺；尋徃龍門山，結小庵，額曰“小雪”。戊午冬示寂，放舍利，玄陵賜謚圓證國師，樹塔于重興寺之東，以藏舍利。玄陵即恭愍王陵也。

石屋：法名清珙，號石屋和尚，臨濟十八世之嫡孫也。普虛謁石屋，石屋見之云：“老僧今日既已放下三百斤擔子遞你擔了，且展脚睡矣。”乃微笑云：“佛法東矣。”遂以袈裟表信曰：“衣雖今日，法自靈山。流傳至今，今附於汝。汝善護持，毋令斷絶。”《事文類聚》云：“釋氏五宗之教，傳至法眼，爲雪峯真覺禪師之道。至永明，其道傳于高麗國。”此即普虛之傳也。

作與頌字廻光返照大發明得悟：《音義》云：石屋和尚作佛頌與步虛，其佛光迴還返照於步虛之身，其於生死輪迴之説，靡不通曉。

---

① 《朴通事諺解》所附《朴通事集覽》本作“畿”。

② 《朴通事諺解》所附《朴通事集覽》本誤作“司使”。

③ 《朴通事諺解》所附《朴通事集覽》本誤作“呼”。下同。

傳衣鉢：《書言故事》云：傳授佛法，謂之傳衣鉢。衣，即袈裟三事衣也；鉢，供應器也。詳見上。釋迦佛生年十九出家，住世四十九年，傳衣鉢于迦葉初祖達摩，達摩傳衣鉢于二祖，二祖傳于三祖，至於六祖，至三十二祖弘忍。蓋以此爲【16-2】傳道之器也。

善男善女：《金剛經》疏曰：向善之男女也。又見下。

善知①識：善知識者，指高僧之稱。“知”亦作“智”。②《反譯名義》云：佛菩薩羅漢是善知識，六波羅密三十七品是善知識，法性實際是善知識。

朴通事集覽上

朴通事集覽中

【1-1】枸欄，見上③。

弄寶盖：凡優人以造化鳥爲戲時，一人擎一彩帛葆盖，先入優塲，以④告戲雀之由，次有一人捧一雀以入作戲，如本節所云。造化鳥，죵다리，雄曰銅觜，雌曰鐵觜。

碾：砑石也，形如磨磑一隻之半，轉其外圓以碾絹，則即同砧擣者。

攘兒：染家有簿册一本，有人求染絹帛者，必於簿上記其物數及染色，并其染直，以當契約者，謂之攘兒。

站家擂鼓：館驛門上皆設更鼓之樓，凡使客入門，必擊其鼓，

----

① 《朴通事諺解》所附《朴通事集覽》本作“智”，下同。

② 《朴通事諺解》所附《朴通事集覽》本無此句。

③ 《朴通事諺解》所附《朴通事集覽》本作“見上篇”。

④ 《朴通事諺解》所附《朴通事集覽》本無“以”字。

招集人衆，應辦事務。

分例支應：正官曰廩給，從人曰口粮，通謂之分例。元制，正官一員，一日宿頓，該支米一升，糆一斤，羊肉一斤，酒一升，柴一束，經過減半；從人一名，止支米一升，經過減半。今制，正官一員，一日經過，米三升，宿頓五升；從人一名，經過二升，宿頓三升。漢俗今云"行三坐五"。

大使：館驛有大使一員，或正九品，或從九品，有副使一員，從九品，亦有未入流大使、副使。詳見《諸司職掌》。

米【1-2】酒，舊本作"一瓶半酒"，新本作"米酒"。今造酒用粳米、糯米、黃米。凡支待使客，皆用此等酒也。不必舉米酒爲説，恐是新本仍存"半"字而誤印爲"米"①也。今從半字讀，恐或爲是。

廚子：光禄寺有廚子，即供應大小筵宴及館待使客執爨之役者也。

禿禿麽思：一名手撇麫，即本國믜역져비。"禿"字音토，上聲讀。"麽思"二合爲音尽，急呼則用"思"字，曰토토尽，慢言之則用"食"字，曰토토·마시。元時語如此。劑法如水滑麫，和圓少②彈劑，冷水浸手掌，按作小薄餅兒，下鍋煮熟，以盤盛，用酥油炒片羊肉，加塩炒至焦，以酸甜湯拌和，滋味得所，別研蒜泥調酪，任便加減，使竹簽簽食之。

金字圓牌：《至正條格》云：元時，中書省奏，諸王駙馬各投下有軍情緊急重事，許令懸帶原降銀字圓牌應付鋪馬騎坐，其餘差使人員有緊急軍情重事，許令懸帶金字圓牌，方付鋪馬。其他泛常勾當，只許臨時領受，給降聖旨，方許給馬。

---

① 《朴通事諺解》所附《朴通事集覽》本此處有"字"字。
② 《朴通事諺解》所附《朴通事集覽》本作"小"。

　　轡頭散與：女直達子朝貢時，到驛應付馬匹騎坐者各出轡頭，散與馬夫，馬夫受轡套馬，令各轡主認轡【2-1】占馬，使無爭占之擾。

　　牌子：凡馬驛設置，馬驢不等，其中管馬苔應者，謂之馬牌，管驢者，謂之驢牌，總稱牌子。

　　令史：在京六部及三品衙門、在外各衛及都、布、按三司俱有令史，驛吏則無令史之稱。元制未詳。

　　甘結：《吏學指南》云：所願曰甘，合從曰結。今按，如保舉人材者，必寫稱"所舉之人並無喪過，及干娼優子嗣，委的賢能，如虛甘伏重罪"云云。舉此爲辭，以成文狀，與彼收執，或呈報上司，以憑後考，謂之不致扶同，重甘結狀。

　　應付：《質問》云：應者，苔應也；付者，與也。如遇使客到驛，將口粮馬驢苔應與他，方言謂之應付。

　　賣主：一面①，《音義》云：猶言賣主自身。又，"一面"詳見《字解》。

　　郊天：天子設圜丘於南郊，以祭天神、地祇、日月星辰、山川嶽瀆，以太祖配享。古制，冬至祭天。今制，正月十五日以裹祭天，俗②謂之拜郊。

　　木料：凡造一件物而該用之物皆曰料。木料，나모ᄇᆞ팃ᄀᆞ삼，詳見《字解》"料"字下。

　　梯子：《音義》云：車前괴·오·ᄂᆞᆫ나모。

　　撐頭：《音義》云：車後괴·오·ᄂᆞᆫ나모。

　　擦③床：《音義》云：用木小板長尺餘，橫穿【2-2】爲空二三十

穴，各用薄鉄爲刃廂其中，以蘿蔔等物按磨於鉄刃之上，其絲從穴下墜①，勝於刀②切。今按，即本國혈·갈。

細車：鄉習以細字作室字讀，謂車上設屋可卧者也。然漢人凡稱物之善者皆曰細，如云茶之好者曰細茶。今此細車，亦謂設帳房於車上爲屋，乃車之善者也，故謂之細車。連呼"帳房細車"讀亦通。《質問》云：如婦人所乘車，周圍雕刻花檽，油飾花須，方言謂之細車。又云：女人所乘有檽長盖之車。

千餘同：《音義》云：十疋爲同。

遷民鎮：鎮，安也，凡民聚爲市者曰"鎮"。遷民鎮在遼西瑞州之境，金所置，属大寧路。

抽分：《音義》云：十分而取一分，以利官用。今按，中朝設抽分竹木局，如遇客商興販竹木柴炭等項，照例抽分。粗貨十五分中抽二分，細貨十分中抽二分。竹木柴炭，或三十分取二，或十分取二，或三分取一。

三河縣：在順天府東七十里，以地近七渡、鮑丘、臨沟三水，故名。直隸通州。

通州：在順天府東四十五里，即古潞州，金陞爲通州，取漕運通濟之義。今仍之。直隸順天府。

奪腦：【3-1】"奪"字未詳。鄉習傳解曰딕고·리·뽄앏프·다。奪，音두，去聲讀。

尺脉較沉：人手有寸、關、尺三部脉。尺脉主腎命門，属水而沉；脾属土。凡人飲食傷脾土，則土不克水而見沉，脉較差也。脉沉，又見《老乞大集覽》。

---

①　《朴通事諺解》所附《朴通事集覽》本作"隊"。
②　《朴通事諺解》所附《朴通事集覽》本作"刃"。

少卿：太常寺、大理寺、光禄寺、太僕寺有卿、少卿，俱三品。

妳妳：汎稱尊長妻室曰妳妳。

大娘：《音義》云：안해：님이·라ᄒᆞ·ᄃᆞᆺᄒᆞ：말。今按，汎稱尊長妻室曰“大娘”，又稱人之正妻曰“大娘”，妾曰“小娘”。

婆婆：汎稱老媼之謂，或呼尊屬老婦之稱。又，祖母曰婆婆。

刮劃：排擠開割之意。刮，韻書不收，《免疑韻略》音①“百”。凡陌韻陌字類諸字，皆呼如泰韻之音，故百字呼如“擺”字，而鄉習傳呼刮字音배，亦從上聲讀，則字作“擺”亦通。

看上：猶言見取之意。

攪撒：攪，作覺是。覺字雖入聲，而凡入聲清聲，則呼如上聲者多矣。如角字，亦或呼如上聲。記書者以覺撒之覺呼爲上聲，而謂覺字爲入聲，不可呼如上聲，故書用攪字耳。撒，猶知也。俗語亦曰決撒了。今以撒放之撒用爲知覺之義者，亦未詳。

推出後：漢人指厠【3-2】爲後路，詳見《老乞大集覽》②“東厠”下。又大便、小便，亦曰大後、小後。

狐帽匠：《音義》云：터럭쟝。今按，以有毛皮作大帽③小帽者，皆④謂之胡帽匠，狐字作“胡”是⑤。猶本國毛衣匠之類。

東安州：在東安縣西北。金以前皆爲縣，元陞爲州，今避水患移今治，在順天府南一百里，故城遂廢，洪武初改爲縣。

下馬莊：地名。

稈草：稈，禾莖也，即稭之和皮者也。中國北方土地高燥，宜

---

① 《朴通事諺解》所附《朴通事集覽》本作“作”。

② 《朴通事諺解》所附《朴通事集覽》本此處有“上篇”二字。

③ 《朴通事諺解》所附《朴通事集覽》本無“帽”字。

④ 《朴通事諺解》所附《朴通事集覽》本無“皆”字。

⑤ 《朴通事諺解》所附《朴通事集覽》本無“是”字。

粟不宜稻，故治田好種粟。收粟者截穗取實，留其稭以飼馬，因名其稭曰稈草，亦曰穀草。稭音戞，稻稭曰稻草。

搜草：搜，探聚也。收禾登塲，截穗取實，亂撒禾稭在塲，仍而搜聚者曰搜草。

西山：在順天府西三十里太行山首，始于河內，北至幽州，強形鉅勢，爭奇擁翠，雲聳星拱于皇都之右。每大雪初霽，千峯萬壑，積素凝華，若圖畫然，爲京師八景之一，曰“西山霽雪”。今見北京西城外有山一座，即是。

南海普陁落伽山：山在寧波府定海縣，古昌國縣海中。佛書所謂海岸高絕處，普陁落伽山，世傳觀音現像于此，上有普陁寺。普【4-1】陁落伽，唐言小白花，即山礬花也，山多小白花，故仍名。徃時高麗、新羅、日本諸國，皆由此取道以候風汛。《飜譯名義》云：補陁落迦，此云海島，又云小白花。

糸：禮覲也。

理圓四德：理者，固常道之至也。圓，全備也。四德，曰常，曰樂，曰我，曰淨無二。生死爲常，不受二邊爲樂，具八①自在爲我，三業清淨爲淨。又我者即是佛義，常者即是法身義，淨者即是法義，樂者即是涅槃義。大抵梵語，經文釋義不一，今不煩觧。

智滿十身：本覺爲知，始覺爲智。滿，備也。十身有調御。十身，曰無著，曰弘願，曰業報，曰住持，曰涅槃，曰淨法，曰真心，曰三昧，曰道性，曰如意。有內十身，曰菩提，曰願，曰化，曰力持，曰莊嚴，曰威勢，曰意生，曰福德，曰法，曰智。有外十身，曰自，曰眾生，曰國土，曰業報，曰聲聞，曰圓覺，曰菩薩，曰智，曰法，曰虛空。

悲雨慈風：佛發大慈悲，廣濟眾生，猶洒雨發風然，無遠不被，

---

① 《朴通事諺解》所附《朴通事集覽》本作“入”，應是形誤。

故曰風雨。佛有四無量心，慈悲喜捨。

刹土：梵語刹，此云竿，即幡柱也。沙門於此法中勤苦得一法者，便當竪幡，以告四遠曰"今有少欲人也"云。《法苑》【4-2】云：阿育王取金華金幡懸諸刹上。《瓔珞經》云：刹土，乃聖賢所居之處。又，刹土猶言法界也。又號伽藍曰梵刹者，以柱爲表也。

座飾芙蓉：《飜譯名義》云：大論問：諸牀可坐，何必蓮華？荅曰：牀爲世間白衣坐法，又以蓮華軟淨，欲現神力，能坐其上，令不壞故，又以莊嚴妙法故，又以此華華臺嚴淨香妙可坐故。

湛：没也，澹也。

瓔珞：頸飾也。《普門品經》云：無盡意菩薩解頷下衆寳瓔珞而以與之。一説，珠在頸曰瓔，在身曰珞。

童男童女：觀音現三十二應，曰佛身，曰辟支，曰圓覺，曰聲聞，曰梵王，曰帝釋，曰自在天，曰大自在天，曰天大將軍，曰四天王，曰四天太子，曰人王，曰長者，曰居士，曰宰官，曰婆羅門，曰比丘，曰比丘尼，曰優婆塞，曰優婆夷，曰女主，曰童男，曰童女，曰天身，曰龍身，曰藥叉，曰乾達婆，曰阿脩羅，曰緊那羅，曰摩睺羅，曰樂人，曰非人，應作種種身，或在天上，在人間，随其所樂，皆令見衆生形相各不同，行業音聲亦無量。

梵王帝釋：有欲界、色界、無色界，爲三界。欲界有四洲、四惡趣、六欲，天帝釋爲欲界主。【5-1】色界有四禪、十八梵天，梵王爲色界主。無色界有四空天。

居士宰官：隱居之士，宰輔之官。佛書云：應以居士得道者必在居士，應以宰官得道者必現宰官。《禮記·玉藻》曰：居士錦帶。注：道藝處士也。《飜譯名義》云：愛談名言，清淨自居，又多積財貨，居業豐盈，皆謂之居士。

以聲察聲：聞其聲而察其苦樂之狀。

六道：人道、天道、阿脩羅道、餓鬼道、畜生道、地獄道，亦名六趣，加仙道，名曰七趣。阿脩羅有大力神人，嘗共天鬪，立大海中，其高半天。

随相現相：随其衆生之相，自爲其相而徃救焉。《飜譯名義》云：佛昔爲帝釋時，遭飢歲，疾疫流行，醫療無功，道殣相屬。帝釋悲慭，思所救濟，乃變其形爲大蟒身，殭屍川①谷，空中遍告，聞者感慶，相率奔赴，随割随生，療飢療疾。

三塗：餓鬼塗、畜生塗、地獄塗。

起浮屠於泗水之間：浮屠，即塔也。唐言高顯也。《神僧傳》云：僧伽大士，西域人，姓何氏。唐龍朔初，於泗州臨淮縣信義坊，將建伽藍，掘得古香積寺銘記并金像一軀，上有普照王佛字，遂建寺焉。中【5-2】宗聞名，遣使迎師，居薦福寺。頂上有一穴，以絮窒之，夜則去絮，香從頂穴中出，非常芬馥。及曉，香還頂中，又以絮窒之。景龍四年，端立而終。中宗令於寺起塔，俄而大風欻起，臭氣滿長安。中宗問諸近臣，近臣奏：僧伽大師化緣在臨淮，恐欲歸。中宗心許，其臭頓息，奇香馥烈。五月，送至臨淮，起塔供養，即今泗上僧伽塔是也。中宗問萬迴和尚曰：“僧伽是何人？”迴曰：“觀音化身。”

結草廬於香山之上：《飜譯名義》云：《西域記》云：阿耨達，水名，在香山之南。觀此則香山亦西域山也，而未詳所在。結廬事亦未詳。

執楊柳於掌內，拂病體於輕安：佛圖澄，天竺人也。妙通玄術，善誦呪，能役使鬼神。石勒聞其名，召試其術，澄取鉢盛水，燒香呪之，須臾，鉢中生青蓮花。勒愛子暴病死，澄又取楊枝沾水，洒

---

① 《朴通事諺解》所附《朴通事集覽》本“川”作“出于”。

而呪之,遂蘇。自後凡謝僧醫病曰"辱沾楊枝之水"。

傾甘露於瓶中濟險途於飢渴:《飜譯名義》云:梵言軍持,此云瓶。軍持有二,若甕瓦者是淨用,若銅鐵者是觸用。《西域記》云:軍持,【6-1】澡瓶也。尼畜軍持,僧畜澡罐。佛經云:佛洒甘露水。又云:開甘露門。又云:手執青楊枝,徧洒甘露之水。然甘露源流未詳。

面圓璧月:璧,天生瑞玉,盈尺餘,形圓者也。佛八十種好,云面圓淨如滿月。

身瑩瓊瓖:瑩,玉色潔也。瓊瓖,石次玉者也。瓖,音刋,平聲。佛八十種好,云身有光明,又云身清淨。又云色潤澤如瑠璃。

齒排柯雪:謂齒如雪堆枝柯之上,淨白頓整之形,似人所編排然。佛三十二相,有四十齒相,有齒白淨相,有齒齊密相。

眉秀垂楊:佛十相,有眉細垂楊相。

尋聲救苦應念除災:史記:昔廬景裕繫晉陽獄,志心念觀世音菩薩,枷鎖自脫。又有人當死,志心誦《觀世音菩薩普門品經》千百遍,臨刑刀折,因以赦之。

懺悔:見上。

衆生:一切衆染合集而生,故曰"衆生"。又,衆緣和合名曰"衆生"。衆,平聲。

一切:一以普及爲言,切以盡除爲語。

罪障:猶言業障、罪業。

萬劫:儒曰世,釋曰劫,道曰塵。一說儒家曰數,道家曰劫,佛家曰世。道經云:天地一成一敗謂之劫。上【6-2】天開化,建五劫紹運,曰龍漢,曰赤明,曰上皇,曰延康,曰開皇。五劫既周①,復從

---

①　按:原書誤作"周",據《朴通事諺解》所附《朴通事集覽》本改。

其始。又六十年一甲子，一百年爲一小劫，一千年爲一中劫，三中劫爲一大劫。佛家初劫爲釋迦牟尼佛，二劫爲寶髻佛，三劫爲燃燈佛。漢武帝鑿昆明池，其底有灰，帝問東方朔，對曰："此劫灰也。"

使長：猶言君長也。元語"那衍"，音ㄴ·연。

大帽：如本國笠子之制。《南村輟耕録》云：胡石塘先生嘗應聘入京，世皇召見於便殿，趨進，不覺笠子欹側。上問曰："秀才何學？"對曰："脩身齊家治國平天下之學。"上哂曰："自家笠子尚不端正，又能平天下耶？"此元時戴笠也。今俗唯出外行者及新婚壻郎無職者，親迎之夕必戴大帽。

雲南氈：雲南，古梁州，南境爲徼外夷也。漢置益州郡，元置路，今改爲布政司。州縣俱出氈，細密爲天下最。

解儅庫：王莽令市官收賤賣貴，謂如貸錢與民一百箇，每月收利錢三箇，銀一兩，則每月取利三分之類。後主量其貨物而抽分，遺下亦收息百三。後人所以効之，今之解庫，是其遺意。元時或稱印子鋪，或稱把解，人以重物【7-1】來儅，取錢而去，在後償還本利，還取其物而去，此即解儅庫也。

一百七：《南村輟耕録》云：凡七下至五十七下用笞，六十七下至一百七下用杖。而數用七者，建元以前，皆用成數。大德中，刑部尚書王約上言，國朝用刑寬恕，笞杖十減其三，故笞一十減爲七。今之杖一百者，宜止九十七，而不當反加十也。議者憚於變更，其事遂寢。

木椿：其制：於刑人法塲，植一大柱，縛著罪人於①上，劊子用法刀剔其肉以喂狗，而只留其骨，極其慘酷，方施大辟，即古之凸刑也。劊子，獄史刑罪人者也。

---

①　此處《朴通事諺解》所附《朴通事集覽》本有"其"字。

稀粥也熬着：北人好獵，不力於農。獵者行者多齎粆米，且其食性好粥，尤好生肉湩酪，故两書皆元時所記，多言稀粥及酪。粆，音抄，即本國米實也①。

粧腰大摸樣：《質問》云：如人大氣像起來時，又粧妖氣，又作大摸大樣，不禮待人，方言謂氣像大起來時粧妖大摸樣。一説，粧腰猶脩飾也；一説，腰大猶言大氣像也。

乞留曲律藤：乞留曲律，謂屈曲擁瘇之意。漢人凡稱草木行蔓必曰藤，非别有一物也。

插【7-2】葫：《質問》云：如葫蘆、長一二尺者方言謂之揷葫。

取燈兒：《南村輟耕録》云：杭人削松木爲小片，其薄如紙，鎔硫黄塗木片頂分許，名曰發燭，又曰焠兒。宋陶學士《清異録》云：夜有急，苦於作燈之緩，批杉木條染硫黄，一與火遇，得燄必速，呼爲引光奴。今之取燈兒，其遺制也。今按，舊本作"吹燈兒"。焠，音·취，則舊本"吹燈"之名，恐或爲是。

褒彈：褒②，作"包"是。《事文類聚》云：包彈者，以包孝肅公多所抨彈，故云耳。今按，包孝肅公名拯，性剛直不撓，其所彈劾，不避權勢，故時人呼爲包閻羅，曰："關節不到，有閻羅包老。"

捲篷：《音義》云：·ᄇᆡ우·흿지·비·니ᄆᆞᄅᆞ：업·슨지블닐·오ᄃᆡ捲篷。

佛堂：漢人酷好釋教，家設一堂，或安金像，或掛畫佛，焚香頂禮，朝夕不懈。

鋪面周圍：漢人造屋於大街之間者，向街周遭必設空屋，聽令坐賈賃居爲市，按月受直。

代保：《音義》云：爲人保托受債之人。

---

① 《朴通事諺解》所附《朴通事集覽》本無"也"字。

② 《朴通事諺解》所附《朴通事集覽》本作"駁"。

躧：《音義》云：跐，音채，"躧"通用，後同。今按，舊本作"躧"。韻書跐音제，又ㅊ；躧音새，又시。兩字爲채音者，韻書不收，而俗讀則俱從채音，並上聲。今亦【8-1】從之。《字學啓蒙》字作"跿"。

生分忤逆：生分，謂賦受性分也。忤，亦逆也。

呆種：《事林廣記》呆音爺，《易見雜字》呆音崖。今俗之呼，皆從去聲·여。

操：去聲。曲名。劉向《別録》曰：其道閉塞，悲愁而作者，其曲曰操，言遇災害不失其操也。仍名曲爲操。

苕箒：《周禮》"桃苅"鄭云：苅，苕箒也；苕，葦華也。今按，苕乃凌霄花也，苕帚之苕，作芀是。

磨果釘子：磨果，即香蕈也，표고，釘形似之，故因名焉。

十八學士：唐太宗秦王時，開館延文學之士。杜如晦、房玄齡[①]、虞世南、褚遂良、姚思廉、李玄道、蔡允恭、薛元敬、顏相時、蘇勗、于志寧、蘇世長、薛攸、李守素、陸德明、孔穎達、蓋文達、許敬宗爲文學館學士，分爲三番，更日直宿。秦王暇日，至館中討論文籍，使閻立本圖像，褚亮爲賛。得與其選者，世謂之登瀛洲。

同知：都督同知從一品，指揮同知從二品，留守司同知、各衛同知俱從三品。

解由：《吏學指南》云：考滿職除曰解，歷其殿最曰由。《質問》云：是儅差的官人三年一替換，滿日討了文書回家，其文書，方言謂之解由。

首【8-2】領官：今宗人府經歷爲首領官、六部主事爲首領官之類。然未詳取義。但各衙門有首領官，如有司之任，主出納一司公事。

---

① 《朴通事諺解》所附《朴通事集覽》本作"岭"。

因緣：《反譯名義》云：因謂先無其事而從彼生也，緣謂素有其分而從彼起也。又云：前緣相生，因也；現相助成，緣也。

鼈碁：《質問》云：碁子圓如鼈身上盖，謂之鼈碁。

比賽：兩人下碁擲色兒，有點多者先下碁，小（少）者後下碁。

牢子走：牢，獄名，繫重囚之所。牢子，守獄之卒也。《南村輟耕録》云：牢子走者，元時，每歲一試之，名曰放走，亦名貴由赤，俗謂快行是也。以脚力便捷者膺上賞，故監役之官，齊其名數而約之以繩，使無後先參差之爭，然後去繩放行。在大都則自河西務起程，若上都則自泥河兒起程，越三時，走一百八十里，直抵御前，俯伏呼萬歲。先至者賜銀一餅，餘者賜段匹有差。

錠：《質問》云：每一張鈔謂之一錠。又云：五貫寶鈔爲一錠。今按，俗謂銀一餅亦謂之一錠，元寶則五十兩爲一錠。

臘：無定日，冬至後第二戊日是也。夏曰嘉平，殷曰清祀，周曰大㈬，秦曰臘，漢仍之。臘者，【9-1】獵也，因獵取獸，以祭先祖。又臘者，接也，新故交接，大祭以報功也。

打關節：《吏學指南》云：下之所以通欵曲於上者曰關節，又造請權要謂之關節。漢曰關説。宋包拯剛直好駁，時人語曰："關節不到，有閻羅包老。"如本國俗語：쇼·쳥ᄒ·다。

閣落：音ᄀ·라，指一隅深奧之處。舊本未得本字，而借用"栲栳"二字。按韻書，栲栳，木名；筶筶，柳器。並音과라，皆上聲，與本語字音大不相同，但《免疑韻略》及《字學啓蒙》字作"旭旮"，音ᄀ·라。此二字乃俗之自撰，諸韻書所不收，今不採用。唯於《直解小學》內，字作"閣落"，兩字之音，稍爲仿佛，今亦用之。然"閣"字音亦少①不合，讀者詳之。

---

① 《朴通事諺解》所附《朴通事集覽》本作"小"。

衙門處處向南開：《南村輟耕録》云：凡衙門皆坐北南向者，南方屬離卦，離虛中則聰，又南方火位，火明則能破暗，故表南面聰明、爲民治愚暗之事。臺門必北開者，取肅殺就陰之象。

【9-2】朴通事集覽中

朴通事集覽下

【1-1】丟袖：《音義》云：·수·믹조쳐：내브·틴갓·옷。

銀鼠：形如青鼠而差小，色純雪白，出達子地，價直甚高。

長老：僧有智德可尊者曰長老，又道高臘長呼爲須菩提，亦曰長老。

三尊佛：過去佛、現在佛、未来佛爲三尊佛也，亦曰三世如来。

三更前後：言“前後”者，未能定稱的時而云然也。

唐三藏法師：俗姓陳，名偉，洛州緱氏縣人也，號玄奘法師。貞觀三年，奉勅徃西域，取經六百卷而來，仍呼爲三藏法師。三藏：經一藏，律一藏，論一藏。曰脩多羅，即阿難聖衆結集，爲經；曰毗奈耶，一曰毗尼，即優波尊者結集，爲律；曰阿毗曇，即諸大菩薩衍而爲論。藏即包含攝持之義。非藏無以積錢財，非藏無以蘊文義，謂攝一切所應知義，無令分散，故名爲藏也。

西天取經去：《西遊記》云：昔釋迦牟尼佛在西天靈山雷音寺撰成經、律、論三藏金經，須送東土，觧度群迷，問諸菩薩：徃東土尋取經人來。乃以西天去東土【1-2】十萬八千里之程，妖恠又多，諸衆不敢輕諾，唯南海落伽①山觀世音菩薩騰雲駕霧徃東土去，遥見

---

① 《朴通事諺解》所附《朴通事集覽》本作“迦”。

長安京兆府一道瑞氣衝天，觀音化作老僧入城。此時唐太宗聚天下僧尼設無遮大會，因衆僧舉一高僧爲壇主説法，即玄裝①法師也。老僧見法師曰："西天釋迦造經三藏，以待取經之人。"法師曰："既有程途，須有到時。西天雖遠，我發大願，當徃取來。"老僧言訖，騰空而去。帝知觀音化身，即勅法師徃西天取經，法師奉勅行，六年東還。

刁蹶：《音義》云：刁，難也；蹶，顛仆而不能行也。今按，法師徃西天時，初到師陀國界，遇猛虎毒蛇之害，次遇黑熊精、黃風恠、地湧夫人、蜘蛛精、獅子恠、多目恠、紅孩兒恠，幾死僅免。又過棘釣洞、火炎山、薄屎洞、女人國及諸惡山險水，恠害患苦，不知其幾，此所謂刁蹶也。詳見《西遊記》。

魔障：《翻譯名義》云：梵語"魔"，此云"障"也，能爲修道作障碍。昔釋迦出世時，魔王名波旬。若如來供養恭敬，魔王依於佛法，得善利，不念報恩，而反欲加毀，故名波旬，此言惡中惡。

證果金身：今按，證，應也，得也；果，果報【2-1】也。金身者，佛三十二相，云身真金色。言果報者，《觀經疏》云：行真實法感得勝報也。又修善得善果，作惡得惡報，謂之果報。又生時所作善惡謂之因，他日報應謂之果。謂證果者，如三藏法師取經東還，化爲栴檀佛如來。詳見下。

竈洞：《音義》云：取灰之處。今按：굴。

幌字：今按：漢俗，凡出賣諸物之家，俱設標幟之物，置於門口，或於門前起立牌榜，如曰"張家出賣高麗布扇"，一如賣酒家標植青帘之類，俗呼青帘曰"酒家望子"。

三隻脚鐵蝦蟆：今按：漢俗，優人作戲時，手執三脚蝦蟆入優

塲作戲，問之，則曰：唯仙家蓄養三脚蝦蟆，俗人聞氣者必死。然未詳源流。《書言故事》云：月宮蟾蜍三足，是爲羿①妻所化。

海上方：唐崔元亮著《海上方》，即醫方也。

七月十五日：《道藏經》云：七月十五日，謂之中元，地官下降人間，檢校世人，甄別善惡，上告天曹。

解夏：《荆楚歲時記》云：天下僧尼，於四月十五日，就禪刹掛搭不出門，謂之結夏，亦曰結制。蓋夏乃長養之節，在外行則恐傷草木虫類，故九十日安居不出，至【2-2】七月十五日，應禪寺掛搭僧尼，盡皆散去，謂之解夏，又謂解制。掛搭詳見《事林廣記》。

慶壽寺：《一統志》云：在順天府西南，内有飛虹、飛渡二橋，石刻六大字，極遒勁，相傳金章宗所書。又有金學士李晏碑文，正統間重建，賜額“大興隆寺”，僧録司在焉。

盂蘭盆齋：《大藏經》云：大目犍連尊者，以母生餓鬼中不得食，佛令作盂蘭盆，至七月十五日，具百味五果，置盆中，供養十方大德，而後母乃得食。《飜譯名義》云：梵言盂蘭，唐言救倒懸也。

壇主：《飜譯名義》云：梵言曼②茶羅，此云壇。謂主塲説法者曰壇主。

經律論：解見“三藏法師”下。

目連尊者：《反譯名義》云：目連，婆羅門姓也，名拘③律陀。又大經云：目犍連，即姓也，因姓立名目連。《事林廣記》云：佛書所謂王舍衛城，即賓童龍國也，國在西南海中，隸占城。占城選人作地主。目連，即此國人也。人云：目連舍基，至今猶存。

---

① 原誤作“昇”，據《朴通事諺解》所附《朴通事集覽》本改。
② 《朴通事諺解》所附《朴通事集覽》本作“漫”。
③ 《朴通事諺解》所附《朴通事集覽》本作“拘”。

善男信女：《了義經》云：善者，順理也；信者，言是事如是也。佛法大海，信爲能入，智爲能度人，若無信，不入佛法。又"善男善女"釋見上。

擎拳【3-1】合掌，《飜譯名義》云：此方以拱手爲恭，外國以合掌爲敬。手本二邊，今合爲一，表不散誕，專主一心。《西域記》云：致敬之式，其儀九等，四曰合掌平拱。

貪嗔癡：即三毒也。又曰三業。《大智論》云：有利益我者生貪欲，有違逆我者生嗔恚。不從智生，從狂惑生，是名爲癡，爲一切煩惱之根本。

三寶：佛、法、僧也。功成妙智，道登圓覺，佛也；玄理幽微，正教精誠，法也；禁戒守真，威儀出俗，僧也。皆是四生導首，六趣舟航，故曰寶。又《法數》云：十號圓明，萬行具足，天龍戴仰，稱無上尊，即佛寶也；一音演説，普應群機，究竟清淨，名離欲尊，即法寶也；脱塵異俗，圓頂方袍，入聖超凡，爲衆中尊，即僧寶也。

照會：五軍都督府照會六部，六部照會承宣布政使司，使司照會提刑、按察司。体式詳見《求政錄》。

衣錦還鄉：項羽屠咸陽，與沛公分王，又懷東歸，曰："富貴不歸故鄉，如衣綉夜行。"遂東歸，都彭城。故後人仕官①榮貴歸還鄉里者曰"衣錦還鄉"。

木植：亦曰"木料"，남·고·로：셩·녕홀ㄱ·ᅀ·미니。詳見《字解》"料"字下。

六鶴舞琴：《史記》：【3-2】師曠援琴而鼓，一奏之，有玄鶴二八集于廊門，再奏之，延頸而鳴，舒翼而舞。《善惡報應錄》云：江夏郡辛氏沽酒爲業，有一先生入坐曰："有好酒飲吾否？"辛飲以巨杯。

---

①　《朴通事諺解》所附《朴通事集覽》本作"宦"，是。

明日復來。如此半載。謂辛曰：“多負酒債，無錢酬汝。”遂取藍橘皮，於壁上畫鶴，曰：“客來飲酒，但令拍手歌之，其鶴必舞。將此酬汝。”後客至，如其言，鶴果舞，觀者沓至，酬之以錢，遂致鉅富。

　　稍麥：《質問》云：以麥糆作成薄片，包肉蒸熟，與湯食之，方言謂之“稍麥”。麥，亦作“賣”。又云：皮薄肉實，切碎肉，當頂撮細，似線稍繫，故曰“稍麥”。又云：以麵作皮，以肉爲餡，當頂作爲花蕊，方言謂之稍麥。

　　掾史：今按，五軍都督府有掾史而光祿寺吏無此名。元制未詳。

　　推：用轆①軸載煤炭，一人推運而來。

　　趙太祖飛龍記：宋太祖姓趙名匡胤。母昭獻皇后夢日入懷而孕。誕生之夕，赤光滿室，異香馥郁。及長，性沉厚，有大度，調遷爲殿前都點檢。陳橋之變，黃袍已加于身，受周恭帝之禪，即皇帝位。《易》曰：“飛龍在天。”龍爲人君之象，故稱即位曰“飛龍”。

　　車遲國：在西域，未詳所在。

　　【4-1】燒金子道人：《西遊記》云：有一先生到車遲國，吹口氣以磚瓦皆化爲金，驚動國王，拜爲國師，號伯眼大仙。

　　《西遊記》：三藏法師徃西域取經六百卷而來，記其徃來始末爲書，名曰“西遊記”，詳見上。

　　孫行者：行者，僧未經關給度牒者，謂之僧行，亦曰行者。《西遊記》云：西域有花菓山，山下有水簾洞，洞前有鐵板橋，橋下有萬丈澗，澗邊有萬箇小洞，洞裏多猴，有老猴精，號齊天大聖，神通廣大，入天宮仙桃園偷蟠桃，又偷老君靈丹藥，又去王母宮偷王母綉

———————————

　　①　此字漫漶，似爲“轆”字。《朴通事諺解》所附《朴通事集覽》本似作“轀”。

仙衣一套,來設慶仙衣會。老君、王母俱①奏于玉帝,傳宣李天王,引領天兵十萬及諸神將至花菓山,與大聖相戰,失利。巡山大力鬼上告天王,舉灌州灌江口神曰小聖二郎,可使拿獲,天王遣太子木叉,與大力鬼徃請二郎神,領神兵圍花菓山,衆猴出戰皆敗,大聖被執,當死,觀音上請于玉帝,免死,令巨靈神押大聖前徃下方去,乃於花菓山石縫內納身,下截畫如來押字封著,使山神土地神鎮守,飢食鉄丸,渴飲銅汁,“待我徃東土尋取經之人,經過此山,觀大【4-2】聖,肯随徃西天,則此時可放。”其後唐太宗勑玄奘法師徃西天取經,路經此山,見此猴精壓在石縫,去其佛押出之,以爲徒弟,賜法名吾空,改号爲孫行者,與沙和尚及黑猪精朱八戒偕徃,在路降妖去恠,救師脱難,皆是孫行者神通之力也。法師到西天,受經三藏,東還,法師證果栴檀佛如來,孫行者證果大力王菩薩,朱八戒證果香華會上淨壇使者。

三清:《道經》云:無上大羅。玉清,十二天聖境也,九聖所居,元始天尊所治。上清,十二天真境也,九真所居,玉晨道君所治。太清,十二天仙境也,九仙所居,太上老君所治。謂之三清。

羅天:《道經》云:七寶之樹各生一方,弥覆一天,八樹弥覆八天,包羅衆天,故云大羅,此聖境也。謂覆盖萬天,羅絡三界,極高無上,故稱大羅。三清五境三十六天,謂之大羅;四方四梵三十二天,謂之中羅;其欲色三界三十八天,謂之小羅:總謂之羅天三界。

大醮:《道經》云:醮,祭名。夜中於星辰之下,陳設餠餌、酒果、幣物,禮祀天皇、太乙、地祇、列宿。又有消災度厄之法,依陰陽五行之數,推人年命,書爲【5-1】章疏青詞,奏達天神,謂之醮。上元金錄齋,帝王修奉,設普天大醮。中元玉錄齋,保佑六宮,輔寧妃

---

① 《朴通事諺解》所附《朴通事集覽》本作“具”。

后,設周天大醮。下元黃籙齋,臣民通修,普資家國,設羅天大醮。

千里眼順風耳：兩鬼名。

金頭揭地銀頭揭地婆羅僧揭地：《西遊記》云：釋迦牟尼佛在靈山雷音寺演說三乘教法,傍有侍奉阿難、伽舍諸菩薩,聖僧、羅漢、八金剛、四揭地、十代明王、天仙、地仙。觀此則揭地神名,然未詳何神。

茶博士：《音義》云：進茶人之假稱。

蜜煎：《事林廣記》云：凡煎生果,最要遂其本性,酸苦辛硬随性製之,以半蜜半水煮十數沸,乘熟控乾,別換新蜜,入銀石器內,用文武火煮,取其色明透爲度,入新缶盛貯,緊密封窖,勿令生虫。須時復看視,纔覺蜜酸,急以新蜜煉熟易之。

蠍虎：蠑蚖、蜥蜴、蝘蜓、守宮,一物而四名,在壁曰"守宮",在草曰"蜥蜴"。守宮即蠍虎也,褐色,四足,偃伏壁間,名蝘蜓,亦曰守宮。五月五日捕其生者,飼以朱砂,明年端午搗之,點宮人臂上,經事則消,否則雖死不改,故名曰"守宮"。【5-2】漢武帝嘗試之,果驗。常捕全蠍食之,故名蠍虎。

元寶：《南村輟耕錄》云：至元十三年,元兵平宋,回至楊州,丞相伯顏號令搜撿將士行李,所得撒花銀子,銷鑄作錠,每五十兩爲一錠,歸朝獻納。世祖大會王子王孫、駙馬國戚,從而頒賜,或用貨賣,所以民間有此錠也。錠上有字,曰"楊州元寶"。後朝廷亦鑄。又有遼陽元寶,至元二十三年征遼所得銀子而鑄者也。撒花,元語,猶本國語曰土産也。

瀝青：《家禮儀制》云：生蛤粉、桐油合熬爲之。

花袴：以裾連上衣爲之者,如倭奴上着纈文之衣。

勇士：華制,以紅毡裁成"勇"字,附於方帛之上,施長帶於四角,橫負於背,侍衛則用之,故曰勇士,即本國甲士也。

拿法：《音義》云：用手拿緊要之處。

四箇將軍：募選身軀長大壯偉、異於人者，紅盔銀甲，立於殿前月臺上四隅，名鎮殿將軍，亦曰紅盔將軍，亦曰大漢將軍，其請給衣粮曰大漢衣粮。年過五十，方許出官。

飯：漢人凡稱餅、麨、酒食之類皆曰飯。

過賣：食店內執役供具之人，如雇工者也。

餡(餡)：或肉或菜及諸【6-1】料物拌勻爲胎，納於餅中者曰餡(餡)。酸餡(餡)、素餡(餡)、葷餡(餡)、生餡(餡)、熟餡(餡)，供用合宜。詳見《事林廣記》《事文類聚》《居家必用》等書，劑法不一。今不煩註。

水精角兒：《飲饌正要》云：羊肉、羊脂、羊尾子、生葱、陳皮、生薑，各細切，入細料物，塩醬拌勻爲餡(餡)，用豆粉作皮包之，水煮供食。又《居家必用》云：皮用白麨於滾湯攪作稠糊，於冷水浸，以豆粉和搜作劑，打作皮，包餡(餡)上籠，緊火蒸熟，洒兩次水，方可下竈，臨供時再洒些水便供。

麻尼汁經卷兒：《飲膳①正要》云：白麨一斤，小油一斤，小椒一兩炒去汗，茴香一兩炒。右件，隔宿用酵子、塩、減(鹼)、溫水一同和麪；次日入麨，接肥，再和成麨，每斤作二箇入籠蒸。麻，即脂麻也。搗脂麻爲汁，如稀泥然，故曰麻尼汁。尼，作泥是。

軟肉薄餅：《質問》云：以麥麨作成薄餅片，而用爊軟肉捲而食之。

餅餥：《質問》云：將菉豆粉糁和粘穀米，著水浸濕，用石磨磨細，杓兒盛在鍋內，一撮一撮煎熟而食。

水滑經帶麪：《質問》云：以麥麪扯成長條，似包經帶子樣，煮

---

① 《朴通事諺解》所附《朴通事集覽》本作“饌”。

熟，椒肉湯食之，方言謂之水【6-2】滑經帶麵。《事林廣記》及《居家必用》以水滑、經帶爲二物。水滑麵用頭麨，春夏秋用新汲水，入油塩，先攪作拌麨羹樣，漸漸入水和搜成劑，用水拆開，作小塊子，再用油水洒和，以拳搕一二百拳。如此三四次，微軟，和餅劑，就案上用拗棒拗百餘棒，多揉數百拳，至麨性行，方可搓如指頭大，新凉水內浸兩時許，伺麵性行，方下鍋，闊細任意做。冬月溫水浸經帶麵，用頭白麵二斤，減（碱）二兩，塩二兩，研細，新汲水破開和搜，比趕麵劑微軟，漸以拗棒拗百餘下，停一時許，再拗百餘下，趕至極薄，切如經帶樣，滾湯下，候熟，入凉水，投汁任意。

掛麪：詳見《老乞大集覽》"濕麵"下。

象眼餛子：《質問》云：以麥麵作成象眼樣大餛①子，行路便於食之，方言謂之象眼餛子。然餛子形劑未詳。但《居家必用》著米心餛子劑法，云：頭麵以凉水入塩和成劑，拗棒拗過，趕至薄，切作細基子，晒②乾，以筬子隔過，再用刀切千百次，再隔過。麁者再切，細者有糜末，却簸去，皆要一樣極細如米粒。下鍋煮熟，連湯起在盆內，用凉水寬投之，三五次方得精細。攪轉，撈起控【7-1】乾，麻汁加碎肉、糟姜米、醬瓜米、黃瓜米、香菜等糚點用供。

柳葉餛子：《質問》云：以麥麵作成柳葉樣餛子，亦便於行路之食，方言謂之柳葉餛子。

黃燒餅：《總龜》云：燒餅，即古之胡餅也。石勒諱胡，改爲麻餅。《質問》云：以麥麵作成餅子，用芝麻粘洒，烙熟食之。《事林廣記》云：每麵一斤，入油一兩半，炒塩一錢，冷水和搜得所，骨魯搥矸開，鏊上煿熟。得硬糛火燒熟，甚酥美。酥，걱걱ᄒ다。

---

① 《朴通事諺解》所附《朴通事集覽》本作"粸"。
② 《朴通事諺解》所附《朴通事集覽》本作"洒"。

酥燒餅：《質問》云：以麥麵用酥油調和作成餅子，烙熟，最酥，方言謂之酥燒餅。

硬麵燒餅：《質問》云：此不用油，徒以冷水和麵烙熟。

歛汁：詳見《老乞大集覽》"這湯"下。

打毬兒：今按，《質問》畫成毬兒，即如本國：댱방올。注云：以木刷圓。

提攬：《質問》云：如筐子，上有圓圈，用手提攜，方言謂之提攬。又云：或竹、或荆爲之，有本等長圓提繋。今以《質問》之釋考之，則"攬"字作"籃"爲是。然此兩釋似皆不合本意，未詳是否。

毬棒：《質問》云：如人耍木毬，耍木棒一上一下，用有柄木杓接毬，相連不絶，方言謂之毬棒。又云：此戲之一端也，【7-2】有毬門，有窩兒，中者爲勝。以下四者俱打毬之用。

飛棒杓兒：《質問》畫成毬棒，即本國武試毬杖之形，而下云煖木厢柄，其杓用水牛皮爲之，以木爲胎。今按，煖木，黃蘗木也。厢柄者，以黃蘗皮裹其柄也。胎者，以木爲骨，而以皮爲外裹也。

鷹觜：《質問》云：毬棒上所用之物。

擊起毬兒：《質問》云：如人將木圓毬兒打起老高，便落於窩内，方言謂之擊起毬兒。

窩兒：《質問》云：如人打毬兒，先掘一窩兒，後將毬兒打入窩内，方言謂之窩兒。又一本《質問》畫毬門架子，如本國抛毬樂架子，而云：木架子其高一丈，用五色絹結成彩門，中有圓眼，擊起毬兒入眼過落窩者勝。

毬門窩兒：《質問》云：如打毬兒，先竪一毬門，上繫毬窩，然後將毬打上，方言謂之毬門窩兒。又云：平地窟成圓窩，擊起毬兒，落入窩者勝。

花臺窩兒：《質問》云：以磚砌臺，其上栽花藏窩，將毬打入窩內爲勝。

　　花房窩兒：《質問》云：如打毬，先立毬窩於花房之上，然後用棒打入，方言謂之花房窩兒。凡數樣毬名，用各不同如此。【8-1】又云：在馬上舞毬棒，一木有一尺五寸長，上下俱窩兒。今按，上文自"打毬兒"以下，《質問》各說似不穩合，先說尤不合於本節所云事意，而又無義理；後說似有可取，而又有一疑。毬棒杓兒之制，一如本國武試毬杖之設，即元時擊丸之事。毬門及三窩兒之設，一如本國抛毬樂之制。《質問》所畫，亦同此制，詳見《事林廣記》。但今漢俗未見兩毬，而惟見踢氣毬者，即古之蹴踘也。此節打毬兒又與①上卷打毬兒名同事異。但本國《龍飛御天歌》云：擊毬之法，或數人，或十餘人，分左右以較勝負。棒形如匙，大如掌，用水牛皮爲之，以厚竹合而②爲柄，棒皮薄則毬高起，厚則毬不高起。又有滾棒，所擊之毬輪而不起。隨其厚薄大小，厥名各異。毬用木爲之，或用瑪瑙，大如雞卵。掘地如椀，名窩兒。或隔殿閣而作窩，或於階上作窩，或於平地作窩。毬行或騰起，或斜起，或輪轉，各隨窩所在之宜。一擊入窩則得筭二，一擊不入，隨毬所止，再三擊之而入，則得筭一。一擊而入，則他毬不得再擊而死；再擊而入，則他毬不得三擊而死。此後同。一擊之毬，雖與他【8-2】毬相觸而不死，再擊之毬，與他毬相觸則死。此後亦同。或立而擊，或跪而擊，節目甚多。又云擊鞠，騎而以杖擊也，黃帝習兵之勢。或曰起於戰國，所以練③武士，因嬉戲而講習之，猶打毬，非蹋鞠之戲也。

　　南京應天府丞：南京，古金陵之地，吳、晉、宋、齊、梁、陳、南唐

---

　　①　《朴通事諺解》所附《朴通事集覽》本作"如"。
　　②　《朴通事諺解》所附《朴通事集覽》本作"以"。
　　③　《朴通事諺解》所附《朴通事集覽》本作"鍊"。

建都，大明太祖定鼎於此，爲京師，設應天府，以燕京爲北平布政司。永樂中，於北平肇建北京，爲行在所。正統中，以北京爲京師，設順天府，以應天府爲南京。府丞二員，正四品。

五箇鋪馬：鋪馬，站馬也。元制，遠方之任官員，一品五疋，二品四疋，三、四品三疋，五品以下二疋。古者常稱太守曰五馬。按《禮》：天子六馬，左右驂，三公九卿駟馬，左驂。則漢制太守駟馬，其加秩中二千石乃右驂，故以五馬爲貴。《邇齋閑覽》云：漢朝臣出使爲太守，增一馬，故爲五馬。

丞相：元中書省有左右丞相，任宰相之職，左右天子，平章萬機。

羅傘：①丞用傘，紅浮屠頂，黑色茶褐羅表，紅綃裏，三簷。

樞密院：元制，有使、副使、知院、同知、院簽，書院与中書號爲二府，主兵政。

【9-1】真定：《禹貢》冀州之域，周爲并州地，秦爲鉅鹿郡，漢置恒山郡，元爲真定路，今爲真定府，直隸京師。

殃榜：漢俗，凡遇人死，則其家必斜貼殃榜於門外壁上，榜文如本節所云，使生人臨喪知所避忌也。《臞仙肘後經》云：生人所生之年，與亡者所死月節相犯，則忌避。如四孟節内死者，忌寅、申、巳、亥生人，四仲月節内死者，忌子、午、卯、酉生人，四季月節内死②者，忌辰、戌、丑、未生人是也。

道塲：《反譯名義》云：修道之塲。僧寺或名道塲。隋煬帝勑天下寺院皆名道塲。

三來："三"下恐有"日"字。

---

① 　《朴通事諺解》所附《朴通事集覽》本此處有"即"字。
② 　原本無"死"字，據《朴通事諺解》所附《朴通事集覽》本補。

一尊佛：解見“三尊佛”下。

仵作：《吏學指南》云：中人也。仵者，偶也，作者，任事也。《爾雅》曰：偶者，合也。陰陽相合則成偶，謂得中也。仵字從人從午，萬物至午則中正；又午位屬火，破諸幽暗，所以仵作名中人也。

魂車：作小腰輿，以黃絹結爲流蘇垂飾，如本國結彩之施，以貯魂帛，爲前導。

紙車：以金銀錢紙結造小空車，爲前導。

影亭子：畫死者①真容，掛於小腰輿，②爲前導。

彩亭子：亦以彩絹結作小輿，爲前導。漢【9-2】俗皆於白日送殯，凡結飾車輿、幢幡、傘蓋及紙造人馬爲前導者，連亘四五十步。僧尼、道士及鼓樂鍾鈸填咽大路，遠近大小親鄰男女，前後導從者不知幾人，後施夾障從之。

魂馬：以紙捏塑爲馬者也。

碎盆：未詳源流。但本國送殯之晨，在家者見靈輀登道，即隨以瓦器擲碎於門外，大聲作語曰“持汝家具③而去”云爾者，盖使亡人無留念家緣之術也。

婆娘：怒詬之辭，詳見上卷“娘子”下。

煤簡兒，《質問》云：如碎煤，用黃泥水和成塊子，方言謂之煤簡兒。

濕煤：《質問》云：如和煤未乾，濕燒取其燄火，方言謂之濕煤。今按，石炭槌碎，并黃土以水和作塊，晒乾，臨用麁碎，納於爐中，總謂之水和炭，未乾者謂之濕煤，已乾者謂之煤簡兒，亦曰煤塊子。

---

① 《朴通事諺解》所附《朴通事集覽》本此處有“之”字。

② 《朴通事諺解》所附《朴通事集覽》本此處有“以”字。

③ 《朴通事諺解》所附《朴通事集覽》本作“俱”。

其燒過土塊曰乏煤,揀其土塊,更和石炭用之。

打春:《音義》云:如今北京迎春時,唯牛、芒而已。在前只有府縣官員并師生耆老引赴順天府,候春至之時。此節皆杭州所行,非京都之事。今按,《月令》曰:季冬出土牛,以示農之早晚。《東京夢華録》云:立春前五日,造土牛【10-1】耕夫犁具,前一日順天府進農牛入禁中鞭春,府縣官吏士庶耆社,具鼓樂出東郊迎春牛、芒神至府前,各安方位。至日黎明,官吏具香花、燈燭爲壇,以祭先農。至立春時,官吏行禮畢,各執綵杖,環擊土牛者三,以示勸農之意。爲牛者,謂十二月建丑屬牛,寒將極,故爲其像以送之,且以升陽也。

牛廠:屋無壁爲廠,即塑牛處。

粧點顏色:牛色以立春日爲法,日干爲頭角耳色,日支爲身色,納音爲蹄尾肚色。日干,甲、乙,木,青色,丙、丁,火,紅色之類;日支,亥、子,水,黑色,寅、卯,木,青色之類;納音,如甲子日立春,納音屬金,用白色之類。餘倣此。

機角:華人鄉語呼角曰機角。

勾芒神:春神之號。太皥伏羲氏有子曰重,主木,爲勾芒神。

手拿結線鞭:鞭子用柳枝,長二尺四寸,按二十四氣,上用結子。立春在孟日用麻,仲日用苧,季日用絲,用五彩色蘸染。

頭戴耳掩或提在手裏:芒神耳掩以立春時爲法,從卯至戌八時,掩耳用手提,陽時左手提,陰時右手提,以八時見日溫和也。寅時揭【10-2】左邊,亥時揭右邊而戴,以寅亥時爲通氣,故揭一邊也,子丑時全戴,爲嚴凝也。

立地赶牛:芒神閑忙:立春在正旦前後各五日內者是忙,芒神與牛齊立;在正旦前五辰外者是農早忙,芒神在牛前立;正旦後五辰外者是農晚閑,芒神在牛後立;子、寅、辰、午、申、戌陽年,在左邊立；丑、卯、巳、未、酉、亥陰年，在右邊立。

司天臺：元置，以司曆占，今改爲欽天監。又設司天監於朝陽門城上。

二郎爺爺：二郎，神名；爺爺，尊敬之稱。今遼東城内有二郎神廟。按《西遊記》，西域花菓山洞有老猴精，號齊天大聖，神變無測，鬧乱天宮，玉帝命李天王領神兵徃捕，相戰失利。灌州灌江口立廟，有神曰小聖二郎，又號二郎賢聖天王，請二郎捕獲大聖，即此。廟額曰“昭惠靈顯真君之廟”，然未知何神。打春之日，取此塑像，盖亦未詳。又見“孫行者”註下。《宣和遺事》云：宣和七年十二月，有神降坤寧殿傍①神保觀。神保觀者，乃二郎神也，都人素畏之。

放一堆灰：立春之日，以葭莩灰實律之端，氣至則灰飛。

太師太保：【11-1】元以太師、太傅、太保爲三師，以太尉、司徒、司空爲三公。漢唐舊制也。三師，師範一人，儀刑四海；三公，論道經邦，燮理陰陽。

好女不看燈：《容齋随筆》云：漢家祠太乙，以昏時祠到明。今人正月望夜夜遊觀月，是其遺事。唐韋述《兩京記》曰：正月十五日夜，勑金吾弛禁，前後各一日，以觀燈。其寺觀街巷，燈明若畫，士女夜遊，車馬塞路，有足不蹋地、浮行數十步者。阡陌縱横，城闉不禁，五陵年少，滿路行歌，萬户千門，笙簧未撤。《涅槃經》云：上元，如來闍維訖，收舍利，置金床上，天人散花，奏樂繞城，步步燃燈十二里。《宣和遺事》云：天官好樂，地官好人，水官好燈。《道經》云：正月十五日謂之上元，天官下降人閒，考定罪福。是夜張燈，士女鼓樂遊街。今漢俗，上元夜行過三橋，則一年度厄，謂之“過

---

① 　原書誤作“修”，據《朴通事諺解》所附《朴通事集覽》本改。

橋”。傾城士女，夜遊徹明，頗有穢聲。

金榜：唐崔昭暴卒復甦，云：見冥間列榜，書人姓名，將相金榜，次銀榜，州縣小官鐵榜。故今之科苐綴名之榜，謂之金榜。

流水高山：《列子》：伯牙善鼓琴，鍾子期善聽。伯牙鼓琴，志在高山。子期曰：“善哉，巍【11-2】巍乎，志在高山。”俄而志在流水。子期曰：“善哉，洋洋乎，志在流水。”子期死，伯牙以爲世無知音，終身不復鼓琴。孔子曰：仁者樂山，智者樂水。子期嘆伯牙仁智兼俻。

李白摸月：李白，唐玄宗朝詩人也①，泛采石江，見月影滿水，以手弄月，身飜而死。

屈原投江：屈原，楚之大夫也，諫懷王不聽，投汨羅水而死。

太公：姓呂，名尚，釣於渭水。周文王出獵，遇於渭水之陽，與語，大悦，曰：“自吾先君太公曰：‘當有聖人適周，周以興。’子豈是耶？吾太公望子久矣。”故號之曰“太公望”。載與俱歸，立爲師。

范蠡歸湖：范蠡，越之大夫也，相越王勾踐敗吳，曰：“越王爲人長頸鳥喙，可與圖患難，不可與共安逸。”遂泛扁舟，載西施，遊五湖不返。

申：《音義》云：下司達於上司之謂，猶言所志。今按，直隸府申六部②，在外府州申都司，應天府申五軍都督，皆名曰申狀。“某府爲某事云云，合行申覆，伏乞照驗施行，須至申者，右申某處承宣佈政使司。年月。府官姓名。”以此觀之，則非所志也，乃官行文移也。詳見《求政録》。

總甲：軍制，編成排甲，每一【12-1】小甲管軍人一十名，總甲管

---

① 　《朴通事諺解》所附《朴通事集覽》本無“也”字。

② 　《朴通事諺解》所附《朴通事集覽》本作“府”。

軍五十名,每百户該管一百一十二名。又里制,每里一百户,五家爲一火,十家爲一甲,每十户,甲首一名。

弓手:《文獻通考》曰:弓手,兵号,如弩手、槍手之類。今按,軍制編成排甲,每一百户銃手十名,刀牌手二十名,弓箭手三十名,槍手四十名。

執結:《音義》云:亦猶云所志。今按,凡供狀内皆云"執結是實",謂今所供報之詞皆實非虚,如虚甘罪云云之意,非徒謂所志詞語也。

狀子:猶本國所志。《吏學指南》云:狀,貌也,以貌寫情於紙墨也。亦曰告狀,謂述其情告訴於上也。

裁兒:裁,作"材"是,謂軀幹也。

附籍:非土著户而以他鄉之人來寓居者也。

當有:猶言即有也。一曰,猶言上項之辭。

二兩告子錢:鈔之兩數也。

太祖:姓王氏,諱建,字若天。① 松岳郡人,幼而聰明,龍顏日角。年二十,始仕弓裔,拜波珍餐。其時,洪儒等四人詣建第,請舉義兵,公固拒不從。夫人柳氏曰:"妾聞諸公之言,尚有感奮,況大丈夫乎?"提甲領以披之,諸將扶擁而出,令人呼曰:"王公已舉義旗!"國人【12-2】來赴者不可勝計。先至宮門,鼓噪以待者亦萬餘人。弓裔微服逃至斧壤,爲民所害。太祖即位,國號高麗。

唐昭宗:姓李,名曄,僖宗第七子。爲逆臣朱全忠所弑。

弓裔:新羅憲安王之庶子,以五月五日生,屋上有素光屬天如虹。日官奏曰:"此兒以重午日生,生而有齒,且光燄異常,恐將不利於國家,宜勿舉。"王勅中使殺之,乳婢竊奉而逃,祝髮爲僧。一

---

① 《朴通事諺解》所附《朴通事集覽》本無此句。

日,持鉢赴齋,有烏啣牙籤落鉢中,視之,有"王"字,遂叛,據鉄圓郡
爲都,即今鐵原府也。國號摩震,改元武泰,後改國號泰封。

梁貞明:梁,國號,即五代朱梁也;貞明,均王年號。均王名
瑱,太祖朱温之第四子也。朱温事唐僖宗,賜名全忠,拜宣武軍節
度使,封梁王。尋受唐禪,即位六年,爲第二子郢王友珪所弑。均
王誅友珪而立。十一年,唐人取曹州,帝爲其臣皇甫瓔所弑,是爲
末帝。

娘子柳氏:貞州柳天弓女也。高麗太祖初爲弓裔將軍,領兵
過貞州,憩古柳下,見川上有一女子甚美,問:"誰女?"對曰:"天弓
之女。"太祖到其家,天弓饗之甚歡,以女薦寢①。既去,絶不往來,
女守節【13-1】爲尼。太祖聞之,迎以爲妃。後裴玄慶、申崇謙等推
戴太祖,后贊成之。既即位,策后爲元妃。薨,謚神惠。貞州,今豐
德昇天浦古城北二里是也。

都松岳郡:今開城府。高麗太祖之先有康忠者,居五冠山摩
訶岬。時新羅監干八元善風水,到扶蘇郡,見扶蘇山形勝而童,告
康忠曰:"若移郡山南,植松使不露巖石,則統合三韓者出矣。"於是
康忠與郡人徙居山南,栽松遍嶽,改名松岳。

朴通事集覽下終

---

①　《朴通事諺解》所附《朴通事集覽》本作"枕"。

朴通事新釋諺解

《朴通事新釋諺解》解題

　　《朴通事新釋》是《朴通事諺解》的修訂本，英祖時金昌祚等編訂，1765 年（朝鮮英祖四十一年，清乾隆三十年）由邊憲、李湛（即李洙）等在平壤（箕營）刊出。《老乞大新釋》前有洪啓禧序，其中提到："……既又以《朴通事新釋》分屬金昌祚之意筵禀，蒙允。自此諸書并有新釋，可以無礙於通話也。"《朴通事新釋諺解》三卷，則是對《朴通事新釋》所作的"諺解"，作者亦爲金昌祚。

　　《朴通事新釋》的問世上距《朴通事諺解》漢語部分的修訂（約1483 年）已有將近三百年，語言的變化十分明顯。金昌祚等人改訂的《新釋》貼近口語，跟邊憲編訂的《老乞大新釋》相類，也具有很高的語料價值。據學者研究，《朴通事新釋諺解》所注的音已相當接近現代北京音。

　　《朴通事新釋諺解》的分卷處與《朴通事諺解》有所不同，如《諺解》卷上止於聽步虛和尚説法，而《新釋》卷一則止於寫借票，內容少於《諺解》本；《諺解》卷中止於打官司，《新釋》卷二則止於裁新衣，內容也比《諺解》本少。原因是《諺解》有雙行小注，而《新釋》則無，因此各卷的篇幅就不一樣了。

　　此次點校所據的底本是弘文閣 1985 年影印藏書閣本《朴通事新釋諺解》，點校體例同《原本老乞大》。

《朴通事新釋諺解》正文

朴通事新釋諺解卷一

【1a】當今皇上洪福齊天，風調雨順，國泰民安。真是好年景，這春二三月，又正是好時節，咱們不可虛度過了。人生一世，草生一秋，咱想，不如約幾箇好弟兄們，到那【1b】有名的花園裏去，辦幾桌賞花筵席，大家且消愁解悶如何？

筭來咱好弟兄們，約有三十多箇，每人出錢一吊五百文，共湊錢四十五六吊，儘勾使用了。

可教張三去買一隻羊，要肥的，【2a】若買瘦的，便有羶氣，難吃。再買一隻牛，猪肉五十斤。都勾了。

却教李四去，買些乾果、水果，做酒楪子。

京城街市上槽房雖多，打來的酒捻平常，不如問那光禄寺討幾瓶蜜林檎、【2b】甕頭春、木瓜露、苦菉豆酒，這幾樣都是南方來的有名的好酒。倘不勾吃，再向内府管酒的官員們説，造的本京好酒討幾瓶來，添着吃如何？

咱們商量定了，如今先着誰去討酒呢？

【3a】光禄寺裏呢，可着姓李的館夫討去；内府裏呢，就着姓崔的外郎去討。

你們討酒的都廻來了麼？

　　小人們到那衙門裏，囬過堂上官員，便叫當直的外郎，寫了牌票，用了印信，吩咐我【3b】帶廻来給老爺們看驗過了，就去取酒。

　　你取票来我看。這牌票上寫得明白，可拿去吩咐管酒的人，這票上開載的各樣好酒，照劼數取来。這酒怎麽少了？

　　想是管酒的人們剋減了。

　　【4a】既少不多，也罷了。

　　喚厨子来，我與他商量。

　　一共只要辦八桌席面，每桌辦乾鮮果品十六楪。乾果子呢，榛子、松子、瓜子、乾葡萄、栗子、龍眼、桃仁、荔子；鮮果子呢，柑子、橘子、【4b】石榴、香水梨、櫻桃、杏子、蘋果、玉黃李子；每桌飯菜呢，只用十二樣勾了：四大九寸盤，用燒割的，燒鵝、燒鴨、燒牛肉、燒羊肉，這四樣先上，然後再上四大碗、四中碗，都要學那南【5a】方做法纔好吃哩。四大碗内呢，是海蔘頓鴨子、魚翅炒肉、鰒魚頓肉、火腿糸魚；四中碗内呢，頓爛肘子、栗子炒鷄、螃蟹羹、膾三鮮。共十二盤碗。還要上三道粉湯、【5b】饅頭、蒸食、小餑餑，這也就勾了。

　　再問教坊司，叫他着幾箇樂工来伺候，并着他叫些歌唱的、諸樣雜耍的来，咱們大家消遣何如？

　　這些酒席都已辦停妥完備了。小厮們，你們到大廳【6a】上去，先把椅桌分開擺定了，待各位老爺們来，即忙通報。

　　各位老爺都到齊了。

　　列位弟兄既都齊集了，咱們今日俱要開懷暢飲，不可辜負了好風光。叫小厮們先擺上果碟子，每人先痛飲【6b】幾盃如何？

　　你這樂工們，彈的只管彈，吹的只管吹，唱的只管唱，助助老爺們酒興，好多飲幾盃。然後再上飯菜。叫雜耍的来，看他耍些技藝罷。弟兄們今日都要吃得酩酊大醉纔妙哩！

　　【7a】弟兄們酒既勾了，用飯罷。飯後每人須要再吃三盞上馬

盃,方許散哩。你們這些伺候的人,都到外廂吃飯去。老爺們要散了。

　　衆弟兄們如今酒也醉了,飯也飽了。古人道:【7b】“有酒有花,以爲眼前之樂。”又道:“人生行樂耳,湏富貴何時!”我等今日之會,可謂“及時行樂”,暢快之極矣! 又道:“天下無不散之筵席。”看天氣已晚了,大家別了罷。各位請了!

　　【8a】院判哥,你到那裏去?

　　小弟到禮部去。

　　你去有甚麼勾當?

　　小弟近来奉上司匀(鈞)令,有件差使着我去辦,所以到部裏去打聽消息。

　　甚麼差使呢?

　　爲頒詔去。

　　甚麼詔? 沠(派)徃那一路頒去呢?

　　【8b】沠(派)小弟是徃永平、大寧、遼陽、開元、瀋陽荨處。

　　却還有甚麼地方? 朝鮮國也該有詔,可曾沠(派)你去麼?

　　我如今也沠(派)徃金剛山、松廣荨處去降香。

　　老哥你幾時起身?

　　大約這月二十邊,領了詔書剳付就【9a】要起身。我是愚蠢之人,又從不曾到過外邦,焉能曉得他那裏的炁(規)矩? 相懇你揀定了起程日子,我竟與你同去,到那朝鮮地方,諸事好仰仗你教道我,照看我,便感激【9b】不盡了。

　　今年雨水狠大,直潲過蘆溝橋上獅子頭了,把那城門都衝坍了。那一帶地方的田禾都潲沒了,村庄人家的房屋墻壁太半都被水衝了。你家的墙垣如何？

我家的墙也【10a】倒了幾堵。只好莽到秋来再修理罷。

眼前就收拾，怕甚麼呢？

土王用事之日，不可動工。

把憲書看一看，揀箇黄道吉日，就好興工了。

這般説，待我擇定了日期，叫幾箇打土墙的匠工【10b】来，與他商量。

匠作師傅，你向来打土墙，是多少一板？説定了工價，然後好煩你做活。俗語説："前不斷，後要亂。"你只説老實價錢，我好還價。

這般説，我們自吃飯呢，二錢半一板；【11a】若吃你家的飯呢，二錢一板。

據你要的價錢，却也不甚多，但于今柴、米、小菜件件俱貴，若吃我的飯食，給你一錢五分一板罷。

你太爺想，不要單愛惜你家這幾頓茶飯。若是吃【11b】你家的飯，我對衆火計説，齊心用力，多使些工夫，把大夯多舂幾十下，自然堅固的。你若依了我的價錢，保管你站十年不倒。假如三兩年内倒了，我們就不要錢，替你白効勞，重【12a】新打築何如？

你既要立箇保管不倒的字兒，我便依着你的價錢做罷。

那挑脚的漢子，今日可開倉麼？

你問他怎麼？今日却是開倉関米的日期。

這麼甚凑巧，我有【12b】兩箇月俸米要関。

該関幾擔呢？

定例只該関八擔。我如今把騎的馬就寄在這雜貨舖裏，到倉上去，待関出米來，再到這裏取馬，給一二升米謝他何如？咱們且商量,每擔脚錢你要多少?

【13a】老太爺,你在那裏住?

我在平則門外住。

既是這麼,你該給多少脚錢一擔罷。

每擔給你五十大錢罷。

噯呀,老太爺忒給少了! 平則門離這廣豐(豐)倉有二十里地,五十文一擔却不太少些【13b】麼?

廣豐(豐)倉到平則門,那裏有二十里地呢? 你若不肯去,我再僱別箇去。

既如此説,便給我五十文一擔也罷了。你如今到倉裏去,給他量斗的人一百錢。對他説明,斗斛都要【14a】量足。若不是,回到你家再量便不勾了。還要把領子到該管書辦處換過小票,然後到關籌的所在領過籌来,方好到倉裏關米。又要給那扛口袋人的小脚錢。這都是斷不能少【14b】的。

這麼的,你且進倉去,先換票領籌何如?

你這布袋是破的,不漏麼?

這是新布袋,那裏破? 那裏怕漏呢?

如今米都關出来了,叫四箇小車子載了出去罷。

不用小車,只僱大馬車一【15a】輛,把八口袋米都裝上,豈不省事麼?

説的是。

你那腮頰上長的甚麼瘡?

不知甚麼瘡。

從幾時生出来的?

從前日這腮頰上痒的受不得,誰知道就長起這瘡来了。

這麼，不怕事，容【15b】易醫治的。不湏貼膏藥，有箇最容易的法子說與你，試一試便好了。

這麼，望太醫老哥就教我這箇好法兒。

你回去，今夜到五更時候，把指頭在口內沾着唾沫，在那瘡口上不住的搽抹，【16a】便是白日裏也不住的搽，如此，多不過兩三日，這瘡毒氣散去便暗消了。

真箇好法兒！老哥不說我却怎麽知道呢。常言道："話不說不明，木不鑽不透。"

【16b】老哥拜揖了，那裏去来？

大街上買段子去来。

你買来的段子，借與我看。這是幾丈一疋呢？

這段子一疋足勾袍料二件，你猜是甚麼價錢？

我猜。這大紅段真是南紅顔色，經緯勻凈，雖比【17a】不得上用段子，却也比尋常的不同，若不是十二兩銀子，恐不肯賣與你哩！

你真猜着了！

似這樣段子，除了內造上用之外，時下筭是頂好的了。俗語說得好："好物不賤，賤物不好。"

【17b】京城裏刀子舖狠多，不知那一家打的刀子最好？我要打幾副刀子。

你問那有名的刀子舖麽？大街上四牌樓東，有張黑子打的刀最好。裝修餙樣都好。

這般我教他【18a】打了刀，再把裝修餙樣説與他。刀鞘要起線花梨木，鹿角廂口的，底要駝骨廂的，刀把要紫檀，象牙廂頂也要起線的。

刀頭要甚麼鐵打呢?

不要別樣鐵,必得鑌鐵打方好。【18b】也不要打得忒厚了,脊背只要平正爲妙。

你要打幾件呢?

大刀子一把,小刀子一把,叉兒一箇,錐子一箇,小鋸子一箇,都要好餙樣的。

你要打這五件刀,鐵要好,裝修要乾净,【19a】大槩湏得五錢價銀一件。

你估量不差。我且同你到張黑子家去。

張哥在家麼? 這位官人要打幾副刀子,你必湏加工打造。

這箇不湏太爺們囑咐,好與不好,都是小舖的門面,【19b】既承有心照顧,敢不盡心細做麼? 請裏坐,好講。每把價銀五錢,説明了放下定銀,遲日来斷不有悮的。

既如此説,便依着你的價錢。但是刀頭與裝修餙樣我説與你,【20a】用心照樣做罷。定銀也給你。我們隔幾日再来取罷了。

你看這人家小孩子,與那街上小厮們,逢時及莭好會頑耍哩! 新正月裏呢,也有放空中的,也有踢毬的,也有【20b】跳百索的。到二月清明時候,便放風箏了。這市上所賣的風箏色樣狠多,有八角的、六角的、四方的,有像仙鶴的、鮎魚的,有像蝴蝶、螳螂的,有像仙女的,有像壽星的,有像花草的,【21a】各樣不同。孩子們買去,放得滿天,也覺得有趣哩。到了七八月裏,便鬪促織。九月十月裏便鬪鵪鶉。到冬寒臘月裏,不是顛錢便是踢建子。咳,這些小厮們,無識無知,無憂無慮,【21b】比我們老人家快活得多哩!

你那條金帶是誰廂的?

是拘攔（构欄）衚衕裏帶匠夏五廂的。

鞓帶忒長了。廂的金子多少分兩？

是五兩金子廂的。

那三台板却做得好，南斗六星板却做得忒圓【22a】了些，左輔右弼板和那兩箇束兒却欠端正些。後面北斗七星板也做得好，那雀舌做得牢壯，也好。他做這帶要多少工錢？

言定一兩銀子。

似你這帶廂得好，工價也不筭多。【22b】你明日領我去，教他替我做一條銀廂花帶何如？

我知道了，明日就領你去。

你今日那裏去？

我今日到當舖裏當錢去。

把甚麼去當？

是一對珎（珍）珠耳環、一對金手鐲。

那珠【23a】子有多少大？

有黃豆大，又圓净，有寶色。

要當多少錢？

當二十兩銀子。

當這許多銀子做甚麼？多當多贖，少當少贖。當多了，後來銀子不凑手，就難贖了。

你不知道我的事。【23b】便當二十兩也還不勾用哩！我要典一所房子，湏得銀二百兩。我如今先當了這兩種，還要把一副頭面去當哩。四對珠簪、九枝金鳳、兩對寶石廂嵌的鬂簪、一對貓兒眼廂嵌的【24a】金戒指，把這幾件去，再當一百七八十兩銀子，共凑二百兩之數，纔勾典那宅子哩。

小廝們,你拉馬到背後河裏洗去。洗過了就拴在陰涼處,把他渾身毛片刮箇乾浄,【24b】等一會再把些草喂他。你若每日把他刷洗,夜裏又用心喂他,這馬自然是會肥的。若像你這懶小廝們,只是一味貪頑,日裏不肯刷、不管喂,夜裏又死睡,不肯起来添草,【25a】這馬如何能長膘呢!你們聽着,以後教小廝們好生替我餵養,派(派)五箇人直夜,一更一箇輪流起来喂草。吩咐他們,把草鍘(鍘)得細些,把料豆和草拌匀了,先給半筐他,【25b】看他吃到再添。夜夜如此喂法,日裏又勤刷勤喂,瘦的馬就便肥了。俗語說:"人不得橫財不富,馬不得夜草不肥。"這話是不差的。

今日下雨天,正好下【26a】碁哩。咱們下一局賭箇輸贏如何?

你那能贏得我?要賭甚麼呢?

你不要誇口,眼下交手便見輸贏。

如你不過是淺見薄識之人,那裏敢與我對敵呢!

賭甚麼?

咱與你賭一箇羊吃。

【26b】便依你說。

饒你四子纔好下哩。

你說甚麼大話!我饒你四子罷。

咱們不湏爭論,且下一盤試看如何?

但講明了,拈子為定,不許更改的。

這一着果然好利害。

這一刧又筭錯了!【27a】到底是没眼的!

看来是我輸了。

你說饒我四子,于今我却贏了呢!快去買羊罷!

老兄呀,常言道:"高碁輸頭盤。"又道:"勝敗乃兵家之常。"筭我輸給你一隻羊。且再下一盤何如？

【27b】咱幾箇好朋友們，這八月十五日中秋莭，大家斂些錢，做箇賞月會何如？且就那一日拈香頭發重誓，結爲生死好弟兄罷。

好意思，拿紙筆来，把衆朋友名字都寫出来，【28a】好去約會他們。

這位劉某人，他向来面前背後，到處破敗別人誇張自己，又慣會諂佞，不是箇有義氣之人，却做不得我等的結義弟兄。不如去了他罷。

咱衆弟兄們自結拜之【28b】後，那一家有喜事，便都要去慶賀的；有官司灾難，便都要儘力去幫助的。是這樣關切，方見得有弟兄之義哩。衆朋友們以我之言爲何如？

大哥説得狠是。既盟之後，誰敢不依【29a】規矩罰約呢？古語道：“君子一言，快馬一鞭。”

昨日在午門外，看見兩箇舍人調馬耍子，眞是有福氣的好男兒哩！一箇舍人打扮，是頭戴玄狐帽，上面絟着孔雀翎。身穿立水貂皮蟒【29b】袍，腰繫着漢府帶，兩邊掛着珎珠結成花樣的對子荷包，白綾飄帶，象牙裝鞘小刀，脚穿麂皮嵌金線靴子，白絨氊襪上，繫着鴉青緞子繡花護膝，騎着一匹墨丁也似黑的肥馬，【30a】鞍坐子是烏犀角玳瑁廂嵌的，馬䪆是羊肝漆的，馬鐙是獅子頭嵌銀絲的，鞦皮事件都是減金與那珊瑚廂嵌的。又一箇舍人打扮，是頭戴紫貂帽，也繫孔雀翎，身穿烏雲豹皮袍。【30b】銀針海龍皮馬褂，腰繫内造織金帶，羊脂玉帶鈎，兩邊小刀荷包手巾，都是内造餙（飾）樣。脚穿粉底尖頭靴。騎着一匹十分腁鐵青玉面馬，鞍子、鞍坐褥、鞦皮、轡頭、馬䪆，件件俱是【31a】内造色樣。這兩箇舍人，眞是打扮的風流好看,想来這都是前世修来的。《易經》上説:"積善之家,必有餘慶。"佛經上説:"要知前世因,今生受者是。"

　　大哥那裏去?

　　店裏買【31b】獺皮去。

　　那箇店裏去?

　　山西店裏去。

　　買這獺皮做甚麼?

　　做坐褥、皮搭連的。

　　這兩件東西要做,買六箇獺皮纔勾使哩。

　　正是。

　　我同大哥去揀着買好麼?

　　賣獺皮的,你有上好的獺皮麼?

　　【32a】我這店裏的皮張都是好的。你要買幾張?

　　我要買六箇。

　　就這六箇。

　　你要多少價錢?

　　你説都是好的,我看都甚平常。一箇也不中使哩。

　　你説那裏話来! 十箇指頭也有長短的。有【32b】的是獺皮,任你自揀何如?

　　就似這一莟花兒大些的怎麼賣?

　　這六箇花大的,每張只要五錢銀子。這是老實價錢。

　　你来,我説與你,大小是買賣,不要胡討價錢。給你一張三錢罷。

　　既【33a】是這般説,拿銀子来看。六箇獺皮每張三錢,共該一兩八錢。

我的都是細絲銀子,若論買賣銀,只該九五色。合筭起來,每一兩該申五分銀水哩。

也罷,依你筭,就讓你九分銀子何如?

【33b】李小兒那厮,這幾日我總不見他。你見来麼?

我不曾見他。想那厮做牙子去了。那狗骨頭不知分量,慣會誆騙人家東西。

他少我五兩銀子哩。別人借一兩便要一【34a】兩的利錢。他在京裏臨起身時節,短少盤纏,那般磕頭禮拜央及我,説定一年之内本利都還清我。現有借票在我手裏。誰想到今年已是一年半了,只還我本錢,利錢一分也不【34b】肯還。因這箇緣故,我每每半夜三更到他家門上尋他,我便發狠叫喚要銀子。他竟保也不保。還可恨那驢養的,只是躲着我走,到今討了半年,總不肯還我,倒累我的新【35a】靴子都走破了。那養漢老婆的嘴,只是甜言蜜語的,今日推明日,明日推後日,不知他那一日纔肯還。真箇氣殺人!

常言道:“人貧只爲慳,少債慣説謊。”

一箇和尚偷別人家的媳【35b】婦,方要偷情的時節,恰撞見他的漢子,便拿住那和尚,打的半死半活。那傍邊看的衆人説:“你是佛家弟子,穿着衲襖,捧着鉢盂,揀那清净寺院裡,安禪悟法,看經念佛却不好麼?【36a】你今没来由,偏要偷別人的媳婦,是甚麼道理呢?這一頓打却也是該的。想是你平日布施人家齋飯錢,無處出脱,要養老婆取樂了,似你這一等和尚不打還打誰呢?”衆人再問那和尚:【36b】“日後還敢偷老婆麼?”那和尚説:“小僧再也不敢了。從今日准備箬笠、瓦鉢,徃深山居住,修心懺悔去了。”常言道:“一年經蛇咬,三年怕井繩。”

咳，貴人難見面，今【37a】日從那裏来？好幾日不見了，你近来怎麼這般黄瘦？

我這幾日害痢疾，不好出門騎馬。

咳，我實不知道，不曾探望。你休恠。

老長兄，承你掛念，弟實不敢當。

你如今病都好了不曾？

【37b】有一箇太醫来看我的病，把小肚皮上使一針，脚踝上灸了三艾。如今飯也吃得些，却無事了。

那太醫把艾怎麼灸法呢？

他把乾艾揉碎了，放在脚踝尖骨頭上，把火將艾點着了，【38a】直燒到艾都成了灰。這艾氣都入到肚裏去了，氣脉得以通行，所以便好了。但如今腿上還是十分無氣力哩。

你且寬耐幾時，只用把好飲食慢慢的調理將養，自然就健旺起来了。小弟【38b】另日再到府上問候罷。

我説幾箇謎子你猜。

你説来我猜。

大哥山上搖皷，二哥来来去去，三哥待要分開，四哥待要一處。

我猜大哥是捧(棒)槌，二哥是熨斗，三哥是剪【39a】子，四哥是針線。你再説幾箇我猜。

當路一科麻，下雨開花，刮風結子。

這是傘。

一箇長大漢撒大鞋，白日去，黑夜来。

這是燈臺。

𤲳皺氈𤲳皺被，𤲳皺娘娘裏頭睡。

這是核桃。

【39b】金甕兒銀甕兒，表裏無縫兒。

這是鷄鳴（蛋）。

鐵人鐵馬，不着鐵鞭不下馬。

這是鐵鎖。

墻上一塊土，吊下来禮拜。

這是雀兒。

一箇老子當路睡，過去的過来的矢（弄）我的，不知道我的庵
（粗）【40a】和細。

這是碾子。

墻上一箇琵琶，任誰不敢拿他。

這是蝎子。

家後一羣羊，箇箇尾子長。

這是櫻桃。

一間房子裏五箇人剛坐的。

這是靴子。

金罐兒鐵柄兒，裏頭盛着白沙蜜。

這【40b】是梨兒。

一箇長甕兒窄窄口，裏頭盛着糯米酒。

這是妳（奶）子。

滿天星宿一箇月，三條繩子由你曳。

這是秤。

兩箇先生合賣藥，一箇坐一箇跳。

這是鍘（剚）藥刀。

弟兄三四箇，守着停柱坐。

【41a】這是大蒜。

鑽天錐下大水。

這是寶塔。

咳，你都猜着了，真箇是聰明靈巧人！

大哥，借問一聲，這裏有箇做獸醫的人家麼？

那紅橋邊有一箇張獸醫住着，他慣醫頭口。

我有【41b】箇赤馬害骨眼，不住的臥倒打滾，幾夜不吃草，你帶我拉到他那裏治去。把蹄子放了些血，他要多少錢纔醫呢？

不拘(拘)多少錢，給他些便受了，也不爭論的。

如此說，只要他治【42a】得馬好，錢之多少倒不打緊。

張大哥，你替我醫這馬骨眼。也就把蹄子上放些血罷。

等我醫過了，慢慢的牽去，揀箇清净去處陰涼樹底下絟住。好好的喂他。

你想，咱們男子漢出遠門，【42b】没有馬騎，到那走不動的時候却怎麼過呢？

可知道馬是第一件寶貝。況且常言説得好："狗有濺草之恩，馬有垂繮之報。"

叫那剃頭的来。

你刀子是快的還是鈍的呢？

我剃頭的，所【43a】管甚麼来，肯用鈍刀子呢？

你剃的乾净便是了，不要只管的刮。刮多了頭疼。剃完了，梳頭髮的時候，先把稀笓子攏了，再把挑針挑起来，然後用那密笓子再攏。將風屑【43b】去乾净了。縮起頭髮来，把鉸刀鉸了鼻孔毫毛，把捎箟掏一掏耳朵。這就筭剃完了。與你十箇大錢。

聽得那人家有一箇官人，娶了娘子来家了。

是女孩兒呢，還是那後婚呢？

【44a】今年纔十六歲，自然是女孩兒了。

下多少財禮呢？

下了一百兩銀子，又是十表十裏，八對珠環，滿頭珠翠，金廂寶石頭面，珠鳳冠，十羊十酒，好不體面哩。那女孩兒又生的十分美貌，【44b】真是觀音菩薩一般。針線生活又好，百能百巧的。

幾時過門的呢？

這月初十邊通信，月半頭辦花燭成親的。弟三日會新親。弟九日囬門。將近滿月，又要囬家住對月了。那【45a】官人今年纔十九歲，不但文章做得好，諸般技藝都會的。這媒人也筭是有福的，做了這媒，便得謝媒錢十兩，豈不是他的財運好麼？那兩口兒做了少年夫妻，喜的又是郎才女貌，真箇是世上【45b】少有的。

那等歡娛快樂不必說了。常言道：“一夜夫妻百夜恩。”

我這幾日有差使出去，好姐姐，你替我做一副護膝與我。

我沒有現成裁料。

這箇不難，【46a】你不要慮。我有現成水緑絲紬。護膝上還該要用的裁料，都説與我，好到舖裏買去。

我對你說，你買諸般絨線，鸁白珠兒線，羊皮金不要紙的，内造素緞子一尺，白清水絹三尺，做帶【46b】子和裏兒的。除了氊子、駞毛之外，其餘的你都買去。做一對護膝，不筭功錢，沒有五六錢銀子，却結裹（裹）不出來的。

姐姐不要説，我也知道。你用心做與我，慢慢的我與你把盞。我還【47a】要央及你，做一對小荷包送我如何？

那箇容易，你放心，我自然做了送你。就筭是與你送行罷了。

多謝姐姐。我廻来時候，多多的帶些人事與你還禮罷。

你今日怎麽不上學去呢？

【47b】我今日向先生告了暇来。

你學堂中共有幾箇學生？

除了學長共有四十五箇學生。

每月多少學錢一箇呢？

多少不等。也有三錢的、五錢的。人家有貧富不同。随各人送罷咧。

【48a】你師傅是甚麽人？

是秀才。

你如今讀甚麽書？

讀的是《毛詩》《尚書》。

讀到那裏了？

纔讀得半本哩。

你每日做甚麽功課？

每日清早起来，洗了臉，就到學房裏，見了師傅便向上唱喏，把書【48b】念熟背了，廻家吃了飯，廻到學房裏，就上生書念一會，做七言詩四句。到晌（晌）午寫做。若把字寫差了的，手心上就打三戒方。

這等説，你好好的用心讀書學習，休要懶惰，街【49a】上休要遊蕩。如今國家開科取士，重的是詩書，你若學的成材長大起来，應科舉得做官，輔國忠君，光顯門閭，何等榮耀哩！可見世上的忠臣孝子，多半是讀書人做的。

【49b】你幾時来的？

大前日来的。

我家有書信帶来麽？

有書稍来。

我父母在家都安樂麼？

你家老官人、大小家眷、小娃娃，以至下人們，都是平安的。你家宅上還托我，稍得十疋白布、五疋藍布、五疋【50a】青布来與你的。

多謝你稍得這些布疋来。

今年這地方馬價如何？

今年此處馬價比往年賤些。你且餵養幾日，等些時再賣，若就拉去賣，恐市上出不上價錢哩。

【50b】那孫家混堂裏洗澡去罷。

我是新来的莊家，不曉的多少錢洗一箇澡。

我説與你，浴錢是五箇，擦背錢是兩箇，梳頭錢是五箇，剃頭錢是十箇，修脚錢是六箇，筭来做一箇全套，【51a】也不過使二十八九箇錢。我替你管着浴錢，你且洗去。

衣裳、帽子、靴子，都放在這樻裏頭，自有管混堂的看守。到浴池洗了一會，歇一歇再洗，洗勻了，却到客位裏歇一會，【51b】然後剃頭修脚，待身子涼快些，穿了衣服到那裏去，買幾杯避風酒吃，精神自然爽快了。

大哥，你曾打聽得麼？京都聖駕幾時起行呢？

没有日期，還早哩。等到民間田【52a】禾都收割了，八月初頭纔起程哩。

今年年成平常，銀錢艱難，京都也没甚麼買賣。遭是我不去，徃還路程約有二千多里，到那裏住兩三箇月，買賣也没有利息，房錢又空費了。【52b】如何使得呢？

你説的是。不去的倒好，省了多少盤纏。萬一到那裏没有錢使用,去得来不得,如何是好呢? 俗語説:"家貧不是貧,路貧愁殺人。"

咱們到教場裏射箭去罷。

【53a】這般倒也好,咱們幾箇就同去。

咱約會了弟兄十數人勾了。一邊五箇分開着射。

咱們賭甚麼来?

賭一桌筵席罷。

那般,説定了。輸了的就去辦。不許賴的。

這箇自然。只要各自【53b】用心射去。輸了的是自巳(己)武藝平常。豈容他賴呢?

大哥,你放心,我徃常獨自一箇来射,箭箭都射着把子上的紅心,今日豈有不贏之理呢?

這話難説,你不要誇口。

你説甚麼話? 自【54a】古道:"張弓有別力,飲酒有別腸。"

姐姐你纔做了月子,養的是小厮呢還是女孩兒呢?

好一箇俊小厮,後来必定是有福氣的。

姐姐你如今在産後,好生調養,最怕的【54b】是感冒風寒。随常飲食休吃酸甜腥辣荨物,且吃些稀粥爛飯,待滿了月便吃生冷東西,不妨事了。到三朝,請老娘来,把孩子放在水盆裏洗,親戚們都来看。把金珠銀錢荨類,【55a】各自丢在水盆裏。這謂之洗三。到滿月,把孩子剃了頭,買了搖車来,把褥子、氊子多多的鋪上。把孩兒睡在裏頭,上邊把小被盖着。見孩兒啼哭時,把搖車搖一搖便住了。到了百【55b】日,又做筵席,親戚們又来慶賀。

如今姐姐把孩子自妳呢,還尋妳子呢?

要尋一箇好婦人做妳子哩。每一箇月給二兩妳子錢，按四時與他衣服穿。想起来，養孩兒好不難哩。在【56a】肚裏呢，懷耽十月；生下来呢，乳哺三年，吃盡千辛萬苦，方能勾養大成人。古人道："養子方知父母恩。"

阿哥在那裏下着呢？

小人在街東堂子間壁下着哩。

甚麼門？有甚麼記認没有？

【56b】朝南開着一箇小墙門便是。

我不知道你的下處，所以不曾得去奉望，大哥休恠。

小弟昨日曾到貴宅奉拜，留下名帖，可曾見麽？

小弟見来。但曰連日有事不在家，有失迎接【57a】了。改日囘望去，再慢慢的聚話罷。

醜廝你来，叫那斜眼的弓匠王五来。

相公，王五来了。

我有一事煩你。

相公有甚麼事，説與小人知道。

你代我做兩張弓如何？

【57b】要做幾箇氣力的弓？

要做十箇氣力的一張，七八箇氣力的一張。這弓面上鋪的筋，與我看過之後，樺一樺。你若用心做的好，我多與你些賞錢。

小人豈敢望賞，應該効劳的。

【58a】秀才哥，煩你代我寫一紙借票。

拿紙墨筆硯来，我寫與你。寫完了，我念給你聽："京都城内積慶坊住民人趙寶兒,今因乏錢使用,情愿憑中借到某人名下紋銀五十兩整,每兩每【58b】月三分起利,按月送納,不致短少拖欠。其銀約至下年幾月內歸還,不致遲悞。如過期不還,將家中所有直錢物件,照依時價准折。如無物可准,中保人一面承管代還。【59a】恐後無憑,立此存照。某年、月、日,借錢人趙寶兒,中保人某某。"都打了花押,空處寫"信行"二字。我寫的錯不錯?

朴通事新釋諺解卷一終

朴通事新釋諺解卷二

【1a】那裏有賣的好馬?

大街東市上馬牙子家有。

你代我打聽一打聽。

你要買甚麼馬?

我要打圍去騎坐。須要走快的。

你用多少銀子買呢?

我情愿費三十兩價銀。

【1b】有一箇土黃馬毛片好,只是腿跨走不開。一箇黑鬃青馬却走得快,又只是要打前失。一箇赤色馬雖生的十分可愛,却没本事。你如今且到馬市裏自己揀着買去。

你看這一箇栗色白臉馬,【2a】有九分膘,彎頭好,只是小行上遲些,且將就買了去罷。

你怎麼纔來?

早起家下有客來,打發他去了纔來,所以來得遲了。咱老爺在那裏？

老爺在文淵閣辦事。一會兒【2b】就出來上馬。

上馬往那裏去？

今日還要早早回家上墳去。

上了墳回來還有甚麼事呢？

今日到黄村宿，明日就那裏上了墳，吃了飯回來，傍晚進城。後日又要請衙門中同寅老爺們吃【3a】酒，今日都預先約定了。

李老大，你那裏去？

我往家裏去取氊衫、雨帽。

你若有兩箇油紙帽，且借與我一箇。我便不回去取了。

我只有一箇油絹帽。那金老二有兩箇油紙帽，【3b】你問他借一箇罷。

那厮那裏肯借！不通人情不達時務的東西！誰肯向他開口。

他怎麼不肯借與你，又不吃了他的！還是你不肯下氣問他借。你也忒傲氣了。

【4a】昨日是張千摠的生日，你何故不去？

小弟其實不知道。在那裏做生日來？

在八里庄梁家花園裏做的，我也那一日去拜壽了，吃了幾杯酒，過了兩道湯，便上馬出來了。

咳，我眞箇失禮了。明【4b】日到羊市上，費五六錢銀買一箇羊腔子，送去與他補做生日罷。常言道：“有心拜節，寒食不遲。”

李爺你可曾到過西湖，看見那裏的景致麼？

我不曾到過。你說那裏的景致如【5a】何？

你且聽着：西湖是從玉泉山流下來的。湖心中有座琉璃閣，遠望去如在青雲裏一般,上面盖的瓦如鋪翠,地下幔的石如白玉,四面綠水相映着,這畫棟雕樑、朱欄碧檻,又【5b】都如在鏡子裏一般。北岸上又有一座大寺相對着,這裏頭鐘鼓樓、佛殿、禪堂、齋室、遊廊曲徑且不必説,就是那蒼松翠竹與那名花奇樹,也不知其數。一望去又是蓬萊仙島一般。再【6a】看那閣前水面上,飛來飛去的是鴛(鴛)鴦,睡着站着的是鷗鷺,穿波逐浪的是魚兒,撒網垂鉤的是大小漁船,青的綠的是浮萍水草,紅的白的是遠近荷花。還有那男男女女,辦了筵【6b】席,叫了鼓樂,坐在船裏不住的往來遊玩。眞箇是畫也畫不成的好景致,描也描不盡的好風光。且不必誇天上瑤池,只此人間少有的了。

　　咱們相好多年,好【7a】哥兒弟兄們從來不分彼此,咱今日有句知心話對你説。咱有一件東西要與你對換如何?

　　你要對換甚麼東西?

　　我有沉香繡袖袍一件,要換你的大紅織金胷背。

　　我的胷背怎【7b】麼赶上你的繡袍?你既要換就換。

　　咱們好弟兄何必計較這些?從今已後咱與你論甚麼?就如一母所生親弟兄,"有苦同受,有樂同享",豈不大家有義氣麼?

　　【8a】掌櫃的老哥,你拿好緞子來我看。

　　這是南京來的眞正八絲好緞子。太爺是識貨的,請看。

　　你不要小看我,我不是那口外的達子、回回,就是那達子、回回,如今也都識貨了,你怎麼小看起【8b】的我朝鮮人呢?

　　不是這等説,你若不信服,再拿去着別人看,便見眞假了。

　　罷了,你説賣的價錢罷。

　　這緞子每尺紋銀五錢,這是要的老實價。

你來，你這暗花緞子要多少一疋？【9a】講定了一并買你的。

這一疋暗花緞是兩件袍料，實價十二兩。

這般說，便都依了你的要價罷。

太爺甚麽銀子？

是細絲銀子。

這麽就請兌銀罷。小舖賤賣了。你太爺下次好再來照顧。

【9b】咱們到南城永寧寺裏聽說佛法去罷。聞說有一箇得道的朝鮮和尚，法名叫做步虛。他曾到江南地方受過名師，他師傅法名石屋，傳與他衣鉢，善能參禪打坐。【10a】如今來到這永寧寺裏，坐了方丈，新近奉皇帝聖旨，着他講經說法。

他說幾箇日子呢？

聽說只得三日三夜就圓滿了，從今日起，後日止。到處人民，一切善男信女，都往那裏聽去。

這【10b】的眞是善知識了。那裏尋去？咱們今日就同去聽一聽罷。

你且停一停，我到衙門去投了文書就回來。咱兩箇拿些布施和香蠟去禮拜他，好聽他說些因果何如？

咱們到拘（構）欄院裏看雜技【11a】去罷。

怎麽得進去呢？

這箇不難，一箇人與他五箇錢，便放我們進去了。裏頭也有諸般唱文詞的，也有舞鎗弄棒的。還有把一箇高桌兒放定，脫下衣裳，赤條條的仰面卧在桌上，【11b】拿一箇一托長、碗口大的紅油畫金棒子，放在他脚心上轉，脚背上轉，脚指頭上轉，弔下來踢上去，买（弄）的人眼都看花了。還有那买寳盖的，把一箇蠟嘴帶着鬼臉

兒，兩翅飛舞。【12a】他的主兒一箇手拿着五色小旗，叫那蠟嘴嚙
（銜）着，飛到那邊遞與他。那箇主兒又叫做頑雀兒的。還有那諸
般做把戲的、演戲法的，好看得狠哩。

這般，我没有零錢帶去使用，怎麽好【12b】呢？

不妨事，我有零錢，你要使只管問我討，不拘多少，回來還我。

夜來叫李三到木匠家做一口檯子，説定與他二兩銀子，誰知道
做得狠不如式，油漆也【13a】不好，板子又薄，檯子上銅事件都平常。
兩箇鋸鈇（鈬）、一箇釘鈒都不厚實，怎麽能句（够）堅固牢壯呢？這
生活看了，眞令人可恨可惱。那廝眞不是人！這檯子多不過直得
一兩銀，必定是那廝【13b】落了我一兩銀子了，我定要打這狗才
一頓。

相公饒了他罷。自古道：“大人不見小人過。”

我到染房裏染東西去。

染家你來看生活。這杭州綾子每疋有七托長，兩【14a】頭有記
號，要染柳黄色的。這被面要染大紅的，被當頭要染水緑的。這十
疋絹，五疋要染南紅，五疋染水紅。這綿紬要染鴉青色。這魚白紬
原是婦人家大襖裏子，要改染做桃紅顏【14b】色。這些東西你共要
多少染錢呢？

這疋杭綾染錢五錢半。五箇南紅絹，每一疋染錢四錢。五箇
水紅絹，每疋染錢三錢。這鴉青綿紬染錢六錢，被面被當頭染錢八
錢，共該染錢【15a】五兩四錢半銀子。

你把現成樣子來我看。假如你染的不如這樣兒上的顏色，你
便替我再染。如今染錢都依你。你説幾時染完？我好拿銀子
來取。

外後日來取罷。

准的麼？

你放【15b】心，斷不有悮的。

驛站人役們在那裏？怎麼没有一箇聽事的？驛丞都到那裏去了？

小的們都在這裏。

聽我吩咐，一兩日内使臣就到。這牌上開載的，正副使三員，從人六【16a】名，一應供給伺候人役，却都預備麼？官三員，應給米三升，麵三斤，猪肉三斤，雞三隻，鴨三隻，酒兩瓶，油、塩、醬、醋、茶各一斤。從人六名，應給米三升，麵三斤，羊肉三斤，酒【16b】一瓶，酪一鏇，塩、菜各一斤。這些食物都要鮮明，不可缺少纔是。

厨子你來，快與我做飯。

老爺做甚麼飯？做乾飯呢還是水飯？

熬些稀粥罷，你把那白麵來，再捏些匾食預備我吃罷。

【17a】喚驛裏的經丞來，驛馬怎麼還不見來呢？

來了。請老爺駼（驗）馬。

這馬都不中用。明日三位老爺騎坐的，要三匹十分壯健馬；六名跟役騎的，便略次些也罷了。我騎的却要十分快【17b】馬，我好赶進京，先報去。使臣明日到這站，未必住宿，快預備好馬。若遲悮了，拿這管馬的弔起來打！

這使臣往來限期緊急，一日三站五站的趲路，你怎麼不肯備好馬伺候？【18a】你們打的輕，這廝所以不怕，他若再不保，好生重重的打！

明日雞鳴我便就要起程了。吩咐厨子，茶飯也須早些辦備。當直的點燈來，我且安息。

老爺，雞鳴了，請起來罷。

【18b】馬都來了没有？快背鞍子。一面叫厨子送飯。小厮們也一面打疊背包上馬。

我本待要請你去，你却來了。我今日買得一箇小厮，是他的爺娘立的文契，你與我看一看，錯也【19a】不錯。

取來我看："某村住民人錢小馬，今因貧乏無以養贍，情願將親生之子小名神奴，現年五歲，賣與某大官人宅下養活，當日憑中言定身價銀五兩。自賣之後，養大【19b】成人，任憑使喚。倘有疾病死凶(亡)，各聽天命。如神奴有來歷不明，並遠近親戚人等爭競，賣主一面承當，不干買主之事。恐後無憑，立此爲照。"看這張賣契，甚是寫得妥當。

【20a】怎麽没有中保人呢？

怕甚麽？自古買人的中保人，只管得一百日，要他做甚麽？你只把文契收好了，以爲日後之憑據就是了。有何疑慮呢？

這一兩日内，我便要【20b】随駕起身去，怎麽這車輛還不曾收拾？快叫那木匠來，就買他些木料、席子，整理起來。

車輛都做妥當了麽？

還少套繩、撒繩、籠頭、脚索、鞍子、肚帶等類哩。

這麽我給你銀子，就買去。【21a】還有鑼鍋、柳箱、灑子、碗楪、匙筯、榪杓、箅籬、炊箒、擦床兒、簸箕、篩子、馬尾羅、桌子、盤子、茶盤、燈臺、酒鍾、酒甖、銅杓，這些都收拾全備着。還有帳房、馬槽都牢壯麽？【21b】你都收拾了。先打頭站去。到那裏各自省睡些，黑夜好生用心照看。我随後慢慢的跟駕去。

趙爺,你幾時來的?

昨日來的。

你是水路來還是旱路來?

船上來的。

今年田禾【22a】如何?

田禾好。

謝天地,只願好收成就勾了。聽的今年水賊多,此話眞不眞呢?

我來的時節,看見五六箇賊船,圍着一箇西京來的豆船,又把朝鮮地方來的一隻船,都搶奪去了。【22b】後頭又聽得,把那船上的人打死了幾箇。

那丁爺,你幾時來?

我赶着一百匹馬,大前日纔到的。

馬都好麼?

我來時節,到山海關上,被他抽分了幾箇去;到三河縣,又抽分了幾箇去;瘦倒【23a】的倒了,又不見了三箇,只有五六十箇馬。來到通州賣了多一半,來到這城裏都賣了。我不會講漢話,又不會做飯,全仗着這吳爺一路服事我來。眞是"遠行知馬力,日久見人心"。

【23b】我今日頭疼腦旋,身子顫的受不的。快去請范太醫來看一看。

太醫來了。

請到屋裏坐。

小弟這幾日有些頭疼腦熱,夜來身上虛汗如流水一般,一夜不得半點覺睡,【24a】與我把脉息看一看。

咳,相公脉息,尺脉較沉,傷着冷物起的樣子,這是感冒風寒之症。

是，小弟昨日在張少卿家慶賀筵席上，被好弟兄們勸我，多飲了些燒酒、黃酒，生果子也多吃了些，【24b】來到家裏就害熱，把一身衣服都脫了，着丫頭們打扇。那般不小心，所以就犯了這症候。

我如今先與你發散，宐(宜)用香蘇飲，你且熬兩服吃，熱炕上熰着出些汗。然後再用藿香正氣【25a】散，吃一兩劑便無事了。藥方上寫得明白：水用二盞半，引用生薑三片、棗二枚，煎至七分，去滓溫服。如此調治，貴體自然漸漸的健旺了。

我妳妳使喚我來【25b】問大娘好。這海菜、乾魚、肉脯，都是我家太爺從朝鮮帶來的，特送與老太太些箇，不要嫌少。

女兒，你回去説，多謝你妳妳費心了。這般稀罕東西，特爲我送來，難得，難得。再有【26a】一件，好清醬今年竟沒處尋，一發送些來更好。

這清醬有甚麼稀罕呢？

咳，女兒你不曉得，常言道："人離鄉賤，物離鄉貴。"況那朝鮮清醬最是有名的哩。

姐姐，我自從看上了你，【26b】飯也好生吃不下。常言道："男兒無婦財無主，婦人無夫身無主。"怎能勾成就了這因緣？

咳，你説甚麼話！我夫主若知道，却了不得！你再來，休説這般不曉事的話！

咳，姐姐，我不想【27a】你這般無情。你須念我這秋月紗窗一片心。只滅了我這心頭火，便強如靈丹妙藥，我的心病自然都消化了。

怕没有滅你的心火、治你的心病之時麼？

這麼説，多謝姐姐的美意了。【27b】須早些約箇佳期纔妙哩。

你且休忙休心焦。自古道："有緣千里能相會，無緣對面不相逢。"既兩心相照，也是不難的。何必着急呢？

你們這幾箇無用的小厮，【28a】一日吃了三頓飯，只知道閑遊浪蕩，要你們做甚麼？一箇到那靴舖裏去學生活，一箇到帽舖裏去學做買賣。那兩箇漢子把那驢騾喂好了，帶十兩銀子到東安州去放黑豆，即【28b】便收拾車輛，先載一車去。這兩箇小厮，一箇帶五兩銀子到馬家庄去放稈草，一箇帶二兩銀子到西山去收乾草。你們都依着我幹辦去罷。

咱貸些盤纏，到那南海普陀落伽山去，【29a】參拜觀世音菩薩眞像。這菩薩眞乃有靈有聖。座飾芙蓉，湛南海澄清之水；身嚴瓔珞，居普陁空翠之山。或作童男，或化童女，或現質于梵王帝釋，或分身于居士宰官。以聲察聲，拯慈【29b】悲於六道；隨相現相，救苦難於三途。起浮屠於泗水之間，結草廬於香山之上。執楊柳於掌內，拂病體於輕安；傾甘露於瓶中，濟險途於飢渴。面圓璧月，身瑩瓊瑰；齒排柯【30a】雪，眉秀垂楊。由是威神莫測，聖德難量，故得人天之喜，鬼神之歡。萬民無搔擾之憂，百姓有安祥之慶。若人有難，口念菩薩之名，即救拔衆生之難。似這等菩薩，不可不去【30b】參拜哩。

這麼咱們一生作事豈無罪孽？也該一同到那南海去，燒香懺悔纔是。爲人若不及早修行善果，便同禽獸之類了。自古道："一針投海底，尚有可撈日；一失人身【31a】後，萬劫再逢難。"

今日到衙門上直去，今晚你把我的鋪盖送去。還要把那箭俗

裏插十根箭,弓帒裏插一張弓,盔甲一副,腰刀一口,都一一打點全
備,送到直房裏去。【31b】其餘的小廝們在家,不許到街上去閑遊惹
事,好生看守門户要緊。如今賊多,家中若有差失,我回來定要打
的。若無事,我必賞你們,你們都要小心着。

你的帽子那裏買來的?

【32a】是徐五家做的。

這帽樣做得平常,帽頂太尖了些,氈子也麤,又做的鬆。若着
了幾遍雨,定然要走樣了。徐五的徒弟李大,如今搬在法藏寺西邊
混堂間壁住去了,那廝十分做的好。【32b】你的帽子當初何不叫他
做呢?

我如今與你二兩銀子,拿去叫李大做兩頂帽子,一頂要雲南氈
大帽,一頂要陝西赶來的白駝氈大帽。款式要時樣,氈子要勻細就
是了。

李大【33a】的帽樣,向來做得好,不會走作,又不怕雨淋的。那
廝做的生活,比他師傅高強十倍哩。

一箇放債財主,混名喚做李夜义(叉),開着一座當鋪,有直錢
的物件來當,【33b】便奪了那物,打死那人,正房背後掘一箇老大深
坑,便丢在那裏頭。有一日,一箇賣絹的打他門口過去,他就誆到
家裏去,把那絹都奪了,也打死了,撇在坑裏。又一日,一箇婦人拿
珍珠一百顆【34a】來當,又奪了,也謀死他,撇在那坑裏,用板盖在上
頭。屢屢的如此行凶作惡。他有兩箇嬋(渾)家,小老婆與大老婆
商量説:"我男兒做這般迷天大罪的事,假如明日事發起來,帶累一
家人【34b】都死,怎的好呢?"大老婆聽見那般説,勸他男兒説:"常言
道:'若作非理,必受其殃。'你做這般不合理的勾當,若官府知道

了，必要拿你抵償，怎麼好呢?"老李聽了，恨那媳婦，【35a】也要謀死他。那婦人便走到衙門裏告了一狀，立刻差幾箇皂隸，把老李鎖着，到他家後坑裏，搜出幾箇血瀝瀝的尸首來，又在櫃箱裏，搜出珠子、絹疋來。就把老李帶到衙門，嚴【35b】刑拷打，問成死罪，立時處斬。有一箇官人，就娶了他的大小老婆，把那偌大的家財盡行帶去，與他人享用。這正是：善惡到頭終有報，只爭來早與來遲。

咳，今日天氣冷殺人，【36a】腮頰凍的刺刺（刺刺）的疼哩，街上泥凍的都似狼牙一般，牲口怎麼當的？到鐵匠舖裏去，打一副馬釘子來釘上，明日好往通州接官去。

請官人吃飯。

今日做的甚麼飯？

乾飯做成了，稀粥【36b】也熬着哩。

再有甚麼就飯的？

乾羊腿子煮着哩。

好，好。天寒，湯、飯都不可冷了。你把那酒壺汕乾净着，控一控，且打些酒來吃幾杯解寒何如？

孫大郎那廝，那裏那【37a】般好衣服、好鞍馬擺樣子與人看呢？

聽得那謊精近來在一箇財主人家招做了女壻。他如今吃的、穿的，都是他丈人家的。

大哥你看，他如今氣像大，比不當先了，粧模做樣，把我這舊【37b】弟兄們都不保了。

他既變了面目，誰還保他？他敬我五分，我便敬他十分；他敬我一分，我只敬他五分。如今他不理我，我又理他做甚麼!

咱好悶，當不的，【38a】大家商量遊山翫景去罷。

好，好！我也這般想着。如今正是秋涼天氣，滿山紅葉正好哩。

這離城三十里地，有箇山名爲田盤山，眞箇奇妙。那山有上盤、中盤、下盤，又名三盤山。有奇【38b】奇怪怪之石，有高高下下之坡，有重重疊疊之奇峯，有灣灣曲曲之澗水。也有村庄廟宇，也有山禽野獸，也有蒼松翠栢。只是崖高路窄，徃來遊人難走些。山頂上有一小池，滿【39a】池荷花香噴噴的，令人可愛。咱們挂着拐杖，且到那裏看看景致，解解愁悶如何？

這幾日怎的不見有賣菜子的過去呢？買些菜子，後園裏好種。夜來收割了麻，正當好種菜哩。

【39b】種甚麼菜好呢？

蘿菖、蔓菁、萵苣、葵菜、白菜、赤根菜、芫荽、蔥、蒜、薤菜、荆芥、薄荷、茼蒿、水蘿菖、胡蘿菖、芋頭、紫蘇都好種的。

紫蘇這厮最有用，把那葉兒摘了，把針線串了弔在【40a】一壁廂，一冬好煎湯吃，最能發散風寒的。

水芹菜也好吃了，叫丫頭去拔些來，我們好嘗新。再叫小厮們到西園裏去，種些冬瓜、西瓜、甜瓜、插葫、稍瓜、黃瓜、茄子等類。家【40b】下吃不了還好賣哩。你們把菜園都收拾好着，不要懶惰。古人道：“無功食禄，寢食不安。”

如今怎麼那般賊多？

今年天旱，田禾不收，因此上賊多了。

使鈎子的賊們【41a】更多。拿着取燈兒，到那人家裏，把舌尖濕破窗户，把取燈點上火往裏照，看有東西在那裏，不論竿子上的、樻子上的物件，便把鈎子鈎出來拿去。

　　這厮們只是小毛賊，不比【41b】得強盜，還有法兒，容易隄防的。把那綿布簾子在窓户裏面幔上，把釘子釘住，把門上釘鉀扣上了，把指頭大的長鐵釘插在門拴孔裏，這般隄防的緊慎，他怎麼得能勾偷了東西去呢？

　　【42a】你那裏去？

　　店裏買緞子去。

　　咱兩箇一同去。

　　掌樻的，你這舖裏有四季花的緞子麼？

　　你要甚麼顏色的？

　　要南京來的鴉青色、月白色這兩樣緞子。

　　｛牙子説："都有。"｝

　　干你甚麼【42b】事？沒有你怕買不成麼？

　　你們不要説閑話，要買緞子就請下馬來看。

　　我説與你，不要哄弄我。

　　你放心，小舖從不敢哄人的。伙計們，把那廚開了，揀高的與官人看。

　　這緞子多少【43a】價錢？

　　鴉青色四季花的六兩銀子一疋，月白色的四兩銀子一疋。

　　你休胡討價錢。

　　討的是虛價，還的是實價。相公你與多少？

　　這箇緞子中中的，你再揀頂高的我看。

　　小舖没有再高【43b】的了。

　　如此説，這鴉青的五兩銀子，月白的三兩銀子如何？

　　那般差遠着哩。請添些。咱這裏没有牙子，省些牙錢不好麼？

這麼説,再加你五錢銀罷。

既如此,却少賣了五錢一疋。【44a】只圖箇下次主顧罷。

大哥,煩你代我寫一張租房契。

你如今要搬到那裏去?

我往羊市前頭甎塔衚衕去,賃一所房子,今日早起纔收拾完了,明日就搬。

這租房契寫了,【44b】我念你聽:"京都城四牌樓下民人朱玉,今租到本坊沈名下住房一所,計開正房幾間,西房幾間,東房幾間,廳房幾間,書房幾間,暖閣幾間,花廳幾間,捲蓬幾間,佛堂幾間,庫房幾【45a】間,馬房幾間,廚房幾間,周圍舖面幾十間,門、窗、炕、壁俱全,井一眼,空地幾畝。議定每月房租銀二兩,按月交納,不致短少。恐後無憑,立此爲照。"你道我這箇租帖,寫得妥當【45b】不妥當?

每日下雨,房子都漏了。

必定是房上生出那些草,把雨水阻住,都流不下來,所以越漏了。你兩箇小厮,慢慢的上去,把那房上的草,細細的拔乾净了,看那瓦若有破的,【46a】就換幾箇新的。你上去却要慢慢的走,那瓦被水浸多時,不堅實,不要踏破了纔好。

那瓦有破的麼?

多有破的。

都是你這兩箇小畜生,每日偷空便上去拿雀兒,把瓦都弄破了。【46b】把你這忤逆種該殺的!你們如今十歲年紀了,也該學些好,還只管淘氣,終日貪頑耍,學裏也不肯去,是不長進的。古人道:"家富小兒嬌。"這也〔是〕我平日姑息之愛,失于【47a】教訓了。

我問你些字樣。縫衣裳的"縫"字怎麼寫？

這箇字不難寫。紐絲傍加箇"逢"字。

那箇"逢"字？

"久"字底下"手"字，加箇"走"字的便是。

替代的"代"字怎麼寫？

"代"字，是立人傍加箇"弋"字便【47b】是。

"拖"字怎的寫？

剔手傍上邊着箇"人"字，下邊着箇"也"字便是。

"却"字怎麼寫？

"去"字傍着半箇"耳"字便是。

"劉"字怎麼寫？

"卯"字頭下着"金"字，右邊加箇側"刀"便是。

"錯"字怎麼寫？

"金"字傍着箇"昔"字【48a】便是。

"宋"字怎麼寫？

寶盖頭下着箇"木"字便是。

"笠"字怎麼寫？

"竹"字頭下着箇"立"字便是。

"滿"字怎麼寫？

三點水傍着箇草頭、底下着箇"雨"字便是。

"待"字怎的寫？

雙立人傍着箇"寺"字便是。

"思"字怎【48b】麼寫？

那"思"字，"田"字下着箇"心"字便是。你知道麼？字之形勢狠多，大槩如此。憑你問多少，却考不倒我哩。

　　我要往你莊頭家去。

　　不得工夫，去不得。

　　你每日做甚麽？

　　我每日纔聽明鍾一聲【49a】響，便上馬跟老爺，直到點燈時分纔下馬，幾曾得閑呢？

　　你説的是。每日東走西走不得片時歇息。但是你還不知那鄉村裏的好處哩。到那稻熟的時候，蠏正肥，魚正美。【49b】終日裏或對客飲酒吟詩，或着碁彈琴遣興，眞箇無一時不是樂境。你若到那裏住幾時，只怕還不肯回來哩！

　　這客位收拾的好不整齊。灑些水，把苕箒來掃乾净着。【50a】將花氈鋪在炕上，兩傍放幾張椅子，當中掛一軸大畫。將鏤金香爐擺上，燒些餅子香。那書案上把幾套書擺着，這般陳設妥當，來的客人們也道我收拾得精緻，豈不有趣呢？

　　【50b】老年兄，你的俸滿了不曾？

　　這五月内便滿了。

　　接任的官有了麽？

　　吏部已選出來了。

　　你的陞文得了麽？

　　我在任幾年並没有不了的事件，又没有過犯，爲甚麽不得呢？

　　【51a】既是這般，那幾日你又説："首領官纔做稿呈堂，堂上還不曾畫押哩。"

　　這是大前日的話，昨日衙門書辦已將文書送來了。

　　這麽看起來，到底是你的職分好、福氣好，一步高如一步。【51b】似我這般雜職微員，陞轉極難。滿了一任，還不知等到何年纔得補用哩！

你休這般説，"時來鐵也爭光，運去黄金失色。"

那一日在李指揮家打雙陸時節，王千【52a】户打背後來，扯了我一把小刀子去。他前日輪與我的猪頭也不肯買，我正恨他不過。昨日那厮恰到我家來，我特地把酒灌的他爛醉，他便眼花，不辨東西，不省人事，倒在床上【52b】便打鼾睡。我就把他的小刀子拔了來，又把筆來在他面上畫黑了。他酒醒了，起來不覺，就那般去了，路上人看見必定要笑話他。

這孩兒幾箇月了？

九箇月了，不到一生【53a】日哩。

會爬麼？

會爬了。

這妳娘好不精細，這孩子眼脂流下來也不擦，我替他擦净了罷。孩兒會學唱喏了麼，會學亭亭了麼？

却纔會學立的，腰兒軟，休弄他。

不妨事，我試一試。

【53b】休跌了他。那一日喫了一跌，額頭上跌破了，娘子見了，好生聒譟難聽哩。

你説的是。你好生用心看守着，若不用心收拾他，便是你的不是了。過了一生日，便會學那（挪）步兒，我好做【54a】一雙小綉鞋與他賀一賀。

姐姐來，咱們下一盤蜜碁罷。

我生活忙，那能閑耍。

你做甚麼生活？

我做袈裟哩。咱們人生在世,今日死、明日死都是定不得的,做些好事結箇好因緣,【54b】豈不是好呢?

怪哉! 纔十五歲的女孩兒,説這般作怪的言語。

你怎麼這般説,常言道:"人死不在老少。"

雖然這般講,你且來,咱們下一盤罷。

罷,罷,且拿過碁來下一盤。

我先着。

【55a】你怎麼先着呢? 咱賭些甚麼?

我輸了,再不敢違姐姐的言語;姐姐若輸了,也再不要違了我的言語如何?

不要聒譟了,快些下罷。

是了,既説定了,不要改口,咱們先小人而後君子好。

【55b】鄭哥你來,咱們在這草地上學摔挍罷。

咳,你這矬漢,那裏能抵當的我?

你不要誇口,咱兩箇交手便見高低。

誰吃蘿蔔打噎咈,氣息臭的了不的。敢是這矬漢吃來?

【56a】咳,百忙裏説甚麼閑話呢? 咱兩箇摔,大家休打臉,好好的摔。

咳,到底是你這矬漢倒了。我原説你那裏敵的我過哩。

你到那裏去?

我只到這裏來。

雨纔晴了,街上有路好走麼?

【56b】那裏好走! 一路稀泥眞有没脚背深哩。

那般你的靴子怎麼還是乾的?

我慢慢兒沿着人家房簷底下，揀着道兒走來的。你看那騎馬的官人們，衣服上都污的是泥。

你還要到那裏去？

【57a】我還要到別處去，有些緊要勾當。

這麼拿我的雨衣雨靴來，與你換穿了去罷。

你今年怎麼不到京城去？

路上盤纏艱難，怎麼去呢？你也却爲甚麼不去呢？

我也没甚麼幹的勾【57b】當，也没有盤纏，所以不曾去。

年時牢子們試走的你可曾看見麼？

我不曾看見，在那裏試走的？

在六十里庄店裏走的。皇上在西湖景凉殿裏坐的看。

那時誰先走來呢？

是一箇【58a】細長身子、團欒面的，原是箇南方人，名喚許瘦兒，他先走來。

是誰家的牢子呢？

是跟隨張摠兵使喚的牢子。那日皇上賞了他一百兩銀子，四疋內府大緞。

萬千人裏頭，頭一箇走，得了偌多賞【58b】賜，眞是皇恩浩蕩，好不榮耀！

今日幾？

今日是臘月二十五日。

咳，一件新衣服也没有，怎的好呢？把曆頭來我看，這月是大盡是小盡？

這的是大盡，還有五箇日子哩。【59a】家裏有五、六箇婦人做活，裁的、縫的，怎麼就赶不出一套衣服來呢？

　　角安，亢食，氐房益，斗美，牛休，虛得粮，壁翼獲財，奎得寶，婁增，軫久，鬼迎祥。今日是乙丑斗星日，却是箇【59b】好日子，主得飲食，便好裁衣。這油綠的裁做袍子，玄青的裁做褂子，魚白的裁做綿襖，就着幾箇婦人們下手縫罷，好着他們上緊赶活，這還怕沒有新衣服過年麼？

【60a】朴通事新釋諺解卷二終

朴通事新釋諺解卷三

　　【1a】今日天氣炎熱，把這簾子捲起，窗户支起。怎麼這蠅子這麼多呢？拿蠅拂子來赶一赶，再拿把扇子來與我，熱的當不的。這房後偏近着水窪子，田鷄偏又叫的聒譟。【1b】你這孩子們怎麼這般遭害我？一壁廂各自頑去不好麼？若再鬧（鬨）我，我就打了！好孩子，你兩箇帶着小兄弟，到那後河裡洗箇澡去。洗完了，就在柳樹下凉快一會兒回來，不要只管磨人【2a】了。

　　我家裡老鼠多得狠，怎麼好呢？
　　你家裡沒有猫兒麼？
　　我家裡沒有。庫房裡放的米都被他吃去了好些，樻子裡裝的衣服也被他咬破了好些，恨的我沒法兒治他。
　　那箇拿藍（籃）子【2b】盛着猫的不是賣的麼？
　　果然是賣猫的，你拿猫來我看，我買一箇。我要這有花兒的母猫。你要多少錢賣呢？
　　要一百錢。

你賣的價錢老實說。

又不是大買賣，討甚麼謊價錢？一百錢短【3a】一箇也不賣。

你怎麼這麼硬頭硬腦的呢？一箇猫兒怎麼就直的這些錢？你這混要錢的王八！你賣就賣，不賣就拿了去！

你不買便罷，錢是你的，物是我的，你爲甚麼罵人？

你只管【3b】勒掯不賣，不如挾着屁眼家裡坐着去罷！

你這不知理的！你再罵，我也罵了！常言道："風不來，樹不搖；雨不來，河不漲。"

蚊子咬的當不的，孩子，你與我買幾丈夏布【4a】來，做一頂蚊帳掛着睡纔好。這床也不穩，把磚墊好着。把這窓糊紙都扯了，一發把冷布糊了，又涼快，蚊子也畢竟少些。

你家裡不有菖蒲麼？摘些葉子送我。

要他做甚【4b】麼？

我要用他做席子鋪着睡，跳蚤也不敢近。

這麼最好。我只知道蒲根解酒，還好做醋，竟不曉得葉兒有這用處。因你這一說，我如今也添了些識見了。

【5a】你那告狀的事情，却曾完結了麼？

堂上官府憑着理自然合斷的，只怕那冤家們打關節，煩人說情哩。聞得內中有一兩箇鄉宦，受他錢財，替他說情，所以擋住了，還不肯發落。還有【5b】該管的書辦們也受了些錢財，把我的這案文卷丟在一邊，不肯回官辦理，不知到幾時纔得了局哩。

如今是財帛世界，你若不與他一文錢，你道是有理的事件，他偏不與你辦。【6a】你若多與他些財物，便是没理的事情，也飜做有理。我料你那件官司，不使幾箇錢幹辦，是不濟事的。常言道："衙門處處向南開,有理無錢休入來。"

【6b】我有差使出去了,這些皮衣一夏天没有收拾,把我的銀鼠皮襖上的貂鼠袖,虫蛀的無一根風毛了,怎麼好?

咳,可惜了！這是誰的不是?

我臨去時節,也曾再三囑付,把潮腦放些在衣箱裡,【7a】到六月裡取出来晒幾次,你們若依我這般用心收拾,虫子怎麼得蛀呢?

這也是惟不得虫子,都是你的不是哩。你聽我説,不要煩惱了,你的身子安樂就是福了。古人説:"休道【7b】黄金貴,安樂直錢多。"

不知那裡来的這些蜻蜓,我見了好惡心,快把苕箒來掃去了,再拿兩根安息香來燒一燒。我如今且不吃飯,等一會兒吃罷。叫厨子把我的飯菜,【8a】且慢些收拾。叫小厮們,且熬些芽茶來我吃罷。

長老,你的佛像塑了麼?

我曾塑了三尊佛,正要裝金開光,不料前日三更前後,被賊進来,把我二、三年化来的布施【8b】金銀,盡行都偷去了！如今没奈何,要往江南地方化些布施去,惟有禱告諸佛菩薩,保佑我完了這願心,便死也無怨了。

長老,你沿路上好生去罷。當時唐三藏師傅往西天去取經【9a】的時節,有十萬八千里程途,經多少風寒暑熱,受多少日炙風吹,過多少惡山險水,見多少惟物妖精,撞多少猛虎毒虫,走了好幾年,受盡千辛萬苦,纔到得西天,取了經廻来,度【9b】脱衆生,纔能成佛。老師傅你也休忙,慢慢的到江南,沿門化些布施廻来,願滿功成,久後你也要得證正果哩。

叫一箇泥水匠、兩箇小工來，好收拾這炕。

你有泥鏝子麼？

【10a】我没有這傢伙，做甚麼泥水匠？

這是死炕，這是燒柴火炕，都不好。你只與我改做煤火炕，炕前做一箇煤爐，好燒煤。

炕面磚都有麼？

都有。

這麼快買石灰、麻刀去。伙計們，先掘【10b】土，打兩擔水来，好和泥。把那麻刀拌匀着。我們且把準線掛好了。

這一邊無處絟線。

那裡打一箇橜（橛）子絟罷。

這炕我要朝南做，西邊打一箇爐子。

這炕面上灰泥，怎麼抹得不平正呢？【11a】把泥鏝来再抹光些。你一般動手做生活，這樣做的平常，不可惜了我的工錢麼？

咳，我到處做生活，從来不曾見你這般仔細。

你説甚麼話？常言道："拙匠人，巧主人。"

【11b】我這疥瘡痒得當不的，你有長指甲替我抓一抓。

滿指甲疙灢和膿水，怎麼好呢？

你只與我揩（掐）一遍罷。我那幾日着小厮們揩（掐）一會兒狠好，不想那厮打頓起来，把瘡都撓破了，越疼【12a】的當不得。

你到那皷樓北邊王家藥舖裡，買疥藥来搽上，不過一兩遍，管情就好了。

我不認得。這藥舖有招牌没有？

　　那藥舖門首櫳子上，放着一箇三脚鐵蝦蟆的便是了。買了来，火盆上【12b】添些炭火，撬破了這瘡，把那藥搽上，向火烤一會便不痒痒了。這所謂："休尋海上方，自有神仙藥。"

　　這七月十五日是中元節，慶壽寺裡做盂蘭勝會，我們也随喜去罷。那壇主【13a】是朝鮮師傅，中等身材，白净顔面，聰明智慧過人，念的聲音響亮，各樣經卷皆通，真是一箇有德行的和尚。談的是目連尊者救毋(母)經，這些聽講的僧尼道俗善男信女，不知其數，人人盡【13b】盤雙足，箇箇擎拳合掌。内中有一箇人只管打呵欠，一會兒倚着欄干便打頓睡覺了，不知怎生吃了一跌，把鼻子跌破了。那講主便叫到跟前来説道："你聽我説，這佛法最尊最貴，【14a】不可不信。因你貪嗔癡三毒不離於身，不信佛法，不尊三寶，因此上今日現報。你如今到家，誠心懺悔，改往修来去罷。"那人聽見師傅這般説，便暴跳起来道："甚麼是佛法？"【14b】罵了幾句就走出去了。師傅道："我與他無緣也，正是衆生難化了。"

　　這幾日我家裡有人回去，先生你與我寫一封書稍去何如？

　　我寫了。你聽我念："愚男山童頓首百拜，禀父親【15a】母親起居萬安。男在都城，托賴父母福蔭，身子粗安，無須憂念。男自拜別之後，想念之心無日能忘。前者姐夫回時，托以段疋送與父親使用，至今未見回書，不知收到否？【15b】如有便人来京，望即示明以慰兒念。兹者又特寄茶色段子二疋，藍綾二疋，裡紬四疋，與父親母親并兄弟佛童穿用。男在京所幹之事已經完備，但尚未領憑，約待月餘，【16a】便可起程，倘或邀天之倖，得以衣錦還郷，拜見父母，光耀門閭，則男之心願已足。伏望父母大人善保起居，并請近安。謹禀。愚男山童頓首百拜具。"

我要蓋三間書房，【16b】木匠你來，咱與你商量。

相公吩咐怎麼蓋？

要捲篷樣。

做的木料都有麼？

這檁、樑、椽、柱、短柱、門框、門扇、吊窓、天窓、雙扇、單扇、窓欞，以至堦臺石、磚瓦都有，你只取了傢伙【17a】來做活，我慢慢的再指點你。蓋了這房子，那西壁廂還要打一道墻，前面壘一箇花臺，好栽花，我要臨窓看書，也要看花哩。

相公說的是！却還要蓋甚麼房子麼？

不要了，儘勾住了。【17b】常言道："捻蓋萬間房，夜眠只一廈。"何必以多爲貴呢？

你老爺如今除授在那衙門裡了？

除授了光禄寺卿了。

咳，這一缺也没甚麼好處，不過清高而已。這衙門惟出些好【18a】飲食。猪、羊、鵝、鴨等類却不少吃的，還有幾種好酒。此外並無別件可取了。

方纔書辦們拿文書來畫稿，案上又堆着許多案件，都要逐件發落，直到日平西纔得上馬囘家。

【18b】天天都是這般早聚晚散麼？

但能早散也是不能早囘家，不是去望這位同寅，又是去拜那位同年。直到人定更深纔能下馬。這些衙役也不免受這般勞苦。

你說得不差，我們【19a】往日跟官的時節，那裡管雨雪陰晴，忍多少飢渴，受多少勞苦，也只指望本官陞一箇好缺。今日如你老爺做了大人，雖無大出息，比在前到底强些，古人道："苦盡甜來。"

【19b】我家裡一箇小廝，在城外種地，和一箇人打架，那廝便先衙門裡告了，把我家小廝拿去監了兩日。又有一箇小廝，半夜裡起來，往煤場上拉煤去，被巡夜的拿住，鎖在冷鋪裡監禁着。咳，【20a】"禍不單行"，這話再也不差。

種稻地的那廝，不過是閑毆官司，因何監着不放呢？

有箇漢人不見了幾件衣服，便賴説我家這小廝偷了，所以廝打。那官聽了這口供，便把我這小廝監【20b】了。

捉賊無贜，便把他監起來也不怕。《大明律》上條例載得明白："有妄告官司者，反坐抵罪。"

雖然這等説，也不免是："閉門家裡坐，禍從天上來。"

我兩箇到書舖裡去，【21a】買幾部閑書來消遣何如？

買甚麼書好呢？

買《趙太祖飛龍記》、《唐三藏西遊記》。

要買書買些四書六經也好，怎麼只要買那小説看呢？

你不知這《西遊記》熱鬧得狠哩，悶時節看看真好解悶。【21b】那唐三藏引着孫行者，到車遲國，和伯眼大仙鬭聖這一段故事，你知道麼？

你説我聽。

當年有箇唐僧往西天取經去，到一箇城子，喚做車遲國。那國王敬重佛教。國中有一箇【22a】先生，喚做伯眼，要滅佛教，但見和尚，便拿着拉車觧鋸，起盖三清大殿，如此作賤佛家弟子。一日，先生做羅天大醮，唐僧師徒二人，却到城裡智海禪寺投宿，聽的道人們祭星，【22b】孫行者便到羅天大醮壇場上藏身，把祭星茶果搶來吃了，把伯眼打了一鐵棒。伯眼道："這禿廝好沒道理！"便焦懆起來，到國王面前正告訴未畢，唐僧也引着徒弟去見國王。王請【23a】唐僧上殿。先生對唐僧道：“咱兩箇冤讎非同小可！”三藏道：“貧僧是東土人，與大仙素不認識，有何冤讎呢？”大仙睜開雙眼道：“你教徒弟壞了我羅天大醮，更打了我一鐵棒，【23b】這的不是大讎麼？咱如今兩箇就在王前鬭法，那一箇輸了，即拜贏的爲師傅。”唐僧道：“遵命。”伯眼道：“第一坐静，第二樻中猜物，第三滚油洗澡，第四割頭再接。”説罷，打【24a】一聲鍾響，各上禪床坐定，分毫不動，但動的便筭輸。大仙徒弟名鹿皮，拔下一根頭髮，變做狗蚤，到那唐僧耳門後咬，使他坐不定。行者是箇胡孫，見那狗蚤，便拿下來磕死了，【24b】他也拔下一根毛來，變做假行者，靠師傅站着。他却走到金水河邊，取了一塊青泥來，向大仙鼻凹裡放着，就變做一箇大青蝎子，摇動尾鉤鉤了一下，大仙大叫一聲，便跳下床來【25a】了。國王道：“唐僧得勝了。”又叫兩箇宮娥，擡過一頂紅漆樻子來，面前放下，着兩箇猜裡面有甚麼東西。皇后暗使一箇宮娥，説與先生：“樻中有一箇桃。”行者變做小虫兒，飛入【25b】樻中，把桃肉都吃了，只留下桃核，出来説與師傅。王説：“今番着唐僧先猜。”三藏説：“是一箇桃核。”皇后大笑説：“猜不着了！”大仙説：“是一箇桃。”就着將軍開樻看，却是桃核，【26a】先生又輸了。鹿皮對大仙説：“咱如今燒起油鍋，跳入洗澡。”鹿皮先脱下衣服，跳入鍋裡。行者念一聲“唵”字，山神、土地、神鬼都来了。行者教千里眼、順風耳兩箇鬼，在油鍋兩邊看守，鹿【26b】皮待要出来，拿着肩膀丢在裡面。鹿皮就在油鍋裡死了。王見他多時不出來，教將軍使金鉤子，搭出一箇光骨頭來。行者説：“我如今入去洗澡。”便脱了衣裳，打一箇跟阧，跳入油中，【27a】纔待洗澡，却早不見了。王説：“將軍，你撈去。行者敢是死了。”將軍用鉤子搭去，行者變做五寸大的胡孫，左邊搭右邊走，右邊搭左邊去，百般搭不着。將軍奏道：“行者被油煎的【27b】骨肉都没有了！”唐僧聽了啼哭，行者聽了便跳出來，叫：“大王，有肥皂麼？與我洗頭！"衆人喝采説："佛家法力大,贏了！"行者又把他的頭先割下來,只見血淋淋的腔子,頭落在地上,【28a】行者用手把頭提起,接在頷(脖)項上照舊如初。大仙也割下頭來,待要再接,行者念幾句真言,變做一箇大黑狗,把先生的頭拖了去。先生變做老虎去赶,行者直拖的到王面前丢下,【28b】却不見了狗,也不見了虎,只剩下一箇虎頭。國王道："原來是一箇虎精！不是聖僧,怎生使他現出本像！"就賜唐僧金錢三百貫、金鉢盂一箇,又賜行者金錢三百,即時打發起【29a】程。你道這孫行者之法力還了得麼？伯眼大仙那裡想到死在胡孫手裡呢！就這一段書,足可解悶了。

　　那賣珠子的,你來。你有好假珠子麼？

　　我賣的是上莘白色珠子。

　　【29b】還有幾串？你拿来我看。這不是燒的假珠子麼？

　　咳,你真識貨。也是我運氣不好,撞着你。若別人却看不透的。

　　這珠子你要多少價錢？

　　對你説實價,只要二兩銀子。

　　你這【30a】賊養漢生的小驢精！一發去做賊不好麼？

　　你休村言村語的只管罵人。你既識貨,還我多少價錢？只勾本我就賣,再不爭論的。

　　這麼就與你一兩銀子麼？

　　我賣了,你拿銀子来看。【30b】你説都是白銀,怎麼是八成銀子呢？若是這莘銀子,就與我二兩也没甚麼利息。太虧我了。

　　你還有好珊瑚麼？

　　有却有,只是不賣。

　　你不賣,拿囬家去就飯吃？

你看我這珊瑚，黃豆【31a】大、血點紅的好顏色，價錢却大哩。

你這小胡孫，寡是一張嘴，你好小看人！我就買不起你的好珊瑚麼？

不是這般說，相公捨不的錢，不是買不起。這珊瑚老實價錢一兩一顆。

【31b】你不要自誇，也不是甚麼好東西。與你八錢一顆罷。

這便賣了。

我買這珊瑚却不甚應心。

相公你怕錯買了麼？着別人再看去。

請大哥到茶館裡吃茶去。

茶博士們，倒茶【32a】来！

客官吃甚麼茶？吃甚麼點心？

你先倒一椀六安，一椀松蘿。然後拿些達子餑餑、南糖、乾果子来。

客官，你要的東西都擺上了。

大哥請隨意用些。

你看那賣刷子的来了。我要買這帽【32b】刷、靴刷各一把，刷牙兩把，掠頭兩把。

這箇還討甚麼價錢呢？拿二百錢来罷了。

便依他買了罷。大哥，我送你一箇刷牙、一箇掠頭，拿去使用，不要吊（掉）了。

不妨事，我把他揣在靴靿裡去好【33a】了。

張大，你與我打一箇立鼈壺、一箇蝦蟆鼈壺、蝎虎盞。

你要打這器皿的銀子如何？

不過照常,元寶只有半錠,若再添上三、五兩好銀子,也就勾打了。爐壺要打得匾些,【33b】嘴子、把子且打下,我看了再銲。你到這裡來打爐子,其餘傢伙,如鐵鎚、鉗子、鐵枕、鍋兒,你都帶了來這裡做活方好。你看我這帽頂子,在門上磕了一磕,就塌了半邊,鍍金顏色也都變了,【34a】你與我收拾好,我必多多的賞你哩。

你那裡來?

今日是萬壽之日,我在衙門裡來。我看了百官行禮完畢之後,又看他們摔挍。那些勇士都穿着花袴皂靴,四五對簇【34b】簇趲趲的亂摔。這些看摔挍的官員們,一品至九品,不知多多少少,圍着看如人城一般。大明殿前月臺上,四邊站着四箇將軍,咳!那身長六尺,腰濶三圍,頭戴金盔,身穿金甲,【35a】腳登朝靴,各自腰帶七寶環刀,手持畫戟,還有那拿鉞斧的,拿寶劍的,手拄槍的,都是三尺寬肩膀,燈盞大的雙眼,真是條條好漢子。正所謂擎天白玉柱,駕海紫金樑,【35b】天子百靈咸助,將軍八面威風。

咱們到飯店裡吃飯去。

西華門外有箇好飯店,那裡吃去罷。

走堂的你來,有甚麼飯?

官人們各自説愛吃甚麼飯。我念與官人聽:羊肉饅頭、素餡(餡)【36a】稍麥、匾食、水精包子、薄餅、煎餅、寬條麵、掛麵、芝麻燒餅、黃燒餅、油酥燒餅、硬麵火燒都有。官人們要那幾種吃呢?

你把包子、火燒先取來。再下幾碗寬條麵與我們。【36b】只要收拾乾净些,不要冷了。

這的不消説。我管做甚麼? 往常請也請官人們不至。豈不用心伏侍的呢?

咱們今日打毬罷。

賭甚麼呢？

咱賭錢。

那箇新来的崔哥，你【37a】也會打麼？

我怎麼不會打？

你是新来的莊家人，只怕不會打哩。

你不要管。我且學打這一會與你看何如？

這麼把我那皮俗来。拿出毬棒，借與崔哥打。

咱打那一箇窩兒？【37b】且打毬門窩兒罷，還是打花臺窩兒，打花房窩兒呢？

你且快打罷。

崔哥這幾回果然打得好。我不想你這莊家漢，倒慣會打毬哩。這真是："人不可貌相，海不可斗量。"

【38a】那老安因甚麼事監在牢裡？

你不知道，那城外劉村地方，是他主子的莊田，叫他管着，到了秋收的時候，他種的稻子、膏粱、黍子、大麥、小麥、蕎麥、黃豆、小豆、菉豆、豌豆、黑豆、芝【38b】麻、蘇（蘇）子，諸般粮食，除了種子之外，三停裡該分與主人二停纔是，他只交一停與主人，其餘賣的賣了，還落下些，養活他媳婦、孩兒。被一箇挾讐的人，告訴了他主人。便到衙門裡去告了，【39a】所以把老安監下要追比哩。

咳，孩兒使爺娘的，奴婢使家主的，都是常事。既叫他管着那莊田，他不使些做甚麼？常言道："管山吃山，管水吃水。"

你令兄除授在那裡了？

【39b】是南京應天府府丞。

幾日榮行？

昨日起身去了。

驛馬去的呢，還是僱的長行馬去的？

是驛站裡去的。去的時節却也體面，比丞相差不多。車馬、羅傘、金瓜、鉞斧，對對皁隸，擺着喝道，【40a】還有大小官員，一行部從送他，真好榮耀氣像。

你爲甚麼不跟了去呢？

我若跟随他去，這衙門中上直叫誰替我呢？

你何不在衙門裡告幾月暇，送他上任去？你那日到底送到【40b】那裡就回来了？

送到四十里地，住了一宿便辭別廻来了。既不能勾跟去，只管遠送他怎麽？古人道：“送君千里，終湏一別。”

好畫匠那裡有，你却知道麽？

我知道【41a】一箇有名的畫匠，是天下無雙的。

在那裡住呢？

他在樞密院西頭住。

他是那裡人氏呢？

是真定府人。你要畫甚麼？

我要畫我的喜容。

他在別處畫了一箇人的影像，就如活的，只少一口氣【41b】哩。

這般，你可能請他到這裡来麽？

他與我極好相與，但是他家裡事多，怎麽来的呢？

既是那般，咱两箇就到那裡去。與他商量了，放下定錢，他便肯畫了。

他不是開鋪的，又不肯【42a】到人家去畫，也不要工錢，但有好相識們十分央及他，方肯畫哩。

難道連工錢也是不要的？誰知道他就裡？常言道："畫虎畫皮難畫骨，知人知面不知心。"

【42b】你到老曺（曹）家去送人情来的麼？

甚麼人情？

老曺死了。

我竟不知道，却曾出殯麼？

今早已出殯了。

他多大年紀了？

今年纔三十七歲。

咳，年紀還少哩。陰陽是誰？

是朱先生。他家殃榜貼在【43a】那門上，不曾看見麼？

我不曾留心看。不知寫着甚麼哩？

寫的是："壬辰年二月十二日生的，年三十七歲身故，二十四日寅時出殯。忌巳、午、亥、卯生人。"

昨夜做道場有你在那裡麼？

【43b】我曾在那裡看見鋪設的。大門外放一張桌子，上面供着一尊佛像。點起燈燭，擺列茶果。衆和尚吹螺打鈸，擂皷敲磬，看經念佛，直到天明。

你却曾送麼？

我也送的。靈柩前面，【44a】是影亭、香亭、轎馬、衣帽、靴帶等類，還有十餘對幢幡、寶盖、和尚、皷手。咳，還有他那小兒子，穿着麻衣，一路悲哀啼哭。又見那些送殯親朋，繫着孝帶的不可勝數。

實葬了呢還是火葬的？

【44b】把尸首燒化了。如今在寺裡寄放着哩。

咳！這老曹却也苦了。真所謂："三寸氣在千般有，一日無常萬事休。"

咳，春奴，你做飯要留心纔好，做得生硬了難吃，忒爛【45a】了也不中吃。淘米也要乾净着！早起那飯裡，我咬着一塊沙子，便牙疼的了不得。着水也要估量着，不要多，也不要少了。煤爐子也要收拾好了。乾煤簡子還有麼？若没有，就和些濕煤【45b】燒也好，只要弄得火快。若飯熟了，就煮一脚羊蹄好下飯。若做完備了，早些擺上，我好早些吃。若挨摸到點燈時候，我就不敢吃多了。古人道："夜飯少一口，活到九十九。"

【46a】宋哥，我同你看打春去罷。

我不去，也懶怠看。

我却從來不曾見過，所以約你同去哩。

我説與你，便强似目睹了。那牛廠裡，塑一箇如象一般大的春牛，渾【46b】身畫着顔色，裝在一箇大車上，把四條繩絟着大車，衆人拉着。前面抬着彩亭，塑着一箇小童子，叫做芒兒，牌上寫着"勾芒神"，手執彩線鞭，頭挽雙丫髻，站着赶牛。順天府官負與欽【47a】天監衆官們，兩邊擺着走，前面奏動細樂，引着行。還有那粧二郎神的，身穿黄袍，腰繫玉帶，頭戴幞頭，脚登朝靴，手拿線鞭，騎坐白馬。一箇小鬼撐着紅羅傘在馬前，後邊又【47b】跟着大小鬼卒。又有一箇鬼，拿着三丈高的一面大旗，上寫着"明現真君"四箇大字。到了皷樓前面，朝東放着土牛，芒兒立在牛背後。候到幾時幾刻立春，司天臺便報時辰。衆官負們都【48a】燒香禮拜，等候那地氣上申的時節，那灰忽然飛起，這些王公大臣，各執一鞭，打那土牛，這就謂之打春了。你何必還定要去看麼？

北京城共有九座門。南有正陽門、宣武門、【48b】崇文門，東有朝陽門、東直門，北有安定門、德勝門，西有阜城門、西直門。這都是門的舊名，于今人把這宣武叫順城門，崇文叫哈達門，朝陽叫齊華門，阜城叫平則門。這【49a】都是些俗名了。

秀才哥，咱們打魚去罷。

我不去。

諒你要金榜題名的書生，那裡知道我這漁翁之樂呢？你聽我說：我棄了名利，撐箇一葉小漁船，載着這酒、琴、漁網，有時高興，便彈【49b】一曲流水高山，把我這錦心繡腹，都付這水國魚鄉了。也有時披着這箬笠簑衣，一任斜風細雨，對酒自飲自歌，消遣那山光水色。閒時節常住在那青蒲紅蓼灘邊，繫船下網；或撐【50a】到這荷花香處，慢慢的把釣鈎垂下水去，瞬眼間釣出箇老大金色鯉魚，豈不快樂？我不管那李白撈月，也不問那屈原投江，便是那姜太公遇文王，我也無心羨慕他了。

【50b】告狀人某村某人，今告到老爺臺下：今年某月某日，小人家下被賊竊去布一百疋。小人即時驚覺，叫起隣人并巡宿総甲人等追赶，直至某處，賊人不知去向，小人與隣人等看驗【51a】得賊人蹤跡，約有賊衆幾人，由本家西墻跳入，於東屋山墻外剜窟進內，偷盜布疋，仍跳墻而去，至今贓物未獲，伏乞憲天老爺，立賜看驗，嚴差捕役人等，緝拿到案，追還【51b】布疋，懲治賊人，則感激無地矣。爲此上告。

陸序班，你與我寫一張狀子。

甚麼狀子呢？

有一箇没理的村牛,逞強打我来。

那厮多少年紀了?

那厮不到六十模樣。

這麼就好告他。【52a】《大明律》上載明:大凡七十已上,十五已下,不合加刑。你聽我念:"告狀人李萬,現年幾歳,係本府本縣附籍民人。今告到老爺臺下:本年某月某日,小人前往某處,忽遇本府張【52b】千,帶酒肆強,扣住小人衣領,百般打罵。小人知他酒醉,不敢抵敵,竟将小人面門打破,耳根打傷。當有某縣某村人王大爲證。小人無辜受辱,情理難甘,爲此激切上告。【53a】伏乞大老爺恩准施行。"這狀告到衙門,不過三日之内,定行審理發落。常言道:"捉賊見贓,厮打驗傷。"

今日早起,我到別處去望相識,門前絟着帶鞍子的白馬,【53b】不知怎麼走了,竟不知去向。你與我寫一箇招子,好到各處橋上墻角頭貼去。還得雇一箇小厮,着他沿街叫唤尋覓纔好哩。

這招子寫了,我念你聽:"本年月日,失去帶鞍白馬一【54a】匹,牙幾歳。報信者給銀三兩,收管者謝銀六兩。"

這招子寫得極簡便,我就雇人拿去找馬罷。大哥,若得了這馬来,就請你吃酒。

如何數日不見先生呢?

你聽我説,小【54b】弟近日聽得,有箇高麗来的秀才,我去尋他講論些書,因此不得工夫,闕拜望了,得罪!

先生近来却有些新聞麼?

没甚麼新聞,只聽得些東國故事。

你就説一説。

你要我説甚麽?【55a】如今就同小弟去拜望他便了。

咳,我没有牲口却怎麽好呢? 不知街坊上可有賃的驢麽?

有錢賃便有驢。

那麽着,就取一百錢去賃来輨上。先生纔剛説的那秀才,却住在那裡呢?

【55b】在崇文門裡大街東,張編修家住着。

那麽更好,張編修是小弟的同年,也就拜他一拜,豈不更妙麽?

已到張編修門首了。

你相公在家麽?

我相公不在家。

我問你,高麗来的秀【56a】才還在此住麽?

在書房裡看書哩。

你進去説,有每常来的沈進中,今同葛敬之教授,特来拜望先生的。

韓相公,外面有沈相公同客来奉拜。

快請進来相會。

沈兄,這位尊姓?

不【56b】敢! 在下姓葛,字敬之。請問先生貴姓?

不敢! 在下姓韓,名彬,字文中。

韓先生貴庚?

三十二歳了。

先生令尊令堂俱在堂麽?

在下具慶。

先生,你這東國歴代以来有多少年了?【57a】當初怎生建國? 請道其詳。

高麗太祖姓王諱建,表字若天。年當二十歳時分,正是唐昭宗乾寧三年，那時有箇王名弓裔，真是無道，無所不爲。有将軍裹（裴）玄慶、洪儒、卜智謙、申崇謙荨四箇人，【57b】向太祖商量道：“弓王如此無道，願公速救百姓之苦。”那時太祖不允，倒是娘子柳氏出来説道：“征伐無道，乃國家正理，如我婦人家，聽得心内尚然不忍，況爲男子漢【58a】的，怕甚麼呢？”便抬出金甲一副，與太祖穿上。呌衆将軍們服侍上馬。又着人前去曉諭衆百姓道：“王公已舉義兵！”百姓們聽得這話，便擂皷打鑼，聚集萬千人把弓王圍困，【58b】弓王只得改換衣装，逃往山中去了。後来有人向山中打圍，撞見弓王，放箭射殺了他。即便請太祖登布政殿，即了王位，國號高麗。第二年便移都松岳郡。這便是當年高麗建國之故【59a】事了。

咱們都領教了，請暫别過罷。

既承二位光顧，且請坐一坐，再用一杯粗茶。小厮們快送茶来。小子别無土宜帶来，惟有些高麗筆墨紙張，聊以奉送，幸勿見笑。

【59b】多謝了！這正是難得之物，又正是咱秀才們必需之物。古人道：“寶劍贈與烈士，紅粉付與佳人。”

朴通事新釋諺解卷三終

訓 世 評 話

《訓世評話》解題

　　《訓世評話》是繼《老乞大》《朴通事》之後又一種重要的朝鮮時代漢語教科書,成書於 1473 年(朝鮮成宗四年,明成化九年)六月,作者李邊死於是年十月。朝鮮《李朝實錄》成宗四年六月壬申條載:"領中樞府事李邊,纂集古今名賢節婦事實,譯以漢語,名曰《訓世評話》,以進。"

　　此書分上、下兩卷,共編有六十五則古代故事,大部分是關於名賢節婦的,也有一些傳說和幽默故事。故事來源廣泛,主要取材於《孟子》《禮記》《史記》《後漢書》《三國志》《晉書》《列子》《笑林》《搜神記》《搜神後記》《南雍州記》《廣異記》《幽明錄》《河東記》《還冤記》《儆戒錄》《涷水紀聞》《鶴林玉露》《剪燈新話》《元史》等中國古書;但也有少量是朝鮮本國的故事,取自朝鮮古籍,這樣的故事共有五則,即:"9. 徐稜"(出《高麗史》)、"17. 都彌妻"(出《三國史記》)、"18. 金淑女"(出《太宗大王實錄》卷 25)、"56. 昔脱解"(出《三國史節要》和《三國遺事》)、"64. 耽羅"(出《高麗史》和《東國輿地勝覽》)。每個故事先以文言敘述,後譯之以白話。編者李邊(1391—1473)是當時著名的漢語譯學者,官至"司譯院都提調輔國崇禄大夫領中樞府事",《世宗實錄》卷四五、卷六三、卷六四和《成宗實錄》卷三一、卷一四七等對他的行事和著述多有記載。另據成宗十一年(公元 1480 年)十月乙丑條記載:"曩者領中樞李邊與高靈府院君申叔舟以華語作爲一書,名曰《訓世評話》,其元本在承文院。'上曰:'其速刊行。且選其能漢語者刪改《老乞大》《朴通事》。'"依此看來,申叔舟可能也曾經參與此書的編纂。

此書前有尹希仁跋,末署"正德十三年戊寅季冬有日,外曾孫通政大夫守江原道觀察使兼兵馬水軍節度使尹希仁謹跋",由此可見尹希仁是李邊的外曾孫,今天看到的這個本子刊行於正德十三年(公元 1518 年)。尹希仁在跋中對李邊學習漢語的情況和編著此書的過程有所介紹,其中有云:"太宗大王十七年丁酉,(李邊)中第選入承文院,力學是訓,輒就精通。自是常爲己任,雖在一家中,必用華語,庸童少女,亦嘗習知其語,日用使喚,應對如流,遂成家業。及爲兩院提調,常謂比他職掌尤爲謹重,無日不仕,教誨不倦,挾册授業者,疊足門庭。由是業精者相繼而出。若非公教養之勤,豈得至此耶!欲令後學者易於研窮,乃捃摭爲善陰騭之事及平昔所嘗聞者,編輯爲書,譯以漢音,名曰《訓世評話》,繕寫以進。成廟嘉之,命用鑄字印出若干卷,頒賜朝臣,不但爲學漢音者之指南,亦於教人爲善豈小補云。"《世宗實錄》卷六三對李邊學習漢語之勤也有記載:"邊爲人性鈍,年三十餘登第,入承文院學漢語。期於成效,徹夜講讀,聞有能漢語,則必尋訪質正。家人相語,常用漢語。遇朋友,必先以漢語接語,然後言本國之語。由是能通漢語。"書後有李邊的"序",中云:"臣性質魯鈍,學問踈荒,然於漢音專心致慮,已經五十年矣,尚未會其要領,僅得糟粕之一二。臣今年踰八秩,日迫西山,朝暮奄辭聖代,無以報答列聖之鴻恩,思效一得之愚,以補涓埃,乃採勸善陰騭諸書中可爲勸戒者數十條,與平昔所聞古事數十,總六十五條,俱以譯語飜説,欲令學漢語者并加時習。謹膳寫奉進,仰塵叡覽。倘有可採,令下典校署刊印施行,不勝幸甚。"據此可知,這是他晚年編定的一部漢語教科書,凝聚了他畢生的心血。之所以要編撰此書，是因爲當時的漢語教科書不能滿足需要，他在序中説："但所習者不過《直解小學》《老乞大》《朴通事》、前後《漢書》。然《直解小學》逐節解説，非常用漢語也。《老乞大》《朴通事》多帶蒙古之言，非純漢語，又有商賈庸談，學者病之。"這部書在體例上跟別的漢語教科書確實很不一樣，是李邊的獨創。它不採用對話體，而是用講故事的形式，而且是言文對照；在内容上也避免"商賈庸談"，選擇具有勸戒意義的歷史故事，比一般的教科書更强調思想性。這是一位學養頗爲深厚的學者所編寫的教科書，所以與衆不同。採用這種體例的漢語教科書，在朝鮮時代大概是絶無僅有的。

　　《訓世評話》全書近四萬兩千字，其中白話部分兩萬一千餘字，這部分是研究明代前期漢語的寶貴資料。韓國的姜信沆教授(1990)和日本著名漢學家太田辰夫教授(1991)都分別撰文作過評介，姜信沆先生並在文後附了排印本，成爲學者們利用的主要文本。1992 年，已故著名語言學家劉堅先生也在《中國語文》上發表專文對它作了介紹和研究。

　　《訓世評話》的現存刊本爲 1518 年(朝鮮中宗十三年，明正德十三年)的江陵木板本，分上、下兩卷，現藏日本名古屋市蓬左文庫。這個版本刻印比較粗糙，校對不精，有不少文字訛誤，包括錯、脱、衍等，此次點校，對這些地方都用括號作了改正。書中的六十五則故事，每則用阿拉伯數字編號，以便尋檢。白話翻譯部分縮進兩字排，以示區別。刻本中有一些同音或音近的借字，如果按字面意思去理解，就會産生誤會；還有不少異體字，包括一些韓國特有的字形，點校時都用括號注明通行的字體。此外，書中有一些語言現象非漢語所固有，可能是受作者母語的影響或偶然誤用而産生的，應該引起研究者的注意。有種種跡象表明，此書的文言部分也不一定都是直接取自古書，有不少是經李邊自己改寫過的，因此這部分也有誤用漢語詞語的地方。這些情況我在《關於〈訓世評話〉文本的若干問題》一文（刪節本刊於《語言研究》2003 年第 4 期，完整本收入《漢語詞彙史新探》，上海人民出版社 2007 年）中已經作了詳細的論述，讀者可以參看。看來此書並未經過中國人的審訂，跟《老乞大》《朴通事》有所不同，因此利用其中語料時最好注意這一點。

《訓世評話》正文

【1a】恭惟我東方列聖相承，至誠事大，式禮莫愆。竊以邈在海隅，語音不通，乃設承文院、司譯院，擇年少聰敏者以補其職，曰肄習官也、習讀官也、講肄官也，使習漢訓。日講月試，課其能否，或賞或罰，以爲勸懲。然一齊衆楚，鮮能成就。維吾外王父貞靖公，應期而生。太宗大王十七年丁酉，中弟選入承文院，力學是訓，輒就精通。自是常爲巳（己）任，雖在一家中，必用華語，庸童少女，亦嘗習知其語，【1b】日用使喚，應對如流，遂成家業。及爲兩院提調，常謂比他職掌尤爲謹重，無日不仕，教誨不倦，挾册授業者，疊足門庭。由是業精者相繼而出。若非公教養之勤，豈得至此耶！欲令後學者易於研窮，乃掊撫爲善陰騭之事及平昔所嘗聞者，編輯爲書，譯以漢音，名曰《訓世評話》，繕寫以進。成廟嘉之，命用鑄字印出若干卷，頒賜朝臣，不但爲學漢音者之指南，亦於教人爲善豈小補云。歷歲既久，散逸殆盡，欲學者猶【2a】□其不得考閱（?），此豈吾王父之初志也歟？傳云："夫孝者善繼人之志。"孝則吾豈敢，思欲得是書，擬鋟諸木，日傳萬紙，以廣吾王父傳世之志者，久矣。襄陽倅宋候仁粹，亦公外曾孫，而與吾再從兄弟也，語及是意，宋候曰："此吾志也！吾兄弟同赴是道，豈非大幸！而得刊是書于此道，則其幸亦不啻萬萬。"出篋笥中所藏一帙以示之。吾得是書，若得琬璧，分諸各邑，倩開刊板，不月而功訖，鳩致江陵，以備後日欲學

者之資。噫,【2b】吾王父之志,庶幾得遂,而亦得吾輩平生擳穫之素志也。正德十三年戊寅季冬有日,外曾孫通政大夫守江原道觀察使兼兵馬水軍節度使尹希仁謹跋。

【1a】訓世評話上

1. 虞舜,父頑、母嚚、象傲,常欲殺舜。克諧以孝,不格姦。後爲天子,不殺象,封之有庳。

　　古時,虞舜他的父親瞽叟,心裏無有德行。後孃也口裏無些兒好言語。後孃生的象呵越暴虐,一心兒只要殺舜麼。舜呵十分孝順,感動他回心,不到姦惡。後頭做了皇帝,不殺象,顚倒封他有庳地面。這箇是天下的大孝。

2. 文王爲世子時,朝於王季日三。鷄初鳴,衣服【1b】至於寢門外,問內竪曰:"今日安否? 何如?"內竪曰:"安。"文王乃喜。及日中又至,亦如之。食上必在,視寒暖之節。

　　文王做世子時,侍奉父親王季,每日頭鷄叫時起来,穿了衣服,到王季寢門外頭,問:"安否?"內官説"安"了,文王心裏喜歡,回来。到晌(晌)午裏也進問,到晚夕又進問,每日這般三遭問安。若進膳時,熱的冷的親自看一看,這般盡心孝順。

3. 姜詩孝母,汲江數里。舍側湧泉,日有雙鯉。

　　【2a】古時,姜詩孝養母親。他母親愛喫江水和鯉魚,姜詩分付他娘子,每日到四五里地挑將水来。有一日,家邊忽然湧出一眼井水,和江水一般滋味;又每日家一雙鯉魚兒出来。這般有孝感。

4. 孟宗性至孝,母年老病篤,冬節欲食筍。宗入竹林哀泣。有頃,地上出筍數莖。取而作羮供母，食畢病癒。

　　　　古時，孟宗道的人，本性孝順。他母親年老病重，冬月裏要喫竹筍。孟宗走到竹林哀【2b】痛啼哭。等一會兒，地上竹筍迸出數根，就拿去做湯，與母親喫。喫了了，病也好了。

5. 董永父亡，無以葬，乃從人傝（貸）錢一萬。永謂錢主曰：“後若無錢還君，當以身作奴。”永得錢葬父畢，將往爲奴。於路忽逢一婦人，求爲永妻。永曰：“今貧若是，身復爲奴，何敢屈夫人爲妻？”婦人曰：“願爲君婦，不恥貧賤。”永遂與婦人至錢主。錢主曰：“本言一人，今乃有二？”永曰：“言一得二，理何乖乎？”主問永妻曰：“何能？”妻曰：“能織耳。”主曰：“爲我織絹三百匹，即放爾。”於是一月【3a】之內，三百匹絹足。主驚，遂放夫婦二人而去。行至舊相逢處，乃謂永曰：“我天之織女，感君之至孝，天使我爲君償債。君事了，不得久停。”語訖，雲霧四垂，騰空而去。

　　　　古時，董永道的人，父親殁了，因家道艱難，不能埋葬。到一箇人家借錢一萬，和那錢主説：“我若後日無錢還你是（時），便做你的奴財（才）。”這般説定，得錢葬了。没奈何，徃錢主家做奴財去時，忽然路上撞見一箇婦人，要做他的娘子。董永説：“我是貧賤，不敢教你【3b】做媳婦。”那婦人説：“情願做你的娘子，不羞貧賤。”這董永和他同到借錢人家。那家主説：“頭裏説定時一箇來，今日却怎麼兩箇來？”荅應道：“説一箇得兩箇，理上有甚麼違悖處？”那家主對那婦人説：“你有甚麼本事？”那婦人回説：“我只會織布。”那主人説：“你織出三百匹絹子呵，放你去。”那婦人一箇月裏頭織出三百匹絹子，主人驚惶，就放他兩口去。行到舊相會處，那婦人對永説：“我是天上織女。上帝感動你孝心，教我下来【4a】織布，還你少債。你的事幹完了，不得久住。”這般説時，四面籠罩雲霧，便乘雲回去了。

6. 夏方家遭疫癘，父母叔伯羣從死者十有三人。方時年十四，夜則
號泣悲痛，閭里聞者爲之酸鼻；晝則負土營墳，十有七年而畢。盧
於墓側，種樹松栢，鬱然暢茂；烏鳥猛獸，馴擾其傍，同遊不擇巢以
棲。人以爲孝感所致。

　　古時，夏方道的人，一家都害瘟病，爺娘叔伯連巳(已)下
的人，一総死了十三箇。那早晚，夏方年紀纔十四歲。黑夜是
哀痛啼哭，隣【4b】舍家聽的都害鼻子酸疼；白日呵自家背土營
墳，十七年多纔了了。就墳邊住坐，栽著松栢，樹林稠密。飛
禽走獸，不驚人同走，不怕人同睡。那時節，人都説孝感所致。

7. 剡子性至孝。母病，思鹿乳，遍求不得。乃衣鹿皮，入鹿羣中以
求之。卒遇獵者，彎弓欲發，亟告之故，乃得免，且遺以鹿乳而去。

　　古時，剡子道的人，本性至孝，奉養母親。有一日，母親害
病，要喫鹿妳子，到處裏尋也尋不著。這剡子穿了鹿皮，到山
裏鹿羣中【5a】坐的討妳子時，猛可裏打圍的人到來。別的鹿子
是都走了，只一箇剡子安然坐的。那打圍的人却想真鹿子，張
弓要射時，剡子走出來，脱了鹿皮，跪者(着)告説："我的老孃
害病，要喫鹿妳。我無處尋，假裝鹿身，到這鹿羣中要討妳
子。"那打圍的見他有至誠心，拿得乳鹿，取了妳子，與他去了。

8. 夏侯訴母疾，屢經危困，訴衣不釋帶者二年。母憐其辛苦，令出，
使寢息。訴方假寐(寐)，忽夢其父告之曰："汝母病甚苦，非凡藥可
愈。天帝矜(矜)【5b】汝至孝，賜以仙藥，在後桑樹枝上。"訴忽驚
起。如所夢言，得藥進之，母病頓差。

　　古時，夏侯訴孝養母親。母親得病好幾年，害的重了。這
訴每日不脱了衣裳救病二年多。有一日，母親憐他扶侍受苦，
著他且外頭去歇一歇來。這訴不敢違了孃的言語，到外頭權

睡時，忽然夢裏他的父親来説道：「你母親的病，常凡藥材醫不
得。因此上帝憐你的至孝，與你仙藥，在後園桑樹上。」這厮心
裏驚惶，睡覺起来，却得那仙藥，【6a】與母親喫，孃病就好了。

9. 徐稜隱居養母。母嘗患丁腫于頸，危甚。稜迎醫来眕，醫云：「必
須生蛙幷合劑藥，乃可療矣。」稜泣曰：「今當季冬，安得生蛙？母疾
殆不可爲已！」號慟久之。醫云：「縱無生蛙，盍姑合藥以試？」乃於
樹下燃火熬藥。忽有物從樹上墜鐺中，就視，乃生蛙也。醫驚愕
曰：「子之孝誠，上感于天，天乃賜之。子之母病必療矣。」仍遂劑藥
傅腫，果立愈。

　　徐稜道的人，隱居養活母親。母親曾害頸（脖）子【6b】上
丁瘡，十分危殆。這徐稜請太醫来眕候。太醫説：「必須討活
水鵪子来合藥喫了呵，便疴了。」這徐稜啼哭説：「如今正當臘
月時，怎麼得討活水鵪子来？母親的病却是醫不得！」這般説，
號天哀痛多時了。太醫説：「雖是無有水鵪子麼，且合藥試一
試看。」到一箇樹底下吹火煎藥時，忽然有一箇東西落在煎藥
的罐兒裏，就看，便是那活水鵪子。太醫説：「你的孝誠感動天
地，皇天與你這水鵪子，你母親的病必然好了！」就合【7a】藥貼
那丁瘡上，那丁瘡即便疴了。

10. 楊和少失父，獨與母居，因貧窮，不得孝養。有一日，告母曰：
「我到隣里富家盜取金銀孝養。」母曰：「不可！不可！」和不聽，造雲
橋，踰垣墻，入金銀庫內欲盜。有一被金甲將軍立於北邊，與和曰：
「此金銀不是此家之物，乃南京蘇州住人水賣過之物也。汝徃蘇州
請帖字来，則此物可得也。」和還家備盤纏，到蘇州尋見富人水賣
過。里人云：「此虜水賣過，賣水食者也，安有錢粮乎？」和雖聽此
言，然請水賣過到飯店【7b】買饋，又到䴵（餅）店買饋，又到酒店買
饋。水賣過半醉，和跪請曰：「我是北京人，因貧窮不得養母，欲蒙

厚惠而来。請大人矜（矜）憐，寫給金銀帖字。"水賣過曰："我亦早喪父母，家甚貧窮。每日賣水而食。安有金銀而寫給帖字乎?"和問姓名，苔曰："我是李實也。"和復懇請，李實乃寫金銀各三丁帖字給之。和賫来，乘夜至富家，入金銀庫内，金甲将軍尚在北邊。見和曰："汝得帖字来乎?"和出示帖字，将軍跪受而覽擇元寶金銀各三丁與之。和又往蘇州轉賣金銀，【8a】□□（收買?）段匹。遂請李實而還家。不多日，富家主對妻曰："我只有一女，年既長成，未有伉儷。見一年少人来在楊和家，其家日益富饒。吾欲以此人作壻。"遂定約延李實爲壻。後三日，家主死焉。其妻對壻曰："彼三間庫滿積之物，皆金銀也。請計數示我。"李實即計數示之。其母曰："此庫曾不開閉，何無金銀各三丁乎? 汝當更搜之。"李實入庫更搜之，乃見在南京時寫給帖字，挾在北壁，更不搜之。

　　古時，有一箇楊和道的人，爺早殁了，只有【8b】老母親，十分艱難，不得養活。有一日，對孃説："我到隣舍財主家，偷金銀来養活母親。"母親説："不當! 不當!"這楊和不聽孃説，做雲梯跳墻到金銀庫裏，要偷金銀時，有一箇被金甲的将軍垩（站）在北壁，和楊和説："這金銀是不是這家的東西，却是南京蘇州住的水賣過的錢粮。你到蘇州討帖字来呵，便得。"這楊和就回家来准備盤纏，到蘇州，尋問富人水賣過的住處，那街上的人説："這水賣過是賣水喫的人，他那裏有錢粮?"【9a】這楊和雖是聽得這話麽，請這水賣過到飯店買飯與他喫，到粆（麨）店買粆（麨）與他喫，又到酒店買酒與他喫。這水賣過半醉時，楊和跪者（着）説："我是北京住的人，家道貧窮，不得孝養母親，望大人厚恩来。大人可憐見，寫與我金銀帖字。"那水賣過説："我也早殁了爺孃，家道十分艱難。每日挑水賣喫，那裏有金銀寫饋你帖字?"楊和再問姓名，苔應説："我是李實。"楊和再三的央及，這李實罷不得，寫與他金銀各三丁帖字。楊和得【9b】帖字回来，黑夜又到那財主家金銀庫裏，那將軍還歪（站）在北邊，見楊和説："你討帖字来麼？"楊和拿出帖字與他看。那將軍跪者（着）受帖字看，揀者（着）元寶金銀各三丁餽他。楊和又到蘇州，把這金銀轉賣，收買些段匹，就請李實回家来。無多日，那財主對他娘子説："我家只有一箇女兒，年紀長大了，還無有配對。如今一箇年少人来到楊和家寄住，那家漸漸富饒，一日強如一日。我要把這人做女壻。"就定約請這李實做女壻。【10a】第三日，那家主死了。他娘子對女壻説："那三間庫房裏滿裝的都是金銀。你盤了寫數目與我看。"那女壻即便盤寫數目與丈母看。那丈母説："咳，這庫房元封不動，却怎麼少了金子三丁銀子三丁？ 你再仔細打點看。"女壻再去庫裏打點時，得看在南京蘇州時寫的帖字，挾在北邊旭奋（旮兒）裏。女壻知道這意思，再不尋。

11. 王子比干者，紂之親戚也。直言諫紂，紂怒曰："吾聞聖人之心有七竅，信有諸乎？"乃殺王子【10b】比干，刳視其心。

　　比干是殷國紂王的房親叔叔，見紂王十分做歹，一段忠心，好生直言勸諫。紂王惱怒不聽，説："我聽得聖人的心裏有七箇窟籠。老實有這等麼？ 我要看。"就殺了闘開了肚皮看。有這等狠歹。

12. 箕子者，紂親戚也。紂始爲象箸，箕子嘆曰："彼爲象箸，必爲玉杯，爲玉杯則必使遠方珍恠之物而御之。輿馬宮室之漸自此始，不可振也。"紂爲淫泆，箕子諫。不聽而囚之。人或曰："可【11a】以去矣。"箕子曰："爲人臣，諫不聽而去，是彰君之惡，而自悦於民。吾不忍爲也。"乃披髮佯狂而爲奴，鼓瑟而自悲。

　　箕子也是紂王的房親叔叔。紂王初頭用象牙做著（箸）

子，箕子嘆息説道：“這般把衆（象）牙做箸子呵，好歹把玉来做
盞兒；假如把玉做盞兒呵，好歹求遠方珍恠的物件使用。車馬
宮室的勾當也從這裏奢華起，臨了救不得。”紂王做淫泆的勾
當，箕子勸諫，不肯聽從，把箕子監了。有人和箕子説：“合
當【11b】撤了去。”箕子説：“做了人臣，諫不聽，撤了去呵，這箇
是暴揚君王的過失，着百姓誇獎。我不忍做這等勾當。”披了
頭髮，假做風魔，裝奴賤的摸㨾（模樣），彈琴悲歡。

13. 武王伐紂，伯夷、叔齊叩馬而諫。左右欲兵之。太公曰：“此義
人也。”扶而去之。武王已平殷亂，天下宗周。而伯夷、叔齊恥之，
義不食周粟。隱於首陽山，采薇而食之，遂餓而死。

　　武王伐紂時，伯夷、叔齊欄（攔）著馬苦諫。左右的人要砍
了他。太公説：“這箇是好義人，不【12a】要砍了。”扶他去了。
武王巳（已）平殷亂，天下都来降伏時，伯夷、叔齊害羞，説不當
喫周粟，趂（躱）在首陽山，挑薇菜喫，就餓死了。

14. 李仲義妻劉氏，名翠哥，房山縣人。至正二十年，縣大飢。平章
劉哈剌不花起兵爭戰，擒仲義。適軍中乏食，欲烹仲義。弟馬兒走
報劉氏。劉氏遽往救之，涕泣伏地，告平章曰：“所欲烹者是吾夫
也，願將軍矜（矜）憐之。吾家有醬一瓮，米一斗五升，窖於地中，可
掘取之，以代吾夫。”將軍不從，劉氏曰：“吾夫瘦小，不可食。吾聞
肥【12b】黑者味美，我肥且黑，願就烹以代夫死。”將軍遂釋其夫而烹
劉氏。

　　元朝時，房山縣裏住的李仲義道的人，他的娘子劉氏，叫
名翠哥。至正二十年間，那一縣十分飢荒。平章劉哈剌不花
領軍馬四下裏打刼，擒這李仲義去。遭是那軍中無粮食，便把
仲義要煑喫。他的兄弟李馬兒連忙走到家裏，報説那嫂子劉
氏。劉氏聽得，惶忙走到軍中，要救出丈夫。哀言啼哭，伏在

地上告説："大人每要煮喫的人是【13a】我的丈夫，將軍可憐見。
我家裏有一箇醬瓮兒和一斗五升米，埋在地下。我如今便去
坡開將來，瞦我這漢子的性命。"那將軍不肯聽説，只要煮喫。
這劉氏央及説畱："我的丈夫是原来身瘦肉小（少），不合當煮
喫。我曾聽得'婦人黑色胖身的有味中喫'，我從小這般黑色
胖身，却好煮喫，情願替漢子死。"那將軍聽得這話，放他丈夫，
把劉氏煮喫。

15. 漢樂羊子妻，不知何氏女。羊子嘗行路，得金【13b】一餅，還以與
妻。妻曰："聞'志士不飲盜泉之水，廉者不受嗟来之食'，況拾遺求
利，以汙其行乎？"羊子大慙，乃捐金於野，而遠尋師學，七年不返。
妻常躬勤養姑，又遠饋羊子。嘗有他舍鷄謬入園中，姑盜殺而食
之。妻對鷄不餐而泣。姑怪問其故，妻曰："自傷居貧，使食有他
肉。"姑竟棄之。後盜有欲犯妻者，乃先劫其姑。妻聞，操刀而出，
盜曰："釋汝刀從我可全，不從我則殺汝姑。"妻仰天而嘆，舉刀刎頸
而死。盜亦不殺其姑。太守聞之，捕盜殺之，賜妻縑帛，以【14a】禮
葬之，號曰"貞義"。

　　　漢時，樂羊子道的人，他娘子不知姓氏。有一日，樂羊子
出外行路時，路上拾得一塊黃金，將的家裏来，與他娘子。娘
子説道："小媳婦曾聽得'有志氣的人不飲盜泉之水，有清廉的
人不受喝呆之食'，怎敢路上拾的金子来留下，壞了家道！"樂
羊子聽得這話害羞，便把金子拿將出去，還颩（丟）在野甸裏，
却尋好師傅遠處出去學，到七年不肯回家，只管讀書。這娘子
自家養活婆婆，無【14b】些兒怠慢，又准備盤纏遠送與丈夫使
用。有一日，隣家的鷄兒錯入他園子来，婆婆偷那鷄兒喫時，
這媳婦見了那鷄兒，對者（着）那卓兒不喫啼哭。婆婆問他啼
哭的緣故，媳婦回説："自傷家道艱難，要喫肉時喫別的肉。"婆

婆聽了這話,就颩(丟)了。那時强盗亂起,搶奪人馬錢粮。那强盗却聽得這媳婦兒有好模樣,便要取他,到那家裏圍住了房子,要弄了媳婦。先嚇他婆婆,那媳婦聽得那意思,拿者(着)刀兒出門茊(站)者(着)。那强盗説【15a】道:"媳婦你颩(丟)了刀兒,從我呵,保你身子;不從我呵,便殺你婆婆!"這媳婦聽這話,就望天嘆息,把自手拿的刀兒来自到(?)頸(脖)子死了。那强盗不曾殺了婆婆,就都出去了。那裏的太守聽得這意思,便領軍馬追赶强盗,都拿著殺了。却那死的婦人上多賞他錢粮,盡禮埋葬。又奏知朝廷,聖旨賜號"貞義夫人"。

16. 衛敬瑜早死,妻李氏年二十而寡。父母欲嫁,强之不從。遂剪髮跣足,誓不改適。所居有雙【15b】燕巢之。一日,忽雌燕孤飛。李氏感之,謂曰:"能如我乎?"因以縷誌其足。明年復来,孤飛如故。食李氏之飯,棲李氏之室,若是者數年。又明年来,則李氏巳(已)死,燕於其舍哀鳴不巳(已)。人義之,告巳死及葬處。即徑徃墓哀鳴,不食而死。人因瘞之於傍,號曰"燕塚"。

　　宋朝時,衛敬瑜道的人,年少早殁了。他的娘子李氏,年紀纔到二十歲,守寡。他的爺孃要取他来改嫁,這李氏不肯聽説,就自手割了頭髮,脱了鞋子,告天説誓:"我死呵【16a】再不嫁人!"這等守寡過活。他的房簷裏有一雙燕兒,来打窩養雛。有一日,忽然母燕獨自飛来。這李氏感動,説道:"燕兒,燕兒,你也我一般能守寡麽?"就拿者(着)燕兒,把一條線来絟了脚子做荒(幌)子。第二年,又獨自来這李氏家討飯喫,還在舊窩兒裏。是這般徃来好幾年多。有一年又来,這李氏早殁了,那燕兒就在李氏家裏哀鳴不去。隣舍人可憐見他至誠,對燕兒説:"你的主人巳(已)曾死了。"就指饋他埋葬處。那燕兒一徑的【16b】飛到那墳墓哀鳴,餓死了。就埋在李氏的墳墓傍邊,立廟號説"燕兒的墳墓"。

17. 都彌妻美麗,亦有節行。盖婁王聞之,語都彌曰:"婦人雖貞,在幽昏處誘以巧言,則動心矣。"都彌曰:"若臣妻,雖死無二。"王欲試之,留都彌以事,使二(一)近臣假王衣服,夜徃其家。謂曰:"我聞你好,與都彌愽(博)得之,来日入爾爲宮人。"都彌妻曰:"王無妄語,吾敢不順? 請大王先入室,吾更衣而進。"退,飾一婢薦之。王後知見欺,怒甚,誣都彌以罪,曜兩眸子,置舡泛河。遂強欲【17a】淫之,都彌妻曰:"今良人已失,獨身不能自持,況爲王御,豈敢相違? 今有所避,請俟他日。"王信而許之。都彌妻便逃至江口,不能渡,號天痛哭。忽見舟至,乗到泉城島,遇其夫未死,掘啖草根,遂與同至高句麗,終於羈旅。

　　百濟住的都彌的娘子,十分可喜,又有貞節。國王聽得,和都彌説:"雖是貞節的婦人呵,暗地裏巧言啜賺呵,便動淫心。"都彌回奏:"臣的娘子呵,雖是到死也無兩等心腸。"這王要試一試看,著這都彌伴分付勾當【17b】留住,教一箇近侍的臣,假穿王的衣服,黑夜送他家裏,對他那婦人説:"我聽得你的模樣好,和你丈夫打雙六賭你,明日教你入内做宮人。"那婦人回説:"國王不要説謊。我怎敢不順? 請王先入房裏去,我換衣服便来。"這婦人退出去,教一箇使喚的丫頭,打扮送進去。王後頭知道嗊(哄)的意思,十分惱起来,嗊(哄)那都彌説:"你有重罪。"到瞎雙眼,裝載小船,漂海去了。就叫那婦人来要要。那婦人説道:"如今丈夫貶遠去了,不能獨【18a】自過活,又況奉命做宮女,何敢違背? 今日呵有緣故,再等改日来。"王信他,許了。那婦人便逃走。到一箇海口上,不能過海,叫天啼哭。忽然小船風浪裏到来,這婦人連忙上船,漂到一箇泉城道的海島,撞見他的丈夫,還活在那裏,挑草根喫。

就和他丈夫同到勾高麗(高勾麗)國，羈旅人家過活，到老死了。

18. 本朝豐山縣住萬户金荐之女，名淑女。自幼時多奇才，又有貞節。年十八，嫁與本縣李橿爲妻，盡婦道。橿仲秋日親戚家赴宴，極醉還【18b】来，路上落馬而死。淑女備禮葬之，過哀不食而死，年纔二十。父母哀悲，亡夫墳墓一處埋葬。

　　古時，豐山縣裏住的萬户金荐的女兒，叫名淑女。從媌媌(娃娃)時多有奇妙本事，又有貞節。年到十八歲，嫁與本縣裏住的李橿做娘子。這婦人盡那媳婦的道理。有一年仲秋日，這李橿親戚家喫宴食，十分醉了，回家来時，路上跌下馬死了。他娘子淑女好生備辦，盡禮埋葬，哀痛啼哭，不喫飲食，就【19a】氣死了。那早晚，年紀纔到二十歲。他的爺娘，可憐見他念丈夫成病死了，和那丈夫的墳墓一處埋葬了。

19. 齊王坐殿，問羣臣曰：“我去夜夢飛熊上殿，不知吉凶(凶)。請諸宰相占夢如何？”晏嬰出班啓曰：“昔周文王得此夢，翼日出獵，到渭水邊，得賢臣太公，後佐武王得天下。請上亦出獵試之。”王曰：“可。”即出獵到倉山，見一白兔，射之，帶箭走入桑林。王追之，見桑樹上有一少女採桑。王以馬鞭指小女問曰：“汝見帶箭白兔乎？”其【19b】小女以足指指其去處。王怒，使金瓜將軍拿下問罪，嬰啓曰：“我當問罪。”即問女曰：“汝何處人家女？手足俱忙，摘桑養蠶，織成綾羅段匹，與誰服之？”女曰：“我是村家處女，名無鹽。汝將軍手足俱忙，與敵相戰，得江山社稷，以誰作君？”嬰聞此言，知女有賢德，即率其女，進于王前，啓女所言。上見女笑三聲，女亦笑三聲。上問女曰：“汝笑何意也？”無鹽回啓曰：“上笑何意也？”上曰：“我笑汝醜貌。”無鹽啓曰：“女亦笑上有三醜。”上極怒曰：“我有何三醜？”無鹽回啓曰：“四【20a】月之望，青苗在地，不宜出獵，上爲之，此一醜也；上腰帶白玉，頭戴金頂，而身佩弓箭，此二醜也；以萬姓之主，無正宮皇后，此三醜也。"上聞此言，羞愧不巳（已）。欲作皇后，將戬月玉帶給女定禮。無豔亦將頭上所插半折木梳回禮。上使嬰主婚禮，以五月初三日定婚。至是日，使嬰領鑾駕迎之。女到門內，立而不入，曰："自古婚禮以親迎爲重，上何不迎我乎？"嬰入啓此言，上不得巳（已），出迎而入，同安天地之樂。適其時天下大亂，分爲十二國，爭殺不巳（已）。此無【20b】豔小有將略，勸上同駕出征，所向咸服。此夢見飛熊上殿之吉兆也。

　　古時，齊王有一日上殿，文武班齊，降旨意問道："我夜裏夢見飛熊上殿，恁衆臣宰每圓夢，吉凶（凶）如何？"有晏嬰道的宰相出班奏說："古時文王做這等夢，就領軍馬出去打圍，却到渭水河邊，便得賢臣太公。後頭那太公輔佐武王一統天下，做皇帝。如今請上位也出去打圍看一看。"上位准他奏，就領軍馬前往倉山地面打圍。只見一隻白【21a】兔兒，上位便射著那兔兒。那兔兒帶箭走過一箇桑樹園子裏。上位領軍馬追赶到那裏，却見桑樹上有一箇女兒採桑。上位著馬鞭子指這女兒問："兔兒打那裏去？"那女兒也著脚指頭指饋他兔兒去處。上位便惱起来，罵者（着）說道："叵耐這醜女兒，你怎麼著脚指頭指饋我？"待要金瓜將軍拿下来問罪，晏嬰奏說："小臣去問他。"晏嬰到那桑樹底下問："你是甚麼人家的女兒？忙手忙脚採桑養蠶，織下綾羅段匹與誰穿？"那【21b】女兒回說："我是村莊人家的閨女，名喚無豔。將軍你忙手忙脚每日厮殺，爭這江山社稷與誰做君王？"晏嬰聽得這話，便知道賢德，就請帶来奏知這件意思。上位見那女兒，便教靠前来，就笑三聲，這女兒也笑三聲。上位問女兒："你笑的何故？"無豔回奏："上位笑的何意？"上位說："我笑你醜模樣。"無豔回奏："臣女也笑上位的有三般醜處。"上位十分惱,變色説:"我有甚麼三般醜處?"無豔回奏:"這四月半頭,青苗在地,不合當打【22a】圍時打圍,這箇是第一件醜;上位腰繫白玉帶,頭戴金頂子,親帶弓箭,這箇是第二件醜;上位是一國之王,萬姓之主,還無正宮皇后,這箇是三件醜。"上位聽這話,害羞無地麼,却見他賢德,要做皇后,便拿将觥月玉帶與他做定禮。這無豔也将頭上插的半箇木梳来回禮。上位著晏嬰管者(着)婚禮,五月初三日定婚。到那一日,著晏嬰領鸞駕去接者(着)無豔来。這無豔到門㐄(站)内者(着)不肯進去,説道:"自古以来,婚禮親迎最重,【22b】上位怎麼不肯出来接我?"晏嬰入去奏知這話,上位没奈何,出来接者(着)入去,同安天地之樂。遭是那早晚天下亂了,分做十二國,厮殺不住。這無豔皇后從小有将軍的志氣,勸上位同駕出征,到處裏都向服。這箇是夢見飛熊上殿吉慶的因頭兒。

20. 逢萌,漢平帝時人。是時王莽篡竊漢祚,敢行不義,多殺無辜,並與其子而殺之。萌謂友人曰:"三綱絶矣。不去,禍将及人。"即日解冠,掛東都城門,歸,将家屬浮海,客於遼東,耕田而食。

　　【23a】漢朝時,逢萌道的官人。那時節,王莽道的人奪了漢家帝位,只好殺人,連他的兒子也殺了。這逢萌和他朋友説道:"如今這王莽做强盜起来,把我漢家帝位也奪了,好做無道的勾當。天下人都受他的苦,這的是三綱五常都滅絶了。我們若是不出去呵,免不得這災禍。"這般説,就那一日脱了冠帽,掛在那城東門上,便棄了官職,帶他家小浮海去,直到遼東,耕田過活,再也不来仕宦。阿的便是既明且哲,以保其身。

21.【23b】錢若水爲同州推官。有富民走失一小女奴,莫知所在。其父母以訴(訴)州,委録糸鞠之。其録糸舊有求於富民,不獲,遂劾其父子共殺女奴,投屍水中。法外淩睿(窘?),不勝其苦,遂自誣

伏。獄具，上于州。州委官審覆，亦無反異，獨若水遲疑。錄參詣
廳詬罵曰："豈公受富民錢，故救出之乎？"若水但笑曰："今數人當
死，安可不容其熟察？"又越旬，不決。知州亦有語，若水不奪。上
下皆怪訝。一日，若水詣知州，屏人告曰："曏其所以遲留此獄者，
蓋慮其冤。嘗以家財訪【24a】求女奴，今得之矣。"知州驚曰："女奴
安在？"若水歸，使人密送女奴於知州所。知州垂簾，呼其父母，謂
曰："汝女今至，還識之否？"曰："安有不識？"揭簾推出，父母喜曰：
"是也！"於是引出富民，釋之。富民號泣謝曰："非使君，某一朝遂
至滅門！"知州曰："此乃推官，非我也。"富民急詣推官求謝，若水閉
不納，富民遶垣而哭。歸，傾家財飯萬僧，以爲若水壽。知州欲以
其事聞，若水不可，曰："某初心止欲拔冤，非敢希賞。萬一敷奏，在
某固好，於錄參却如何？"知州益加敬重。未【24b】幾，太宗聞之，驟
加爲樞密。卒贈户部尚書，賜其母白金五百兩。

　　古時，錢若水做通州推官時節，州裏有一箇富家，走了一
箇小女奴，不知去處。他的爺孃告了州官，委差錄參考問。那
錄參在前求那富家的東西不得，誣説富家父子共殺女奴，颩
（丟）在水裏。這般折倒，那富家没奈何誣伏。獄成上州，州委
官審覆，一樣誣伏，只這若水遲疑不斷。錄參到廳裏罵推官
説："你怎麼受了富家的錢粮，要救出免【25a】罪？"若水笑説：
"咳，好幾箇人該死的勾當，却怎麼不詳察？"過了十日，還不斷
了。知州也向推官説："怎麼不斷？"若水直不肯決，上下人都
説妖恠。一日，若水到知州根前，辟人告説："前日我遲留不斷
的意思，只想有冤恨。我把錢粮求買女奴，見有。"知州驚嘆
説："女奴在那裏？"推官就著人密送女奴。知州垂下簾子，叫
他爺孃説："你的女兒尋得来呵，你認得麼？"他説："怎麼不認
得？"捲起簾子，推出女奴，與爺孃看，爺孃喜歡説："是我

的【25b】女兒!"就引出那富家放了。那富家啼哭謝拜説:"不是
明官呵,我們一起滅門了!"知州説:"這箇是推官的陰德,不是
我的功勞。"富家急急的走到推官家求謝,若水閉門不納。富
家繞垣啼哭,回家爲那若水把他的家財供養一萬僧,禱告推官
的壽數。那知州要奏知朝庭,若水不肯,説:"我心裏只要鮮
冤,本不曾望賞。假如敷奏時,我上好麼,錄糸却怎麼的?"知
州越敬重。無多時,太宗皇帝聽得這意思,除做樞密院。後頭
無病【26a】死了,贈户部尚書,賜與他母親白金五百兩。

22. 王曾,清州益都人也。咸平中,由鄉貢試禮部、廷對皆第一。初
居京師,一朝過甜水巷,聞子母哀哭。因詢其隣,云:"其家少官通
四萬錢,計無所出。只有一女,將易客錢以償,朝夕分離,無復相
見,所以哭之哀也。"曾乃訪其家,詢之無異,因謂其母曰:"汝女可
賣與我,仕宦徃来,時得相見。"遂以白金與之,令償其客,約三日
取。逾期不至。其母復訪曾之所館,而曾巳(已)行【26b】矣。其後
曾大貴,位至兩府,封沂國公。薨,贈侍中,謚文正,子孫榮貴。

　　古時,清州益都縣住的王曾道的人,咸平年間,中鄉試来,
又會試、殿試都中第一名。頭裏到京師時,有一日,聽得甜水
巷一箇婦人帶女兒哀痛啼哭。王曾問他啼哭的緣由,街傍人
説:"那婦人家少了官錢四十萬,被官吏每日折倒,手裏無東
西,不得納官;只有一箇女兒,没奈何賣與客人。巳(已)受價
錢,到明日相別帶去,再不得相見,因此【27a】啼哭的哀痛。"王
曾到那他家裏問,也這般説。就對他孃説道:"你的女兒一發
賣與我呵,仕宦徃来,時可得相見。"就與他白銀百兩,著納官,
又説:"我等三日再来取你女兒去。"過了三日,還不来取。那
婦人帶女兒尋王曾下處問去,王曾早回去了。厥後王曾做了
大宰相,封沂國公。殁了後頭加做侍中,謚號文正,子孫世世

榮貴。

23. 郭震，年十六，與薛稷、趙彥昭同爲大（太）學生。家嘗送貲錢四十萬。會有衰服者叩門自言：“五【27b】世未葬，各在一方；今欲同時遷窆，乏於貲錢。願假以治喪。”震遂與之，無小吝，以車一時載去，略無留者。卒不問其姓氏。深爲薛、趙所誚，而震怡然曰：“濟彼大事，亦無誚焉。”十八舉進士，爲通泉尉，陞梁州都督安西大都護，立功邊陲，進中書門下三品。遷吏部尚書，封館陶縣男，加代國公，實封四百戶。

　　古時，郭震道的秀才，年紀十六歲時，和薛稷、趙彥昭同做國學生。這郭震家送四十萬銅錢来做盤纏。遭是有一箇穿孝的人【28a】来叩門，説道：“我家連五代喪，不得埋葬，各在異鄉；如今要一處搬葬麽，手裏無有錢財。願秀才上借錢来備辦喪葬。”這郭震聽得這話，就與他四十萬銅錢，無些兒愛惜。那穿孝的人都裝載車上，無些兒留下，就去了。臨去時，郭震他的姓名也不曾問。朋友每好生惟他，郭震安然，説道：“我救濟大事，你們不要惟我。”後頭這郭震年到十八歲，中舉，除做通泉尉，又陞做梁州都督安西地面大都護，得了軍功，加做中書門下【28b】三品。無多日，轉除吏部尚書，封做館陶縣男。後頭封代國公，賜與四百箇民户做食邑。

24. 孫鍾，幼失父，事母至孝。遭歲荒，以種瓜爲業。瓜熟，常以設行者。家事福德神甚虔，瓜熟，未獻神，不以設也。忽有三少年詣鍾家乞瓜，鍾曰：“吾未獻神，子姑坐。”即起入獻神。引少年入，設瓜及飯。飯訖，三人謂曰：“我蒙君厚恩，今示子葬地，葬之，後子孫世世貴不可言。”遂令鍾：“下山百許步，勿返顧，見我去，即葬地也。”鍾去【29a】不六十餘步，便返顧，見三人並爲白鶴飛去。鍾記之，遂於此葬母。其塚上常有五色雲氣屬天。鍾後生堅。母孕堅，夢腸出繞吳閶門,以告隣母,曰:"安知非吉祥?"堅後生權,權生亮,亮生休,休生和,和生皓,皆王於吳。

　　古時,孫鍾道的人,年幼時父親殁了,陪侍母親,至誠孝順。遇着飢荒,種黃瓜賣喫,又常常捨饋他行路的人喫。他家裏長伏事福德神道,好生恭敬。黃瓜熟了時,不曾薦神呵,不饋人喫。有一日,三箇年少子弟到【29b】孫鍾家,央及黃瓜喫。這孫鍾説:"我還不薦神,你們且坐一坐。"這般説了,就起身入去薦神。後頭引這(着)那三箇人入来,擺者(着)黃瓜和飯館待的後頭,這三箇人告説:"我們多蒙官人厚恩,我如今指饋你葬地,葬了那裏,便後頭輩輩兒子孫富貴。"這般説了,就教孫鍾:"下山行到一百步地——不要回看我們——的去處,這便是葬處。"這孫鍾行不勾六十步,便回看,那三箇人都變做白鶴飛去了。孫鍾心裏記得那地垈,葬了母親。那墳【30a】墓上常常有五色彩雲籠罩連天。孫鍾後頭生下兒子,叫名堅。他娘子懷這孫堅時,夢裏肚腸流出来,繞着吳閶門上,把這意思和隣家婦人説:"這箇是好祥瑞。"果然後頭孫鍾的子子孫孫都做了吳王。

25.唐尚書蘇頲,少時,有人相之云:"當至尚書,位終二品。"後至尚書三品,病極,呼巫覡視之,巫云:"公命盡,不可復起。"頲因復諭以相者之言,巫云:"公初實然,由作桂府時殺二人,今此二人地下訴公,所司減二年壽,以此不至二品。"【30b】頲凤涖桂府,有二吏訴縣令,頲爲令殺吏。乃嗟嘆久之而死。

　　唐朝尚書蘇頲,年少時,相人看他説:"當做二品尚書職事。"後頭蘇頲做三品尚書。病重臨死時,請師婆端公來看病。那師婆説:"大人命盡,不得再起。"頲説:"年少時相人説得了二品職事。你怎麼説命盡不得再起?"師婆説:"當初雖是這般

麼,大人做桂府做官時,枉殺了二人。那二人到地下告訴,緣
此減二年壽數,又減二品職事。"頲想道:"我【31a】曾做桂州時,
有二吏謁訴縣令,我爲那縣令殺了二吏,果然是這般!"嘆息,
等一會死了。

26. 楊寶性慈愛。年九歲,至華陰山北,見一黃雀,爲鴟梟所搏,墮
地下,爲螻蟻所困,即懷之,安置梁上。又被蛇蟲所齧,乃移置箱
中,采黃花飼之。毛羽既成,朝去暮來。積年之後,忽與羣雀俱來
哀鳴,繞寶數日乃去。是夕,忽見有一童子,向寶再拜曰:"我是西
王母使者,徃蓬萊,過此,爲鴟梟所搏,君仁愛拯捄(救),數承恩養。
今【31b】當受使南海,不得朝夕奉侍。"流涕辭別,以白環四枚與寶
曰:"令君子孫潔白,位登三公。後當如此環矣。"寶生子震,震生
秉,秉生賜,賜生彪。四世三公,果應白環之數,天下無比。

　　古人楊寶,年紀九歲時,到華陰山北邊,見一箇黃雀兒被
那鴟梟打害,落在地下,又被螻蟻侵他,這般受苦。那楊寶懷
裏抱將來,放在梁上。那雀又被蛇咬,搬放在箱子裏,每日摘
着黃花養活。那雀兒生出翎毛長大了,早起飛去,晚夕回來,
這般徃來好【32a】幾年多。有一日,忽然帶衆雀兒飛來哀鳴,好
幾日,還飛去了。那一日晚夕,有一箇童子向前來謝拜,説道:
"我是西王母差使的。前日徃蓬萊地面去時,到這裏被那鴟梟
打害。蒙大人可憐見救濟,多蒙恩養。遇着如今又蒙差南海
去,不得早晚侍奉。"就啼哭辭別時,把四枚白玉環與楊寶説:
"我教你子孫清廉做三公,後頭和這玉環一般清潔。"這般説,
去了。這楊寶生下兒子震,震生下兒子秉,秉生下兒子賜,賜
生下兒子【32b】彪。這四代都做三公,果然白玉環數兒一般,天
下人都趕不上他。

27. 隋侯見大蛇被傷而治之,後蛇含珠以報。其珠徑寸,純白,夜有

光明，如月之照，可以燭百里，故世號爲"隋侯珠"。

　　　隋侯道的人，見大蟒蛇被傷害了，把藥来醫療瘡處。後頭
無多日，那蟒蛇口裏啣將珠子来報恩。那珠子一寸来大小，好
純白。黑夜呵，月光一般明亮，照光一百来地。因此世上人叫
名"隋侯珠"。

28.【33a】毛寶爲豫州刺（刺）史，戍邾城。令一軍人於武昌市買得一
白龜，長四五寸，置瓮中養之；漸大，放江中。後邾城遭石季龍之
敗，赴江者莫不沉溺，獨毛寶被甲投水中，覺如堕石上。須臾視之，
乃是所放白龜。既得至東岸，龜乃回顧而去。

　　　毛寶做豫州刺（刺）史，守備邾城時，教一箇軍人送武昌市
上買一箇白龜来，身長四五寸。這楊（毛）寶放在瓮裏養他，漸
漸長大了，還放了江水去。後頭這邾城遇着石季龍軍【33b】馬
打刦，軍人每都江水裏渰死了。這毛寶穿甲投水中，落在石頭
上一般，等一會看，却是自家放的白龜，這毛寶纏過江上岸，那
白龜回看，還水裏入去了。

29. 曾公亮，泉州晉江人。布衣遊京師，舍於市側。聞旁舍泣聲甚
悲，朝過而問之。旁舍生欲言而色愧。公亮曰："若第言之，或遇仁
者，戚然動心，免若於難。"旁舍生顧視左右久之，曰："僕頃官于某，
以某事用官錢若干。吏督之且急，視家無以償之，乃謀於妻，以女
鬻於商人，得錢【34a】四十萬。行與父母訣，此所以泣也。"公亮曰：
"商人轉徙不常，且無義，愛弛色衰，則棄爲溝中瘠矣。吾士人也，
孰若與我？"旁舍生曰："以女與君，不獲一錢，猶愈於商人數倍，然
僕已書券納直，不可追矣。"公亮曰："第償其直，索其券，彼不可，則
訟于官。"公亮即與四十萬錢，約：後三日，以其女来，"俟吾於水門
之外"。旁舍生如教，商人果不爭。携女至期以徃，則公亮之舟已
行三日矣。其女後嫁爲士人妻。公亮後登相位，累封魯國公，年八

十卒。

【34b】古時，泉州晉江裏住的布衣秀才曾公亮，到京師街市根前住坐。有一日，聽得街坊一箇人啼哭悲哀，早起過去時，問：「你怎麼這般啼哭悲哀？」那人要說麼，害羞說不得的模樣。公亮說：「你若開說呵，或有仁愛的人，可怜見你，救濟也不見的。」那人看左右，等一會，告說：「我曾借用官錢四十萬，因家道十分艱難，還不得。如今官司差人百般折倒，趙的緊，無奈何，和家人商量，把這女兒賣與客人，要了四十萬銅錢，寫與他文【35a】契。到明日，和爺孃相別，因此啼哭。」公亮說：「買賣的客人，四下裏走，無有定處，也無好心。一時間年大面醜，不愛他，颩（丟）了呵，做一箇叫化的人。我是讀書識理的人，你若與我呵，強似與客人。」那人告說：「我的女兒與秀才呵，雖是不得一文錢，也強似客人上得數萬錢麼。只是已受銅錢四十萬，寫與他文契，如今回的難，怎麼好？」公亮說：「你如今還他四十萬銅錢，要那文契，假如他不肯呵，告官便好。」就與他四十萬銅錢，又說：「【35b】你等三日，帶你的女兒到水門外尋我的下處。」那人依着秀才的擺布，還他四十萬銅錢，要他文契。那客人不爭，便回了。那人過了三日，帶他女兒到水門外尋問下處，公亮上舡已去三日。厥後那箇女兒嫁做朝官的娘子，公亮也做宰相，封魯國公，年到八十歲歿了。

30. 王知縣官南昌時，一日凌晨，見一婢子堂中執箒而泣。詰其故，乃云：「憶舊事，不覺淚垂。」因言：「妾本陸知縣之女，父受替去，經過鄱陽湖，【36a】爲刦賊所害，獨留妾一身，流轉到此。」詢之縣吏，皆曰然。遂語其妻曰：「仕途交代，有兄弟之契。今此婢子乃前交代之女，須與看承，擇良配家（嫁）之。」知縣有女，許鄰邑知縣之子，涓日畢禮，遽書報之曰：「近得前故交代之女，年已及笄，欲那（挪）展一年，收拾餘俸，以辦奩具，與女子同時出嫁。"鄰邑知縣報云："某有一姪，年幾弱冠，請將令女奩具中分之，嫁吾子與吾姪，庶成一段義事也。"出嫁之夕，知縣燭下視事，忽見一人拜於庭下。驚問之，云："前任知縣陸鴻【36b】漸。頃遭刧賊，留一女在此。念其流落無歸，常相逐。今蒙矜（矜）憐嫁遣，故来相謝。公緣此陰德，增壽一紀，將来子孫三人同及第。"語畢，遂不見。後果如其言。

　　古時，王令道的官人知縣南昌時，有一日晨早，見一小妮子堂前拿者（着）苫幕啼哭。王令問："你怎麼啼哭？"小妮子告說："想念舊事，不覺流下眼淚。"就說："小妮子是舊陸知縣的女兒。父親考滿替去時，經過鄱陽湖，被強盜打刼，一起大小男女乾淨都殺了，只【37a】留小妮一身，轉到這裏。"王令聽得，就問縣吏，都說是。王令對娘子說："仕路上交代，其間有弟兄之義。今這小妮子是舊交代的女兒，必須可憐看承他，揀良配嫁與他。"那早晚王知縣有女兒，早許隣知縣的兒子，揀日定婚。因此送書報說："近得舊交代的女兒，年紀到中嫁，要備辦裝奩，和我的女兒一時成婚，還未得良配。"那知縣聽此，回報說："我有一箇姪兒，年到二十，還無有配女。如今請貴女的裝奩那（挪）分，嫁我的兒子、【37b】嫁我的姪兒呵，庶成一段義事。"這般說定。到送嫁的晚夕，知縣王令燈下看書，忽見一人庭下叩頭再拜。王令問："你是甚麼人？"他告說："我是舊知縣陸鴻漸。前日被着賊害，一起人都死了，只留這小女兒在這裏。憐見他轉走無歸處，每日根者（着）走。不想今日蒙大人可憐嫁送，特来拜謝。"就告說："大人因這陰德，加增壽數，後来子孫都中科舉。"這般說，便不見去了處。後頭果然和那說的一般。

31.【38a】韋丹，年近四十，舉五經未第。嘗乘蹇驢，至洛陽中橋，見漁者得一黿，長數尺，置橋上鬻之。羣萃觀者，皆欲買而烹之，丹獨憫然。問其直幾何，漁者曰："得錢一千，則鬻之。"是時正天寒，丹衫襖袴無可當者，乃以所乘驢易之。既獲，遂放於水中，徒行而去。時有胡蘆先生，不知何所從來，占事如神。丹因問命，胡蘆曰："我焉知君之福壽？元公即吾師也，當徃詳之。"遂相與策杖至通利坊。見一大門，制度宏麗，擬於公侯之家。有一老人，鬚眉皓然，身長七尺，褐【38b】裘韋帶，自稱曰元潎之，向丹盡禮先拜。丹驚拜，曰："某貧賤小生，未諭丈人厚禮遇之。"老人曰："老夫將死之命，爲君所生，恩德如天，豈容酬報？"丹因知其黿也，終不顯言之。遂具珍羞，留連竟日。既暮，丹將辭歸，老人即於懷中出一通文字，授與丹曰："知君要問命，故聊以此爲報。"丹再拜受去。其書云："明年五月登科，受咸陽尉，"又某年登朝，作某官。如是歷官一十七政，皆有年月日。最後遷江西觀察使御史大夫。到後三年，"廳前枯樹花開，當有遷改北【39a】歸矣。"丹常寶持之。自經及第後，至江西觀察使，每受一官，日月無所差異焉。廳前枯樹一株開花，丹遽去官歸，至中路而卒。

　　唐時，韋丹道的秀才，能通五經麼，年紀到四十歲不得中舉。騎一箇蹶驢子，到洛陽地面裏去時，見路邊打魚的人，拿一箇長幾尺的大肛罷（王八）來，橋上放在要賣，衆人都要買烹喫。那秀才看他可憐，問他價錢多小（少），他說："得一千文銅錢呵，賣與你。"那早晚天氣寒冷，他穿的衣服無一件中價的，把【39b】自騎的驢子餧他，買了，還放在水裏。步行去時，撞見一箇胡蘆先生，不知從那裏來，筭命如神。那秀才要筭命，那先生説："我呵筭不得你的壽福。元公是我的師傅，到那裏筭去罷。"就和那秀才柱（拄）者柱棒，同到通利坊。見　（一？）箇大門子盖的十分好，王府一般的大宅子。裏頭有一箇眉毛髭髯純白、七尺長身材、披者(着)皮襖、繫者(着)皮帶的老官人，自家叫名説元潛之，看那韋丹，盡禮謝拜。那秀才惶恐跪拜，説道："我是箇貧賤的【40a】小秀才，不知大人怎麼這般厚意接我的緣故?"那官人回説："老人遇著(着)災難，七八待死，被先生救活的陰德天一般，怎敢容得報荅?"這秀才纔知道旺罷(王八)麼，直不曾現説。那老官人備辦宴席，留住館侍(待)，到晚夕辭了回来時，那官人懷裏拿出一通占書，與他秀才説："我知道先生要筭命，因此把這箇報荅你。"這秀才再拜，受者(着)回来，那占書裏説："明年五月裏中舉，得咸陽尉官"，又某年上到京師做官。這般記者(着)十七遭官職，【40b】都寫着年月日子。臨了轉除江西觀察使御史大夫，三年後，"官廳前面枯樹上開花呵，便盡命分"，這般寫者(着)有。這秀才把這占書寶貝一般帶者(着)走。後頭那秀才中五經科舉，臨了做江西觀察御史大夫，每除官職的日月和占書一般。有一日，廳前一顆枯樹上開花了，這韋丹就棄了官職回家去時，半路上死了。

32. 唐末天下大亂，賊兵四起，百姓不得力農，四海飢荒，人民畜產殆死無餘。又值冬日，雪深【41a】四五尺，禽獸亦皆餓死。有一野鳥，飢甚，飛集田頭。見鼠徃来田間，鳥以爲鼠蔵米穀，進前請米。鼠即借米。鳥得米而歸，飽腹終日，飛啼自在之際，又有一飢鳥，見野鳥飽腹快樂，默計以爲鳥得米而食，低聲問曰："小弟，汝何處得米，近日如此飛啼自樂歟?"野鳥直告借米之處，烏云："大兄憐我飢饉，率我偕歸借米之家，如何?"鳥應諾，偕詣其處。田鼠見鳥之歸，問曰："汝何故来歟?"鳥曰："此烏大兄飢餓，因我乞米来耳。"鼠一見烏之憎態，心不悦，反曰："我之【41b】積米，曾已散盡。"即走入穴，良久不出。鳥聞其言慙愧，與烏言曰："汝在此，見鼠之出。"鳥即飛還。烏忿忿不已，獨立穴前，待鼠之出，謀欲害之。鼠以爲烏曾飛去矣,走出穴外。烏擊啄鼠之頭腦,鼠須臾而斃。烏即飛去,告烏曰:"我啄殺鼠矣。"烏聞其言,痛甚哀鳴,飛至鼠死之地,鼠死已在溝中矣。烏悲鳴彷徨不去。此乃借米不均之患也。

　　唐末天下亂了,四下裏賊兵橫行,百姓每不得耕種,天下飢荒,餓死的人馬頭口且【42a】不說,冬月天連日下雪四五尺高,飛禽走獸也都餓死。有一箇野雀兒餓的昏了,飛到那田頭穀椳裏頭坐的時節,有一箇田鼠頻頻的来徃。這野雀心裏計較:"他好歹有趲積米粮。"就到根前去,要借些粮。田鼠説:"有粮借饋你。"野雀借得粮去,喫的飽了,早起晚夕噪鳴快活。老鴉却見野雀喫飽快活,料磨者(着)説:"這野雀必定討粮米喫。"就低聲哀問:"兄弟,你那裏去討些米粮喫,這幾日那般噪鳴歡樂?"野雀兒老實説了借【42b】粮的意思。老鴉説道:"雀大哥,可怜見帶我去借者米粮。"野雀兒便引他去見那田鼠。田鼠對野雀説:"雀兄弟,你来何故?"野雀回説:"我這老鴉大哥無有喫食,教我引来借些米穀喫。"這田鼠一見老鴉生的形容狠歹,心裏嫌他,説:"我有多少粮米厷?這兩日都散了。"這般説,就走入窟隴裏,一向不肯出来。野雀兒聽他説,害羞,教這老鴉看一看他,便飛去了。老鴉惱的當不得,獨自茲(站)在窟隴前面,等出来要害他。田鼠只想老【43a】鴉已自去了,忽然走出来,三不知被那老鴉把頭腦上啄破,就死了。老鴉飛去,對野雀説:"啄殺田鼠来了。"野雀聽得這話,悲鳴哀痛,飛到田鼠死處,見了田鼠被殺,颩(丢)在田溝裏。這野雀悽惶哀鳴,彷徨不去。這是借粮不均,逢這災害。

33. 昔有一兔,與雌熊鬪話,兔再勝。一日,熊忿怒到兔家,因言曰:"近日吾家多瑞物。"兔曰:"何物也?"熊曰:"千年紅頂鶴,從天而下;萬年緑毛龜,自海而来;老鼠生䮫,不數日如馬大;又有独

(貓)【43b】生三羔兒,皆觧文。"兔嘆曰:"怪哉!何有如此之理乎?"熊曰:"汝若不信,明日来視。"翼日,兔果至熊家,敲門呼之,有一小熊出門應荅。兔問:"汝家千年紅頂鶴,今安在?"小熊荅曰:"凌晨上天。""萬年綠毛龜安在?""拜龍入海。""鼠之兒安在?"曰:"家君騎獵去。"又問貓之子,曰:"長學書去,次學射去,次商賈去。"又問:"汝母何不出来?"荅曰:"老母上寺焚香而去,皆不在。"兔被欺,空去空来。此所謂"躍躍巉(巉)兔,遇犬獲之。"

　　　古時,一箇公兔子和老母熊鬪話,兔子每【44a】遭贏(贏)了。有一日,老熊氣不忿,到兔兒家裏説:"這兩日我家裏有祥瑞的東西。"兔兒説:"甚麼東西?"老熊説:"千年朱頂鶴兒,從天上下来了;萬年綠毛龜,海裏出来了;老鼠下一箇公驢子,不到七日馬一般大了;独(貓)兒下了三箇羔兒,都識字。"兔兒説:"咳,好妖怪! 那裏有這等?"老熊説:"你不信我呵,明日来看麼。"到明日晌(晌)午時分,兔兒到熊家裏敲門,小熊出来荅應。兔兒問:"你家裏有千年朱頂鶴兒,還有麼?"小熊荅應説:"晨早起天【44b】上見玉皇大帝去了。""萬年綠毛龜有麼?"他説:"海裏見龍王去了。""老鼠下的公驢子有麼?"他説:"我的父親騎者(着)打圍出去了。""独(貓)兒下的三箇識字的羔兒有麼?"他説:"大的學裏上字出去了;第二的教場裏抄鍊去了;第三的街上買賣去了。"又問:"你的母親怎麼不出来?"他説:"寺裏燒香去,都不在。"兔兒喫道兒,走回去。這箇是"躍躍巉(巉)兔,遇犬獲之"。

34. 党太尉,宋朝人。一日,歸公署未還。其子失禮【45a】於祖母,祖母怒,令面縛,置之雪樹下。太尉夕還,問家人,家人荅以失禮於祖母。太尉立呼人,使脫衣面縛,令置子傍。其母見之,即問太尉:"汝何故自縛乎?"太尉愉色荅曰:"母凍吾之子,我凍母之子。"母笑而釋之。此所謂事親不在於酒肉，在於養志也。

　　宋時，党太尉道的官人，有一日，衙門裏坐去時，他的兒子祖孃根前無禮，祖孃惱他，把那孫子背綁颩（丟）在雪中樹下。太尉散衙門到家，見他兒子綁了，問這緣故。家下人【45b】說道：“老妳妳上無禮，妳妳惱他，這般做来。”太尉就叫伴當，教剝了自家衣裳，又教綁了自的身子，放在兒子傍邊。母親見他這般做来，問太尉說：“你怎麼這等樣兒？”太尉笑者（着）回母親說：“母親凍我的兒子，因此我凍孃的兒子。”母親聽得他戲言，歌歌的笑了，放他兒子。阿的便是孝親不在酒肉，只在養志。

35. 昔蘇東坡爲徐州太守時，州有一妓，容色可愛，人皆悦之，車馬日盈其門。妓年至十八，忽【46a】有娠，彌月生一子。曾一見妓者，皆以爲巳（己）子，訴於太守。太守曰：“汝等聞吾語：大抵妓女所生，其父難辨。吾今爲此小兒別立姓也。”乃書曰“葉保兒”，“汝等一心恤養可也。”爭子者曰：“既蒙太守賜姓，又使我等得共撫養小兒，敢不從命？然我等未觧必以葉爲姓。”太守笑曰：“此‘葉’字，二十人做頭，又三十人做腰，又十八人做足。”爭子者皆有慙色。

　　古時，蘇東坡道的官人，除做徐州太守時節，有一箇術術，生的十分可喜，来徃人每【46b】都来爭要帶歇，因此車馬常滿門户。這術術年到十八歲，忽然懷娠，生下一箇俊俊的小廝。曾過同床四方的人每都来告狀，院落裏一齊的跪下，爭者（着）說道：“是我養的兒子。”這般衆人鬧（鬧）噪起来，爭要做他兒子。這蘇太守喝住他衆人嗓聲，都叫靠前来，分附說道：“大檠術術生下的兒子，元来難認做爺，恁衆人仔細聽我說。我如今爲這小廝立起姓氏，叫做‘葉保兒’，你衆人合當一心兒撫恤養活！”衆人告說：“既蒙太守立【47a】姓葉，又教衆人撫養，何敢不聽發

落？然衆人呆癡,不得知道怎麽叫這小廝立姓葉。"東坡大笑,
回説:"我如今觧字與你們:'葉'字呵,二十人做頭,三十人做
腰,十八人做脚。説的是那不是那?"衆人聽得這話,都害羞退
去了。

36. 昔有徐神翁者,甚畏其妻。後爲知縣,挈家赴任。一日坐公廳,
見掾吏之臉有傷,問:"汝與何人鬪毆? 無乃爲汝妻所傷乎?"吏曰:
"昨夜月白,我於後園葡萄架子下翫月,忽風倒架子,遂【47b】傷小吏
之面。"知縣曰:"不然。"即招掾吏妻,叱之曰:"以順爲正,妾婦之道
也。汝爲吏妻,如何傷家長之面乎?"吏妻聞之皇恐,直告曰:"妾因
妬,誤批家長之面。"知縣將撫律科罪。知縣之妻聞之大怒,挺身突
出,聲色俱厲,抛以瓦石,蹴倒書案。知縣目掾吏曰:"汝夫妻姑退,
縣衙葡萄架子亦爲風倒。"一縣士女,聞之皆笑。

　　古時,有一箇徐神翁道的官人,常常怕娘子,但干女色的
事呵,閑言閑語也不敢提起。後頭除做知縣,帶領家小到任。
有一日,【48a】這官人出坐廳上斷公事時,傍邊有一箇外郎来押
文書。知縣却見那外郎的面上有抓破處,問外郎:"你和甚麽
人厮打,這般遭傷? 莫不你老婆抓了?"外郎跪下,回説:"何有
此事! 昨夜月亮,在後園葡萄架子底下翫月賞景,遇着旋窩風
吹倒了那架子,被那葡萄藤刺(刺)硪抓了有傷。"知縣嚇者
(這)外郎説道:"這廝潑皮,你休胡觜!"便拘將外郎的娘子来,
教他跪地,大罵説道:"咳,這醜婦! 你做婦人,全不曉事! 大
槩婦人和順爲貴,夫【48b】者婦之天,怎麽欺負了丈夫,打傷面
兒?"這娘子怕的慌了,開説那抓破的事。知縣纔知道,就斷
罪。待要決杖時,知縣的娘子聽這斷罪的話,猛可里拿將石頭
瓦子抛打那知縣,高聲大罵出来,踢倒了書案聒噪。這知縣驚
惶,就叫外郎説道:"你兩口兒且退去,我這屋裏的葡萄架子也

倒了!"當縣住的大小人每都聽得這話,笑的無盡。

37. 漢何敞爲交阯剌(刺)史,行部到蒼梧郡高要縣,暮宿鵠奔亭。夜猶未半,有一女子從樓下出,【49a】自云:"妾姓蘇,名娥,字始珠,本廣信縣脩里人。早失父母,又無兄弟,夫亦久亡。有雜繒百二十匹,及婢一人,名致富。孤窮羸弱,不能自振,欲往傍縣賣繒,就同縣人王伯賃車牛一乘,與錢萬二千,載妾并繒,令致富執轡。以前年四月十日,到此亭外。于時已暮,行人既絕,不敢前行,因即留止。致富暴得腹痛,妾徃亭長舍乞漿取火。亭長龔壽,操刀持戟,来至車傍,問妾曰:'夫人何所從来?車上何載?丈夫何在?何故獨行?'妾應之曰:'何勞問之!'壽因捉妾臂,【49b】欲汙妾。妾不從,壽即以刀剌(刺)脅,妾立死,又殺致富。壽掘樓下,埋妾并婢,取財物去;殺牛燒車,車杠及牛骨投亭東空井中。妾死痛酷,無所告訴,故来訴於明使君。"敞曰:"今欲發汝屍骸,以何爲驗?"女曰:"妾上下皆着白衣,青絲猶未朽(朽)也。"掘之果然。敞乃遣吏捕壽,栲(拷)問具服。下廣信縣驗問,與娥語同。敞奏達朝廷,典刑廣示。

漢時節,何敞做交阯剌(刺)史。到任去時,行到高要縣,日頭落了,就這縣鵠奔亭樓傍歇【50a】宿。過了一更不到二更鼓,有一箇小女兒從樓下出来,告說:"小女叫名蘇娥,原係廣信縣脩里住的人。年幼時,爺娘殁了,又無六人親戚,丈夫也早殁了,只帶一箇小尼子致富,艱難過活。家裏別無甚麼錢財,只爺娘流下的雜色絹子一百二十匹。小女將上項絹子欲往傍縣反賣,收買別的物件使用。本縣裏住的王伯家饋一萬二千貫鈔,雇一輛車子裝在(載)絹子,小女坐在上頭,着小妮子致富赶牛。年前(前年)四月初十日,【50b】到此亭外,日頭也殁了,行人也斷了,黑暗難行,就這裏歇宿。遇着小尼子致富急患心疼,小女往亭長龔壽家乞藥討火。龔壽拿者(着)長刀到小女車傍歪（站）者（着），嚇問：'你是那裏来的婦人？這車上裝的甚麼東西？丈夫在那裏？你却怎麼獨自来了？'小女告説：'惶恐惶恐，大人怎麼這般勞問？'龔壽拿我的肩臂，欲要行奸，小女強不從，龔壽便将拿的長刀刺（刺）小女智堂（胸膛），就死了。又将致富刺（刺）殺了。龔壽自手掘開樓下五六尺深地坑，【51a】把小女、致富颩（丟）在坑裏，把土盖了；車上裝的一百二十匹絹子，他都家裏搬去。把車子乾净燒了，駕車的兩隻牛都殺取肉，把骨頭颩（丟）在亭後枯井裏蔵了。小女哀痛，一年無有告處。今日見明官到此，特来告訴，要報讎，大人可憐見！"何敞説："我明日等天亮教坥開看麼，怎麼認的你的屍骸？"女子告説："大人，這箇容易知道。小女穿的上下衣裳都是白色，兩脚穿的撒鞋青絲做的，還未朽（朽）了。"到明日坥開看，便是女子告説【51b】相同，別無差誤。就差人拿龔壽来栲（拷）問，具服不虛。就下廣信縣再驗，與女子告説無異。題奏朝庭斷罪砍了，號令三日。

訓世評話上

【1a】訓世評話下

38. 時校爲鄭州牙校補軍将，吏部差押至成都，年已六十四歲，婦方四十餘，未有子。謂其夫曰："我有白金百兩，可携至成都，求一妾歸，冀得子，爲身後計。"時校至成都，訪牙儈。見一女，甚華麗。詰其家世，不對，見其以白布総髮，恠而問之，悲泣曰："父本都下人，爲州掾，卒。扶櫬至此，不能歸，鬻妾欲辦（辦）喪耳。"時校惻然，携金往見其母，以助其行。又爲幹行計，同上道，路（?）中謹事掾妻。

至都下，殯畢，方辭歸。妻迎問買【1b】妾狀，具以實告。妻曰："濟
人危急，爲德甚大，當更爲君圖之。"未幾，妻有孕，生邦美。後舉進
士第一，官至吏部尚書。

　　古者時校道的人，做鄭州補軍將，蒙差本州公幹，往成都
去時，他的娘子對説："你年紀六十四歲，我也四十歲多，還無
有兒女。我餽你白銀一百兩，你到成都，買一箇小娘子回来，
生下兒子，做你後計。"那人到成都，訪牙人，尋一箇女兒来，好
俊爽可喜(?)，□問那女兒："你是甚麼人家的女兒?"他不
荅【2a】應，便下眼淚，又他白布總髮，侣(似)有妖恠，問："你怎
麼白布總髮?"他悲泣説："我的父親本係都下人，做州吏，病死
了，扶櫬到此。家遠，不能勾回去，要賣我備辦喪葬。"那時校
聽得可憐，拿者(着)銀子，到見他的母親，還他女兒；又與他銀
子做行路的盤纏，早晚一路到那都下，埋葬回来。他的娘子迎
見問："你買小娘子来麼?"那人説："我不曾買。"就開説上項的
緣故。娘子説："好，好！你救濟人的危急，好德厚，後日再計
較討也罷。"無多時，那【2b】娘子懷身，生下一箇兒子，叫名邦
美。厥後中進士弟，官到吏部尚書。

39. 漢時外郎宋行，至極富饒。其弟貧窮，無有住處，夜則到舊窰止
宿，晝則市中乞食。其兄全不護濟。但他人柳文卿、胡子轉，每日
到諸店遊戲。外郎妻十分賢會(惠)，對外郎説："我聽得古人云，
'親不親古鄉人，美不美鄉中水'，'一箇瓢子破作兩箇'。汝同胞親
弟每日乞食，如何不顧？但外人相交，不順天理。"外郎駡妻説道：
"汝不知事也！我兩箇朋友，水火相救，交結如此！"【3a】駡詈出去。
其妻中心較計："我夫如此不善，何以改之?"買一箇死狗，穿着衣
冠，門外竪立。外郎乘昏醉酒回来，睡一場，起坐，呼小奴寶同説：
"我渴，欲飲水。"其妻自去持水與飲，耳邊説："門隅賊人来立！"外

郎聽此，持杖到門隅，再三打落，不作聲。回来對妻説："我殺賊人，何以蔵之？"其妻荅説："呼爾兩箇朋友議之。"外郎使寶同請兩箇朋友来。寶同歸去，至五更回来。外郎問："兩箇朋友来乎？"寶同荅説："彼二公云，殺人事也，不来。"外郎問："何以知之？"寶同説："'夜半【3b】何以来請？'極問，不得已説之，彼説，'不是小事。不来。'"外郎對妻説："何以爲之？"其妻説："呼爾乞食親弟来議之。"使寶同到窑呼之。其弟奔走急来。外郎開説，仍云："何以蔵置？"其弟告云："我負去山谷間蔵之。"就負去。到天明回来，告云："我蔵在山谷間，無人見。"外郎云："我今放心矣，汝回去。"其妻説："小留，喫朝飯回去。"喫飯時，待制衙門四箇皂隷来説："柳文卿、胡子轉告狀：去夜官人家殺人，官司命我等請官人来。"即結縛外郎夫妻與弟到官司。其妻告説："不【4a】是殺人也，實則死狗也。我夫親弟貧窮，每日乞食，我常常勸説不聽，罵我説：'汝何知之？我兩箇朋友水火相救，如此交結！'我欲知心志，冒狗假作人像欺之。今日有災，請来議之，不来，反爲告狀。請官司差人堀取来，可知之。"官司差皂隷，率外郎之弟，堀取而来，果死狗也。官司備知，題奏。聖旨：宋行、柳文卿、鬍胡子轉各杖一百，充軍，其家財分半給乞食親弟。

　　漢朝時有一介宋行道的外郎，他家道十分富饒。他的兄弟十分艱難，無有住處，黑【4b】夜裏到舊窑塲裏睡了，白日裏到街上叫化討飯喫。這般貧窮受苦，這外郎一些兒不照顧，只和外人柳文卿、胡子轉結做朋友，每日到店裏打雙六，下象棊，打毬兒，踢建子，喫酒耍笑快活。那外郎的娘子十分賢會(惠)，對丈夫説："我聽得古人説，'親不親古鄉人，美不美鄉中水。''一介胡蘆破做兩箇瓢'，他是半箇，你是半箇。你怎麼同胞生的親兄弟，朝朝到街上討飯喫，無心照顧，只和外人結交，不順天理?"外郎喝他娘子説:"【5a】這婆娘,你知道甚麼事! 俺這兩箇兄弟,水也水裏去,火也火裏去,這般結交!"罵他,就出去了。這娘子心裏想道:"丈夫這等不採,怎麼做呵好? 我嗊(哄)他一遭,要知他的心。"買一介死的白狗来,穿者(着)白衣,戴者(着)帽兒,假粧人象,竪起門旭峉(旮兒)裏。那丈夫黄昏前後,醉酒回来,睡一場起来,叫寶同説:"我渴了,尀(舀)水来喫。"娘子故意自家去尀(舀)水饋他喫,就丈夫耳邊悄悄的説:"我才子尀(舀)水去,看門旭峉(旮兒)裏有一箇賊人玊(站)者(着)!"外郎忙起来,【5b】拿者(着)大棍,到那門口打他,便倒了。再打一打,不作聲。回来房裏對娘子説:"我才子打殺賊人,蔵在那裏? 怎麼計較好?"娘子説:"叫你兩箇朋友来計較。"那外郎便叫寶同:"你去請我的兩箇朋友来。"寶同走去,多時不来。到五更鼓才来,外郎説:"兩箇朋友来麼?"寶同説:"他説:'殺人的勾當,怎麼得去!'不来。"外郎説:"他怎麼知道殺人的事?"寶同説:"'這半夜裏,怎麼得請我?'留住我十分緊問,我無奈何開説緣故,他説:'殺人的勾當,不同【6a】小可,若攀了好歹連累我。'這般説,不来。"外郎説:"這般時怎麼計較好?"娘子説:"叫你叫化的兄弟来計較看。"叫寶同:"你去破窑裏,叫我的兄弟来。"寶同去叫,那兄弟慌忙跑的来。外郎説這緣故,叫化的説:"哥哥不要愁,我背去山峪裏蔵的来。"到天明,兄弟来説:"我蔵在山峪裏,無人見了。"外郎説:"我才子放心,你如今回去。"娘子説:"請些住一住,喫早飯去。"等一會喫飯時,待制衙門的四箇牢子来説:"纏子柳文卿、胡子轉告狀,夜【6b】裏官人家殺了人口,請老官人去。"這般説,就背綁了外郎和兄弟,連娘子去到官人前面。娘子告説:"這殺人勾當不是人,委實死的白狗。我這丈夫,他的親兄弟十分艱難,

每日沿街叫化討飯喫。我常常勸説憐見,照顧照顧,丈夫顛倒
罵我説:'我這朋友,水也水裏去,火也火裏去。這般結交的!'
不聽我説。到今日家裏有灾難,請他計較,他不来,顛倒告狀。
他不是人,委實死的白狗。我要看他的心志,買死的白狗唭
(哄)他。大人【7a】如今差人帶這叫化的坭將来看,便知道。"官
人便差人去坭將来看,果然便是死的白狗。官司把這意思備
細題奏。聖旨裏把柳文卿、胡子轉、宋外郎各杖一百,遠地裏
貶去了。把外郎的錢粮分做兩分,一分與他叫化的受用。

40. 古者有一人,出征十年不還。其妻長念不忘。其家有一雄馬,
妻對馬曰:"我夫十年不還,不知生死,汝若尋来,我與女子作汝
妻。"其馬走歸。及半月,得夫回来。其馬每日作怒蹋齧,夫【7b】問
妻曰:"此馬何若此乎?"妻荅曰:"汝曾十年不還,我對馬曰:'若得
夫来,與女作妻。'此馬尋汝而来。今不與之,以此作怒。"夫曰:"雖
得我来,何以與女作妻?"即殺之,剝皮曝乾,其馬皮忽包女子隨風
飛去。後十日,其皮又隨風而来,掛于桑樹上。其皮内皆是蚕兒。
蚕兒之種,自此始。

　　古時有一箇征討官出征去,十年不得回来。他的娘子長
念丈夫幾時回来,無日有忘。他家裏有一箇兒馬,這婦人對那
兒馬【8a】説:"我的丈夫出征去,經今十年,不知死生。你去若
尋得丈夫来呵,便把我的女兒做你老婆。"那馬聽了這話,便走
出去。直到半箇月,尋得丈夫騎得回来。後頭那馬每日惱怒
亂叫,常要蹄咬殺人,這般鬧(閙)噪。丈夫問娘子説道:"這馬
怎麼這般亂叫聒噪?"娘子回説:"你一去十年不来,我長念你,
對這馬説:'你若尋丈夫来呵,我與你女兒做媳婦。'這馬尋了
你来呵,我不與他女兒,因此這馬這等惱怒。"丈夫對娘子説:
"雖是尋得【8b】我来呵,怎麼與他女兒?"就殺了,剝了皮子曬

乾時節,猛可裏打起旋窩風,那馬皮包了女兒隨風飛去了。到十来日,那馬皮又風裏飛將回来,掛在桑樹上,開了看,都是蚕兒。這蚕兒之生,自此爲始。

41. 鄭叔通,初已定夏氏女爲婚。及入大(太)學,遂登第。既歸,則夏氏女已啞。其伯姒欲别擇,叔通堅不可,曰:"此女某若不娶,平生遂無所歸。況以無恙而定婚,因疾而棄,豈人情哉!"竟娶之。其後叔通官至朝奉大夫。啞女所生一子,亦【9a】有官。

　　古時,鄭叔通道的人,夏氏家裏定婚。到大(太)學舘裏讀書,中第回来,夏氏啞了口,説不得言語。他的叔伯和嫂子要别處再討定婚,叔通堅執不肯,説道:"這箇女兒,我若不娶呵,平生無有去處。又是他無病時定婚,如今有病撇了呵,有甚麼人情!"這般説,就直娶了。後頭叔通做到顯官。啞女生下的一箇兒子也做官。

42. 元朝書生宋寬到楚國。路傍有一神女廟,過【9b】行人不祭,則必有災。寬行至此廟,備禮祭之,跪告曰:"吾聞神女有慈有悲,救濟惸獨。願降下,濟一寒生。"如此至誠極禱。少頃,神女乘雲下来。寬驚恐,伏在廟邊。神女坐廟榻上,形貌極俊。神女呼寬進前曰:"我感汝之誠,降臨陽世,敢不從命?然汝食葷醒(腥),飯食不净。汝若斷棄飲食,則我當再来。"寬信其言,忍餓一月。神女下来曰:"再承厚意而来。然見汝模樣不净,不欲從也。"言訖而去,不知歸處。寬妄從神女妖情,虚受勞苦。

　　【10a】元朝宋寬道的秀才,遊學到楚國。路傍有箇神女廟。這神道好生利害,過路人不祭他呵,好歹降下災難。因此,這秀才也到廟裏,擺果子酒肉祭一祭,就跪下告神,説道:"聽得神女有慈有悲,常救濟惸獨。情願降下,廣濟寒生。"這般至誠禱告。等一會,那神女果然乘雲下来,宋寬却是惶恐,伏在廟

堂邊。這神女坐在那廟榻兒上,形容體貌,十分可喜。那神女
便叫宋寬進前来,説道:"感承秀才至誠,降臨陽世,便當從命。
雖然,【10b】你口喫葷醒(腥)飲食,你若斷這醒(腥)葷呵,我便
再下来。"宋寬聽這神女的言語,就斷喫食,忍餓一月。神女果
然又下来,説:"感荷你的至誠,便當從命。然你模樣不乾净,
也難和你做親。"這般説了去,不知去處。這宋寬迷他神女妖
精,喫嗊(哄)了,乾受勞苦。

43. 范純仁,字堯夫,蘇州人,縣人仲淹之子也。嘗徃東吳,得租麥
五百斛,舟載以歸。道會故舊石曼卿,自稱三喪不舉,世無郭振,無
以告者。純仁悉以麥舟與之。歸而拜父于庭。父問:"東【11a】吳曾
見故人否?"純仁曰:"見石曼卿,云'三喪在淺土'。"父曰:"何不以
麥舟與之?"純仁曰:"巳(已)與之矣。"其後登皇祐元年進士弟,官
至尚書右僕射兼中書侍郎。卒贈開府儀同三司,謚曰忠宣。

　　范純仁是蘇州吳縣的人。他徃東吳收(?)買租麥五百擔,
載船回来時,路(?)邊撞見父親的故舊石曼卿。他説:"遭爺娘
的喪,因家道艱難,還不葬了。"純仁把麥子連舟都饋。回到家
裏,庭下拜見父親。父親問:"你到東吳,【11b】見我的故舊石曼
卿麼?"純仁告説:"我見了。他遭爺娘喪,他因艱難,還不葬
了。"父親説:"你怎麼不與麥子?"純仁告説:"我都饋他回来。"
厥後皇祐元年,純仁中進士第,官到尚書右仆射。卒後贈開府
儀忠宣公。

44. 蘇州有一商,将赴京,妻曰:"汝到京師,買梳而来。"商曰:"我善
忘,汝圖形示之。"妻指半輪月曰:"此是梳形也。"商曰:"諾。"暨到
京師,愛(?)一妓,盡費其財,空還。從者曰:"娘子所求,何不買
哉?"客人忽悟,仰視皎月團團,恰似明鏡。即買銅鏡,置【12a】諸箱
中,回程到家。其妻饋酒三盃,仍言:"我請首飾,何不買来?"商開

箱示之，便是銅鏡。妻對鏡，見其影，怒擲鏡，大罵。姑曰："我子纔回家，汝何故與闘？"妻曰："如今帶妓而来！"姑云："妓在何處？"妻取鏡示之。姑見其影，姑又怒擲鏡，罵子曰："畜生！畜生！婦之罵汝，豈不宜哉！爾帶小艾，猶爲不足，又帶老婦而来乎！"隣人聞之，笑曰："爾不知明鏡照妍醜，真天下第一癡也！"

　蘇州住的一箇鋪家，待要買賣赴京去時，他的娘子和丈夫說："你到京裏，須要買一【12b】箇梳子来。"這丈夫說："我是善忘，你畫與我樣子。"娘子說："何須畫（與？）你，如今正是月初，新月曲彎，便是梳樣一般。你只看那天上新月，記得有甚難？"丈夫說："是記得容易，我便買来餽你。"却到京裏，養一箇衚衚，弄盡了錢財，情事不成，就忘記了，不想買梳子。收拾行李起程時，根他的一箇伴當告說："官人，你臨行時，娘子分咐買頭面，官人既應許了，却怎麼不買？"那丈夫才記得起来麼，只忘了買甚麼東西，只想天月的言語。【13a】遭是月望，皎月團團，明鏡一般。就買一箇銅鏡，着紙包了，裝在箱子裏，回程到家。娘子見丈夫，便安排酒肉，勸飲三杯，做箇洗塵，問說："外人都說，你到京裏，戀花迷酒，今日方見，不虛人言。你臨行去時，我分咐買頭面，你怎麼不買来？"丈夫回說："已自買来了。"便開箱子取將来，却是銅鏡。這娘子對鏡看，却有美貌婦人。他不知自影照現，就惱起来，把這鏡子還颩（丟）在箱子裏，村言大罵，亂打丈夫。姑婆近前来罵那媳婦，說道："【13b】我的兒子才回到家，却因甚事聒噪厮打？"媳婦回說："媽媽，你不知道！人都說他到京迷花戀色，果然如今帶一介衚衚来了！"媽媽說："衚衚在那裏？"媳婦說："我才看了，還颩（丟）在箱子裏。"媽媽開那箱子看，没甚麼人，又問媳婦："衚衚在那裏？"媳婦說："在這銅鏡裏頭。"媽媽取那銅鏡来看，有老婆在裏頭。

這媽媽也不知自影照鏡,又惱懆,彪(丟)了那鏡子,罵他兒子說:"咳,畜生,畜生!媳婦打你好!休道是京裏去養術術,現將老師傅術術【14a】也帶的来了!"這媳婦和姑婆這等哈打胡杜厮打。隣舍人每聽得這話,都来笑説:"自古明鏡照妍醜,你怎麽不知道?是天下第一癡!"

45. 有一老嫗有女,年十八,居古寺洞。老嫗每曉到寺,佛前燒香,祝曰:"願以女作大州官妻。"寺之老僧竊聞。一日五更頭,藏身佛後。老嫗又来燒香祝願,老僧若佛語者曰:"汝女命夭,若爲此寺老僧妻,可延年;不如是,壽不過二十。可待老僧睡覺議之。"僧語訖,潛還方丈。老女【14b】到方丈窻外,微行作聲。僧曰:"何人?"老女曰:"我是居洞口老女也,今聽佛教,欲告長老。"僧曰:"恠哉!汝来言之。"老女曰:"我有一女,每早到佛前祝曰,'願爲大州官之妻。'今日佛言,'汝女命夭,爲長老妻,則可延壽。'"僧曰:"我老僧,何敢取汝女?"老女曰:"願矜(矜)憐之,来歇一二日,以救人命。"僧:"我不知吉日。"老女曰:"我亦不知何日是吉,請長老自擇。"僧看曆書云:"今月初七日乃吉。"女曰:"我到家備禮待之。"老僧喜作籠子。至期,僧負籠,往女家取其女,置籠中封之,負【15a】籠而還。沿路唱曰:"汝見負負和尚耶?汝見負美女籠和尚耶?"忽值州官之行。其州官聽僧唱而異之,彎弓擬僧,僧棄籠而走。州官開籠取女,以生豹置籠中,封之而去。其僧謂女在籠中,遂負籠還寺,呼諸弟子曰:"弟子,今夜雖有戲聲,勿来窺之,否則杖汝!"到初夜,僧滅燈,從籠窻隙以手弄之。豹怒,以爪爪其手。僧曰:"女兒,女兒,爾莫怒,佛所賜也!"乃開籠,忽豹突出咬僧,僧呼弟子曰:"弟子,弟子,豹咬我!"諸弟子皆不肯徃救,曰:"當夕師教我勿窺。"遂不救。【15b】豹咬殺老僧,跳墙而走。

古時,有一箇寺院户洞下面住的寡老婆,帶十八歲的女兒過活。那老婆每日纏到天亮，到寺裏佛前面燒香禮拜禱告：
"願我的女兒做大州官的娘子。"每日這般至誠禱告。那寺裏
的老和尚知道這禱告的意思。有一日，五更頭起来，到佛背後
藏身伺侯(候)。還是那老婆来禱告時，那和尚説："你的女兒
命短，饋這寺裏的老和尚是(時)，好歹延年長命；不這般是
(時)，不過二十歲死了。"又説："【16a】你且外頭伺候，等和尚起
来坐定時，到那裏説一説。"這般哄(哄)他。那和尚走到房裏
坐的，老婆到窗外悄悄的走作聲。和尚説："甚麼人来到這
裏?"老婆説："我是這寺院户洞下住的老媽媽，才子佛説話，要
告長老知道。"老和尚説："咳，好妖惟! 你入来説一説。"老婆
到裏面，告説："我有一箇女兒，每日到佛前面燒香，要願做大
州官的娘子。今日佛説命短，做這寺裏長老的娘子呵便長命。
我要説這意思，教長老知道。"和尚説道："咳，【16b】我一箇老禿
師，怎麼敢要貴女?"老婆説："可憐見，家裏来一兩日同床救
命。"和尚説："既這般是(時)，不知幾日好?"老婆説："我知他
幾日好? 從長老説定日子。"這老和尚看曆頭説："這月初七日
好日子，我那一日去。"老婆説："既這般時，我到家裏伺候。"打
發送了。把荊條子做籠子，前面做窗，四面都糊了。到初七
日，那和尚背者(着)籠子到他家裏，把那女兒坐在籠子裏，打
封了窗，畫押子(了?)。去時，説："背的、背的和尚見了麼? 背
者(着)俊丫頭的和【17a】尚見了麼?"這般耍話去時，路上撞見
大州官。那州官遭是無有娘子，聽得那和尚的耍話，故意嚇
他，要射的樣子。和尚見的惶了，背的籠子颩(丢)在路邊，走
到山峪裏藏身趒(躲)去。那州官開了籠子，看裏頭好女兒坐
的，拿出来，着馬上騎。就帶去的金色豹子，放在裏頭，還和尚
一般打封畫了，連忙走去。那和尚回来，不仔細看，還背者

(着)籠子到寺裏坐的,叫大徒弟来説:"徒弟,徒弟,假如今夜這房裏有聒噪的聲音時,你来偷眼【17b】看呵,大棍子打你!"叫小徒弟来,還是這般分付。不到一更,吹殺燈,鮮了籠窻入手。那豹子抓破了手,和尚説:"女兒,女兒,不要這般,佛與的!"大開了籠窻。豹子跳出来,這邊咬那邊咬。和尚大聲叫:"大小徒弟,老虎入房,咬殺我! 你們快来救一救!"大小徒弟説:"我們去呵,大小棍子打我,怎麼敢去!"兩箇相推不去。豹子咬殺了和尚,喫了頭腦,跳墙走去了。

46. 古者有一縣,廳北有古墓。一日,縣令問縣吏【18a】曰:"此何人之墓乎?"縣吏曰:"此古縣令之墓也。"縣令曰:"何可葬在廳北乎? 汝輩宜速移葬他處。"縣吏如其言,堀土四五尺深,前面有一大瓮燃火,兩邊亦有大瓮盛油,而空其瓮傍,前面瓮之油乾,則兩邊瓮之油流入。其前面又有一箇鐵牌,寫曰:"許由,許由,五百年来,天其增油。"縣令見之,惶懼不巳(已),即更添油,如舊埋之。語縣吏曰:"我後日死,則汝輩埋之何處?"縣吏曰:"從大人之命。"縣令曰:"我死,擔我而去,擔折處埋之可也。"居數日,縣令果死。縣人擔屍【18b】而去。行至十五里許山下,擔忽折落。即於其地,堀土四五尺深,得一鐵牌,寫曰:"無物則問我而覓。"縣人與令之子,即葬其地。令之長子,賫其鐵牌而藏之于家,無米則擊而出之,無酒則擊而出之。諸般之物,莫不以此而得之。一日,令之次子告其兄曰:"此鐵牌不是兄之私物,乃天與我兄弟共用之物也,請輪日而藏之。"其兄不肯,曰:"雖在我家,凡諸擊出之物,皆分用之,汝何爭焉?"其弟強之,兄不獲已,與。其弟受而藏之。一日,無米,出而擊之,火始【19a】燄燄;再擊而火遂大熾,屋宇財物,盡爲煨燼。

　　古時,有一箇縣裏正廳北後有一座墳墓,年代久遠。有一日,縣官對吏説:"這廳後甚麼人的墳墓?"縣吏説:"我聽得古

時縣令的墳墓。"縣令説:"雖是縣令,怎麼葬在正廳後?你們
垴出,移在别處埋了。"就垴了五六尺深,前面放一箇大缸點
燈,兩邊也放大缸盛油,鑽眼,前面缸裏的油乾了時,兩邊缸裏
的油流進去。前面又有一箇鐵牌子寫者(着):"許由,許由,五
百年上天添油。"遭是縣令【19b】的名子(字)許由,縣令見了,心
裏十分驚恐,再滿滿的添油,依舊埋了。就對縣吏説:"我後日
死了呵,怎們埋在那裏?"縣吏説:"從大人的命。"縣令説:"怎
們擡我去時,杠折處埋了。"無多日,那縣令死了。擡了去時,
到十五里地山底下,杠折了。就那裏垴土四五尺深,有一箇鐵
牌子,寫:"無東西問我討。"就那裏埋了。那箇鐵牌子,縣令的
大舍將去,放在家裏。無有米呵,打出米來,諸諸般般的東西
都打出來受用。有一日,那大舍的兄弟【20a】來告哥哥説:"這
鐵牌子只不是哥哥的,天與我兩箇弟兄的,俺輪流放好。"哥哥
説:"雖是放在我家裏,諸般打出來的都一般分用,你却怎麼這
般説?"兄弟强要輪流放,哥哥無奈何,拿出鐵牌,與他兄弟。
那兄弟將去打出米來,火塊出來;再打時,大火出來,連房子錢
粮乾净都燒了。

47. 羅愛愛,嘉興名娼也,色貌才藝,獨步一時,而又性識通敏,工於
詩詞,是以人皆敬而慕之,稱爲"愛卿"。同郡有趙氏子者,亦簪纓
族也,父【20b】亡母存,家貲鉅萬。慕其才色,以銀五百兩聘焉。愛
卿入門,婦道甚修,家法甚整。趙子嬖而重之。聘之二年,趙子有
父儻(黨)爲吏部尚書者,以書召之,許授以江南一官。趙子欲往,
則恐貽母妻之憂;不往則又恐失功名之會,躊躇未決。愛卿謂之
曰:"丈夫壯而立身揚名,以顯父母,豈可以恩情之篤,而悮功名之
期乎?君母在堂,温清之奉,甘旨之供,妾任其責有餘矣。但母年
高多病,君宜常以此爲念,不可不早歸爾。"趙子遂卜行,置酒酌别

於中堂,趙子【21a】乘醉觧纜而行。至都,而久不能歸。大夫人以憶子之故,遂得重疾,伏枕在床。愛卿事之甚謹,湯藥必親嘗,饘粥必親進。一朝,呼愛卿而告之曰:"吾子以功名之故,遠赴京都,遂絕音耗。吾又不幸成疾,新婦事我至矣! 今而命殂,無以相報。但願吾子早歸,新婦異日有子有孫,皆如新婦之孝敬。皇天有知,必不相負!"言訖而歿。愛卿哀毀如禮,親造棺槨,置墳壠而葬之。既葬,朝夕哭於靈柩前,悲傷過度。是時苗軍起兵,至于嘉興,大掠居民。趙氏之家,爲【21b】劉萬户者所據。見愛卿之姿色,欲逼納之。愛卿紿之以甘言,接之以好容,沐浴入閣,以羅帕自縊而死。萬户聞之而趨救,已無及矣。即以繡褥裏尸,瘞之於後圃銀杏樹下。未幾,趙子至矣,投其故宅,荒廢無人,但見蒼苔碧草,掩映階庭而已。趙子大傷感,宿于空堂。明日,鷄鳴而起,尋其母妻而歸。行至東城門,遇見舊使蒼頭,問:"母與妻安在?"蒼頭曰:"郎君何以来之遲也? 夫人憶君成疾,今已辭堂;娘子亦已歿矣。"遂引趙至母葬處,指墳壠而告之曰:"【22a】此皆六娘子之所經營也。"指松柏而告之曰:"此亦六娘子之所手植也。自夫人之死,娘子身被衰麻,手扶棺槨,自負土營墳,日夜號哭墓下。不幸苗軍入城,宅舍被占。劉萬户者,欲以非理犯之,娘子不從,遂以羅帕自縊,就於後圃葬之矣。"趙子聞此言,哀傷不已。即歸至銀杏樹下,發堀之,顏貌如生,肌膚不改。趙子抱其尸而大慟,絕而復蘇者再。乃沐以香湯,被華服,買棺而附葬于母墳之側,哭之曰:"娘子平日聰明才慧,流輩莫及。今雖死矣,豈可【22b】混同凡人,使絕靈響! 九原有知,願賜一見!"於是出則禱於墓下,歸則哭於圃中。將及一月,旬晦之夕,趙子獨坐中堂,寢而不能寐(寐)。忽聞暗中有哭聲,急起視之,果六娘子之靈也。其動靜語默,無異平日,遂抱趙子同床而語曰:"妾雖處幽冥,感君憂念,實所愴惻,是故今夕與君知聞爾。從今別矣!"趙子聞之大哭，不見其處。

　　古時，嘉興縣裏住的有一箇婦人，叫名羅愛愛，十分可喜，本性聰明，又做好文章。那【23a】時節，人人都誇獎敬重他，叫做"愛卿"。一縣裏住的，有一箇姓趙的秀才，也是一箇大來頭家的，有好些錢財。聽得這婦人的好模樣、好本事，心裏想念，就下了五百兩銀子，娶將家裏來。這婦人到他家裏，修整家法，儘著媳婦的道理。這秀才心裏喜歡，憐愛過活。才到二年，他父親的朋友做吏部尚書，送一封書來，叫他要做官。這秀才臨去時，心裏憂愁：要去呵，家有母親和娘子，捨不得去；不去呵，悞了功名。心裏未定其【23b】間，娘子對那秀才說道："我聽得大丈夫務要立身揚名，以顯父母。你却怎麼想念家小，忘了功名？你的母親在家呵，早起晚夕，我小心侍奉，你莫愁，放心去。只是母親壽高病多，你却常常想這意思，早早回來這。"他說了，就遞送路酒，相別了。那秀才喫酒醉了，便上馬去了，多年不得回来。那母親想他兒子，得病重了，這媳婦親自所絕愁縮，好生伏侍。有一日，那老娘叫那媳婦，說道："我的兒子營幹功名，遠在京城。我如今【24a】害病重了，你這般伏侍到了我，這恩德報荅不得。只願我的兒子早早回來，你有子有孫，都似你一般孝敬呵，皇天好歹替我報荅你！"這般說罷，就死了。這娘子十分哀痛，做了棺材，親自背土埋葬了。常在墳邊，早晚啼哭，試過了。那時節，苗軍起兵，到這嘉興地面，摽掠村落。那軍裏頭有一箇劉萬戶道的人，連這娘子搶了去，看他容彩爽利，要下手。這娘子故意甘言甜語，假做許嫁的樣兒，悄悄的洗澡身子，把手帕吊【24b】死了。這劉萬户赶不上救他死，十分悽惶，把錦繡褲子来裝裹靈屍，埋在後圃白果樹底下。那趙秀才却回家来，看家裏無一箇人，只有荒草生出院落裏。這秀才十分悲傷，没奈何，那空房裏獨自睡了。明日頭，鷄叫時起来，要尋見母親和娘子去，行到東城門外，撞見舊使唤的老漢子，問："我母親和娘子都在那裏?"那老漢回説："官人，官人，怎麽来的遲! 老娘長想官人，成病死了，羅妳妳也死了。"就引者(着)秀才到那老娘葬(?)【25a】處，指與他墳墓，説道："這箇是羅妳妳自家做的。"又指與他松栢樹，説道："這也是羅妳妳自家栽的。老娘死了後頭，羅妳妳身穿著麻衣，手扶著棺材，親自背土埋葬，白日黑夜，常在墳邊號哭。不想賊兵亂起，家裏大小人口都被搶了去。那賊軍要下手妳妳，妳妳直不肯，就吊死，埋在後園白果樹底下。"這秀才聽了這話，啼啼哭哭，十分哀痛。到那白果樹底下，打開墳墓，看那顏色和身子，却是在生時一般。這秀才抱著那【25b】靈屍，只管哀哭，幾遍昏死了還蘇省。却把香湯水来洗了靈屍，穿新衣服，另買一箇新棺，搬葬母親墳墓一處。就拜伏墳下啼哭，説道："娘子，你在生時，聰明智慧，十箇九箇也都赶不上。你如今雖是死了呵，比不得常魂，却怎麽不来看我? 情願看我一遭!"常常這般禱告，墳下啼哭，七八到一箇月。忽然有一日晚夕，這秀才獨在廳堂裏要睡呵，睡不著，暗暗有啼哭聲。這秀才連忙起来看，却是那娘子的魂靈，那言語動静【26a】便似活在時一般。就抱著那秀才同床，説道："我雖是在幽冥之中呵，感動你的憂念，十分悽惶，今日爲来和你相會。從今日永別了!"這秀才聽這話，放聲啼哭，再不見了魂靈。

48. 程彦賓爲羅城使。進攻遂寧之日，左右以三處女獻，皆蔚然有姿色。時公方醉，謂女子曰："汝猶吾女，安敢相犯!"因手自封鎖，置于一室。及朝，訪其父母還之。皆泣謝曰："願太守早建旌節。"彦賓曰："節非敢望，但得死而無病，便是【26b】好也。"其後官至觀察使，年九十九，無疾而卒。

　　　　古時，程彥寶道的人，做羅城太守。領軍馬到遂寧地面征討時節，有一日，左右的軍人每討三箇女兒来，進與彥寶，都俊俊好模樣。那早晚彥寶醉酒，和那女兒每説："你是我的女兒一般，我怎麼敢下手！"把三箇女兒放在一箇房屋裏，親自打封鎖了。到第二日早起，尋他爺孃来，一箇箇都還他送了。那三箇女兒的爺孃都啼哭謝拜，説道："願太守早早的得功，立了賢牌，光顯門【27a】閭。"彥寶回説："我怎麼敢望那等勾當！我只願無病老死却好。"果然後頭這彥寶除做觀察使，年到九十九，無病死了。

49. 李謙嘗值歲歉，出粟千石，以俵（貸）鄉人。明年又歉，人無以償，謙即對衆焚券，曰："債已（已）償矣，不須復償。"明年大熟，人爭償之，一無所受。明年又大歉，謙竭家資賣粥以濟之，動以萬計；死者復爲瘞之。人皆曰："子陰德可謂大矣。"謙曰："何足爲德？"一日假寐（寐），夢一紫衣人告之曰："上帝知汝有德及人，報在爾後。"言訖而去。後謙【27b】壽百歲而終，子孫皆爲顯官。

　　　　古時，李謙每遇歲歉，一鄉人無有喫的飢荒時，出家裏的米粮，散與他喫，或是熬粥捨施。有人俵（貸）去的米粮，到明年大熟還他呵，謙對俵（貸）人燒俵（貸）券，不要遷納。鄉中有死喪不能葬的呵，謙出財葬了。有這般陰德。鄉人都説："謙多有陰功。"謙説："何有陰功！"有一日，謙夢裏見穿紫衣的人告謙："上帝知道大人有陰德，報大人後嗣榮顯。"果然謙到百歲死了，子孫都做顯官。

50.【28a】古有一行路人，請宿於一官人家，夜夢其家母羊来告曰："明日主人殺羊饋客。若殺之，則羊圈只我孕兒肥澤，當殺我矣！我元是此家妾也，被正妻毒藥殺我，我戀夫不已，變爲母羊在此家。

姑待一二日，則當生子。請客告以素食，而沮其殺我。"客覺而怜之，然夜深不得開説。明早主人果殺羊饋客，客乃説此意于主人，賓主俱哀，不忍食之。

　　　古時，有一箇行路的人，到一箇官人家借宿。到四更鼓，夢裏有一箇大母羊進前来【28b】告説："這主人家官人，明日要宰羊接待貴客。羊圈裏頭，只我懷羔有肥，殺時便殺我。官人可憐見救一救。我原是主人家官人的小娘子，被正娘子性兒恨歹，毒藥殺我。我顧戀夫主，變做母羊，在這羊圈懷羔滿月，無多日便下羔兒。請大人賺説'我喫齋'。這般告了去麼，那客人却想妖怪，又是黑夜，不得説與主人。那主人果然殺那母羊，煑熟了。第二日清早起，却把羊肉館待他。那客人見那羊肉，才記得夢裏的話，和主【29a】人家開説那意思。主人聽的這話，哀哭眼淚，都不忍喫那羊肉。佛經説："死生輪迴，人死便托生。"

51. 古者，有一富人郭興，凡見古器皆買之，多積家中。一日，有街中一人將盡破貼裏衣来告曰："此是宋宰相呂蒙正不做官時所服之衣也。"興聞而即買之。又有一人將一頂破紗帽来告曰："此是晉名士陶潛漉酒巾也。"興聞而買之。又有一人將一張破席来告曰："此是魯哀公問政於孔子時鋪坐之席也。"興聞而又【29b】買之。又有一人將一箇木杖来告曰："此是春秋時韓伯瑜之孝順泣杖也。"興聞而買之。又有一人將一箇瓢子来告曰："此是堯帝讓位時欽賜許由之瓢也。"興聞而又買之。興如此多買古器，狼籍家中，常被人欺。不數年，家甚貧窮。有一人来告："汝多積古器，有何益乎？今汝服蒙正之衣，戴陶公之巾，杖伯瑜之杖，挾哀公之席，將許由之瓢，立於市，則必衆人争来買之。"興果如其言，而徃于市立焉。市人皆欺笑曰："老翁曾是富家翁也，今爲一箇乞食【30a】人也！"此所謂"運来鐵也争光,運去黃金失色"。

　　古時有郭興道的人,原是財主,平生只好看古器。但見古器呵,便是破壞東西,也不問價錢多少,都買趂積有來。有一日,街上有一人,将一領破褶兒来説道:"這箇褶兒是宋朝呂蒙正宰相不得發跡時穿的褶兒,正是好古物。"郭興便買了。又一箇人将一頂破頭巾来説道:"這箇是晉朝高才名士陶潛漉酒的頭巾,却高似呂蒙正褶兒。"這郭興又買了。又一箇人将一張破席子【30b】来説道:"這箇是魯國哀公孔夫子根前問政時鋪的席子。"郭興又買了。又有一箇人将一條棍子来説道:"這箇是春秋時韓伯瑜孝順的泣杖。"郭興就買了。又一箇人将一箇小瓢兒来説道:"這箇是堯皇帝讓位時欽賜許由的瓢兒。"郭興也買了。這般胡買古器,多趂積家裏。這郭興常被人欺弄他,不到幾年,家道貧窮,艱難過日月。一箇人来特故嗔(哄)他説道:"你多買下古器来,如今穿者(着)呂蒙正的褶兒,戴者(着)陶潛的頭巾,【31a】拿者(着)伯瑜的泣杖,俠(挾)者(着)哀公的席子,腰裏帶者(着)許由的瓢兒,到街上亞(站)呵,衆人必来争要買這古器。"這郭興信他説,却是那般扮粧,到街上亞(站)的時節,傍邊衆人欺弄他,説道:"這老的在前是好財主人家,如今做一箇叫化的人!"阿的便是"運来鐵也争光,運去黃金失色"。

52. 宋人有好行仁義者,三世不懈。家無故黑牛生白犢,以問孔子。孔子曰:"此吉祥也,以薦上帝。"居一年,其父無故盲。其牛復生白犢。其父【31b】復令其子問孔子。孔子曰:"吉祥也。"復教以祭。其子歸,致命其父,曰:"行孔子之言也。"居一年,其子又無故而盲。其後楚攻宋,圍其城,民易子而食之,折(析)骸而炊之。丁壯者棄城而戰,死者太半。此人以父子有病皆免。及圍鮮而病俱愈。

　　宋時劉義道的人，好行仁義，三世不怠。他家裏一隻黑牛，不知怎生下一箇白犢兒，便去見孔子問，孔子荅應説："這箇是好祥瑞，你快殺這犢兒祭天。"這箇人聽了這話，【32a】回到家裏，就殺這犢兒祭天。住一年，劉義瞎了雙眼，那黑牛又生下一箇白犢兒。這劉義又教他的兒子劉惠去見孔子問，孔子荅應説："也是好祥瑞。"又教祭天。劉惠回告父親劉義，劉義説："行孔子的話。"又住一年，又瞎了劉惠的眼。過了一年多，楚國軍馬圍這宋國廝殺，宋國人民斷了口粮，換了兒子喫，又砍人骨頭燒做飯喫。別的壯丁百姓，戰場裏多一般死了，這劉義父子因這眼病在家都免了，不死。楚國軍馬退【32b】兵的後頭，這劉義爺兒的眼依舊都好了。

53.元田文英稟性毒虐。婢僕有過，則椎其脛骨，蹣跚行躄。至元乙亥，北兵至境，箭中其脛，鏃入脛骨，受苦三年而死。人以爲椎脛之報。

　　元朝時，田文英道的人，本性忒歹。家裏使喚的不問男子婦人，有些小過失呵，着棒鎚打了脛骨，艱難走動，這般暴惡。至元乙亥年間，北兵到来廝殺時，文英被箭射，箭鏃入脛骨，三年受苦，醫不得，死了。人都説，這箇是做歹的報讎。

54.【33a】祝染，南劍州人也。遇歉歲，爲粥以施貧者。後生一子聰慧，請舉入學。手榜将開，忽街上人夢捷者奔馳而過，報壯元榜，手持一大旗，書四字曰"施粥之報"。及榜開，其子果爲特科壯元。

　　古時，祝染是南劍州的人。遇着飢荒，熬粥捨施貧窮的人。後頭他生下一箇兒子，好聰明智慧，到國子監裏讀書赴舉。黄榜開的日子，街上人夢裏一箇人跑馬過去，説道："這是壯元的榜。"他手裏拿者（着）一箇大旗，【33b】寫四箇字："施粥之報"。開了黄榜，他的兒子果然做了壯元。

55. 朱軾嘗預鄉薦，家貧，教學於里中。歲暮得束脩，與其子歸，至中途，忽見田夫，械繫悲泣道側。問其故，乃曰："春月貸（貸）了青苗錢，限滿而不能償，官司鞭苔（笞）已極，不若死之爲愈。"軾問："所負幾何？"曰："三千五百。"軾盡以束脩依數奉爲納官，其人得釋。邑士人劉澈累舉蹭蹬，省闈默祝於神。一夕，夢至官府，有吏語澈曰："汝生未有微祿而德有虧，不可得矣。"澈曰："所虧何【34a】事？"吏曰："爾弟負官錢，不能少助之，致使死於非命，非虧德而何？"澈曰："弟不肖，以致刑辟，某復何罪？"吏曰："行路之人，見且不忍，彼乃同氣，何不動心？汝不知朱軾代納青苗事耶？行將獲陰德之報。"澈覺後詣軾，訪其實，澈惘然自失。軾生三子，曰京，官至國子司業；曰克，曰某，皆顯官。軾至八十四，無疾而卒。

古時，朱軾是南豐縣的人。家道艱難，聚會鄉里的子弟教訓，討學課錢過活。有一日，和他兒子出去時，見一箇農夫壓(?)枷在路【34b】傍涕哭，軾問："你怎麼啼哭？"他告説："我貧窮，春月貸（貸）了青苗錢，限過還不得，官司每日打我，百般折倒，我要死呵，死不得。"軾問："你貸（貸）的多少？"他告説："三千五百。"朱軾把自家的學課錢依數納官，官司便放了農夫。那時節，一鄉的人劉澈好幾遭赴舉，中不得，到廟裏禱告。那一日，夢裏冥府對澈説道："你平生無有祿俸，德也虧了，怎麼得中舉？"澈告説："我有甚麼虧德？"冥府説："你的親兄弟負了官錢，還不得，每日喫折倒。你親哥【35a】哥一些兒不照顧，却不虧德？"澈告説："我的兄弟不肖，自家犯法，我有甚麼罪辜？"冥府説："你不聽得一鄉人朱軾貸（貸）納青苗事麼？行路的人也忍不得，這般救，休道是同胞弟兄，你怎麼不照顧？"澈覺起來，到朱軾根前問了，軾回説："果然我這般救農夫麼，怎計較冥府知道有陰德？"澈聽得，害羞回去了。軾生下三箇兒子，都做顯官。軾享富貴,到八十四歲,在家無病死了。

56. 多婆那國在倭國東北一千里,一名龍城國。【35b】其國王舍達婆,娶女國王女爲妃。有娠七年,乃生大卵。王曰:"人而生卵不祥,宜棄之。"其女不忍,以帛裹卵,并寶物置櫝中,載船浮海,祝曰:"任到有緣之地,立國成家。"初至駕洛國海邊,其國人恠之,不取。又至辰韓阿珍浦,有老母開櫝見之,小兒在焉。取養之。及壯,長九尺,風神秀朗,智識過人。或曰:"此兒不知姓氏。初櫝来時,有鵲飛鳴,宜省鵲字,以昔爲氏;又解櫝而出,宜名脫解。"始以漁釣爲業,養母無懈色。母曰:"汝非常人,骨相殊異,宜從學以立功【36a】名。"於是專精學問,兼知地理。望楊山下瓠公宅,以爲吉地。設詭計,潛埋礪炭於其側,至門告云:"此是吾祖業舊屋。"瓠公不許,乃訴于官。官曰:"以何驗是汝家?"脫解曰:"我本冶匠,乍出隣鄉,而取居之。請堀地撿(檢)看。"從之,果得礪炭,乃取而居之。南解王聞其賢,以女妻之,登爲太輔,委以國政。南解王將死,謂子儒理、壻脫解曰:"吾死後,汝朴、昔二姓,年長而嗣位焉。"後儒理王將死,曰:"先王顧命也。"以脫解繼焉。脫解,一云吐解,時年六十二,在位十四年薨。

　　【36b】日本國東北上,約有一千里遠近,有箇多婆那國,一名是龍城國。那國王諱叫舍達婆,取那女國王的女兒做妃子。懷身直到七年,纔生下一箇大鷗(蛋)。王妖恠,説道:"人而生鷗(蛋),不祥莫甚,合當㲋(丢)了。"這王妃心裏不忍,着絹帛包了,連將諸般寶貝裝在櫝匣,又裝小船,放海去時,祝願説道:"隨你浮到有緣地垈,立國成家。"這般分咐,放他去了。初到駕洛國海邊頭,那國人每望見妖恠,不去取他。又漂到新羅國阿珍浦道的海【37a】邊,有一箇賢德的老婦人見他奇恠,開櫝看,却有一箇俊俊的小廝坐在裏頭。這婦人取將家来養活。

長大了身長九尺,風彩秀朗,知識過人。有人說道:"這貴兒子不知姓氏,初頭櫃子擡出来時,有喜鵲喜鳴上下,却省鵲字做姓,叫昔;又有觧櫃出来,叫名脱觧。"這箇人常常釣漁爲業,侍奉乞養母親無些兒邊邊,至誠孝順。一日,母親說道:"你是骨相靈異,不是常凡人,小(少)不得學本事立功名。"這兒子敬順娘的言語,精詳【37b】學文,兼通地理。望見楊山下瓠公的宅子,自想好處,便要占住,暗暗的詭詐計較。拿將磨石和炭,黑夜到那瓠公的宅子,悄悄的墙底下堀土,埋了那礦炭。後頭却到他門上說道:"你這房子是吾祖宗住的舊房兒,你怎麼偷住我家?"瓠公堅執不許,昔脱觧就告官。官府問脱觧:"怎麼知道你祖宗傳下的舊房兒?"脱觧告說:"小人原係鐵匠子孫,近来間搬住隣鄉,空家有来。請官府遍堀土地看一看,便知道事實。"官府從他【38a】說,教人堀地,果然得了礦炭出来。官府就斷與他房子住坐。那早晚,新羅南觧王聽得他賢德,就取他来做駙馬,除做大保職事,教他全管國政。南觧王病重,臨終時,叫他兒子儒理和駙馬昔脱觧遺命,說道:"我死的後頭,你兩箇着年次相繼做王。"這般分咐,歿了。親子儒理先繼爲王,儒理又臨終時,一從先王遺命,把位子傳與姐夫昔脱觧。這昔脱觧年到六十二,在位十四年歿了。

57.【38b】馮商,鄂州江夏人,壯歲無子。將如京師,其妻授以白金數筭,曰:"君未有子,可以此爲買妾之資。"及至京師,買一妾,立券償錢矣。問妾所自来,涕泣不肯言。固問之,乃曰:"吾父居官,因綱運欠折,鬻妾以爲陪償之計。"商遂惻然不忍犯,遣還其父,不索其錢,不望其報。及歸家,妻問買妾安在,具故以告。妻曰:"君用心如此,陰德厚矣,何患無子!"居數月,妻有娠,將誕,里人皆夢鼓吹喧闐,送壯元至馮家。次早生子,即京也。後領舉爲觧元,省試爲省元,登第爲【39a】壯元,世號爲馮三元。後官至宣徽南院使,拜太子少師,致仕。卒贈司徒。

　　　古時,鄂州江夏縣住的馮商道的人,年到中年,無有兒子。有一日,徃京去時,他的娘子與丈夫白金幾斤,説道:"你無有兒子,拿這白金去買一箇小娘子来。"到京裏,買一箇小女兒来,問:"你甚麽人家的女兒?"那女兒下眼淚,不敢言語。馮商再三的問,女兒回告:"我的父親做了州官,折了官粮,要賣我陪償官錢。"馮商聽得憐見,忍不得下手,【39b】就還他父親,也不要送的價錢。回家来,娘子問商道:"你買的小娘子在那裏?"商回説這等緣故,娘子説:"丈夫,你的用心好,這等有陰德,愁甚麽無兒子!"無多月,他娘子懷身。滿月臨産時,隣里人夢裏都見打鼓喧鬧(鬧)送壯元馮家的。第二日早起,生下兒子,叫名京。後頭那京解試做壯元,省試做壯元,登第做壯元。那時節,人都説"馮三元"。官到宣徽南院使,除做太子少師。老死,贈司徒。

58.【40a】古者,謝端早喪父母,又無親戚,隣家撫養,爲人恭敬謹慎。年至十八歳,早出種田,夕回家自食。一日,種田出去,見田中有一箇大蛤蜊,遂即賷,放養甕中。有一日,耘田回家,諸般飲食無不備在,端意謂:"隣人憐我,如此備辦也。"到隣家謝拜曰:"每日如此備辦,不勝惶恐。"隣人云:"汝所取来之妻,如此備辦,反以我隣家爲備辦耶?"端一日鷄鳴時出去,待天明回家,年少婦人從甕中出来,收撤器皿。端問姓名,不荅,還入甕中,端執而問之。婦人曰:"我是漢【40b】水江河之女,皇天見汝恭敬謹慎,使我權作妻,孝養汝矣。汝若娶妻,使我回。今見我本身,再不住。"俄而大風忽起,其女乘雲而去,不知歸處。

　　　古時,謝端道的人,從少時歿了爺孃,又無親戚,無人養活。年到十八歲，一心恭敬謹慎，每日早起出去種田，晚夕回家，自做飯喫。有一日，野甸裏得一箇大蛤蜊，看得是妖物，拿將回家來，甕裏養活。又一日，出去耕田，肚裏餓，要喫飯，回來，看家裏飯湯早【41a】做下，諸般擺布的乾净。他想道：“是隣舍可憐見我，這般擺布。”只這般想。從那後，每日家都這般備辦，心裏惶恐，走到隣舍家謝拜説：“每日家照顧窮人，惶恐無盡！”那隣家回説：“你娶娘子，家裏隱蔵，他備辦事務，顛倒説我們照顧！”他心裏疑惑麽，不知何人的所爲。一日，鷄叫時出去，等到天亮回來，看一箇年少婦人甕裏走出來，收拾家事。見他，問姓名，他不荅應，還要甕裏去時，拿住他再問。他説：“我是漢水江河裏女兒，皇【41b】天見你從小恭敬謹慎，教我權做家小，密密的服事你，你若取了娘子呵，教我回來。你如今見我的本身，再住不得，就要回去。”這般説時，忽然天陰，大風起來，那介女兒因風回去了。

59. 馬涓，字巨濟。父以中年無子，買一妾，極姝麗。每理髪，必引避，如有沮喪之狀。涓父怪而問之，則曰：“某父本守某官，不幸死去。家甚遠，無力可歸，故鬻某。今猶未經卒哭，約髪者實素帛，暫以絳綵蒙其上，不欲公見。初無他意。”聞【42a】之惻然，即日訪尋其母還之，且厚遺資助。是夕，夢一羽衣曰：“天錫爾子，慶流涓涓。”明年果生一子，因以涓字名之。及長赴試，羽衣復入夢曰：“汝欲及第，須中三魁。”大學魁、鄉薦乃至唱名爲天下第一，果中三魁。

　　古時，馬涓的父親到五十歲，無一箇兒女，買一箇小娘，十分好俊。每梳頭時，退坐一遍，有悲哀的模様。涓的父親看他妖怪，問：“你怎麽這般煩怒？”他告説：“我的父親做州官，不幸早死了。本家忒遠，要運去無氣力，【42b】無奈何賣我。如今還不過卒哭，挽頭髪的都是素帛，只我呵，一時間著豔色東西戴在頭上，不敢顯然伏侍。別無甚麼意思。"涓的父親聽得悽惶，就那一日尋見他母親，还他女兒，又多與他路上用的盤纏。那一日，夢裏穿羽衣的人来說："天饋你兒子，慶流涓涓。"果然明年生下一介兒子，因此叫名涓。後頭長大了，赴舉場時，夢裏那穿羽衣的人又来說："你要中舉呵，好一夕中了三場壯元。"無多日，果然鄉試、會試、殿試都得【43a】壯元。

60. 陽雍兄弟六人，以傭賣爲業。少脩孝敬，達於遐邇。父母歿，葬畢，長慕追思，不勝心目，乃賣田宅，北徙絕水獎(浆)處、大道峻阪下爲居。晨夜輦水浆給行旅，兼補履屬，不受其直。如是累年不懈。天神化書生問："何故不種菜以給？"答曰："無種。"乃與之數升。雍大喜，種之，其本化爲白璧，餘爲錢。書生復問："何不求婦？"答曰："年老，無肯者。"書生曰："求名家女，必得之。"有徐氏，右北平著姓，女有名行，多求不許。乃試求之。徐【43b】氏笑之，以爲狂僻，然聞其好善，戲答媒曰："得白璧一雙、錢百萬者共婚。"雍即具送。徐氏大愕，遂以妻之。生十男，皆令德俊異，位至卿相，累世貴盛。凡右北平之陽，是其後也。

　　姓陽名雍的人，弟兄六箇，常常與人做工役，得些錢過活。從小時盡那孝敬的道理，遠近人都知道他孝敬。他爺孃歿了，埋葬的後頭，長日想著爺孃，哀痛不盡，把他的田園房舍都賣了，搬在北邊大路傍大坡下無水浆處住坐。早晚提水来與濟行路【44a】人鮮渴，又做饋他鞋子，不指望價錢。這般過活，好幾年也不怠慢。有一日，天神變做學生，問雍說道："你怎麼不種菜與人喫？"他答應說："無有菜子兒。"那學生與他幾升菜子兒去。這陽雍十分喜歡，就種来。那種根兒便化做白玉，其餘是都化做銅錢。無多日，學生又来說道："你怎麼不求媳婦？"他回說："我呵年老，都不肯做娘子。"那學生說："你若求名頭的人家女兒呵，便得。"有一箇在北平地面住坐姓徐家的女兒，有根脚，又【44b】有行止，都要成婚麽，那家不肯許他。這陽雍要取那女兒，送一箇媒人說。那徐家笑他狂耍麽，聽得他好善，和媒人戲弄說："若有一雙白玉和百萬銅錢的人呵，我和他成婚。"陽雍把那物件都送了。那徐家十分驚惶，便與他女兒做娘子。後頭生下十箇兒子，都有大德行，世世做宰相，享富貴。但凡北平地面住的好人家，都是他的後孫。

61. 彭矩，台州人。自幼端重謹愿，未嘗遊戲，長益慈祥謙遜。有蔬圃與人聯界，里婦每竊採之，【45a】彭佯不知；里人侵過圃界，彭亦不問。嘗與一商同宿于店。彭先早歸，商失傘，意彭持去，登彭門索之。彭對以故，商怒罵，且言失衣。商欺彭懦，必索其價，彭如數償之而去。彭性好善，喜行方便，見飢者必減食食之，寒者鮮衣衣之。至於正橋脩路，但力可以爲者，無不行之。年三十七，未有子，詣西嶽祈嗣，既而生三子。後卒於臨安，年七十七。

　　古時，彭矩是台州住的人。他年幼時，端重謹厚，不曾閑耍；長大了，越慈祥謙遜。他家【45b】的菜園和隣家的菜園聯界，隣家的婦人每偷了菜蔬，彭矩佯不知道。或是行路的蹉過了菜園呵，彭矩也不禁他。有一日，和一箇客商同宿店裏，彭矩先早起去了。客商不見了傘子，胡疑彭矩拿去，到彭家要傘子。彭矩荅應說："咳，我不曾將來。"客商惱怒說："只不是傘子，一領衣裳也不見了。你不將來，他那裏走去？"十分罵他。那彭矩不曾將來麽，傘子、衣裳別處買来都饋了。這般性好，也有方便。見餓的人，減了自已（己）飯【46a】與他喫；見冷的人，自家的衣裳與他穿。以至整理橋梁、脩理道路，但是用氣力可做的勾當，便都做了。年到三十七歲，還無有兒子，到那西岳神根前禱告。繼後等一會，生下三箇兒子。後頭到臨安，年到七十七歲殁了。

62. 古有一人，家甚貧窮。一日，夢得銅錢一千貫，覺而與妻計之，曰：“用三百貫買家，用三百貫興販，用二百貫買伴儅（當），用二百貫買妾。”其妻聞之，怒曰：“汝本貧窮人也，今幸得錢，即欲買【46b】妾耶！”因而夫婦相辱。隣人問其故，夫婦俱陳其實，隣人抵掌大笑曰：“汝今夢得錢財，猶如是也；若得實財，則必殺人而罪及隣人！”

　　古時，有一介人家，十分艱難過日月。有一日，這家的漢子黑夜夢裏得了一千貫銅錢，心裏計較：“把三百貫一座好房兒住坐，三百貫開鋪兒做買賣，二百貫買伴儅（當）使喚，又把二百貫買兩介小娘子快活。”這般對他娘子説了，那娘子便惱起来，説道：“你原係受凍忍餓的人，才得錢財，要買小娘【47a】子！”這兩口兒俗言争口，扯着頭髪廝打鬧（鬧）噪時，隣舍人家聽得，都来勸他不要廝打。就問：“怎麼這等廝打？”這兩箇夫婦却老實説這意思。那隣舍人每聽得這話，都打手掌咲（笑）説：“你兩口兒夢見錢粮，也這般廝打；着實得了錢粮呵，便打殺人，連累隣家！”這般戲耍大笑。

63. 齊人有一妻一妾而處室者，其良人出則必厭酒肉而後反。其妻問所與飲食者，則盡富貴也。其妻告其妾曰：“良人出則必厭酒食而【47b】後反，問其所與飲食者，盡富貴也，而未嘗有顯者来。吾將瞯良人所之也。”蚤起，施良人之所之，徧國中，無與立談者。卒之東郭墦間之祭者，乞其餘；不足，又顧而之他。此其爲厭足之道也。其妻歸，告其妾曰：“良人者，所仰望而終身也。今若此！”與其妾訕其良人而相泣於庭中。而良人未之知也，施施從外来，驕其妻妾。由君子觀之，則人之所以求富貴利達者，其妻妾不羞也而不相泣者幾希矣！

　　古時，齊國有一介人，他有兩介娘子，一介【48a】是小娘子。

那介人每日出去,醉飽酒肉回家。正娘子問他丈夫説:"甚麼人每日這般館待你来?"丈夫回説:"儘富貴人家館待我来。"正娘子聽他説,對小娘子説:"丈夫每日出去醉飽回来,我問:'你那裏這般醉飽来?'他説:'富貴人家裏喫来。'他雖是這般説麼,無一介朝官来訪。我明日悄悄的望他去處。"第二日,丈夫早起来出去時,那正娘子也悄悄的根者(着)行,望見他去處。那丈夫走遍一城,無人和他説話。臨了走到東城門【48b】外衆墳墓祭祀處,央及酒飯喫了;喫不飽,又望別處討喫去。那娘子知道他丈夫的所爲,便心裏害羞當不得。回到家裏,對小媳婦説道:"這丈夫是俺兩箇婦人全靠直到死老。如今看的他行止這般污穢,怎麼那好!"兩箇媳婦院落裏啼哭,説来説去,説不盡的其間,那丈夫又醉飽搖擺,東倒西倒走進来,和他家小驕傲鬪打。把這介比朝士看,黑地裏央及求富貴,白日裏驕傲的一般,那家小不害羞啼哭的少有。

64.【49a】耽羅鎮山曰漢羅,俗號頭無岳,即今濟州,在全羅道界海南中。古記云:大初無人物,三神人從地湧出,長曰良乙那,次曰高乙那,三曰夫乙那。三人遊獵,皮衣肉食。一日,見紫泥封木函,浮至東海濱,就開之,内又有石函。有一紅帶紫衣者随来,開石函,出現青衣處女三及諸駒、犢、五穀種。乃曰:"我日本使也。吾王生此三女,云西海中岳降神子三人,將欲立國,俱無配匹,命臣送三女来配,既(?)以造成大業。"忽乘雲而去。三人以年次分娶之。就泉甘土【49b】肥處射矢卜地,始播五穀,且牧駒犢,日就蕃庶。至十五代孫高厚、高清昆弟三(二)人,造舟渡海,至于耽津。蓋新羅盛時也。于時客星見于南方,太史奏曰:"異國人来朝之象也。"已而耽羅来朝,新羅王嘉之。稱長子曰星主,以其動星象也;二子曰王子,王令請出胯下,愛如己子,故名之曰季子。都内邑號曰耽羅,取初泊耽津也。自後子孫蕃盛,世修其職。高麗肅宗時,爲郡;忠烈王時,元世祖置牧場。我朝奏,奉旨,還隸高麗,爲濟州。

　　【50a】耽羅國鎮山是叫名漢羅山,又説頭無岳,便是如今濟州,在全羅道南海中。古史上説:當初無有人物,不知怎的,三介神人從地下湧出,大的是叫名良乙那,第二的叫名高乙那,第三的叫名夫乙那。那三人長日打圍,身穿皮衣裳,喫肉。有一日,紫泥打封的木函浮到海岸上。那三箇神人開了看,裏頭又有石函。有一箇穿者(着)紫衣、繫者(着)紅條兒的人到來,開了石函。那裏頭有穿青的三箇女兒和馬駒子、牛犢兒,又有五【50b】穀種子,都拿出來,對神人説:"我是日本國的使臣,國王生下這三箇女兒,説道,西海中岳降下三箇神人,待要建都,都無有配對,教我送這三箇女兒来做娘子,做成大業。"這般説,忽然乘雲去了。那三箇神人依着年次,各自取了。就揀好泉水好地垜,射箭占了。種五穀,又放養馬駒子、牛犢兒。無多年,五穀豐登,牛馬蕃盛。到十五代子孫高厚、高清弟兄兩箇,打做船隻,過海到新羅國耽津地面。那時節,客星照現南方,新【51a】羅太史奏王説道:"却是異國人来朝之象。"無多日,耽羅人来朝。新羅王十分喜歡,把高厚改名喚星主,却因客星做名。又把高清改名做王子,教他胯腿下出來,愛他親生一般,又改名做季子。建都内縣,國號叫做耽羅,却因當初下舡(船)耽津做名。從今以後,子孫最衆,輩輩兒不癈了職分。到高麗肅宗時節,把這耽羅做郡。到忠烈王時節,元朝世祖皇帝做馬場。本朝奏請朝庭,奉聖旨,還屬高麗,做濟州。

65.【51b】古時,王忱拜郿縣令。歸時到郘亭樓上宿之。夜中,鬼祟數人到來。其内一婦人也,欲告悶意,赤身難進。王忱與之一衣。其婦人着衣,進前告曰:"我迺涪令之妻,欲見家長,到宿此亭。亭長殺我輩十人，埋在樓下坑中，賫去之物盡奪。其亭長之名，浮激也，見在樓下。"王忱荅曰："當報爾讎，汝等姑退。"婦人還衣，率諸鬼而去。王忱待翼朝，開樓下坑中，見十屍藏在。即捉浮激問之，具服。其取奪之物，盡還本家，移埋他處。奏朝廷，殺其浮激，號令三日。

【52a】古時，王忱道的人，除做郿縣令。到任去時，到邵亭樓上歇息。過了二更，不到四更，見鬼祟數人靠前來。那裏頭一箇是婦人，告説："要告訴悶的意思麽，身上無有穿的，不敢進告。"王忱聽此，與他一領衣裳。進前告説："我是涪令的娘子，要探見丈夫。年前到此亭裏歇宿時，亭長殺了我，又把一起大小十箇人口乾净都殺，埋在這樓下坑裏，衣裳錢物都奪了。那亭長叫名浮激，見今坐在這樓門。"王忱説："我當爲你報讎，你們【52b】且回去。"婦人還他衣裳，帶以下的鬼祟，辭了回去。王忱等到天亮，著人跑開樓下坑裏，便是十箇死屍，都䫻(丢)在坑裏。便拿將浮激考問，具服無辭。把他搶奪的衣裳錢財，都與他本家，搬在別處埋葬，就題奏朝廷，殺了浮激，號令三日。

訓世評話下終

【1a】司譯院都提調輔國崇禄大夫領中樞府事臣李邊，誠惶誠懼，稽首稽首，上言：欽惟皇明馭宇，薄海内外，罔不臣妾，乃眷朝鮮，譬之内諸侯，錫賚相望。我朝列聖相承，至誠事大。然本國語音與中朝不同，使事交際之間，不無扞格不通之患。故我【1b】國家設承文、司譯院，講肄、習讀官常習漢音，其爲慮至深切矣。但所習者不過《直觧小學》、《老乞大》、《朴通事》、前後《漢書》。然《直觧小

學》逐節解説，非常用漢語也。《老乞大》、《朴通事》多帶蒙古之言，非純漢語，又有商賈庸談，學者病之。國初學漢音者，非但習之句讀文字之間，如漢人唐誠、偰長壽、洪楫、曹正等輩，相繼出来，質問論難，頗有成才者；今則無人可質，語日訛偽，臣竊恨之。臣性質【2a】魯鈍，學問疎荒，然於漢音專心致慮，已［經？］五十年矣，尚未會其要領，僅得糟粕［之？］一二。臣今年踰八袠（秩），日迫西山，朝暮奄辭聖代，無以報荅列聖之鴻恩，思效一得之愚，以補涓埃，迺採勸善陰騭諸書中可爲勸戒者數十條，與平昔所聞古事數十，總六十五條，俱以譯語飜説，欲令學漢語者並加時習。謹膽寫奉進，仰塵【2b】叡覽。倘有可採，令下典校署刊印施行，不勝幸甚！臣無任激切屏營之至，誠惶誠懼，稽首稽首！謹序。

華音啓蒙諺解

《華音啓蒙諺解》解題

　　《華音啓蒙》(奎章閣圖書 2993 號等)是朝鮮朝後期的一種漢語會話課本,由當時的翻譯官李應憲編纂,刊行於 1883 年(朝鮮高宗二十年,清光緒九年)。卷末附載"千字文""百家姓""天干地支""二十八宿""算數""華音正俗變異"。正文無注音,但附載部分有注音,除"華音正俗變異"注左右二音(正音與俗音)外,其餘都只注一音。李應憲,字稚章,金山人,生於 1838 年(朝鮮憲宗四年,清道光十八年),1855 年(朝鮮哲宗六年,清咸豐五年)登科,官至漢學教誨知樞、通津府使。書前有尹泰駿序,云:"舊有《老乞大》《朴通事》《譯語類解》等書,而華語之各省或異,古今亦殊,使驟看者轉相訛誤,恐不無鼠璞之混、燭盤之謬矣。今李知樞應憲,取常行實用之語,略加編輯,名之曰《華音啓蒙》。若千字文、百家姓,並用燕京話,譯之以東諺,開卷瞭然,如置莊嶽而求齊語。"

　　《華音啓蒙諺解》是對《華音啓蒙》正文(即會話部分)所作的"諺解",作者應爲李應憲本人(林東錫 1983:376)。無尹泰駿序和附載部分。韓國藏書閣所藏的《華音啓蒙諺解》有"光緒九年癸未印出"的刊期,可見"諺解"本和原書是同時印行的。《華音啓蒙諺解》分上、下兩卷,共四十頁(80 面),一册,一萬兩千餘字。每字下用諺文注音,與歷來"諺解"書不同的是,每字只注一個音,也没有旁點;一句完了加個圓圈,用諺文夾漢字翻譯。《華音啓蒙諺解》有

韓國鮮文大學校中韓翻譯文獻研究所編的《漢語資料叢書》本，李
在弘、金瑛校注。

　　此書是研究早期現代漢語的有用資料，據諺文注音可以推知
當時的漢語讀音，極有價值。①《華音啓蒙》原書爲對話體，採用純
粹的口語，帶有東北方言的色彩，比如"光"説成"寡"：寡下箇大雪
該（咳？）倒不要緊的，又刮一場大風（下20b）。按，這種用法的
"寡"今天見於東北官話、江淮官話、西南官話和晉語等方言區，這
裏應該是反映的東北官話。又如"遭罪"説成"找罪"，"掙錢"説成
"增錢"，"這麼"説成"怎麼"，反映出平舌音和捲舌音不分，也符合
東北方言的特點。有一些語言現象值得注意，如其中常用的一個
句尾助詞"否咧"，不知作何解釋，②例如：你們離這裏有二千多里
地否咧，幾天的工夫何能到得麼？（上1a）一品官、二品客否咧。
你老是外來的貴客呢，那能錯待了？（上3b）客到店是算到家一樣
否咧，咳（還）講究甚麼？（上18b）計算土地面積的量詞用"成"，
如：家裏有多少地麼？地却是不過十成地咧。一成地能打多少捏
（担）糧麼？若到好年頭就能打百十多捏（担）咧（上4b）。按，方十
里爲"成"。③ 書中多用俗字，如咳（還）、哈（喝）酒、增（掙）錢、一塘
（趟）、通（捅）、一候（會）兒、多候（會）兒、皮（脾）氣、肚（賭）氣、合通
（同）、便易（宜）、佐（坐）堂、拾得（掇）、多洗兩會（回）、惱（鬧）出一

---

①　有人利用《華音啓蒙》所附的"華音正俗變異"來研究漢朝對音，説《華音啓
　　蒙》本文只有漢語文，没有朝文注音和翻譯文（李得春2000），蓋不知本
　　文自有"諺解"也。

②　可參看何亞南、蘇恩希《試論〈你呢貴姓（學清）〉的語料價值》，《南京師大
　　學報》2007年第2期。

③　參看朴在淵編著《中朝大詞典》，第1册第777頁，鮮文大學校出版部，
　　2002年4月。按《左傳·哀公元年》："[夏少康]有田一成，有衆一旅。"
　　賈逵注："方十里爲成。"這應該就是"成"的出處。

場大事、懂(懂)，"買""賣"不分，等等，都透露出方言口語的消息。

　　此次點校，所據底本即爲韓國藏書閣所藏本《華音啓蒙諺解》，並將韓國國立中央圖書館所藏的《華音啓蒙》本尹泰駿序和"千字文""百家姓""算數""華音正俗變異"附於正文的前後。點校體例同《原本老乞大》。

華音啓蒙序

【1a】昔北窓鄭公①入燕都，通解各國方言，至于今稱之不衰。夫四海一家，文軌既同，而語音不相通曉，議事多憑毫墨，已不免隔靴爬痒之歎；矧今冠蓋交錯，舟車互行，不容不汲汲然講究，亦謀國籌邊之一大關捩也。舊有《老乞大》《朴通事》《譯語類解》等書，而華語之各省或異，古今亦殊，使驟看者轉相訛誤，恐不無鼠璞之混、燭盤之謬矣。今李知樞應憲，取常行實用之語，畧加編輯，名之曰《華音啓蒙》。若千字文、百家姓，並用燕京話，譯之以東諺，開卷瞭然，如置莊嶽而求齊語。【1b】仍復鳩財刊布，其爲初學指南，詳且備矣。日余入天津，從諸學士遊，畧有一二領解者。蓋鄭公之慧識神解，固非夫夫(?)所能，而習而熟之，未有不通者，如北首而轅，不之燕而何之乎？李知樞之要余書，有以也，不以不文辭。

　　癸未清明日，通政大夫、承政院右承旨兼經筵參贊官、春秋館修撰官、參議軍國事務、親軍營務處監督、奎章閣檢校直閣知製教坡平尹泰駿序。

---

　　①　按，指中宗時鄭礦。

《華音啓蒙諺解》正文

李應憲　著

華音啓蒙諺解上

【1a】請問這位貴姓？

不敢，在下姓李。

從那裏來呢？

打朝鮮國來咧。

走咧多少日子麽？

走有十來天的工夫咧。

這怎麽説呢？你們離這裏有二千多里地否咧，幾天的工夫【1b】何能到得麽？

如今我們是坐輪船來往的，所以不像從前起旱來的時候兒。

這就是咧。恠不得你們來的快。

你貴姓是誰呢？

好説，賤姓張啊。

你老是在民在旗？

我是在民的，原【2a】籍浙江的人。

現在甚麽品級呢？

纔到三品頂戴咧。

噯喲，失敬你咧。是一位大人！

好説，這樣擡舉我怎麼當得起呢？

大人在那部裏管事麼？

我不是做京官的，是候補的道台咧。

請問，當今【2b】皇太后萬歲爺，聖明德政布滿四海，所以連海外的小邦也都來賓服，這不是大清家洪福齊天？

是，一點兒不錯。你們貴國王爺多大寶齡麼？

纔過三十春秋咧。

聽説你們王世子聰【3a】明的狠，好一位有德的世子咧。

好説，都是中國的洪恩。

你呢今年貴庚？

齒長三十五歲咧。

弟兄幾位？

哥兒們三箇，我是老大咧。

你那兩位兄弟在家裏幹甚麼？

我那二兄弟是去年【3b】纔中咧進士，三兄弟是咳（還）在書房念書呢。

噯喲，你老是宦門子弟咧。我有眼不識泰山，得罪不少。

大人這怎麼説？我不敢當得起咧。

那裏的話呢？一品官、二品客否咧。你老是外來的【4a】貴客呢，那能錯待了？你們府上人口多少麼？

有三十多口人。

都是甚麼人？

我那大爺、叔叔、叔伯兄弟、嬸娘、姨娘、嫂子、姐姐、妹妹、兄弟媳婦、侄兒們，咳有那丫鬟、老媽、奴才、跟班、伺候人等，【4b】都在一内算起來，有箇四十多口人。

家裏有多少地麽？

地却是不過十成地咧。

一成地能打多少捏（担）粮麽？

若到好年頭就能打百十多捏（担）咧。

都種甚麽？

粳子、稻子、穀子、稗子、大麥、小麥、【5a】各樣豆子都有咧。

噯喲，如中國一點兒不錯啊。

這到北京咳有幾站路麽？

有二百多里地咧。你要走麽？

我咳没有到京辦過公事呢，所以在這裏悮不得工夫咧。

你呢多候兒回來【5b】麽？

這箇是没有準的。到那裏瞧就知道咧。

那麽就不送你。

好説，回來再惱罷。

赶車的，今兒箇咱們那裏住去呢？

楊村住去罷。

咳有幾里地麽？

不一候兒就到來咧。

噯喲，這箇店住不下【6a】啊。

怎麽説呢？

今天行路的客人們忒多，店裏没有閒屋子咧。

那裏的話呢？一箇走路的否咧，那有頂着房子走的麽？你去叫店裏的人來罷。

來咧。

你們這箇店叫甚麼店麼？

這是有名的【6b】王家店。

是你開的麼？

我那裏開得起這樣大店？不過是給他們吃老金的咧。老爺們是往那裏去呢？

我是朝鮮國人，打天津下船，要往京裏去的，今天赶着土程的緣故，所以不知道天黑咧。【7a】前邊又没有店，你們又不讓住下，像這樣黑夜裏咳往那裏去呢？你去説你們掌櫃的，把先住的客人們緊一緊，給我找出一間屋子是咧。

你們老爺們怎麼會説官話麼？

我是長【7b】來長往的，剛懂得幾句眼前的話兒。

給老爺找出房子來咧，把車子趕進去罷。老爺要哈茶呢？

我自己箇兒有好茶葉，你先倒一碗開水來，把茶葉擱得碗裏頭，盖上碗盖多悶一候兒，【8a】别教他出氣罷。

你們老爺要吃甚麼飯呢？

你們店裏有的甚麼？

要甚麼有甚麼，老爺只管言語些兒罷。

有鯉魚没有啊？

你老要吃鯉魚麼，可巧可好。咱們前邊有一道河，這河裏出一【8b】種鯉魚，連京城裏也出過名兒。所以來往的老爺們都要吃呢。纔剛打魚船上買來一條魚，有一尺多長的，咳在水缸裏活着呢，要吃就給你弄來罷。

好啊。把那箇魚先割肚子刮鱗，【9a】多洗兩會，教他乾净些兒，擱着刀板上剁成塊兒，先拿紅油擱得鍋裏，等這箇油開咧以後，拿這箇魚甩在鍋裏，再用白糖栗子各樣花料攪得一塊兒，等好咧再擱塩醬罷。

老爺哈不【9b】哈酒呢？

賣的甚麼酒？

紹興黃酒、乾白燒酒、五加皮、玫瑰露、壯元紅、翰林春、史國公、各樣藥酒都有咧。放卓子咧，請哈罷。

噯喲，這箇魚没有十分熟。

那裏話呢？頓咧半天咳嫌不好麼？

【10a】你這箇潑皮東西們，拿半生不熟的，給誰吃呢？你當我們是不懂（懂）好歹麼？

你老别生氣罷。這不是我們得罪爺爺們的，就是這裏没有好井水，一做魚湯就必有一點兒腥味兒。

【10b】你這箇人好嘴巧。當着外路人會撒謊咧。

老爺們不信我的話兒，再拿去多做一候兒，囬頭給你盛來罷。

拉到罷，拉到罷。那屋裏住的客人是那塊兒來的？

他們是打上海來的，聽説【11a】是進京赶考去咧。

你去把那位請過來罷。

過來咧。

請坐，請坐。

噯喲，你這位好生面善。咱們必是在那裏見過是的。你呢不是李老爺麼？

好説，在下的就是咧。這是誰呢？不是胡兄弟麼？【11b】怎麼在這裏住下的？

噯喲，説不了。兄弟的運氣忒不好咧。前年與大哥分散以後，在京裏住些箇日子，考過兩會，也没有得意，各人肚（賭）氣，不想回家去，所以在京裏住一天使（是）一天，【12a】把銀子也化没有了，要回家也罷，没有盤纏，要住下罷，人家的吸嗃打不開，各人打着"出門事事難,在家千日好"這句話一點兒不錯。各人想不出主意來的時候兒,我有一箇姑【12b】表弟兒,在這京南做箇縣官,我打算到那裏借多少銀子。那縣官是做官體面的人,可憐我這箇情節兒,打錢店裏枰給我三百兩碎銀,我歡天喜地的在那裏住一天,第二天起身望【13a】京去的時候兒,走沒有一二十里地兒,日頭快要黑呢,找一箇客店住下咧,這一天有十來箇騎牲口客人們,也住在這箇店裏,我看他們行裝,好像買賣人,睡到半夜三更裏,店裏【13b】就叫喚起來咧,我不知道甚麼緣故,打炕上爬起來,從窓糊眼兒望外一看,却是了不得咧! 頭裏住店的那客人們,原不是好人,都是斷道的馬賊咧。手拿洋鎗火礮,大呼小叫要殺【14a】要剮呢! 那些箇來往住店的,東跑西竄,也有跌打受傷的,也有喚爺叫娘的,咳(還)有那跑不開的,一溜平跪着地下對他討命,這箇時候兒咳顧得銀錢麼! 連衣裳也穿不好,【14b】赤條條的從後門跑出來,東張西望,也沒有躲着的地方,正在爲難的時候兒,可巧房後頭有一坐土地廟,我急忙到那裏冒一夜,找多大的罪! 等天亮到店裏一看,別説銀錢,連行李也都拿走【15a】咧! 我看這箇光景無法可治,對誰説這箇苦情麼? 所以巴不得的到縣裏去,把這箇賊案,這般這般那般那般告訴他,這縣官一聽這箇話兒,立刻就傳票拿賊,這箇票一下來,【15b】誰不用心拿他麼? 用不上幾天的工夫把賊們拿到咧,這縣官坐起堂來,把賊們拿夾棍夾起來,他們打熬不過,箇箇都認臟服罪,銀子却到手裏,遭塌幾條人命兒,雖是賊種們狼心狗肺,【16a】我咳是可憐他們咧。

　　噯喲,是那麼的來着? 兄弟遭罪不少。我當你是打家裏來的,這些年不囘家,不惦家裏麼?

　　爲甚麼不惦家? 這都是我惱的不對咧。我在這裏等着一箇人,【16b】這箇人今兒箇纔來到,明兒箇打算要起身走呢,誰想今兒箇遇見大哥麼？大哥從本國往這裏來，怎麼不比那年人多麼？

我這塘（趟）是沒有甚麼大事，所以少帶幾箇人來咧。你那朋【17a】友是甚麼人？

他是打上海來的，前年在本省裏中咧舉人，今年要往京裏考會試去，他再三再四懇求我，同他一塊兒去考，我本來無心進京，排不得朋友的臉，巴不得隨他走。

【17b】那麼就更好，明兒箇大家一路走罷。

店掌櫃的要打店錢，教他算去罷。

你們幾位都在一塊兒算麼？

依你罷。

每一位飯錢一錢銀子，房錢在外；十斤砍草，共該二錢銀；黑豆五升六分銀，【18a】料一斗八分銀：一共打算一兩三錢銀子咧。茶錢水錢憑老爺們再賞罷。

鷄叫幾遍？

纔叫頭一遍。

你去叫我那箇趕車的，把牲口套上，快些兒走罷。

點燈簍的蠟也多帶兩枝罷，我看今兒【18b】箇天氣不狠亮咧。掌櫃的，回來再惱罷。

老爺們是要走罷？慢待慢待。

那裏話呢？客到店是算到家一樣否咧，咳（還）講究甚麼？

好説。你們老爺們趕下次也照顧我們纔好。

那咳用【19a】囑付麼？一遭生兩遭熟，再來必得照顧你們就着咧。

衆位們一路保重罷。不送你們幾位咧。

赶車的，這到京裏多遠麼？

今兒箇可以赶進去咧。

那麼就快些兒走罷。

噯喲，走不得咧。

【19b】這怎麼説呢？咳有走不得的道麼？

不是那麼的，前邊這道河橋都塌咧，從新咳没有收拾呢，打那裏過去麼？

你這箇話好不明白。這樣大道口没有擺渡麼？你拿燈篭往前看一看，若是【20a】找不着船時候兒，横竪有箇淺地方可以過去咧。

我到河沿看咧半天，也没有過路來往的，那箇淌消水也流的忒急，橋底下水有三尺來深，打那裏能勾過得去呢？

你連一遭没有來過【20b】麼？

我那會來的時候兒，打橋上過來的，如今知不道怎麼箇兒過咧。

你到那庄裏找人問一問罷。

我到那裏叫喚半天，打裏頭出來一箇老頭，問我有甚麼事，我説他這河打那裏過呢？【21a】他本是聾子，我説東他説西，高聲説他，他肯糊塗，教我氣死説不出話來，在那裏站着半天時候兒，打屋裏出來一箇小媳婦，年紀不上十五六歲，對我説："那位老人是我的【21b】公公，今年九十九歲，又聾又瘋，説他不明白，你有話對我説罷。"我纔問他過河的路迳，他説："今年春天涨咧一場大水，把這河的橋都衝去咧，橋那塊兒擺不得船，這上邊有【22a】擺渡呢，你從這箇車道往上走一走，走不一候兒有一坐龍王廟，那廟裏是他們水手的住處。你們到那裏問去罷。"他這麼一説我，我纔跑回來咧。

咱們咳是往上走的好。

怎麼看【22b】不見擺渡口麼？

你呢在車裏頭瞧不出來呢。那河叉子裏不是船麼？

你去叫他們水手快些來罷。

噯喲，這又了不得。

這又怎麼説呢？

我到那廟門口叫喚一聲兒，有一箇看廟的出來問我，【23a】我説找水手要過河呢。他説是："你們來的太早。那擺船的雜種們白日增（掙）了幾箇錢，到黑著都往四下里跑去，也有耍錢聚賭的，也有哈酒窩娼的，都是無家無夜的光棍們，像這【23b】箇時候兒，知道他在那塊兒！"

我知道這種東西們眞可惡。

這是通御路大道否咧，迎官接差是他的道理，他劣惡不守本分，好混賬啊！找他們來咧。

你們都往那裏去來着？

我們白日【24a】受苦，晚晌（晌）多貪兩口酒，不知道老爺們來咧。

好不老實的東西，不必講嘴，快些兒擺罷。

噯喲，這是不行的。老爺們是外方的人，不曉得這河的利害。河又寬水又急，一半箇人擺不過去【24b】呢。等天亮再過罷。

你哄別人去罷！咱不是頭一没來的。長來中國地方，出過多少遠門，辦過許多公事，別説你們這樣小河，連有名的大河也不定走過幾會咧。

噯喲，這位【25a】老爺滿口京話，就像咱們一般樣咧。咱們那怕他辛苦呢？給他們擺過去罷。橫豎少不了我們的酒錢。

過來咧。

那樹林子裏一遍瓦房，是不是張家灣麼？到那裏打尖去罷。

咱們到京裏住那【25b】塊兒？

進崇文門，到我們館裏卸車罷。

胡兄弟，你到那裏住去呢？

我們同來的朋友是他不住客店要住會館呢，隨他到那裏住去是啊。

那麼就明兒箇到那裏瞧你就是咧。

好說，何敢教【26a】大哥勞駕麼？明兒箇兄弟到貴館瞧兄台是咧。

進城來咧。

你們老爺來咧麼？怎麼今兒箇纔到咧？

我們打天津往這裏來，天道好不大離疎，隔一天下一天雨，在半道上躭悮幾天工夫【26b】咧。我說半天，不認得你是誰呢。

你何能認得我麼？我們家是輩輩當這箇差使，這裏有名的徐通官是我的老人家咧。

是那麼來着？你父親可好麼？

不孝的說不得咧。我的父親前年去【27a】世，只有老母在着咧。

我却是寔在不知道來着。你父親在世的時候兒，長對我說有一箇兒子，怪不得你這麼大咧。今年屬甚麼？

纔二十五歲咧。

你當這箇差有幾年麼？

有一年多的工【27b】夫。

是好能對得起你老人家。

老爺打貴國來的時候兒，一路上看過新新事麼？

怎麼沒有呢？我打王京上咧火輪船，這船上也有中國人，也有外洋人，他們是都走慣海裏的，也不怕甚麼樣【28a】的大風，一開船呼呼一響，就打煙筒裏冒起黑烟，越走越快，用不了幾天工夫到上海咧。我在本國時候兒，長聽着他們講究，這上海是好大去處，我有心看一看，下船到街裏，走不多【28b】遠，就不知東西南北咧。那三市六街買賣門面，沒有法兒説道。咳有多高的樓上演起戲班子，唱的唱，吹的吹，打的打，又有穿花過柳王子公孫們，也有跑馬耍頑意兒的，也【29a】有坐船行令哈酒的，四通五達之路人來人往，捏（擔）的挑的，拉的推的，像這樣熱鬧的寔在好看咧。我看咧半天，又到一箇地方，圍着一羣人，我也不知道甚麼緣故，排開那些箇人往裏【29b】一瞧，那裏頭站着十來箇大漢，咳有幾箇年青女兒，穿的打扮是好像耍戲法的人，那箇人手拿一把刀子，往自已（己）嘴裏一挿，只剩下一寸多的刀把兒，這箇人也不死也不倒地，【30a】站咧半天，又拔出這把刀子，望那女兒身上一通，這箇女兒不忙不慢的，舉起一把扇子往上一攔（擋），這刀却是落空咧。他們兩箇一上一下要咧半天，這女兒終是敵不過他，要【30b】往外跑的時候兒，這刀子就刺他心窩裏去咧。我當他是眞死咧，半天又活過來咧。這都是弄假成眞的戲法咧。又是那女兒，手拿一塊紅珠子，攔在手裏轉來轉去，一箇成十箇，十箇成百【31a】箇，歸起成咧一大盤的櫻桃兒，這樣頑意兒不過是胡弄銀錢的咧。又到一家，要買一件東西。

　　這是甚麼買賣家呢？

　　不是咱們中國人開的，是他們英國人的洋行咧。

　　我打那行門口一走，【31b】有一箇年青的小子，出來讓我到裏頭坐着，我打着這是甚麼意思？到椅子上一坐下咧，那箇小子斟上茶來，我哈咧一碗茶坐一候兒，他纔問我要買甚麼東西呢。我不曉得他們買（賣）的甚【32a】麼，問他有甚麼寶貨呢。他説是“沒有一點兒不全的，客官只管言語些兒罷”。我要買幾塊時表、三四箇掛鐘呢。他照樣拿過來，一點兒也不錯，各樣底下都畫箇碼子。價錢也比這裏平【32b】易多唎。所以在那裏買些東西，公平交易，言無二價唎。

老爺這次可以住多少日子呢？

這没兒是無有甚麼大事，住不得許多的工夫唎，明兒箇完了公事，後兒箇要走啊。這京裏有義豐銀號麼？

【33a】你問他作甚麼？

我有幾張囘票要搕銀子去唎。

噯喲，你這囘票是打那裏來的？

我打上海銀號裏會來的。

有多少數麼？

好上萬數來的銀子唎。

這箇票恐怕使不下去。

怎麼説呢？【33b】他們買賣不興旺麼？

不是那麼的。這義豐家是京裏算他頭一箇號。頭裏在城外的時候兒，他的買賣可以幹得過兒，如今挪到東四牌樓，做他們王公侯爺府的買賣，所以那些箇做官的人們，【34a】都打他那裏川換銀子唎，這麼一來他的生意越大法兒。那箇時候兒有一箇南京的人，他做過一省的總督，自然是銀錢寬大些兒，聽着義豐號的大法兒，把幾萬銀子都存得他那裏，一年教他【34b】放多少腿子，越放越寬，誰知那位官兒運氣不好，惱出一場大事唎！

因爲甚麼事呢？

他在南京作官的時候兒，貪財惡人，得些箇銀錢，去年京裏的御史密查到那裏，查得這宗【35a】大案，囘來一奏萬歲爺，朝廷特教刑部論他的罪，他拿錢換命，不定化多少銀子唎。所以連義豐號也吃一點兒虧唎。如今這裏買賣家都不要他的呢，只怕這箇囘票使不下去唎。

【35b】那箇是我就不怕呢。萬一他不付這箇銀子，就我再到上

海本舖裏能要得來。

那麼就不怕咧。我陪着老爺惱半天的話兒，就惧你老睡覺呢，好些歇歇罷。明日再來領教。

華音啓蒙諺解下

【1a】這位打扮好看。頭戴烏紗帽，身穿圓領大袖，好像漢時的人，教人可敬可羡。

好説，我們敝國人是這樣粧扮呢。

好啊。看起你來必有品職的官員咧。

豈敢。没有那【1b】麽大的前程啊。

你們來的時候兒走那條路呢？

打鳳凰城坐了三套小車子，走一箇多月繞到這北京來咧。

嘡喲，辛苦不少。

爲國家出力，敢説勞苦麼？

你老高姓？

不敢，姓金。

没有領教。【2a】我是江南蘇州府人，賤姓王啊。

這樣好遠的地方，來這京都有何貴幹麽？

我是現任北京禮部裏郎中。你瞧不出這帽子上亮藍頂戴麽？

嘡喲，在下的失陪你咧。幾時高陞的？

十五【2b】歳上就考童生，十六歳會過咧鄉試，十八歳登了進士，十九歳做過京城裏通判，二十一歳陞咧唐山縣的知縣，今年二十五歳，做這樣的小官兒。

嘡喲，你老是好大的前程。

好説，都是萬歳爺的海【3a】恩。你們貴國的王法規矩比咱們中國如何？

　　我們國是讀孔孟之書，行周公之禮，所以四書五經也没有不講過的，諸子百家也曉得的多咧。

　　好一箇有禮有義之邦，真是大同小異。【3b】咱們聽説是，你們那邊山清水秀，有箇平壤府的地方，是好大的去處，講一箇景致給我聽聽罷。

　　噯喲，提起這箇地方來，好的狠。城底下有箇潮水來往的大同江，城上邊有箇金粉丹青的練【4a】光亭，城東邊有箇錦繡排舖樣的綾羅島，城西邊有箇玉女澹粧樣的牧丹峰，城北邊有箇七層玉塔兒的永明寺，對岸上蓋起了兩三層樓，樓前邊拴了許多的船隻兒，滿藏了各樣的貨物發賣【4b】呢。三月裏，紅的是花，緑的是柳。多少的王孫公子，各載咧天上吊下來的二八女佳人，唱的也有，彈的也有，吹的也有，這樣熱鬧的光景，真是一口難説。

　　噯喲，聽到你這箇話兒來，【5a】就像咱們蘇杭地方一般一樣。

　　咱們講到半天的話，咳没有領過教訓。請大人開金口發玉言，把那箇江南的好處講一講。

　　我那箇口氣講不到好處，你呢別見笑。

　　噯喲，那裏話！文才人物【5b】也出在南邊，土産的寶物也是不少。別那麼過讓罷。

　　那邊土産是不過綾羅紬緞，闊長的大布，洞庭的橘子，福建的冰糖，磁州的磁器。又提我們那邊西湖上的景致，一筆難畫。

　　講的狠好，【6a】教人越聽越好。我們外方的人，想去也去不了。若是到那裏瞧一會，就一輩子不想廻家。你呢今天不上部裏去麼？

　　今天是下班的閒日子，公事不在我的身上，所以無拘無束的【6b】平坐家裏，遇見你這位貴客，談談內外的事由，這不是"有緣千里來相會，無緣對面不相逢"？這樣的話兒不錯。

好説，你哪。咱們把這箇閒話先擱一邊，咳要領教，你老別煩心。

【7a】怎麽説呢？咱們彼此否咧，没有講究，你有話只管講來罷。

聽説中國開科取才好不容易，兩年一鄉試三年一會試，錯咧滿肚文章不能來考，所以在京在外的大小官員，那一【7b】箇不能，那一箇不明？這樣大邦之地，大才大用的話一點兒不錯。

好説。你們那邊像咱們中國不差甚麽，只是穿帶的衣服兩路，從那朝那代就是這樣麽？

我們是亙古以來，終【8a】没有改過咧，所以算我們東國是都叫小中華。我頭一次會過你呢，説得這些箇話兒，教我心裏爽快的狠。

這北京城是本來古燕地方，如今大清家，建都以來，三市六街，九城九門，【8b】内外皇城，大小衚衕，作官爲宦的，作買作賣的，人山人海，來來往往，挨挨擠擠，你拉我扯，像這樣熱鬧的地方，天底下也能有得了麽？

實在的話，連南京也比不上這裏咧。今天我【9a】陪着大人講過這些箇話兒，好囉嗦囉嗦。

那裏的話？咱們裏頭否咧，咳要拘禮麽？

我要告辭大人。

這是使不得的。你既是到我這裏來，那有怎麽快走的？你先別走，坐一候兒，哈一碗【9b】茶，吃一點兒點心，哈一鐘酒再走罷。教底下們叫那箇厨房的，預備各樣點心葷素酒菜來罷。

噯喲，費心老大人。這些箇禮兒，我怎麽當得起呢？

這是便易酒飯，没有甚麽可口的，【10a】不過是西洋葡萄酒，安徽的竹笋，杭州的柑子，玉田的火腿，松江的鱸魚，没有甚麽山珍海味。你却別嫌粗，請用一用罷。咱們化箇拳打箇賭，你贏（贏）我輸，多哈兩鍾酒纔好。

　　我們外【10b】國人，不會化拳的數兒，不敢領教咧。

　　那麽就咱們不必打賭，你篩我敬，盡量兒哈罷。

　　我這箇酒量哈不得大酒，實不敢從命。

　　我聽説你們那邊土産的靈草，有一種人蔘，是我們南【11a】方要緊所用的東西，你把那箇根底講一講罷。

　　我們那邊有箇松都府，出這樣藥材，一補元氣，二補身體，眞有起死囘生的妙理，所以連我們本國也寬大的所用。拿一斤人蔘，能【11b】換一斗金子，實在的得不容易。俗言道："黃金有價藥無價。"説的不錯。我今天來到貴府，教大人費心費心。

　　你這怎麽説呢？天下人交天下友，一遭生兩遭熟，你呢別當外人看顧我【12a】罷。越交越厚，這纔是朋友的道理。

　　咳用説麽？我是那一塘不來？來就必來瞧大人。

　　叫跟班的，把那箇小車套上，拿那匹黑驢子背鞍子，一同送到館裏廻來罷。

　　噯喲，費心費心。【12b】囘國的時候兒再來謝謝大人。

　　囘來咧。

　　你老今天上那裏去來咧？怎麽這箇時候兒纔廻來麽？

　　我在城外頭來咧。

　　金老爺昨兒箇在城外那裏來着？

　　我在順治門外，大街路東禮部做官的宅裏，【13a】惱半天的口，一半候兒不教囘來，所以在那裏耽悮的咧。今天咱們館裏没有事麽？

　　怎麽没有事呢？昨兒箇打禮部裏下來文書，教我們交貢呢。

　　噯喲，我却是寔在不知道咧。那麽就叫通事【13b】們把貢物拾得停當纔好走。

那就是咧。把東西都打開咧,老爺你來瞧瞧,點點數兒罷。

你開那箇箱子,拿出官服朝靴來,都攔得外邊,別攔裏頭,臨走時候兒,不用手忙脚亂罷。【14a】貢物都裝車咧没有啊?

早已拾得好啊。

那麼就直赶部裏去罷。

到來咧。

噯喲,衆位老爺們來咧麼? 一路上太平?

好説。托福托福。

你們國王萬福?

仰托中國的洪福,太平無事了。衆位【14b】大人們在上,在下的問好。

好説,豈敢? 你們幾位先坐一坐,哈一盃茶,再辦公事罷。

不敢當啊。咱們先公後私纔道理。那能先領厚情麼? 把拿進的物件,都打開瞧瞧,點點數兒【15a】好交庫。

那就是咧。

各樣都查到好咧。

那麼就拿箇紙条,先把庫門封上,打箇印信年月,別記錯罷。

噯喲,謝謝大人們。今天武勞神的不小。

那裏話呢? 你們朝鮮國是自古以來【15b】服事我們中國,没有一點兒錯處,何况大清家待你們不錯,彼此都是給主子辦事否咧,那能錯得了?

噯喲,這樣痛(疼)愛我們,生受不當的咧。請問,這禮部正堂徐大人,是那鄉的人?【16a】有甚麼功勞,做這樣的高官? 我要領教呢,請你老説一説罷。在下的洗耳敬聽。

那徐大人是本來宦門子弟,在本鄉裏中咧文舉,到京赶考,拔例(咧)頭一名進士,做過內閣的中書,以【16b】後陞咧南京的學院,拔出多少人才,爲國報忠,所以我們萬歲爺特加二品尚書。這眞是官星高照明公,一點不虛啊。

噯喲,好不容易咧。天氣不早,改日再會罷。

你要走麽? 不【17a】送你們幾位啊。

大家回來咧。看門的回話:門口外頭有一箇人,手拿名帖,说是請老爺呢。我問他打那塊來的。他说是前門外頭有箇甚麽王大人府裏來的。

我想起來咧,這是我們【17b】幾輩子交成的呢。你叫那箇跟班的進來罷。

我們老爺招你進來啊。

進來咧。

給大老爺請安哪。

你們大人府裏平安麽?

我們老大人是去年陞咧兩江總督,三大人是在外做官咳没有回來,【18a】只是二大人在府,说是要來拜望,没有得閒工夫,特派小的們來請大老爺,上我們府裏去呢。

那麼就拿我的名帖先回去罷,我隨後就走啊。這箇時候兒有幾點鐘麽?

纔八【18b】點鐘兒。

赶十下鐘走也是得。你叫那箇赶車的把那箇車圍子都換箇新新顏色罷,那箇名帖拜匣也擱得車裏頭,所用的東西一件也別忘罷。

都妥妥當當的咧。

走罷。

出城門不一候兒就到啊。【19a】那大街當間紅油的大門，這不是王大人的府上麼？

是咧。

那麼就把我的名帖到門房裏，教他們送進裏頭去罷。

大人請進去呢。

噯喲，甚風吹到，教大人勞駕，光臨寒府，憨愧憨【19b】愧。

豈敢當的？大人閤府均安麼？

托福托福。大人從貴國來的時候兒，那關東一處年成如何？

年成倒好，就是吃食東西越發貴了。

那是怎麼緣故呢？

沿道開店的，吃客穿客，【20a】所以不打客身上增（掙）錢就打那裏來使用的呢？

噯喲，這箇東西們好混帳啊。

那關東是比這北京城越冷的地方。

今年下多大雪麼？

噯喲，提起這箇話兒，寔在了不得！

怎麼説呢？

我們剛出鳳【20b】凰城地方，到遼東界上，下咧三天一夜的大雪，滿山滿溝都像粉壁樣兒，寡下箇大雪該（咳一還）倒不要緊的，又刮一場大風，套車的牲口睁不開眼睛，赶車的拿不起鞭子，如何走得開？【21a】萬一走到大高嶺上，東刮來的風西刮來的雪，堆在一塊成箇雪洞一樣，像我們走道的遭多大罪麼？

噯喲，大人們受罪不少咧。

到這步田地何能説得麼？

你呢那年送我的兩幅對聯是【21b】那國人寫的麼?

是我國人寫的。你老問這箇干甚麼?

去年正月是我們老大人的生日,打宮裏頭來一位太監,爲我們大人拜壽的,那天把這箇對聯掛起來着,那太監擡頭一看,【22a】勾我拿銀子要買呢,何敢要他的銀子麼?若是不送給他罷,恐怕他怪惱我們,所以給他送去咧。以後這位太監打派人來,説是"那幅對聯是誰寫的麼",我纔説他你們寫的咧,【22b】他一聽這箇話,立刻就囘去咧,又來,説是等着貴國人再來的時候兒,教我咳要買兩幅呢,不定有没有那樣的麼?

噯喲,這却是了不得咧!這箇對子是也不現寫的,是一箇古人的遺跡【23a】啊,可惜了,可惜了。像這樣好東西再也得不了。那上頭掛的自鳴鐘是那國的東西?

這是英國來的。好奇妙的狠。鐘裏有一箇雀兒,按着一天的時辰叫喚,鐘一響他也叫一聲兒,眞【23b】是奇怪的頑意兒。你們那邊也講究這些箇古董麼?

怎麼不講究?

都是甚麼?

玉器、瑪瑚、翡翠、珊瑚、水晶、墨晶,連各樣古董都有咧。那卓子上放的石頭是甚麼寶物麼?

噯喲,這箇石頭的原根,説【24a】起來眞是稀罕的咧。

怎麼説呢?一箇石頭否咧,咳有甚麼用處呢?教人摸不着頭緒咧。

你若不信,就看看那石頭上有多少孔眼麼。

這箇石頭古怪的狠。我的記性兒輕易數不過來。

我【24b】説與你罷。我前年上隆福寺燒香囘來的時候兒,一到前門大街,圍着一羣人,亂嘈亂嚷,我也不知道甚麼緣故,把那些

箇人都叫開咧，當中站着一箇大漢，聽他口音是好像南京的
人，【25a】頭戴一頂絨邊緞子帽，身穿一件毛藍布的袍子，腰繫一條
貴州紬帶子，足登（蹬）一雙綉邊布鞋，手拿一塊石頭，自言自語：
“像這樣大地方，没有一箇識貨的，眞是可惜了。”我聽見他説，【25b】
叫跟班的帶他上我們府裏來，問這箇石頭有甚麽用處，那箇客人對
我説是：“這箇東西遇不着識貨的，説他無益啊。”“那麽就有何造化
麽？你給我説一説罷。”他纔開口説道：這石頂【26a】上有三十六箇
大孔，下半截有二十八箇小眼，應天上的星辰，赶到天陰下雨的時
候兒，打這箇孔裏冒出雲彩，又從小眼裏滴下雨來，看那箇雲曚曚
雨滴滴的樣兒，教人歡天喜地的咧。【26b】咳有一種造化更好看：拿
一箇銅盆盛一盆水，把石頭沉得那盆裏，立刻就發雲發霧的，好像
神仙洞裏一般樣。

　　噯喲，這塊寶石眞是天下無雙的咧！你老知道這箇出處麽？

　　我也【27a】問過那客人，他説是原來使船的水手，家住在黃河沿
的，那一天在河沿走來時候兒，打水面上起來一道霧氣，他尋思着
那有這樣怪事，一頭説一頭走，到那裏左看右看也並【27b】没有別的
東西，只有一塊玲瓏石頭咧，他也不知道甚麽東西，伸手撈出來揣
在懷裏，要往家裏走的時候兒，打西邊來一位道士，身穿一件黑紗
道袍，手拿一根拐棍，來到跟前，問他説【28a】是：“你那箇東西打那
裏得來的麽？”他説是在這河裏撈出來的。那箇道士聽這話就説
他：“你既是得這樣的寶貝呢，知道有甚麽用處麽？”他答應他説是：
“我知不道是甚麽東西，誰知【28b】他是有用處没有用處？”“罷了，罷
了。你這樣俗眼那能懂（董）得了？我説給你聽罷：那女媧娘娘鍊
石補天時候兒，剩下這塊石頭，放在青峺山上以來，不定有多少的
輪廻，……”一五一十的都説他。【29a】所以拿這石頭到京裏來，找行
家要賣，問他要多少價錢，他要五千兩銀子，我給他四千兩現銀子

買的咧。

　　噯喲,你老是高眼行家呢。像咱們俗眼那能明白?

　　好説,你呢別誇【29b】獎我罷。俗言道"人離鄉賤,物離鄉貴",一點兒不錯。若是這塊石頭不露面,就誰知他是值錢的寶貝?

　　門房的進來回話:"有箇古董行裏張老四要見大人。"

　　叫他進來罷。

　　【30a】張老四,你可好麼? 這幾年怎麼見不着呢?

　　噯喲,我走一塘海外的緣故,這些年來没有陪着大人咧。

　　你去甚麼地方來着?

　　走的地方忒多,記不清楚。

　　你説一箇來罷。我要聽着。

　　提起這箇【30b】話來,教人好害怕。我打天津衛跟着火輪船,到咧上海住幾天,又上福建,到船行家裏,打聽跑海大船,就有一箇使船的,説是:"客人要上那裏去?""我要上廣東的。""有何貴幹?""我【31a】要販珠寶去。"他説:"没有廣東去的,只有一箇天字號大船,明兒箇要去海外呢。"我尋思着,那海外地方是金銀珠寶出的也多,價錢也比中國橫豎便易些,我走一塘看看怎麼樣罷。定【31b】了主意以後,問他多少船價,他要每一箇人三十塊洋錢,"若帶貨物,就按着一百斤叫十塊錢就是咧。""那麼就我也跟着走罷。""你呢去過一遭咧没有啊?""我是北方的人,那能到過海外麼?"【32a】噯喲,你却去不了□。""這怎麼説呢? 天下老鴇一般黑,那咳有去不了的地方麼?""不是那麼説法,咱們船上的人都是跑慣大海的,咳有那些客人們,也是本鄉本處的。你呢是一來北方的【32b】人,二來不服水土,萬一有一點不對勁,你不抱怨我麼?""那裏的話? 我也跟過好幾會船否咧,懂得那些箇利害,只管走就是咧。""噯喲,你是箇老江湖咧。咱們有眼無珠的,看不出同【33a】行的朋友來着。恕罪恕罷罷。開船走就是咧。"走有兩天工夫,天氣就變過來咧,一頭刮風一頭下雨,越刮越利害,那一陣狂風惡雨,把這隻船兒不定刮到甚麼地方去咧,這咳了得![33b]滿船的人快要見龍王爺的時候兒,誰想老天爺可憐幾條人命兒,風站雨住,船就站住了。

嗳喲,險些惱(鬧)出大難子咧!歸起到甚麼地方來着?

咱們到的地方忒多咧,那越南、交趾、大小[34a]琉球,連那外洋地方都走過來咧。

你怪不得眼空四海咧。都換些箇甚麼寶貝來?

不過是犀角、明珠、翡翠、珊瑚。咳有一箇大珠子,七十多箇小珠子,這是從西洋買來的,我也頭一會見過[34b]這樣的咧。

怎麼樣的呢?

先把大珠子擱在盤子裏,後拿小珠子撒在一塊兒,大的合小的滾得一塊兒粘起來咧,像雞鵙(蛋)一般大的,明亮亮的光兒,能照一屋子的人,比燈火兒咳亮啊。

這樣[35a]好貨怎麼到得你手裏?

我在西洋交一箇買賣家,那國裏也屬他頭一箇字號咧,我打那裏買來的。

拿甚麼東西換來的?

若説價錢,恐怕没有人敢要咧。

好説,一箇珠子否咧,誰説没有準[35b]價錢?

這箇珠子同不得別的貨呢,若是遇着買主,十萬八萬也是他咧。

有人要過咧没有?

昨兒箇有一箇相好的來,説是:"你那箇珠子別人都要不起的,只有一位親王爺要買呢,這位[36a]王府是住在皇城裏頭,閒人們進不去咧。"聽着説,尊府老大人是王爺的師傅呢,這箇珠子買不賣

（買），都在大人作成。所以特來請安，教大人費心。

好説，這件事兒我怎麼辦得起呢?【36b】不過是給你説就是咧。俗言道："謀事在人，成事在天。"只在你的財運好罷咧。

噯喲，大人這樣疼愛我的生受不當咧。

我今天陪着貴客没有空兒現去，後日再來聽信罷。

張老四你來咧麼?【37a】你這箇珠子賣不到好價錢。

怎麼説呢?

我昨兒箇到王府裏去，把這箇珠子給他瞧一會咧。那王爺拿在手裏看咧半天，叫人打開自己的錦匣子，拿出一顆明珠比一比，纔説我："你這【37b】箇貨好倒好，不是全套的，小(少)一箇數兒，恐怕買(賣)不上大價錢。"我問他有甚麼試認。他説："這是瞞不得我的。這叫子母珠，原來海裏出的。一顆大的，七十二顆小的，這纔是勾全套。【38a】你這箇珠子少咧一塊，咳不跟我這箇好。"我終是不信他咧，那王爺拿兩箇金盤子，把(?)這兩樣珠子攔得盤子裏(?)，果然是都滚在一塊來，成箇鷄鳴(蛋)樣的。你那珠子剛照八尺來高，【38b】他那箇能照一丈多高，這不是一分錢一分貨麼?

噯喲，這王爺寔在的高眼，教人好賓服！我在西洋買來的時候兒，聽過他們説話，這箇珠子本來少一箇，所以不算全套的，誰想【39a】咱們中國也有這樣高眼麼? 罷了罷了。憑他説多少價呢，隨便賣給他就是咧。

我也問過他給多少價呢，那王爺説是："我那箇珠子不是買的。那年中國欽差上外國回來的時候兒，那國王【39b】子給我送禮來的，連我也不曉得值多少咧。別管他三七二十一，給他五千兩現銀子，看他願意不願意罷。"我所以爲你辦這箇事情，不得不給你辦。

謝謝大人。

你別説謝我，到底【40a】是賣不賣罷？

我怎麼不賣？再教他添多少銀子是咧？

你這箇好糊塗話！買賣規矩，兩願意纔成得了。這位王爺的皮氣誰咳不知道麼？別管買甚麼東西，添到價錢，就再也添不上半【40b】文錢的皮氣。若是左三右四不對皮氣，肚（賭）氣偏不買他的。你也樂意要賣，就我好回覆他去。

這咳問我麼？憑大人怎麼辦怎麼好咧。

那麼就寫箇合通畫箇押罷。

附：

千　字　文

【1a】天地玄黃，宇宙洪荒。日月盈昃，辰宿列張。寒來暑往，秋收冬藏。閏餘成歲，律呂調陽。雲騰致雨，露結爲霜。金生麗水，玉出崑岡。劍號巨闕，珠稱夜光。果珍李奈，菜重芥薑。海醎河淡，鱗潛羽翔。龍師火帝，鳥官人皇。始制文字，乃服衣裳。推位讓國，有虞陶唐。弔民伐罪，周發殷湯。坐朝問道，【1b】垂拱平章。愛育黎首，臣伏戎羌。遐邇壹體，率賓歸王。鳴鳳在樹，白駒食場。化被草木，賴及萬方。蓋此身髮，四大五常。恭惟鞠養，豈敢毀傷。女慕貞烈，男效才良。知過必改，得能莫忘。罔談彼短，靡恃己（己）長。信使可覆，器欲難量。墨悲絲染，《詩》讚羔羊。景行維賢，剋念作聖。德建名立，形端表正。空谷傳聲，虛堂習聽。禍因惡積，【2a】福緣善慶。尺璧非寶，寸陰是競。資父事君，曰嚴與敬。孝當竭力，忠則盡命。臨深履薄，夙興溫凊。似蘭斯馨，如松之盛。川流不息，淵澄取暎。容止若思，言辭安定。篤初誠美，慎終宜令。榮業所基，籍甚無竟。學優登仕，攝職從政。存以甘棠，去而益詠。

樂殊貴賤，禮別尊卑。上和下睦，夫唱歸隨。外受傅訓，入奉母儀。
諸姑伯叔，【2b】猶子比兒。孔懷兄弟，同氣連枝。交友投分，切磨
箴規。仁慈隱惻，造次弗離。節義廉退，顛沛匪虧。性靜情逸，心
動神疲。守眞志滿，逐物意移。堅持雅操，好爵自縻。都邑華夏，
東西二京。背邙面洛，浮渭據涇。宮殿盤鬱，樓觀飛驚。圖寫禽
獸，畫綵仙靈。丙舍傍啓，甲帳對楹。肆筵設席，鼓瑟吹笙。陞階
納陛，弁轉疑星。右通廣内，【3a】左達承明。既集墳典，亦聚羣英。
杜稿鍾隸，漆書壁經。府羅將相，路俠槐卿。户封八縣，家給千兵。
高冠陪輦，驅轂振纓。世禄侈富，車駕肥輕。策功茂實，勒碑刻銘。
磻溪伊尹，佐時阿衡。奄宅曲阜，微旦孰營。桓公匡合，濟弱扶傾。
綺回漢惠，説感武丁。俊乂密勿，多士寔寧。晉楚更霸，趙魏困横。
假途滅虢，踐土會盟。何遵約法，【3b】韓弊煩刑。起翦頗牧，用軍
最精。宣威沙漠，馳譽丹青。九州禹迹，百郡秦并。嶽宗恒岱，禪
主云亭。鴈門紫塞，鷄田赤城。昆池碣石，鉅野洞庭。曠遠綿邈，
巖岫杳冥。治本於農，務茲稼穡。俶載南畝，我藝黍稷。稅熟貢
新，勸賞黜陟。孟軻敦素，史魚秉直。庶幾中庸，勞謙謹勅。聆音
察理，鑑貌(貌)辨色。貽厥嘉猷，勉其祗植。省躬譏誡，【4a】寵增抗
極。殆辱近恥，林皋幸即。兩疏見機，解組誰逼。索居閒處，沉默
寂寥。求古尋論，散慮逍遥。欣奏累遣，感謝歡招。渠何的歷，園
莽抽條。枇杷晚翠，梧桐早凋。陳根委翳，落葉飄飄。遊鵾獨運，
凌摩絳霄。耽讀翫市，寓目囊箱。易輶攸畏，屬耳垣牆。具膳飡
飯，適口充腸。飽飫烹宰，飢厭糟糠。親戚故舊，老少異糧。妾御
紡績，【4b】侍巾帷房。紈扇圓潔，銀燭煒煌。晝眠夕寐，籃筍象床。
絃歌酒讌，接盃舉觴。矯手頓足，悦豫且康。嫡後嗣續，祭祀蒸嘗。
稽顙再拜，悚懼恐惶。牋牒簡要，顧答審詳。骸垢想浴，執熱願凉。
驢騾犢特，駭躍超驤。誅斬賊盜，捕獲叛亡。布射遼丸，嵇琴阮嘯。

恬筆倫紙,鈞巧任釣。釋紛利俗,並皆佳妙。毛施淑姿,工嚬妍笑。
年矢每催,【5a】曦暉朗耀。璇璣懸斡,晦魄環照。指新修祐,永綏吉
邵。矩步引領,俯仰廊廟。束帶矜莊,徘徊瞻眺。孤陋寡聞,愚蒙
等誚。謂語助者,焉哉乎也。

百　家　姓

趙錢孫李　周吳鄭王　馮陳褚衛　蔣沈韓楊　朱秦尤許　何
呂施張　孔曹嚴華　金魏陶姜　戚謝鄒喻　柏水竇章　雲蘇潘葛
奚范彭郎　【5b】魯韋昌馬　苗鳳花方　俞任袁柳　酆鮑史唐　費
廉岑薛　雷賀倪湯　滕殷羅畢　郝鄔安常　樂于時傅　皮卞齊康
伍余元卜　顧孟平黃　和穆蕭尹　姚邵湛汪　祁毛禹狄　米貝明
臧　計伏成戴　談宋茅龐　熊紀舒屈　項祝董梁　杜阮藍閔　席
季麻強　賈路婁危　江童顏郭　梅盛林刁　鍾徐邱駱　高夏蔡田
樊胡凌霍　虞萬支柯　咎(昝)管盧莫　【6a】經房裘繆　干解應宗
丁宣賁鄧　郁單杭洪　包諸左石　崔吉鈕龔　程嵇邢滑　裴陸榮
翁　荀羊於惠　甄麴家封　芮羿儲靳　汲邴糜松　井段富巫　烏
焦巴弓　牧隗山谷　車侯宓蓬　全郗班仰　秋仲伊宮　甯仇欒暴
甘鈄厲戎　祖武符劉　景詹束龍　葉幸司韶　郜黎薊薄　印宿白
懷　蒲邰從鄂　索咸籍賴　卓藺屠蒙　池喬陰鬱　胥能蒼雙
【6b】聞莘党翟　譚貢勞逄　姬申扶堵　冉宰酈雍　郤璩桑桂　濮
牛壽通　邊扈燕冀　郟浦尚農　溫別莊晏　柴瞿閻充　慕連茹習
宦艾魚容　向古易慎　戈廖庾終　暨居衡步　都耿滿弘　匡國文
寇　廣禄闕東　歐殳沃利　蔚越夔隆　師鞏庫聶　晁勾敖融　冷
訾辛闞　那簡饒空　曾毋沙乜　養鞠須豐　巢關蒯相　查後荊紅
游竺權逯　蓋益桓公　【7a】万俟司馬　上官歐陽　夏候(侯)諸葛
聞人東方　赫連皇甫　尉遲公羊　澹臺公冶　宗政濮陽　淳于單

于　太叔申屠　公孫仲孫　軒轅令狐　鍾離宇文　長孫慕容　司徒司空　百家姓終

原隋蘭曲　考叢戰初　南海脩尼　醰衣由牟

天　干　地　支

甲乙丙丁戊巳(己)庚辛壬癸

子丑寅卯辰巳午未申酉戌亥

【7b】二十八宿

角亢氐房心尾箕斗牛女虛危室壁奎婁胃昴畢觜參井鬼柳星張翼軫

算　　數

一二三四五六七八九十百千萬億兆

你呢貴姓・學清

《你呢貴姓・學清》解題

　　《你呢貴姓》一册,抄本,三十四頁,六十七面,是成書於朝鮮朝後期高宗年間(1864—1906)的一種商務漢語會話課本。書名取自此書會話部分的第一句話,"你呢"應該是"你"的尊稱,相當於"您"。卷首題"大正八年己未十一月日修繕"一行字,據此推測,這個抄本可能是 1919 年的改裝本。蓋有"李王家圖書之章"一印。現藏韓國學中央研究院。此書包含三部分内容:1. 前七頁是"千字文""百家姓""天干地支""二十八宿""算數",跟《華音啓蒙》所附載的相同;2. 第 8—20 頁是朝鮮商人崔氏和中國遼東商人王氏的對話,兩千四百餘字,内容由拉家常到談生意;3. 最後是一條一條的單詞、俗語、成語、慣用語和一些句子,由於多用記音字甚或諺文,加之記録的都是方言俗語,有些詞語頗不易解,本書初版未予點校,此次增加了點校本,並根據諺文翻譯對一些詞語加了脚注。對漢語研究有用的主要是二、三部分。這兩部分的體例是:中間一行漢字,右邊用諺文逐字注音,左邊則是對句子(或詞語)的翻譯。其中的漢語跟《華音啓蒙》一樣,也是帶有東北方言色彩的口語,如"光"也説成"寡":不算粮食,寡吃穿使用的打得一塊筭起來嗎,著个三百來的銀子(9b)。有些用字特點也相同,如"還"作"咳""趙"作"塘""够"作"勾"等。《你呢貴姓》與《華音啓蒙》年代和内容相近,方言特點也相似,可以作比較研究。此次收入本書,將原書全部影印並點校。

　　《學清》是《你呢貴姓》的另一種手抄本,一册,十五頁。題目的意思是"學習清語(即漢語)"。原爲文友書林金榮福的舊藏本,現爲朴在淵教授所收藏。它只有中間的會話部分,没有《你呢貴姓》的一、三部分。每頁分上下兩欄,上欄是漢語句子和諺文注音,下欄爲諺文翻譯。會話部分與《你呢貴姓》基本上可以逐句對上,但有些地方《你呢貴姓》有而《學清》没有,相同部分的文字也略有出入。하다一詞在《學清》一律寫成ᄒᆞ다,而《你呢貴姓》則均用하다。朴在淵教授據此認爲《學清》要早於《你呢貴姓》。

　　總體而言,這兩種書的内容屬"商賈庸談",是實用會話課本,編者應爲朝鮮人(推測可能經過中國人的審定),精通東北口語而文化修養不高,書中大量使用俗字和記音字可以證明這一點。在《你呢貴姓》的第三部分,還發現有因爲不知道漢字寫法而只用諺文標注其讀音的詞語,如사(啥)、디구(嘀咕)等。對於語言研究者來説,這種土得到了家的口語實録正是求之不得的瑰寶,只可惜篇幅太短,在本書所收的十種書中,是字數最少的。它們也是目前所知朝鮮時代漢語教科書中最晚的一種,林東錫先生的《朝鮮譯學考》未提及。

　　這兩種書現收入鮮文大學校中韓翻譯文獻研究所編的《漢語資料叢書》(3),朴在淵、周發祥校注。此次點校即依據這個校注本。

你 呢 貴 姓

千 字 文

【1a】天地玄黃，宇宙洪荒。日月盈昃，辰宿列張。寒來暑往，秋收冬藏。閏餘成歲，律呂調陽。雲騰致雨，露結爲霜。金生麗水，玉出崑岡。劍號巨闕，珠稱夜光。果珍李柰，菜重芥薑。海鹹河淡，鱗潛羽翔。龍師火帝，鳥官人皇。始制文字，乃服衣裳。推位讓國，有虞陶唐。吊民伐罪，周發殷湯。坐朝問道，垂拱平章。愛育黎首，臣伏戎羌。【1b】遐邇壹體，率賓歸王。鳴鳳在樹，白駒食場。化被草木，賴及萬方。蓋此身髮，四大五常。恭惟鞠養，豈敢毀傷。女慕貞烈，男效才良。知過必改，得能莫忘。罔談彼短，靡恃己(己)長。信使可覆，器欲難量。墨悲絲染，《詩》讚羔羊。景行維賢，剋念作聖。德建名立，形端表正。空谷傳聲，虛堂習聽。因禍(禍因)惡積，福緣善慶。尺璧非寶，寸陰是競。【2a】資父事君，曰嚴與敬。孝當竭力，忠則盡命。臨深履薄，夙興溫清。似蘭斯馨，如松之盛。川流不息，淵澄取映。容止若思，言辭安定。篤初誠美，慎終宜令。榮業所基，籍甚無竟。學優登仕，攝職從政。存以甘棠，去而益詠。樂殊貴賤，禮別尊卑。上和下睦，夫唱歸隨。外受傅訓，入奉母儀。諸姑伯叔，猶子比兒。孔懷兄弟，同氣連枝。【2b】交友投分，切磨箴規。仁慈隱惻，造次弗離。節義廉退，顛沛匪虧。

性静情逸，心動神疲。守真志滿，逐物意移。堅持雅操，好爵自縻。
都邑華夏，東西二京。背邙面洛，浮渭據涇。宮殿盤欝（鬱），楼觀
飛驚。圖寫禽獸，畫綵仙靈。丙舍傍啓，甲帳對楹。肆筵設席，鼓
瑟吹笙。陞階納陛，弁轉疑星。右通廣内，左達承明。既集墳典，
亦聚群英。【3a】杜槀鍾隷，漆書壁經。府羅將相，路俠槐卿。户封八
縣，家給千兵。高冠陪輦，驅轂振纓。世禄侈富，車駕肥輕。策功
（功）茂實，勒碑刻銘。磻溪伊尹，佐時阿衡。奄宅曲阜，微旦孰
（敦）營。桓公匡合，濟弱扶傾。綺回漢惠，説感武丁。俊乂密勿，
多士寔寧。晉楚（楚）更霸，趙魏困横。假途滅虢，踐土會盟。何遵
（遵）約法，韓獘煩刑。起剪（翦）頗牧，用軍最精。【3b】宣威沙漠，馳
譽丹青。九州禹迹，百郡秦并。嶽宗泰岱（岱），禪主云亭。雁門紫
塞，鷄田赤城。昆池碣石，鉅野洞庭。曠遠緜邈，巖岫杳冥。治本
於農，務茲稼穡。俶載南畝（畝），我藝黍稷。税熟貢新，勸賞黜陟。
孟軻敦素，史魚秉直。庶幾中庸，勞謙謹勅。聆音察理，鑑貌（貌）
辨色。貽厥嘉猷，勉其祗植。省躬譏誡，寵增抗極。殆辱近恥，林
皋幸即。【4a】兩疏見機，解組誰逼。索居閒處，沉默寂寥。求古尋
論，散慮逍遥。欣奏累遣，感（慼）謝歡招。渠荷的歷，園莽抽條。
枇杷晚翠，梧桐早凋。陳根委翳，落葉飄颻。遊鵾獨運，凌摩絳霄。
耽讀翫市，寓目囊箱。易輶攸畏，屬耳垣墙。具膳飡飯，適口充腸。
飽飫烹宰，飢厭糟糠。親戚故舊，老少異糧。妾御紡績，侍巾帷房。
紈扇圓潔，銀燭煒煌。【4b】晝眠夕寐，藍筍象床。絃歌酒讌，接盃舉
觴。矯手頓足，悦豫且康。嫡後嗣續，祭祀蒸嘗。稽顙再拜，悚懼
恐惶。牋牒簡要，顧答審詳。骸垢想浴，執熱願凉。驢騾犢特，駭
躍超驤。誅斬賊盜，捕獲叛亡。布射遼丸，嵇琴阮嘯。恬筆倫紙，
鈞巧任釣。釋紛利俗，並皆佳妙。毛施淑姿，工嚬妍笑。年矢每
催，曦暉朗曜。璇璣懸斡，晦魄環照。【5a】指薪修祐，永綏吉邵。矩

步引領，俯仰廊廟。束帶矜（矝）莊，徘徊瞻眺。孤陋寡聞，愚蒙等
誚。謂語助者，［焉］哉乎也。

百　家　姓

趙錢孫李　周吳鄭王　馮陳褚衛　蔣沈韓楊　朱秦尤許　何呂施
張　孔曹嚴華　金魏陶姜　戚謝鄒喻　柏水竇章　雲蘇潘葛　奚
范彭郎　魯韋昌馬　苗鳳花方　俞任袁柳　【5b】酆鮑史唐　費廉
岑薛　雷賀倪湯　滕殷羅畢　郝鄔安常　樂于時傅　皮卞齊康
伍余元卜　顧孟平黃　和穆蕭尹　姚邵湛汪　祁毛禹狄　米貝明
臧　計伏成戴　談宋茅龐　熊紀舒屈　項祝董梁　杜阮藍閔　席
季麻強　賈路婁危　江童顏郭　梅盛林刁　鍾徐邱駱　高夏蔡田
樊胡凌霍　虞萬支柯　咎（昝）管盧莫　經房裘繆　干解應宗　丁
宣賁鄧　【6a】郁單杭洪　包諸左石　崔吉鈕龔　程嵇邢滑　裴陸
榮翁　荀羊於惠　甄麴家封　芮羿儲靳　汲邴糜松　井段富巫
烏焦巴弓　牧隗山谷　車侯宓蓬　全郗班仰　秋仲伊宮　甯仇欒
暴　甘鈄厲戎　祖武符劉　景詹束龍　葉幸司韶　郜黎薊薄　印
宿白懷　蒲邰從鄂　索咸籍賴　卓藺屠蒙　池喬陰［鬱］　胥能蒼
雙　聞莘党翟　譚貢勞逄（逢）　姬申扶堵　冉【6b】宰酈雍　郤璩
桑桂　濮牛壽通　邊扈燕冀　郟浦尚農　温別莊晏　柴瞿閻（閆）
充　慕連茹習　宦艾魚容　向古易慎　戈廖庚（庾）終　暨居衡步
都耿滿弘　匡國文寇　廣祿闕東　歐殳沃利　蔚越夔隆　師鞏庫
聶　晁勾敖融　冷訾辛闞　那簡饒空　曾毋沙乜　養鞠須豐　巢
關蒯相　查後荊紅　游竺權逯　蓋益桓公　万俟司馬　上官歐陽
夏侯諸葛　聞【7a】人東方　赫連皇甫　尉遲（遟）公羊　澹臺公冶
宗政濮陽　淳于單于　太叔申屠　公孫仲孫　軒轅命（令）狐　鍾

離宇文　長孫慕容　司徒司空　百家姓終　原隨(隋)蘭曲　考叢
戰初　南海脩尼　鐔衣由牟

天 干 地 支

甲乙丙丁戊己庚辛壬癸
【7b】子丑寅卯辰巳午未申酉戌亥

二 十 八 宿

角亢氐房心尾箕斗牛女虛危室璧(壁)奎婁胃昂畢觜叁(參)井鬼柳
星張翼軫

算　　數

一二三四五六七八九十百千萬億兆

【8a】你呢貴姓啊？
我不敢，賤姓王啊！
你呢貴處是那裡呢？
卑處在遼東城裡住啊。
你在這裡作生意有多少年的工夫嗎？
有個二十多年的工夫咧。
遼東是在這多遠哪？
有個三百多里的地啊。
你呢從家裡幾時起【8b】身来着？

這个月初頭打家裡起身,昨个纔到来啊。

你呢貴庚啊?

我纔四十五歲咧。

屬甚嗎?

屬馬啊。

家裡父母都在嗎?

母親是早去世,只有父親在家啊。

上下家眷攏具攏多小(少)呀?

三十多个家口哪。

哥兄幾位啊?

【9a】弟兄們四个,都在一塊過日子,咳(還)沒有分家咧。

那嗎一个房子能勾住得下嗎?

四十多間大房子,纔三十多个人,怎嗎住不下呢?

你呢老幾啊?

我却是老二哪。

你呢哥兄們是在家裡干甚嗎?

我的哥哥是在瀋陽禮部裡當差,家裡【9b】只有兩个兄弟,一个是種地,一个是在書房念書呀。

你們家裡一年的照顧,著多少啊?

不筭粮食,寡吃穿使用的打得一塊筭起來嗎,著个三百来的銀子。

家有多小(少)天的地嗎?

地却是多不過二十多成地,赶到秋天收成粮食,就【10a】現賣一半打咧人家的吸嗃,剩下一半剛勾一年吃。

你呢這塘(趟)攏甚嗎東西徃邊門口帶来啊?

甚嗎也都有啊。帽子、馬尾子、錫鑞、倭元、藕木、白升布、對青布、黃尾子、胡椒、白礬、水銀、閩薑、貢餅,連各樣藥材也都并有。【10b】這個裡頭,你要甚嗎東西,早早望我説罟(罷)。過咧一兩天,別人都停儅,就底些再沒有餘剩的咧。我這個攦来的東西好歹不同,比人家頭裡,你呢哺哩都瞧瞧,那个裡頭看中的東西否咧,只管徃我説罷,我給你留下,【11a】再不敢應許別人哪。

我的本成現銀子不帶来呢,怎嗎買你的貨呢?

你有外貨否咧,咱們兩頭作價,對換對換否子,也是得。

我没有別的東西,只有一千多張牛皮,你要使換,就咱們先講價錢罷。

是得。【11b】明个我出去先瞧你那个牛皮,囘来咱們講主講主罷。

你這個牛皮不大狠好,再拿別的好的来罷。

你這个説是那裡的話呢? 我這个牛皮你又是嫌不好咧,你到別處裡瞧人家的纔可知道比我的好歹咧。我這个【12a】牛皮底根在本地方收買的時候,比人家多出大價買来的! 隨你的邊(便)要不要罷,我不怕没有人要。立刻就賣給別人哪,你呢白試試。

那嗎一張牛皮你要多少銀子罷?

一張牛皮小(少)不賣一兩八戔(錢)紋銀。這個是【12b】再不能惱(鬧)下来的老案(實)價錢哪。

你這个價錢忒貴呀! 要二不上就也倒罷了,説那嗎大謊,誰肯買着你那个貴東西呢! 若説是一兩五戔徃裡説,却是有講主頭;若是徃外説,咱們今个的生意講不成。

【13a】王大哥,你這嗎着,我也勾你寔在難得找嚷,每一張牛皮我給你讓二戔銀子,你打你的筭板,若願意就咱們嗎喃(馬上)停當,若不願意就罷。

那嗎一張牛皮一兩六戔,依你筭買定。我没有現銀子,只有幾種【13b】裡貨,你呢頂着銀子拿去,咱們裡外再找罷,也是得。若不是那嗎着,我那个各樣東西裡頭,憑你呢只管帶囬去,箅箅賬,那怕下短多小(少)呢,我給你寫一个囬單子,赶下塘還你銀子,是得是不得?

【14a】我這个生意本来毛短的賣買(買賣),萬一睑給你空手囬去咧,人家的吸荒打不開,我這个稀鬆的生意,如何攔得住呢? 寔在担不住呀。

我也不願意該你銀子。你呢既是不要放賬,就把我那个雜貨,按你的銀数兒拿去,就却不完?

【14b】那个越發下不来。這些个雜貨拿囬去咧,到我們地方剛勾本。賣到現銀子,就也倒没有難;若説是恒事一違賣不出去咧,我咳該怎嗎的呢!

嗳呀,你這个賣買寔(實)在嘮道,辦(辦)道這頭不合實,辧(辦)到那頭【15a】又不對盡,我咳莫不着該怎嗎這纔好呢。我瞧你那个防想兒,不要別的,只要現銀子的意思呢! 你那嗎寡想便宜咧,別説是我啊,管他誰也更不肯依你作。我給你作一点主意来,你顧你的量,愛作不作罷:【15b】我給你一千兩現銀子,剩下的銀子却是頂着雜貨拿去就箅了咧,就是罷。

我不依你罷,這是不離朋友的意思,咱們哥兒開頭裡交成生意,好意思不得不依王大哥的話,纔多大意思,敢不從命嗎?

【16a】好説好説。我瞧你那个牛皮堆得五堆子,每堆子上頭的是可以看得過,底些堆的是有半囉(拉)的,咳有爛的,都不得一半。那个裡頭,可以使得過樣兒的是箅我的,若有看不過樣兒的是誰肯拿現銀子買去呢? 俗言道【16b】"先断後不難",咱們嗎哨(馬上)哺理都打開瞧一瞧,寡調出不好的来,剩下多小箅多小,点点数兒起票来,却不省明个的嘮道嗎! 那怕連一張也没有甚嗎調頭兒否咧,

我咳比你更喜歡哪。

　　王大哥你這嗎着,你這説的是【17a】瞧不起我的話呀! 要胡弄我的話呀! 你這个明白人又是惱粧糊塗! 我在邊門口作過三十多年的賣買,辨(辦)過多小皮子的生意,從前并没有調皮子的矩規,但等着我来,你呢要開這一件例兒嗎? 一種皮子是本来並不是一个一个講主,【17b】原是好歹瞧着成色,各人看到甚嗎成色,講到甚嗎價錢,這个是自古以来遵行的舊例,難得説是你咳不慟(懂)得嗎? 横竪你呢各人必明白就是咧,咳用我講到這裡提到那裡? 作比我買你的灰鼠皮否子,裡頭有的是別説是些須小一点,【18a】那怕有光皮兒的没有毛的呢,你呢許我們調嗎? 管包不讓調。你這个行不出的話是我看到底無益,何故(苦)来呢? 我那个牛皮是本成並没有使不着的,不怕隨你調。爲甚嗎不教調呢? 不但是有人笑壞我呀,從這【18b】以後只怕底些的留例的意思呢。你的寔真要調買,就寧可咱們拿倒生意是得,再不用冒出這个緣故来。你要説,説別的話,調皮子的話是再不必徃我提罷。王大哥,你呢寡聽見"死高麗"的話,却就不能的,寡找【19a】"死高麗"胡弄去罷! 看起這个来,却知道你那个心樣兒不值咧!

　　崔大哥,你一个本来會説笑話,我却是説不過你。管他好歹呢,有幾張筭幾張,咱們依你作罷。

　　這个纔是話! "一遭生兩遭熟",咱們是開道的【19b】買賣,初會的朋友跟前,你呢留一点人情,纔徃後再顧照你呢。你要罷(霸)道作咧,赶下次誰肯惹你嗎! 咱們長作不作罷,却所以呢"哄人不過一遭"。作比你見我便宜咧,我也是心裡過得去嗎? 若説是你上我的儅,【20a】赶明个你咳理我嗎? 我也怎嗎對得過你呀! 王大哥的話,這一件牛皮是勾當是不差甚嗎,筭結咧。咳有一件事,咱們哥兒咳没有言明。

甚嗎勾當罷？

你那个雜貨價錢是咱們到底怎嗎个講主法哪？

那个是又【20b】易得易呀！每種每種橫豎有人開板子，人家怎嗎的咱們也怎嗎的罷。到皈起按人家的價錢，筭筭一筆賬是，却不完咧嗎？

也是得。

【21a】不用啊　那咳用説　心裡疼啊　心裡空啊　嗓子渴　説的話何故(苦)来　照界　雨晴　甚嗎界　屈指而等他　赶子好　用不了　甚嗎口子(嘀咕)　泥道走不開　背雨　雨住　【21b】説的卂(啥)　你姓卂(啥)　爲卂(啥)不吃　這卂(啥)的　有卂(啥)吃卂(啥)　没有尺寬①　成也成不了　鷄叫　狗叫喚　狗咬咬　鷄叫幾遍　好大口氣　天高聽卑　君子一言萬歲改不了　靠着　【22a】我靠着你你靠着我　你照顧我我照顧你　省冠②　討債　攪着　送行　接風　洗尘　岔口　盛設③　盛情　凑巧　扎上　搪托④　推辞　究竟　測字　【22b】闖筭⑤　對縫　鐃鈸　調邊⑥　逢巧⑦　蹺踦　扊(屝)着⑧　慄(操)心　信付　謙辞　儘着　喪氣除紅　案上⑨　錯咧　開局　放局　憑賞　定織　吊面⑩　【23a】經

---

① 意思是没有一尺寬，不到一尺。
② 意思是除下官帽、免冠。
③ 諺文解釋與下條"盛情"同。
④ 借口(動詞)。
⑤ 意爲豁免、免除。
⑥ 背對別人躺着。
⑦ 意思是恰遇、恰逢。
⑧ 意思是混有雜物。"扊"是"扉""摻"的記音字。
⑨ 意爲答對。
⑩ 意思是捋衣服、挽起衣服。

手　獨行　摔他　漢陳(沉)①　躲他　随身　一起　縮頭　缺少
惱飯　奉承　瞟視　二望　反嘴②　地契　硼(碰)撞　弢(盤)腿
刺毛③　자ㅊ④　打㸇⑤　【23b】硼(碰)着　別吹　断断　夢生⑥
蹄(踢)蹬　出售　蒙着　登賬　吧嗤⑦　搣挪(張羅)　个⑧　攤
罷　平常　恒家⑨　一送⑩　来囬　抖抖　有趣　有邊⑪　拉載
【24a】拉坐⑫　放空⑬　眼石⑭　遞(遞)顯的⑮　纏付飯　刁成話
老户主　摘下来　梢没ㄕ(悄没聲)　摘帽子　老屌貨　斬頭貨
美人拳　依ㄅ(分?)作⑯　門市貨　胡弄局　【24b】两口子　化一化
渾賬貨　討人閑(嫌)　没有領教　墜(?)下来　ㄢ底兒⑰　矩
(規)⑱面些　貼巳(己)人　不認賬　断一断　爱討(淘)氣　該我
的　該你的　讓我的　不要臉　搭起来　磨房弹箏　借花献佛

---

① 意爲很沉。
② 指吵架。
③ 意思是把毛豎起来。
④ 意思是無緣無故地生氣、平白地生氣。漢字不明，有可能是"加氣"。
⑤ 可能是"搭茬兒"的意思。下文有"不相干的不用打㸇"。
⑥ 遺腹子。
⑦ 韓文釋義同下條"張羅"。《方言類釋》卷四《雜語中州鄉語》釋作"勉強營爲也"，是努力去做的意思。
⑧ 意思是親嘴、接吻、親吻。
⑨ 即"行家"。
⑩ 可能是"去一次"的意思。
⑪ 意思是有趣、有意思。
⑫ 意思是載人。
⑬ 可能是指放空車，就是没有拉到客人。
⑭ 意思是墊(支)車輪的時候使用的石頭。
⑮ 駡人話，可能是"告發黑市商人的家夥"的意思。
⑯ 意思是照舊做，按照慣例来。"ㄅ"是"昔"的記音字。
⑰ 可能是意氣消沉、塌秧兒、無精打釆的意思。
⑱ 據注音應該是"矩"字。"矩面些"是顧臉面、顧面子的意思。

【25a】班門弄斧　原枰原対①　人怕落蕩　鉄怕落炉　提心彫（吊）胆　自由自行　自作自受　老实長財（在）　脱揞成白②　枉担虚名　老不清楚　乱七八嘈（糟）　【25b】假七麻八③　七手八脚　七零八落　七並（拼）八湊　行路防跌（?）④　吃飯防噎　我不来便虚走一遭　不大其功　酒飯朋友　柴米夫妻　看事作事　【26a】人過留名　鴈過留牙（聲）　錦上添花　得隴望蜀　賤賣不賒　收也憑天　憑天吃飯　愛管闲事　间於齊楚　心口不同　寒進暑退月兒花態　【26b】一吹一唱　自己不套　既徃不咎　一㚒（臭）一香杏眼桃腮　教人可愛　有錢通神　人山人海　翻江覆海　小（少）他不得　打筭打筭　漆（?）⑤黑漆（?）黑　【27a】鮮紅鮮紅　寒不择衣　餓不择食　慌不择路　窮不择妻　半路夫妻　羞変成怒　笑裡粧（藏）刀　眉来眼去　指鹿爲馬　指物成交　推聾粧啞　【27b】要他何用　口吐珠璣　脱口便對　地陰接餅⑥　看風使船　載多车小　畫餅充餓　連根帶土　可以趖⑦得　王爺買賣　被他搶白了　賤柴拿脚踢　【28a】缺理不缺理　言和意不和　買貨叩点頭⑧　認假不認真　讓行不讓里　好人不長久　活（禍）害一千年借香燒佛爺　【28b】屈指而等他⑨　何猫不吃腥　先明後不增　冝

---

① "枰"應是"秤"字之誤。意思是"秤上有多少算多少，不要缺斤少兩"。
② 這兩句應該是"老實長在，脱空長敗"（見《老乞大》《朴通事》）的訛變。
③ 諺文的意思是"假七分，被罵八分"。"麻"可能是"罵"的記音字。
④ 此字模糊不清，按理應該是"跌"字，與下句"噎"字押韻，但是諺文注音是刭，不明所以。
⑤ 原文寫作"柒"，當是"漆"的俗字，上部從冫、七，下從人、水。
⑥ 諺文的翻譯是"地窖裏面拿到餅"。意思爲"不義之財，意外收入，發橫財"。"陰"是"窨"的記音字。
⑦ 注音爲탕，可能是"淌"的記音字。
⑧ 意思是："買東西的話就磕頭行禮""買東西的話就表示感謝"。
⑨ 此與【21a】重出，但是【21a】中的諺文是純粹音譯，這一條的意思則是"手凍僵着等他"。

速不宜遲　好劣惡樣梆①　一手托兩駕（家?）②　保人不保錢　讓
人不是痴　過後得便宜　賣魚不出村　財明意不踈　死水裡翻船
【29a】三停走一停　假却倒不假　貴却倒不貴　木不轉（鑽）不透
信付（服）不信付（服）　無錢寸步難行　有錢能変天下　人無信事
不齊　大才大用的人　妻妾切忌艷粧　童僕勿用俊美　纔見火呢
打个節　【29b】话是風筆有跡　一五一十的说　破翎鸚鵡不如鷄
得意狐兔強似虎　酒逢知己千盃小（少）　話不投機半勾（句）多
有意種花花不活　無心栽柳柳成陰　講是怕他没有欄③　治席容
易請客難　不管三七二十一　遠水救不得近火　【30a】記性不如忘
性好　萬般不可哩吧幹　好閞城怕赶不進城　走三家不用问恒家
打架該勸買賣願成　你杖（仗）着誰横行悖（霸）道　除（出）外一里
不如屋裡　賣油的娘子水洗頭　【30b】當中没有人事不成　螢火之
光照人不亮　風吹草動自然的理　小河裡存不得大魚　裡頭一点
没有捵假　行善望報不如禽獸　利慾燻心連眼睛也花　要講事只
怕没有究首④　【31a】人到台馬到站不用说　餽送的東西按信收明
朝廷咳有三门子窮親　不用便講讓人家说話　沙鍋子不打一輩子
不漏　猜不透的是多給價　紅不紅紫不紫不大出類　【31b】四角不
合實唇椰不下槽⑤　不相干的不用打殺　忍得一時忿終身無惱閊
雖有鋼唇鉄舌分辨（辯）不得　没有一个大錢能別道英雄好漢⑥
你這嗎強勸我　我勉強哈一種（鍾）　多年的路熬成河多年的媳婦
熬成婆　【32a】寀（實）心任事結（潔）己奉公陞陞三級　阿哥捎来的

---

① 諺文的意思可能是"看起來是好人的模樣"。
② 諺文的意思應該是"一個手托兩個"，但"駕"字不知何所指。
③ 諺文的意思可能是"要爭論的話怕也是没有人吧"。
④ 諺文的意思可能是"即使要爭論,怕也是没有腦子吧"。"究首"意思不明。
⑤ "合實"可能是"合適"的記音字。"唇椰不下槽"未詳。
⑥ 諺文的意思是"没有一分錢的話,就不能説是英雄好漢"。"能"字未詳。

東西中不得你的意呢不如不捎　靈河那邊熰烟哪打聽打聽是前行
牌不是前行牌　赶集的人都徃這裡来白聽聽我這个閑話罷冰不大
結實都徃趕梢①過【32b】去罷　你這个體面的生意一条口俗也借不
出来呢筭甚嗎體面的生意呢　將棍子挿打就完咧咳用打開瞧嗎
不是我們上税的肯漏你們税嗎　他們也爬山過嶺大遠地方来咧不
販貨干甚嗎呢　【33a】拿刀子一刺出血就罷咧弄不出一个錢来呢
八九不难(離)十就也倒罷了　嗓子好渴啊拿甚嗎治這个渴呢　爬
不起来的還要飛　老鴉窩裡出鳳凰　子丑寅卯辰巳午未申酉戌亥
【33b】②猫皮　牛皮　南路貨　北路貨　西路貨　全甬紙③　大厚
紙　油衫紙　白綿紙　見樣紙　紅心紙　四塊紙　毛邊紙　剪邊
紙　金光紙　五倍子　海带菜　海白菜　【34a】足金　表金　葉金
餅子　沙金　大山貨　白蔘　移山貨④　水子貨⑤　大折子⑥
釘子　中尾⑦　貂皮　水獱(獺)皮　長皮　狐狸皮　狢皮　細尾

---

① "趕梢"未詳。"趕"當是"淌"的記音字。
② 從此頁以下原文以橫行排序。
③ "全甬"的注音是춴퉁，與"傳統"同音。如果"全甬"是"傳統"的記音字，那麼"傳統紙"指的是"韓紙"，又稱爲"窗户紙"。
④ 即"移山參"，現代韓語稱爲"장뇌삼"，是"在深山上人工栽培的人參，但是栽培過程中保持野生狀態"。
⑤ 即鮮參，未曬乾的人參。
⑥ 即切片的人參，現代韓語稱爲"절삼"。把鮮參蒸晾乾的就叫"紅參"，"紅參"分爲"天參""地參""良參"三個等級。"良參以下等級的紅參分成兩半的"或者"人參或紅參的主榦部分斜切製成的"就叫"절삼"。
⑦ 人參和紅參的主榦以外的根須部分稱爲"尾參"，"尾參"根據粗細程度分成"大尾""中尾""細尾"三類。下文最後一條的"細尾"與本條的"中尾"都屬於"尾參"。

學　清

【1a】你呢貴姓呵？

我不敢，賤姓王呵！

咱們是貴處那裡呢？

鄙處在遼東城裡住呵，有個三百多里地。

你們父母都在嗎？

父親是早棄世，【1b】只有一位母親在家兒。

哥兄幾位呵？

弟兄們是四個，都在一塊（兒）〔過〕日子，還沒有分家咧。

你呢老幾呵？

我却是老二那。

哥兄們是在家裡幹甚嗎？

【2a】哥哥是在瀋陽禮部裡當差，一个是種地，一个是在書房念書呵。

上下家眷多小（少）呵？

三十多个人家口那。

一个房子能句（勾）住得下嗎？

四十多間大房〔子〕，纔三十多个人，甚（怎）嗎住不下呢？

你呢這塘（趟）攏（弄）甚嗎東西【2b】徃邊門口兒帶来呀？

甚嗎也都有呀。帽子、馬尾子、錫鑞、蘸木、白礬、胡椒、倭鉛、黃尾子、白升布、斗青布、水銀、閩菫（閩薑）、貢餅，連各樣藥材都並有咧。這個裡頭，你要甚嗎東西，就【3a】早早往我說罷。過咧一兩天，別人都停儅，就底些再沒有餘剩下的咧。我這個許多的東西裡頭，好萬（歹）不同，比人家頭裡，你呢哺哩都瞧一瞧，那個裡頭若有看中的東西否列，只管往我言語此（些）（兒），【3b】我給你留下，再不敢應許別人哪。

我的本成不帶現銀子来，怎嗎買你的貨呢？

你有外貨否咧，咱們兩頭作価（價），対換否子也是得。

我没有別的東西，只有一千多張牛皮，【4a】你要使換，就咱們先講価錢罷。

是得。明个我的出去先瞧你那个牛皮，回来咱們講主罷。

你這个牛皮不大狠好，再拿別的来罷。

你這个説的是那裡的話呢？我這个牛皮你又嫌不好咧，你到別處裡瞧人家的纔【4b】可知道比我的好歹咧。我這个牛皮底根（兒）在本地收買的時候（兒），比人家多出大価買来的呢！隨你的邉（便）要罷，我不怕没有人要。立刻就賣給別人哪，你呢白試試。

【5a】那嗎每一張牛皮你要多小（少）銀子罷？

壹張牛皮小（少）不買（賣）一兩八戔（錢）紋銀。這個是再不能惱下来的老寀（實）価錢哪。

你這个価錢忒貴呵！要二不相也倒罷了，説那嗎大謊，誰肯買着你那个貴東西呢！【5b】若説是一兩五戔徃裡説，却是有講主頭；若是徃外説，咱們今个的生意講不成。

王大哥，你這嗎着，我勾你寔在難得我（找）嚷，【6a】每壹張牛皮我給你嚷（讓）二戔銀子，你打你籌板，若願意就咱們瑪瞵（馬上）停儅，若不願就罷。

郡(那)嗎壹張牛皮壹兩六戔,依你呢筭買定。我没有現銀子,只有幾種裡貨,【6b】你呢頂着銀子拿去,咱們裡外再找罷,也是得。若不是那嗎着,我那個各樣東西裡頭,憑你呢只管帶囘去,筭筭賬罷,那怕下短多小(少)呢,【7a】我給你寫一个囘单子,赶下塘還你銀子,是得是不得?

我這个生意本来毛短的賣買,萬壹賖給空手囘去咧,人家的吸嗃打不開呢,寔在擔不住呀。【7b】我這个稀鬆的生意,如何攔得住呢?

我也不願意該你銀子。你呢既是不肯要放賬,就把我那个雜貨,按你的銀数兒拿去,就却不完咧嗎?

那个越發下不来的。【8a】這些个雜貨拿囘去咧,到我們他方剛句(勾—够)本。賣到現銀子,就也到(倒)没有難;若説是恒事一違賣不出去咧,我該咳(咳該)怎嗎的呢!

嗳呀,你這个賣買寔在劳道,辨(辦)到這裏不合寔!【8b】我咳莫(摸)不着該怎嗎着纔好呢!我瞧你那个防想兒,不要別的,只要現銀子的意思呢!你那个寡想便宜咧,別説是我呀,管他誰也更不肯依你作。【9a】我給你作一點主意来,你顧(估)你的量,愛作不作里(罷):我給你壹千兩現銀子,剩下的銀子却是頂着雜貨拿去就筭了咧,就是罷。

【9b】我不依你里,這是不难(離)朋友的意思,咱們哥兒開頭裡交成生意,好意思不得不依王大哥的話,纔多大意思,敢不從命呢?

好説好説。我瞧你那个牛皮堆得五堆子,【10a】每堆子上頭的是可以使得過,底些堆的是有半囉(拉)的,咳〔有〕爛的,都不得壹盤(半)(兒)。那个裡頭,可以看得過樣兒的是筭我的咧,若有看不用(中)樣兒的是谁肯拿現銀子買去呢?【10b】俗言道"先断後不難",咱們嗎嗃哺哩都打開瞧,寡調出不好的来,剩下的多小筭多小,点点数兒起標来,却不省明个的劳道嗎! 那怕連一張也没有甚嗎〔調〕頭否咧,【11a】我咳比你更喜歡哪。

王大哥,你這说的是瞧不起我的話呀! 要胡弄我的話呀! 你這个明白人又是悩粃糊塗! 你(我)在过(边)门口作過三十多年的生意,辨(辦)過多小皮子的生意,【11b】從来並没有調皮子的規矩,但等着我,你呢要開這一件例兒嗎? 一種皮子是本来並不是一个个講主的里,原是好歹瞧着成色,各人看到甚嗎成色,講到甚嗎価錢,【12a】這个是自古以来遵行的舊例,難得说是你咳(還)不懶(懂)得瑪(嗎)? 横豎你呢各人必明白就是咧,咳用我講到這裏提到那裏嗎? 作比说我買你的灰鼠皮否子,裡頭有的是別说是些須小一点,【12b】那怕有光皮兒的没有毛的呢,你呢許我们調嗎? 管包不讓調呀。你這个行不出的話是我看着到底無盖(益),何故(苦)来呢? 我那个牛皮是本成並没有使不着的,不怕随你調。爲甚嗎不教調呢?【13a】不但是有人笑壞我呀,從這以後只怕底些留咧(例)的意思呢。你的真寔要調買,就寧可咱們拿到(倒)生意是得,再不用冒出這个緣故来呀。你要说说別的,調皮子的你話(話你)是再不必徔我提罷。【13b】王大哥寡聽見"死高麗"的話,却就不能的,寡我(找)"死高麗"胡弄去罷! 看起這个来,却知道你那个心樣兒不值咧!

崔大哥本来會说笑話,我却是说不過你呀! 管他好歹呢,有幾張筭幾張,【14a】咱們依你作里。

這个纔是話呀!"壹遭生兩遭熟"呀。咱們是開道的賣買,初會的朋友跟前,你呢留一点人情,纔徃後再找(照)顧你呀。你若把(霸)道作咧,赶下次谁肯惹你嗎! 咱們長作里不作里,【14b】却所以呢"哄人不過一遭"。作比你見我便宜咧,我也是心裡過得去嗎? 我也怎嗎对得過你呀! 王大哥的話,若说是你上我的儅,就這壹件牛皮的句(勾)當是【15a】不差甚嗎,筭結咧嗎。咳有一件句(勾)儅,咱们哥兒咳没有言明。

甚嗎句(勾)儅罢?

你那个雜貨価錢是咱們到底怎嗎个講主法乙(兒)哪?

那个是易得易呀!【15b】每種〔每〕種横竪有人開板子,人家怎嗎的咱們怎嗎的。到帰(歸)起按人家的価錢,等等一筆賬,就却不完咧嗎?

是得。

資料與論著目録

汪維輝　陳　莉　邵珠君　編

1. 資料

《元代漢語本〈老乞大〉》,大邱：慶北大學出版部,2000 年。（慶北
　　大學出版部古典叢書 9）

《原刊〈老乞大〉研究：解題・原文・原本影印・索引》,鄭光主編,
　　北京：外語教學與研究出版社,2000 年。

《原本老乞大解題・原文・原本影印・索引》,鄭光主編,梁伍鎭、
　　鄭丞惠編,北京：外語教學與研究出版社,2002 年。

《老乞大》,刊年未詳,漢城：奎章閣藏書編號：奎 5158,奎 6293,
　　奎 6294。

《翻譯老乞大》,漢城：中央大學出版局,1972 年。（據白淳在氏所
　　藏本影印）

《翻譯老乞大・朴通事》（附韓國古典叢書刊行委員會解題）,漢城：
　　大提閣,1974 年。（韓國古典叢書 3 諺解 譯語類）

《翻譯老乞大》,仁川：仁荷大學出版部,1975 年。（據趙炳舜氏所
　　藏本影印）

《翻譯老乞大・翻譯朴通事・小學諺解・四聲通解》（附韓國學研
　　究院解題）,“原本國語國文學叢林”12,漢城：大提閣,

1985 年。

《原本翻譯老乞大(下)·原本蒙語老乞大(全)》,"原本國語國文學叢林"23,漢城:大提閣,1986 年。

《老乞大諺解》,顯宗 11 年(1670),漢城:奎章閣藏書編號:奎 1528 - v.1 - 2,奎 2044 - v.1 - 2,奎 2304 - v.1 - 2,奎 2347 - v.1 - 2。

《老乞大諺解》,英祖 21 年(1745),平安監營重刊,漢城:奎章閣藏書編號:奎 2303 - v.1 - 2。

《老乞大諺解》,京城:京城帝國大學法文學部私製,1944 年。(據京城帝国大学附屬圖書館所藏奎章閣圖書影印。奎章閣叢書 第9)

《原本老乞大諺解》,漢城:亞細亞文化社 1980 年。(國語國文學資料叢書)

《老乞大諺解 朴通事諺解》(附老乞大集覽、單字解),韓國學文獻研究所(編),漢城:亞細亞文化社 1973 年。(國語國文學資料叢書)

《老乞大諺解 朴通事諺解》,臺北:聯經出版事業公司,1978 年。

《國語學資料選集 3 老乞大類 朴通事類 捷解新語類》,國語學會(編),漢城:一潮閣,1972 年。

《老乞大新釋》,英祖 37 年(1761),漢城:奎章閣藏書編號:奎 4871,奎 4872。

《重刊老乞大》,正祖 19 年(1795),漢城:奎章閣藏書編號:가람古 495.1824 - Y63j;一簑古 495.1824 - Y63ja;奎 932,奎 2052,奎 3173,奎 3186,奎 3799,奎 4868,奎 4869,奎 4870,奎 5198,奎 5563,奎 7852;古 3917 - 7。

《重刊老乞大諺解》,正祖 19 年(1795),漢城:奎章閣藏書編號:一

　　　簏古 495.1824－Y63jc，v.2；一簏古 495.1824－Y63jb，
　　　v.1；가람古 495.1824－Y63ja－，v.1－2；一簏古 495.
　　　1824－Y63j－，v.1－2；一簏古 495.1824－Y63j；奎 2049－
　　　v.1－2，奎 2050－v.1－2，奎 2051－v.1－2，奎 4017－v.1－
　　　2，奎 4866－v.1－2，奎 4873－v.1－2，奎 5564－v.1－2，奎
　　　5565－v.1－2，奎 5566－v.1－2；古 3917－1－v.1－2。

《重刊老乞大諺解》(附金文雄解題)，漢城：弘文閣 1984 年。

《蒙語老乞大》，刊年未詳，漢城：奎章閣藏書編號：奎 2202－v.
　　　1－8。

《蒙語老乞大》(附李承旭解題)，漢城：西江大學人文科學研究所
　　　1983 年。

《清語老乞大》(附閔泳珪《老乞大辯疑》)，漢城：延世大學出版部，
　　　1964 年。(據巴里東洋語學校圖書館藏箕營重刊本影印)

《清語老乞大》，莊吉發譯，臺北：文史哲出版社，1976 年／1984 年。

《朴通事諺解》，肅宗 3 年(1677)，漢城：奎章閣藏書編號：奎貴
　　　1810－v.1－3。

《朴通事諺解》(附邊暹解題)，京城：京城帝國大學法文學部私製，
　　　1943 年。(據京城帝國附屬圖書館奎章閣文庫本影印。
　　　奎章閣叢書 第8)

《朴通事》，大邱：慶北大學國語國文學研究室，1959 年。(據慶尚
　　　北道尚州邑趙誠穆氏所藏本影印)(國語國文學資料集
　　　第4輯)

《朴通事新釋》，英祖年間，漢城：奎章閣藏書編號：一簏古 495.
　　　1824－B992b。

《朴通事新釋諺解》，英祖 41 年(1765)，漢城：奎章閣藏書編號：一簏
　　　古 495.18－C456b－v.1－2，一簏古 495.1824－G415ba，古

　　　　3917-8-v.1-3;刊年未詳,一簑古495.1824-B15,가람古
　　　　495.1824-C465b;18世紀末(正祖年間1776—1800),一簑
　　　　古495.1824-G415b。

《朴通事新釋(全)》,名古屋:采華書林,1972年。

《朴通事新釋諺解》,漢城:弘文閣,1985年。

《朴通事諺解・老乞大諺解語彙索引》,陶山信男編著,名古屋:采
　　　　華書林,1973年。

《朴通事諺解索引》,慶谷壽信、陶山信男、讚井唯允、日下恒夫、佐
　　　　藤進編,名古屋:采華書林,1976年/臺北:文海出版社,
　　　　1979年。

《老乞大朴通事索引》,蘭州大學中文系語言研究室、蘭州大學計算
　　　　機科學系編,北京:語文出版社,1991年。

《〈翻譯老乞大・朴通事〉漢字注音索引》,遠藤光曉編,東京:好文
　　　　出版,1990年。(《中国語學研究　開篇》單刊3)

《〈翻譯老乞大〉文脈付き語彙索引(KWIC INDEX)》,徐尚揆,筑
　　　　波:筑波大学文芸言語学系,1995年。

《譯註翻譯老乞大》,國語史資料研究會譯註、鄭光監修,漢城:太
　　　　學社,1995年。

《老乞大》(附索引),白應鎮著,서울:한국문화사,1997年。

《翻譯老乞大語彙索引》(附老乞大関連研究論著目録),徐尚揆著,
　　　　서울:박이정,1997年。(옛말 자료 연구 총서1)

《老乞大諺解語彙索引》,徐尚揆著,서울:박이정,1997年(옛말
　　　　자료 연구 총서2)

《平安監營重刊老乞大諺解語彙索引》,徐尚揆著,서울:박이정,
　　　　1997年。(옛말 자료 연구 총서3)

《重刊老乞大諺解語彙索引》,徐尚揆著,서울:박이정,1997年(옛

말 자료 연구 총서 4)

《清語老乞大語彙索引》,徐尚揆著,서울：박이정,1997 年。（옛말
　　자료 연구 총서 5)

《蒙語老乞大語彙索引》,徐尚揆著,서울：박이정,1997 年。（옛말
　　자료 연구 총서 6)

《清語老乞大》（附宋基中解題）,漢城：弘文閣,1998 年。

《韓國語用例索引》,洪允杓著,漢城：弘文閣,1998 年。（清語老乞
　　大 2)

《駒澤大學圖書館所藏清語老乞大新釋：解題・本文影印・國語
　　索引》,鄭光編著,서울：태학사,1998 年。

《老乞大・老乞大諺解》,漢城：서울大學校奎章閣,2003 年。（據
　　奎章閣藏奎 6293、奎 2044、奎 2303 影印）（奎章閣資料叢
　　書 語學篇1)

《老乞大新釋・重刊老乞大・重刊老乞大諺解》,漢城：서울大學
　　校奎章閣,2003 年。（據奎章閣藏奎 4871 純漢字本《老
　　乞大新釋》、奎 4869《重刊老乞大》、奎 2050 諺解本《重刊
　　老乞大諺解》影印）（奎章閣資料叢書 語學篇 2)

《原本노걸대》,鄭光譯註、解題,漢城：김영사,2004 年。

《朴通事諺解》（附解題）,漢城：서울大學校奎章閣,2004 年。（據
　　奎章閣藏奎 1810《朴通事諺解》上中下 3 册影印）（奎章
　　閣資料叢書 語學篇 3)

《朴通事新釋・朴通事新釋諺解》（附解題）,漢城：서울大學校奎
　　章閣,2004 年。（據奎章閣藏一蓑 古 495.1824 - B992b
　　《朴通事新釋》、古 3917 - 8《朴通事新釋諺解》影印）（奎章
　　閣資料叢書 語學篇 4)

《Мон ө но гөл дэ》,Son Yimin',Улаанбаатар：Соёмбо,2006 年。

《蒙語老乞大》,首爾：首爾大學奎章閣韓國學研究院,2006 年。
　　(奎章閣資料叢書 語學篇 7)

《Монгол хэлний ногэлдθ》,Aiúùshzhab P.,Улаанбаатар：Start
　　Line,2007 年。

《譯註蒙語老乞大》,최동권、Otgontuul T.(合著),안양：피오디월
　　드,2009 年。

《老乞大諺解辭典》,朴成勳(編著),파주：태학사,2009 年。

《翻譯朴通事辭典》,朴成勳(編著),파주：태학사,2010 年。

《譯註〈清語老乞大新釋〉》,최동권、김양진、김유범、황국정、신상
　　현(著),首爾：박문사,2012 年。(고려대학교 민족문화
　　연구원 만주학 총서 1)

《清語老乞大譯註》,莊吉發譯註,臺北：文史哲出版社,2014 年。
　　(滿語叢刊 20)

《老朴集覽考》(附《老朴集覽》引得),李丙疇編校,漢城：進修堂,
　　1966 年。

《李朝語文選》(附解題),開文社編輯部編,漢城：開文社,
　　1977 年。①

《訓世評話》,李邊著,朴在淵、安章利、李在弘譯解,漢城：太學社,
　　1998 年。

《華音啓蒙》,高宗 20 年(1883),漢城：奎章閣藏書編號：一簑古
　　495.18－Y54h,奎 2993,奎 2994,奎 2995,奎 2996,奎
　　2997,奎 2998,奎 2999,奎 3000,奎 3001,奎 3002,奎

---

① 上：訓民正音,龍飛御天歌,月印釋譜,楞嚴經,杜詩諺解,六祖大師法寶
　壇經諺解,救急簡易方,翻譯小學,翻譯老乞大,訓蒙字會,附李吉鹿解題。
　下：諺解痘瘡集要,東國新續三綱行實圖,勸念要錄,警民編諺解,捷解新
　語,朴通事諺解,譯語類解,内訓,女四書,閨閣叢書,附李明奎解題。

3003，古 3917－5，古 3917－12，古 495.18－Y54h。

《華音啓蒙諺解》，刊年未詳，漢城：奎章閣藏書編號：가람古
　　495.183－Y54h，一簑古 495.18－H99g，奎 4043，古
　　3917－6，古 3917－13。

《華音啓蒙》，李應憲著，漢城：國立中央圖書館藏。

《華音啓蒙諺解》，李應憲著，李在弘、金瑛校注，牙山：鮮文大學校
　　中韓翻譯文獻研究所“漢語資料叢書”，2002 年。

《你呢貴姓　學清》，朴在淵、周發祥校注，牙山：鮮文大學校中韓
　　翻譯文獻研究所“漢語資料叢書”3，2002 年。

《近代漢語讀本》，劉堅編著，上海：上海教育出版社，1985 年/
　　2005 年。

《古代白話文獻選讀》，劉堅編著，北京：商務印書館，1999 年。

《近代漢語語法資料彙編·元代明代卷》，劉堅、蔣紹愚主編，北京：
　　商務印書館 1995 年。

《朝鮮時代漢語教科書叢刊》（附汪維輝、陳莉編《相關論著目録》），
　　汪維輝編，北京：中華書局，2005 年。

《朝鮮時代漢語教科書叢刊續編》，汪維輝、遠藤光曉、朴在淵、竹越
　　孝編，北京：中華書局，2011 年。

《對外漢語教學論著指要與總目》，李無未主編，陳珊珊、秦曰龍編，
　　北京：作家出版社，2008 年。

2. 論著

安奇燮：從朝漢對音考察-m 韻尾的轉化，《語言研究》1995 年第
　　2 期。

巴　圖：《老乞大》的介詞“將”和“把”，《煙臺大學學報》1991 年第
　　3 期。

白星晶：談《老乞大》和《朴通事》在朝鮮漢語教育史上權威地位的
　　　　形成,《吉林省教育學院學報》2018 年第 9 期。

白鍾怡：《原本老乞大》與《儒林外史》"了"、"著"、"過"比較研究,
　　　　黑龍江大學碩士學位論文,2012 年。

北川修一：舊本《老乞大》の選択疑問文について,《中國語研究》
　　　　58 號,東京：白帝社,2016 年。

貝羅貝、林徵玲：《老乞大》的個體量詞和語言循環現象之關係,
　　　　《漢語史學報》第十輯,上海：上海教育出版社,2010 年。

畢小紅：論《朴通事》中的稱謂語,《安康學院學報》2007 年第 5 期。

畢小紅：論《老乞大》《朴通事》中的"越位"稱謂語,《天水師範學
　　　　院學報》2009 年第 3 期。

卜雅娜：《朴通事》《老乞大》中的處所介詞,《語文知識》2010 年第
　　　　1 期。

蔡　娟：《老乞大》四版本述補結構對比研究,《外國語學會誌》39
　　　　號,東京：大東文化大學外國語學會,2009 年。

蔡　娟：《老乞大諺解》與《老乞大新釋》的補語嬗變初探,《外國語
　　　　學研究》11 號,東京：大東文化大學大學院外國語學研究
　　　　科,2010 年。

蔡瑛純：朴通事新釋諺解的漢語聲調研究,《人文科學研究所論文
　　　　集》1985 年第 11 期,仁川：仁荷大學人文科學研究所。

蔡瑛純：試論朝鮮朝的對譯漢音與中國官話方言之關係,《語言研
　　　　究》1999 年第 1 期。/複印報刊資料《語言文字學》1999
　　　　年第 11 期。

蔡瑛純：從朝漢對音考近代漢語官話共同語的基礎方言,嚴翼相、
　　　　遠藤光曉編《韓國的中國語言學資料研究》(韓·日中國
　　　　語言學研究系列 1),首爾：學古房,2005 年。

曹瑞炯：《原本老乞大》語法研究，中國社會科學院研究生院博士學位論文，2014年。

常曉雁：《老乞大》《朴通事》兩書中的副詞"却"，《懷化師專學報》1997年第1期。

陳　蓓：對外漢語教材《老乞大諺解》和《朴通事諺解》疑問應答句研究，蘇州大學碩士學位論文，2012年。

陳長書：從《老乞大》諸版本看14至18世紀漢語"兒"尾的發展，《古漢語研究》2012年第1期。

陳丹丹：從《清文指要》和《重刊老乞大》的差異看滿語對漢語的影響，《歷史語言學研究》第十一輯，北京：商務印書館，2017年。

陳高華：從《老乞大》《朴通事》看元與高麗的經濟文化交流，《歷史研究》1995年第3期。

陳高華：舊本《老乞大》書後，《中國史研究》2002年第1期。

陳高華：元朝與高麗的文化交流，《韓國研究論叢》2008年第2期。

陳　莉：關於《訓世評話》的授予動詞"給"兼及版本問題，《中國語文》2004年第2期。

陳　莉：《訓世評話》詞語考釋三則，《古漢語研究》2005年第3期。

陳　莉：《訓世評話》詞彙研究，南京大學碩士學位論文，2006年。

陳　遼：朝鮮漢文小説《訓世評話》的發現，《書屋》1999年第2期。

陳　遼：《朴通事》：元明兩代中國文化的百科全書，《中華文化論壇》2004年第2期。

陳　遼：《訓世評話》：朝鮮最早的"僑易"現象，《内江師範學院學報》2016年第1期。

陳　榴：一本失而復得的朝鮮時代漢語讀本——李邊《訓世評話》，《文史知識》1999年第11期。/收入陳榴《品讀韓國》,北京：作家出版社,2014 年。

陳　榴、朴鍾淵：一本失而復得的朝鮮時代漢語讀本——李邊《訓
　　世評話》評介,《當代韓國》1999 年第 2 期。

陳敏祥、楊麗英：元代漢語《老乞大》的語言、詞彙、語法特點分析,
　　《蘭臺世界》2015 年第 3 期。

陳　蓉：《老乞大》《朴通事》緊縮句研究,西南大學碩士學位論文,
　　2014 年。

陳　雅：《老乞大》中的疑問句,《金陵職業大學學報》2003 年第
　　4 期。

陳　雅：《老乞大》的時間表達法,上海大學碩士學位論文,
　　2004 年。

陳　雅：《老乞大》中的時間助詞“來”,《中文自學指導》2004 年第
　　6 期。

陳嬿鈴：韓半島地區漢語教育制度及漢語教科書,《台大華語文教
　　學研究》2018 年第 6 期。

陳　穎：朝鮮時代後期漢語教科書的“唎”,《四川師範大學學報》
　　2016 年第 5 期。

陳志強：《老乞大》“將”“的”初探,《廣西師院學報》1988 年第 1 期。

陳志強：試論《老乞大》裏的助詞“著”,《廣西師院學報》1988 年第
　　3 期。

陳志強：《老乞大》若干助詞與詞綴的研究,廣西師範大學碩士學
　　位論文,1988 年。

成百仁、高東昊、蔣　理：韓國的滿語研究概況,《滿語研究》1999
　　年第 1 期。

程倩雲：《訓世評話》中的“頭”字研究,《河池學院學報》2016 年第
　　1 期。

程相文：《老乞大》和《朴通事》在漢語第二語言教學發展史上的地位，《漢語學習》2001 年第 2 期。

鋤田智彦：《重刊老乞大諺解》三本に見える聲調を表す傍點について——上聲の連讀變調を中心に，《中國文學研究》33卷，東京：早稻田大學中國文學會，2007 年。

鋤田智彦：東洋文庫本《重刊老乞大諺解》に現れた上声の連読変調について，《開篇》24 卷，東京：好文出版，2005 年。

鋤田智彦：東洋文庫所蔵《重刊老乞大諺解》の入声字に附せられた傍点について（中國の地域言語とテキスト），《中國古籍文化研究》4 號，東京：中國古籍文化研究所，2006 年。

鋤田智彦：三本《重刊老乞大諺解》中所見反映聲調的傍點，嚴翼相、遠藤光曉主編《韓漢語言探索》（韓漢語言學研究系列3），首爾：學古房，2010 年。

儲澤祥：《老乞大》《朴通事》方位短語作狀語的異常情況分析，《民族語文》2011 年第 3 期。

川澄哲也：近代漢語"呵"の時間義用法に関する覚え書き（2）元刊本老乞大における用例から考える，《言語文化研究》38 卷 1 號，松山大学総合研究所，2018 年。

舩田善之：新発現の舊本《老乞大》にみえる物価について：その歴史史料としての可能性を探るための一礎石（第九八回史學會大會報告記事），《史學雑誌》109 卷 12 號，公益財団法人史學會，2000 年。

舩田善之：元代史料としての舊本《老乞大》：鈔と物価の記載を中心として，《東洋學報/The Toyo Gakuho》83 卷 1 號，2001 年。

崔玲愛：有關十五世紀前的漢音韓文資料，《民族語文》2003 年第

5 期。

崔小娟：《翻譯老乞大》中的詞尾研究——以先語末詞尾和終結詞尾爲中心，南京大學碩士學位論文，2015 年。

崔宰榮：《朴通事諺解》意志類助動詞考察，嚴翼相、遠藤光曉主編《韓漢語言探討》（韓漢語言學研究系列 4），首爾：學古房，2013 年。

崔智恩：《老乞大諺解》《朴通事諺解》代詞研究，吉林大學碩士學位論文，2009 年。

大島吉郎：《元刊〈老乞大〉》における常用漢字について，《語學教育研究論叢》24 卷，東京：大東文化大學，2007 年。

大島吉郎：Book Review：元代「中國（語）通」への指南書《老乞大―朝鮮中世の中國語會話読本》金文京・玄幸子・佐藤晴彦譯註/鄭光解説，《東方》261 號，東京：東方書店，2002 年。

大和田孝志：《朴通事諺解（ぼくつうじげんかい）》と《西遊記》研究（資料紹介），《アジア資料通報》30 卷 9 號，東京：國立國會圖書館，1992 年。

大塚秀明：《老乞大》《朴通事》の言語について，《言語文化論集》27 號，筑波：筑波大學現代語・現代文化學系，1988 年。

大塚秀明：《老乞大》の會話文について，《外國語教育論集》11 卷，筑波：筑波大學，1989 年。

鄧宗榮：《老乞大》和《朴通事》中的幾個句法特點，《紀念馬漢麟先生論文集》，南開大學出版社，1998 年。

丁邦新：《老乞大諺解 朴通事諺解》序，〔臺北〕聯經出版事業公司，1978 年。

丁喜霞：關於《訓世評話》中的"非漢語用法"，《中國語文》2018 年第 2 期。

丁　勇：古本《老乞大》的選擇問句，《湖北教育學院學報》2007 年第 4 期。

董　明：《原本老乞大》中的"有"，《明海大學外國語學部論集》16 卷，浦安：明海大學外國語學部，2004 年。

都興宙：西寧方言的《老乞大》詞語釋例，《青海民族學院學報》1989 年第 4 期。

樊瑞凱：《朴通事諺解》文化因素探析及對現代對外漢語教材的啟示，廈門大學碩士學位論文，2015 年。

方一新：《元語言詞典》補苴——以《原本老乞大》爲例，《杭州師範大學學報》2012 年第 3 期。

方一新：《老乞大》及《老乞大集覽》詞語雜記，《合肥師範學院學報》2014 年第 1 期。

方一新、王雲路：元明方俗語詞瑣記——以《老乞大》爲中心，《歷史語言學研究》第八輯，北京：商務印書館，2014 年。

方一新、王雲路：從多版本《老乞大》四組異文看通語詞與方言詞的更替演變，《語言研究》2018 年第 1 期。

方雲雲：《朴通事》詞彙研究，南京大學碩士學位論文，2008 年。

馮　立：《老乞大》四版本常用詞更替研究，廣西師範學院碩士學位論文，2013 年。

福田和展：《伍倫全備諺解》語彙、語法分析：《老乞大》《朴通事》との比較を中心に，《人文論叢：三重大學人文學部文化學科研究紀要》18 卷，津：三重大學，2001 年。

付開平：《朴通事諺解》助詞研究，華中科技大學碩士學位論文，2006 年。

付開平、姜永超：《朴通事諺解》裏的"著"，《鄖陽師範高等專科學校學報》2008 年第 5 期。

高　　晴：朝鮮時代漢語教材中元明戲曲小説的影響研究,瀋陽師
範大學碩士學位論文,2018 年。

高　　樂：《老乞大》諸版本特殊語法現象嬗變芻議,《前沿》2015 年
第 3 期。

高　　樂：多民族文化交融背景下的《老乞大》語言研究,《文化學
刊》2015 年第 3 期。

高育花：《元刊全相平話五種》與《原本〈老乞大〉》中的代詞,《人文
叢刊》第二輯,北京：學苑出版社,2007 年。

高育花：《老乞大諺解》《朴通事諺解》中的名量詞,《泰山學院學
報》2012 年第 4 期。

高育花：《老乞大》疑問句研究,《求是學刊》2013 年第 3 期。

高育花：《老乞大諺解》《朴通事諺解》中的人稱代詞,《人文叢刊》
第七輯,北京：學苑出版社,2013 年。

高育花：《老乞大諺解》《朴通事諺解》中的疑問代詞,《人文叢刊》
第八輯,北京：學苑出版社,2014 年。

葛平平：東亞域外漢語教科書文獻考述及比較——以 14 世紀末
至 20 世紀初的朝鮮和日本爲例,《瀋陽大學學報》2018
年第 3 期。

耿永坤：朝鮮後期漢語教材中連字句研究,遼寧師範大學碩士學
位論文,2012 年。

宮紀子：モンゴルが遺した「翻訳」言語―舊本《老乞大》の発見に
よせて―(上),《内陸アジア言語の研究》18 卷,神户：中
央ユーラシア學研究會,2003 年。

宮紀子：モンゴルが遺した「翻訳」言語―舊本《老乞大》の発見に
よせて―(下),《内陸アジア言語の研究》19 卷,神户：中

央ユーラシア學研究會,2004 年。

古屋昭弘：批評と紹介：李氏朝鮮訳學研究の高まり——鄭光・尹世英共編《司訳院訳學書册版研究》、鄭光編著《清語老乞大新釈》、鄭光主編《原刊老乞大研究》,《東洋學報》83卷 1 號,東京：東洋文庫,2001 年。

古屋昭弘：《老乞大》與《賓主問答》,遠藤光曉、嚴翼相編《韓漢語言研究》(韓・日中國語言學研究系列 2),首爾：學古房,2008 年。

官長馳：《老乞大諺解》所見之元代量詞,《内江師專學報》1988 年第 1 期。

官長馳,《朴通事諺解》中的量詞,《内江師範學院學報》1989 年第 1 期。

關黑拽：古本《老乞大》中"那般者"的功能及其譯讀錯訛現象,《古籍整理研究學刊》2015 年第 2 期。

關辛秋：元以來一部多個語種版本的第二語言教材——三種文本《老乞大》教材編寫特點分析,《漢語學習》2004 年第 3 期。

關　旭：《訓世評話》的口語教材特徵研究,華東師範大學碩士學位論文,2008 年。

關　旭：試析朝鮮時代漢語教科書《訓世評話》的趣味性原則,《國際漢語教學動態與研究》2008 年第 2 期。

郭晨思：《訓世評話》中的文化詞彙研究,四川師範大學碩士學位論文,2017 年。

郭德虎：四版本《老乞大》詞彙研究——以疑難詞語的考辨爲例,中國人民大學碩士學位論文,2014 年。

郭作飛：《朝鮮時代漢語教科書叢刊》簡評,《世界漢語教學》2005

年第 4 期。

韓冬梅、朱富林：《老乞大》《朴通事》正反選擇問句否定項的語法
　　化,《甘肅高師學報》2010 年第 3 期。

韓國語文學會編：《朝鮮前期의 言語와 文學》,漢城：螢雪出版社,
　　1976 年。（韓國語文學大系 3）①

韓亦琦：朝鮮《老乞大諺解》研究,《語言研究集刊》第二輯,南京：
　　江蘇教育出版社,1988 年。

韓　臻：《老乞大諺解》《朴通事諺解》疑問句研究,陝西師範大學
　　碩士學位論文,2008 年。

何華珍、逯林威：《朴通事》"燙"字源流考,《古漢語研究》2019 年第 3 期。

何輝鳳：古本《老乞大》中的特殊判斷句,《貴州民族報》2016 年 5
　　月 17 日第 B03 版。

何茂活：《朝鮮時代漢語教科書叢刊》異文處理讞論,《古漢語研
　　究》2008 年第 2 期。

何茂活：《老乞大集覽》《單字解》訓詁方法評介,《蘭州大學學報》
　　2008 年第 2 期。

何茂活：從《老乞大》諸版本管窺近代漢字之分化,《域外漢籍研究
　　集刊》第四輯,北京：中華書局,2008 年。

何茂活：《朴通事諺解》"食店吃飯"節解疏,《寶雞文理學院學報》

　　①　收入：李基白《回顧와 展望》、權在善《ㅇ音考》、서재극《飜譯老乞大의 어
　　휘》、이광호《중세국어 시제어미에 대하여》、李勝明《後期 中世國語의
　　語彙論的 研究》、李鉉奎《訓民正音 字素體系의 修正》、池浚模《15 世紀
　　國語의 母音體系 修正論》、洪思滿《15 世紀 語辭 "맛" 과 "ᄆᆞ장"의 비
　　교》、沈載完《回顧와 展望》、金文基《鮮初 頌壽詩의 性格 考察》、金一烈
　　《金鰲神話 考察》、成賢慶《妓女 詩調와 士大夫 詩調》、宋政憲《葛峯詩調
　　考》、李泰極《朝鮮朝 前期 歌辭의 展開와 特性》、趙東一《徐慶德의 文學
　　思想》、曹壽鶴《滑稽傳 研究》。

2012 年第 6 期。

何茂活：《朴通事集覽》詞語釋源方法類解，《寶雞文理學院學報》
　　2013 年第 4 期。

何茂活：《原本老乞大》同源詞例解，《福建江夏學院學報》2014 年
　　第 3 期。

何茂活：《原本老乞大》索引指誤，《福建江夏學院學報》2016 年第
　　3 期。

何　璞：《訓世評話》詞彙研究，四川外國語大學碩士學位論文，
　　2013 年。

何亞南、蘇恩希：試論《你呢貴姓（學清）》的語料價值，《南京師大
　　學報》2007 年第 2 期。

和西歌：《朴通事》時間詞研究，遼寧師範大學碩士學位論文，
　　2012 年。

侯如豔：《老乞大》、《朴通事》中的元代醫藥衛生風俗，《中醫文獻
　　雜誌》2015 年第 4 期。

侯妍妮、唐　韻：《朴通事諺解》中的疑問代詞，《安康學院學報》
　　2015 年第 1 期。

呼日勒巴特爾：《御製滿珠蒙古漢字三合切音清文鑒》與《蒙語老
　　乞大》漢語借詞比較研究，《中國蒙古學（蒙文）》2019 年
　　第 1 期。

胡明揚：《老乞大諺解》和《朴通事諺解》中所見的漢語、朝鮮語對
　　音，《中國語文》1963 年第 3 期。／收入其《語言學論文
　　選》，北京：中國人民大學出版社，1991 年。

胡明揚：《老乞大諺解》《朴通事諺解》中所見的《通考》對音，《語言
　　論集》第一集，北京：中國人民大學出版社，1980 年。／收
　　入其《語言學論文選》，北京：中國人民大學出版社，

1991 年。

胡明揚：《老乞大》複句句式,《語文研究》1984 年第 3 期。/收入其
　　　《語言學論文選》,北京：中國人民大學出版社,1991 年。

胡明揚：原本老乞大序,載《原本老乞大》卷首,外語教學與研究出
　　　版社,2002 年。

胡倩倩、唐　韻：《老乞大》中助詞"來"用法探析,《内江師範學院
　　　學報》2012 年第 9 期。

華樹君、徐正考：從朝鮮朝時期的漢語教科書看清代漢語詞彙在
　　　現代漢語中的發展,《東疆學刊》2018 年第 4 期。

黄碧麗：《老乞大・朴通事諺解》研究：特히 虛詞를 中心으로 하
　　　여,成均館大學國語國文學科碩士學位論文,1974 年。

黄　彬：《訓世評話》句法研究,重慶師範大學碩士學位論文,
　　　2011 年。

黄明明：600 多年前的對外漢語教學觀——《老乞大》《朴通事》的
　　　編寫特點及其理論價值,《無錫教育學院學報》2004 年第
　　　4 期。

黄　濤：《元刊雜劇三十種》《老乞大》《朴通事》中的助詞"的",《北
　　　方論叢》1992 年第 5 期。

黄　濤：《元刊雜劇三十種》《老乞大》《朴通事》中所見的動態助
　　　詞,《語言論集》第四輯,北京：中央民族大學出版社,
　　　1999 年。

黄曉雪：古本《老乞大》和諺解本《老乞大》裏的語氣詞"也",《語言
　　　研究》2002 年增刊。

黄曉雪：古本《老乞大》代詞和助詞研究,華中科技大學碩士學位
　　　論文,2003 年。

黄曉雪：古本《老乞大》的動補結構,《黄岡師範學院學報》2004 年

　　　第 4 期。

汲海娣：朝鮮時代後期漢語教科書詞彙研究，浙江師範大學碩士
　　　學位論文，2015 年。

季永海：《清語老乞大》研究，《滿語研究》2007 年第 2 期。

菅野裕臣、孟達來：關於朝鮮司譯院清學書的諺文對音的性質，
　　　《滿語研究》2001 年第 1 期。

江海漫：探究《朴通事諺解》中的“去來”現象，《宿州學院學報》
　　　2009 年第 3 期。

姜南秀：《原本老乞大》中的比較、比擬和選擇問句式研究，西北師
　　　範大學碩士學位論文，2011 年。

姜信沆：《訓世評話》研究，《第三屆中國域外漢籍國際學術會議論
　　　文集》，聯合報文化基金會國學文獻館，1990 年。

姜信沆：論《訓世評話》（附錄《訓世評話》原文），《大東文化研究》
　　　第 24 輯，漢城：成均館大學大東文化研究院，1990 年。

金基石：明清時期朝鮮韻書中的見曉精組字，《民族語文》1998 年
　　　第 2 期。

金基石：中古日母字的演變與朝鮮韻書的諺文注音，《延邊大學學
　　　報》1998 年第 2 期。

金基石：朝鮮對音文獻中的入聲字及其歸派，《語文研究》1999 年
　　　第 4 期。

金基石：朝鮮對音文獻淺論，《民族語文》1999 年第 5 期。

金基石：《朝鮮韻書與明清音系》，牡丹江：黑龍江朝鮮民族出版
　　　社，2003 年。

金基石：韓國李朝時期的漢語教育及其特點，《漢語學習》2005 年
　　　第 5 期。

金炯秀：《蒙學三書研究》，大邱：螢雪出版社，1974 年。

金完鎮:《老乞大의 諺解에 대한 比較研究》,漢城:韓國研究院, 1976 年。(韓國研究叢書 31)

金文京:《老乞大》——高麗時代の中國語教科書,《月刊韓國文化》268 號,企画室アートプランニング,2002 年。

金文京:漢兒言語考,嚴翼相、遠藤光曉編《韓國的中國語言學資料研究》(韓‧日中國語言學研究系列 1),首爾:學古房, 2005 年。

金文京:高麗時代漢語教科書《朴通事》の成立年代について(山下輝彦教授退任記念論文集),《藝文研究》105 號,東京: 慶應義塾大學藝文學會,2013 年。

金文京、玄幸子、佐藤晴彦譯註,鄭光解説:《老乞大(ろうきつだい):朝鮮中世の中国語会話読本》,東京:平凡社,2002 年。(東洋文庫 699)

金文靜:《訓世評話》虛詞研究,重慶師範大學碩士學位論文, 2011 年。

金銀姬:朝鮮韻書與《洪武正韻》對比研究,遼寧師範大學碩士學位論文,2013 年。

井上治、金度亨:蒙語老乞大——テキストのローマ字転写と和訳(卷之 3),《開篇》23 卷,東京:好文出版,2004 年。

井上治、金度亨:蒙語老乞大テキストのローマ字転写と和訳(卷之 4),《開篇》24 卷,東京:好文出版,2005 年。

井上治、金度亨:蒙語老乞大テキストのローマ字転写と和訳(卷之 5),《開篇》25 卷,東京:好文出版,2006 年。

井上治、金度亨:蒙語老乞大テキストのローマ字転写と和訳(卷之 6),《開篇》26 卷,東京:好文出版,2007 年。

井上治、金度亨:蒙語老乞大テキストのローマ字転写と和訳(卷

之 7),《開篇》27 卷,東京：好文出版,2008 年。

井上治、金度亨：蒙語老乞大テキストのローマ字転写と和訳(卷之 8),《開篇》28 卷,東京：好文出版,2009 年。

井上治、金度亨：蒙語老乞大テキストのローマ字転写と和訳(跋),《開篇》29 卷,東京：好文出版,2010 年。

景盛軒：《朝鮮時代漢語教科書》釋詞,《語言研究》2008 年第 1 期。

具賢娥：《翻譯老乞大》和《翻譯朴通事》裏上聲變調研究,《理論界》2010 年第 10 期。

康寔鎮：《〈老乞大〉〈朴通事〉研究：諸書之著成及其書中漢語語音語法之析論》,臺北：學生書局,1985 年。

柯　艷：《老乞大諺解》中的動態助詞兼及不同版本的比較研究,廣西師範大學碩士學位論文,2004 年。

黎　平：《老乞大》《朴通事》中的“是……也”句式分析,《連雲港師範高等專科學校學報》2003 年第 1 期。

李得春：“ᆞ”終聲考,《延邊大學學報》1979 年第 3 期。

李得春：老乞大、朴通事諺解朝鮮文注音,《延邊大學學報》1992 年第 1 期。

李得春：關於標記在朝鮮諺解書中的近代漢語舌尖元音,《民族語文》1997 年第 3 期。

李得春：介紹一份 19 世紀末的漢朝對音資料——《華音啓蒙》卷後的《華音正俗變異》,《東疆學刊》2000 年第 3 期。

李得春：朝鮮王朝的漢語研究及其主要成果,《民族語文》2003 年第 6 期。

李得春、崔貞愛：《老乞大》《朴通事》及其諺解本在朝鮮王朝華語教育中的貢獻,《延邊大學學報》2008 年第 2 期。

李得春、金光洙：略論《老乞大》系列版本,《東疆學刊》2007 年第

　　　　3 期。

李　　靜：朝鮮時期漢語教科書中的處置式研究,遼寧師範大學碩
　　　　士學位論文,2012 年。

李　　可、邢永革：從《原本老乞大》《朴通事諺解》看朝鮮時代的漢
　　　　語教學情況,《文學教育》2018 年第 6 期。

李　　蕾：陝北方言中的《老乞大》詞語釋例,《文學界(理論版)》
　　　　2011 年第 3 期。

李　　琳：淺論《老乞大》中的複句,《楊淩職業技術學院學報》2011
　　　　年第 3 期。

李　　龍：論明清時期朝鮮李朝的漢語教學,曲阜師範大學碩士學
　　　　位論文,2013 年。

李玫瑩：《華音啟蒙諺解》中"咧""否咧"的研究,《赤峰學院學報》
　　　　2015 年第 10 期。

李順美：釋"角頭""控""家",《民族語文》2009 年第 4 期。

李順美：《朴通事》裏"典"和"當"的區別,《語文研究》2011 年第
　　　　2 期。

李順美：《老乞大》《朴通事》常用詞彙研究:以《老朴集覽》爲中心,
　　　　復旦大學博士學位論文,2011 年。

李思軍、唐　　韻：《老乞大》《朴通事》中的"好",《宜賓學院學報》
　　　　2009 年第 7 期。

李泰洙：《老乞大》四種版本從句句尾助詞研究,《中國語文》2000
　　　　年第 1 期。

李泰洙：古本、諺解本《老乞大》裏方位詞的特殊功能,《語文研究》
　　　　2000 年第 2 期。/收入《元代漢語本老乞大》,大邱:慶北
　　　　大學出版部,2000 年。

李泰洙：古本《老乞大》的語助詞"有",《語言教學與研究》2000 年

第 3 期。/收入《元代漢語本老乞大》,大邱：慶北大學出版部,2000 年。

李泰洙：《老乞大》四種版本語言研究,中國社會科學院研究生院博士學位論文,2000 年。

李泰洙：《〈老乞大〉四種版本語言研究》,北京：語文出版社,2003 年。

李泰洙、江藍生：《老乞大》語序研究,《語言研究》2000 年第 3 期。/收入江藍生《著名中年語言學家自選集·江藍生卷》,合肥：安徽教育出版社,2002 年;江藍生《近代漢語研究新論》,北京：商務印書館,2008 年;遇笑容、曹廣順、祖生利主編《漢語史中的語言接觸問題研究》,北京：語文出版社,2010 年。

李偉實：《朴通事諺解》與《西遊記》平話,《零陵師專學報》1996 年第 1 期。

李偉實：《朴通事諺解》與《西遊記》平話,《文史知識》1996 年第 2 期。

李文澤：《老乞大》的人稱代詞研究——以《原本老乞大》《老乞大諺解》爲例,《漢語史研究集刊》第十三輯,成都：巴蜀書社,2010 年。

李玧和：《老乞大》諺解諸版本中"再"的翻譯問題,《漢韓語言對比研究》第二輯,北京：北京語言大學出版社,2010 年。

李在敦：從朝鮮時代資料看近代漢語詞彙擴散過程,嚴翼相、遠藤光曉編《韓國的中國語言學資料研究》(韓·日中國語言學研究系列 1),首爾：學古房,2005 年。

李在敦：《你呢貴姓》所反映的漢語音系,遠藤光曉、嚴翼相編《韓漢語言研究》(韓·日中國語言學研究系列 2),首爾：學古房,2008 年。

李鍾九：《老乞大・朴通事》漢語語音研究,復旦大學博士學位論文,1996 年。

李鍾九：《翻譯老乞大・朴通事》所反映的漢語聲調調值,《古漢語研究》1997 年第 4 期。

李紫嫣、王嬌嬌：《老乞大諺解》與《朴通事諺解》中詞綴用法淺析,《甘肅廣播電視大學學報》2016 年第 4 期。

梁德惠：《老乞大》教學内容研究及其對漢語二語教材的啟示——兼談漢語國際推廣形勢下的對外漢語教材編寫問題,《漢語國際傳播與國際漢語教學研究(下)——第九屆國際漢語教學學術研討會論文集》,中央民族大學國際教育學院,2011 年 8 月。

梁淑珉：朝鮮時代漢語教科書中所見的“動+將+來/去”結構—與韓語保持動詞“가자다”對比—,嚴翼相、遠藤光曉主編《韓漢語言探討》(韓漢語言學研究系列 4),首爾：學古房,2013 年。

梁伍鎮：《老乞大》裏的“著”,《蘭州大學學報》1988 年第 2 期。

梁伍鎮：《老乞大》裏的助詞研究(上),《延安大學學報》1992 年第 2 期。

梁伍鎮：《〈老乞大〉〈朴通事〉研究：漢語文에 보이는 語彙와 文法의 特徵을 中心으로》,漢城：太學社,1998 年。

梁伍鎮：論元代漢語《老乞大》的語言特點,《民族語文》2000 年第 6 期。

梁伍鎮：試論《老乞大》《朴通事》的文化史價值,嚴翼相、遠藤光曉編《韓國的中國語言學資料研究》(韓・日中國語言學研究系列 1),首爾：學古房,2005 年。

林彬暉：《域外漢語教科書編選中國古代小説戲曲作品研究（14 世紀—20 世紀初）》，長沙：湖南人民出版社，2010 年。

林彬暉、艾初玲：14、15 世紀朝鮮漢語教材與元明時期的戲曲小説——以《老乞大》、《朴通事》、《訓世評話》爲中心，《閲江學刊》2011 年第 4 期。

林東錫：《朝鮮譯學考》，漢城：亞細亞文化社，1983 年。

林美惠：「老乞大諺解・朴通事諺解」中の「裏・裡」について，《漢學研究》9 號，東京：日本大學中國學會，1972 年。

林　強：The Translation Study of "Laoqida"，延邊大學博士學位論文，2017 年。

林　毅：譯學書《訓世評話》特色語言研究，吉林大學碩士學位論文，2003 年。

劉春蘭：朝鮮早期漢語課本《訓世評話》及其作者，《南開語言學刊》2009 年第 2 期。

劉春蘭：《訓世評話》語法研究，南開大學博士學位論文，2010 年。

劉春蘭：朝鮮時代漢語教科書研究評述，《國際漢語教育》2010 年第 3 期。

劉春蘭：朝鮮時代漢語教科書研究綜述，《漢語學習》2011 年第 2 期。

劉公望：《老乞大》裏的語氣詞"也"，《漢語學習》1987 年第 5 期。

劉公望：《老乞大》裏的"著"，《蘭州大學學報》1988 年第 2 期。

劉公望：《老乞大》裏的"來"，《延安大學學報》1988 年第 4 期。

劉公望：《老乞大》裏的"將"及"將"在中古以後的虛化問題，《寧夏教育學院學報》1989 年第 3 期。

劉公望：《老乞大》裏的助詞研究（上），《延安大學學報》1992 年第 2 期。

劉海燕：對四版本《老乞大》疑問句式的若干問題考察，西南民族
　　　　大學碩士學位論文，2011 年。

劉　堅：《訓世評話》中所見明代前期漢語的一些特點，《中國語
　　　　文》1992 年第 4 期。

劉　靜：朝鮮時代漢語會話課本常見句式研究：以《華音啟蒙諺
　　　　解》和《你呢貴姓》爲依據，吉林大學碩士學位論文，
　　　　2007 年。

劉　靜：《老乞大》中補語標記“得”的用法研究，上海大學碩士學
　　　　位論文，2008 年。

劉麗川：《老乞大》多版本中“要”的研究，《開篇》27 卷，東京：好文
　　　　出版，2008 年。

劉小紅：《老乞大》四種版本體詞比較研究，四川外語學院碩士學
　　　　位論文，2012 年。

劉小豔：《朴通事諺解》《朴通事新釋諺解》句法研究，北京外國語
　　　　大學碩士學位論文，2014 年。

劉勛寧：新發現的《老乞大》裏的句尾“了也”，《中國語文研究》
　　　　2001 年第 1 期。

劉澤民：計算機處理《朴通事諺解》字詞，《漢語學習》1986 年第
　　　　3 期。

劉澤民：朝鮮對音文獻入聲資料的重新解讀，《民族語文》2010 年
　　　　第 3 期。

劉章才：《老乞大》中的“茶”，《中國茶葉》2018 年第 2 期。

柳應九：《老乞大諺解》中、近古漢語音讀，手稿本，1992 年。

柳應九：《老乞大》中的“這們”“那們”與“這般”“那般”，《語言研
　　　　究》1993 年第 2 期。

柳應九：《老乞大》中“們”尾論略，《第四屆國際漢語教學討論會論

文選》,世界漢語教學學會,1993 年。

柳玉宏:《華音啟蒙諺解》的用字研究,《圖書館理論與實踐》2011
　　年第 12 期。

柳岳梅、劉繼紅:論《老乞大》的商務漢語教學特徵,《雲南師範大
　　學學報》(對外漢語教學與研究版)2007 年第 5 期。

盧辰宣:從《老乞大》看中國元代的紡織品,《東華大學學報》2004
　　年第 2 期。

盧慶俠:書寫範式的轉型,天津師範大學碩士學位論文,2006 年。

魯寶元:從漢語作爲第二語言在朝鮮半島教學的歷史看《老乞大》
　　的地位、性質和特點,《國外漢語教學動態》2004 年第
　　1 期。

魯寶元:從朝鮮半島漢語教學的歷史看《老乞大》的價值,《海外華
　　文教育》2005 年第 1 期。

陸豔陽:《原本老乞大》中的"了"字研究,《綿陽師範學院學報》
　　2018 年第 7 期。

羅錦堂:《老乞大諺解 朴通事諺解》序,臺北: 聯經出版事業公司,
　　1978 年。

呂叔湘:《朴通事》裏的指代詞,《中國語文》1987 年第 6 期。/收入
　　《呂叔湘文集》第三卷,商務印書館,1992 年;《呂叔湘全
　　集》第三卷,遼寧教育出版社,2002 年。

馬淩燕:《老乞大》中的對外漢語教學思想對當代韓國漢語口語教
　　學的啟示,陝西師範大學碩士學位論文,2016 年。

馬梅玉:《朴通事諺解》對《漢語大詞典》編纂的語料價值,《中南大
　　學學報》2012 年第 4 期。

馬梅玉:從《訓世評話》看《漢語大詞典》書證遲後例,《安陽師範學
　　院學報》2013 年第 3 期。

馬雪琴：作爲漢語口語教材的《朴通事諺解》特點探究，陝西師範大學碩士學位論文，2011 年。

馬元傑：十六世紀初至十八世紀末朝鮮漢字音入聲韻尾漸變考，延邊大學碩士學位論文，2018 年。

毛　麗：《老乞大諺解》中詞綴的用法，《湖南城市學院學報》2008 年第 4 期。

毛　麗、楊豔平：從《老乞大諺解》"們""家"的使用看詞綴的界定，《湖南第一師範學報》2009 年第 5 期。

毛佩琦：朝鮮《老乞大》的時代和它描述的社會生活，《大連大學學報》2009 年第 1 期。

孟　浩：《老乞大》中"將"的語法化研究，山東大學碩士學位論文，2009 年。

孟柱億：老乞大諺解諸版本所反映的語法難點類型初探，遠藤光曉、嚴翼相編《韓漢語言研究》(韓·日中國語言學研究系列 2)，首爾：學古房，2008 年。

閔泳珪：老乞大について，《大正大學々報》36 卷，東京：大正大學，1943 年。

閔泳珪：《老乞大辨疑》，收入《清語老乞大》，漢城：延世大學出版部，1964 年。

穆春宇：《老乞大》四種版本中的處置式，《六盤水師範學院學報》2015 年第 5 期。

穆建軍、張澤寧：《朴通事諺解》助動詞"敢"、"肯"探析，《甘肅廣播電視大學學報》2011 年第 1 期。

牛　琳：《朴通事諺解》詞彙研究，内蒙古大學碩士學位論文，2018 年。

牛　振、趙雅文：朝鮮時代漢語教科書民俗語詞選用分析，《牡丹江教育學院學報》2012 年第 1 期。

歐青青：《老乞大》《朴通事》的虛詞研究，南開大學碩士學位論文，1998 年。

潘建國：《朴通事諺解》及其所引《西遊記》新探，《嶺南學報》2016 年第 3 期。

裴銀漢：也談明代的上聲連讀變調現象，《中國語文》2000 年第 2 期。

朴京淑：試論韓國朝鮮時代的漢語教學，北京語言文化大學碩士學位論文，2000 年。

朴泰衡：《朴通事》方俗詞語淺釋，《延邊大學學報》1986 年第 4 期。

朴戊昌：《老乞大》《朴通事》作爲外語教材的熟語、修辭特點，天津師範大學碩士學位論文，2002 年。

朴庸鎮、程珮玲：《老乞大》的特殊語言現象——呈現中介語特色的例子，《守之以道 信其惟誠：鄧守信教授七十五華誕賀壽論文集》，北京：北京語言大學出版社，2015 年。

朴在淵：關於十五世紀朝鮮譯學書《訓世評話》，韓國中國小説學會《中國小説論叢》第 7 輯，1998 年；中譯本載南京大學中韓文化研究中心《中韓文化研究通訊》第三期，中文出版社，1999 年。

彭　瑜：《老乞大》四版本中的指稱類語詞考察，四川外語學院碩士學位論文，2012 年。

蒲鈺萍：《老乞大諺解》"的"字用法探析，《現代語文》（語言研究版）2013 年第 8 期。

齐　燦：《老乞大》四種版本語氣詞比較研究，《文化交涉：Journal of the Graduate Schoolof East Asian Cultures：東アジア文化研究科院生論集》，吹田：関西大學大學院東アジア文化研究科,2013 年 1 號。

千恩正:《老乞大》詞彙研究——以雙字詞爲例,南開大學碩士學
　　　位論文,2006 年。

浅井澄民:《(舊本)老乞大》の疑問詞とその変遷—'甚麽'と'怎
　　　麽'を中心に,《大東文化大學外國語學研究》4 號,東京:
　　　大東文化大學大學院外國語學研究科,2003 年。

浅井澄民:《(舊本)老乞大》の疑問文とその変遷——「選択的疑
　　　問文」を中心に,《外國語學研究》5 號,東京:大東文化大
　　　學大學院外國語學研究科,2004 年。

浅井澄民:《(舊本)老乞大》句末の"有"とチベット語の句末助動
　　　詞 yöö/duuの類似性:存在動詞の文法化と言語主体位
　　　相の叙述,《拓殖大學語學研究》130 號,東京:拓殖大學
　　　言語文化研究所,2014 年。

浅井澄民:《(舊本)老乞大》句末の"有"と現代モンゴル語句末助
　　　動詞"байна"の類似性(1)存在動詞の文法化と言語主体
　　　位相の叙述,《拓殖大學語學研究》132 號(先川暢郎教授
　　　退職記念号),東京:拓殖大學言語文化研究所,2015 年。

浅井澄民:《(舊本)老乞大》句末の"有"と現代モンゴル語句末助
　　　動詞"байх"の類似性(2)《(舊本)老乞大》の「VP＋有」構
　　　文と現代モンゴル語「VP＋байх」構文,《拓殖大學語學
　　　研究》135 號,東京:拓殖大學言語文化研究所,2016 年。

橋本永貢子:量詞の唐代以降における用法の変遷について:《大
　　　唐三蔵取経詩話》と《老乞大》《朴通事》から,《岐阜大學
　　　地域科學部研究報告》27 卷,岐阜:岐阜大學,2010 年。

任　莉:《原本老乞大》口語詞研究,内蒙古大學碩士學位論文,
　　　2016 年。

任玉函：朝鮮後期漢語教科書語言研究，浙江大學博士學位論文，
　　　2013 年。

三木夏華：朝鮮時代漢語教科書中所見能性結構演變，嚴翼相、遠
　　　藤光曉主編《韓漢語言探討》（韓漢語言學研究系列 4），
　　　首爾：學古房，2013 年。

申雅莎：試論《老乞大》諺解各版本中的入聲韻尾"ㅂ"，嚴翼相、遠
　　　藤光曉主編《韓漢語言探索》（韓漢語言學研究系列 3），
　　　首爾：學古房，2010 年。

慎鏞權：關於《翻譯老乞大》中左右音的性質，嚴翼相、遠藤光曉主
　　　編《韓漢語言探索》（韓漢語言學研究系列 3），首爾：學古
　　　房，2010 年。

石昌渝：《朴通事諺解》與《西遊記》形成史問題，《山西大學學報》
　　　2007 年第 3 期。

蘇　力：關於原本《老乞大》的版本考證，《民族史研究》第五輯，北
　　　京：民族出版社，2004 年。

蘇　力：原本《老乞大》歷史學研究，中央民族大學碩士學位論文，
　　　2004 年。

蘇　力：原本《老乞大》所見元代衣俗，《呼倫貝爾學院學報》2006
　　　年第 5 期。

隋林書：《老乞大》中的數量短語分析，《遼寧師專學報》2013 年第
　　　4 期。

孫紅娟：元麗民俗文化研究——以《老乞大》爲例，《山東青年政治
　　　學院學報》2011 年第 1 期。

孫錫信：《老乞大》《朴通事》中的一些語法現象，《近代漢語研究》，
　　　北京：商務印書館，1992 年。

太田辰夫：老乞大的語言（1953 年），《漢語史通考》，中譯本，重慶：

　　　　　重慶出版社,1991年。

太田辰夫：關於漢兒言語(1954年),《漢語史通考》,中譯本,重慶：
　　　　　重慶出版社,1991年。

太田辰夫：朴通事諺解所引西遊記考,《神户外大論叢》10卷2號,
　　　　　神户：神户市外國語大學研究會,1959年。

太田辰夫：《老乞大諺解》《朴通事諺解》(1969年),《漢語史通考》,
　　　　　中譯本,重慶：重慶出版社,1991年。

太田辰夫：《訓世評話》的語言,《中國語研究》第33號,1991年。

唐　　韻：《元曲選》賓白動詞重疊式中賓語的位置及"兒"尾的問
　　　　　題——兼與《老乞大》《朴通事》《水滸全傳》等比較,《樂山
　　　　　師範學院學報》2001年第3期。

陶山信男：《朴通事》《老乞大》の言語——"着"についての考察,
　　　　　《愛知大學文學論叢》53號,豊橋：愛知大學文學會,
　　　　　1975年。

田村祐之：《朴通事諺解》翻訳の試み(4),《饕餮》7號,札幌：中國
　　　　　人文學會,1999年。

田村祐之：《朴通事諺解》翻訳の試み(5),《饕餮》8號,札幌：中國
　　　　　人文學會,2000年。

田村祐之：《朴通事諺解》翻訳の試み(6),《饕餮》9號,札幌：中國
　　　　　人文學會,2001年。

田村祐之：舊本「老乞大」と「翻訳老乞大」との異同について,《姬
　　　　　路獨協大學外國語學部紀要》14卷,姬路：姬路獨協大
　　　　　學,2001年。

田村祐之：《朴通事》と日用類書との関係について,《姬路獨協大
　　　　　學外國語學部紀要》15卷,姬路：姬路獨協大學,
　　　　　2002年。

田村祐之：《朴通事諺解》翻訳の試み（7），《饕餮》10 號，札幌：中國人文學會，2002 年。

田村祐之：《朴通事諺解》翻訳の試み（8），《饕餮》15 號，札幌：中國人文學會，2007 年。

田村祐之：《朴通事諺解》與《新釋朴通事》之異同初探，遠藤光曉、嚴翼相編《韓漢語言研究》（韓・日中國語言學研究系列 2），首爾：學古房，2008 年。

童　歡：朝鮮初期漢語教材《訓世評話》研究，上海師範大學碩士學位論文，2010 年。

涂海強：從《老乞大》四種版本看元明清方位短語作狀語的發展面貌，西華師範大學碩士學位論文，2007 年。

涂海強、康　健、張新紅：從《老乞大》四種版本看元明清方位短語作狀語時謂語中心語的發展面貌，《語文學刊》2008 年第 9 期。

涂海強：從《老乞大》四種版本看元明清方位短語作狀語時語義指向的發展面貌，《寧夏大學學報》2008 年第 1 期。

涂海強：《老乞大》四種版本中方位短語"X＋方"作狀語的比較，《伊犁師範學院學報》2009 年第 1 期。

涂海強：《老乞大》四種版本方位短語"X＋方"作狀語時構成情況考察，《孝感學院學報》2011 年第 4 期。

涂海強、何大吉：《元明清語言現象考察：以〈老乞大〉四种版本爲研究對象》，成都：四川大學出版社，2011 年。

汪維輝：朝鮮時代漢語教科書與近代漢語研究，《人文科學》（韓國延世大學）第八十四輯，2002 年。

汪維輝：關於《訓世評話》文本的若干問題，《語言研究》2003 年第 4 期。

汪維輝：《老乞大》諸版本所反映的基本詞歷時更替,《中國語文》
　　　　2005 年第 6 期。/收入汪維輝《漢語詞彙史新探》,上海：
　　　　上海人民出版社,2007 年;汪維輝《著名中年語言學家自
　　　　選集‧汪維輝卷》,上海：上海教育出版社,2011 年。

汪維輝：《朝鮮時代漢語教科書叢刊》(全四册),北京：中華書局,
　　　　2005 年。

汪維輝：《朴通事》的成書年代及相關問題,《中國語文》2006 年第
　　　　3 期。

汪維輝：域外借詞與漢語詞彙史研究,《江蘇大學學報》2009 年第
　　　　1 期。

汪維輝：《老乞大諺解》《朴通事諺解》與《訓世評話》的詞彙差異,
　　　　《語言研究》2011 年第 2 期。

汪維輝：朝鮮時代漢語教科書釋詞,嚴翼相、遠藤光曉主編《韓漢
　　　　語言探討》(韓漢語言學研究系列 4),首爾：學古房,
　　　　2013 年。

汪維輝：《重刊老乞大》對《老乞大新釋》的修改及其原因,《語文研
　　　　究》2015 年第 2 期。中國人民大學書報資料中心《語言
　　　　文字學》2015 年第 8 期全文複印。

汪維輝：近代官話詞彙系統的形成——以《訓世評話》與《老乞大》
　　　　《朴通事》的比較爲出發點,《南開語言學刊》2018 年第
　　　　1 期。

王　　丹：《老乞大》系列語料中名詞後綴“子”的歷時演變,《山西檔
　　　　案》2017 年第 6 期。

王敵非：論《老乞大》的滿譯本,《滿語研究》2012 年第 2 期。

王敵非：《清語老乞大》版本考略,《伊犁師範學院學報》2013 年第
　　　　4 期。

王敵非:《清語老乞大》滿朝對音研究,《黑龍江民族叢刊》2013 年
　　第 6 期。

王　剛:《朴通事》——朝鮮早期的中文教科書,《東北亞論壇》
　　2002 年第 4 期。

王建軍:《老乞大》與《朴通事》中的存在句,《語文研究》2002 年第
　　3 期。

王建軍:《老乞大》和《朴通事》中的顯性祈使句,《浙江師範大學學
　　報》2007 年第 4 期。

王　珏:《老乞大》所見府谷方言詞語例釋,《西北大學學報》2013
　　年第 1 期。

王君君、姚子豔:試論 15 世紀漢語量詞的新發展——以 15 世紀
　　朝鮮漢語教科書爲例,《社科縱横》(新理論版)2008 年第
　　4 期。

王　軍、王　齊:對《訓世評話》的再認識,《湖北第二師範學院學
　　報》2011 年第 11 期。

王　娜:論《朴通事諺解》的詞彙編寫,陝西師範大學碩士學位論
　　文,2012 年。

王　芹:朝鮮李朝時期的漢語口語教學研究,蘇州大學碩士學位
　　論文,2011 年。

王慶雲:從《老乞大》、《朴通事》和《白姓官話》看古代國外漢語教
　　材的口語化特徵,《漢語口語與書面語教學——2002 年
　　國際漢語教學學術研討會論文集》,北京語言大學對外漢
　　語研究中心、湖北大學文學院,2002 年。

王慶雲:古代朝鮮、琉球漢語教學及教材研究引論——以《老乞
　　大》、《朴通事》、《白姓官話》爲例,《雲南師範大學學報》
　　(對外漢語教學與研究版)2003 年第 5 期。

王　森：《老乞大》、《朴通事》的複句,《蘭州大學學報》1990 年第
　　2 期。

王　森：《老乞大》《朴通事》裏的動態助詞,《古漢語研究》1991 年
　　第 2 期。

王　森：《老乞大》、《朴通事》裏的"的",《古漢語研究》1993 年第
　　1 期。

王　森：《老乞大》《朴通事》的融合式"把"字句,《古漢語研究》
　　1995 年第 1 期。

王　森：《老乞大》《朴通事》的融合式"把"字句,《中國語研究》40
　　號,東京：白帝社,1998 年。

王　霞：《老乞大》四版本詞彙研究,韓國外國語大學校博士學位
　　論文,2002 年。

王　霞：《老乞大》四版本中的稱謂系統淺探,嚴翼相、遠藤光曉編
　　《韓國的中國語言學資料研究》(韓・日中國語言學研究
　　系列 1),首爾：學古房,2005 年。

王　霞：淺談《老乞大》、《朴通事》詞彙方面的研究方向,嚴翼相、
　　遠藤光曉主編《韓漢語言探討》(韓漢語言學研究系列
　　4),首爾：學古房,2013 年。

王衍軍：朝鮮時代漢語教科書能性"得"字研究,《安徽理工大學學
　　報》2013 年第 2 期。

王衍軍：朝鮮時代漢語教科書能性述補結構試析,《語言科學》
　　2013 年第 6 期。

王豔峰：原本《老乞大》"有"的用法特點,《山西煤炭管理幹部學院
　　學報》2010 年第 4 期。

王豔麗：朝鮮時代漢語教科書《訓世評話》研究,陝西師範大學碩
　　士學位論文,2012 年。

王永超：《朴通事》中所見元末北方官話區民俗，《民俗研究》2009
　　年第 1 期。

王幼敏、關　旭：古代朝鮮漢語教材對中國評話文學的借鑒——
　　以《訓世評話》爲例，《華東師範大學學報》2012 年第
　　5 期。

王雨鋮、金　美：《老乞大》《朴通事》中對答的結構形式研究，《雲
　　南師範大學學報》2017 年第 3 期。

王振忠：從漢語教科書看清代東亞經濟與文化的交流——以朝鮮
　　時代漢語課本所見瀋陽及遼東爲例，《地方文化研究》
　　2015 年第 2 期。

王治理、周　丹：對外漢語教材評估視角下的《原本老乞大》，《海
　　外華文教育》2016 年第 6 期。

魏　洪：近三十年《老乞大》諸版本研究綜述，《東亞文學與文化研
　　究》第二輯，北京：中國社會科學出版社，2012 年。

烏雲高娃：朝鮮司譯院"漢學"與《老乞大》，遠藤光曉、嚴翼相編
　　《韓漢語言研究》（韓·日中國語言學研究系列 2），首爾：
　　學古房，2008 年。

吳葆棠：《老乞大諺解》中古入聲字分派情況研究，《煙臺大學學
　　報》1991 年第 2 期。

吳葆棠：《老乞大諺解》中古入聲字的分派研究，《紀念王力先生九
　　十誕辰文集》，濟南：山東教育出版社，1992 年。

吳葆棠：《老乞大》和《朴通事》中動詞"在"的用法，《煙臺大學學
　　報》1995 年第 1 期。

吳淮南：作爲外語的漢語口語教材《朴通事》和《朴通事》諺解，《南
　　京大學學報》1995 年第 4 期。

伍　嬌、康　健：《老乞大諺解》中"那"的用法分析，《廣東技術師

範學院學報》2013 年第 4 期。

夏鳳梅:《老乞大》四種版本詞彙比較研究,浙江大學博士學位論
　　　文,2005 年。

夏鳳梅:《原本老乞大》詞語釋義三則,《古漢語研究》2006 年第
　　　3 期。

夏鳳梅:《原本老乞大》衣食住行詞語考釋,《内蒙古師範大學學
　　　報》2008 年第 5 期。

夏鳳梅:原本《老乞大》口語詞簡釋,《江漢大學學報》2009 年第
　　　6 期。

夏鳳梅:"《老乞大》《朴通事》的語言"國際學術研討會綜述,《漢語
　　　史學報》第十一輯,上海:上海教育出版社,2011 年。

向　洵:《老乞大》和"倒話"若干語法現象比較,《第 38 屆國際漢
　　　藏語會議論文提要》,廈門大學,2005 年。

小池一郎:文學としての元代漢語版本《老乞大》,《言語文化》13
　　　卷 3 號,京田辺:同志社大學,2011 年。

小嶋美由紀:《老乞大》中所見的祈使標識"(去)來",《関西大學外
　　　國語學部紀要》9 號,大阪:関西大學外國語學部,
　　　2013 年。

小嶋美由紀:《老乞大》四種版本中的祈使語氣詞演變狀況,嚴翼
　　　相、遠藤光曉主編《韓漢語言探討》(韓漢語言學研究系列
　　　4),首爾:學古房,2013 年。

小路口ゆみ:《老乞大》の四種の刊本における"把"構文の対照研
　　　究,日本語文法研究會報告 44 號,2019 年。

謝曉安等:《〈老乞大〉與〈朴通事〉語言研究》,蘭州:蘭州大學出版
　　　社,1991 年。

謝曉安:《朴通事》的動詞,《蘭州大學學報》1994 年第 2 期。

熊　篤：論楊景賢《西遊記》雜劇——兼説《朴通事諺解》中所引《西遊記平話》非元代産物，《重慶師院學報》1986 年第 4 期。

熊應標：從《老乞大》四種版本看元明清疑問句的發展演變，西華師範大學碩士學位論文，2010 年。

徐復嶺：《老乞大》《朴通事》中存在"有＋VP"句嗎？——普通話中"有＋VP"句成因的一點異議，《漢字文化》2010 年第 2 期。

徐尚揆：「翻訳老乞大」と「老乞大諺解」の副詞対照索引〔朝文〕，《東京外國語大學論集》44 號，東京：東京外國語大學論集編集委員會，1992 年。

徐尚揆：《老乞大諺解》と《重刊老乞大諺解》の副詞対照索引，《東京外國語大學論集》45 卷，東京：東京外國語大學，1992 年。

徐尚揆：《老乞大諺解》と《平安監營版老乞大諺解》の副詞対照索引，《東京外國語大學論集》46 卷，東京：東京外國語大學，1993 年。

徐尚揆：《翻訳老乞大》と《清語老乞大》の副詞対照索引，《東京外國語大學論集》47 卷，東京：東京外國語大學，1993 年。

徐尚揆：《パソコンによる〈老乞大〉の諸諺解本の副詞の用例データベース構築に関する研究》，筑波：筑波大学文芸言語学系，1994 年。

徐尚揆：老乞大の諺解文における陳述的時間副詞，《文藝言語研究・言語篇》27 卷，筑波：筑波大學，1995 年。

徐妍雁：《朴通事》複音詞專題研究，北京語言大學碩士學位論文，2008 年。

徐忠明：《〈老乞大〉与〈朴通事〉：蒙元時期庶民的日常法律生活》，上海：上海三聯書店，2012 年/2015 年。

玄幸子：新発見《老乞大》について，《月刊しにか》10 卷 13 號，東京：大修館書店，1999 年。

玄幸子：李氏朝鮮期中國語會話テキスト《朴通事》に見られる存在文について，《関西大學外國語教育研究》14 卷，大阪：関西大學，2007 年。

玄幸子：《老乞大》諸資料における中國語“有”字文の諸相—“一壁有者”再考，《関西大學外國語學部紀要》4 號，大阪：関西大學外國語學部，2011 年。

薛彦明：《朴通事諺解》介詞研究，《漢字文化》2018 第 S2 期。

楊璧苑：四種版本《老乞大》中“待”、“敢”的使用情況的考察，《甘肅高師學報》2006 年第 4 期。

楊　棟：元曲研究失落的兩部珍貴域外文獻——對《朴通事諺解》與《老乞大諺解》的幾點認識，《山東科技大學學報》2000 年第 4 期。

楊繼光、張榮榮：《朝鮮時代漢語教科書叢刊》字詞選釋，《賀州學院學報》2016 年第 3 期。

楊　佳：淺析《訓世評話》中的兼語句，遼寧師範大學碩士學位論文，2010 年。

楊聯陞：老乞大朴通事裏的語法語彙，臺北：《歷史語言研究所集刊(慶祝趙元任先生六十五歲論文集)》第 29 本(1957 年)。/收入《老乞大諺解·朴通事諺解》，臺北：聯經出版事業公司，1978 年。/又收入《楊聯陞文集》，北京：中國社會科學出版社，1992 年。

楊曉春：元末高麗人記載中的中國北方社會——讀《老乞大》中

"漢兒"相關内容劄記,《常州大學學報》2016 年第 2 期。

楊雪漓：朝鮮後期漢語教科書中介詞研究,四川師範大學碩士學位論文,2015 年。

楊憶慈：《老乞大諺解》與《朴通事諺解》派生詞研究,臺灣中山大學博士學位論文,2012 年。

楊憶慈：明初朝鮮漢語教科書後綴"子"探討,嚴翼相、遠藤光曉主編《韓漢語言探討》(韓漢語言學研究系列 4),首爾：學古房,2013 年。

姚　駿：《老乞大諺解》朝鮮語語音研究,北京大學博士學位論文,2008 年。

姚　駿：16～18 世紀朝鮮語舌尖塞音齶化研究——以《老乞大諺解》爲例,《北方語言論叢》第一輯,銀川：陽光出版社,2011 年。

姚　駿：中世朝鮮語語頭子音群研究,《北方語言論叢》第二輯,銀川：陽光出版社,2013 年。

姚　駿：中世紀朝鮮語"·"消失研究,《語言學研究》2013 年第 1 期。

姚　駿：《老乞大諺解》元音音變研究,《東北亞外語研究》2014 年第 2 期。

姚美玲：《朴通事諺解》中的元明口語與民俗,《西北民族研究》2011 年第 4 期。

姚慶保：《老乞大》《朴通事》中的動補結構,《五邑大學學報》2002 年第 2 期。

伊藤英人：《翻訳老乞大》の「了」の朝鮮語訳をめぐって,《語學研究所論集》12 號,東京：東京外國語大學語學研究所,2007 年。

伊藤英人：《翻訳老乞大》中の句末助詞「了」，「也」，「裏」，「來」の朝鮮語訳について，《東京外國語大學論集（Area and Culture Studies）》77 號，東京：東京外國語大學，2008 年。

易　舜：《原本老乞大》所見元代高麗商人使用紙幣的情況——兼論解讀《老乞大諺解》的一種方式，《華中師範大學研究生學報》2014 年第 2 期。

易　杏、何學瓊：《老乞大》《朴通事》中的動態助詞"將"，《西昌學院學報》2014 年第 2 期。

尹海良：朝鮮時代《老乞大》和《朴通事》中的漢語句末"便是"句，《寧夏大學學報》2010 年第 4 期。

尹海良：《老乞大》《朴通事》反映的近代漢語句末"便是"句考察，嚴翼相、遠藤光曉主編《韓漢語言探索》（韓漢語言學研究系列 3），首爾：學古房，2010 年。

于　濤：解讀古代漢語口語課本——《老乞大》，《雲南師範大學學報》2004 年第 5 期。

于　濤：《老乞大》和《朴通事》的名量詞研究，《雲南師範大學學報》2004 年第 6 期。

余小莉：《老乞大》副詞研究，西華師範大學碩士學位論文，2016 年。

遇笑容、曹廣順：《訓世評話》中的特殊語言現象及其語言性質，《歷史語言學研究》第六輯，北京：商務印書館，2013 年。

尉遲治平：《老乞大、朴通事諺解》漢字音的語音基礎，《語言研究》1990 年第 1 期。

元鍾敏：《訓世評話》所見的若干方言詞彙，《第二屆國際暨第四屆全國訓詁學學術研討會論文集》（臺灣），1998 年。

袁　環：《老乞大》與《商務漢語一本通（漢韓版）》比較研究，四川外國語大學碩士學位論文，2017 年。

遠藤光曉：《翻譯老乞大朴通事》裏的漢語聲調，《語言學論叢》第十三輯，北京：商務印書館，1984 年。

遠藤光曉：《老朴集覽》裏的音韻資料，嚴翼相、遠藤光曉編《韓國的中國語言學資料研究》（韓・日中國語言學研究系列 1），首爾：學古房，2005 年。

遠藤光曉：《老乞大》・《朴通事》の言語：國際シンポジウム参加報告，《経済研究》3 卷，東京：青山學院大學經濟研究所，2011 年。

遠藤雅裕：《老乞大》各版本中所見的「將」「把」「拿」——並論元明清的處置句，《中國文學研究》29 卷，東京：早稻田大學中國文學會，2003 年。

遠藤雅裕：《老乞大》四種版本裏所見的人稱代詞系統以及複數詞尾，嚴翼相、遠藤光曉編《韓國的中國語言學資料研究》（韓・日中國語言學研究系列 1），首爾：學古房，2005 年。

遠藤雅裕：淺談《老乞大》各版本中的非完成體標誌——以"着"和"呢"爲中心，遠藤光曉、嚴翼相編《韓漢語言研究》（韓・日中國語言學研究系列 2），首爾：學古房，2008 年。

岳　輝：《華音啟蒙諺解》和《你呢貴姓》的語言基礎，《吉林大學社會科學學報》2006 年第 4 期。

岳　輝：朝鮮時代漢語官話教科書研究，吉林大學博士學位論文，2008 年。

岳　輝：朝鮮初期漢語官話教科書内容研究，《社會科學戰綫》2011 年第 4 期。

岳　輝：朝鮮時期漢語官話教科書體例和内容的嬗變研究，《社會科學》2011 年第 10 期。

曾昭聰：《老乞大》等朝鮮時代漢語教科書語言研究綜述，《綿陽師
　　　範學院學報》2007 年第 4 期。

增野仁：漢語人稱代詞的歷時変遷：以朝鮮王朝漢語教科書《老乞
　　　大》系列爲中心，《言語文化研究》26 卷 2 號，松山：松山
　　　大學總合研究所，2007 年。

增野仁：中國語における二人称代名詞の変遷——《老乞大》諸版
　　　本からの検討，《開篇》26 卷，東京：好文出版，2007 年。

增野仁：從《老乞大》看漢語第一人稱代詞的變遷，《對外漢語研
　　　究》第三輯，北京：商務印書館，2007 年。

增野仁：朝鮮王朝漢語教科書《老乞大》四種中的人稱代詞（朝鮮
　　　王朝與琉球王國漢語教科書研究），《松山大學總合研究
　　　所所報》62 號，松山：松山大學總合研究所，2009 年。

增野仁：朝鮮王朝漢語教科書《老乞大》所用文字的分析考察（朝
　　　鮮王朝與琉球王國漢語教科書研究），《松山大學總合研
　　　究所所報》62 號，松山：松山大學總合研究所，2009 年。

增野仁：朝鮮王朝漢語教科書《老乞大新釋》的文字分析考察（朝
　　　鮮王朝與琉球王國漢語教科書研究），《松山大學總合研
　　　究所所報》62 號，松山：松山大學總合研究所，2009 年。

增野仁：朝鮮王朝漢語教科書《老乞大》所用文字的分析考察，《言
　　　語文化研究》29 卷 1 號，松山：松山大學總合研究所，
　　　2009 年。

增野仁：朝鮮王朝漢語教科書《老乞大新釋》的文字分析考察，《言
　　　語文化研究》29 卷 2 號，松山：松山大學總合研究所，
　　　2010 年。

翟航航：《老乞大諺解》和《朴通事諺解》話題選擇與編寫對比分

析，中山大學碩士學位論文，2015 年。

張國風：韓國古籍《太平通載》、《訓世評話》的文獻價值，《中國古代小説研究》第一輯，北京：人民文學出版社，2005 年。

張洪健：元明漢語常用代詞變遷研究——以《古本老乞大》《老乞大諺解》和《訓世評話》爲中心，《蘭州教育學院學報》2019年第 7 期。

張　輝：古朝鮮漢語教科書《老乞大》口語會話課本文體來源探析，《昆明學院學報》2014 年第 4 期。

張　輝、李無未：朝鮮朝漢語聲調標記“質正”，《古漢語研究》2016年第 1 期。

張　輝、李雯婧：《老乞大》與“燕行録”，《華夏文化論壇》2017 年第1 期。

張林濤：《老乞大》12 版本用字研究，深圳大學文學院編《漢語言文字學論文集》，北京：中國社會科學出版社，2004 年。

張林濤：《老》、《朴》用字比較研究，深圳大學文學院編《漢語言文字學論文集》，北京：中國社會科學出版社，2004 年。

張美蘭：《訓世評話》詞語考釋，《南京師大學報》1998 年第 3 期。

張美蘭：《訓世評話》校勘記，《古籍研究》1999 年第 1 期。

張美蘭：《訓世評話》詞語考釋、校勘，《近代漢語語言研究》，天津：天津教育出版社，2001 年。

張美蘭：《訓世評話》中的授與動詞“給”，《中國語文》2002 年第3 期。

張美蘭：也談 19 世紀末朝鮮兩部漢語教材的語言基礎，《國際漢語教育》2010 年第 2 期。

張美蘭：從《訓世評話》文白對照看明初漢語常用動詞的興替變化，《南京師範大學文學院學報》2012 年第 4 期。

張美蘭：從《訓世評話》看明初幾組常用動詞的興替，《歷史語言學研究》第六輯，北京：商務印書館，2013 年。

張美蘭：明初漢語常用詞新舊質素的興替變化——以《訓世評話》爲中心，《安徽理工大學學報》2013 年第 4 期。

張全真：古本《老乞大》與諺解本《老乞大》《朴通事》語法比較研究，南京大學海外教育學院《對外漢語教學與研究》第 1 輯（胡有清、錢厚生主編），南京：南京大學出版社，2003 年。

張全真：元本《老乞大》與諺解本《老乞大》《朴通事》語法比較研究（朝鮮王朝與琉球王國漢語教科書研究），《松山大學總合研究所所報》62 號，松山：松山大學總合研究所，2009 年。

張盛開：第 1 人稱複數排除式和包括式的對立——以《老乞大》和《朴通事》爲例，遠藤光曉、嚴翼相編《韓漢語言研究》（韓・日中國語言學研究系列 2），首爾：學古房，2008 年。

張蔚虹：《老乞大》諸版本飲食類動詞比較，《漢語學報》2010 年第 3 期。

張蔚虹、王彥坤：原本《老乞大》方俗語詞考釋，《名作欣賞》2013 年第 20 期。

張衛東：再論正音俗音皆時音——以多版本諺解《老乞大》爲中心，深圳大學文學院編《漢語言文字學論文集》，北京：中國社會科學出版社，2004 年。

張衛東：《老乞大》六版本左音變異條例及其成因初探，深圳大學文學院編《漢語言文字學論文集》，北京：中國社會科學出版社，2004 年。

張衛東：論《中原音韻》東鍾庚青之"兩韻並收"，《語言學論叢》第四十八輯，北京：商務印書館，2013 年。

張衛東：曾梗二攝德職陌麥韻入聲洪音字的"兩韻並收"——基於《老朴》等標音文獻的考察，《語言學論叢》第五十三輯，北京：商務印書館，2016 年。

張文娟：論對外漢語教材中民俗文化的選用，西南大學碩士學位論文，2007 年。

張文軒：《老乞大》《朴通事》中的"但、只、就、便"，《唐都學刊》1989 年第 1 期。

張曉曼：韓國朝鮮時期的漢語研究，《語言教學與研究》2005 年第 6 期。

張曉曼：《翻譯老乞大》、《重刊老乞大諺解》右音對比分析，嚴翼相、遠藤光曉主編《韓漢語言探索》（韓漢語言學研究系列 3），首爾：學古房，2010 年。

張曉宇：《老乞大》第一人稱代詞系統考察，《楚雄師範學院學報》2013 年第 7 期。

張澤寧：《朴通事諺解》助動詞"願"、"要"的使用法，《甘肅廣播電視大學學報》2011 年第 3 期。

趙長才：《訓世評話》中"是"的兩種用法及其來源，《歷史語言學研究》第六輯，北京：商務印書館，2013 年。

趙川兵：《老乞大》幾種版本中"和"類詞的使用情況——兼及《老乞大新釋》的語言性質，《語言學論叢》第三十五輯，北京：商務印書館，2007 年。

趙　園：從《老乞大》的四個版本看"VP＋來/去"結構的發展，浙江師範大學碩士學位論文，2015 年。

鄭丞惠：老乞大・朴通事の學堂風景を通して見た麗末鮮初の漢

　　　　　語教育と元代の童蒙教育,《開篇》30 卷,東京: 好文出
　　　　　版,2011 年。

鄭丞惠、竹越孝: 東洋文庫所藏漢字本《老乞大》の新発見(JERRY
　　　　　NORMAN 先生追悼號),《開篇》31 卷,東京: 好文出版,
　　　　　2012 年。

鄭　　光: 朝鮮時代的漢語教育與教材——以《老乞大》爲例,《國外
　　　　　漢語教學動態》2004 年第 1 期。

鄭　　光: 山気文庫所藏删改《老乞大》について,竹越孝譯,《開篇》
　　　　　29 卷,東京: 好文出版,2010 年。

鄭　　光、南權熙、梁伍鎮: 原本老乞大解題,載《原本老乞大》卷首,
　　　　　北京: 外語教學與研究出版社,2002 年。

中村喬:《朴通事》に見る看花宴の料理,《學林》44 號,京都: 中國
　　　　　芸文研究會,2006 年。

中村喬:《朴通事》の看花宴に見る酒名,《立命館文學》598 號,京
　　　　　都: 立命館大學人文學會,2007 年。

中村完: 影印《朴通事上》付金思〔ヨウ〕解題,《朝鮮學報》18 號,天
　　　　　理: 朝鮮學會,1961 年。

中村完:《朴通事上》の漢字の表音について,《朝鮮學報》21 號,天
　　　　　理: 朝鮮學會,1961 年。

周　　丹:《原本老乞大》對當下漢語教材編纂的借鑒,廈門大學碩
　　　　　士學位論文,2014 年。

周曉林:《老乞大》《朴通事》若干語法現象的歷時考察,蘇州大學
　　　　　博士學位論文,2005 年。

周曉林:《老乞大》《朴通事》中"那"字類疑問句及其歷史沿革,《學
　　　　　術交流》2006 年第 9 期。

周曉林: 近代漢語語法現象考察: 以《老乞大》《朴通事》爲中心,上

海：學林出版社,2007 年。

周瀅照：從《朴通事》兩個版本看明初至清初"著"用法的變化,《清華大學學報》2009 年第 S2 期。

朱德熙：《老乞大諺解》《朴通事諺解》書後,《北京大學學報》(人文科學)1958 年第 2 期。/收入《朱德熙文集》第三卷,北京：商務印書館,1999 年。

朱德熙：《老乞大諺解》《朴通事諺解》漢文本序,《語文研究》1993 年第 1 期。

朱　琳：《朴通事》兩種版本實詞演變研究,廣西師範學院碩士學位論文,2013 年。

朱　煒：諺譯《老朴》與近代漢語語音系統研究：《翻譯老朴》聲母系統,華中科技大學博士學位論文,2012 年。

朱　煒："㸍"、"烤"音義考,《語言研究》2016 年第 3 期。

朱　煒："爘"字音義考——《老乞大》《朴通事》詞彙研究之二,《語言研究》2017 年第 4 期。

朱　煒：《翻譯老乞大》《翻譯朴通事》反映的近代漢語聲母系統研究,武漢：武漢大學出版社,2018 年。

朱星一：從《翻譯老乞大·朴通事》左側音看近代漢語入聲,《古漢語研究》2000 年第 2 期。

竹越孝：從《老乞大》的修訂來看句尾助詞"了"的形成過程,《中國語學》249 號,東京：日本中國語學會,2002 年。

竹越孝：Book Review：中國語北方方言の通時的研究のために《〈老乞大〉四種版本語言研究》李泰洙著,《東方》285 號,東京：東方書店,2004 年。

竹越孝：論介詞"著"的功能縮小——以《老乞大》《朴通事》的修訂爲例,《中國語研究》47 號,東京：白帝社,2005 年。

竹越孝：今本系《老乞大》四本的異同點，嚴翼相、遠藤光曉編《韓國的中國語言學資料研究》（韓·日中國語言學研究系列1），首爾：學古房，2005 年。

竹越孝：天理図書館蔵の内賜本《老乞大諺解》について——印出後の訂正状況を中心に，《紀要 言語·文學編》41 卷，長久手：愛知県立大學，2009 年。

竹越孝：朝鮮時代末期漢語會話抄本初探，嚴翼相、遠藤光曉主編《韓漢語言探索》（韓漢語言學研究系列 3），首爾：學古房，2010 年。

竹越孝：論朝鮮時代漢語教材中的特殊斷句，《中文學術前沿》第二輯，杭州：浙江大學出版社，2015 年。

竹越孝：朝鮮時代漢語教材的内部差異——以"是"的用法爲例，《南開語言學刊》2018 年第 1 期。

鄒德文：朝鮮漢語文獻四種所見韻母的清代東北方音特徵，《長春師範學院學報》2012 年第 10 期。

鄒德文、金茗竹：朝鮮四種文獻所見漢語聲母的清代東北方音特徵，《北方論叢》2015 年第 2 期。

祖生利：《老乞大》《朴通事》的語言國際學術研討會召開，《中國語文》2010 年第 5 期。

祖生利：元代蒙古語同北方漢語語言接觸的文獻學考察，《蒙古史研究》第八輯，呼和浩特：内蒙古大學出版社，2005 年。

佐藤晴彦：舊本《老乞大》の中國語史における価值，《中國語學》249 號，東京：日本中國語學會，2002 年。

Svetlana Rimsky-Korsakoff Dyer：Pak the interpreter：an annotated translation and literary-cultural evaluation of the Piao tongshi（朴通事）of 1677，Pandanus Books，2006。

Tsu-lin Mei（梅祖麟）：Tones and tone-sandhi in 16th century Mandarin（十六世紀官話中的聲調和變調），*Journal of Chinese Linguistics*（《中國語言學報》）5：2（1977 年）。

ジョーナスト（照那斯圖）、舩田善之：《老乞大》中のモンゴル語と関連する語句に対する解釈について，《内陸アジア史研究》21 卷，東京：内陸アジア史學會，2006 年。

ラマールC.：可能補語考（I）：《老乞大》・《朴通事》諸版本の異同を中心に，《女子大文學・國文篇：大阪女子大學紀要》45 卷，大阪：大阪女子大學，1994 年。

석주연：노걸대와 박통사의 언어，漢城：太學社，2003 年。（國語學叢書 47）

최기호：몽어노걸대 연구，서울：상명여자대학교출판부，1994 年。

3. 其他

崔玲愛：有關十五世紀前的漢音韓文資料，《民族語文》2003 年第 5 期。

韓容洙：古代韓半島漢語教學回顧，《漢語學習》2002 年第 1 期。

李得春：朝鮮王朝的漢語研究及其主要成果，《民族語文》2003 年第 6 期。

李　燡：兩種“給”字系統與清代南北官話——兼談魯迅與趙樹理作品中的“給”字使用差異，《21 世紀漢語方言語法新探索——第三屆漢語方言語法國際研討會論文集》，全國漢語方言學會、暨南大學文學院中文系，2006 年。

林東錫：《朝鮮譯學考》，漢城：亞細亞文化社，1983 年。

閔寛東：《中國古代小説在韓國研究之綜考》，武漢：武漢大學出版社,2016 年。

吴　　晗：《朝鮮李朝實録中的中國史料》,北京：中華書局,
　　　　1980 年。

遠藤光曉、伊藤英人、鄭丞惠、竹越孝、更科慎一、朴真完、曲曉雲
　　　　編：《譯學書文獻目録》,首爾：博文社,2009 年。

譯學書學會：《譯學과譯學書》創刊號,首爾：譯學書學會,2010 年。

譯學書學會：《譯學과譯學書》第 2 號,首爾：譯學書學會,2011 年。

張西平主編：《世界漢語教育史》,北京：商務印書館,2009 年。

竹越孝、遠藤光曉主編：《元明漢語文獻目録》,上海：中西書局,
　　　　2016 年。

初 版 後 記

2002年9月至2003年8月，筆者在韓國延世大學擔任客座教授一年。教學之餘，搜羅了一批朝鮮時代的漢語教科書及相關資料，收入本叢刊的就是其中一部分。要是没有延世大學文學院院長全寅初教授給我提供這個機會，没有延世大學中文系各位教授的支持，這項工作的完成是不可能的，所以我首先要向他們表示敬意和感謝。

與我同庚的韓國鮮文大學教授朴在淵先生是我所敬重的一位學者。他對韓國的漢文典籍特別是通俗作品深有研究，多年來以個人之力搜集了許多珍貴的古籍，有些屬海内孤本。我曾有幸參觀過他的研究所，大開眼界。他畢業於韓國外國語大學，獲博士學位，兼通漢語和英語，學養深厚。近年來，他所主持的鮮文大學中韓翻譯文獻研究所編輯刊布了"朝鮮時代中國小説戲曲翻譯資料叢書""中國小説戲曲資料叢書""近代漢語資料叢書"等共計六十餘種書籍，爲學術界提供了許多有用的資料。筆者在韓期間有幸結識朴教授並得到他的大力幫助，這對本叢刊的編輯起到了關鍵的作用。收入叢刊的《華音啓蒙諺解》《你呢貴姓》和《學清》三種就是由朴教授慨贈的，他還把自己編輯出版的《訓世評話》和煌煌九巨册《中朝大辭典》贈與筆者。高誼感人，令我難忘。

這套叢刊能在中華書局出版是我的榮幸。筆者研習近代漢語有年，深知這批資料對國內同行十分有用，希望能早日在祖國予以刊布，以饗學界。回國後曾跟幾家出版社談及此事，但均未果，主要原因是這樣的書難以有什麼經濟效益。功夫不負有心人，機會終於來了。2004 年元旦前夕，筆者應邀參加浙江大學漢語史研究中心和中國社會科學院語言研究所合辦的"新世紀漢語史發展與展望國際學術研討會"，在美麗的西子湖畔，與會的中華書局年輕編輯舒琴同志跟我交談和徵稿，我向她談了這一想法，得到她的鼓勵和支持。她回去後向語言文學編輯室主任顧青編審作了彙報，顧先生也表現出很大的興趣和熱情，我們很快就達成了合作意向，商定了叢刊的名稱和編輯體例，我就著手工作。近半年來，在繁重的教學、科研和其他工作之餘，擠出時間，終於完成了叢刊的編輯任務。其間博士生呂傳峰、梁泳致（韓國留學生）和碩士生陳莉三位同學以及內子石方紅女士出力甚多，在此統致謝忱。

著名語言學家蔣紹愚先生欣然爲本叢刊賜序，筆者深受鼓舞。業師張永言先生一直關注著我的工作，時時給予鼓勵和指點。好友張伯偉教授富藏書，尤多韓國漢籍，編輯過程中常常利用他所主持的"南京大學域外漢籍研究所"的藏書，使工作得以順利進行。師友情誼，銘感於心，"永矢弗諼"。

叢刊中存在的問題和錯誤概由筆者負責，盼望讀者諸君不吝賜教。

汪維輝

2004 年 6 月 19 日於南京清涼山莊寓所

新 版 後 記

　　本書是《朝鮮時代漢語教科書叢刊》（中華書局 2005 年）的新版。這套書出版至今 15 年了，已脱銷多時，有朋友提起希望能重印，説明學界仍有需求，而出版社方面大概是考慮到經濟效益，對重印興趣不大，於是就商請上海教育出版社出一個新版，並按照出版社的建議，改成現名。

　　趁此機會對全書做了一些修訂，主要有如下幾項：

　　一、把《老乞大新釋》卷一更換成美國哥倫比亞大學圖書館所藏的諺解本。承蒙遠藤光曉先生慷慨贈與該卷的複印本，十分感謝。諺解本有注音和翻譯，價值自然高於純漢文本。初版由於未能得到諺解本，只好使用純漢文本。《老乞大新釋諺解》的卷二和卷三據稱藏於宋錫夏手中，至今無緣獲睹，希望能有公之於世的一天。

　　二、增加了《累字解》和《朴通事集覽》。初版因爲没有見到《老朴集覽》，只收錄了《朴通事諺解》所附的《單字解》和《老乞大集覽》。現在我們得到了李丙疇編校的《老朴集覽考》電子本（原本藏於東國大學圖書館），其中有全本的《累字解》和《朴通事集覽》。此次按照《老朴集覽》的順序依次收錄《單字解》《累字解》《老乞大集覽》《朴通事集覽》，點校本和影印本並存。這樣，崔世珍對《老乞大》《朴通事》的解釋就全了。打散在《朴通事諺解》中的《朴通事集覽》各條，與《老朴集覽》所收者文字偶有出入，仍沿襲本書初版，用腳注形式附在相關文句之下，有異文處則出校記。

三、《你呢貴姓》末尾附有一批詞語和句子，體例也是右側注音，左側翻譯，很有價值，初版未予點校，此次增加了點校本。其中有些方言詞語意思難懂，特請博士生具民惠和博士後徐燁幫助解讀諺文注釋，使我能把一部分解釋寫成腳注，供讀者參考；但是還有一些諺文她們兩人也無法讀懂，只能俟諸高明。徐燁博士還幫忙錄入了書中的諺文，一併致謝。

四、對各書的解題和點校本進行了必要的修訂。初版問世後，承蒙一些同道指正其中的錯誤和不當之處，我自己也偶有發現，此次凡是能改的都改了。又，初版《訓世評話》下 45b 的影印頁有誤，這次做了更正。

甘肅河西學院的何茂活教授曾經發表多篇論文，對本書初版存在的各種問題提出商榷和補正，此次承他惠賜所有文章的電子版，我重新拜讀一過，把他的意見儘可能地吸收了，在此深表感謝。在《〈朝鮮時代漢語教科書叢刊〉異文處理謅論》(《古漢語研究》2008 年第 2 期)一文中，何茂活先生提出處理“異文”(指《叢刊》中同一個詞的不同寫法，包括古今字、通假字、異體字、訛字等)的三點建議：(一) 各類字的處理辦法應力求統一；(二) “徑改本字”的方法應儘量不用；(三) 有些比較特殊的俗字也應適當括注正字。這些意見無疑都是十分正確的，但是除了第三點之外，前面兩點此次都未能完全照辦，主要是因爲工作量太大，騰不出時間來做全面的修訂，這是需要特別説明的，敬請茂活教授及讀者諒之。好在原書影印本俱在，對其中文字問題感興趣的讀者可以直接利用原始資料。

五、《相關論著目録》改爲《資料與論著目録》，並做了較大的增補。一方面是增加了初版行世以來的新資料；另一方面也補充了 2004 年之前漏收的一些資料。感謝博士生邵珠君和具民惠對此提供的幫助，邵珠君出力尤多，故列名編者之中。

除此之外，全書的基本體例不變，保留了蔣紹愚先生的《序》和原《後記》，《前言》略作改寫。

感謝上海教育出版社對本書出版的支持，感謝責任編輯朱宇清先生付出的辛勞。

本書的封面設計選用了朝鮮王朝後期畫壇巨匠金弘道（1745—1806?）所繪《檀園風俗圖帖》中的《書堂》一圖（全圖帖是韓國寶物 527 號，可在韓國國立中央博物館網站免費下載使用 http://www.museum.go.kr），圖中書堂先生教授的説不定就是當時通行的漢語教科書呢？恰符本書旨趣。

期待讀者諸君繼續惠予指教。郵箱：wangweihui@zju.edu.cn。

汪維輝

2020 年五一節於浙江大學港灣家園寓所